한국세무사회 주관 국가공인자격시험 대비

케이렙 **KcLep**에 의한

POINT 2025
전산회계 1급

이 성 노 지음

머리말

　기업의 회계처리와 세무업무가 전산화되면서 회계 담당자들은 이론적으로 회계와 세무업무를 익히는 것만이 아니라 전산업무도 숙지하는 것이 필수가 된지 오래되었다. 모든 분야의 전산화가 회계분야에도 지대한 변화를 가져오고 그 변화에 따라 한국세무사회의 국가공인 전산세무회계 자격시험이 도입되었다.

　전산세무회계 검정시험은 회계와 세무에 대한 이론만으로 되는 것도 아니고 컴퓨터를 아는 것만으로도 될 수 없다. 전산세무회계 검정시험을 준비하는 것은 회계와 세무에 관한 이론을 숙지하고 그 이론을 바탕으로 전산실무를 익혀야 된다. 따라서 본서는 이론은 기본이론정리와 평가문제를 통하여 충분한 학습을 할 수 있게 하고, 실무는 다음과 같은 단계의 학습으로 반복 정리하여 실무시험의 적응력을 최대한 높이려 하였다.

　전산세무회계 자격시험이 KcLep[케이 렙]으로 변화하는 것에 발맞춰 본서도 새로운 내용으로 채우기 위하여 노력하였다. 새로운 내용의 반영으로 빡빡한 일정에도 불구하고 본서가 출간되기까지 지원을 아끼지 않으신 경영과회계 대표님과 편집실에 감사를 드린다.

저자　이성노

차례

기본이론정리 •• 13
각 분야별로 정리·요약하여 이론시험 대비

제1장 | 재무회계 정리 ································· 15
- 제1절 | 회계의 기초 ································· 15
- 제2절 | 당좌자산 ································· 34
- 제3절 | 재고자산 ································· 49
- 제4절 | 유형자산 ································· 59
- 제5절 | 무형자산 ································· 66
- 제6절 | 투자자산과 기타비유동자산 ································· 70
- 제7절 | 부 채 ································· 78
- 제8절 | 자 본 ································· 88
- 제9절 | 수익과 비용 ································· 99
- 제10절 | 비영리회계 ································· 121

제2장 | 원가회계 정리 ································· 124
- 제1절 | 원가에 대한 이해 ································· 124
- 제2절 | 원가계산과 원가의 흐름 ································· 129
- 제3절 | 부문별 원가계산 ································· 144
- 제4절 | 개별원가계산과 제조간접비의 배부 ································· 151
- 제5절 | 종합원가계산 ································· 157

제3장 | 부가가치세법 정리 ································· 167
- 제1절 | 부가가치세법 총칙 ································· 167
- 제2절 | 과세거래 ································· 172
- 제3절 | 공급시기와 세금계산서 ································· 176
- 제4절 | 영세율과 면세 ································· 182
- 제5절 | 과세표준 및 매출세액 ································· 186
- 제6절 | 매입세액 공제와 납부세액 계산 ································· 190
- 제7절 | 신고·납부 ································· 194

KcLep 따라하기 •• 203
계정과목별로 구성된 예제를 통한 실습

제1장 | 전산세무회계프로그램의 시작 ·············· 205
제2장 | 프로그램의 첫걸음 ·············· 208
    제1절 | 기초정보관리 ·············· 208
    제2절 | 전표입력/장부 ·············· 236
    제3절 | 부가가치세 ·············· 280
    제4절 | 고정자산 및 감가상각 ·············· 284
    제5절 | 결산/재무제표 ·············· 289
    제6절 | 제장부의 조회 ·············· 299

실무시험출제유형에 따른 연구문제 •• 307
추가입력, 정정문제, 조회문제 등의 주요검토사항·채점포인트 제시

기출문제 유형별 되짚어보기 •• 327
기출문제를 유형별 재구성하여 실무시험대비 능력 향상

1. 기초정보관리 ·············· 329
2. 자산의 일반전표 입력 ·············· 330
3. 부채의 일반전표 입력 ·············· 347
4. 자본의 일반전표 입력 ·············· 354
5. 비용의 일반전표 입력 ·············· 357
6. 영업외손익의 일반전표 입력 ·············· 371
7. 매입매출전표 입력 ·············· 376
8. 오류자료의 정정 ·············· 398
9. 부가가치세 관련 조회 ·············· 402
10. 결산재무제표 ·············· 405
11. 제장부의 조회 ·············· 407

실전모의시험 •• 411

실무시험 공략을 위해 총 10회 모의실무시험 제공

01회 | 실전모의시험 ································ 413
02회 | 실전모의시험 ································ 419
03회 | 실전모의시험 ································ 425
04회 | 실전모의시험 ································ 431
05회 | 실전모의시험 ································ 438
06회 | 실전모의시험 ································ 444
07회 | 실전모의시험 ································ 449
08회 | 실전모의시험 ································ 455
09회 | 실전모의시험 ································ 461
10회 | 실전모의시험 ································ 466

집중심화시험 •• 471

총 6회분의 실제시험대비 총공략

01회 | 집중심화시험 ································ 473
02회 | 집중심화시험 ································ 482
03회 | 집중심화시험 ································ 492
04회 | 집중심학시험 ································ 501
05회 | 집중심화시험 ································ 512
06회 | 집중심화시험 ································ 523

기출문제총정리 •• 533
개정내용을 반영한 완벽한 해석을 통해 총정리

112회 | 기출문제 ·· 535
113회 | 기출문제 ·· 545
114회 | 기출문제 ·· 556
115회 | 기출문제 ·· 567
116회 | 기출문제 ·· 577
117회 | 기출문제 ·· 588

포인트해답집 •• 599
- 실전모의시험 해답 ··· 601
- 집중심화시험 해답 ··· 628
- 기출문제총정리 해답 ·· 649

NCS 차례

능력단위명	능력단위요소	회계-회계감사/세무
0203020101 전표관리	01 회계상거래인식하기	Part 1. – 제1장 재무회계 정리 　제 1 절　회계의 기초 • 15
	02 전표작성하기	Part 2. – 제2장 프로그램의 첫걸음 　제 2 절　전표입력 / 장부 • 236
	03 증빙서류관리하기	
0203020102 자금관리	01 현금시재관리하기	Part 1. 기본이론정리 제1장 재무회계 정리 　제 2 절　당좌자산 • 34 Part 2. – 제2장 프로그램의 첫걸음 　제 6 절　제장부의 조회 • 299
	02 예금관리하기	Part 1. 기본이론정리 제1장 재무회계 정리 　제 2 절　당좌자산 • 34
	03 법인카드관리하기	
	04 어음 · 수표관리하기	
0203020103 원가계산	01 원가요소분류하기	Part 1. 기본이론정리 제2장 원가회계정리 　제 1 절　원가에 대한 이해 • 124
	02 원가배부하기	Part 1. 기본이론정리 제2장 원가회계정리 　제 2 절　원가계산과 원가의 흐름 • 129 　제 3 절　부문별 원가계산 • 144
	03 원가계산하기	Part 1. 기본이론정리 제2장 원가회계정리 　제 2 절　원가계산과 원가의 흐름 • 129 　제 4 절　개별원가계산과 제조간접비의 배부 • 151 　제 5 절　종합원가계산 • 157
	04 원가정보활용하기	Part 1. 기본이론정리 제2장 원가회계정리 　제 2 절　원가계산과 원가의 흐름 • 129
0203020104 결산관리	01 결산분개하기	Part 2. – 제2장 프로그램의 첫걸음 　제 5 절　결산 / 재무제표 • 289
	03 재무제표작성하기	

능력단위명	능력단위요소	회계-회계감사/세무
0203020105 회계정보시스템	01 회계관련DB마스터관리하기	Part 2. – 제2장 프로그램의 첫걸음 　제 1 절　기초정보관리 • 208
	02 회계프로그램운용하기	Part 2. – 제2장 프로그램의 첫걸음 　제 1 절　기초정보관리 • 208 　제 6 절　제장부의 조회 • 299
0203020109 비영리회계	01 비영리대상판단하기	Part 1. – 제1장 재무회계 정리 　제 11 절 비영리회계 • 121
	02 비영리회계처리하기	
0203020205 부가가치세신고	01 세금계산서발급·수취하기	Part 1. 기본이론정리 제3장 부가가치세법 정리 　제3절 공급시기와 세금계산서 • 176 Part 2. – 제2장 프로그램의 첫걸음 　제 2 절　전표입력 / 장부 • 236
	03 부가가치세신고하기	Part 1. 기본이론정리 제3장 부가가치세법 정리 　제1절 부가가치세법총칙 • 167 　제2절 과세거래 • 172 　제7절 신고·납부 • 194 Part 2. – 제2장 프로그램의 첫걸음 　제 3 절　부가가치세 • 280

KcLep 프로그램 및 백데이터 설치요령

KcLep [케이 렙] 다운로드 및 설치방법

1. 한국세무사회 자격시험 홈페이지 (http://license.kacpta.or.kr)에 접속한다.

2. 화면 하단의 'KcLep [케이 렙] 수험용 다운로드'를 클릭하여 [KcLepSetup.exe]을 다운로드 한다 (버전에 따라 파일명이 다를 수도 있음).

3. 다운로드 한 파일을 더블클릭하여 설치를 진행한다.
4. 화면의 순서를 참고하여 [다음] → [확인] 버튼을 클릭하여 설치를 완료한다.

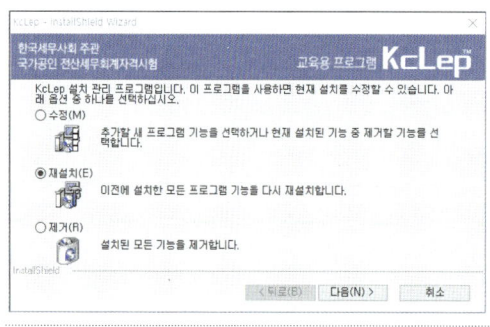
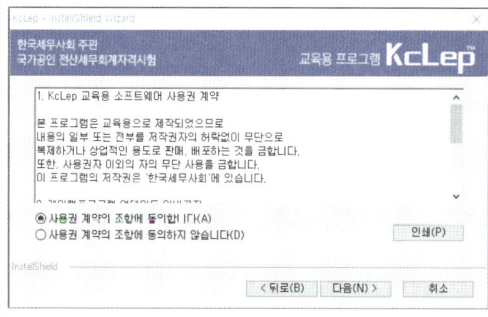
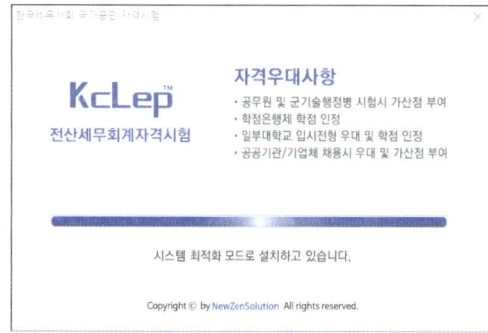

백데이터 다운로드 및 설치방법

1. 피앤피북 홈페이지
   (www.pnpbook.com)에 접속한다.

2. 다운로드 / 경영과회계-백데이터
   메뉴를 선택한다.

3. 해당 백데이터를 클릭한다.

4. 아래쪽의 실행파일을 다운로드한다.
   (안전하지 않은 다운로드라고 떠도 계속 실행한다.)

5. 실행파일(exe)을 실행하면 자동으로 지정된 경로(C:\KcLepDB\KcLep)로 압축이 풀린다.

6. 지정된 경로에 제대로 압축이 풀렸는지 확인 후 바탕화면의 'KcLep 교육용 세무사랑' 아이콘을 더블클릭하여 프로그램을 실행한다.

7. 프로그램 초기화면 하단의 '회사등록'을 클릭한다.

8. 회사등록 화면에서 상단의 'F4 회사코드재생성'을 클릭하여 좌측에 회사목록이 생성되는 것이 확인되면 백데이터 설치 작업 완료.

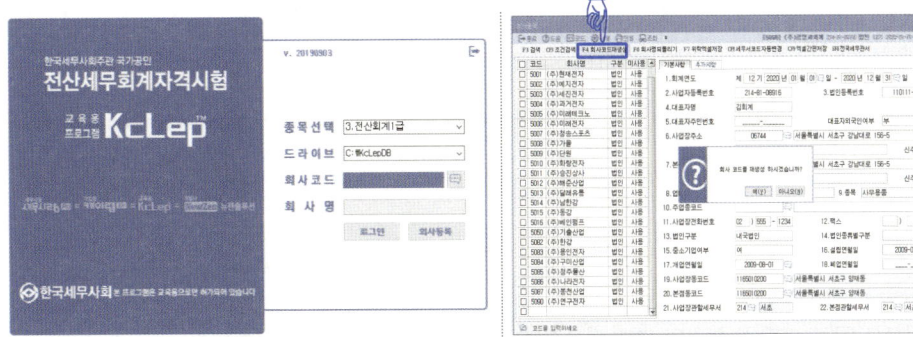

* 회사코드 5000번 (주) 경영과 회계는 백데이터를 다운하는 것이 아니고, 학습자가 따라하기에서 직접 만들어야 한다.

전산세무회계 자격시험 안내

2025년도 시험일정 및 시험시간

회 차	종목 및 급수	원서접수	시험일자	합격자 발표
제118회	전산세무 1·2급 전산회계 1·2급	01.02 ~ 01.08	02.09(일)	02.27(목)
제119회		03.06 ~ 03.12	04.05(토)	04.24(목)
제120회		05.02 ~ 05.08	06.07(토)	06.26(목)
제121회		07.03 ~ 07.09	08.02(토)	08.21(목)
제122회		08.28 ~ 09.03	09.28(일)	10.23(목)
제123회		10.30 ~ 11.05	12.06(토)	12.24(수)

* 원서접수 마지막 날의 마감시간은 18:00시까지임

등 급	전산세무1급	전산세무2급	전산회계1급	전산회계2급
시험시간	15:00 ~ 16:30 90분	12:30 ~ 14:00 90분	15:00 ~ 16:00 60분	12:30 ~ 13:30 60분

시험종목 및 평가범위

종목	등 급		평 가 범 위
전산세무회계	전산세무1급	이론	재무회계(10%), 원가회계(10%), 세무회계(10%)
		실무	재무회계및원가회계(15%), 부가가치세(15%), 원천제세(10%), 법인세무조정(30%)
	전산세무2급	이론	재무회계(10%), 원가회계(10%), 세무회계(10%)
		실무	재무회계및원가회계(35%), 부가가치세(20%), 원천제세(15%)
	전산회계1급	이론	회계원리(15%), 원가회계(10%), 세무회계(5%)
		실무	기초정보의등록·수정(15%), 거래자료의입력(30%), 부가가치세(15%), 입력자료및제장부조회(10%)
	전산회계2급	이론	회계원리(30%)
		실무	기초정보의등록·수정(20%), 거래자료의입력(40%), 입력자료및제장부조회(10%)

시험방법

▶ 이론(30%) : 객관식 4지선다형 필기시험
▶ 실무(70%) : PC에 설치된 전산세무회계프로그램을 이용한 실기시험

시험응시 및 합격자 발표

▶ 응시자격기준 : 제한이 없으나, 신분증 미소지자는 시험에 응시할 수 없음.
▶ 접수 및 문의 : 한국세무사회 국가공인자격시험 홈페이지(license.kacpta.or.kr), ☎ 02) 521-8398
▶ 합격자 결정기준 : (이론과 실무시험을 합하여) 100점 만점에 70점 이상 합격
▶ 합격자 발표 : 한국세무사회 국가공인자격시험 홈페이지

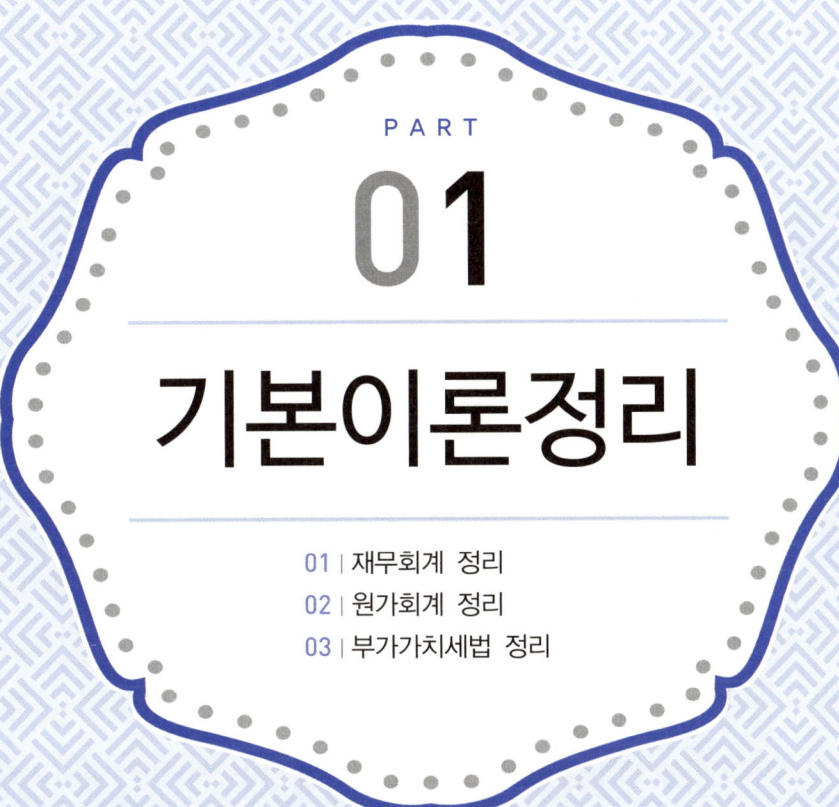

CHAPTER 01 재무회계 정리

SECTION 01 회계의 기초

1 회계의 개념정리

① 회계의 정의

회계란 회계정보이용자들이 합리적인 판단이나 의사결정을 할 수 있도록 기업실체(경제적 실체)의 경제적 정보를 식별하고 측정하여 정보이용자에게 전달하는 과정이다. 회계정보이용자에는 경영자, 주주, 채권자, 정부, 종업원, 미래의 투자자 등이 있다.

② 회계의 분류

구 분	재 무 회 계	관 리 회 계
정보이용자	외부정보이용자(투자자, 채권자)	내부정보이용자(경영자)
보고수단	재무보고서(재무제표)	특수목적보고서(특정한 양식 없음)
정보의 유형	역사적원가정보(과거지향적)	미래예측정보(미래지향적)
회계처리원칙	일반적으로 인정된 회계원칙(GAAP)	특별한 원칙은 없음
질적특성	신뢰성(충실한 표현)	목적적합성
보고주기	정기적보고(1년, 반기, 분기)	수시보고(월별, 1년, 장기간)

③ 회계연도

기업의 경영성과 등을 파악하고 보고하기 위하여 인위적으로 구분한 기간을 회계연도 또는 회계기간이라 한다. 회계연도는 1년을 초과할 수 없으며 그 회계연도의 시작점을 기초라 하고 종료시점을 기말 또는 보고기간말이라 한다.

2 재무제표

기업의 회계정보를 정보이용자에게 보고하는 핵심적인 수단인 재무제표에는 재무상태표·손익계산서·현금흐름표·자본변동표로 구성되며 주석을 포함한다. 재무제표에 포함되지 않는 이익잉여금처분계산서(또는 결손금처리계산서)는 재무제표 주석으로 작성한다.

① 재무상태표

재무상태표란 일정 시점 현재 회사가 보유하고 있는 자산과 부채 그리고 자본에 대한 정보를 제공하는 재무보고서이다.

재무상태표 등식 : 자산 = 부채 + 자본

㉠ 재무상태표의 기본구조

재무상태표의 구성요소인 자산, 부채, 자본은 다음과 같이 구분한다. 그리고 자산과 부채는 유동성이 큰 항목부터 배열하는 것을 원칙으로 한다.

자산의 구분		자 산 항 목
유동자산	당 좌 자 산	현금및현금성자산, 단기투자자산, 매출채권, 선급비용, 이연법인세자산
	재 고 자 산	상품, 제품, 반제품, 재공품, 원재료, 저장품
비유동자산	투 자 자 산	투자부동산, 장기투자증권, 지분법적용투자주식, 장기대여금
	유 형 자 산	토지, 설비자산(건물, 구축물, 기계장치, 비품), 건설중인자산
	무 형 자 산	영업권, 산업재산권, 개발비, 기타(라이선스와 프랜차이즈, 저작권, 컴퓨터소프트웨어, 임차권리금, 광업권, 어업권 등)
	기타비유동자산	이연법인세자산, 기타(임차보증금, 장기선급비용, 장기선급금, 장기미수금 등)

▶ 단기투자자산은 기업이 여유자금의 활용 목적으로 보유하는 단기예금, 단기매매증권, 단기대여금 및 유동자산으로 분류되는 매도가능증권과 만기보유증권 등의 자산을 포함한다.
▶ 비유동자산으로 분류되는 매도가능증권과 만기보유증권을 통합하여 장기투자증권으로 표시할 수 있으며 이들의 금액이 중요하지 않은 경우 기타로 공시한다.

부채의 구분	부 채 항 목
유동부채	단기차입금, 매입채무, 당기법인세부채, 미지급비용, 이연법인세부채
비유동부채	사채, 신주인수권부사채, 전환사채, 장기차입금, 퇴직급여충당부채, 장기제품보증충당부채, 이연법인세부채

자본의 구분	자 본 항 목
자본금	보통주자본금, 우선주자본금
자본잉여금	주식발행초과금, 자기주식처분이익, 감자차익
자본조정	자기주식, 주식할인발행차금, 주식선택권, 출자전환채무, 감자차손, 자기주식처분손실
기타포괄손익누계액	재평가잉여금, 매도가능증권평가손익, 해외사업환산손익
이익잉여금	법정적립금(이익준비금, 기타법정적립금), 임의적립금, 미처분이익잉여금

㉡ 자산과 부채의 유동성과 비유동성 구분(1년 기준)

자산은 1년을 기준으로 유동자산과 비유동자산으로 분류한다. 다만, 정상적인 영업주기 내에 판매되거나 사용되는 재고자산과 회수되는 매출채권 등은 보고기간종료일로부터 1년 이내에 실현되지 않더라도 유동자산으로 분류한다.

부채는 1년을 기준으로 유동부채와 비유동부채로 분류한다. 다만, 정상적인 영업주기 내에 소멸할 것으로 예상되는 매입채무와 미지급비용 등은 보고기간종료일로부터 1년 이내에 결제되지 않더라도 유동부채로 분류한다.

ⓒ 재무상태표 항목의 구분과 통합표시

자산, 부채, 자본 중 중요한 항목은 재무상태표 본문에 별도 항목으로 구분하여 표시한다. 중요하지 않은 항목은 성격 또는 기능이 유사한 항목에 통합하여 표시할 수 있으며, 통합할 적절한 항목이 없는 경우에는 기타항목으로 통합할 수 있다.

ⓔ 자산과 부채의 총액표시

자산과 부채는 원칙적으로 상계하여 표시하지 않는다. 매출채권에 대한 대손충당금 등은 해당 자산이나 부채에서 직접 가감하여 표시할 수 있으며, 이는 상계에 해당하지 아니한다.

② 손익계산서

손익계산서는 일정 기간 동안 기업의 경영성과에 대한 정보를 제공하는 재무보고서이다.

손익계산서 등식 : 비용 + 순이익 = 수익

㉠ 손익계산서의 기본구조

손익계산서는 다음과 같이 구분하여 표시한다. 다만, 제조업, 판매업 및 건설업 외의 업종에 속하는 기업은 매출총손익의 구분표시를 생략할 수 있다.

- 매출총손익 = 매출액 − 매출원가
- 영업손익 = 매출총손익 − 판매비와관리비
- 법인세비용차감전순손익 = 영업손익 + 영업외수익 − 영업외비용
- 당기순손익 = 법인세비용차감전순손익 − 법인세비용

㉡ 수익과 비용의 총액표시

수익과 비용은 각각 총액으로 보고하는 것을 원칙으로 한다. 다만, 일반기업회계기준에서 수익과 비용을 상계하도록 요구하는 경우에는 상계하여 표시하고, 허용하는 경우에는 상계하여 표시할 수 있다.

③ 주 석

주석은 재무제표의 해당과목 또는 금액에 기호를 붙이고 별지에 동일한 기호를 표시하여 그 내용을 간결하고 명료하게 기재하는 것을 말한다.

④ 재무제표 작성과 표시의 일반원칙

구 분	내 용
계속기업	경영진이 기업을 청산하거나 경영활동을 중단할 의도를 가지고 있지 아니하거나 청산 또는 경영활동의 중단 외에 다른 현실적 대안이 없는 경우가 아니면 계속기업을 전제로 재무제표를 작성한다.
재무제표의 작성 책임과 공정한 표시 및 주석	재무제표의 작성과 표시에 대한 책임은 경영진에 있으며 경제적 사실과 거래의 실질을 반영하여 공정하게 표시하여야 하며, 일반기업회계기준에 의하여 적정하게 작성된 재무제표는 공정하게 표시된 재무제표로 본다.
재무제표 항목의 구분과 통합표시	중요한 항목은 재무제표의 본문이나 주석에 그 내용을 가장 잘 나타낼 수 있도록 구분하여 표시하며, 중요하지 않은 항목은 유사한 항목과 통합하여 표시할 수 있다.
비교재무제표의 작성	기간별 비교가능성을 제고하기 위하여 전기 재무제표의 계량정보와 비계량정보를 당기와 비교하는 형식으로 표시한다.
재무제표 항목의 표시와 분류의 계속성	재무제표의 기간별 비교가능성을 제고하기 위하여 재무제표 항목의 표시와 분류는 원칙적으로 매기 동일하여야 한다.
재무제표의 보고양식	재무제표는 이해하기 쉽도록 간단하고 명료하게 표시하여야 하며, 일반기업회계기준에 예시된 재무제표의 양식을 참조하여 작성한다. 각 재무제표의 명칭과 함께 ㉠ 기업명, ㉡ 보고기간종료일 또는 회계기간, ㉢ 보고통화 및 금액단위를 기재한다.

3 재무제표의 기본요소

① 재무상태표

구 분	정 의
자 산	과거사건의 결과로 기업이 통제하고 있고 미래경제적효익이 유입될 것으로 기대되는 자원
부 채	과거 사건에 의하여 발생하였으며 경제적효익을 갖는 자원이 기업으로부터 유출됨으로써 이행될 것으로 기대되는 현재의무
자 본	기업의 자산에서 모든 부채를 차감한 후의 잔여지분이다. 자본총액은 그 기업이 발행한 주식의 시가총액 또는 순자산을 나누어서 처분하거나 기업 전체로 처분할 때 받을 수 있는 대가와 일치하지 않는 것이 일반적이다.

② 손익계산서

구 분	정 의
수 익	자산의 유입이나 증가 또는 부채의 감소에 따라 자본의 증가를 초래하는 특정 회계기간 동안에 발생한 경제적효익의 증가로서, 지분참여자에 의한 출연과 관련된 것은 제외한다.
비 용	자산의 유출이나 소멸 또는 부채의 증가에 따라 자본의 감소를 초래하는 특정 회계기간 동안에 발생한 경제적효익의 감소로서, 지분참여자에 대한 분배와 관련된 것은 제외한다.
포괄손익	기업실체가 일정기간 동안 기업의 소유주(주주)와의 자본거래를 제외한 거래나 사건에서 인식한 자본의 변동

③ 현금흐름표

현금흐름표는 일정기간 동안의 기업의 현금유입과 현금유출에 대한 정보를 제공하는 재무보고서이다. 현금흐름표는 영업활동과 투자활동 및 재무활동으로 구분하여 현금의 흐름과 현금의 증가 또는 감소에 대한 정보를 제공한다.

④ 자본변동표

자본변동표는 자본의 크기와 변동에 대한 정보를 제공하는 재무보고서이다. 자본의 구성요소인 자본금, 자본잉여금, 자본조정, 기타포괄손익누계액 및 이익잉여금의 증감 변동에 관한 포괄적정보를 제공하여 재무정보의 유용성을 높이는 것이 목적이다.

4 재무제표 요소의 인식과 측정

① 재무제표 요소의 인식

인식이란 재무제표 요소의 정의에 부합하고, 다음의 인식기준을 모두 충족하는 항목을 재무상태표와 손익계산서에 통합하는 과정이다.

> ㉠ 그 항목과 관련된 미래경제적효익이 유입되거나 또는 유출될 가능성이 높고
> ㉡ 그 항목의 원가 또는 가치를 신뢰성 있게 측정할 수 있다.

② 재무제표 요소의 측정

측정이란 재무상태표와 손익계산서(또는 포괄손익계산서)에 인식되고 평가되어야 할 재무제표 요소의 화폐금액을 결정하는 과정이다. 이러한 측정기준에는 역사적 원가, 현행원가, 실현가능(이행)가치, 현재가치가 있다.

5 기본가정과 개념체계

① 기본가정

재무제표는 일정한 가정에서 작성되며, 그러한 기본가정으로는 기업실체, 계속기업 및 기간별 보고를 들 수 있다.

구 분	정 의
기업실체의 가정	기업실체의 가정이란 기업을 소유주와는 독립적으로 존재하는 회계단위로 간주하고 이 회계단위의 관점에서 그 경제활동에 대한 재무정보를 측정, 보고하는 것을 말한다.
계속기업의 가정	계속기업의 가정이란 기업실체는 그 목적과 의무를 이행하기에 충분할 정도로 장기간 존속한다고 가정하는 것을 말한다. 즉, 기업실체는 그 경영활동을 청산하거나 중대하게 축소시킬 의도가 없을 뿐 아니라 청산이 요구되는 상황도 없다고 가정된다.
기간별보고의 가정	기간별 보고의 가정이란 기업실체의 존속기간을 일정한 기간 단위로 분할하여 각 기간별로 재무제표를 작성하는 것을 말한다.

② 발생주의 회계

발생기준은 기업실체의 경제적 거래나 사건에 대해 관련된 수익과 비용을 그 현금유출입이 있는 기간이 아니라 당해 거래나 사건이 발생한 기간에 인식하는 것을 말한다. 재무제표는 발생기준에 따라 작성된다. 다만, 현금흐름표는 발생기준에 따라 작성되지 않는다.

③ 재무회계 개념체계

재무회계 개념체계란 기업실체의 재무보고 목적을 명확히 하고, 이를 달성하는데 유용한 재무회계의 기초개념을 제공하는 것을 목적으로 한다.

개념체계는 회계기준원의 기업회계기준 제정 근거, 재무제표 이용자와 작성자 및 외부감사인 등에게 회계기준이 미비 된 경우 일관된 지침을 제공한다. 개념체계의 내용이 특정 회계기준과 상충되는 경우에는 그 회계기준이 개념체계에 우선한다.

④ 질적 특성

질적 특성이란 재무제표를 통해 제공되는 정보(재무정보)가 이용자에게 유용하기 위해 갖추어야 할 주요 속성을 말하며, 회계정보의 유용성의 판단기준이 된다. 재무정보가 갖추어야 할 가장 중요한 질적특성은 목적적합성(또는 관련성)과 신뢰성이다. 목적적합성과 신뢰성 중 어느 하나가 완전히 상실된 경우 그 정보는 유용한 정보가 될 수 없다.

> **TIP** K-IFRS의 질적 특성
>
> | 구 분 | 구성요소 | 포괄적 제약요인 |
> | --- | --- | --- |
> | 근본적 질적 특성 | 목적적합성, 충실한 표현(신뢰성) | 원가 |
> | 보강적 질적 특성 | 비교가능성, 검증가능성, 적시성, 이해가능성 | |

㉠ 목적적합성

목적적합한 재무정보는 정보이용자의 의사결정에 차이가 나도록 할 수 있다. 재무정보가 의사결정에 유용하려면 그 정보가 의사결정 목적과 관련되어야 한다.

구 분	내 용
예 측 가 치	정보이용자가 기업실체의 미래 재무상태, 경영성과, 순현금흐름 등을 예측하는 데에 그 정보가 활용될 수 있는 능력을 의미한다.
피 드 백 가 치	제공되는 재무정보가 기업실체의 재무상태, 경영성과, 순현금흐름, 자본변동 등에 대한 정보이용자의 당초 기대치(예측치)를 확인 또는 수정되게 함으로써 의사결정에 영향을 미칠 수 있는 능력을 말한다.
적 시 성	재무정보가 정보이용자에게 유용하기 위해서는 그 정보가 의사결정에 반영될 수 있도록 적시에 제공되어야 한다.

ⓛ 신뢰성

정보이용자의 의사결정에 유용하기 위해서는 신뢰할 수 있는 정보이어야 한다.

구 분	내 용
표현의충실성	재무정보가 신뢰성을 갖기 위해서는 기업실체의 경제적 자원과 의무, 그리고 이들의 변동을 초래하는 거래나 사건을 충실하게 표현하여야 한다.
검증가능성	재무정보가 신뢰성을 갖기 위해서는 객관적으로 검증가능하여야 한다.
중 립 성	재무정보가 신뢰성을 갖기 위해서는 편의 없이 중립적이어야 한다.

ⓒ 질적특성간의 상충관계

재무정보의 질적특성은 서로 상충될 수 있다. 예를 들어, 시장성 없는 유가증권에 대해 역사적 원가를 적용하면 자산가액 측정치의 검증가능성은 높으나 유가증권의 실제 가치를 나타내지 못하여 표현의 충실성과 목적적합성이 저하될 수 있다.

TIP 목적적합성과 신뢰성의 상충관계

구 분	목적적합성	신뢰성
자산의 측정기준	현행가치(공정가치)	역사적원가
인식기준	발생주의	현금주의
공사수익의 인식	진행기준	완성기준
투자주식	지분법	원가법
재무보고	중간보고(반기재무제표)	연차보고(결산재무제표)

ⓔ 비교가능성

기업실체의 재무상태, 경영성과, 현금흐름 및 자본변동의 추세 분석과 기업실체간의 상대적 평가를 위하여 재무정보는 기간별 비교가 가능해야 하고 기업실체간의 비교가능성도 있어야 한다.

ⓜ 재무정보의 제약요인

구 분	내 용
비용과 효익	재무정보가 정보이용자에게 유용하기 위해서는 목적적합성과 신뢰성을 가져야 한다. 그러나 정보 제공 및 이용에 소요될 사회적 비용이 정보 제공 및 이용에 따른 사회적 효익을 초과한다면 그러한 정보 제공은 정당화될 수 없다.
중 요 성	목적적합성과 신뢰성이 있는 정보는 재무제표를 통해 정보이용자에게 제공되어야 한다. 특정 정보가 생략되거나 잘못 표시된 재무제표가 정보이용자의 판단이나 의사결정에 영향을 미칠 수 있다면 개념적으로 볼 때 그러한 정보는 중요한 정보이다. 중요성은 일반적으로 당해 항목의 성격과 금액의 크기에 의해 결정된다. 그러나 어떤 경우에는 금액의 크기와는 관계없이 정보의 성격 자체만으로도 중요한 정보가 될 수 있다.

6 회계의 순환과정

> NCS 능력단위 : 0203020101전표관리　　능력단위요소 : 01회계상거래 인식하기
> 1.1 회계상 거래를 인식하기 위하여 회계상 거래와 일상생활에서의 거래를 구분할 수 있다.
> 1.2 회계상 거래를 구성 요소별로 파악하여 거래의 결합관계를 차변 요소와 대변 요소로 구분할 수 있다.
> 1.3 회계상 거래의 결합관계를 통해 거래 종류별로 구분하여 파악할 수 있다.
> 1.4 거래의 이중성에 따라서 기입된 내용의 분석을 통해 대차평균의 원리를 파악할 수 있다.

회계의 순환과정이란 회계기록의 대상인 거래를 인식하여 정리하고 회계정보 이용자들에게 제공할 정보의 구체적 수단인 재무제표를 작성하기까지의 과정으로 다음과 같다.

① **거래의 식별(제1단계)**

회계처리의 대상이 되는 거래와 대상이 아닌 거래를 식별한다. 회계상 거래는 자산·부채·자본의 증가 혹은 감소를 가져와야 하는 것으로 일상생활에서 흔히 사용되는 거래와 반드시 일치하지는 않는다.

예를 들어 상품의 주문, 차입을 위한 부동산에 대한 담보설정 등은 일상생활에서는 거래라 하지만 주문이나 담보설정으로 자산, 부채, 자본의 증감 변화가 일어나지 않기 때문에 회계상 거래가 아니다.

다음은 회계상의 거래와 일반적인 거래의 구분이다.

회계상 거래		
화재, 분실, 도난, 훼손, 파손, 상품가격의 하락, 채권의 대손, 고정자산의 감가 등	상품의 매입과 매출, 자산의 취득과 매각, 자금의 차입과 상환, 금전의 수입과 지출, 비용의 지출, 수익의 수입 등	상품주문, 보관, 약속, 고용계약, 각종계약체결, 담보제공 등
		일반적인 거래

② **분개 또는 전표의 작성(제2단계)**

분개란 거래를 차변요소와 대변요소로 구분하고 어느 계정에 얼마의 금액을 적어 넣을 것인지 결정하는 절차를 말한다. 전표의 작성이란 분개장에 분개를 하는 대신 전표를 사용하여 거래를 분개하는 것이다. 전표는 입금전표, 출금전표, 대체전표로 구분할 수 있다.

㉠ **거래의 8요소**

모든 회계상 거래는 다음 표와 같이 차변요소와 대변요소의 결합으로 구성된다.

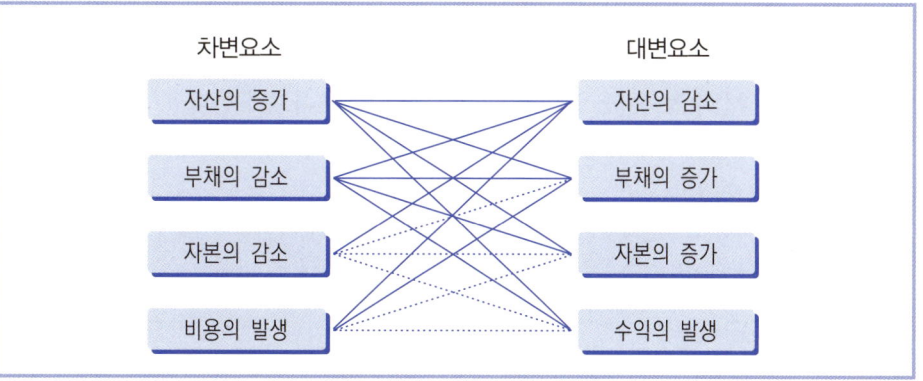

ⓒ 거래의 8요소를 이용한 분개와 계정기입 방법

자산의 증가는 차변에, 자산의 감소는 대변에 기입한다.
부채의 증가는 대변에, 부채의 감소는 차변에 기입한다.
자본의 증가는 대변에, 자본의 감소는 차변에 기입한다.
수익의 발생은 대변에, 수익의 감소는 차변에 기입한다.
비용의 발생은 차변에, 비용의 감소는 대변에 기입한다.

③ 원장과 보조부 등 장부에 기입 : 전기(제3단계)

분개장에 기입된 분개 또는 전표의 내용을 총계정원장으로 옮기는 것을 전기라 한다. 만일 전기를 잘못하면 총계정원장의 모든 계정의 차변 합계금액과 대변 합계금액이 일치하지 않게 된다. 이를 확인하기 위하여 시산표를 작성하여 검증한다.

회계상의 거래는 반드시 그 원인과 결과를 동시에 가지고 있는데, 이를 거래의 이중성이라고 하고 거래의 이중성을 모두 기록하는 방법을 복식부기 방식이라 한다. 복식부기 방식은 거래를 차변요소와 대변요소로 나누어 이를 각각 기록하므로 차변 금액의 합계와 대변 금액의 합계가 반드시 일치하게 되는데 이것을 '대차평균의 원리'라고 하고 이를 통하여 자기검증이 가능하게 된다. 이러한 대차평균의 원리에 따라 자기검증기능을 실현하기 위하여 시산표를 작성한다.

④ 수정전시산표 작성(제4단계)

수정전시산표란 회계처리를 검증하기 위하여 결산 수정사항을 반영하지 아니한 상태에서 총계정원장의 모든 계정의 차변금액과 대변금액을 한곳에 모아 작성한 표를 말한다. 수정전시산표의 종류는 합계시산표, 잔액시산표, 합계잔액시산표가 있다.

⑤ 결산수정사항 분개(제5단계)

총계정원장의 각 계정의 기말잔액은 여러 가지 원인에 의하여 자산 부채 자본의 현재액과 수익 비용의 당기 발생액을 정확하게 나타내지 못한다. 따라서 기업의 재무상태와 경영성과를 정확하게 파악하기 위하여 계정잔액의 수정이 필요하다.

이러한 수정사항을 결산수정사항이라 하며, 그 분개를 결산수정분개 또는 결산정리분개라 한다. 결산수정사항을 모아서 만든 표를 재고조사표라 한다.

결산수정사항은 재무상태표 계정에 대한 것과 손익계산서 계정에 대한 것으로 다음과 같이 구분할 수 있다.

재무상태표 계정에 대한 수정사항	손익계산서 계정에 대한 수정사항
㉠ 기말상품 재고액에 의한 상품계정의 정리 ㉡ 대손충당금의 설정 ㉢ 감가상각비의 계상 ㉣ 단기매매증권 등의 평가 ㉤ 퇴직급여충당부채의 설정 ㉥ 현금과부족계정, 가지급금계정, 가수금계정, 인출금계정 등의 정리	㉠ 선수수익의 정리 ㉡ 선급비용의 정리 ㉢ 미수수익의 정리 ㉣ 미지급비용의 정리 ㉤ 소모품비의 정리

⑥ **재무제표 작성과 모든 장부 마감(제6단계)**

㉠ 수익계정과 비용계정은 각 계정의 잔액을 손익계정에 대체하여 마감한다.
㉡ 손익계정을 마감하여 자본금계정에 대체하고 마감한다.
㉢ 자산, 부채, 자본계정의 마감은 차기이월로 마감한 후 그 차기이월액을 모아 이월시산표를 작성한다.
㉣ 이월시산표를 바탕으로 재무상태표를 작성하고, 손익계정을 바탕으로 손익계산서를 작성한다.

확인예제   POINT   전산회계 1급

01 다음 중 재무제표의 작성책임과 공정한 표시에 관한 내용으로 틀린 것은?

① 재무제표의 작성과 표시에 대한 책임은 담당자에게 있다.
② 재무제표는 경제적 사실과 거래의 실질을 반영하여 기업의 재무상태, 경영성과, 현금흐름 및 자본변동을 공정하게 표시하여야 한다.
③ 일반기업회계기준에 따라 작성된 재무제표는 공정하게 표시된 재무제표로 본다.
④ 재무제표가 일반기업회계기준에 따라 작성된 경우에는 그러한 사실을 주석으로 기재하여야 한다.

해설 ① 일반기업회계기준 문단 2.6 : 재무제표의 작성과 표시에 대한 책임은 경영진에게 있다.

02 다음 중 재무상태표의 설명으로 틀린 것은?

① 정보이용자들이 기업의 유동성, 재무적 탄력성, 수익성과 위험 등을 평가하는데 유용한 정보를 제공한다.
② 일정 기간 동안 기업의 경영성과에 대한 정보를 제공한다.
③ 자산, 부채, 자본으로 구성된다.
④ 자본은 자본금, 자본잉여금, 자본조정, 기타포괄손익누계액 및 이익잉여금(또는 결손금)으로 구분한다.

해설 ② 재무상태표가 아닌 손익계산서에 대한 설명이다.

03 다음 중 재무정보가 갖추어야 할 가장 중요한 질적 특성 요소는?

① 비교가능성과 중립성　　　　② 목적적합성과 신뢰성
③ 효율성과 다양성　　　　　　④ 검증가능성과 정확성

해설 ② 일반기업회계기준 재무회계개념체계에서 가장 중요한 질적특성은 목적적합성과 신뢰성이다.

04 다음 중 회계상의 거래가 아닌 것은?

① 자산매매 대금의 수령　　　　② 화재, 도난에 의한 자산 소멸
③ 기부금 현금 지급　　　　　　④ 직원 회식을 위한 식당 예약

해설 ④ 사회통념상 거래일 뿐 아직 대금 지출이 없어 화폐금액으로 측정할 수 없으므로 회계상의 거래가 아님

05 다음 중 계정의 성격이 올바르게 설명되지 않은 것은?

	계정명	분개 방식	결산시 계정잔액
①	급여 계정	증가시 차변에 기록	차변
②	소모품 계정	감소시 대변에 기록	대변
③	매입채무 계정	증가시 대변에 기록	대변
④	매출채권 계정	감소시 대변에 기록	차변

해설 ② 소모품은 자산계정으로 증가는 차변, 감소는 대변에 기록되며, 결산 시 잔액은 차변에 남는다.

06 다음은 회계거래의 결합관계를 표시한 것이다. 옳지 않은 것은?

① 커피머신을 50,000원에 현금 구입하였다. ⇨ 자산의 증가 - 자산의 감소
② 주식발행으로 1억원을 현금 조달하였다. ⇨ 자산의 증가 - 자본의 증가
③ 공장청소비 10만원을 현금 지급하였다. ⇨ 비용의 발생 - 자산의 감소
④ 상품을 20만원에 현금으로 매출하였다. ⇨ 자산의 증가 - 비용의 감소

해설 ④ 자산(현금)증가, 수익(매출)발생

07 다음 중 기말 결산 시 계정별 원장의 잔액을 차기에 이월하는 방법을 통하여 장부를 마감하는 계정과목은?

① 광고선전비
② 기업업무추진비
③ 개발비
④ 기부금

해설 ③ 재무상태표 계정은 차기이월 방식을 통하여 장부마감을 하여야 하며, 손익계산서 계정은 집합손익 원장에 대체하는 방식으로 장부마감을 하여야 한다. 따라서 자산 계정인 개발비만 차기이월을 통하여 장부마감을 하여야 한다. 광고선전비, 기업업무추진비, 기부금은 모두 비용 계정이다.

08 회계순환과정의 결산 절차에 대한 설명 중 잘못된 것은?

① 결산 절차를 통해 마감된 장부를 기초로 재무제표가 작성된다.
② 일반적으로 결산 절차는 예비 절차와 본 절차로 구분할 수 있다.
③ 수익·비용에 해당되는 계정의 기말 잔액은 다음 회계연도로 이월되지 않는다.
④ 자산·부채·자본에 해당되는 계정과목을 마감하기 위해서 임시적으로 집합손익 계정을 사용한다.

해설 ④ 손익계산서 계정과목을 마감하기 위해서 임시적으로 집합손익 계정을 사용한다.

01 평가문제

01 다음 중 재무회계에 관한 설명으로서 가장 적절하지 않은 것은?
① 재무제표에는 재무상태표, 손익계산서, 자본변동표, 현금흐름표 등이 있다.
② 특정시점의 재무상태를 나타내는 보고서는 재무상태표이다.
③ 기업 내부이해관계자에게 유용한 정보를 제공하는 것을 주된 목적으로 한다.
④ 일반적으로 인정된 회계원칙의 지배를 받는다.

해설 관리회계에 관한 설명이다.

02 다음 중에서 재무제표에 해당하는 것은?
① 주석
② 이익잉여금처분계산서
③ 결손금처리계산서
④ 주기

해설 재무제표는 재무상태표, 손익계산서, 현금흐름표, 자본변동표로 구성되며, 주석을 포함한다.(일반기업회계기준 2,4)

03 다음은 시산표에서 발견할 수 없는 오류를 나열한 것이다. 이에 해당하지 않는 것은?
① 동일한 금액을 차변과 대변에 반대로 전기한 경우
② 차변과 대변의 전기를 동시에 누락한 경우
③ 차변과 대변에 틀린 금액을 똑같이 전기한 경우
④ 차변만 이중으로 전기한 경우

해설 차변만 이중으로 전기한 경우, 차변 합계금액이 대변 합계금액 보다 커지므로 오류를 발견할 수 있다.

04 다음 중 재무제표의 기본요소로 틀린 것은?
① 재무상태표 : 자산, 부채, 자본
② 손익계산서 : 수익, 비용
③ 자본변동표 : 소유자의 투자, 소유자에 대한 분배, 채권자의 투자
④ 현금흐름표 : 영업활동 현금흐름, 투자활동 현금흐름, 재무활동 현금흐름

해설 자본변동표 : 소유자의 투자, 소유주에 대한 분배는 기본요소에 해당하나 채권자의 투자는 해당하지 아니한다.

05 다음 중 제조기업의 재무제표를 작성하는 순서로 가장 올바른 것은?

| ㉠ 제조원가 명세서 | ㉡ 손익계산서 |
| ㉢ 이익잉여금처분계산서 | ㉣ 재무상태표 |

① ㉠ → ㉢ → ㉣ → ㉡
② ㉡ → ㉢ → ㉣ → ㉠
③ ㉠ → ㉡ → ㉢ → ㉣
④ ㉢ → ㉡ → ㉠ → ㉡

해설 제조기업의 재무제표작성은 제조원가명세서의 당기제품제조원가가 산출되고, 손익계산서의 당기순손익이 결정되고, 이익잉여금의 미처분이익잉여금이 결정되고 재무상태표가 작성된다.

06 다음 중 재무상태표가 제공할 수 있는 정보로서 가장 적합하지 않은 것은?
① 경제적 자원에 관한 정보
② 경영성과에 관한 정보
③ 유동성에 관한 정보
④ 지급능력에 관한 정보

해설 경영성과에 관한 정보는 손익계산서에서 제공하는 정보이다.

정답 | 1. ③ 2. ① 3. ④ 4. ③ 5. ③ 6. ②

07 다음은 재무상태표의 기본구조에 대한 설명이다. 틀린 것은?
① 유동자산은 당좌자산과 재고자산으로 구분한다.
② 비유동자산은 투자자산, 유형자산, 무형자산, 기타비유동자산으로 구분한다.
③ 자산과 부채는 유동성이 작은 항목부터 배열하는 것을 원칙으로 한다.
④ 자본은 자본금, 자본잉여금, 자본조정, 기타포괄손익누계액 및 이익잉여금으로 구분한다.

해설 일반기업회계기준 문단 2.19 : 자산과 부채는 유동성이 큰 항목부터 배열하는 것을 원칙으로 한다.

08 다음 중 재무상태표에 직접적으로 나타나지 않는 계정은?
① 자기주식처분이익
② 감자차익
③ 선급비용
④ 유형자산처분이익

해설 "유형자산처분이익"계정은 직접적으로 재무상태표에 표시되지 않는 손익계산서계정이다. 그러나 결국은 집합손익계정으로 마감되어 미처분이익잉여금계정으로 대체되어 재무상태표에 표시됨. ①, ② 자본잉여금, ③ 유동자산

09 일반기업회계기준에 의한 재무상태표에 관한 설명이다. 틀린 것은?
① 유동자산은 당좌자산과 재고자산으로 구분하고, 비유동자산은 금융자산, 유형자산, 무형자산, 기타비유동자산으로 구분한다.
② 부채는 유동부채와 비유동부채로 구분한다.
③ 자본은 자본금, 자본잉여금, 자본조정, 기타포괄손익누계액 및 이익잉여금(또는 결손금)으로 구분한다.
④ 재무상태표는 정보이용자들이 기업의 유동성, 재무적 탄력성, 수익성과 위험 등을 평가하는 데 유용한 정보를 제공한다.

해설 유동자산은 당좌자산과 재고자산으로 구분하고, 비유동자산은 투자자산, 유형자산, 무형자산, 기타비유동자산으로 구분한다.(일반기업회계기준 2.17-2.18)

10 아래의 계정과목은 재무상태표 작성시 통합계정과목으로 쓸 수 있는 것이다. 틀리게 된 것은?
① 현금 및 현금성자산 - 현금, 당좌예금, 보통예금
② 투자자산 - 단기금융상품, 정기예금(만기 6개월)
③ 매출채권 - 외상매출금, 받을어음
④ 매입채무 - 외상매입금, 지급어음

해설 투자자산 - 보고자산 결산일로부터 1년 이내에 만기가 도래하지 않는 장기적인 금융 자산이다.

11 다음 중 일반기업회계기준에서 유동자산으로 분류하도록 규정하고 있지 않은 것은?
① 1년을 초과하여 사용제한이 있는 현금 및 현금성자산
② 단기매매목적으로 보유하는 자산
③ 기업의 정상적인 영업주기내에 실현될 것으로 예상되거나 판매목적 또는 소비목적으로 보유하고 있는 자산
④ 보고기간 종료일로부터 1년 이내에 현금화 또는 실현될 것으로 예상되는 자산

해설 1년 이내에 사용제한이 없는 현금 및 현금성자산은 유동자산으로 분류된다.

12 다음 설명 중 밑줄 친 부분과 관련 있는 계정과목으로만 나열된 것은?

> 기업이 경영활동을 하기 위하여 소유하고 있는 각종 재화와 채권은 자산에 해당한다.

① 제품, 단기매매증권
② 미수금, 선급금
③ 재공품, 차량운반구
④ 건물, 임차보증금

해설 제품, 재공품, 차량운반구, 건물은 재화에 해당된다.

정답 | 7. ③ 8. ④ 9. ① 10. ② 11. ① 12. ②

13 재무상태표의 비유동자산은 투자자산, 유형자산, 무형자산, 기타비유동자산으로 구분한다. 다음 중 계정과목별 구분이 올바르지 않은 것은?

① 이연법인세자산 – 투자자산
② 건물 – 유형자산
③ 개발비 – 무형자산
④ 임차보증금 – 기타비유동자산

해설 이연법인세자산은 기타 비유동자산으로 처리한다.

14 재무상태표상 자산, 부채 계정에 대한 분류가 잘못 연결된 것은?

① 미수수익 : 당좌자산
② 퇴직급여충당부채 : 유동부채
③ 임차보증금 : 기타비유동자산
④ 장기차입금 : 비유동부채

해설 퇴직급여충당부채는 비유동부채에 해당됨.

15 다음 중 부채에 대한 설명으로 가장 옳지 않은 것은?

① 부채는 과거의 거래나 사건의 결과로 현재 기업실체가 부담하고 있고 미래에 자원의 유출 또는 사용이 예상되는 의무이다.
② 유동성장기부채는 유동부채로 분류한다.
③ 부채는 1년을 기준으로 유동부채와 비유동부채로 분류한다.
④ 정상적인 영업주기 내에 소멸할 것으로 예상되는 매입채무와 미지급비용 등이 보고기간 종료일로부터 1년 이내에 결제되지 않으면 비유동부채로 분류한다.

해설 부채는 1년을 기준으로 유동부채와 비유동부채로 분류한다. 다만, 정상적인 영업주기 내에 소멸할 것으로 예상되는 매입채무와 미지급비용 등은 보고기간종료일로부터 1년 이내에 결제되지 않더라도 유동부채로 분류한다. 이 경우 유동부채로 분류한 금액 중 1년 이내에 결제되지 않을 금액을 주석으로 기재한다.

16 다음 중 유동부채에 해당하는 금액을 모두 합하면 얼마인가?

- 외상매입금 : 50,000원
- 장기차입금 : 1,000,000원
  (유동성장기부채 200,000원 포함)
- 단기차입금 : 200,000원
- 미지급비용 : 70,000원
- 선수금 : 90,000원
- 퇴직급여충당부채 : 80,000원

① 410,000원 ② 520,000원
③ 530,000원 ④ 610,000원

해설 외상매입금 50,000 + 유동성장기부채 200,000 + 단기차입금 200,000 + 미지급비용 70,000 + 선수금 90,000 = 610,000원

17 다음의 계정과목 중 그 분류가 다른 것은?

① 사채
② 장기차입금
③ 퇴직급여충당부채
④ 유동성장기부채

해설 유동성장기부채는 유동부채로 분류한다.

18 다음 중 재무상태표상 비유동부채로 분류되는 것은?

① 단기차입금   ② 유동성장기부채
③ 미지급비용   ④ 장기차입금

해설 장기차입금은 비유동부채로 분류

19 다음 중 유동성배열법에 의한 재무상태표 작성 시 가장 나중에 배열되는 항목은?

① 장기차입금   ② 미지급법인세
③ 미지급비용   ④ 매입채무

해설 일반기업회계기준에서 매입채무, 당기법인세부채, 미지급비용은 유동부채이고, 장기차입금은 비유동부채이므로 장기차입금이 가장 나중에 작성된다.

20 다음 자본에 대한 분류 중 잘못된 것은?

① 자본금   ② 자본잉여금
③ 기타자본변동 ④ 자본조정

해설 기타자본변동은 자본에 대한 분류(자본금, 자본잉여금, 자본조정, 이익잉여금, 기타 포괄손익누계액)에 해당되지 아니함.

21 다음 중 자본의 분류와 해당 계정과목의 연결이 올바르지 않은 것은?
① 자본금 : 보통주자본금, 우선주자본금
② 자본잉여금 : 주식발행초과금, 자기주식처분이익
③ 자본조정 : 감자차익, 감자차손
④ 이익잉여금 : 이익준비금, 임의적립금

해설 감자차익은 자본잉여금에 해당함.

22 다음의 회계거래 중에서 자본총액에 변화가 없는 것은?
① 주식을 할인발행하다.
② 이익준비금을 계상하다.
③ 당기순손실이 발생하다.
④ 주식을 할증발행하다.

해설 이익준비금의 계상은 자본총액에 변화가 없다.

23 다음 중 자본항목의 분류로 틀린 것은?
① 매도가능증권평가이익 - 이익잉여금
② 감자차익 - 자본잉여금
③ 이익준비금 - 이익잉여금
④ 감자차손 - 자본조정

해설 매도가능증권평가이익은 기타포괄손익누계액으로 분류된다.

24 다음 중 손익계산서에 대한 설명으로 틀린 것은?
① 일정 기간 동안의 경영성과에 대한 정보를 제공한다.
② 수익과 비용은 순액으로 보고하는 것을 원칙으로 한다.
③ 판매비와 관리비는 당해 비용을 표시하는 적절한 항목으로 구분하여 표시하거나 일괄표시 할 수 있다.
④ 영업손익은 매출총손익에서 판매비와 관리비를 차감하여 산출한다.

해설 수익과 비용은 각각 총액으로 보고하는 것을 원칙으로 한다.

25 일반기업회계기준에서 손익계산서의 작성내용으로 올바른 것은?
① 손익계산서상 수익과 비용은 순액에 의해 기재함을 원칙으로 한다.
② 손익계산서상 영업손익은 매출액에서 매출원가를 차감하여 표시한다.
③ 손익계산서상 매출액은 총매출액에서 매출할인, 매출환입 및 매출에누리를 차감한 금액이다.
④ 손익계산서상 매출원가는 기초상품재고액에서 당기순매입액을 가산한 금액에서 기말상품재고액을 가산한 금액이다.

해설 ① 순액이 아니라 총액에 의해 기재함을 원칙으로 한다.
② 영업손익은 매출총손익에서 판매비와 관리비를 차감하여 표시한다.
④ 매출원가는 기말상품재고액을 차감한 금액이다.

26 다음 중 손익계산서상 구분표시가 다른 것은?
① 복리후생비　② 유형자산처분손실
③ 기부금　　　④ 이자비용

해설 ① 판매비와관리비, ②③④ 영업외비용

27 다음 계정 중 그 분류가 다른 것은?
① 미지급비용　② 매출
③ 매출채권　　④ 자본잉여금

해설 재무상태표 계정 : ① ③ ④, 손익계산서 계정 : ②

28 다음 비용항목 중 손익계산서의 구분표시가 다른 것은?
① 퇴직급여　　② 기업업무추진비
③ 감가상각비　④ 기부금

해설 퇴직급여, 기업업무추진비, 감가상각비는 판매관리비로 분류되며, ④기부금은 영업외비용으로 분류된다.

정답 | 21. ③ 22. ② 23. ① 24. ② 25. ③ 26. ① 27. ② 28. ④

29 기업회계기준에 의한 손익계산서의 작성기준 중 틀린 것은?

① 모든 수익과 비용은 그것이 발생한 기간에 정당하게 배분되도록 처리하여야 한다.
② 수익과 비용은 직접 상계함으로써 전부 또는 일부를 제외할 수 있다.
③ 수익은 실현시기를 기준으로 계상한다.
④ 수익과 비용은 발생원천에 따라 분류하고 각 수익항목과 이에 관련되는 비용항목을 대응 표시하여야 한다.

해설 총액주의에 의해야 한다.

30 다음 중 손익계산서에 반영되는 이익에 해당하는 것은?

① 자기주식처분이익
② 감자차익
③ 매도가능증권평가이익
④ 단기투자자산처분이익

해설 ①, ②, ③ : 재무상태표에서 자본항목

31 다음 중 일반기업회계기준에 의한 비용으로 계상되어야 할 계정과목은?

① 영업권　　② 산업재산권
③ 연구비　　④ 개발비

해설 ③ : 판매비와 관리비　①, ②, ④ : 무형자산

32 재무상태표와 손익계산서의 작성기준에 대한 설명이다. 다음 중 가장 틀린 것은?

① 자산, 부채는 유동, 비유동으로 구분표시하고 유동성이 높은 것부터 배열한다.
② 자본은 자본활동과 손익활동에서 발생한 잉여금을 구분하여 표시하여야 한다.
③ 손익계산서에 수익은 원칙적으로 실현주의에 의하여 인식한다.
④ 손익계산서에 비용은 관련된 수익을 인식하였을 때만 비용으로 인식한다.

해설
• 비용은 다음과 같이 인식한다.
　㈎ 수익비용대응의 원칙
　㈏ 당기비용
　㈐ 체계적이고 합리적인 방법
• 발생주의는 수익과 비용을 포괄하는 개념이다. 즉, 수익은 실현주의로 비용은 수익을 인식할 때 관련된 비용을 인식하기도 하고, 당기비용과 체계적이고 합리적인 방법에 의해서 인식하기도 한다. 문제의 예문처럼 수익비용의 대응에 의해서만 비용처리 되지는 않는다.

33 거래처로부터 받은 판매와 관련된 계약금을 매출액으로 잘못 처리하였다. 이 회계처리가 재무제표에 미치는 영향은?

① 자산이 과소계상, 부채가 과대계상
② 자산이 과대계상, 수익이 과소계상
③ 부채가 과소계상, 자본이 과대계상
④ 부채가 과대계상, 수익이 과대계상

해설 맞는 분개 : (차) 현금 ××× (대) 선수금(부채) ×××
틀린 분개 : (차) 현금 ××× (대) 매출(수익) ×××
부채가 과소계상, 수익이 과대계상되어 이익이 증가했으므로 자본이 과대계상

34 보유하고 있던 기계장치를 장부금액보다 더 높은 금액을 받고 처분하였다. 이 거래로 인한 영향은?

① 자산과 부채의 감소
② 자산의 증가와 부채의 감소
③ 자산의 증가와 자본의 증가
④ 부채의 감소와 자본의 증가

해설 보유하고 있던 기계장치의 장부금액보다 더 많은 현금유입액이 있으므로 자산이 증가되고 그 금액만큼 자본도 증가한다.

35 다음 설명 중 가장 옳은 것은?

① 자산이 증가하고 부채가 증가하면 자본이 반드시 증가한다.
② 자산이 증가하고 부채가 감소하면 자본이 반드시 증가한다.
③ 자산이 증가하고 부채가 고정되면 자본이 반드시 감소한다.
④ 자산이 감소하고 부채가 증가하면 자본이 반드시 증가한다.

해설 자산 = 부채 + 자본

36 회계상 거래가 발생하면 재무제표의 차변과 대변에 동시에 영향을 미치게 되는데, 이는 회계의 어떤 특성 때문인가?

① 거래의 이중성 ② 중요성
③ 신뢰성 ④ 유동성

해설 거래의 이중성의 특성이다.

37 다음 중 결산 순서가 옳게 표시된 것은?

| ㉠ 거래의 발생 | ㉡ 시산표 작성 |
| ㉢ 총계정원장 기록 | ㉣ 재무제표 작성 |

① ㉠ → ㉡ → ㉢ → ㉣
② ㉠ → ㉡ → ㉣ → ㉢
③ ㉠ → ㉢ → ㉡ → ㉣
④ ㉠ → ㉣ → ㉡ → ㉢

해설 거래의 발생 → 총계정원장 기록 → 시산표 작성 → 재무제표 작성

38 다음 중 기말결산 시의 결산정리사항과 관련 없는 것은?

① 선급보험료 ② 선수이자
③ 선수수수료 ④ 선수금

해설 선급보험료, 선수이자, 선수수수료는 기말결산시 사용하는 손익의 이연에 해당하는 사항이고, 선수금은 계약체결에 따른 거래대금을 미리 받은 것을 의미한다.

39 다음 중 결산분개와 가장 관련이 없는 것은?

① 선수임대료의 계상
② 법인세비용의 계상
③ 대손충당금의 설정
④ 단기매매증권의 취득

해설 단기매매증권의 취득은 기중의 회계처리로서 결산과 관련이 없다.

40 다음 중 빈칸의 내용으로 가장 적합한 것은?

- 선급비용이 (㉠)되어 있다면 당기순이익은 과대계상 된다.
- 미수수익이 (㉡)되어 있다면 당기순이익은 과대계상 된다.

	㉠	㉡
①	과대계상	과소계상
②	과소계상	과소계상
③	과소계상	과대계상
④	과대계상	과대계상

해설 선급비용이 과대계상 되어 있다면 비용이 과소계상 되므로 당기순이익은 과대계상 된다. 미수수익이 과대계상 되어 있다면 수익이 과대계상 되므로 당기순이익은 과대계상 된다.

41 재무정보의 질적특성인 목적적합성의 구성요소가 아닌 것은?

① 표현의 충실성 ② 피드백가치
③ 적시성 ④ 예측가치

해설 목적적합성은 예측가치, 피드백가치, 적시성으로 구성된다.(재무회계개념체계 41~45)

42 회사가 소모품을 구입하면서 이를 모두 당기의 비용으로 회계처리 하였을 경우 다음 중 어떤 회계개념을 고려한 것인가? 단, 금액의 대소관계를 고려하지 않음.

① 보수주의 ② 수익비용의 대응
③ 편리성 ④ 계속성

해설 보수주의 회계개념을 고려한 경우이다.

43 다음 중 회계상 보수주의의 예로서 가장 거리가 먼 것은?

① 광고비는 미래의 효익이 불확실하므로 무형자산으로 하지 않고 비용으로 처리
② 발생가능성이 높은 우발이익을 이익으로 인식하지 않고 주석으로 보고
③ 회계연도이 이익을 줄이기 위하여 유형자산의 내용연수를 임의단축
④ 연구비와 개발비 중 미래의 효익이 불확실한 것을 연구비(판관비)로 처리

해설 유형자산의 내용연수를 이익조정 목적으로 단축하는 것은 회계처리의 오류에 해당한다.

정답 | 36. ① 37. ③ 38. ④ 39. ④ 40. ④ 41. ① 42. ① 43. ③

44 재무정보가 정보이용자의 의사 결정에 유용하기 위해서는 신뢰할 수 있는 정보이어야 한다. 이러한 신뢰성을 얻기 위한 질적특성이 아닌 것은?

① 표현의 충실성 ② 검증가능성
③ 비교가능성   ④ 중립성

해설 신뢰성을 위한 질적특성에는 표현의 충실성, 검증가능성, 중립성이 있다.

45 다음의 재무정보의 질적특성 중 성격이 다른 하나는?

① 예측가치   ② 검증가능성
③ 적시성   ④ 피드백가치

해설 목적적합성을 위한 질적특성에는 예측가치, 피드백가치, 적시성이 있다. 검증가능성은 신뢰성을 위한 질적특성이다.

46 재무정보가 유용하기 위해 갖추어야 할 다음의 속성 중 가장 중요한 질적 특성으로만 나열한 것은?

① 목적적합성, 신뢰성
② 피드백 가치, 예측가치
③ 비교가능성, 표현의 충실성
④ 검증가능성, 중립성

해설 재무정보가 갖추어야 할 가장 중요한 질적특성은 목적적합성(또는 관련성, 이하 목적적합성은 관련성과 동일한 의미로 사용함)과 신뢰성이다.(일반기업회계기준 재무회계개념체계 제3장 재무정보의 질적 특성, 문단 38)

47 다음은 재무회계개념체계에 대한 설명이다. 회계의 기본가정(공준) 중 무엇에 대한 설명인가?

> 기업실체는 그 경영활동을 청산하거나 중대하게 축소시킬 의도가 없을 뿐 아니라 청산이 요구되는 상황도 없다고 가정된다.

① 계속기업의 가정 ② 기업실체의 가정
③ 연결재무제표   ④ 발생주의 가정

해설 계속기업의 가정이란 기업실체는 그 목적과 의무를 이행하기에 충분할 정도로 장기간 존속한다고 가정하는 것을 말한다. (재무회계개념체계 64)

48 다음 중 손익계산서 작성 시 따라야 할 원칙이 아닌 것은?

① 발생주의
② 순액주의
③ 수익과 비용의 대응
④ 구분계산의 원칙

해설 수익과 비용은 각각 총액으로 보고하는 것을 원칙으로 한다. 다만, 다른 장에서 수익과 비용을 상계하도록 요구하는 경우에는 상계하여 표시하고, 허용하는 경우에는 상계하여 표시할 수 있다.

49 다음은 재무회계 개념체계에 대한 설명이다. 회계정보의 질적 특성 중 목적적합성과 관련이 없는 것은?

① 적시성   ② 중립성
③ 예측가치   ④ 피드백가치

해설 중립성은 회계정보의 질적 특성 중 신뢰성과 관련이 있다.

정답 | 44. ③ 45. ② 46. ① 47. ① 48. ② 49. ②

SECTION 02 | 당좌자산

> NCS 능력단위 : 0203020102자금관리   능력단위요소 : 01현금시재관리하기
> 1.1 회계 관련 규정에 따라 당일 현금 수입금을 수입일보에 기재하고 금융기관에 입금할 수 있다.
> 1.2 회계 관련 규정에 따라 출금 시 증빙서류의 적정성 여부를 판단할 수 있다.
> 1.3 출금할 때 정액자금 전도제에 따라 소액현금을 지급·관리할 수 있다.
> 1.4 회계 관련 규정에 따라 입·출금 전표 및 현금출납부를 작성하고 현금 시재를 일치시키는 작업을 할 수 있다.

> NCS 능력단위 : 0203020102자금관리   능력단위요소 : 02예금관리하기
> 2.1 회계 관련 규정에 따라 예·적금을 구분·관리할 수 있다.
> 2.2 자금운용을 위한 예·적금 계좌를 예치기관별·종류별로 구분·관리할 수 있다.
> 2.3 은행업무시간 종료 후 회계 관련 규정에 따라 은행잔고를 대조 확인할 수 있다.
> 2.4 은행잔고의 차이 발생시 그 원인을 규명할 수 있다.

> NCS 능력단위 : 0203020102자금관리   능력단위요소 : 03법인카드관리하기
> 3.1 회계 관련 규정에 따라 금융기관으로부터 법인카드를 발급·해지할 수 있다.
> 3.2 회계 관련 규정에 따라 법인카드 관리대장을 작성·관리할 수 있다.
> 3.3 법인카드의 사용범위를 파악하고 결제일 이전에 대금이 정산될 수 있도록 회계처리 할 수 있다.

> NCS 능력단위 : 0203020102자금관리   능력단위요소 : 04어음·수표관리하기
> 4.3 관련 규정에 따라 어음·수표를 발행·수령할 때 회계처리하고 어음관리대장에 기록·관리할 수 있다.
> 4.4 관련 규정에 따라 어음·수표의 분실 및 부도가 발생한 때 대처하여 해결방안을 수립할 수 있다.

유동자산
- 당좌자산 … 현금과 판매과정을 거치지 아니하고 현금화 가능한 자산
  현금및현금성자산, 매출채권(외상매출금, 받을어음), 단기금융상품(단기예금), 단기매매증권, 단기대여금, 미수금, 선급금, 미수수익, 선급비용 등
- 재고자산

① 현금및현금성자산

현　　금	통화 및 통화대용증권
	요구불예금 : 당좌예금, 보통예금 등으로 만기가 없이 수시로 입출금이 자유로운 예금
현금성자산	㉠ 큰 거래비용이 없으면서 현금으로 전환이 용이하고, 이자율 변동에 따른 가치의 변동의 위험이 중요하지 않은 채무증권 ㉡ 취득당시 만기(또는 상환일)이 3개월 이내인 단기금융상품

▶ 통화대용증권에는 타인발행수표, 자기앞수표, 가계수표, 송금수표, 우편환증서, 국고송금통지서, 만기가 도래한 어음, 만기가 도래한 공사채이자표, 배당금통지서, 대체저금환급증서, 일람출급어음 등이 있다.
▶ 단기금융상품은 취득일 현재 상환일까지 기간이 3개월 이내인 상환우선주, 3개월 이내에 환매조건인 환매채, 취득일 현재 3개월 내에 만기가 도래하는 정기예금, CD, MMF, MMDA 등을 말한다.

> **필수예제**
>
> 현금 100,000원을 보통예금으로 예금하다.
> (차) 보통예금　　　　100,000　　　　(대) 현　　금　　　　100,000

② 당좌예금과 당좌차월

구 분	내 용
당좌예금	은행과 당좌거래약정을 맺고 당좌수표를 발행할 수 있는 예금
당좌차월	당좌예금의 잔액을 초과하여 수표를 발행한 금액으로 단기차입금으로 분류
당좌개설보증금	당좌예금을 개설하기 위해 내는 보증금으로 전액 장기금융상품

③ 단기투자자산

단기투자자산이란 회사가 단기적인 투자 목적으로 보유하고 있는 단기예금, 단기매매증권, 단기대여금과 유동자산으로 분류되는 1년 이내에 만기가 도래하거나 처분될 예정인 매도가능증권, 만기보유증권 등을 말한다.

㉠ 단기금융상품(단기예금)

단기금융상품(단기예금)은 금융회사에서 취급하는 저축성예금, 양도성예금증서, 기업어음 등으로 결산일로부터 만기가 1년 이내에 도래하는 자산이다.

> **필수예제**
>
> (1) 일박은행에 정기예금(6개월 만기) 100,000원을 현금으로 입금하다.
> (차) 단기예금(정기예금)　100,000　　　(대) 현　　금　　　　100,000
> (2) 경영상사에 현금 100,000원을 6개월간 빌려주다.
> (차) 단기대여금　　　　100,000　　　(대) 현　　금　　　　100,000

㉡ 단기매매증권

단기매매증권이란 단기간(1년 이내) 내에 매매차익을 목적으로 취득한 유가증권으로 매수와 매도가 적극적이고 빈번하게 이루어지는 것을 말한다. 상장 주식이나 채권이 여기에 해당하며 매수·매도가 빈번하지 아니하거나 시장성이 없으면 매도가능증권이나 만기보유증권으로 분류한다.

ⓐ 취득시 회계처리

단기매매증권을 취득하면 제공하거나 수취한 대가의 공정가치로 측정한다. 이때 취득 부대비용은 포함하지 않는다.

취득금액 1,200원, 수수료 100원에 취득한 경우 분개	(차) 단기매매증권 1,200 (대) 현 금 1,300 수수료비용 100

▶ 단기매매증권은 취득부대비용을 별도의 영업외비용으로 처리하고 매도가능증권과 만기보유증권은 원가에 포함한다.

ⓑ 처분시 회계처리

장부금액과 처분금액의 차이를 단기투자자산처분손익으로 처리한다.

장부금액 1,200원의 단기매매증권을 1,100원에 처분	(차) 현 금 1,100 (대) 단기매매증권 1,200 단기투자자산처분손실 100

ⓒ 기말 평가의 회계처리

단기매매증권은 보고기간 말에 공정가치로 평가하여 장부금액과 차이를 단기투자자산평가손익으로 처리한다.

단기매매증권(장부금액 1,200원)의 공정가치가 900원인 경우	(차) 단기투자자산평가손실 300 (대) 단기매매증권 300

▶ 단기투자자산평가손익은 영업외손익이고 매도가능증권평가손익은 기타포괄손익누계액에 해당한다.

ⓓ 이자와 배당금 회계처리

소유하고 있는 채권의 이자를 받았을 때에는 이자수익으로 처리하고, 주식에 대하여 현금배당을 받았을 때에는 배당금수익으로 회계처리한다.

배당 결의	(차) 미수배당금 500 (대) 배당금수익 500
배당금 수령	(차) 현 금 500 (대) 미수배당금 500

▶ 주식배당이나 무상증자로 인하여 주식을 받은 경우에는 별도의 회계처리를 하지 않는다. 다만, 주식배당이나 무상증자로 인하여 변경된 주식수에 따라 단가를 변경한다.

필수예제

(1) 단기간 내의 매매차익을 목적으로 상장사인 ㈜세방전자 주식 100주를 @8,000원에 구입하고, 매입수수료 50,000원과 함께 현금으로 지급하였다.
　　(차) 단기매매증권   800,000   (대) 현   금   850,000
　　　　수수료비용   50,000

(2) 단기간 내의 매매차익을 목적으로 보유하고 있던 ㈜세방전자 주식 100주(액면금액 @5,000원, 장부금액 @8,000원)를 @9,000원에 매각하고 그 대금은 전액 현금으로 받아 당좌예금계좌에 입금하다.
　　(차) 당좌예금   900,000   (대) 단기매매증권   800,000
　　　　　　　　　　　　　　　　　　　　단기매매증권처분이익   100,000
　　　　　　　　　　　　　　　　　　　　(단기투자자산처분이익)

④ 유가증권의 분류

계정과목	보유목적	지분증권	채무증권	재무상태표 표시
만기보유증권	만기보유 목적	×	○	투자자산 중 장기투자증권
단기매매증권	단기간의 매매차익	○	○	당좌자산 중 단기투자자산
매도가능증권	단기매매증권이나 만기보유증권 이외	○	○	당좌자산 중 단기투자자산 또는 투자자산 중 장기투자증권
지분법적용 투자주식	피투자회사에 중대한 영향력 행사	○	×	투자자산 중 지분법적용투자주식

필수예제

단기간 내의 매매차익을 목적으로 상장사인 ㈜대성의 주식 50주를 @30,000원에 취득하고, 대금은 수수료 50,000원과 함께 현금으로 지급하였다(단 동 주식은 매수와 매도가 빈번하게 발생하지 않는다고 가정한다).

(차) 매도가능증권   1,550,000   (대) 현 금   1,550,000
50주×30,000+50,000=1,550,000원

▶ 매도가능증권으로 분류하면 취득시 부대비용을 취득원가에 가산하여야 한다.

⑤ **매출채권**

매출채권이란 회사의 주된 영업활동인 상품, 제품의 판매 또는 서비스의 제공으로 발생한 외상채권인 외상매출금과 어음상 채권인 받을어음을 말한다. 외상매출금과 받을어음을 합해서 재무상태표에는 매출채권으로 표시하게 된다.

㉠ 외상매출금

상품, 제품 등을 외상으로 매출하고 발생한 채권을 외상매출금이라 한다. 채권이 발생하면 외상매출금계정 차변에 기입하고 매출처로부터 외상매출금을 회수하면 채권금액이 감소하므로 외상매출금계정 대변에 기입한다.

필수예제

(1) ㈜경영에 제품 500,000원을 매출하고 대금은 전액 외상으로 하였다.
(차) 외상매출금   500,000   (대) 제품매출   500,000

(2) ㈜경영의 외상매출금 중 400,000원을 현금으로 회수하다.
(차) 현 금   400,000   (대) 외상매출금   400,000

ⓛ 받을어음

상품, 제품 등을 매출하고 발생한 어음상의 채권을 받을어음이라 한다. 어음을 수취하면 받을어음계정 차변에 기입하고, 어음대금을 회수하면 채권금액이 감소하므로 받을어음계정 대변에 기입한다.

⑥ 어음의 회계처리

어음은 상품 대금이나 외상매입금의 지급을 위하여 사용되는 것으로 발행인이 수취인에게 약정기일에 약정한 장소에서 어음에 표시한 금액을 지급할 것을 약속하는 약속어음과 어음에 표시된 금액을 어음의 수취인에게 지급할 것을 위탁하는 환어음이 있다. 어음의 수취인은 어음의 지급기일이 도래하면 거래은행에 어음대금을 받아 줄 것을 의뢰한다. 이것을 추심의뢰라 하고, 어음대금을 회수하는 것을 추심이라 한다.

추심의뢰는 거래가 아니므로 회계처리를 할 필요가 없지만 이때 발생하는 추심수수료는 별도의 비용으로 회계처리 하여야 한다.

ⓐ 제품을 매출하고 어음을 받으면

(차변) 받을어음 ×××	(대변) 제품매출 ×××

ⓑ 어음대금을 만기일에 추심하면

(차변) 당좌예금 ×××	(대변) 받을어음 ×××

㉠ 어음의 배서

어음의 배서란 수취한 어음을 어음의 만기가 되기 전에 상품 매입대금이나 외상매입금의 지급을 위하여 제3자에게 양도하는 것을 말한다.

ⓐ 제품을 매출하고 약속어음 또는 환어음을 수취하면

(차변) 받을어음 ×××	(대변) 제품매출 ×××

ⓑ 위의 수취한 어음을 외상매입금의 지급을 위하여 배서 양도하면

(차변) 외상매입금 ×××	(대변) 받을어음 ×××

㉡ 어음의 할인

어음의 할인은 만기일 이전에 만기에 추심할 어음의 액면을 담보로 어음대금을 미리 지급받는 것이므로 만기일까지의 이자를 공제하고 잔액만 받게 된다. 이때 차감되는 이자를 할인료라 한다. 어음의 할인을 채권의 매각거래로 보는 경우 할인료는 이자비용계정으로 하지 않고 매출채권처분손실계정 차변에 기입한다.

ⓐ 수취한 어음 100,000원을 할인료 5,000원으로 은행에서 할인하면(매각거래)

(차변) 당좌예금	95,000	(대변) 받을어음	100,000
매출채권처분손실	5,000		

> **필수예제**
>
> (1) (주)금왕수산에 제품 100,000원을 판매하고 대금은 동사발행 약속어음으로 받다.
> (차) 받을어음　　　　　100,000　　(대) 제품매출　　　　　100,000
>
> (2) (주)금왕수산에서 받은 약속어음 100,000원을 유리은행에서 할인하고, 할인료 5,000원, 수수료 3,000원을 차감한 나머지를 당사 보통예금계좌에 입금하다(매각거래).
> (차) 보통예금　　　　　92,000　　(대) 받을어음　　　　　100,000
> 　　매출채권처분손실　　8,000
>
> (3) 유리은행에 추심의뢰한 (주)금왕수산에서 제품 매출대금으로 받은 약속어음 100,000원이 추심되어, 추심수수료 5,000원을 차감한 잔액을 당사 당좌예금계좌에 입금하다.
> (차) 당좌예금　　　　　95,000　　(대) 받을어음　　　　　100,000
> 　　수수료비용　　　　　5,000

⑦ **채권의 대손**

　㉠ 대손상각비의 개요

　　외상매출금, 받을어음 등의 채권이 채무자의 파산 등의 사유로 회수가 불가능하게 된 경우를 대손이라 한다.

　　・외상매출금 50,000원이 회수 불능되다.

(차변) 대손상각비	50,000	(대변) 외상매출금	50,000

　㉡ 대손충당금의 설정

　　대손충당금을 설정하는 때에 기말 결산 전에 대손충당금 잔액이 있으면 그 대손충당금 잔액과 대손예상액을 비교하여 차액만 회계처리 하여야 한다.

　　・결산 기말에 외상매출금에 대하여 20,000원의 대손을 예상하다.

대손충당금 잔액 : 12,000원	(차) 대손상각비　8,000　(대) 대손충당금　8,000
대손충당금 잔액 : 25,000원	(차) 대손충당금　5,000　(대) 대손충당금환입　5,000

▶ 대손충당금 설정에 대한 회계처리는 보충법에 의하므로 결산일 현재 대손충당금을 상계하고 잔액만 회계처리 하지만 재무상태표에는 대손추산액인 대손충당금 설정액이 표시된다.
▶ 대손충당금은 평가성항목으로 매출채권에서 차감되는 형식으로 표시하는 것이 원칙이나 해당 매출채권에서 직접 차감하여 표시할 수 있다.

ⓒ 대손충당금이 있는 경우의 대손발생

채권에 대하여 대손이 발생하는 때에 대손충당금 잔액이 있으면 먼저 대손충당금의 감소로 처리하고 잔액을 대손상각비로 처리한다.

· 외상매출금 100,000원의 대손이 일어나다.

대손충당금 잔액 : 없는 경우	(차) 대손상각비	100,000	(대) 외상매출금	100,000
대손충당금 잔액 : 150,000원	(차) 대손충당금	100,000	(대) 외상매출금	100,000
대손충당금 잔액 : 20,000원	(차) 대손충당금 　　　대손상각비	20,000 80,000	(대) 외상매출금	100,000

ⓔ 대손상각비와 대손충당금환입

대손상각비는 매출채권에서 발생한 것은 판매비와관리비로, 미수금 등의 기타채권에서 발생한 것은 영업외비용으로 처리한다. 그리고 대손충당금환입은 매출채권에서 발생한 것은 판매관리비의 차감으로 표시하고, 기타채권은 영업외수익으로 표시한다.

⑧ **기타의 당좌자산**

기타의 당좌자산에는 미수금, 선급금, 미수수익, 선급비용, 이연법인세자산 등이 있다.

㉠ 미수금

상품, 제품 이외의 자산을 처분하고 대금을 외상으로 하면 자산계정인 미수금계정 차변에 기입하고 상품, 제품 이외의 자산의 매각으로 인한 외상대금을 회수하면 미수금계정 대변에 기입한다.

필수예제

한민상시에 비품을 600,000원(취득원가 1,000,000원, 감가상각누계액 없음)에 처분하고 대금은 전액 외상으로 하다.
(차) 미 수 금　　　　600,000　　　　(대) 비　　품　　　1,000,000
　　유형자산처분손실　400,000

▶ 비품을 매각하고 어음을 받으면 받을어음이 아니라 미수금으로 처리한다.

㉡ 미수수익

미수수익은 기간손익을 발생주의에 의하는 경우 기간이 경과함에 따라 발생한 수익 중 미회수액을 계상하는 채권계정이다.

> **필수예제**
>
> 결산시 대여금에 대한 기간경과분 이자 100,000원을 계상하다.
> (차) 미수수익　　　　100,000　　　(대) 이자수익　　　　100,000

ⓒ 선급금

상품, 원재료 등을 주문하고 매입하기 전에 착수금이나 계약금 등을 미리 지급하면 자산인 선급금계정 차변에 기입하고 주문한 상품 등이 도착하면 매입대금에 충당하고 선급금계정 대변에 기입한다.

> **필수예제**
>
> (1) (주)호동상사와 원재료 매매계약을 체결하고 그 대금 중 일부인 100,000원을 미리 당점발행 당좌수표로 지급하다.
> (차) 선 급 금　　　　100,000　　　(대) 당좌예금　　　　100,000
>
> (2) (주)호동상사에서 원재료 300,000원을 매입하고, 위의 (1)에서 지급한 100,000원을 차감한 나머지는 외상으로 하다.
> (차) 원 재 료　　　　300,000　　　(대) 선 급 금　　　　100,000
> 　　　　　　　　　　　　　　　　　　　　외상매입금　　　 200,000

ⓔ 선급비용

선급비용은 계속적인 용역 공급에 대하여 선지급한 비용 중 기간이 미경과되어 차기 이후에 해당하는 부분을 자산으로 대체, 이연처리하는 경과계정이다. 이는 주로 이자비용, 보험료, 임차료 등 관습상 기간 전에 선지급하는 비용에서 나타난다.

> **필수예제**
>
> (1) 9월 1일 구월빌딩의 건물을 6개월간 임차하기로 계약하고 6개월분 임대료 60,000원(월 10,000원)을 현금으로 지급하였다.
> (차) 임 차 료　　　　60,000　　　(대) 현　　금　　　　60,000
>
> (2) 12월 31일 현재 결산일이 되다.
> (차) 선급비용　　　　20,000　　　(대) 임 차 료　　　　20,000

ⓜ 가지급금

가지급금이란 금전의 지급이 있으나 그 내용이나 금액이 확정되지 않았을 때 일시적으로 처리하는 자산계정으로 금전을 지급하면 가지급금계정 차변에 기입하고 그 내용이나 금액이 확정되면 해당 계정으로 처리하면서 가지급금계정 대변에 기입한다.

> **필수예제**

(1) 지방출장비 명목으로 직원인 김회계에게 현금 100,000원을 미리 지급하다.
   (차) 가지급금　　　　100,000　　　(대) 현　　금　　　　100,000

(2) 위의 김회계가 돌아와 출장시 사용한 70,000원을 제외한 나머지를 현금으로 반환받다.
   (차) 여비교통비　　　 70,000　　　(대) 가지급금　　　　100,000
　　　현　　금　　　 30,000

확인예제

POINT 전산회계 1급

01 다음 중에서 현금및현금성자산에 속하지 않는 것은?

① 현금 및 지폐
② 타인발행 당좌수표
③ 자기앞수표
④ 취득 당시 5개월 후 만기 도래 기업어음(CP)

[해설] ④ 취득 당시 3개월 내 만기가 도래하는 기업어음(CP)만 현금성자산에 포함된다.

02 다음 중 일반기업회계기준에서 현금및현금성자산은 얼마인가?

- 통화대용증권 : 200,000원
- 우표 및 수입인지 : 100,000원
- 보통예금 : 300,000원
- 정기예금 : 400,000원
- 취득당시에 만기가 100일 남아있는 단기금융상품 : 500,000원

① 500,000원
② 600,000원
③ 900,000원
④ 1,000,000원

[해설] ① 통화대용증권(200,000) + 보통예금(300,000) = 500,000원

03 다음은 ㈜나라가 당기에 구입하여 보유하고 있는 단기매매증권이다. 기말 단기매매증권 평가 시 올바른 손익은 얼마인가?

종 류	액면금액	취득금액	공정가치
㈜금나와라뚝딱	50,000원	100,000원	80,000원
㈜은도깨비	30,000원	20,000원	35,000원

① 단기매매증권평가손익 없음
② 단기매매증권평가손실 5,000원
③ 단기매매증권평가이익 5,000원
④ 단기매매증권평가이익 35,000원

[해설] ② −20,000+15,000=−5,000원
㈜금나와라뚝딱 취득금액(100,000) − 공정가치(80,000) = 평가손실 20,000원 발생
㈜은도깨비 취득금액(20,000) − 공정가치(35,000) = 평가이익 15,000원 발생

04 다음 (가), (나)의 거래를 분개할 때, 차변에 기입되는 계정과목으로 바르게 짝지은 것은?

> (가) 일반적 상거래 외 거래에서 외상으로 발생하는 채권에 대해서 (가) 계정을 사용한다.
> (나) 상품 등을 인수하기 전에 상품 등의 대금을 지급한 경우 (나) 계정으로 처리한다.

① (가) 외상매출금 (나) 선급금
② (가) 미수금   (나) 선급금
③ (가) 외상매출금 (나) 선수금
④ (가) 미수금   (나) 선수금

해설 ② (가)는 상품 및 제품 외의 외상 거래의 채권은 미수금 계정을, 채무는 미지급금 계정을 사용한다.
(나)는 계약금을 먼저 지급할 때는 선급금, 받을 때는 선수금 계정을 사용한다.

---

05 ㈜미래는 8월에 영업을 개시하여 다음과 같이 거래를 하였다. 8월 말 현재 회수할 수 있는 매출채권 잔액은 얼마인가?

> 〈거래 내역〉
> 8/2   ㈜우리에게 제품 5,000,000원을 외상으로 납품하다.
> 8/4   납품한 제품 중 하자가 발견되어 100,000원이 반품되다.
> 8/20 ㈜우리의 외상대금 중 3,000,000원을 회수시 조기 자금 결제로 인하여 약정대로 50,000원을 할인한 후 잔액을 현금으로 받다.

① 2,000,000원
② 1,900,000원
③ 1,950,000원
④ 2,050,000원

해설 ② 외상매출금 5,000,000원 - 환입 100,000원 - 외상대금 회수 3,000,000원 = 1,900,000원

---

06 ㈜한세의 기말 재무상태표 일부이다. 당기 손익계산서에 기록될 대손상각비는 얼마인가?

> • 기초 대손충당금 73,000원, 기중 대손발생액 30,000원이다.
> • 기말 재무상태표 매출채권은 5,000,000원, 대손충당금은 110,000원이다.

① 30,000원
② 43,000원
③ 67,000원
④ 80,000원

해설 ③ 기초대손충당금 73,000원 - 기중대손발생액 30,000원 = 대손충당금 잔액 43,000원
이때 기말 대손충당금을 110,000원으로 한다면, 결산수정분개로 67,000원을 추가로 설정하여야 한다.
(차) 대손상각비   67,000   (대) 대손충당금   67,000

대손충당금			
기중 대손발생	30,000	기초	73,000
기말	110,000	대손상각비	67,000

02 평가문제

01 다음 중 재무상태표의 현금 및 현금성자산에 포함되지 않는 것은?
① 통화 및 타인발행수표 등 통화대용증권
② 단기매매증권
③ 취득 당시 만기일(또는 상환일)이 3개월 이내인 금융상품
④ 당좌예금과 보통예금

해설 단기투자자산은 기업이 여유자금의 활용 목적으로 보유하는 단기예금, 단기매매증권, 단기대여금 및 유동자산으로 분류되는 매도가능증권과 만기보유증권 등의 자산을 포함한다.

02 다음 자료에 의하여 결산 재무상태표에 표시되는 현금 및 현금성자산은 얼마인가?

㉠ 당좌예금	150,000원
㉡ 보통예금	120,000원
㉢ 자기앞수표	500,000원
㉣ 양도성예금증서(30일 만기)	500,000원

① 1,270,000원 ② 1,500,000원
③ 620,000원   ④ 270,000원

해설 현금 및 현금성자산은 당좌예금 150,000 + 보통예금 120,000 + 자기앞수표 500,000 + 30일 만기 양도성예금증서 500,000을 합한 1,270,000원이 된다.

03 다음 중 은행과의 약정에 의해 당좌예금잔액을 초과하여 당좌수표를 발행하였을 때 대변에 기입하여야 하는 계정과목으로 가장 적절한 것은?
① 선수금   ② 단기대여금
③ 단기차입금 ④ 지급어음

해설 당좌예금 잔액을 초과하여 수표를 발행한 경우 은행으로부터의 단기적인 차입에 해당하므로 단기차입금계정에 기입하여야 한다.

04 유가증권과 관련한 다음의 설명 중 적절치 않은 것은?
① 유가증권에는 지분증권과 채무증권이 포함된다.
② 만기가 확정된 채무증권을 만기까지 보유할 적극적인 의도와 능력이 있는 경우에는 만기보유증권으로 분류한다.
③ 만기보유증권으로 분류되지 아니하는 채무증권은 매도가능증권으로만 분류된다.
④ 주로 단기간 내의 매매차익을 목적으로 취득한 유가증권으로서 매수와 매도가 적극적이고 빈번하게 이루어지는 것은 단기매매증권으로 분류한다.

해설 지분증권과 및 만기보유증권으로 분류되지 아니하는 채무증권은 단기매매증권과 매도가능증권 중의 하나로 분류한다.(일반기업회계기준 6.27)

05 유가증권에 대한 설명이다. 옳은 것은?
① 유가증권 중 채권은 취득한 후에 단기매매증권이나 매도가능증권 중의 하나로만 분류한다.
② 단기매매증권이 시장성을 상실한 경우에는 매도가능증권으로 분류하여야 한다.
③ 단기매매증권과 만기보유증권은 원칙적으로 공정가치로 평가한다.
④ 매도가능증권은 주로 단기간 내의 매매차익을 목적으로 취득한 유가증권이다.

해설 ① 채권은 만기보유증권으로 분류한다.
③ 단기매매증권은 공정가치로, 만기보유증권은 상각 후원가로 평가한다.
④ 매도가능증권은 단기보유 목적은 유동자산으로 장기보유 목적은 비유동자산(투자자산)으로 분류한다.

정답 | 1. ② 2. ① 3. ③ 4. ③ 5. ②

06 다음은 (주)고려개발이 단기매매목적으로 매매한 (주)삼성가전 주식의 거래내역이다. 기말에 (주)삼성가전의 공정가치가 주당 20,000원인 경우 손익계산서상의 단기매매증권평가손익과 단기매매증권처분손익은 각각 얼마인가? 단, 취득원가의 산정은 이동평균법을 사용한다.

거래 일자	매입 수량	매도 (판매) 수량	단위당 매입금액	단위당 매도금액
6월 1일	200주		20,000원	
7월 6일	200주		18,000원	
7월 20일		150주		22,000원
8월 10일	100주		19,000원	

① 단기매매증권평가손실　450,000원
　단기매매증권처분이익　350,000원
② 단기매매증권평가이익　450,000원
　단기매매증권처분이익　350,000원
③ 단기매매증권평가이익　350,000원
　단기매매증권처분손실　450,000원
④ 단기매매증권평가이익　350,000원
　단기매매증권처분이익　450,000원

해설 ① 단기매매증권의 처분손익
　　　＝ 150주 × 22,000 - 150주 × 19,000*
　　　＝ 3,300,000 - 2,850,000
　　　＝ 450,000원
　* ∵ (200주 × 20,000 + 200주 × 18,000) / 400주
　② 단기매매증권의 평가손익
　　　＝ 평가금액 - 장부금액
　　　＝ 350주 × 20,000 - 350주 × 19,000
　　　＝ 350주 × 1,000 ＝ 350,000원(이익)

07 (주)영광은 제1기(1.1~12.31)의 1월 2일에 단기적인 시세차익 목적으로 상장주식 100주(주당 20,000원)을 현금으로 취득하였다. 12월 31일의 1주당 시가는 25,000원이었다. (주)영광은 제2기(1.1~2.31) 1월 1일에 1주당 30,000원에 50주를 매각하였다. 제2기 12월 31일의 1주당 시가는 20,000원이었다. 일련의 회계처리 중 잘못된 것을 고르면?

① 주식 취득시
　(차) 단기매매증권　2,000,000
　　(대) 현　　금　　2,000,000

② 제1기 12월 31일
　(차) 단기매매증권　500,000
　　(대) 단기매매증권평가이익 500,000

③ 제2기 1월 1일
　(차) 현　　금　　1,500,000
　　(대) 단기매매증권　1,000,000
　　　단기매매증권처분이익 500,000

④ 제2기 12월 31일
　(차) 단기매매증권평가손실 250,000
　　(대) 단기매매증권　　250,000

해설 (차) 현금 1,500,000 (대) 단기매매증권　1,250,000
　　　　　　　　　　　단기매매증권처분이익 250,000

08 (주)서원은 20X1년 6월 1일 은행으로부터 30,000,000원(상환기간 2년, 이자율 12%)을 차입하여 단기간 내의 매매차익을 목적으로 삼성전자(주) 주식을 매입하였다. 주가가 상승하여 20X1년 10월 10일 일부를 처분하였다. 이와 관련하여 20X1년 재무제표에 나타날 수 없는 계정과목은?

① 단기매매증권
② 단기매매증권처분이익
③ 이자비용
④ 단기차입금

해설 상환기간이 2년이므로 장기차입금 계정이 나타나야 한다.

09 다음 중 유가증권에 대한 내용으로 옳지 않은 것은?

① 유가증권은 만기보유증권, 단기매매증권, 매도가능증권 중의 하나로 분류한다.
② 유가증권의 분류는 취득시 결정되면 그 후에 변동되지 않는다.
③ 주로 단기간 내의 매매차익을 목적으로 취득한 시장성 있는 유가증권으로서 매수와 매도가 적극적이고 빈번하게 이루어지는 것은 단기매매증권이다.
④ 만기가 확정된 채무증권으로서 상환금액이 확정되었거나 확정이 가능한 채무증권을 만기까지 보유할 적극적인 의도와 능력이 있는 경우에는 만기보유증권이다.

정답 | 6. ④ 7. ③ 8. ④ 9. ②

해설 유가증권의 보유의도와 보유능력에 변화가 있어 재분류가 필요한 경우에는 다음과 같이 처리한다.
(1) 단기매매증권은 다른 범주로 재분류할 수 없으며, 다른 범주의 유가증권의 경우에도 단기매매증권으로 재분류할 수 없다. 다만, (일반적이지 않고 단기간 내에 재발할 가능성이 매우 낮은 단일한 사건에서 발생하는) 드문 상황에서 더 이상 단기간 내의 매매차익을 목적으로 보유하지 않는 단기매매증권은 매도가능증권이나 만기보유증권으로 분류할 수 있으며, 단기매매증권이 시장성을 상실한 경우에는 매도가능증권으로 분류하여야 한다.
(2) 매도가능증권은 만기보유증권으로 재분류할 수 있으며 만기보유증권은 매도가능증권으로 재분류할 수 있다.
(3) 유가증권과목의 분류를 변경할 때에는 재분류일 현재의 공정가치로 평가한 후 변경한다.

10 유가증권 중 단기매매증권에 대한 설명이다. 다음 보기 중 가장 틀린 것은?
① 단기간 내의 매매차익을 목적으로 매수·매도가 적극적이고 빈번하여야 한다.
② 기말의 평가방법은 공정가치법이다.
③ 기말평가차이는 영업외수익 또는 영업외비용으로 처리한다.
④ 단기매매증권은 유형자산으로 분류된다.

해설 단기매매증권은 유동자산으로 분류한다.

11 유가증권을 보유함에 따라 무상으로 주식을 배정받은 경우 회계처리방법은?
① 배당금수익(영업외수익)으로 처리한다.
② 장부금액을 증가시켜주는 회계처리는 하지 않고, 수량과 단가를 새로이 계산한다.
③ 장부금액을 증가시켜주는 회계처리를 하고, 수량과 단가를 새로이 계산한다.
④ 장부금액을 증가시켜주는 회계처리를 하고, 수량과 단가를 새로이 계산하지 않는다.

해설 장부금액을 증가시켜주는 회계처리는 하지 않고, 수량과 단가를 새로이 계산한다.

12 매도가능증권의 평가에 대한 설명 중 가장 옳지 않은 것은?
① 매도가능증권평가손익은 영업외손익으로 손익계산서에 반영된다.
② 장부금액이 공정가치보다 높을 경우에는 매도가능증권평가손실로 계상한다.
③ 단기매매증권이나 만기보유증권으로 분류되지 않는 유가증권에 대한 평가이다.
④ 시장성있는 매도가능증권은 장부상 금액을 공정가치에 일치시켜야 한다.

해설 매도가능증권평가손익은 기타포괄손익누계액으로 분류되므로 손익계산서에 기입할 수 없다.

13 다음 중 재무제표상 자산의 차감항목으로 표시되지 않는 것은?
① 상환의무가 없는 정부보조금(국고보조금)
② 감가상각누계액
③ 대손충당금
④ 단기매매증권평가손실

해설 단기매매증권평가손실은 손익항목이다.

14 매출채권에 대한 설명이다. 다음 중 가장 틀린 것은?
① 기업의 일반적인 상거래에서 발생하는 외상대금을 처리하는 계정이다.
② 제품을 매출한 후 제품의 파손, 부패 등의 사유로 값을 깎아 주는 것을 매출할인이라 한다.
③ 제품의 하자로 인하여 반품된 매출환입은 제품의 총매출액에서 차감한다.
④ 매출채권을 매각할 경우 "매출채권처분손실" 계정이 발생할 수 있다.

해설 매출할인은 물건의 하자로 인하여 발생하는 것이 아니라 물건대금을 조기에 회수하는 경우 깎아주는 것을 말한다.

정답 | 10. ④ 11. ② 12. ① 13. ④ 14. ②

15 당기초에 영업활동을 개시한 (주)회계는 상품의 매출원가에 30%의 이익을 가산하여 외상판매하고 있다. 당기 중 상품 총매입액이 800,000원, 기말상품재고액이 250,000원, 당기 중 현금회수액이 400,000원이라면 기말에 미회수된 매출채권잔액은 얼마인가?

① 180,000원   ② 254,000원
③ 390,000원   ④ 315,000원

해설 (800,000-250,000) × 1.3 - 400,000 = 315,000원

16 다음 중 대손충당금 설정대상자산으로 적합한 것은?

① 미지급금   ② 대여금
③ 외상매입금   ④ 예수금

해설 대여금은 대손충당금 설정대상자산으로 할 수 있다.

17 다음 계정과목에 대한 설명 중 옳은 것은?

① 운동화를 판매하는 회사가 건물을 취득하면서 대금의 일부를 현금으로 지급하고 나머지를 나중에 지급하기로 하였을 경우, 이에 대한 채무를 "외상매입금" 또는 "매입채무"로 기록한다.
② 기업이 단기간 매매차익을 얻을 목적으로 시장성이 있는 타사 발행 사채를 취득한 경우, 이를 "사채"로 기록한다.
③ 냉장고를 타 회사로부터 매입하여 판매하는 회사는 냉장고를 "상품"으로 기록한다.
④ 다른 회사에서 약속어음을 받고 현금을 빌려줄 경우, 이에 대한 채권을 "받을어음"으로 기록한다.

해설 ① 건물의 외상취득은 '외상매입금' 또는 '매입채무'가 아니라 '미지급금' 계정으로 회계처리한다.
② 단기간 매매차익을 얻을 목적으로 시장성이 있는 타사 발행 사채를 취득하는 경우는 '사채'가 아니라 '단기매매증권' 계정이다.
④ 약속어음을 받고 현금을 빌려준 경우 '받을어음'이 아니라 '대여금' 계정 또는 '어음대여금'계정으로 회계처리된다.

18 (주)성원은 채권잔액의 2%를 대손충당금으로 설정한다. 다음 자료에서 20X1년 말 대손충당금 추가설정액은 얼마인가?

20X1.12.31 매출채권잔액	200,000,000원
20X1. 1. 1 대손충당금	1,000,000원
20X1. 5. 1 대손발생	300,000원

① 1,000,000원   ② 4,000,000원
③ 3,000,000원   ④ 3,300,000원

해설 200,000,000 × 2% - (1,000,000-300,000)
= 3,300,000원

19 제조업을 운영하는 A회사가 기말에 외상매출금에 대한 대손충당금을 설정할 경우, 다음의 손익계산서 항목 중 변동되는 것은?

① 영업이익   ② 매출원가
③ 매출액   ④ 매출총이익

해설 외상매출금에 대한 대손충당금 설정의 분개는 차변에 대손상각비(판매관리비)로 하므로 영억이익의 변동을 가져온다.

정답 | 15. ④ 16. ② 17. ③ 18. ④ 19. ①

SECTION 03 | 재고자산

재고자산이란 기업의 정상적인 영업활동과정인 판매를 목적으로 보유하거나, 판매할 제품의 생산을 위하여 사용 또는 소비될 자산을 말한다.

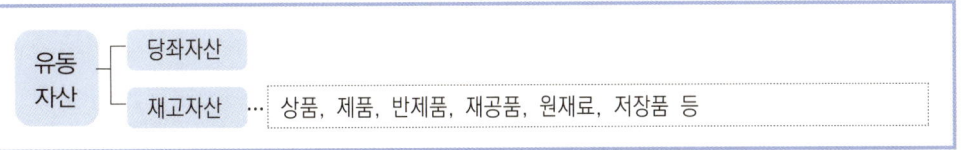

1 재고자산의 매입과 매출

재고자산은 외부로부터 매입하는 재고자산인 상품, 원재료 등과 자가제조하는 제품, 재공품 등으로 구분할 수 있다. 재고자산의 취득원가는 다음과 같이 계산한다.

구 분	취 득 원 가
외부매입	매입금액 + 매입부대비용
자가제조	직접재료비 + 직접노무비 + 제조간접비

▶ 재고자산의 매입금액이란 총매입가액에서 매입할인액, 매입에누리액 및 매입환출액을 차감한 순매입액을 말한다.
▶ 매입부대비용이란 매입운임, 매입수수료, 하역비, 보험료 등을 말한다. 이러한 매입부대비용을 판매자가 부담하는 경우에는 취득원가에 가산할 수 없고 판매자의 판매비로 처리한다.

① 순매출액의 계산

순매출액은 일정기간동안 판매한 모든 상품의 판매가격인 총매출액에서 매출에누리와 환입액 및 매출할인액을 차감하여 계산한다.

구 분	내 용
매출환입	판매된 상품이 반품되어 온 것
매출에누리	판매된 상품에 파손이나 하자가 있어 값을 깎아 주는 것
매출할인	상품을 매입한 상대방이 대금을 조기에 지급함에 따라 일정액을 깎아 준 것

② 순매입액의 계산

총매입액에서 매입환출, 매입에누리 및 매입할인을 차감하여 순매입액을 구한다.

구 분	내 용
매입환출	매입한 재고자산을 반품한 것
매입에누리	매입한 재고자산의 파손이나 하자를 이유로 값을 깎은 것
매입할인	재고자산의 구입 대금을 조기에 지급할 때에 상대방이 깎아 준 것

③ 매출원가의 계산

구 분	매 출 원 가
상품매출원가	기초상품재고액 + 당기매입액 – 기말상품재고액 – 타계정대체액
제품매출원가	기초제품재고액 + 당기제품제조원가 – 기말제품재고액 – 타계정대체액

▶ 기말재고액은 정상감모손실과 재고자산평가손실을 차감한 잔액을 말한다.

④ 매출총이익의 계산

매출총이익은 순매출액에서 매출원가를 차감하여 구한다.

2 기말재고자산의 평가

기말 재고자산의 평가는 재고자산 수량(실제 수량)에 단위당원가(단가)를 곱해서 구한다. 재고자산의 평가는 취득원가에 의하는 것이 원칙이지만, 재고자산의 시가가 취득원가보다 하락했다면 시가를 적용하여야 한다.

① 기말재고자산의 수량 파악

㉠ 계속기록법

계속기록법은 기중에 재고자산의 입출고에 의한 변동을 빠짐없이 기록하여 장부에 의하여 재고자산의 수량을 파악하는 방법이다.

㉡ 실지재고조사법

실지재고조사법이란 입고만 기록하고 재고자산의 수량을 직접 조사해서 파악한 후 판매가능수량에서 실지재고수량을 차감하여 당기판매수량을 파악하는 방법이다.

판매가능수량 = 기초재고수량 + 당기매입수량
당기판매수량 = 판매가능수량 – 실지재고수량

② 기말재고자산의 단가 산정

㉠ 원가흐름의 가정

원가흐름의 가정이란 매입단가가 계속하여 변동하는 경우에 판매되는 재고자산의 원가를 어떻게 결정할 것인가를 가정한 것을 말한다.

㉡ 단가 산정 방법

구 분	내 용
개 별 법	상품별로 매입단가를 개별적으로 적용하는 방법
선입선출법	먼저 매입한 상품이 먼저 판매된 것으로 가정하여 원가를 배분하는 방법
후입선출법	나중에 매입한 상품이 먼저 판매된 것으로 가정하여 원가를 배분하는 방법
가중평균법	먼저 사온 상품과 나중에 사온 상품이 평균적으로 판매된다고 가정하는 방법
소매재고법	매출가격환원법이라고도 하는 것으로 판매가격으로 평가한 기말재고금액에 원가율을 적용하는 방법으로 백화점 등의 유통업종에서만 사용할 수 있다.

▶ 후입선출법은 한국채택국제회계기준에서는 인정하지 않는 방법이다.
▶ 가중평균법에는 계속기록법에 의한 이동평균법과 실지재고조사법에 의한 총평균법이 있다.
▶ 기업회계기준에서 표준원가에 의한 재고자산 평가는 인정하지만 기준재고법, 화폐가치후입선출법, 매출총이익율법 등은 인정하지 않는다.

㉢ 각 방법의 비교

재고자산의 가격이 지속적으로 상승하는 인플레이션 시에 이익과 기말재고자산 금액의 크기는 선입선출법, 이동평균법, 총평균법, 후입선출법의 순서로 되고, 매출원가는 반대로 후입선출법이 가장 크게 나타난다.

3 재고자산감모손실과 평가손실

① 재고자산감모손실

기말 재고자산의 실제 수량과 장부상 수량의 차이가 나는 경우 이를 재고자산 감모손실이라고 한다. 정상적으로 발생한 감모손실은 매출원가에 가산하고 비정상적으로 발생한 감모손실은 영업외비용으로 분류한다.

② 재고자산평가손실

재고자산의 시가가 장부금액 이하로 하락하여 발생한 평가손실은 재고자산평가충당금(재고자산의 차감계정)으로 표시하고 매출원가에 가산한다. 저가법의 적용에 따른 평가손실을 초래했던 상황이 해소되어 새로운 시가가 장부금액보다 상승한 경우에는 최초의 장부금액을 초과하지 않는 범위 내에서 재고재산평가충당금을 환입한다. 재고자산평가충당금의 환입은 매출원가에서 차감한다.

❖ 재고자산평가손실
  (차) 재고자산평가손실   ×××   (대) 재고자산평가충당금   ×××
      (매출원가)
❖ 재고자산평가손실 환입
  (차) 재고자산평가충당금   ×××   (대) 재고자산평가충당금환입   ×××
                                          (매출원가)

▶ 상품, 제품 등의 시가는 순실현가능가치로 정상판매가액에서 추정 판매비를 차감하여 구한다.

4 기말 재고자산 포함 여부

재고자산은 보고기간종료일 현재 기업이 보유하고 있는 재고자산을 재무상태표에 표시하여야 한다. 그러나 보유하고 있지 않더라도 기업의 재고자산인 것이 있고, 가지고 있더라도 기업의 재고자산이 아닌 것이 있다. 그 구분을 다음과 같이 요약한다.

구 분		내 용
운송중인 재고자산 (미착품)	선적지인도기준	선적이 되면 매입자의 재고자산이 됨
	도착지인도기준	매입자가 도착지에서 인도 받는 때에 매입자의 재고자산 보고기간종료일 현재 운송 중인 재고자산은 판매자의 재고자산
저당상품		담보를 제공한 자의 재고자산
할부판매상품		인도기준 : 판매(인도)시점에 매입자의 재고자산
위탁상품(적송품)		수탁자가 가지고 있는 적송품은 위탁자의 재고자산
시송품		매입자가 구매의사를 밝히는 때에 판매가 이루어지므로 구매의사를 밝히지 않은 것은 판매자의 재고자산

확인예제

POINT 전산회계 1급

01 다음은 ㈜마포의 제7기(1.1~12.31) 재고자산 관련 자료이다. 총평균법에 의한 기말재고자산 계산시의 단가로 옳은 것은?

일 자	적 요	수 량	단 가
1월 1일	기초재고	10개	100원
1월 14일	매 입	30개	120원
9월 29일	매 출	20개	140원
10월 17일	매 입	10개	110원

① 125원　　　　　　　　　② 120원
③ 114원　　　　　　　　　④ 110원

해설　③ [(10개×100원)+(30개× 120원)+(10개×110원)]÷(10개+30개+10개)=114원

02 다음 중 재고자산을 기말 장부금액에 포함할 것인지의 여부를 설명한 것으로 틀린 것은?

① 미착상품 : 선적지인도조건인 경우에는 상품이 선적된 시점에 소유권이 매입자에게 이전되기 때문에 미착상품은 매입자의 재고자산에 포함한다.
② 적송품 : 수탁자가 제3자에게 판매하기 전까지는 위탁자의 재고자산에 포함한다.
③ 반품률이 높은 재고자산 : 반품률을 합리적으로 추정할 수 없을 경우에는 구매자가 상품의 인수를 수락하거나 반품기간이 종료된 시점까지는 판매자의 재고자산에 포함한다.
④ 할부판매상품 : 대금이 모두 회수되지 않은 경우 상품의 판매시점에 판매자의 재고자산에 포함한다.

해설　④ 할부판매상품 : 재고자산을 고객에게 인도하고 대금의 회수는 미래에 분할하여 회수하기로 한 경우 대금이 모두 회수되지 않았다고 하더라도 상품의 판매시점에서 판매자의 재고자산에서 제외한다.

03 다음 설명은 재고자산의 단가 결정방법 중 어느 것에 해당하는가?

> 이 방법은 실제물량흐름과 방향이 일치하고 기말재고액이 최근의 가격, 즉 시가인 현행원가를 나타내는 장점이 있는 반면, 현행수익과 과거원가가 대응되므로 수익비용 대응이 적절하게 이루어지지 않는 단점이 있다.

① 개별법　　　　　　　　　② 이동평균법
③ 선입선출법　　　　　　　④ 후입선출법

해설　③ 선입선출법에 대한 설명이다.

04 다음 자료를 기초로 매출총이익을 계산하면 얼마인가?

- 매출액 : 2,600,000원
- 기초상품재고액 : 700,000원
- 상품 매입시 운반비 : 20,000원
- 당기 총 매입액 : 1,200,000원
- 기말상품재고액 : 400,000원
- 매입환출 및 에누리 : 150,000원

① 1,230,000원
② 1,370,000원
③ 2,450,000원
④ 2,600,000원

해설 ① 매출총이익 = 매출액 − 매출원가: 2,600,000 − 1,370,000 = 1,230,000원
매출원가 = 기초상품재고액 + (당기총매입액 + 상품매입운반비 − 매입환출및에누리) − 기말상품재고액
700,000 + (1,200,000 + 20,000 − 150,000) − 400,000 = 1,370,000원

05 ㈜파랑상사의 총평균법에 의한 기말 상품재고액은 얼마인가?

- 기초상품 : 100개 (@2,000원)
- 당기상품매입 : 900개 (@3,000원)
- 당기상품판매 : 800개 (@4,000원)

① 300,000원
② 460,000원
③ 580,000원
④ 600,000원

해설 ③ 기말상품재고수량 = 기초재고 + 당기매입 − 당기판매: 100 + 900 − 800 = 200개
총평균법에 의한 상품단위당원가: (100개×2,000 + 900개×3,000)÷1,000개 = 2,900원이므로
기말상품재고액은 200개×@2,900원 = 580,000원

06 부산의 5월초 상품재고액은 500,000원이며, 5월의 상품 매입액은 350,000원, 5월의 매출액은 600,000원이다. 매출총이익률은 매출액의 20%라고 한다면, 5월말 상품재고액은 얼마인가?

① 250,000원
② 370,000원
③ 480,000원
④ 620,000원

해설 ② 매출총이익 : 600,000×0.2 = 120,000원
매출원가 : 600,000 − 120,000 = 480,000원
기말상품재고액 : 500,000 + 350,000 − 480,000 = 370,000원

03 평가문제

01 다음 중 재고자산 취득원가 측정에 대한 내용으로 올바른 것은?
① 매입과 관련된 할인, 에누리는 취득원가에서 차감하지 않는다.
② 취득과정에서 정상적으로 발생한 부대비용은 취득원가에 포함하지 않는다.
③ 제조원가 중 비정상적으로 낭비된 부분은 취득원가에 포함하지 않는다.
④ 제조원가 중 추가 생산단계에 투입하기 전에 보관이 필요한 경우 외의 보관비용은 취득원가에 포함한다.

해설
- 재고자산의 매입원가는 매입금액에 매입운임, 하역료 및 보험료 등 취득과정에서 정상적으로 발생한 부대원가를 가산한 금액이다. 매입과 관련된 할인, 에누리 및 기타 유사한 항목은 매입원가에서 차감한다.(일반기업회계기준 7.6)
- 재고자산 원가에 포함할 수 없으며 발생기간의 비용으로 인식하여야 하는 원가의 예는 다음과 같다.(일반기업회계기준 7.10)
  (1) 재료원가, 노무원가 및 기타의 제조원가 중 비정상적으로 낭비된 부분
  (2) 추가 생산단계에 투입하기 전에 보관이 필요한 경우 외의 보관비용
  (3) 재고자산을 현재의 장소에 현재의 상태로 이르게 하는 데 기여하지 않은 관리간접원가
  (4) 판매원가

02 다음 중 재고자산의 원가에 대한 설명으로 옳지 않은 것은?
① 매입원가는 매입금액에 취득과정에서 정상적으로 발생한 부대비용을 가산한 금액이다.
② 제조원가는 보고기간 종료일까지 제조과정에서 발생한 직접재료비, 직접노무비, 제조와 관련된 변동제조간접비 및 고정제조간접비의 체계적인 배부액을 포함한다.
③ 매입원가에서 매입과 관련된 에누리는 차감하나 할인은 차감하지 않는다.
④ 제조원가 중 비정상적으로 낭비된 부분은 원가에 포함될 수 없다.

해설 재고자산의 매입원가는 매입금액에 매입운임, 하역료 및 보험료 등 취득과정에서 정상적으로 발생한 부대원가를 가산한 금액이다. 매입과 관련된 할인, 에누리 및 기타 유사한 항목은 매입원가에서 차감한다.

03 ㈜오정은 A사로부터 갑상품을 12월 10일에 주문받고, 주문받은 갑상품을 12월 24일에 인도하였다. 갑상품 대금 100원을 다음과 같이 받을 경우, 이 갑상품의 수익인식시점은 언제인가?

날 짜	대 금(합계 100원)
12월 31일	50원
다음해 1월 2일	50원

① 12월 10일 ② 12월 24일
③ 12월 31일 ④ 다음해 1월 2일

해설 인도시점인 12월 24일에 수익인식 기준을 충족한다.(일반기업회계기준 16.10)

04 다음은 재고자산의 인식시점에 대한 설명이다. 다음 중 가장 틀린 것은?
① 적송품은 수탁자가 판매하기 전까지 위탁자의 재고자산에 포함한다.
② 시송품은 매입자가 매입의사표시를 하기 전까지 판매자의 재고자산에 포함한다.
③ 할부판매상품은 인도기준으로 매출을 인식하므로 대금회수와 관계없이 인도시점에서 판매자의 재고자산에서 제외한다.
④ 미착품은 도착지 인도조건인 경우 선적시점에서 매입자의 재고자산에 포함한다.

해설 미착품은 도착지 인도조건인 경우 도착시점에 매입자의 재고자산에 포함한다.

정답 | 1. ③ 2. ③ 3. ② 4. ④

05 다음 주어진 자료로 매출원가를 계산하면 얼마인가?

• 기초상품재고액 :	100,000원
• 기말상품재고액 :	150,000원
• 판매가능상품액 :	530,000원

① 580,000원 ② 480,000원
③ 380,000원 ④ 280,000원

해설 판매가능상품액 = 기초상품재고액 + 순매입액
　　　　　　　 = 매출원가 + 기말상품재고액
530,000원 = 매출원가 + 150,000
매출원가 = 380,000원

06 기초상품재고자산이 65,000원, 기말상품재고자산이 100,000원이며, 판매가능상품액이 250,000원이라면 매출원가는 얼마인가?

① 150,000원 ② 165,000원
③ 285,000원 ④ 350,000원

해설 판매가능상품액 = 기초상품재고액 + 순매입액
　　　　　　　 = 매출원가(X) + 기말상품재고액
250,000원 = 매출원가(X) + 100,000
매출원가(X) = 150,000원

07 다음 자료를 이용하여 매출총이익을 계산하면 얼마인가?

• 총매출액 :	500,000원
• 기말 상품 재고액 :	100,000원
• 매출에누리 :	10,000원
• 매출할인 :	20,000원
• 매입할인 :	5,000원
• 총매입액 :	200,000원
• 매입환출액 :	5,000원
• 기초 상품 재고액 :	100,000원

① 300,000원 ② 295,000원
③ 290,000원 ④ 280,000원

해설 순매출액(500,000-10,000-20,000) - 매출원가
(100,000+200,000) - 5,000 - 5,000 - 100,000)
= 280,000원

08 (주)납세물산의 손익계산서상 매출총이익이 2,600,000원일 경우, 아래 자료를 보고 매출액을 추정하면? 단, (주)납세물산은 상품도매업만 영위하고 있으며, 아래 이외의 자료는 없는 것으로 가정한다.

• 기초 상품재고액 :	3,000,000원
• 당기 상품매입액 :	2,500,000원
• 상품 타계정대체액 :	1,000,000원
(※ 접대목적 거래처 증정)	
• 기말 상품재고액 :	2,000,000원

① 2,500,000원 ② 3,500,000원
③ 5,100,000원 ④ 6,100,000원

해설 매출원가 = 3,000,000 + 2,500,000 - 1,000,000
- 2,000,000 = 2,500,000원
2,600,000원(매출총이익)
= X(매출액) - 2,500,000(매출원가)
X(매출액) = 5,100,000원

09 다음 자료를 이용하여 매출총이익을 계산하면 얼마인가?

• 매출액 :	200,000원
• 기말재고액 :	5,000원
• 매출에누리 :	30,000원
• 매출할인 :	20,000원
• 매입할인 :	5,000원
• 타계정으로 대체 :	20,000원
• 매입액 :	150,000원
• 매입환출 :	10,000원

① 30,000원 ② 45,000원
③ 40,000원 ④ 35,000원

해설
• 순매출액 = 매출액 - 매출할인 - 매출에누리
　　　　 = 200,000 - 20,000 - 30,000
　　　　 = 150,000원
• 매출원가 = 매입액 - 매입환출 - 매입할인
　　　　 - 타계정으로 대체 - 기말재고액
　　　　 = 150,000 - 10,000 - 5,000
　　　　 - 20,000 - 5,000 = 110,000원
• 매출총이익 = 순매출액 - 매출원가
　　　　　 = 150,000 - 110,000 = 40,000원

정답 | 5. ③ 6. ① 7. ④ 8. ③ 9. ③

10 다음 중 재고자산의 단가결정방법에 해당하는 것은?
① 개별법 ② 실지재고조사법
③ 혼합법 ④ 계속기록법

해설 개별법은 재고자산의 단가결정방법이다.

11 기말재고자산의 원가흐름가정 구분에 해당하지 않는 것은?
① 실지재고조사법 ② 개별법
③ 평균법 ④ 선입선출법

해설 실지재고조사법은 기말재고자산의 수량의 결정방법이다.

12 다음은 재고자산의 원가배분에 관한 내용이다. 선입선출법의 특징이 아닌 것은?
① 일반적인 물량흐름은 먼저 매입한 것이 먼저 판매되므로 물량흐름과 원가흐름이 일치한다.
② 기말재고는 최근에 구입한 것이므로 기말재고자산은 공정가치에 가깝게 보고된다.
③ 물가상승시 현재의 매출수익에 오래된 원가가 대응되므로 수익·비용대응이 잘 이루어 지지 않는다.
④ 물가상승시 이익을 가장 적게 계상하므로 가장 보수적인 평가방법이다.

해설 후입선출법의 특징이다.

13 물가가 지속적으로 상승하는 경우로서 재고자산의 수량이 일정하게 유지된다면 매출총이익이 가장 크게 나타나는 재고자산평가방법은 무엇인가?
① 선입선출법 ② 후입선출법
③ 이동평균법 ④ 총평균법

해설 물가가 상승하는 경우에는 선입선출법이 매출원가를 가장 적게 계상하므로 매출 총이익은 가장 크게 나타난다.

14 재고자산 평가와 관련한 다음의 방법 중 그 성격이 다른 것은?
① 선입선출법 ② 후입선출법
③ 계속기록법 ④ 가중평균법

해설 ③은 재고자산의 수량 결정방법, ①,②,④는 재고자산의 단위원가 결정방법이다.

15 다음 재고자산의 원가결정방법에 대한 설명 중 옳지 않은 것은?
① 선입선출법은 가장 최근에 매입한 상품이 기말재고로 남아있다.
② 가중평균법에는 총평균법과 이동평균법이 있다.
③ 성격 또는 용도면에서 차이가 있는 재고자산이더라도 모두 같은 방법을 적용하여야만 한다.
④ 기초재고와 기말재고의 수량이 동일하다는 전제하에 인플레이션 발생시 당기순이익이 가장 적게 나타나는 방법은 후입선출법이다.

해설 성격 또는 용도면에서 차이가 있는 재고자산에 대하여는 서로 다른 취득단가 결정방법을 적용할 수 있으나 일단 특정 방법을 선택하면 정당한 사유없이 이를 변경할 수 없다.

16 다음은 청솔상회의 재고자산과 관련된 자료이다. 선입선출법에 의하여 평가할 경우 매출총이익은 얼마인가? (다른 원가는 없다고 가정한다.)

일 자	매입매출구분	수 량	단 가
10월 1일	기초재고	10개	개당 100원
10월 8일	매 입	30개	개당 110원
10월 15일	매 출	25개	개당 140원
10월 30일	매 입	15개	개당 120원

① 850원 ② 2,650원
③ 3,500원 ④ 6,100원

해설 매 출 액 = 25개 × 140 = 3,500원
매출원가 = 10개 × 100 + 15 × 110 = 2,650원
매출총이익 = 매출액 - 매출원가
= 3,500 - 2,650 = 850원

17 기말재고자산가액을 실제보다 높게 계상한 경우 재무제표에 미치는 영향으로 잘못된 것은?

① 매출원가가 실제보다 감소한다.
② 매출총이익이 실제보다 증가한다.
③ 당기순이익이 실제보다 증가한다.
④ 자본총계가 실제보다 감소한다.

해설 기말재고자산을 실제보다 높게 계상한 경우에는 매출원가는 실제보다 감소하고, 그 결과 매출총이익과 당기순이익이 증가한다. 당기순이익이 증가하면, 자본총계도 증가한다.

18 다음은 재고자산의 평가에 대한 설명이다. 틀린 것은?

① 재고자산의 평가손실누계액은 재고자산의 차감계정으로 표시한다.
② 재고자산의 평가손실은 영업외비용으로 처리한다.
③ 재고자산의 감모손실이 정상적인 범위내에 해당하는 경우에는 매출원가에 가산한다.
④ 재고자산의 감모손실이 비정상적인 것으로 판단되는 경우에는 영업외비용으로 처리한다.

해설 재고자산의 평가손실은 매출원가에 가산한다.

19 재고자산이 저가법 적용과 관련하여 다음 중 타당하지 않는 것은?

① 재고자산을 저가법으로 평가하는 경우 상품의 시가는 순실현가능가치를 말한다.
② 재고자산 평가를 위한 저가법은 원칙적으로 항목별로 적용한다.
③ 시가는 매 회계기간말에 추정한다.
④ 재고자산의 시가가 장부금액 이하로 하락하여 발생한 평가손실은 영업외비용으로 처리한다.

해설 재고자산의 시가가 장부금액 이하로 하락하여 발생한 평가손실은 재고자산의 차감계정으로 표시하고 매출원가에 가산한다.(일반기업회계기준 문단 7.20)

20 정상적인 원인으로 원재료에 대한 재고감모손실이 발생했을 경우 올바른 회계처리는?

① 매출원가에 가산한다.
② 매출원가에서 차감한다.
③ 판매비와 관리비로 분류한다.
④ 영업외비용으로 분류한다.

해설 재고자산의 장부상 수량과 실제 수량과의 차이에서 발생하는 감모손실의 경우 정상적으로 발생한 감모손실은 매출원가에 가산하고 비정상적으로 발생한 감모손실은 영업외비용으로 분류한다.

21 제품 장부상 재고수량은 200개이나 실지재고조사 결과 180개인 것으로 판명되었다. 개당 원가 200원이고 시가 180원일 경우 제품 감모손실은?

① 4,000원   ② 3,600원
③ 2,000원   ④ 1,600원

해설 감모손실 : (장부수량 - 실지수량) × 취득원가
= (200개 - 180개) × 200
= 4,000원
평가손실 : 실지재고수량 × (취득원가 - 시가)
= 180개 × (200 - 180)
= 3,600원

22 다음 중 재고자산의 기말평가 시 저가법을 적용하는 경우, 그 내용으로 맞는 것은?

① 재고자산평가손실은 판매비와관리비로 분류한다.
② 재고자산평가충당금은 비유동부채로 분류한다.
③ 재고자산평가충당금환입은 영업외수익으로 분류한다.
④ 재고자산평가충당금은 해당 재고자산에서 차감하는 형식으로 기재한다.

정답 | 17. ④ 18. ② 19. ④ 20. ① 21. ① 22. ④

SECTION 04 | 유형자산

1 유형자산의 개념

유형자산은 재화의 생산이나 용역의 제공, 타인에 대한 임대 또는 자체적으로 사용할 목적으로 보유하고 있으며 물리적 형태가 있는 자산으로 1년을 초과하여 사용할 것이 예상되는 자산을 말한다.

2 유형자산의 종류

구 분	내 용
토 지	대지, 임야, 논·밭 등
건 물	회사의 사옥이나 창고, 공장 등으로 냉난방, 조명 및 기타 건물 부속설비를 포함
구축물	토지 위에 건설한 건축물 외의 설비로서 교량, 저수지, 갱도, 상하수도, 터널, 전주, 지하도관, 신호장치, 정원 등
기계장치	사업을 위하여 사용하는 기계장치, 생산설비 등과 기타의 부속설비
차량운반구	영업활동을 위해 사용되는 승용차, 트럭 등
비 품	사업을 위하여 사용하는 일반적인 집기, 비품 등
건설중인 자 산	유형자산의 건설을 위해 지출한 금액으로서 아직 건설이 완료되지 않아 건물, 구축물, 기계장치 등으로 회계처리 할 수 없는 경우 임시로 처리하는 계정 * 해당 자산의 건설이 완료되는 때에 건물, 구축물, 기계장치 등의 해당 계정으로 대체한다.

▶ 토지와 건설중인자산은 감가상각을 하지 아니한다.

① 토 지

대지, 임야, 논, 밭, 잡종지 등이 있으며 감가상각 대상 자산이 아니다.

> **필수예제**
>
> 대한부동산에서 공장 신축에 사용할 토지를 5,000,000원에 구입하고, 취득세 50,000원을 포함하여 현금으로 지급하다.
> (차) 토　　지　　　5,050,000　　　(대) 현　　금　　　5,050,000

② 건 물

건물이나, 공장, 창고 및 냉난방, 조명, 통풍 및 기타의 건물부속설비 등을 말한다.

> **필수예제**
>
> 본사 사옥으로 사용하기 위해 대한부동산으로부터 건물을 5,000,000원에 구입하고, 취득세 150,000원과 공인중개사 중개수수료 50,000원을 당좌수표를 발행하여 지급하다.
> (차) 건 물   5,200,000   (대) 당좌예금   5,200,000

③ 구축물

구축물은 토지 위에 건설한 건물 이외의 설비로서 교량, 궤도, 저수지, 갱도, 정원설비, 침전지, 상하수도, 터널, 전주, 지하도관, 신호장치, 정원 등을 말한다.

> **필수예제**
>
> 본사건물 앞에 분수대를 설치하고 설치대금 1,000,000원은 현금으로 지급하였다.
> (차) 구 축 물   1,000,000   (대) 현 금   1,000,000

④ 기계장치

기계장치와 운송설비(콘베어, 호이스트, 기중기 등) 및 기타의 부속설비를 포함한다.

> **필수예제**
>
> (1) 제품을 생산하기 위해 제일기계로부터 기계를 3,000,000원에 구입하고, 대금은 설치비 200,000원과 함께 당좌수표를 발행하여 지급하다.
> (차) 기계장치   3,200,000   (대) 당좌예금   3,200,000
>
> (2) 제일기계로부터 제품 생산에 사용할 기계장치를 100,000원에 구입하고 대금은 약속어음을 발행하여 지급하다.
> (차) 기계장치   100,000   (대) 미지급금   100,000

▶ 일반적인 상거래에서 나타난 어음상의 채무 즉, 매입처에 대하여 상품 또는 원재료 매입대금이나 외상매입금에 대하여 약속어음을 발행 지급한 경우에는 지급어음 계정을 사용하고 일반적인 상거래 이외의 거래는 미지급금계정을 사용하여야 한다.

⑤ 차량운반구

영업활동에 사용되는 승용차, 트럭 등 육상운반구를 말한다.

필수예제

(1) 공장에서 사용할 화물차 1대를 3,000,000원에 현금으로 구입하다.
  (차) 차량운반구   3,000,000   (대) 현 금   3,000,000

(2) 사용중이던 승용차(취득금액 3,000,000원, 감가상각누계액 2,000,000원)을 중고자동차매매상에 현금 2,000,000원을 받고 매각하였다.
  (차) 현 금   2,000,000   (대) 차량운반구   3,000,000
      감가상각누계액 2,000,000   유형자산처분이익 1,000,000

⑥ 비 품

사업을 위하여 사용하는 일반적인 집기, 비품 등을 구입한 경우에 처리한다.

필수예제

(1) 제일전자로부터 사무실에서 사용할 에어컨 1대를 500,000원에 현금으로 구입하다.
  (차) 비 품   500,000   (대) 현 금   500,000

(2) 사무용 복사기 1대를 200,000원에 외상으로 구입하다.
  (차) 비 품   200,000   (대) 미지급금   200,000

⑦ 건설중인 자산

유형자산을 건설하는 경우 건설을 위하여 지출한 금액으로 건설이 완료될 때까지 임시로 처리하는 계정이다. 건설이 완료되는 때에 해당 유형자산 계정으로 대체된다.

필수예제

(1) 건설중인 경우
  중앙상사는 본사 사옥을 신축하기로 하고 공사대금 중 일부(1차 기성고 금액 1,000,000원)을 현금으로 지급하였다.
  (차) 건설중인자산   1,000,000   (대) 현 금   1,000,000

(2) 건설 완료시 분개
  본사 사옥이 완공되어 관할구청으로부터 준공검사를 완료하고 취득세 500,000원을 현금으로 지급하였다(건설중인자산의 금액 8,000,000원).
  (차) 건 물   8,500,000   (대) 건설중인자산   8,000,000
                                    현 금   500,000

3 유형자산의 인식과 취득금액

① 유형자산의 인식조건

유형자산으로 인식되기 위하여 다음의 인식조건을 모두 충족하여야 한다.
㉠ 자산으로부터 발생하는 미래 경제적 효익이 기업에 유입될 가능성이 매우 높다.
㉡ 자산의 원가를 신뢰성 있게 측정할 수 있다.

② 유형자산의 취득금액의 결정

구 분	취 득 금 액
외부구입	매입금액 + 부대비용
자가건설	제작원가 + 부대비용
무상취득	그 자산의 공정가치
교환취득	동종자산 : 제공한 자산의 장부금액, 이종자산 : 제공한 자산의 공정가치

4 유형자산의 감가상각

① 감가상각의 개념

감가상각이란 유형자산의 감가상각대상금액을 경제적효익이 발생하는 기간에 걸쳐 체계적이고 합리적인 방법으로 배분하는 과정이다. 감가상각대상금액은 취득원가에서 잔존가치를 차감하여 구한다. 감가의 요인에는 사용하거나 시간이 경과하는 것에 의한 물리적원인과 진부화 또는 부적응에 의한 기능적 원인이 있다.

② 감가상각의 기본요소

감가상각을 결정하는 기본요소는 취득원가, 잔존가치, 내용연수이다. 이중에서 취득원가는 실제 값이지만 잔존가치와 내용연수는 추정치에 의한다. 잔존가치는 법인세법이 0원으로 하고 있어 회계실무에서 그대로 적용하는 것이 보통이다. 다만, 정률법에서 정률을 구하기 위하여 잔존가치를 취득금액의 5%로 적용한다.

③ 감가상각의 회계처리

감가상각비의 회계처리는 직접법과 간접법이 있는데 유형자산의 감가상각은 간접법에 의하여 회계처리하고, 재무상태표에는 감가상각누계액을 해당 유형자산에서 차감하는 형식으로 표시하여야 한다.

> ❖ 직접법에 의한 감가상각비의 회계처리
>   (차) 감가상각비   ×××   (대) 유형자산(건물, 기계장치 등)   ×××
> ❖ 간접법에 의한 감가상각비의 회계처리
>   (차) 감가상각비   ×××   (대) 감가상각누계액   ×××

④ 감가상각비의 계산방법

㉠ 정액법

정액법은 감가상각대상액을 내용연수에 걸쳐 균등하게 배분하는 방법이다.

$$\text{감가상각비} = (\text{취득원가} - \text{잔존가치}) \times \frac{1}{\text{내용연수}}$$

㉡ 정률법

미상각잔액법이라고도 하는 정률법은 유형자산의 취득원가에서 감가상각누계액을 차감한 미상각잔액(장부금액)에 매기 동일한 상각률을 적용하여 계산한다.

$$\text{감가상각비} = \text{미상각잔액} \times \text{정률}$$

㉢ 연수합계법

연수합계법은 정률법, 이중체감법과 함께 초기에 감가상각을 많이 계상하는 가속상각법의 하나이다. 감가상각비의 계산은 감가상각대상액에 내용연수 합계에 대한 내용연수 연차의 역순으로 비율을 적용하여 계산한다.

$$\text{감가상각비} = (\text{취득원가} - \text{잔존가치}) \times \frac{\text{연수의 역순}}{\text{내용연수의 합계}}$$

▶ 내용연수가 5년인 경우 내용연수의 합계는 15년(1+2+3+4+5)이고 연수의 역순은 제1차년도는 5, 제2차년도는 4, 3차년도는 3을 차례대로 적용한다.

㉣ 생산량비례법

생산량비례법은 감가상각대상액을 생산량이나 채굴량에 비례하여 감가상각비를 계산하는 방법으로 산림, 유전, 광산 등의 천연자원의 감가상각비 계산에 많이 사용한다.

$$\text{감가상각비} = (\text{취득원가} - \text{잔존가치}) \times \frac{\text{당기생산량}}{\text{예상총생산량}}$$

5 유형자산의 취득 후 지출

① **자산처리(자본적지출)**

유형자산을 취득한 이후 보유하고 있는 동안에 일어난 지출이 유형자산의 가치가 증가하거나 내용연수가 증가하면 자본적지출이라 하고 유형자산의 원가로 처리한다. 자산으로 처리하는 예로 엘리베이터, 냉난방장치 등의 증설이나 용도변경, 개량, 증축 등을 들 수 있다.

② **비용처리(수익적지출)**

유형자산을 취득한 이후에 지출한 효과가 원상회복이나 능률의 현상유지에 그치는 것으로 유형자산의 원가를 구성하지 않고 비용(수선비)으로 처리한다.

6 유형자산의 처분

유형자산을 처분하는 경우에는 유형자산의 장부금액과 처분금액을 비교하여 장부금액보다 처분금액이 큰 경우 유형자산처분이익으로 회계처리 하고, 장부금액보다 처분금액이 작은 경우 유형자산처분손실로 회계처리 한다. 유형자산처분손익은 영업외손익에 해당한다.

처분금액 > 장부금액(= 취득금액 − 감가상각누계액) ⇒ 유형자산처분이익
처분금액 < 장부금액(= 취득금액 − 감가상각누계액) ⇒ 유형자산처분손실

> **필수예제**
>
> (1) 공장에서 사용하던 기계장치를 2,000,000원(취득원가 3,500,000원, 감가상각누계액 1,200,000원)에 매각하고 대금은 현금으로 받았다.
>
> | (차) 현　　　금 | 2,000,000 | (대) 기계장치 | 3,500,000 |
> | 감가상각누계액 | 1,200,000 | | |
> | 유형자산처분손실 | 300,000 | | |
>
> (2) 사용 중이던 화물차(취득금액 6,000,000원, 감가상각누계액 4,200,000원)을 중고자동차 매매상에 현금 3,000,000원을 받고 매각하였다.
>
> | (차) 현　　　금 | 3,000,000 | (대) 차량운반구 | 6,000,000 |
> | 감가상각누계액 | 4,200,000 | 유형자산처분이익 | 1,200,000 |

▶ (1) 장부금액 : 3,500,000−1,200,000=2,300,000원
　　　처분손실 : 2,300,000−2,000,000=300,000원
　(2) 장부금액 : 6,000,000−4,200,000=1,800,000원
　　　처분이익 : 3,000,000−1,800,000=1,200,000원

확인예제

01 ㈜무릉은 공장신축을 위해 다음과 같이 토지를 구입하였다. 토지계정에 기록되어야 할 취득원가는 얼마인가?

- 구입가액 : 50,000,000원
- 토지 위 구 건물 철거비용 : 1,500,000원
- 구입관련 법률자문비용 : 3,000,000원
- 구 건물 철거 후 잡수익 : 500,000원

① 50,000,000원　　② 54,000,000원
③ 54,500,000원　　④ 55,000,000원

해설 ② 취득원가(54,000,000원)=구입가액(50,000,000원)+법률자문비용(3,000,000원)+철거비용(1,500,000원)-철거 후 잡수익(500,000원)

02 다음 중 취득원가에 포함되지 않는 것은?

① 수입한 기계장치의 시운전비　　② 단기투자목적의 주식매입수수료
③ 상품 구입 시 당사부담 운송보험료　　④ 건물 구입 시 부동산 중개수수료

해설 ② 단기매매증권 구입부대비용은 별도로 비용처리한다.

03 다음 중 유형자산 취득 후 추가적인 지출이 발생할 경우 이를 비용화 할 수 있는 거래는?

① 상당한 원가절감　　② 수선유지를 위한 지출
③ 생산능력의 증대　　④ 내용연수의 연장

해설 ② 일반기업회계기준 제10장 유형자산, 취득 후의 원가, 문단 10.14
　　 유형자산의 수선유지를 위한 지출은 발생한 기간의 비용으로 인식한다.

04 1기 회계연도(1월1일~12월31일) 1월 1일에 내용연수 5년, 잔존가치 0(영)원인 기계를 8,500,000원에 매입하였으며, 설치장소를 준비하는데 500,000원을 지출하였다. 동 기계는 원가모형을 적용하고, 정률법으로 감가상각한다. 2기 회계연도에 계상될 감가상각비로 맞는 것은?(정률법 상각률 : 0.45)

① 3,825,000원　　② 2,103,750원
③ 4,050,000원　　④ 2,227,500원

해설 ④ 1기 (8,500,000 + 500,000) × 0.45 = 4,050,000원
　　 2기 {(8,500,000 + 500,000) - 4,050,000} × 0.45 = 2,227,500원

SECTION 05 | 무형자산

1 무형자산의 개념

무형자산은 재화의 생산이나 용역의 제공, 타인에 대한 임대 또는 관리에 사용할 목적으로 기업이 보유하고 있는 물리적형체가 없는 자산이다. 비화폐성자산으로 취득원가의 측정이 가능하고 기업이 통제하고 있는 식별가능한 자원으로 미래의 경제적 효익이 있어야 한다.

2 무형자산의 취득원가

① 매수 등에 의한 취득

매수에 의한 무형자산의 취득원가는 구입금액에 등록비, 제세공과금 등의 부대비용을 더한 금액으로 한다. 사업결합에 의한 취득은 공정가치로 한다.

② 내부적으로 창출한 무형자산

내부적으로 창출한 무형자산이 인식기준에 부합하는지를 평가하기 위하여 무형자산의 창출과정을 연구단계와 개발단계로 구분한다.
연구단계에서 발생한 지출은 무형자산으로 인식할 수 없고 발생한 기간의 비용으로 인식한다. 개발단계에서 발생한 지출은 기업회계기준에서 정하는 일정한 조건을 모두 충족하는 경우에만 무형자산으로 인식하고, 그 외의 경우에는 발생한 기간의 비용으로 인식한다.

3 무형자산의 종류

① 영업권

유리한 위치, 우수한 경영, 좋은 기업이미지 등으로 인하여 동종의 다른 기업보다 더 많은 수익을 얻을 경우 그 초과수익을 자본의 가치로 환원한 것이 영업권이다.
사업결합을 하는 경우 이전대가의 공정가치가 취득자산과 인수부채의 순액을 초과하는 경우 그 초과하는 금액이 영업권의 취득금액이 된다. 반면, 순자산가액보다 더 적은 금액을 지불하는 경우에는 염가매수차익으로 회계처리하고, 당기손익으로 인식한다.

② 산업재산권

법률에 의하여 등록하고 일정기간 독점적, 배타적으로 이용할 수 있는 다음의 권리

구 분	내 용
특 허 권	신규 발명품에 대한 특허 등록을 하고 독점적으로 얻은 권리
실 용 실 안 권	물품의 형상·구조 또는 조합에 관한 신규의 고안을 등록하고 얻은 권리
디 자 인 권	물품에 대한 새로운 디자인을 고안하여 등록하고 얻은 권리(의장권)
상 표 권	특정상표를 등록하여 독점적으로 이용하는 권리

> **필수예제**
>
> 연구 중이던 신제품의 개발이 완료되었기에 특허청에 등록하여 특허권을 취득하고, 특허출원과 관련한 비용 500,000원을 현금으로 지급하다.
>   (차) 산업재산권(특허권)   500,000   (대) 현   금   500,000

③ 개발비

새로운 제품이나 기술의 개발 또는 개량을 위하여 지출한 금액으로 미래의 경제적효익의 유입 가능성이 매우 높고 취득원가를 신뢰성 있게 측정할 수 있는 경우에 무형자산인 개발비로 처리한다.

> **필수예제**
>
> 신제품의 개발을 위해 연구용 기자재 구입비 500,000원을 현금으로 지급하다.
>   (차) 개 발 비   500,000   (대) 현   금   500,000

④ 기타의 무형자산

구 분	내 용
라 이 선 스	국가나 허가권자로부터 인·허가과정을 거쳐 확보한 사업허가권으로서 방송사업권이나 통신사업권이 여기에 해당한다.
프 랜 차 이 즈	체인본사와 가맹점간의 계약에 의하여 일정 지역에서 특정 상표, 상호의 상품이나 용역을 독점적으로 생산 판매할 수 있는 권리
저 작 권	저작자가 자기의 저작물을 복제, 출판, 전시, 번역, 방송, 공연 등에 이용할 수 있는 권리
소 프 트 웨 어	컴퓨터에서 사용되는 소프트웨어의 구입에 지출한 금액
임 차 권 리 금	토지와 건물 등을 임차하는 경우 그 이용권을 갖는 대가로 보증금 이외의 금액을 지급하는 것을 임차권리금이라 한다.
광 업 권	일정한 광구에서 광물을 독점적 배타적으로 채굴할 수 있는 권리
어 업 권	일정한 수역에서 독점적 배타적으로 어업을 할 수 있는 권리

> **필수예제**
>
> (주)인타랩으로부터 업무전산화를 위해 전산세무회계 프로그램을 100,000원에 현금으로 구입하다.
>
> (차) 소프트웨어　　　100,000　　　(대) 현　　금　　　100,000

4 무형자산의 상각

① 무형자산의 상각

무형자산의 상각대상금액을 그 자산의 추정 내용연수 동안 체계적 방법에 의하여 각 회계기간의 비용으로 배분하는 상각을 하여야 한다. 상각기간은 관련 법령이나 계약에 정해진 경우를 제외하고 20년을 초과할 수 없다.

② 상각 방법

무형자산의 상각방법은 자산의 경제적 효익이 소비되는 행태를 반영한 합리적인 방법이어야 한다. 이러한 상각 방법에는 정액법, 체감잔액법(정률법 등), 연수합계법, 생산량비례법 등이 있다. 다만, 합리적인 상각방법을 정할 수 없는 경우에는 정액법을 사용한다.

확인예제

01 다음 중 무형자산의 회계처리에 대한 설명으로 틀린 것은?

① 무형자산을 최초로 인식할 때에는 공정가치로 측정한다.
② 다른 종류의 무형자산이나 다른 자산과의 교환으로 무형자산을 취득하는 경우에는 무형자산의 원가를 교환으로 제공한 자산의 공정가치로 측정한다.
③ 무형자산을 창출하기 위한 내부 프로젝트를 연구단계와 개발단계로 구분할 수 없는 경우에는 그 프로젝트에서 발생한 지출은 모두 연구단계에서 발생한 것으로 본다.
④ 무형자산의 잔존가치는 없는 것을 원칙으로 한다.

> **해설** ① 무형자산을 최초로 인식할 때에는 원가로 측정한다.

02 무형자산과 관련된 다음의 설명 중 옳지 않은 것은?

① 개발비는 개발단계에서 발생하여 미래 경제적 효익을 창출할 것이 기대되는 자산이다.
② 영업활동에 사용할 목적으로 보유하는 자산으로 물리적 실체가 있는 경우 무형자산으로 분류된다.
③ 무형자산을 직접 차감하여 상각하는 경우 무형자산상각비 계정을 사용한다.
④ 무형자산의 취득원가는 매입금액에 직접부대비용을 가산한다.

> **해설** ② 무형자산은 물리적 실체가 없는 자산이다.

03 무형자산의 상각과 관련된 다음의 설명 중 옳지 않은 것은?

① 무형자산의 상각대상금액을 그 자산의 추정 내용연수 동안 체계적 방법에 의하여 각 회계기간의 비용으로 배분하는 상각을 하여야 한다.
② 상각기간은 관련 법령이나 계약에 정해진 경우를 제외하고 20년을 초과할 수 없다.
③ 무형자산의 상각방법은 자산의 경제적 효익이 소비되는 행태를 반영한 합리적인 방법이어야 한다.
④ 무형자산의 상각 방법에는 정액법, 정률법 등의 체감잔액법, 연수합계법, 생산량비례법 등이 있다. 다만, 합리적인 상각방법을 정할 수 없는 경우에는 정률법을 사용한다.

> **해설** ④ 합리적인 상각방법을 정할 수 없는 경우에는 정액법을 사용한다.

SECTION 06 투자자산과 기타비유동자산

1 투자자산

투자자산이란 다른 회사를 지배하거나 통제할 목적 또는 투자이윤을 얻을 목적으로 장기간 투자하는 자산을 말한다. 유형자산과 다른 점은 기업의 고유 사업목적을 위한 자산이 아니라는 것이다.
한국채택국제회계기준은 임대수익을 목적으로 하는 자산도 투자자산으로 구분한다.

구 분	내 용
투 자 부 동 산	투자목적으로 보유하거나 영업활동에 사용하지 않는 토지, 건물 및 기타의 부동산
매 도 가 능 증 권	유가증권 중 단기매매증권과 만기보유증권 및 지분법적용투자주식으로 분류되지 않는 것
만 기 보 유 증 권	만기가 확정된 채무증권으로 상환금액이 확정되었거나 확정이 가능하고 만기까지 보유할 적극적인 의도와 능력이 있는 것
지분법적용투자주식	피투자회사에 중대한 영향력을 행사할 수 있는 주식으로 지분법 평가 대상의 것
장 기 대 여 금	유동자산에 속하지 않는 대여금으로 대여기간이 결산일로부터 1년 이상인 것
장 기 성 예 금 (장 기 금 융 상 품)	정기예금, 정기적금 및 기타 정형화된 금융상품으로 만기가 결산일로부터 1년 이상인 것

① 투자부동산

투자부동산이란 고유의 영업활동과는 직접 관련 없이 투자의 목적 또는 비영업용으로 소유하는 토지·건물 및 기타의 부동산을 말한다.

> **필수예제**
>
> 경영부동산으로부터 장기 투자목적으로 비업무용 토지 100평을 10,000,000원에 현금으로 구입하다.
> (차) 투자부동산   10,000,000   (대) 현   금   10,000,000

② 장기투자증권(만기보유증권, 매도가능증권)

장기투자증권은 1년 이상 보유할 의도로 취득하거나, 만기가 1년 이상인 채권을 말한다.

㉠ 만기보유증권

만기가 확정된 채무증권으로서 상환금액이 확정되었거나 확정이 가능한 채무증권을 만기까지 보유할 적극적인 의도와 능력이 있는 경우 만기보유증권으로 분류한다.

ⓒ 매도가능증권

단기매매증권으로 분류되지 아니하는 유가증권 중 1년 이상 장기 보유 목적의 유가증권은 매도가능증권으로 분류한다.

> **필수예제**
>
> (1) 장기 투자 목적으로 삼일전자의 주식 100주(@10,000원)를 주당 30,000원에 현금으로 구입하다.
> (차) 매도가능증권   3,000,000   (대) 현   금   3,000,000
>   (장기투자증권)
>
> (2) 결산일에 위 (1)의 매도가능증권을 3,200,000원으로 평가하다.
> (차) 매도가능증권   200,000   (대) 매도가능증권평가이익   200,000

▶ 매도가능증권평가이익은 기타포괄손익누계액으로 분류한다.

③ 장기대여금

대여금의 회수기간이 재무상태표일로부터 1년 이후에 도래하는 대여금을 말한다.

> **필수예제**
>
> 제일상사에 현금 500,000원을 3년 후에 회수하기로 하고 대여하다.
> (차) 장기대여금   500,000   (대) 현   금   500,000

④ 장기금융상품

정기예금, 정기적금, 사용이 제한된 예금 등 금융기관이 취급하는 정형화된 상품으로 장기적 자금운용 목적이거나, 기한이 1년 이후에 도래하는 것을 말한다.

> **필수예제**
>
> (1) 장기적 자금운용의 목적으로 대한투자금융의 어음관리구좌에 300,000원을 현금으로 입금하다.
> (차) 장기성예금   300,000   (대) 현   금   300,000
>
> (2) 하나은행에 당좌거래개설 계약을 체결하고, 당좌개설보증금 100,000원을 현금으로 입금하였다.
> (차) 특정현금과예금   100,000   (대) 현   금   100,000

▶ 전산회계 프로그램에서는 장기성예금, 특정현금과예금계정을 사용하고 재무제표작성시 제출용을 조회하면 장기금융상품으로 통합되어 나타난다.

2 비유동자산과 기타비유동자산

① 비유동자산의 구분

비유동자산은 다음과 같이 구분한다.

비유동자산	종류
투 자 자 산	장기금융상품, 투자부동산, 매도가능증권, 만기보유증권, 지분법적용투자주식 등
유 형 자 산	토지, 건물, 구축물, 기계장치, 차량운반구, 비품, 건설중인자산 등
무 형 자 산	영업권, 산업재산권, 광업권, 어업권, 개발비, 소프트웨어, 임차권리금 등
기타비유동자산	임차보증금, 장기매출채권, 이연법인세자산(유동자산으로 분류되는 부분 제외) 등

② 기타비유동자산의 종류

기타비유동자산은 비유동자산 중에서 투자자산, 유형자산, 무형자산으로 분류되지 않는 자산들로 이연법인세자산, 임차보증금, 장기선급비용, 장기선급금 및 장기미수금 등이 있다.

㉠ 전세권

전세금을 지급하고 타인의 부동산을 그 용도에 따라 사용, 수익하는 권리이다.

㉡ 임차보증금

타인소유의 부동산이나 동산을 사용하기 위하여 임대차계약을 체결하는 경우에, 월세 등을 지급하는 조건으로 임차인이 임대인에게 지급하는 보증금을 말한다.

> **필수예제**
>
> 영업소 설치를 위해 세방빌딩 소유의 빌딩을 3년간 월세 1,000,000원에 임차하여 사용하기로 계약하고 보증금 50,000,000원을 수표 발행하여 지급하다.
> (차) 임차보증금   50,000,000   (대) 당좌예금   50,000,000

㉢ 영업보증금

계약의 이행을 담보하기 위하여 지급하는 보증금으로 거래보증금, 입찰보증금, 하자보증금 등이 있다. 다만, 1년 이내에 반환 받을 수 있는 경우 유동자산으로 분류하여야 한다.

㉣ 장기성 매출채권

일반적 상거래에서 발생한 장기의 외상매출금 및 받을어음을 말한다.

> **필수예제**
>
> 제성상사에 제품 1,000,000원을 장기 외상으로 판매하다.
> (차) 장기성외상매출금   1,000,000   (대) 제품매출   1,000,000

확인예제  POINT 전산회계 1급

01 다음 중 결산 평가 시 시장가격을 이용하지 않는 것은?

① 단기매매증권 ② 상품
③ 만기보유증권 ④ 제품

해설 ③ 만기보유증권은 상각후원가로 평가하여 재무상태표에 표시한다.
만기보유증권을 상각후원가로 측정할 때에는 장부금액과 만기액면금액의 차이를 상환기간에 걸쳐 유효이자율법에 의하여 상각하여 취득원가와 이자수익에 가감한다.

02 다음 비유동자산 항목 중 기타비유동자산에 속하지 아니하는 계정과목은?

① 장기성매출채권 ② 이연법인세자산
③ 임차보증금   ④ 만기보유증권

해설 ④ 만기보유증권은 비유동자산 중 투자자산에 속한다.

03 투자자산 중 장기투자증권에 대한 설명으로 올바르지 아니한 것은?

① 단기매매증권이나 만기보유증권으로 분류되지 아니하는 유가증권은 매도가능증권으로 분류한다.
② 매도가능증권의 평가이익은 영업외수익으로 분류한다.
③ 만기가 확정된 채무증권으로서 상환금액이 확정되었거나 확정이 가능한 채무증권을 만기까지 보유할 적극적인 의도와 능력이 있는 경우 만기보유증권으로 분류한다.
④ 장기투자증권은 1년 이상 보유할 의도로 취득한 주식과 만기가 1년 이상인 채권을 말한다.

해설 ② 매도가능증권의 평가이익은 기타포괄손익누계액으로 분류한다.

04 평가문제

POINT 전산회계 1급

01 다음은 유형자산의 정의에 대한 설명이다. 틀린 것은?
① 투자목적으로 소유하는 것
② 내구적인 사용이 가능할 것
③ 미래의 경제적 효익이 기대될 것
④ 물리적 실체가 있을 것

[해설] 영업활동에 사용할 것

02 다음 중 유형자산의 감가상각에 대한 내용으로 옳지 않은 것은?
① 감가상각은 자산이 사용가능한 시점부터 시작한다.
② 자산의 내용연수 동안 감가상각액이 매 기간 감소하는 상각방법은 정률법이다.
③ 제조공정에서 사용된 유형자산의 감가상각액은 당기비용으로 처리한다.
④ 유형자산의 내용연수는 자산으로부터 기대되는 효용에 따라 결정된다.

[해설] 제조공정에서 사용된 유형자산의 감가상각액은 재고자산의 원가를 구성한다.

03 다음 중 차량운반구의 취득원가에 해당하는 것은?
① 취득세
② 자동차 보험료
③ 유류대
④ 자동차세

[해설] 취득세는 차량운반구의 취득원가로서 자산의 원가이다.

04 유형자산의 취득원가 결정에 관한 사항 중 틀린 것은?
① 토지 취득시 납부한 토지관련 취득세는 토지의 취득원가이다.
② 기계장치 구입시 발생한 설치비는 기계장치 취득원가이다.
③ 3대의 기계를 일괄구입시 각 기계의 취득원가는 각 기계의 공정가치를 기준으로 안분계산한다.
④ 무상으로 증여받은 비품은 취득원가를 계상하지 않는다.

[해설] 무상으로 증여받은 유형자산은 공정가치로 취득원가를 계상한다.

05 다음은 유형자산 취득시 회계처리를 설명한 것이다. 옳지 않은 것은?
① 유형자산에 대한 건설자금이자는 취득원가에 포함할 수 있다.
② 무상으로 증여받은 건물은 공정가치로 취득원가를 계상한다.
③ 이종자산의 교환으로 취득한 유형자산의 취득원가는 교환으로 취득한 자산의 공정가치로 측정한다.
④ 유형자산 취득시 그 대가로 주식을 발행하는 경우 주식의 발행금액을 그 유형자산의 취득원가로 한다.

[해설] 이종자산의 교환으로 취득한 유형자산의 취득원가는 교환을 위하여 제공한 자산의 공정가치로 측정한다. 동종자산의 교환으로 취득한 유형자산의 취득원가는 제공한 자산의 장부금액으로 측정한다.

정답 | 1. ① 2. ③ 3. ① 4. ④ 5. ③

06 사옥 신축용 토지를 취득 시 납부한 취득세에 대한 적정한 계정과목은?

① 세금과공과   ② 취득세
③ 지급수수료   ④ 토 지

해설 취득세는 토지취득에 따른 부대비용이므로 토지의 원가에 포함된다.

07 다음 중 상각대상자산은?

① 개발비   ② 투자부동산
③ 건설중인 자산 ④ 신주발행비

해설 개발비는 무형자산에 해당하므로 상각대상 자산이다.

08 최초 취득연도에 정액법에 의하여 감가상각비를 계산하는데 있어 필요하지 않은 자료는?

① 취득원가   ② 잔존가치
③ 내용연수   ④ 감가상각누계액

해설 정액법에 의한 감가상각비
$= \dfrac{(취득원가 - 잔존가치)}{내용연수}$

09 유형자산 중 감가상각자산을 취득한 연도의 감가상각비를 비교한 것이다. 맞는 것은?

① 정액법 > 정률법 ② 정액법 < 정률법
③ 정액법 = 정률법 ④ 알 수 없다.

10 다음 중 현행 기업회계기준에서 인정하는 유형자산의 감가상각방법이 아닌 것은?

① 자산의 내용연수 동안 일정액의 감가상각비를 계상하는 방법
② 자산의 내용연수 동안 감가상각비가 매 기간 감소하는 방법
③ 자산의 예상조업도 혹은 예상생산량에 근거하여 감가상각비를 계상하는 방법
④ 자산의 원가가 서로 다를 경우에 이를 평균하여 감가상각비를 계상하는 방법

해설 ①은 정액법, ②는 정률법 및 연수합계법, ③은 생산량비례법에 대한 설명이며, ④는 이동평균법 및 총평균법에 대한 설명으로 재고자산 평가방법이다.

11 유형자산의 감가상각과 관련한 다음 설명 중 가장 옳지 않은 것은?

① 감가상각대상금액은 취득원가에서 잔존가치를 차감하여 결정한다.
② 감가상각의 주목적은 취득원가의 배분에 있다.
③ 감가상각비는 다른 자산의 제조와 관련된 경우 관련자산의 제조원가로 계상한다.
④ 정률법은 내용연수동안 감가상각비를 매 기간 동일하게 계산하는 방법이다.

해설 일반기업회계기준 제10장 문단10.40
유형자산의 감가상각방법에는 정액법, 체감잔액법(예를 들면, 정률법 등), 연수합계법, 생산량비례법 등이 있다. 정액법은 자산의 내용연수 동안 일정액의 감가상각액을 인식하는 방법이다. 체감잔액법과 연수합계법은 자산의 내용연수 동안 감가상각액이 매 기간 감소하는 방법이다. 생산량비례법은 자산의 예상조업도 혹은 예상생산량에 근거하여 감가상각액을 인식하는 방법이다. 감가상각방법은 해당 자산으로부터 예상되는 미래 경제적효익의 소멸형태에 따라 선택하고, 소멸형태가 변하지 않는 한 매기 계속 적용한다.

12 다음 중 기업회계기준상 투자자산이 아닌 것은?

① 장기대여금   ② 투자유가증권
③ 장기성예금   ④ 미착품

해설 미착품은 재고자산이다.

13 다음은 감가상각방법에 따른 감가상각비와 장부금액을 표현한 것이다. 옳지 않은 것은?

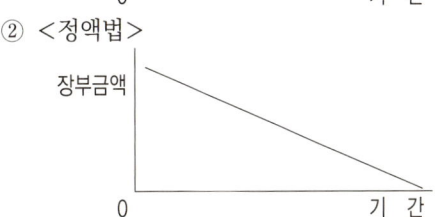

정답 | 6. ④ 7. ① 8. ④ 9. ② 10. ④ 11. ④ 12. ④ 13. ③

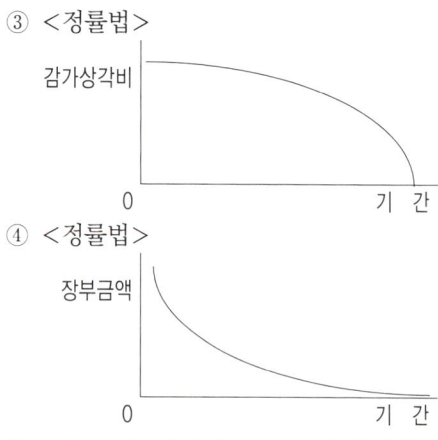

③ <정률법>
감가상각비

④ <정률법>
장부금액

해설 정액법은 균등상각법으로서 매기 균등하게 상각하는 방법이기 때문에 감가상각비는 직선으로 장부금액은 오른쪽으로 하강하는 대각선의 형태이다. 정률법은 체감상각법으로서 초기에 가장 많이 상각하는 시간이 흐를수록 감가상각비가 줄어들기 때문에 감가상각비와 장부금액 모두 반비례하는 곡선의 형태이다.

14 (주)세원은 20X1년 7월 18일 구입하여 사용 중인 기계장치를 20X2년 6월 1일 37,000,000원에 처분하였다. 당기분에 대한 감가상각 후 처분시점의 감가상각누계액은 8,000,000원이며, 처분이익 5,000,000원이 발생하였다. 내용연수 5년, 정액법으로 월할상각하였다고 가정할 경우 기계장치의 취득원가는?

① 32,000,000원 ② 40,000,000원
③ 45,000,000원 ④ 50,000,000원

해설 37,000,000 - 5,000,000 + 8,000,000
= 40,000,000원
처분이익 = 처분금액 - 장부금액
장부금액 = 취득원가 - 감가상각누계액

15 다음 중 유형자산에 대한 설명으로 틀린 것은?
① 취득원가에는 자산을 사용할 수 있도록 준비하는데 직접 관련되는 지출 등을 포함한다.
② 자산의 수선·유지를 위한 지출은 감가상각을 통하여 비용처리한다.
③ 감가상각비는 제조와 관련된 경우에는 관련 자산의 제조원가로, 그 밖의 경우에는 판매비와 관리비로 처리한다.
④ 자산취득에 사용한 정부보조금은 취득원가에서 차감하는 형식으로 표시한다.

해설 유형자산의 수선·유지를 위한 지출은 해당 자산으로부터 당초 예상되었던 성능 수준을 회복하거나 유지하기 위한 것이므로 일반적으로 발생한 기간의 비용으로 인식한다.

16 사용 중인 유형자산에 대한 수익적 지출을 자본적 지출로 회계처리한 경우, 재무제표에 미치는 영향으로 올바른 것은?
① 자산의 과소계상
② 당기순이익의 과대계상
③ 부채의 과소계상
④ 비용의 과대계상

해설 수익적 지출을 자본적 지출로 처리하면 비용이 과소계상되고, 자산이 과대계상되므로 당기순이익이 과대계상된다.

17 유형자산을 취득한 후에 추가의 지출이 발생하는 경우 처리하는 성격이 다른 하나는?
① 파손된 유리 등의 교체비용
② 사용 용도를 변경하기 위한 비용
③ 엘리베이터, 냉난방 장치 설치비
④ 개량, 증설, 확장 등을 위한 비용

해설 ①은 수익적 지출이기 때문에 수선비로 처리하고, ②,③,④는 자본적 지출이므로 건물계정에 기입한다.

18 다음 자료에서 유형자산처분손익은 얼마인가?

• 비품 매입대금	900,000원
• 비품 매입부대비용	100,000원
• 정액법에 의한 1년간의 비품감가상각비	50,000원
• 2년간 정액법에 의해 감가상각한 후 비품처분금액	900,000원

① 50,000원   ② 0원
③ 50,000원   ④ 100,000원

해설 (900,000 + 100,000) - 100,000 - 900,000 = 0원

19 다음은 무형자산과 관련된 내용이다. 가장 올바르지 못한 것은?
① 물리적 형체가 없지만 식별할 수 있다.
② 기업이 통제하고 있어야 한다.
③ 무형자산에는 어업권, 산업재산권, 선수금, 영업권 등이 있다.
④ 미래에 경제적 효익이 있는 비화폐성 자산이다.

해설 선수금은 부채계정임.

20 무형자산을 합리적인 방법으로 상각방법을 정할 수 없는 경우에는 어떤 상각방법을 사용하는가?
① 정액법
② 체감잔액법(정률법 등)
③ 연수합계법
④ 생산량비례법

해설 합리적인 상각방법을 정할 수 없는 경우에는 정액법을 사용한다.

21 다음 중 무형자산에 해당하지 않는 것은?
① 어업권
② 개발비
③ 컴퓨터 소프트웨어
④ 임차보증금

해설 임차보증금은 기타비유동자산으로 분류한다.

22 다음은 무형자산에 관한 설명이다. 잘못된 것은?
① 무형자산의 상각방법은 자산의 경제적 효익이 소비되는 행태를 반영한 합리적인 방법이어야 한다.
② 무형자산의 상각방법에는 정액법, 체감잔액법(정률법 등), 연수합계법, 생산량비례법 등이 있다.
③ 무형자산의 합리적인 상각방법을 정할 수 없는 경우에는 정률법을 사용한다.
④ 무형자산의 상각이 다른 자산의 제조와 관련된 경우에는 관련 자산의 제조원가로, 그 밖의 경우에는 판매비와 관리비로 계상한다.

해설 정액법을 사용한다.

23 다음 설명 중 가장 올바른 회계처리방법을 설명한 것은?
① 기계장치를 구입하는 과정에서 발생된 보험료는 판매비와관리비에 포함된다.
② 연구비와 개발비는 전액 비용으로 처리한다.
③ 자가 창설(내부창설)된 영업권(goodwill)은 무형자산으로 계상할 수 없다.
④ 무형자산은 진부화 되거나 시장가치가 급격히 하락해도 손상차손을 인식할 수 없다.

해설 기계장치를 구입하는 과정에서 발생된 보험료는 취득원가에 포함하여야 하며, 사업결합으로 취득한 영업권만 인정한다.

24 다음 항목 중 재무상태표상 기타비유동자산에 속하는 계정과목은?
① 만기보유증권
② 투자부동산
③ 임차보증금
④ 지분법적용투자주식

해설 임차보증금은 기타비유동자산에 속한다.

25 다음 계정과목 중 분류가 다른 것은?
① 임차권리금
② 개발비
③ 상표권
④ 전세권

해설 전세권은 기타비유동자산 항목에 해당되고, 나머지 항목은 모두 무형자산에 해당된다.

정답 | 19. ③ 20. ① 21. ④ 22. ③ 23. ③ 24. ③ 25. ④

SECTION 07 | 부 채

1 부채의 개념

부채는 과거 사건이나 거래의 결과 현재 부담하여야 하는 경제적의무로 미래에 현금, 상품 등의 경제적효익을 희생하여야 할 것을 말한다. 부채 중에서 보고기간 말일(결산일)로부터 1년 또는 정상영업주기 이내에 상환할 채무를 유동부채라 하고 만기가 보고기간 말일부터 1년 이후인 부채는 비유동부채라 한다.

구 분	내 용
유동부채	단기차입금, 매입채무, 당기법인세부채(미지급법인세), 미지급금, 미지급비용, 선수금, 선수수익, 예수금, 유동성장기부채, 이연법인세부채
비유동부채	사채, 신주인수권부사채, 전환사채, 장기차입금, 장기매입채무, 충당부채(퇴직급여충당부채, 장기제품보증충당부채 등), 이연법인세부채

2 유동부채

보고기간말일부터 만기가 1년 이내 도래하는 부채를 유동부채라 한다. 부채는 1년을 기준으로 유동부채와 비유동부채로 분류한다. 다만, 정상적인 영업주기내에 소멸할 것으로 예상되는 매입채무와 미지급비용 등은 1년 이내에 결제되지 않더라도 유동부채로 분류한다.

① 매입채무

ㄱ. 외상매입금

상품, 재료 등을 외상으로 매입하고 발생한 채무를 외상매입금이라 한다. 채무가 발생하면 외상매입금계정 대변에 기입하고 외상매입금을 상환(지급)하면 부채의 감소로 외상매입금계정 차변에 기입한다.

ㄴ. 지급어음

지급어음을 재무상태표에 표시할 때에는 외상매입금과 함께 매입채무로 표시하고 유동부채로 분류한다.

> **필수예제**
>
> (1) (주)한신으로부터 원재료 100,000원을 매입하고 대금은 당점발행 약속어음으로 지급하다.
>   (차) 원 재 료   100,000   (대) 지급어음   100,000
>
> (2) (주)한신에 발행한 약속어음 100,000원이 만기가 되어 당사 거래은행의 당좌예금계좌에서 결제되었음이 확인되었다.
>   (차) 지급어음   100,000   (대) 당좌예금   100,000

② 단기차입금

상환기일이 보고기간말부터 1년 이내인 차입금을 단기차입금이라 한다. 다만, 계약시에는 장기차입금이었으나 기간이 경과함에 따라 상환기간이 1년 이내에 도래하는 차입금은 유동성장기부채 계정으로 처리하여 단기차입금과 구분한다.

> **필수예제**
>
> 유리은행으로부터 현금 100,000원을 단기로 차입하다.
>   (차) 현   금   100,000   (대) 단기차입금   100,000

③ 미지급금

상품, 원재료 등 이외의 자산을 취득하고 대금을 외상으로 하면 미지급금계정 대변에 기입하고 그 외상대금을 지급하면 미지급금계정 차변에 기입한다.

> **필수예제**
>
> (1) 한국부동산으로부터 건물을 500,000원에 매입하고 대금은 다음 달에 지급하기로 하다.
>   (차) 건   물   500,000   (대) 미지급금   500,000
>
> (2) 한국기계로부터 기계장치를 300,000원에 매입하고, 대금 중 절반은 현금으로 지급하고 나머지는 외상으로 하다.
>   (차) 기계장치   300,000   (대) 현   금   150,000
>   미지급금   150,000

④ 선수금

상품, 제품 등을 주문받고 매출하기 전에 착수금이나 계약금 등을 미리 받으면 부채인 선수금계정 대변에 기입하고 상품 등을 판매(인도)하면 선수금계정 차변에 기입한다.

> **필수예제**
>
> (1) 한국상사와 제품매출을 계약하고, 계약금 200,000원을 현금으로 받다.
>   (차) 현   금   200,000   (대) 선 수 금   200,000
>
> (2) 위의 한국상사에 제품을 1,000,000원에 판매하고, 계약금 200,000원을 차감한 나머지를 현금으로 받아 즉시 당사 보통예금계좌에 입금하다.
>   (차) 선 수 금   200,000   (대) 제품매출   1,000,000
>   보통예금   800,000

⑤ 예수금

예수금은 제3자에게 지급할 목적으로 거래처나 종업원의 자금을 일시적으로 보관하고 있는 경우에 사용하는 부채계정이다. 종업원의 급여를 지급할 때에 공제하는 소득세, 건강보험료, 국민연금, 고용보험료 등을 예수금계정 대변에 기입하고 소득세, 건강보험료, 국민연금, 고용보험료 등을 납부하면 예수금계정 차변에 기입한다.

> **필수예제**
>
> (1) 급여 1,000,000원 지급 시 소득세 40,000원과 지방소득세 4,000원을 차감한 잔액을 현금으로 지급하였다.
>   (차) 급   여   1,000,000   (대) 예 수 금   44,000
>   현   금   956,000
>
> (2) 위에서 차감 예수한 소득세와 지방소득세를 관할세무서 및 구청에 현금으로 납부하였다.
>   (차) 예 수 금   44,000   (대) 현   금   44,000

⑥ 미지급비용

미지급비용이란 일정기간 계속 발생하는 비용으로서 당기에 발생하였으나 아직 지급기일이 도래하지 않아 지급되지 않고 있는 비용이다. 따라서 지급기일이 도래하였으나 지급하지 않고 있는 미지급금과는 구분되며 결산 시에만 발생한다.

> **필수예제**
>
> 단기차입금에 대한 당기분 미지급이자 50,000원을 결산에 계상하다.
>   (차) 이자비용   50,000   (대) 미지급비용   50,000

⑦ **미지급법인세(당기법인세부채)**

미지급법인세는 법인세 등의 미지급액을 말하며, 법인세뿐만 아니라 법인지방소득세와 법인세감면분에 대하여 부과하는 농어촌특별세를 포함한다.

> **필수예제**
>
> 당해 사업연도의 법인세 100,000원을 결산일 현재까지 납부하지 못했다.
> (차) 법인세등　　　　100,000　　　　(대) 미지급법인세　　　100,000

⑧ **유동성장기부채**

유동성장기부채는 비유동부채 중 만기가 보고기간말일(결산일) 현재 1년 이내에 도래하는 부채를 말한다. 유동성장기부채는 기중에 발생하는 것이 아니며 기말결산 시에 상환기간이 1년 이내로 도래하는 경우에 비유동부채에서 유동부채로 대체되는 것이다.

> **필수예제**
>
> 결산일 현재 3년 만기로 차입한 장기차입금 1,000,000원의 상환기간이 1년 이내로 도래하였다.
> (차) 장기차입금　　　1,000,000　　　(대) 유동성장기부채　　1,000,000

⑨ **선수수익**

선수수익이란 이미 입금된 수익 중에서 당기분이 아닌 차기분에 해당하는 수익을 말한다. 선수수익은 부채이기는 하지만 금전으로 변제하는 것이 아니라 계속적인 용역제공을 통하여 변제되는 부채로서 선급비용에 대응되는 개념이다.

> **필수예제**
>
> 4월1일 한국상사에 건물 3층을 임대하고 임대료 1,200,000원(매월 100,000원)을 현금으로 받다. 그리고 12월 31일 현재 결산일이 되다.
> • 4월 1일 분개
> (차) 현　　금　　　　1,200,000　　　(대) 임 대 료　　　　1,200,000
> • 결산일 분개
> (차) 임 대 료　　　　300,000　　　　(대) 선수수익　　　　　300,000
> 선수수익 : $1,200,000 \times \dfrac{3}{12} = 300,000$원

⑩ 가수금

가수금이란 금전의 수입이 있으나 그 내용이나 금액이 확정되지 않았을 때 일시적으로 처리하는 부채계정으로 금전을 수입하면 가수금계정 대변에 기입하고 그 내용이나 금액이 확정되면 해당 계정으로 처리하면서 가수금계정 차변에 기입한다.

> **필수예제**
>
> (1) 당사 보통예금계좌에 원인을 알 수 없는 100,000원이 입금되었다.
>   (차) 보통예금   100,000   (대) 가 수 금   100,000
>
> (2) 보통예금계좌로 입금된 100,000원은 매출처로부터 외상대금이 송금되어온 것임을 확인하였다.
>   (차) 가 수 금   100,000   (대) 외상매출금   100,000

3 비유동부채

① 사 채

사채란 주식회사가 장기자금의 조달 목적으로 일정한 이자를 지급하고 일정한 시기에 원금상환을 약정한 채무증권을 발행하고 자금을 차입한 비유동부채를 말한다.

㉠ 사채의 발행과 발행가격 결정

사채는 액면금액과 액면이자의 현재가치를 합계한 금액으로 발행금액을 결정한다. 결국 사채의 발행금액은 액면이자율과 시장이자율의 차이에 의하여 결정된다.

액면이자율은 사채권에 표시된 이자율로 발행회사가 이자를 지급하기 위하여 적용하는 이자율이고, 시장이자율은 자본시장의 수요 공급에 의하여 결정된 이자율을 말한다.

발 행 조 건	발 행 방 법
액면이자율 = 시장이자율	액 면 발 행
액면이자율 < 시장이자율	할 인 발 행
액면이자율 > 시장이자율	할 증 발 행

㉡ 사채발행의 회계처리

사채발행에 직접적으로 발생한 사채권인쇄비, 광고비, 발행수수료 등의 사채발행비는 사채발행금액을 감소시키는 것으로 사채할인발행차금에 가산하거나 사채할증발행차금에서 차감한다.

발행방법과 금액 (액면 10,000원)	회계처리			
	차변과목	금액	대변과목	금액
액면발행(10,000원)	당 좌 예 금	10,000	사 채	10,000
할인발행(9,000원)	당 좌 예 금 사채할인발행차금	9,000 1,000	사 채	10,000
할증발행(12,000원)	당 좌 예 금	12,000	사 채 사채할증발행차금	10,000 2,000

> **필수예제**
>
> 장기의 자금을 조달하기 위해 사채 100주(@1,000원)를 액면금액으로 발행하고, 대금은 현금으로 받아 전부 당좌예입하다.
> (차) 당좌예금   100,000   (대) 사 채   100,000

② **장기차입금**

은행 등으로부터 1년 이상의 기간 동안 돈을 빌린 경우 이를 장기차입금이라고 한다.

> **필수예제**
>
> 한국상사로부터 3년 만기의 상환조건으로 현금 300,000원을 차입하다.
> (차) 현 금   300,000   (대) 장기차입금   300,000

③ **퇴직급여충당부채와 퇴직연금**

㉠ **퇴직급여충당부채**

퇴직급여충당부채는 근로기준법이나 회사의 사규에 의하여 종업원의 퇴직시에 지급할 퇴직금에 충당하기 위하여 설정하는 부채이다. 결산일에 전 종업원의 퇴직을 가정하여 산출한 퇴직금 추계액에서 현재 설정되어 있는 퇴직급여충당부채를 차감한 금액을 설정한다. 그리고 실제 퇴직금을 지급하는 때에는 퇴직급여충당부채와 상계하여야 한다. 확정급여형퇴직연금에 가입하여 퇴직연금운용자산이 있는 경우에는 퇴직급여충당부채에서 퇴직연금운용자산을 차감하여 재무상태표에 표시한다.

> ◆ 결산 기말에 퇴직급여충당부채를 설정하면(퇴직금추계액 – 퇴직급여충당부채잔액)
>   (차) 퇴직급여   ×××   (대) 퇴직급여충당부채   ×××
> ◆ 종업원의 퇴직금을 지급하면
>   (차) 퇴직급여충당부채   ×××   (대) 현 금   ×××

ⓛ 퇴직연금

퇴직연금제도에는 확정급여형퇴직연금과 확정기여형퇴직연금이 있다. 확정급여형퇴직연금에 가입하고 퇴직연금을 불입하면 퇴직연금운용자산(자산)으로 처리하고, 확정기여형퇴직연금에 가입한 경우에는 퇴직급여(비용)으로 처리한다.

> **필수예제**
>
> (1) 확정급여형퇴직연금에 가입하고 부담금 3,000,000원을 현금으로 지급하였다.
>   (차) 퇴직연금운용자산   3,000,000   (대) 현   금   3,000,000
>
> (2) 종업원의 퇴직으로 퇴직연금운용자산에서 1,000,000원을 수령하여 퇴직금을 지급하였다.
>   단 퇴직급여충당부채 잔액이 400,000원이다.
>   (차) 퇴직급여충당부채   400,000   (대) 퇴직연금운용자산   1,000,000
>   퇴직급여   600,000
>
> (3) 확정기여형퇴직연금에 가입하고 부담금 2,000,000원을 현금으로 지급하였다.
>   (차) 퇴직급여   2,000,000   (대) 현   금   2,000,000

④ 기타 비유동부채

구 분	내 용
이연법인세부채	기업회계와 세법의 일시적 차이(유보)로 인하여 법인세비용이 법인세법에 의하여 납부할 금액을 초과하는 경우 그 초과하는 금액
장기매입채무	매입금액을 지급하기로 한 시기가 1년 이상 남은 장기의 매입채무

확인예제

01 다음 중 비유동부채에 포함되지 않는 것은?

① 장기차입금 ② 퇴직급여충당부채
③ 임차보증금 ④ 사채

해설 ③ 임차보증금은 기타비유동자산에 해당한다.

02 다음 중 영업주기와 관계없이 유동부채로 분류하여야 하는 계정과목이 아닌 것은?

① 퇴직급여충당부채 ② 단기차입금
③ 유동성 장기부채 ④ 당좌차월

해설 ① 부채는 1년을 기준으로 유동부채와 비유동부채로 분류한다. 다만, 정상적인 영업주기 내에 소멸할 것으로 예상되는 매입채무와 미지급비용 등은 보고기간종료일로부터 1년 이내에 결제되지 않더라도 유동부채로 분류한다. 또한 당좌차월, 단기차입금 및 유동성장기차입금 등은 보고기간종료일로부터 1년 이내에 결제되어야 하므로 영업주기와 관계없이 유동부채로 분류한다.

03 다음 중 퇴직급여충당부채에 대한 설명으로 옳지 아니한 것은?

① 퇴직급여충당부채는 근로기준법이나 회사의 사규에 의하여 종업원의 퇴직 시에 지급할 퇴직금에 충당하기 위하여 설정하는 부채이다.
② 확정급여형퇴직연금에 가입하여 퇴직연금운용자산이 있는 경우 퇴직급여충당부채에서 퇴직연금운용자산을 차감하여 표시한다.
③ 실제 퇴직금을 지급하는 때에는 다음과 같이 회계처리 한다.
    (차) 퇴직급여   xxx (대) 퇴직급여충당부채   xxx
④ 퇴직급여충당부채는 결산일에 전 종업원의 퇴직을 가정하여 산출한 퇴직금 추계액에서 현재 설정되어 있는 퇴직급여충당부채를 차감한 금액을 설정한다.

해설 ③ 실제 퇴직금을 지급하는 때에는 퇴직급여충당부채와 상계하고 모자라는 금액은 퇴직급여로 회계처리 한다. 예를 들어 퇴직급여충당부채가 1,000,000원이 있는 경우 1,200,000원의 퇴직급여를 지급하면 다음과 같이 분개한다.
(차) 퇴직급여충당부채   1,000,000   (대) 현금예금   1,200,000
    퇴직급여   200,000

05 평가문제   POINT 전산회계 1급

01 다음 중 재무상태표상 유동부채로 분류되는 것이 아닌 것은?
① 단기차입금 ② 유동성장기부채
③ 미지급비용 ④ 장기차입금

[해설] 장기차입금은 비유동부채이다.

02 다음 중 유동부채와 비유동부채의 분류가 올바르게 짝지어진 것은?

	유동부채	비유동부채
①	미지급비용	미지급법인세
②	퇴직급여충당부채	선수수익
③	선수수익	퇴직급여충당부채
④	매입채무	미지급법인세

[해설] 미지급비용, 미지급법인세, 선수수익, 매입채무는 모두 유동부채이며, 퇴직급여충당부채는 비유동부채이다.

03 다음 중 일반기업회계기준상 충당부채를 부채로 인식하기 위한 요건이다. 틀린 것은?
① 우발부채도 충당부채와 동일하게 부채로 인식하여야 한다.
② 과거사건이나 거래의 결과로 현재의무가 존재해야 한다.
③ 당해 의무를 이행하기 위하여 자원이 유출될 가능성이 매우 높아야 한다.
④ 그 의무 이행에 소요되는 금액을 신뢰성있게 추정할 수 있어야 한다.

[해설] 우발부채는 부채로 인식하지 아니한다.

04 근로자퇴직급여보장법에 의한 퇴직연금에는 확정급여형과 확정기여형이 있다. 퇴직연금 기여금으로 100,000원을 납부할 경우 각 제도에 따른 회계처리로 알맞은 것은?

A : 확정급여형   B : 확정기여형

① A : 퇴직급여 100,000 / 현금 100,000
  B : 퇴직급여 100,000 / 현금 100,000
② A : 퇴직급여 100,000 / 현금 100,000
  B : 퇴직연금운용자산 100,000 / 현금 100,000
③ A : 퇴직연금운용자산 100,000 / 현금 100,000
  B : 퇴직급여 100,000 / 현금 100,000
④ A : 퇴직연금운용자산 100,000 / 현금 100,000
  B : 퇴직연금운용자산 100,000 / 현금 100,000

[해설] 확정급여형의 경우 운용되는 자산은 기업이 직접 보유하고 있는 것으로 보아 회계처리하며 퇴직연금운용자산으로 표시하고 퇴직급여충당부채에서 차감하는 형식으로 표시한다. 또한 확정기여형의 경우 회사의 납부하여야 할 부담금을 퇴직급여(비용)로 인식하고 퇴직연금운용자산, 퇴직급여충당부채 및 퇴직연금미지급금은 인식하지 아니한다.

05 다음 중 비유동부채로 분류되지 않는 것은?
① 사채
② 장기차입금
③ 퇴직급여충당부채
④ 유동성장기부채

[해설] 유동성장기부채는 유동부채로 분류한다.

06 다음 중 사채에 대한 설명으로 틀린 것은?
① 사채발행비용은 사채의 발행금액에서 차감한다.
② 유효이자율법 적용시 사채할증발행차금 상각액은 매년 증가한다.
③ 유효이자율법 적용시 사채할인발행차금 상각액은 매년 감소한다.
④ 사채할인발행차금은 당해 사채의 액면금액에서 차감하는 형식으로 기재한다.

[해설] 유효이자율법 적용시 사채할증발행차금 상각액과 사채할인발행차금 상각액 모두 매년 증가한다.

정답 | 1. ④ 2. ③ 3. ① 4. ③ 5. ④ 6. ③

07 다음 중 부채에 대한 설명으로 틀린 것은?

① 미지급금 중 재무상태표일부터 만기가 1년 이내에 도래하는 것은 유동부채로 표시한다.
② 재무상태표일부터 차입기간이 1년 이상인 경우에는 장기차입금계정을 사용하여 표시한다.
③ 상품을 인도하기 전에 상품대금의 일부를 미리 받았을 때에는 선수금계정의 대변에 기입한다.
④ 가수금은 영구적으로 사용하는 부채계정으로서 결산시에도 재무제표에 표시된다.

> 해설 가수금계정은 일시적으로 사용하는 부채계정으로 결산 시에는 그 내용을 밝혀 확정계정과목으로 재무제표에 표시한다.

08 다음 중 비유동부채에 해당하지 않는 것은?

① 사채   ② 장기차입금
③ 당좌차월   ④ 퇴직급여충당부채

> 해설 당좌차월, 단기차입금 및 유동성장기차입금 등은 보고기간종료일로부터 1년 이내에 결제되어야 하므로 영업주기와 관계없이 유동부채로 분류한다.(일반기업회계기준 2.23)

09 다음 중 나머지 셋과 성격이 다른 것은?

① 대손충당금
② 감가상각누계액
③ 퇴직급여충당부채
④ 현재가치할인차금

> 해설 퇴직급여충당부채는 부채성충당금으로 비유동부채에 해당한다.

10 다음 중 유동부채의 계정과목별 설명으로 틀린 것은?

① 매입채무는 일반적 상거래에서 발생한 외상매입금과 지급어음으로 한다.
② 선수금은 수주공사 및 기타 일반적 상거래에서 발생한 선수액으로 한다.
③ 단기차입금은 금융기관으로부터의 당좌차월과 1년 이내에 상환될 차입금으로 한다.
④ 미지급금은 일반적 상거래에서 발생한 지급기일이 도래한 확정채무를 말한다.

> 해설 미지급금은 일반적 상거래 이외에서 발생한 지급기일이 도래한 확정채무를 말한다.

정답 | 7. ④ 8. ③ 9. ③ 10. ④

SECTION 08 자 본

1 자본의 개념

자본은 기업의 자산에서 부채를 차감한 후의 잔여지분을 말한다.

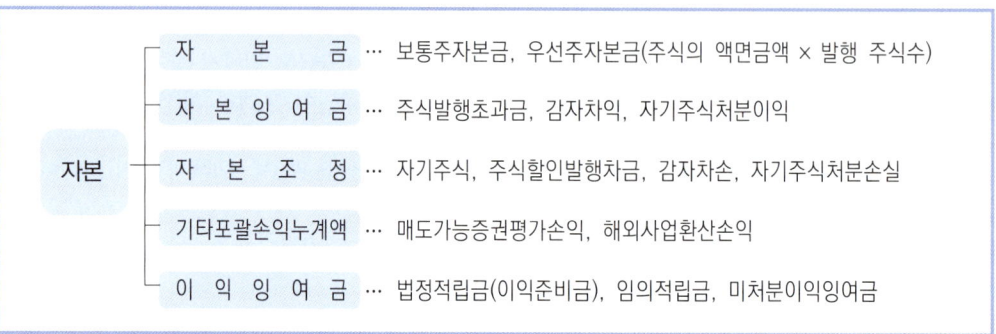

① **주식회사의 설립과 주식발행**

주식회사를 설립할 때에 발행 주식 전부를 발기인이 인수하면 발기설립이라 하고, 일반투자자를 대상으로 모집하면 모집설립이라 한다.

주식을 발행할 때에 액면금액과 발행금액이 같은 경우는 액면발행이라고 하고, 발행금액이 액면금액보다 큰 경우는 할증발행, 액면 이하로 발행하는 경우는 할인발행이라고 한다.

> **필수예제**
>
> (1) (주)경영은 보통주식 50주(액면금액 @10,000원)을 액면으로 발행하고 주식대금은 보통예금에 입금하였다.
>
> (차) 보통예금　　　　500,000　　(대) 자 본 금　　　　500,000
>
> (2) (주)경영은 보통주식 50주(액면금액 @10,000원)을 1주당 9,000원에 할인발행하고 주식대금은 보통예금에 입금하였다.
>
> (차) 보통예금　　　　450,000　　(대) 자 본 금　　　　500,000
> 　　 주식할인발행차금　 50,000
>
> (3) (주)경영은 보통주식 50주(액면금액 @10,000원)을 1주당 11,000원에 할증발행하고 주식대금은 보통예금에 입금하였다.
>
> (차) 보통예금　　　　550,000　　(대) 자 본 금　　　　500,000
> 　　　　　　　　　　　　　　　　　　 주식발행초과금　 50,000

② 주식발행비용의 회계처리

주식발행비용이란 주식을 발행하는 과정에서 나타나는 등록비 및 기타 관련 수수료, 법률 및 회계자문 수수료, 주권인쇄비 및 인지세 등의 비용을 말한다. 이러한 주식발행비용은 주식발행초과금에서 차감하거나 주식할인발행차금에 가산한다.

> ◆ 액면금액 100,000원의 주식을 액면으로 발행하고, 주식발행비용 2,000원을 차감한 잔액을 당좌예입하면
>   (차) 당좌예금　　　　　　　　98,000　　(대) 자본금　　　　　　　100,000
>   주식할인발행차금　　　　　2,000
> ◆ 액면금액 100,000원의 주식을 120,000원에 발행하고, 주식발행비용 1,000원이 발생하면
>   (차) 현　금　　　　　　　　　119,000　　(대) 자본금　　　　　　　100,000
>   주식발행초과금　　　　19,000

2 자본잉여금

자본잉여금은 주식발행을 통한 증자 또는 감자 등 주주와의 거래(자본거래)에서 발생하여 자본을 증가시키는 잉여금을 말한다.

① 유상증자와 무상증자

유상증자는 신주를 발행하고 주식 대금을 주주로부터 납입 받으므로 자본금이 증가하는 만큼 순자산이 실질적으로 증가한다. 반면 무상증자는 잉여금을 자본에 전입하여 자본금이 증가하지만 주주에게 자본금 증가분에 대한 발행주식을 무상으로 교부하는 방식으로 신주발행에 대한 주식대금의 납입이 없어 형식적 증자라고도 한다.

> ◆ 우선주를 발행(액면발행)하고 주금 납입을 받는 유상증자를 하면(유상증자)
>   (차) 당좌예금　　　　　　　　×××　　(대) 우선주자본금　　　　×××
> ◆ 잉여금의 자본전입을 하면서 보통주 주주에게 무상주를 교부하면(무상증자)
>   (차) 자본잉여금　　　　　　　×××　　(대) 보통주자본금　　　　×××
>   이익잉여금　　　　　　　×××

② 유상감자와 무상감자

유상감자는 자기주식을 매입하여 소각하는 방법으로 자본금을 감소시키는 것을 말하고, 무상감자는 발행주식의 일부를 소각하여 발행주식수를 줄이거나, 액면금액을 감액하는 방법으로 자본금을 감소시키고 그 대가를 지급하지 않는 것을 말한다.
자기주식의 액면금액과 취득금액을 비교하여 취득금액이 작으면 감자차익으로 취득금액이 크면 감자차손으로 처리한다. 감자차익은 자본잉여금으로 회계처리를 하고 감자차손이 발생한 경우 우선 상계하여야 한다.

> ❖ 액면금액 100,000원의 주식을 90,000원에 현금으로 매입소각하고 감자를 하면
>   (차) 자본금   100,000   (대) 현 금   90,000
>   감자차익   10,000
> ❖ 이월결손분 70,000원을 보전하기 위하여 주식(10주, 액면 10,000원)을 무상 소각하면
>   (차) 자본금   100,000   (대) 이월결손금   70,000
>   감자차익   30,000

③ 주식발행초과금

주식발행초과금은 주식의 할증발행시에 주식발행금액이 액면금액을 초과하는 부분을 말한다. 증자시에 주식발행에 소요된 주식발행비용은 주식발행초과금에서 차감하여 처리한다.

④ 자기주식처분이익

> ❖ 액면금액 100,000원의 자기주식을 70,000원에 취득하면
>   (차) 자기주식   70,000   (대) 현 금   70,000
> ❖ 자기주식을 80,000원에 처분하면(액면금액 100,000원, 취득금액 70,000원)
>   (차) 현 금   80,000   (대) 자기주식   70,000
>   자기주식처분이익   10,000
> ❖ 자기주식을 매입소각하면(액면금액 100,000원, 취득금액 70,000원)
>   (차) 자 본 금   100,000   (대) 자기주식   70,000
>   감자차익   30,000

▶ 자기주식처분이익은 자본잉여금이지만 자기주식처분손실은 자본조정의 차감항목에 해당한다.

3 자본조정

자본조정은 당해 항목의 성격으로 보아 자본거래에 해당하나 최종 납입된 자본으로 볼 수 없거나 자본의 가감성격으로 자본금이나 자본잉여금으로 분류할 수 없는 항목이다.

자본에서 차감할 항목	자기주식, 주식할인발행차금, 감자차손, 자기주식처분손실
자본에 가산할 항목	미교부주식배당금, 신주청약증거금, 출자전환채무, 주식매수청구권

① 자기주식

회사가 이미 발행한 자기회사의 주식을 매입 소각할 목적이나 재발행할 목적으로 취득한 경우에 자기주식으로 처리하고, 자본조정으로 분류한다.

② 주식할인발행차금

주식을 액면금액 이하로 발행한 경우에 액면금액에 미달하는 금액을 주식할인발행차금이라 한다. 주식할인발행차금이 발생하면 주식발행초과금과 우선 상계하고 잔액은 이익잉여금의 처분으로 상각한다. 주식할인발행차금의 상각은 이익잉여금의 처분항목이므로 손익계산서에 표시하는 것이 아니라 이익잉여금처분계산서에 표시한다.

❖ 액면금액 200,000원의 주식을 140,000원에 할인발행하면
  (차) 당좌예금   140,000   (대) 자본금   200,000
      주식할인발행차금   60,000
❖ 주식할인발행차금 60,000원을 상각하면
  (차) 미처분이익잉여금   60,000   (대) 주식할인발행차금   60,000

③ 감자차손

자본금을 감자하는 경우에 매입 소각하는 주식의 취득금액이 액면금액보다 큰 경우에 그 차액이 감자차손이다. 감자차손이 발생한 경우 감자차익이 있으면 우선 상계한다.

④ 자기주식처분손실

일시적으로 취득한 자기주식을 처분하는 경우에 나타나는 매각손실을 자기주식처분손실이라 한다. 자기주식처분손실이 발생하면 자기주식처분이익의 범위 내에서 상계처리하고 잔액은 자본조정으로 구분한다.

⑤ 미교부주식배당금

배당을 주식으로 하는 경우 배당지급일까지 임시로 처리하는 계정이다. 미교부주식배당금은 자본에 가산하는 항목으로 배당하는 주식의 액면금액으로 계상하고, 배당지급일이 되어 주식을 교부하면 자본금계정에 대체한다.

4 기타포괄손익누계액

일정기간동안 주주와의 자본거래를 제외한 모든 거래와 사건으로 발생한 모든 순자산(자본)의 변동인 포괄손익에서 당기손익항목을 제외한 항목으로 보고기간 종료일 현재의 잔액을 재무상태표의 기타포괄손익누계액으로 구분한다.

① 매도가능증권평가손익

매도가능증권을 공정가치로 평가할 때에 나타나는 평가손익으로 기타포괄손익누계액으로 처리한 금액은 매도가능증권이 처분되는 시점에 매도가능증권처분손익에 가감하여야 한다.

② 재평가잉여금(재평가차익)

재평가잉여금은 유형자산을 유형별로 보고기간 종료일 현재 공정가치로 재평가를 하는 경우 장부금액을 초과하는 부분을 처리하는 계정이다.

기타포괄손익누계액으로 처리한 재평가잉여금은 재평가잉여금이 있는 유형자산을 처분할 때에 당기손익인 재평가잉여금 환입액으로 대체한다.

```
❖ 장부금액 100,000,000원의 토지를 400,000,000원으로 재평가하면
  (차) 토  지           300,000,000    (대) 재평가잉여금       300,000,000
❖ 위 토지를 500,000,000원에 처분하고 현금을 받으면
  (차) 현  금           500,000,000    (대) 토  지            400,000,000
      재평가잉여금       300,000,000         유형자산처분이익   100,000,000
                                            재평가잉여금환입액  300,000,000
```

5 이익잉여금

① 이익준비금

상법 제458조에 의하여 회사는 매 결산기마다 금전에 의한 배당금의 10% 이상을 자본금의 $\frac{1}{2}$에 달할 때까지 이익준비금으로 강제적으로 적립하여야 한다.

② 임의적립금

임의적립금은 회사의 정관 또는 주주총회의 결의에 의하여 회사가 임의로 이익을 내부에 유보하여 적립하는 것을 말한다. 임의적립금은 장래에 투자재원이나 손실을 대비하여 적립하는 것으로 적립의 목적에 따라 적극적 적립금과 소극적 적립금으로 구분한다.

③ 미처분이익잉여금

미처분이익잉여금은 전기이월미처분이익잉여금과 당기순이익을 합한 것으로 배당이나 다른 잉여금으로 처분되지 않고 있는 잉여금이다. 당기순이익이 발생하면 손익계정에서 미처분이익잉여금으로 대체되고, 당기순손실이 발생하면 손익계정에서 미처리결손금계정으로 대체한다.

```
❖ 당기순이익이 발생하면
  (차) 손  익              ×××       (대) 미처분이익잉여금     ×××
❖ 당기순손실이 발생하면
  (차) 미처리결손금         ×××       (대) 손  익              ×××
```

④ 배 당

> ❖ 현금배당을 결의하면(주주총회일)
>   (차) 미처분이익잉여금   ×××   (대) 미지급배당금   ×××
> ❖ 배당금을 지급하면(배당금지급일)
>   (차) 미지급배당금   ×××   (대) 현   금   ×××

⑤ 이익잉여금 처분과 결손금 처리

  ㉠ 이익잉여금처분계산서

  미처분이익잉여금의 처분 및 변동 내역을 요약하여 재무제표의 주석으로 보고하는 것이 이익잉여금처분계산서이다. 미처분이익잉여금의 처분은 결산일이 아니라 다음 회계연도 초에 열리는 주주총회 결의일에 확정되므로 이익잉여금의 처분 내역은 당기 재무상태표에는 반영되지 않는다.

  ㉡ 결손금처리계산서

  결손금처리계산서는 미처리결손금을 처리한 사항을 명확히 보고하기 위한 재무제표 주석사항의 하나로 결손금의 처리내용을 표시한다. 결손금의 처리는 임의적립금이입액, 기타법정적립금이입액, 이익준비금이입액, 자본잉여금이입액 등으로 이루어진다.

> ❖ 미처분이익잉여금 1,000,000원의 처분을 주주총회에서 이익준비금 80,000원, 배당금 800,000원으로 결의하다.
>   (차) 미처분이익잉여금   1,000,000   (대) 이익준비금   80,000
>   미지급배당금   800,000
>   이월이익잉여금   120,000
> ❖ 미처리결손금 500,000원을 임의적립금 100,000원, 이익준비금 350,000원을 이입하여 처리하기로 주주총회에서 의결하다.
>   (차) 임의적립금   100,000   (대) 미처리결손금   500,000
>   이익준비금   350,000
>   이월결손금   50,000

확인예제

01 회사의 자산과 부채가 다음과 같을 때 회사의 자본(순자산)은 얼마인가?

- 상 품 : 100,000원
- 현 금 : 10,000원
- 대여금 : 40,000원
- 비 품 : 80,000원
- 매입채무 : 70,000원
- 미지급금 : 20,000원

① 110,000원　　　　　　② 120,000원
③ 130,000원　　　　　　④ 140,000원

해설 ④ 자산(상품, 대여금, 현금, 비품) = 230,000원
부채(매입채무, 미지급금) = 90,000원
자산 - 부채 = 자본(순자산)이므로 230,000 - 90,000 = 140,000원

02 다음 중 자본잉여금으로 분류하는 항목을 모두 고른 것은?

가. 주식을 할증발행하는 경우에 발행금액이 액면금액을 초과하는 부분
나. 자기주식을 처분하는 경우 취득원가를 초과하여 처분할 때 발생하는 이익
다. 주식 발행금액이 액면금액에 미달하는 경우 그 미달하는 금액
라. 상법규정에 따라 적립된 법정적립금

① 가, 나　　　　　　② 가, 다
③ 다, 라　　　　　　④ 가, 나, 다

해설 ① 가. 주식발행초과금, 나. 자기주식처분이익
다. 주식할인발행차금, 라. 이익잉여금-이익준비금

03 다음 중 일반기업회계기준에서 자본잉여금으로 분류되는 계정과목은?

① 자기주식　　　　　　② 감자차익
③ 단기매매증권평가이익　　　　　　④ 매도가능증권평가이익

해설 ② 자기주식 : 자본조정, 감자차익 : 자본잉여금
단기매매증권평가이익 : 영업외수익
매도가능증권평가이익 : 기타포괄손익누계액

04 다음 내용과 같은 기준으로 분류되는 계정과목은 무엇인가?

> 자본거래에서 발생하며, 자본금이나 자본잉여금으로 분류할 수 없는 항목으로 감자차손, 자기주식, 자기주식처분손실 등이 여기에 해당한다.

① 주식할인발행차금　　　　② 임의적립금
③ 주식발행초과금　　　　　④ 이익준비금

해설 ① 자본조정에 대한 설명이며, 자기주식, 주식할인발행차금, 감자차손, 자기주식처분손실 등이 있다.
　　　임의적립금 : 이익잉여금, 주식발행초과금 : 자본잉여금, 이익준비금 : 이익잉여금

05 다음 중 주주총회에서 현금배당이 결의된 이후 실제 현금으로 현금배당이 지급된 시점의 거래요소 결합관계로 옳은 것은?

차변	대변		차변	대변
① 자본의 감소	자본의 증가		② 부채의 감소	자산의 감소
③ 자산의 증가	수익의 발생		④ 자본의 감소	자산의 감소

해설 ② ・현금배당이 결의된 시점 분개 :
　　　　　(차) 이익잉여금　　×××　　(대) 미지급배당금　×××
　　　　・현금배당이 지급된 시점 분개 :
　　　　　(차) 미지급배당금　×××　　(대) 현　금　　　　×××

06 평가문제

POINT 전산회계 1급

01 다음 중 자본에 대한 내용으로 옳지 않은 것은?
① 현물출자로 인한 주식의 발행금액은 제공받은 현물의 공정가치이다.
② 기말 재무상태표상 미처분이익잉여금은 당기 이익잉여금의 처분사항이 반영된 후의 금액이다.
③ 주식배당과 무상증자는 순자산의 증가가 발생하지 않는다.
④ 주식발행초과금은 주식의 발행금액이 액면금액을 초과하는 경우 그 초과금액을 말한다.

[해설] 당기 이익잉여금의 처분사항은 차기 주주총회의 처분결의가 있은 후에 회계처리되므로 기말 재무상태표상 미처분이익잉여금은 당기 이익잉여금의 처분사항이 반영되기 전의 금액이다.

02 재무상태표상의 자본금에 대한 설명 중 가장 올바른 것은?
① 자본금은 할인발행 혹은 할증발행에 따라 표시되는 금액이 다르다.
② 자본금은 보통주자본금, 우선주자본금 그리고 기타자본금으로 구분된다.
③ 자본금은 총 납입금액에서 주식발행에 따른 제비용을 차감하여 표시된다.
④ 자본금은 반드시 발행주식수 × 1주당 액면금액으로 표시된다.

[해설] 자본금은 반드시 발행주식수에 1주당 액면금액을 곱한 금액으로 기록된다.

03 (주)피제이전자는 주식 1,000주(1주당 액면금액 1,000원)를 1주당 1,500원에 증자하면서 주식발행관련 제비용으로 100,000원을 지출하였다. 이에 대한 결과로 올바른 것은?
① 주식발행초과금 400,000원 증가
② 자본금 1,400,000원 증가
③ 주식발행초과금 500,000원 증가
④ 자본금 1,500,000원 증가

[해설] 일반기업회계기준
주식발행금액이 액면금액보다 크다면 그 차액을 주식발행초과금으로 한다. 자본거래와 직접 관련되어 발생한 비용은 주식발행초과금에서 차감한다.
1,000주 × (1,500-1,000) - 100,000 = 400,000원

04 다음 중 자본항목의 분류로 틀린 것은?
① 매도가능증권평가이익 - 이익잉여금
② 감자차익 - 자본잉여금
③ 결손보전적립금 - 이익잉여금
④ 감자차손 - 자본조정

[해설] 매도가능증권평가이익은 기타 포괄손익누계액이다.

05 재무상태표에서 자본금을 표시하는 방법으로 맞는 것은?
① 납입금액을 표시한다.
② 주식할인발행차금을 차감하여 기재한다.
③ 주식발행초과금을 가산하여 기재한다.
④ 액면금액을 표시한다.

[해설] 자본금은 발행한 주식의 액면금액으로 표시한다.

정답 | 1. ② 2. ④ 3. ① 4. ① 5. ④

06 다음 중 주식회사의 자본 구성 요소에 관한 설명으로 바르게 짝지은 것은?

> ㉠은 1주의 액면금액에 발행한 주식수를 곱한 금액이다.
> ㉡은 영업활동과 직접적인 관계가 없는 자본거래에서 생긴 잉여금이다.
> ㉢은 회사의 영업활동 결과로 발생한 순이익을 원천으로 하는 잉여금이다.

	㉠	㉡	㉢
①	적립금	자본잉여금	이익잉여금
②	자본금	자본잉여금	이익잉여금
③	자본금	이익잉여금	자본잉여금
④	적립금	이익잉여금	자본잉여금

해설 ㉠은 자본금이고, ㉡은 자본잉여금이고, ㉢은 이익잉여금이다.

07 (주)풍기의 전기말 자본금은 60,000,000원 (주식수 12,000주, 액면금액 5,000원)이다. 기중에 주당 4,000원에 2,000주를 유상증자하였으며, 그 외의 자본거래는 없었다. (주)풍기의 기말 자본금은 얼마인가?

① 60,000,000원　② 70,000,000원
③ 68,000,000원　④ 48,000,000원

해설 기말 자본금 : (12,000주 + 2,000주) x 5,000 = 70,000,000원

08 이익잉여금을 자본금에 전입하였을 경우 다음 설명 중 올바른 것은?

① 자본총액이 증가한다.
② 자본총액이 감소한다.
③ 자본금이 증가한다.
④ 자본금이 감소한다.

해설 이익잉여금을 자본금에 전입하는 경우 자본총액에는 변화가 없으며 단지 자본금만 증가한다.

09 다음 자료를 바탕으로 자본잉여금의 금액을 계산한 것으로 옳은 것은? (단, 계정과목별 연관성은 전혀 없다.)

• 감 자 차 익	500,000원
• 자기주식처분이익	300,000원
• 이 익 준 비 금	100,000원
• 자기주식처분손실	100,000원
• 사 업 확 장 적립금	300,000원
• 감 자 차 손	250,000원
• 주 식 발 행 초 과 금	700,000원
• 주식할인발행차금	150,000원

① 600,000원　② 900,000원
③ 1,200,000원　④ 1,500,000원

해설 자본잉여금은 감자차익과 주식발행초과금, 자기주식처분이익이 속한다.

10 (주)수원기업은 결산시 회사자본의 구성내용이 자본금 50,000,000원, 자본잉여금 3,000,000원, 이익준비금 700,000원이었고, 당해 연도의 당기순이익은 500,000원이었다. 현금배당을 300,000원을 할 경우 이익준비금으로 적립해야 할 최소금액은 얼마인가?

① 30,000원　② 50,000원
③ 70,000원　④ 100,000원

해설 회사는 그 자본의 2분의 1에 달할 때까지 매결산기의 금전에 의한 이익배당액의 10분의 1 이상의 금액을 이익준비금으로 적립하여야 한다.

11 다음 중 이익잉여금이 아닌 것은?

① 기타 법정적립금　② 이익준비금
③ 임의적립금　④ 감자차익

해설 감자차익은 자본잉여금에 해당한다.

12 이익잉여금처분계산서에서 확인할 수 없는 항목은 무엇인가?

① 기타법정적립금
② 배당금
③ 주식할인발행차금
④ 당기순이익

해설 주식할인발행차금은 자본조정항목으로 재무상태표에서 확인할 수 있다. 이익잉여금처분계산서에서 확인할 수 있는 항목은 주식할인발행차금 상각액이다.

정답 | 6. ② 7. ② 8. ③ 9. ④ 10. ① 11. ④ 12. ③

13 다음 중 결손금의 처리 항목이 아닌 것은?

① 감자차손 ② 감채적립금
③ 이익준비금 ④ 사업확장적립금

해설 이월결손금을 보전할 때에는 이익잉여금 또는 자본잉여금을 이입한다.

14 다음의 자본항목 중 자본조정항목은 몇 개인가?

㉠ 매도가능증권평가손익	㉡ 자기주식처분손실
㉢ 감자차손	㉣ 해외사업환산손익
㉤ 주식할인발행차금	㉥ 주식발행초과금

① 1개 ② 2개
③ 3개 ④ 4개

해설 자본잉여금 : ㉥
자본조정 : ㉡, ㉢, ㉤
기타포괄손익누계액 : ㉠, ㉣

15 (주)세원은 20X2년 중에 보통주 10,000주(1주당 액면금액 1,000원)를 1주당 500원에 발행하였다. 20X1년 기말 재무상태표상 자본상황이 다음과 같을 경우, 20X2년 기말 재무상태표에 표시되는 자본상황으로 올바른 것은?

- 자본금 90,000,000원
- 주식발행초과금 10,000,000원

① 자본금 95,000,000원
② 주식발행초과금 5,000,000원
③ 주식할인발행차금 5,000,000원
④ 총자본 100,000,000원

해설 신주발행시 회계처리
(차) 보통예금 5,000,000 (대) 자본금 10,000,000
　　　주식발행초과금 5,000,000
주식발행초과금이 있는 때에 할인발행을 하면 주식발행초과금과 먼저 상계하여야 한다. 따라서, 20X2년 기말 재무상태표상 자본금 100,000,000원, 주식발행초과금 5,000,000원, 총 자본은 105,000,000원으로 표시된다.

16 다음 중 일반기업회계기준상 기타포괄손익누계액 항목이 아닌 것은?

① 매도가능증권평가손익
② 해외사업환산손익
③ 현금흐름위험회피 파생상품평가손익
④ 자기주식처분손실

해설 자본조정항목이다.

17 자기주식을 구입금액보다 낮게 처분하여 발생하는 부분은 재무상태표상 자본항목 중 어디에 표시되는가?

① 자본금
② 자본잉여금
③ 자본조정
④ 기타포괄손익누계액

해설 자기주식처분손실은 자본조정에 속하는 항목이다.

18 다음 재무상태표상의 자본항목 중 그 성질이 다른 것은 어느 것인가?

① 주식할인발행차금
② 자기주식처분손실
③ 자기주식
④ 매도가능증권평가손실

해설 모두 자본조정 항목이나, ④는 기타포괄손익누계액 항목이다.

정답 | 13. ① 14. ③ 15. ② 16. ④ 17. ③ 18. ④

SECTION 09 | 수익과 비용

1 수 익

① 수익의 개념

수익은 자산의 유입이나 증가 또는 부채의 감소에 따라 자본의 증가를 초래하는 특정 회계기간 동안에 발생한 경제적효익의 증가로서, 지분참여자에 의한 출연과 관련된 것은 제외한다. 기업의 경영활동과 관련하여 재화를 판매하거나 용역을 제공하는 대가로 인하여 자산의 증가 또는 부채의 감소로 인하여 자본이 증가하는 것을 수익이라 한다.

② 수익의 구분

㉠ 매출액

매출액은 기업의 주된 영업활동에서 발생한 제품, 상품, 용역의 순매출액이다. 매출액은 업종별 또는 부문별로 구분하여 표시할 수 있으며, 중요한 경우 반제품매출, 수출액, 장기할부매출 등으로 구분하여 표시하거나 주석으로 기재한다.

순매출액 = 총매출액 − 매출에누리와 환입 − 매출할인

▶ 실무에서는 "상품매출", "제품매출" 등 구체적인 매출항목으로 계정과목을 설정한다.

필수예제

(1) 세방상사에 제품 500,000원을 매출하고, 대금은 전액 외상으로 하다.
　(차) 외상매출금　　　　500,000　　(대) 제품매출　　　　500,000

(2) 세방상사에 판매한 제품 중에서 불량품이 발생하여 10개 반품을 받다. 매출단가는 @5,000원이었으며, 외상대금에서 차감한다.
　(차) 제품매출(매출환입)　 50,000　　(대) 외상매출금　　　 50,000

(3) 매출처 세방상사에 대한 외상매출금 2,000,000원이 10일 이내에 회수되어 2%의 할인을 해주고 잔액은 현금으로 받다.
　(차) 현　　금　　　　1,960,000　　(대) 외상매출금　　2,000,000
　　　제품매출(매출할인)　 40,000

ⓛ 영업외 수익

영업외수익은 기업의 주된 영업활동이 아닌 재무활동이나 투자활동에서 발생한 수익과 차익으로서 이자수익, 배당금수익, 임대료, 단기투자자산처분이익, 단기투자자산평가이익, 대손충당금환입, 투자자산처분이익, 법인세환수액, 외환차익, 외화환산이익, 지분법이익, 장기투자증권손상차손환입, 유형자산처분이익, 사채상환이익, 전기오류수정이익, 자산수증이익, 채무면제이익, 보험금수익, 잡이익 등이 있다.

③ 수익의 인식

수익은 자산의 증가나 부채의 감소와 관련하여 미래 경제적효익이 증가하고 이를 신뢰성 있게 측정할 수 있을 때 손익계산서에 인식한다. 이는 실제로 수익의 인식이 자산의 증가나 부채의 감소에 대한 인식과 동시에 이루어짐을 의미한다. 예를 들면, 재화나 용역의 매출에 따라 자산의 순증가가 인식되며 미지급채무의 면제에 따라 부채의 감소가 인식된다. 수익인식의 구체적 기준에는 진행기준, 완성기준, 인도기준, 회수기준 등이 있다. 진행기준과 완성기준은 주로 용역제공에 대한 수익인식기준이고, 인도기준과 회수기준은 상품판매 등과 관련한 수익인식기준이다.

구 분	인 식 기 준
일반매출	인도기준
공사수익	수입금액을 신뢰성 있게 측정할 수 있는 경우에는 진행기준 적용
용역매출	* 진행기준을 적용할 수 없는 경우에는 회수가능성이 매우 높은 발생원가의 범위 내에서만 인식. 이때 원가는 발생한 회계기간의 비용으로 인식
위탁판매	수탁자가 판매한 날
시용판매	매입의사를 표시한 날
장기할부판매	인도기준. 다만, 이자상당액은 기간경과에 따라 수익으로 인식
부동산의 처분	잔금청산일·소유권이전등기일·매입자의 사용가능일 중 가장 빠른 날에 인식

④ 현금주의와 발생주의

현금주의는 현금의 수입과 지출이 일어나는 시점에 수익과 비용을 인식하는 것이고, 발생주의는 현금의 수입 지출에 관계없이 수입과 지출을 하여야 할 사실이 발생하는 시점을 기준으로 인식하는 것이다. 기업회계기준은 발생주의를 원칙으로 하고 있으며, 발생주의를 보완하기 위하여 현금주의 손익계산서라 할 수 있는 현금흐름표를 재무제표의 하나로 포함시키고 있다.

2 비 용

비용은 자산의 유출이나 소멸 또는 부채의 증가에 따라 자본의 감소를 초래하는 특정 회계기간 동안에 발생한 경제적효익의 감소로서, 기업의 전반적인 수익창출 활동을 위한 지출이나 손실을 의미한다. 지분참여자에 대한 분배와 관련된 것은 제외한다.

① 비용의 구분

구분	비용항목
매출원가	판매된 제품·상품 등의 제조원가 또는 매입원가로 매출액에 대응한다.
판매비와관리비	급여, 퇴직급여, 복리후생비, 임차료, 기업업무추진비(접대비), 감가상각비, 무형자산상각비, 세금과공과, 광고선전비, 연구비, 경상개발비, 대손상각비 등
영업외비용	이자비용, 기타의대손상각비, 단기투자자산처분손실, 단기투자자산평가손실, 재고자산감모손실, 외환차손, 외화환산손실, 기부금, 지분법손실, 법인세추납액, 장기투자증권손상차손, 유형자산처분손실, 재해손실, 잡손실 등

③ 비용의 인식기준

비용은 자산의 감소나 부채의 증가와 관련하여 미래경제적효익이 감소하고 이를 신뢰성 있게 측정할 수 있을 때 손익계산서에 인식한다.

수익비용의 대응	내 용
⊙ 직접적인 관련성	비용은 발생된 원가와 특정 수익항목의 가득 간에 존재하는 직접적인 관련성을 기준으로 손익계산서에 인식한다.
ⓒ 포괄적·간접적인 관련성	경제적효익이 여러 회계기간에 걸쳐 발생할 것으로 기대되고 수익과의 관련성이 단지 포괄적으로 또는 간접적으로만 결정할 수 있는 경우 비용은 체계적이고 합리적인 배분절차를 기준으로 손익계산서에 인식된다.
ⓒ 즉시 비용 인식	미래경제적효익이 기대되지 않은 지출이거나, 미래경제적효익이 기대되더라도 재무상태표에 자산으로 인식되기 위한 조건을 원래 충족하지 못하거나 더 이상 충족하지 못하는 부분은 즉시 손익계산서에 비용으로 인식되어야 한다.

3 손익의 구분 계산

① 매출총이익 = 매출액 − 매출원가
② 영업이익 = 매출총이익 − 판매비와 관리비
③ 법인세비용차감전순이익 = 영업이익 + 영업외수익 − 영업외비용
④ 당기순이익 = 법인세비용차감전순이익 − 법인세비용

4 매출원가

상품, 제품 등의 매출액에 대응되는 원가로서 일정기간 중에 판매된 상품이나 제품 등에 대하여 배분된 매입원가 또는 제조원가를 매출원가라 한다.
재료비 이외의 제품제조원가를 구성하는 계정과목(500번대계정)을 살펴보면 다음과 같다.

① 임 금

공장 등 제조부문에 종사하는 종업원에 대한 정기적인 급료와 임금, 상여금 및 제수당을 말한다.

② 잡 급

공장 등 제조부문에 종사하는 종업원 중 일용직사원에 대한 일용급을 말한다.

③ 퇴직급여

공장 등 제조 업무에 종사하는 종업원이 퇴직하는 경우 지급하는 퇴직금을 처리하는 계정이다. 퇴직금 지급시에 우선적으로 퇴직급여충당부채와 상계하고, 동 충당부채의 잔액 이상으로 퇴직금을 지급하는 경우 초과부분은 퇴직급여계정으로 회계처리한다. 그리고 결산시에 퇴직급여충당부채 추가설정액을 퇴직급여로 처리한다.

④ 복리후생비

공장 등 제조업무에 종사하는 종업원들에 대한 복리비와 후생비로서 법정복리비, 복리시설부담금, 후생비, 현물급여, 산재보험료, 건강보험료(사용자부담분), 고용보험료(사용자부담분), 기타 사회통념상 타당하다고 인정되는 경조비, 위로금 등을 말한다.

⑤ 가스수도료

공장 및 제조업무와 관련한 수도료, 유류비, 가스 및 연탄 구입비용 등을 말한다.

> **필수예제**
>
> 공장에서 사용하기 위한 겨울 난방용 석유를 100,000원에 현금으로 구입하다.
> (차) 가스수도료　　　100,000　　　(대) 현　금　　　100,000

⑥ 전력비

공장용 전기의 사용 및 전기요금 등을 말한다.

> **필수예제**
>
> 공장의 전기요금 100,000원을 거래은행에 현금으로 납부하다.
> (차) 전력비   100,000   (대) 현   금   100,000

⑦ **세금과공과**

공장 및 제조업무와 관련한 국세, 지방세 등의 세금과 공공단체, 조합 등의 공과금(예를 들면, 상공회의소회비, 연합회부과금, 조합각출금, 조합회비 등)과 국민연금부담금 및 벌금, 과료, 과태료 등을 말한다.

⑧ **외주가공비**

임가공용역 제공의 계약에 따라 원재료 등을 제공하고 부분품이나 반제품 등을 제작 가공하여 납품받는 경우 그 가공비를 말한다.

⑨ **수선비**

공장 및 제조업무용 건물, 비품, 기계장치 등의 수리를 위한 비용을 말한다.

⑩ **감가상각비**

공장 및 제조업무용 건물, 기계장치, 차량운반구 등에 대한 감가상각비를 말한다.

⑪ **잡 비**

이상 열거한 비용 이외에 발생빈도나 금액의 중요성이 없는 비용들을 말한다.
소모품비, 회의비, 교육훈련비, 연수비, 자료수집, 신용조사비 등이 소액인 경우에는 잡비로 처리하고 발생빈도나 금액이 클 경우에는 별도의 독립과목으로 구분표시 한다.

5 판매비와 관리비(800번대계정)

판매비와관리비는 매출원가에 속하지 않으면서 제품, 상품 등의 판매활동과 관리활동에서 발생하는 비용이다. 항상 빈번하게 발생하는 것은 아니지만 영업활동과 관련하여 비용이 감소함에 따라 발생하는 퇴직급여충당부채환입, 판매보증충당부채환입 및 대손충당금환입 등은 판매비와관리비에 부(-)의 금액으로 표시한다.

① **급 여**

판매관리 부문의 종업원에 대한 급여와 임금, 상여금 및 제수당을 말한다.

> **필수예제**
>
> 본사 직원 유상무의 2월분 급여 1,000,000원을 현금으로 지급하다.
> (차) 급 여   1,000,000   (대) 현 금   1,000,000

② **퇴직급여**

판매관리업무에 종사하는 종업원이 퇴직하는 경우 지급하는 퇴직금을 처리한다. 퇴직금 지급 시 퇴직급여충당부채와 상계하고, 초과 부분을 회계처리 한다. 그리고 결산시 퇴직급여충당부채를 설정할 때 추가 설정액을 퇴직급여로 처리한다.

> **필수예제**
>
> (1) 본사 직원 유상무의 퇴직금 1,000,000원을 현금으로 지급하다.
> - 퇴직급여충당부채 잔액이 0원인 경우
>   (차) 퇴직급여   1,000,000   (대) 현 금   1,000,000
> - 퇴직급여충당부채 잔액이 1,500,000원인 경우
>   (차) 퇴직급여충당부채   1,000,000   (대) 현 금   1,000,000
> - 퇴직급여충당부채 잔액이 700,000원인 경우
>   (차) 퇴직급여충당부채   700,000   (대) 현 금   1,000,000
>   퇴직급여   300,000
>
> (2) 결산일 현재 본사 직원 전원의 퇴직급여추계액은 3,000,000원이다.
> - 퇴직급여충당부채 잔액이 0원인 경우
>   (차) 퇴직급여   3,000,000   (대) 퇴직급여충당부채   3,000,000
> - 퇴직급여충당부채 잔액이 1,000,000원인 경우
>   (차) 퇴직급여   2,000,000   (대) 퇴직급여충당부채   2,000,000

③ **복리후생비**

판매와 일반관리업무에 종사하는 종업원들에 대한 복리비와 후생비로서 법정복리비, 복리시설부담금, 후생비, 현물급여, 산재보험료, 건강보험료(사용자 부담분), 고용보험료(사용자부담분), 기타 사회통념상 타당하다고 인정되는 경조비, 위로금 등을 말한다.

> **필수예제**
>
> (1) 사원 유상무의 결혼축하금 100,000원을 현금으로 지급하다.
>   (차) 복리후생비   100,000   (대) 현   금   100,000
>
> (2) 전직원의 회식비용 300,000원을 마포갈비에서 법인카드로 결제하다.
>   (차) 복리후생비   300,000   (대) 미지급금   300,000
>
> (3) 급여 지급시 예수해 둔 건강보험료 50,000원을 한국은행에 현금 납부하다. 총건강보험료는 100,000원이며, 1/2는 회사부담분, 1/2는 사원부담분이다.
>   (차) 복리후생비   50,000   (대) 현   금   100,000
>   예 수 금   50,000

④ **여비교통비**

판매업무와 관련하여 발생한 여비와 교통비를 말한다.

> **필수예제**
>
> 관리부 사원 유상무의 시내출장비 50,000원을 현금으로 지급하다.
>   (차) 여비교통비   50,000   (대) 현   금   50,000

⑤ **통신비**

판매부서, 관리업무와 관련하여 발생한 전신, 전화료, 우편, 팩스사용 등에 따르는 비용과 그 유지비로서 통신을 위해 직접 소요된 비용을 말한다.

> **필수예제**
>
> (1) 우체국에서 서류를 등기우편으로 발송하고 등기우편요금 100,000원을 현금으로 지급하다.
>   (차) 통 신 비   100,000   (대) 현   금   100,000
>
> (2) 본사에서 사용한 전화요금 150,000원이 보통예금계좌에서 인출되다.
>   (차) 통 신 비   150,000   (대) 보통예금   150,000
>
> (3) 판매사무실의 인터넷 사용료 50,000원을 KT에 현금으로 납부하다.
>   (차) 통 신 비   50,000   (대) 현   금   50,000

⑥ **수도광열비**

판매관리업무에서 발생한 수도료, 전기료, 유류비, 가스비 및 연탄비 등을 말한다.

> **필수예제**
>
> (1) 본사의 전기요금 100,000원을 유리은행에 현금으로 납부하다.
>   (차) 수도광열비   100,000   (대) 현   금   100,000
>
> (2) 본사 사무실에서 사용할 겨울난방용 석유 100,000원을 현금으로 구입하다.
>   (차) 수도광열비   100,000   (대) 현   금   100,000

⑦ **세금과공과**

국세, 지방세 등의 세금과 공공단체, 조합 등의 공과금(예를 들면, 상공회의소회비, 연합회부과금, 조합각출금, 조합회비 등)과 국민연금부담금(회사부담분) 및 벌금, 과료, 과태료 등을 말한다. 그러나 취득세는 해당 자산의 취득원가에 포함시킨다.

> **필수예제**
>
> (1) 영업부에서 사용하는 승용차의 자동차세 50,000원을 관할구청에 현금으로 납부하다.
>   (차) 세금과공과   50,000   (대) 현   금   50,000
>
> (2) 상공회의소회비 100,000원을 현금으로 납부하다.
>   (차) 세금과공과   100,000   (대) 현   금   100,000
>
> (3) 본사가 사용하는 건물에 대한 재산세 50,000원을 한국은행에 현금 납부하다.
>   (차) 세금과공과   50,000   (대) 현   금   50,000

⑧ **임차료**

판매 및 관리업무용의 토지, 건물 등의 임차료와 특허권사용료, 기술도입사용료(Royalty) 및 동산의 사용료 등을 말한다.

> **필수예제**
>
> 중앙빌딩으로부터 영업부 사무실을 임차하고 임차료 200,000원을 현금으로 지급하다.
>   (차) 임차료   200,000   (대) 현   금   200,000

⑨ **차량유지비**

판매와 일반관리업무에 사용하는 차량운반구 유지비용으로 차량유류대, 통행료, 주차비, 차량수리비 등을 말한다.

> **필수예제**
>
> (1) 영업용 승용차의 주유대금 50,000원을 승리주유소에 현금으로 지급하다.
>   (차) 차량유지비   50,000   (대) 현   금   50,000
> (2) 영업용 승용차의 정기주차료 100,000원을 승리주차장에 현금으로 지급하다.
>   (차) 차량유지비   100,000   (대) 현   금   100,000
> (3) 영업용 승용차의 오일교환을 하고 수리비 50,000원을 승리카센터에 현금으로 지급하다.
>   (차) 차량유지비   50,000   (대) 현   금   50,000

⑩ **소모품비**

판매관리 업무에서 소모성 비품 구입에 관한 비용으로, 사무용 용지, 소모공구 구입비, 주방용품 구입비, 문구 구입비, 기타 소모자재 등의 구입비를 말한다.

> **필수예제**
>
> 영업소에서 사용할 빗자루 등 청소용품 30,000원을 철물점에서 현금으로 구입하다.
>   (차) 소모품비   30,000   (대) 현   금   30,000

⑪ **도서인쇄비**

판매관리 업무에 사용된 도서구입비와 인쇄 등에 관련된 비용을 말한다.

> **필수예제**
>
> (1) 사무실 신문구독료 20,000원을 현금으로 지급하다.
>   (차) 도서인쇄비   20,000   (대) 현   금   20,000
> (2) 영업사원의 명함인쇄대금 30,000원을 나라인쇄에 현금으로 지급하다.
>   (차) 도서인쇄비   30,000   (대) 현   금   30,000
> (3) 관리부 업무용 참고도서를 종로서점에서 20,000원에 현금으로 구입하다.
>   (차) 도서인쇄비   20,000   (대) 현   금   20,000

⑫ **수수료비용**

판매 및 관리업무에서 제공받은 용역의 대가를 지불할 때 사용되는 비용을 말한다.

> **필수예제**
>
> 건물의 도난경보장치의 유지관리비 50,000원을 보안회사에 현금으로 지급하다.
> (차) 수수료비용　　　　50,000　　　(대) 현　　금　　　　50,000

⑬ 기업업무추진비(접대비)

영업활동과 관련하여 거래처에 접대한 비용으로서 경조금, 선물대, 기밀비(판공비, 사례금) 등을 포함한다. 기업업무추진비는 업무와 관련하여 지출한 비용이어야 하며, 업무와 무관하게 지출한 비용인 기부금과 비교된다.

> **필수예제**
>
> (1) 거래처에 줄 선물 100,000원을 구입하고 대금을 현금으로 지급하다.
> (차) 기업업무추진비　　100,000　　(대) 현　　금　　　100,000
>
> (2) 거래처 사장을 식사접대하고 대금 50,000원을 회사카드로 결제하다.
> (차) 기업업무추진비　　50,000　　(대) 미지급금　　　50,000
>
> (3) 거래처 직원 너무해의 결혼축하금 100,000원을 현금으로 지급하다.
> (차) 기업업무추진비　　100,000　　(대) 현　　금　　　100,000

⑭ 보험료

판매 및 일반관리 업무에 사용하는 건물, 비품, 차량, 재고자산의 화재 및 손해 등에 대비한 보험에 가입하고 납부하는 보험료를 말한다.

> **필수예제**
>
> (1) 본사건물에 대하여 화재보험에 가입하고 보험료 100,000원을 현금으로 지급하다.
> (차) 보 험 료　　　　100,000　　(대) 현　　금　　　100,000
>
> (2) 업무용 승용차의 자동차보험을 대양보험에 가입하고 보험료 50,000원을 현금으로 지급하다.
> (차) 보 험 료　　　　50,000　　(대) 현　　금　　　50,000

⑮ 운반비

상품, 제품의 판매 시 발송 및 운송과정에서 발생한 운임, 택배비 등을 말한다.

> **필수예제**
>
> 주문제품 발송을 위한 택배비 100,000원을 택배회사에 현금으로 지급하다.
> (차) 운 반 비   100,000   (대) 현   금   100,000

⑯ 수선비

판매 및 일반관리 업무용 건물, 비품 등의 수선비를 말한다.

> **필수예제**
>
> 본사건물의 외관이 노후되어 도색하고 도색비 50,000원을 현금으로 지급하다.
> (차) 수 선 비   50,000   (대) 현   금   50,000

⑰ 광고선전비

제품의 판매촉진활동과 관련된 비용으로서 불특정다수에 대한 광고선전을 목적으로 지출하는 비용을 말한다.

> **필수예제**
>
> 회사 방문객에게 무상으로 지급할 광고물을 한라기획에서 제작하고 대금 100,000원을 현금으로 지급하다.
> (차) 광고선전비   100,000   (대) 현   금   100,000

⑱ 보관료

상품, 제품 및 반제품 등 재고자산을 외부 창고 등에 보관하는데 소요되는 비용을 말한다.

⑲ 감가상각비

판매관리 업무용 건물, 비품, 차량운반구 등 고정자산에 대한 감가상각비를 말한다.

> **필수예제**
>
> 결산에 본사 건물에 대한 감가상각비 100,000원을 계상하다.
> (차) 감가상각비   100,000   (대) 감가상각누계액   100,000

⑳ 대손상각비

일반적 상거래에서 발생한 매출채권이 회수불능인 경우와 결산시에 회수가 불확실한 채권에 대하여 합리적이고 객관적인 기준에 따라 산출한 대손예상액은 대손상각비로 처리한다. 일반적 상거래 이외의 기타채권에서 발생한 대손상각은 영업외비용으로 한다.

> **TIP 대손상각비의 구분**
>
> 매출채권에 대한 대손상각비는 판매비와 관리비로 분류되고, 매출채권 이외의 채권에 대한 대손상각비는 '기타의 대손상각비'로 영업외비용으로 분류된다.
>
> | 대손상각비 | 판매비와 관리비 |
> |---|---|
> | 기타의 대손상각비 | 영업외비용 |

필수예제

(1) 결산일 현재 외상매출금 잔액 1,000,000원에 대하여 1%의 대손충당금을 설정한다(대손충당금 잔액이 0원인 경우).
 (차) 대손상각비   10,000   (대) 대손충당금   10,000

(2) 결산일 현재 외상매출금 잔액 1,000,000원에 대하여 1%의 대손충당금을 설정한다(대손충당금 잔액이 4,000원인 경우).
 (차) 대손상각비   6,000   (대) 대손충당금   6,000

(3) 결산일 현재 외상매출금 잔액 1,000,000원에 대하여 1%의 대손충당금을 설정한다(대손충당금 잔액이 12,000원인 경우).
 (차) 대손충당금   2,000   (대) 대손충당금환입   2,000

▶ 대손충당금환입은 영업외수익이 아니라, 판매관리비에 부(-)의 금액으로 표시하여야 한다.

㉑ 잡 비

판매관리비로 발생빈도나 금액의 중요성이 없는 비용들을 말한다. 소모품비, 회의비, 교육훈련비, 연수비, 자료수집비, 신용조사비 등이 소액인 경우에는 잡비로 처리하고 발생빈도나 금액이 클 경우에는 별도의 독립과목으로 구분표시 한다.

필수예제

(1) 사무실의 유선방송 수신료 50,000원을 현금으로 납부하다.
 (차) 잡 비   50,000   (대) 현   금   50,000

(2) 폐기물을 처리하기 위하여 폐기물 처리용 스티커 30,000원을 현금으로 구입하다.
 (차) 잡 비   30,000   (대) 현   금   30,000

6 영업외수익

영업외수익은 기업의 주된 영업활동이 아닌 재무 또는 투자활동에서 발생한 수익 또는 차익이다.

① **이자수익**

기업이 일시적으로 자금을 대여하거나 은행에 예치한 경우에 발생하는 이자 및 보유중인 국채·지방채·사채 등에서 발생하는 이자를 포함한다.

> **필수예제**
>
> 제일상사로부터 대여금에 대한 이자 50,000원을 현금으로 받다.
> (차) 현　　금　　　　50,000　　　(대) 이자수익　　　　50,000

② **배당금수익**

주식이나 출자금 등의 단기투자자산 및 장기투자자산으로 인하여 얻게 되는 이익 또는 잉여금의 분배로 받는 배당금을 말한다.

> **필수예제**
>
> 소유하고 있는 (주)제일전자의 주식에 대하여 100,000원의 배당금을 현금으로 받다.
> (차) 현　　금　　　100,000　　　(대) 배당금수익　　　100,000

③ **임대료**

부동산 또는 동산을 타인에게 임대하고 일정기간마다 사용대가로 받게 되는 임대료(지대, 집세) 및 사용료는 부동산임대업을 제외하고는 임대료 수입이 주된 사업목적이 아니므로 영업외수익으로 계상하여야 한다.

④ **단기매매증권처분이익(단기투자자산처분이익)**

국·공채 및 사채, 주식 등 단기매매증권을 취득금액보다 높은 금액으로 처분하는 경우에 발생하는 처분이익을 말한다.

> **필수예제**
>
> 단기간 내의 매매차익을 목적으로 보유중인 상장회사 (주)하늘의 주식(100주, @5,000원, 장부금액 600,000원)을 한국증권에서 주당 @7,000원에 매각하고 수수료 20,000원을 차감한 잔액은 현금으로 받다.
>
> (차) 현   금   680,000   (대) 단기매매증권(단기투자자산) 600,000
>   단기매매증권처분이익   80,000
>   (단기투자자산처분이익)

▶ 처분시 수수료 등 부대비용은 처분손익에서 차감하여야 한다.

⑤ 외환차익

외화자산의 회수 또는 외화부채의 상환 시에 환율 차이로 발생하는 차익을 말한다. 외화채권을 회수할 때 원화 회수액이 그 외화자산의 장부금액보다 큰 경우와 외화부채를 상환할 때 원화상환액이 그 외화부채의 장부금액보다 작은 경우 그 차액을 외환차익이라 한다.

> **필수예제**
>
> 3년 만기의 조건으로 차입한 외화장기차입금 $100(당시 $1 = 1,200원)에 대하여 현금으로 상환하다($1 = 1,000원).
>
> (차) 외화장기차입금   120,000   (대) 현   금   100,000
>   외환차익   20,000

⑥ 외화환산이익

결산일에 화폐성 외화자산 또는 외화부채를 마감환율로 환산하는 경우 환율의 변동으로 인하여 발생하는 환산이익을 말한다.

> **필수예제**
>
> (1) 8월 5일 외국환은행에서 3년 만기의 조건으로 외화 $1,000(환율 $1 = 1,100)을 차입하고 보통예금에 입금하다.
>   (차) 보통예금   1,100,000   (대) 외화장기차입금   1,100,000
> (2) 결산일 현재 환율이 $1 = 900으로 하락하다.
>   (차) 외화장기차입금   200,000   (대) 외화환산이익   200,000

⑦ 유형자산처분이익

유형자산을 장부금액보다 높은 금액으로 처분하는 경우 발생하는 이익을 말한다. 장부금액이란 취득금액 또는 재평가액에서 감가상각누계액 잔액을 차감한 금액을 말한다.

> **필수예제**
>
> 사용중인 기계장치(취득금액 2,000,000원 감가상각누계액 500,000원)를 시화상사에 1,700,000원에 매각하고, 대금 중 500,000원은 현금으로 받고 나머지는 월말에 받기로 하다.
>
> | (차) | 감가상각누계액 | 500,000 | (대) | 기계장치 | 2,000,000 |
> |---|---|---|---|---|---|
> | | 현　　　금 | 500,000 | | 유형자산처분이익 | 200,000 |
> | | 미 수 금 | 1,200,000 | | | |

⑧ **자산수증이익**

주주, 채권자 등 타인으로부터 무상으로 자산을 증여받은 경우에 발생하는 이익을 말한다.

> **필수예제**
>
> 회사의 대표이사로부터 토지 5,000,000원을 무상으로 증여받다.
>
> | (차) | 토　　　지 | 5,000,000 | (대) | 자산수증이익 | 5,000,000 |
> |---|---|---|---|---|---|

⑨ **채무면제이익**

채무면제이익이란 기업이 주주나 채권자 등 타인으로부터 채무의 전부 또는 일부를 면제받았을 경우에 발생하는 이익을 말한다.

> **필수예제**
>
> 유리은행에서 차입한 장기차입금 5,000,000원을 전액 면제받다.
>
> | (차) | 장기차입금 | 5,000,000 | (대) | 채무면제이익 | 5,000,000 |
> |---|---|---|---|---|---|

⑩ **보험금수익**

보험에 가입한 자산이 입은 피해에 대하여 보험금을 수령하면 보험금수익으로 처리한다.

⑪ **잡이익**

기업회계기준에 열거된 영업외수익 중 금액적으로 중요하지 않거나, 그 항목이 구체적으로 밝혀지지 않은 수익은 잡이익으로 처리한다. 거래의 예로 부산물이나 작업폐물의 판매수입, 원인불명의 현금과잉액 등을 들 수 있다.

> **필수예제**
>
> 대구영업소에서 발생한 재활용박스 등을 매각하고 대금 100,000원을 현금으로 받다.
>
> | (차) | 현　　　금 | 100,000 | (대) | 잡 이 익 | 100,000 |
> |---|---|---|---|---|---|

7 영업외비용

영업외비용은 기업의 주된 영업활동이 아닌 재무 또는 투자활동에서 발생한 비용 또는 차손이다.

① 이자비용

이자비용은 기업이 타인자본을 사용하였을 경우에 이에 대한 대가로서 지급하는 것으로 당좌차월 및 장·단기차입금에 대한 이자와 사채이자 등을 말한다.

> **필수예제**
>
> 유리은행에서 차입한 차입금에 대한 이자 100,000원을 현금으로 지급하다.
> (차) 이자비용　　　　100,000　　　(대) 현　　금　　　　100,000

② 단기매매증권평가손실(단기투자자산평가손실)

단기 보유 목적으로 취득한 시장성이 있는 단기매매증권의 시가가 하락하여 발생된 평가손실을 말한다. 단기매매증권의 시가가 취득원가와 다른 경우에는 시가를 재무상태표가액으로 하며, 시가는 재무상태표일 현재의 종가에 의한다.

③ 기부금

업무와 관계없이 무상으로 기증하는 금전 또는 자산금액을 말한다. 접대비가 기업의 업무와 관련이 있는 지출인 반면 기부금은 업무와 관련 없이 지출하는 비용이다.

> **필수예제**
>
> 불우이웃돕기성금 100,000원을 KBS에 현금으로 전달하다.
> (차) 기 부 금　　　　100,000　　　(대) 현　　금　　　　100,000

④ 유형자산처분손실

유형자산을 장부금액보다 낮은 금액으로 처분하는 경우 발생하는 손실을 말한다.

> **필수예제**
>
> 영업용으로 취득한 차량(취득금액 3,000,000원 감가상각누계액 2,000,000원)을 현금 800,000원에 매각하다.
> (차) 현　　금　　　　800,000　　　(대) 차량운반구　　　3,000,000
> 　　　감가상각누계액　2,000,000
> 　　　유형자산처분손실　200,000

⑤ 외환차손

외환차손이란 기업이 보유하고 있던 외화자산을 회수할 때 원화로 회수하는 금액이 그 외화자산의 장부금액보다 적은 경우, 혹은 외화부채를 상환할 때 원화로 상환하는 금액이 그 외화부채의 장부금액보다 많은 경우에 발생하는 손실을 말한다.

> **필수예제**
>
> 3년 만기의 조건으로 차입한 외화장기차입금 $100(당시 $1 = 1,100원)을 전액 현금으로 상환하다($1 = 1,200원).
> (차) 외화장기차입금　　110,000　　　(대) 현　　　금　　120,000
> 　　외환차손　　　　　　 10,000

⑥ 외화환산손실

외화환산손실이란 결산일에 화폐성 외화자산 또는 외화부채에 대하여 환율변동으로 인한 손실이 발생한 경우에 처리하는 계정과목이다.

> **필수예제**
>
> (1) 8월 5일 외국환은행에서 3년 만기의 조건으로 외화 $1,000(환율 $1 = 1,100)을 차입하고 보통예금에 입금하다.
> 　　(차) 보통예금　　　　1,100,000　　　(대) 외화장기차입금　　1,100,000
>
> (2) 결산일 현재 환율이 $1 = 1,200으로 상승하다.
> 　　(차) 외화환산손실　　 100,000　　　(대) 외화장기차입금　　 100,000

⑦ 재해손실

화재, 풍수해, 지진, 침수해 등 천재지변이나 돌발적인 사건(예를 들어 도난으로 거액의 손실을 입은 경우)으로 인하여 발생한 손실액을 말한다.

> **필수예제**
>
> 화재로 인하여 창고에 보관중인 상품 100,000원이 소실되다.
> 　　(차) 재해손실　　　　 100,000　　　(대) 상　　품　　　　　 100,000
> 　　　　　　　　　　　　　　　　　　　　　(적요8 타계정으로 대체)

⑧ 잡손실

잡손실이란 영업활동에 직접적인 관계가 없는 비용으로서, 그 발생이 드물고 금액적으로 중요성이 없는 것, 또는 다른 영업외비용계정에 포함시키기에 적절하지 아니하다고 인정되는 것 등을 일괄적으로 집계·처리하는 계정이다.

> **필수예제**
>
> (1) 12월 20일 장부상 현금잔액이 50,000원 부족함을 발견하다.
>   (차) 현금과부족   50,000   (대) 현   금   50,000
>
> (2) 기말 결산일 현재까지 그 원인을 판명할 수 없다.
>   (차) 잡 손 실   50,000   (대) 현금과부족   50,000

8 법인세비용(법인세등)

법인세는 법인이 일정한 회계기간 동안 벌어들인 소득에 대해 부과되는 세금이며, 손익계산서상 중요한 비용으로 법인세와 법인지방소득세 및 농어촌특별세를 포함하여 계상한다.

> **필수예제**
>
> (1) 8월 31일 법인세 중간예납액 350,000원을 현금으로 납부하다.
>   (차) 선납세금   350,000   (대) 현   금   350,000
>
> (2) 12월 31일 당기분 법인세추산액 800,000원을 계상하다.(선납세금 350,000원 있음)
>   (차) 법인세비용   800,000   (대) 선납세금   350,000
>   미지급법인세   450,000
>
>   미지급법인세 : 800,000 - 350,000 = 450,000원

확인예제   POINT 전산회계 1급

01 다음 손익항목 중 영업이익을 산출하는데 반영되는 항목들의 합계액은?

- 상품매출원가 : 10,000,000원
- 기부금 : 400,000원
- 복리후생비 : 300,000원
- 매출채권처분손실 : 350,000원
- 이자비용 : 150,000원
- 기업업무추진비 : 500,000원

① 11,350,000원
② 11,200,000원
③ 10,800,000원
④ 10,300,000원

해설 ③ 매출액 − 상품매출원가 = 매출총이익, 매출총이익 − 판매비와관리비 = 영업이익
상품매출원가 10,000,000원 + 복리후생비 300,000원 + 기업업무추진비 500,000원 =10,800,000원
기부금, 이자비용, 매출채권처분손실은 영업외비용이다.

02 다음 자료를 이용하여 법인세비용차감전순이익을 계산하면 얼마인가?

- 매출액 : 300,000,000원
- 매출원가 : 210,000,000원
- 광고비 : 15,000,000원
- 기부금 : 10,000,000원
- 법인세비용 : 3,000,000원
- 단기매매증권처분이익 : 2,430,000원
- 기업업무추진비 : 25,000,000원
- 지급수수료(매도가능증권 구입시 지출) : 1,200,000원

① 38,230,000원
② 41,230,000원
③ 42,430,000원
④ 43,630,000원

해설 ③ 300,000,000 + 2,430,000 − 210,000,000 − 25,000,000 − 15,000,000 − 10,000,000 = 42,430,000원

03 당사의 결산 결과 아래의 내용을 확인하였다. 다음 항목들을 수정하면 당기순이익이 얼마나 변동하는가?

- 손익계산서에 계상된 이자수익 중 28,000원은 차기의 수익이다.
- 손익계산서에 계상된 임차료 중 500,000원은 차기의 비용이다.
- 손익계산서에 계상된 보험료 중 100,000원은 차기의 비용이다.

① 572,000원 감소
② 428,000원 감소
③ 572,000원 증가
④ 428,000원 증가

해설 ③ 선수수익 28,000원 감소, 선급비용 500,000원 증가, 선급비용 100,000원 증가 => 총 572,000원 증가

04 다음 중 손익계산서상 판매비와관리비에 해당되지 않는 항목은?

① 퇴직급여　　　　　　　　② 감가상각비
③ 기타의 대손상각비　　　　④ 경상개발비

해설 ③ 기타의 대손상각비는 영업외비용에 속한다.

---

05 다음 내용을 보고 결산시점 수정분개로 적절한 것은?

> • 9월 1일 본사 건물에 대한 화재보험료 1,500,000원을 보통예금계좌에서 이체하였다.
> • 경리부에서는 이를 전액 비용처리 하였다.
> • 12월 31일 결산시점에 화재보험료 미경과분은 1,000,000원이다.

차 변	대 변
① 보 험 료　　500,000원	미지급비용　　500,000원
② 보 험 료　1,000,000원	선 급 비 용　1,000,000원
③ 미지급비용　　500,000원	보 험 료　　500,000원
④ 선 급 비 용　1,000,000원	보 험 료　1,000,000원

해설 ④ (차) 선급비용　1,000,000　(대) 보험료　1,000,000

---

06 "주주나 제3자 등으로부터 현금이나 기타 재산을 무상으로 증여받을 경우 생기는 이익"을 설명하고 있는 계정과목은?

① 자산수증이익　　　　　② 이익잉여금
③ 채무면제이익　　　　　④ 임차보증금

해설 ① 자산수증이익에 대한 설명이다.

---

07 당기말 결산을 위한 장부마감 전에 다음과 같은 오류사항이 발견되었다. 오류 정리시 당기순이익에 영향을 미치는 항목은?

① 전기 주식할인발행차금 미상각　　② 매도가능증권평가손실 미계상
③ 단기매매증권평가이익 미계상　　　④ 기타대손상각비를 대손상각비로 계상

해설 ③ 전기의 주식할인발행차금 미상각 → 자본조정 항목
매도가능증권평가손실 미계상 → 기타포괄손익누계액 항목
기타대손상각비를 판매비와관리비로 계산 → 당기순이익 계산에는 영향없음

07 평가문제

01 일반기업회계기준에서 수익에 대한 내용으로 올바르지 않은 것은?
① 경제적 효익의 유입가능성이 매우 높고, 그 효익을 신뢰성 있게 측정할 수 있을 때 인식한다.
② 판매대가의 공정가치로 측정하며, 매출에 누리와 할인 및 환입은 차감한다.
③ 성격과 가치가 상이한 재화나 용역간의 교환시 교환은 수익을 발생시키는 거래로 본다.
④ 성격과 가치가 유사한 재화나 용역간의 교환시 제공한 재화나 용역의 공정가치로 수익을 측정하는 것이 원칙이다.

[해설] 성격과 가치가 유사한 재화나 용역간의 교환은 수익을 발생시키는 거래로 보지 않는다.

02 다음 중 일반기업회계기준에 의한 수익인식기준으로 틀린 것은?
① 위탁판매 - 수탁자가 해당 재화를 판매한 시점
② 상품권판매 - 상품권을 회수한 때
③ 출판물 구독(금액이 매기 비슷) - 발송기간에 걸쳐 정액기준
④ 할부판매 - 매회 할부금을 회수하는 날

[해설] 할부판매 - 재화가 인도되는 날

03 다음 중 특정 수익에 직접 관련되어 발생하지는 않지만 일정기간 동안 수익창출활동에 기여할 것으로 판단하여 합리적이고 체계적으로 일정한 기간에 배분하는 원가 또는 비용은 무엇인가?
① 판매수수료   ② 광고선전비
③ 감가상각비   ④ 매출원가

[해설] 비용 배분은 수익비용 대응원칙, 합리적이고 체계적인 방법, 당기비용 방법으로 인식한다. ③ 합리적이고 체계적인 방법의 대표적인 비용이 감가상각비이다.

04 다음 중 판매비와 관리비 계정에 속하지 않는 계정과목은?
① 기타의 대손상각비
② 기업업무추진비
③ 복리후생비
④ 여비교통비

[해설] 기타의 대손상각비는 영업외비용이다.

05 회계자료로부터 당기에 다음과 같은 지출이 있었음을 발견하였다. 이때 당기의 판매비와 관리비로 계상하여야 할 금액은 얼마인가?

㉠ 재고자산 매입운임	100,000원
㉡ 광고선전비	200,000원
㉢ 급 여	300,000원
㉣ 유형자산에 대한 수익적 지출	200,000원
㉤ 보 험 료	100,000원

① 900,000원   ② 800,000원
③ 700,000원   ④ 600,000원

[해설] ㉠ 재고자산 매입운임은 관리비 항목이 아니고 재고자산 매입가액에 포함시키므로 판매비와 관리비로 계상하여야 할 항목은 ㉡, ㉢, ㉣, ㉤이므로 판매비와 관리비 금액은 800,000원이 된다.
㉣ 유형자산에 대한 수익적 지출은 수선비 계정으로 회계처리된다.

정답 | 1. ④ 2. ④ 3. ③ 4. ① 5. ②

06 제품의 제조와 매출에 관련된 자료가 다음과 같을 경우 매출총이익률은 얼마인가?

- 매출액 : 500,000원
- 기초제품재고액 : 40,000원
- 기말제품재고액 : 90,000원
- 판매부대비용 : 100,000원
- 당기총제조원가 : 320,000원
- 기초재공품 : 30,000원
- 기말재공품 : 50,000원

① 30% ② 50%
③ 62.5% ④ 66.6%

해설
- 제품매출원가 : 40,000 + (320,000 + 30,000 - 50,000) - 90,000 = 250,000원
- 매출총이익률 = 매출총이익÷매출액 : (500,000 - 250,000) ÷ 500,000 = 50%

07 다음 중 회사의 영업이익에 영향을 주는 거래는 어느 것인가?
① 매출채권을 조기회수하면서 1%의 할인혜택을 주었다.
② 단기매매증권평가손실을 인식하였다.
③ 보험금수익을 계상하였다.
④ 원가성이 없는 재고자산감모손실을 계상하였다.

해설 ① : 손익계산서에서 영업이익이 산출되는 과정 중에 발생되는 거래
③ : 영업외수익 ②,④ : 영업외비용

08 다음의 자료로 매출총이익, 영업이익과 당기순이익을 계산하면 얼마인가?

- 매출액 : 1,000,000원 • 기부금 : 20,000원
- 매출원가 : 600,000원 • 이자비용 : 50,000원
- 급여 : 100,000원 • 기업업무추진비 : 30,000원

	매출총이익	영업이익	당기순이익
①	1,000,000원	220,000원	200,000원
②	400,000원	220,000원	200,000원
③	400,000원	270,000원	200,000원
④	1,000,000원	270,000원	220,000원

해설
- 매출총이익 = 매출액 - 매출원가
  1,000,000 - 600,000 = 400,000원
- 영업이익 = 매출총이익 - 판매비와관리비,
  400,000 - (급여 100,000 + 기업업무추진비 30,000) = 270,000원
- 당기순이익 = 영업이익 + 영업외수익 - 영업외비용
  270,000 + 0 - (이자비용 50,000 + 기부금 20,000) = 200,000원

09 다음 손익의 구분에 대한 계산식 중 틀린 것은?
① 매출액 - 매출원가 = 매출총이익
② 매출총이익 - 판매비와 관리비 = 영업이익
③ 영업이익 + 영업외수익 - 영업외비용 = 경상이익
④ 법인세비용차감전순이익 - 법인세비용 = 당기순이익

해설 경상이익이 아니라 법인세비용차감전순이익이라 한다.

10 20X1년에 자동차 보험료 24개월분(20X1.3월~20X3.2월) 480,000원을 현금으로 지급하고 미경과분을 선급비용처리 한 경우, 20X2년 비용으로 인식할 보험료 금액은?
① 200,000원 ② 220,000원
③ 240,000원 ④ 260,000원

해설 20X2년 보험료 : 480,000 × 12개월 / 24개월 = 240,000원

11 결산 시 미지급 이자비용을 계상하지 않을 경우 당기 재무제표에 미치는 영향으로 틀린 것은?
① 부채가 과소계상
② 순이익이 과대계상
③ 비용이 과소계상
④ 자본이 과소계상

해설 계상하지 않은 회계처리 : (차) 이자비용(비용) ×××
(대) 미지급비용(부채) ×××
비용 과소계상, 부채 과소계상,
비용이 계상되지 않았으므로 순이익이 과대계상되어 자본이 과대계상

정답 | 6. ② 7. ① 8. ③ 9. ③ 10. ③ 11. ④

SECTION 10 | 비영리회계

> NCS 능력단위 : 0203020109비영리회계   능력단위요소 : 01비영리대상판단하기
> 1.1 비영리조직에 관한 일반적 정의에 의거하여 비영리조직 여부를 판단할 수 있다.
> 1.2 비영리조직 관련 규정에 따라 비영리법인 여부를 판단할 수 있다.
> 1.3 비영리조직 관련 규정에 따라 회계단위를 구분할 수 있다.

> NCS 능력단위 : 0203020109비영리회계   능력단위요소 : 02비영리회계처리하기
> 2.1 비영리조직 관련 규정에 따라 영리활동으로 인한 거래와 비영리활동으로 인한 거래를 구분할 수 있다.
> 2.2 비영리활동으로 인한 거래가 발생하면 해당 비영리조직의 개별적인 특성에 따라 회계처리할 수 있다.
> 2.3 비영리활동으로 인한 거래가 발생하면 복식부기 기반의 발생주의회계를 사용하여 회계처리할 수 있다.

1 비영리조직

비영리조직(또는 비영리단체, 비영리기관)은 소유주나 주주를 위해서 자본의 이익을 추구하지 않는 대신에 그 자본으로 어떠한 목적을 달성하는 조직으로서 다음 두 가지 유형으로 나눌 수 있다.

목적에 따른 구분	비영리조직의 사례
영리를 목적으로 하지 않고, 사회 전체의 이익을 목적으로 하는 단체	조직 : 사회적지원활동단체, 학교·병원·간호시설·직업훈련시설·묘지 등의 운영단체 등
	법인 : 재단법인, 사단법인, 학교법인, 사회복지법인, 직업훈련법인, 종교법인 등
영리를 목적으로 하지 않고, 공동의 이익을 목적으로 하는 단체	조직 : 동창회, 동호회, 사업자단체 등
	법인 : 중간법인(中間法人), 의료법인, 사업조합 등

2 비영리회계기준 제정 원칙

① 일반목적 재무제표

현재 비영리조직의 재무제표 작성목적이 감독기관에 대한 제출용도에 치중되어 있으며, 일반목적의 재무제표는 실제 작성되지 아니하는 실정이다. 비영리조직회계기준의 제정목적은 일반목적의 재무보고도 함께 이루어지도록 하기 위해 모든 비영리조직에 공통적으로 적용 가능한 회계기준을 제시하는 데 있다.

② 조직전체에 대한 재무제표

감독목적 재무보고에서 비영리조직 내 회계단위가 복수로 구분되는 것은 존중될 필요가 있지만, 일반목적 재무보고에서는 비영리조직 전체에 대한 재무제표를 제공함으로써 일반정보이용자의 이해가능성과 비영리조직간 비교가능성을 제고시킬 수 있다.

③ 복식부기 기반의 발생주의회계

비교적 간단한 업무프로세스를 가지고 영세한 규모로 운영되는 비영리조직의 경우 쉽고 간편하다는 점과 비영리회계의 특수성을 이유로 단식부기를 선호할 수 있으나, 조직이 일정 규모를 초과할 경우 단식부기 기반에서 생산되는 재무정보는 관리목적(부외자산 관리, 채권채무 관리, 적절한 기간손익 확인 등)상으로도 한계가 있다. 비영리회계기준에서는 재무제표 공시에 의한 재무보고를 위해서는 복식부기 기반의 발생주의회계를 채택한다.

④ 재무제표 종류와 명칭 통일

각 단체별로 작성하는 재무제표의 종류와 명칭 및 포맷 등이 서로 상이하여 비영리조직간 재무제표의 비교가능성이 원천적으로 어려운 것을 영리기업과 유사하게 재무상태표, 운영성과표, 현금흐름표, 주석으로 통일하였다.

⑤ 일반기업회계기준의 참조

비영리조직회계기준에서는 '비영리조직의 재무제표 작성 및 표시에 관한 기준과 비영리조직 회계에서 특별히 고려되어야 할 사항'에 대해서만 자세한 기준을 규정하고, 그 외 자산, 부채, 수익, 비용의 인식과 측정에 관한 회계처리는 대략적인 원칙만 제시하고 구체적인 회계처리방법은 일반기업회계기준을 참조하도록 한다.

3 비영리회계기준의 내용

① 비영리회계기준의 제정과 시행

비영리조직의 공익사업활성화와 이를 뒷받침하는 건전한 기부문화 조성을 위해서는 비영리조직의 회계투명성 제고가 필요하다는 사회적 인식이 확산되면서, 모든 비영리조직에 일반적으로 적용될 수 있는 통일된 비영리조직회계기준이 제정되어야 한다는 사회적 요구가 높아졌다. 이러한 사회적 요구에 부응하기 위해 회계기준원은 비영리조직회계기준 제정 작업에 착수하고 회계기준위원회가 2017년 7월에 비영리조직회계기준을 최종 의결하였다. 이 기준은 2018년 1월 1일 이후 최초로 시작되는 회계연도부터 적용하되 조기적용할 수도 있다. 이 기준을 조기 적용하는 경우에는 그 사실을 공시하여야 한다.

② 비영리조직의 범위

일반적 정의에 의하면 법인격 유무에 관계없이 영리를 목적으로 하지 않고 사회 전체의 이익이나 공동의 이익을 목적으로 하는 모든 형태의 비영리조직이 대상이다.

③ 현금흐름표 작성 여부

원칙적으로 현금흐름표 작성을 요구하고 영리기업과 마찬가지로 비영리조직이 직접법과 간접법 중에서 선택할 수 있도록 한다. 다만, 비용과 실무편익을 함께 고려하여 수지계산서로써 현금흐름표를 갈음할 수 있도록 허용하고 있다.

④ 재무상태표상 순자산의 구분

순자산의 구분		내용
제약이 없는 순자산		기부자나 법령에 의해 사용이나 처분에 제약이 없는 순자산
제약이 있는 순자산	일시적 제약이 있는 순자산	기부자나 법령에 의해 사용이나 처분이 제약된 순자산으로서, 제약의 성격에 따라 기부자나 법령이 명시한 용도로 사용하거나 일정기간이 경과함으로써 제약이 소멸되는 자산
	영구적 제약이 있는 순자산	영구적으로 소멸되지 않는 자산

⑤ 운영성과표상 기능별 비용보고

비영리조직은 영리기업처럼 단일의 성과지표(당기순이익)를 산출해 내는 것이 중요한 것이 아니라, 고유목적사업에 대한 활동노력과 그 성과에 관한 정보, 즉 비용집행내용을 공시하는 것이 더 중요하다. 비영리조직의 고유목적사업과 관련된 비용은 최소한 '사업수행비용'과 '지원비용'으로 서로 구분한다.

⑥ 재무제표 본문표시와 주석기재

재무제표에는 결국 기능별 비용구분(사업수행비용 - 일반관리비용 - 모금비용)과 성격별 비용구분(인력비용 - 시설비용 - 기타비용)에 관한 정보가 함께 제공되어야 하는데, 기능별 비용구분이 일반정보이용자에게 더 유용한 정보라고 보여지므로 이를 재무제표 본문에 표시하고, 성격별 비용구분은 주석으로 기재하는 것을 원칙으로 한다.

02 원가회계 정리

SECTION 01 원가에 대한 이해

1 원가의 개념과 특징

원가는 제품의 생산과 관련하여 정상적으로 소비된 경제적 자원의 가치를 화폐액으로 표시한 것이다. 제품생산을 위하여 소비한 원재료, 노동력, 기계설비 및 전기, 용수 등으로 일정기간의 수익을 창출하기 위하여 사용 소비된 경제적 가치인 비용과 구별된다.

원가의 특징	내용
① 경제적 가치의 소비	원가는 금전의 지출 여부와 관계없이 제품의 생산과정에서 일어나는 경제적가치의 소비이어야 한다.
② 제품의 생산과 관련한 소비	원가는 소비된 경제적가치가 제품의 생산에 관련되어야 한다. 이자비용 등의 기간비용은 생산과 관련 없는 것으로 원가에서 제외한다.
③ 정상적인 경제자원의 소비	원가는 정상적인 경영활동에서 나타나는 경제자원의 소비를 말하는 것으로 파업이나 재해로 인한 것은 원가로 보지 않는다.

2 원가의 분류

NCS 능력단위 : 0203020103원가계산   능력단위요소 : 01원가요소분류하기
1.1 회계 관련 규정에 따라 원가를 다양한 관점으로 분류할 수 있다.

① 발생형태에 의한 분류

원가의 3요소	내용
재 료 비	제품을 제조하기 위하여 소비하는 물적요소
노 무 비	제품을 제조하기 위하여 소비하는 인적요소
경 비	제품을 제조하기 위하여 소비하는 원가 중 재료비와 노무비를 제외한 요소

② 경제적효익의 소멸여부에 의한 분류

구 분	내 용
소 멸 원 가	경제적자원의 희생에 의한 용역잠재력이 소멸하여 더 이상 경제적효익을 제공할 수 없으리라 예상되는 원가로 비용으로 인식(매출원가)
미 소 멸 원 가	경제적자원의 희생이 미래의 경제적효익을 제공할 수 있을 것으로 기대되는 원가로 자산으로 인식(재고자산)

③ 원가행태에 의한 분류

원가행태란 원가를 변화시키는 요소인 조업도의 변화에 따라 나타나는 원가의 반응을 말한다. 조업도는 기업의 생산설비의 이용정도를 나타내는 지표를 말하는 것으로 생산량, 작업시간, 기계시간 등을 사용한다.

㉠ 변동비(변동원가)

조업도의 증감에 따라 변하는 원가를 변동비라 한다. 변동비는 조업도가 증가하면 총원가는 비례하여 증가하지만 단위당원가는 일정하다.
예 : 직접재료비, 직접노무비 등

㉡ 고정비(고정원가)

조업도의 증감에 관계없이 관련범위 내에서 항상 일정하게 발생하는 원가를 고정비라 한다. 고정비는 조업도가 증가하여도 총원가는 일정하지만 단위당원가는 체감한다.
예 : 감가상각비, 공장임차료, 화재보험료, 재산세 등

㉢ 변동비와 고정비의 비교

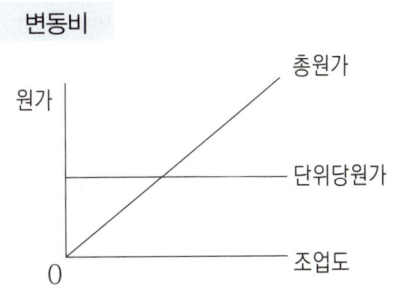

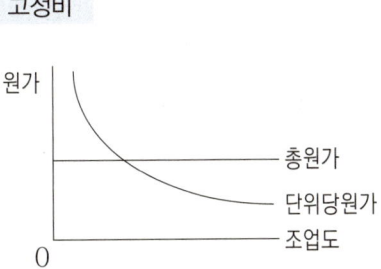

조업도(생산량)	100개	200개	300개
총원가(변동비)	5,000원	10,000원	15,000원
단위당원가	@50원	@50원	@50원
조업도 증가에 총원가는 증가, 단위당원가는 일정			

조업도(생산량)	100개	200개	300개
총원가(고정비)	6,000원	6,000원	6,000원
단위당원가	@60원	@30원	@20원
조업도 증가에 총원가는 일정, 단위당원가는 체감			

㉣ 준변동비와 준고정비

구 분	내 용
준 변 동 비 (혼 합 원 가)	생산량이 하나도 없어도 일정 고정비가 발생하고 생산량이 늘어나면 추가로 변동비가 발생하는 형태(대부분의 원가)
준 고 정 비	일정한 조업도 범위에서는 고정비와 같이 일정한 원가이나 조업도가 일정수준 이상 증가하면 원가총액이 증가(생산관리자의 급여, 난방비)

④ 통제가능성에 의한 분류

구 분	내 용
통제가능원가	단기간에 있어 특정한 경영자가 원가 발생액에 대하여 영향을 미칠 수 있는 원가(직접재료비)
통제불능원가	특정한 경영자가 원가 발생액에 대하여 영향을 미칠 수 없는 원가(임차료, 감가상각비)

⑤ 추적가능성에 따른 분류

구 분	내 용
직 접 비	특정 제품과 직접적인 관계가 있어 추적이 가능한 원가로 해당 제품에 직접 부과
간 접 비	여러 종류의 제품의 생산에 공통으로 소비되는 원가로 합리적인 배부기준에 의하여 각각의 제품에 배부

⑥ 제조활동과의 관련성에 의한 분류

구 분	내 용
제 조 원 가	제품을 제조하기 위하여 소비된 경제적가치의 소비액(재료비, 노무비, 제조경비로 구분하고, 직접비와 간접비로 구분)
비제조원가	판매활동과 일반관리활동에서 발생하는 원가로서 제조활동과 직접적인 관련이 없는 원가

⑦ 의사결정 관련성에 따른 분류

구 분	내 용
ⓐ 기 회 원 가	원가요소를 차선의 다른 용도로 사용하였을 때에 얻을 수 있는 최대의 효익
ⓑ 매 몰 원 가	이미 발생한 원가로 의사결정에 영향을 줄 수 없는 원가
ⓒ 차 액 원 가	선택 가능한 의사결정대안에서의 원가의 차이 금액
ⓓ 관 련 원 가	의사결정에 영향을 미치는 원가
ⓔ 비 관 련 원 가	의사결정에 영향을 미치지 않는 원가

3 원가의 구성도

① 직접원가 = 직접재료비 + 직접노무비 + 직접제조경비
② 제조간접비 = 간접재료비 + 간접노무비 + 간접제조경비
③ 제조원가 = 직접원가 + 제조간접비 = 직접재료비 + 전환원가(가공원가)
④ 판매원가(총원가) = 제조원가 + 판매비와관리비
⑤ 판매가격 = 판매원가 + 이익

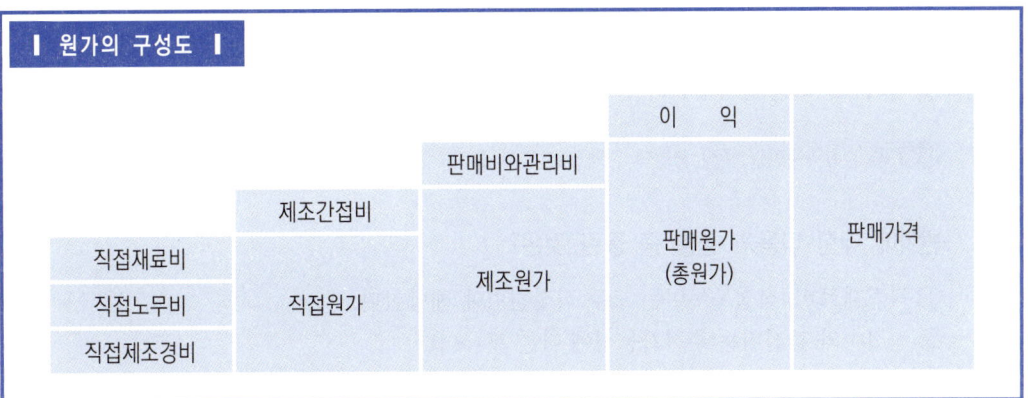

▶ 기초원가 = 직접재료비 + 직접노무비
▶ 전환원가(가공원가) = 직접노무비 + 제조간접비
  • 제조원가에서 직접재료비를 제외한 원가를 전환원가(가공원가)라 한다.

4 상기업과 공기업의 경영순환과정

원가회계는 공기업(제조업)의 회계로 상기업의 회계와 달리 제조과정이라는 내부거래에 대한 회계를 중심으로 한다. 상기업은 구매와 판매과정의 외부거래만 있으나 공기업은 제조과정이라는 내부거래가 있다. 공기업의 내부거래는 생산과정에 있는 재료, 임금 등의 원가요소를 배분하고 집계하는 과정이므로 계정간의 대체가 빈번히 이루어진다. 그리고 상기업의 회계에서는 비용으로만 인식하던 것을 기간비용과 제품의 원가로 구분하는 것이 매우 중요하다.

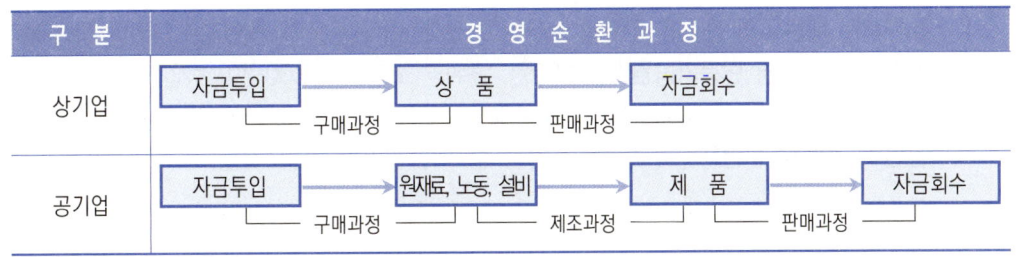

확인예제

01 다음은 원가에 대한 설명이다. 틀린 것은?

① 직접노무비와 제조간접비를 합하여 가공원가라 한다.
② 조업도와 관련성 여부에 따라 변동비와 고정비로 구분할 수 있다.
③ 의사결정과 관련성 여부에 따라 관련원가와 비관련원가로 구분할 수 있다.
④ 기회비용이란 특정행위의 선택으로 인해 포기해야 하는 것들의 가치평균액을 말한다.

해설 ④ 기회비용이란 특정 행위의 선택으로 인해 포기해야 하는 것 중 가장 가치가 큰 것을 말한다.

02 원가에 대한 다음의 설명 중 틀린 것은?

① 직접재료비, 직접노무비는 모두 직접원가에 해당한다.
② 직접비와 간접비는 추적가능성에 따른 분류이다.
③ 제품생산량이 증가함에 따라 단위당 고정비는 감소한다.
④ 매몰원가는 이미 지출된 원가로 현재의 의사결정에 반드시 고려되어야 한다.

해설 ④ 매몰원가는 과거의 의사결정의 결과로 이미 발생된 원가로, 현재의 의사결정에는 아무런 영향을 미치지 못하는 원가를 말한다.

03 다음 변동비와 고정비에 대한 설명 중 옳은 것은?

① 관련범위 내에서 조업도가 증가하더라도 단위당 변동비는 일정하다.
② 관련범위 내에서 조업도가 증가하더라도 단위당 고정비는 일정하다.
③ 관련범위 내에서 조업도가 증가함에 따라 총 변동비는 감소한다.
④ 관련범위 내에서 조업도가 증가함에 따라 총 고정비는 증가한다.

해설 ① ② 단위당 고정비는 감소한다. ③ 총 변동비는 증가한다. ④ 총 고정비는 일정하다.

04 ㈜한세는 제품 A의 공손품 10개를 보유하고 있다. 이 공손품의 생산에는 단위당 직접재료비 1,000원, 단위당 변동가공원가 1,200원, 단위당 고정원가 800원이 투입되었다. 정상적인 제품 A의 판매가격은 5,000원이다. 공손품을 외부에 단위당 3,500원에 판매한다면 단위당 운반비 300원이 발생한다고 한다. 다음 중 매몰원가가 아닌 것은?

① 단위당 직접재료비 1,000원   ② 단위당 변동가공원가 1,200원
③ 단위당 고정원가 800원   ④ 단위당 운반비 300원

해설 ④ 나머지는 과거의 의사결정으로 이미 발생한 원가로서 의사결정에 영향을 미치지 않는 매몰원가이다.

SECTION 02 | 원가계산과 원가의 흐름

1 원가계산과 원가흐름

① 원가계산 단계

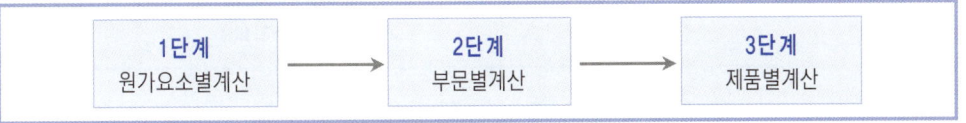

② 원가계산의 종류

> NCS 능력단위 : 0203020103원가계산   능력단위요소 : 03원가계산하기
> 3.1 원가계산시스템의 종류에 따라 원가계산방법을 선택할 수 있다.

구분기준	원가계산 종류	내용
원가계산 시기	사전원가계산	제품의 생산을 위하여 원가 요소를 소비하는 시점에 사전적으로 예정가격이나 표준가격 등을 사용하여 원가를 계산하는 방법으로 신속한 경영의사결정을 할 수 있게 한다.
	실제원가계산 (사후원가계산)	제품의 생산이 완료된 후에 원가요소의 실제 소비량과 실제가격을 적용한 실제발생액을 이용하여 원가를 계산하는 방법이다.
생산형태	개별원가계산	다른 종류의 제품을 개별적으로 생산하는 경우에 사용한다. * 주문생산이 많은 건설업, 조선업, 기계제조업 등에서 사용
	종합원가계산	성능, 규격이 같은 동일 종류의 제품 또는 여러 종류의 제품을 연속하여 반복적으로 생산하는 경우에 사용한다. * 대량 생산하는 제분업, 제당업, 제지업, 정유업 등에서 사용
원가계산 범위	전부원가계산	직접노무비, 변동직접비 등의 변동비와 고정비인 고정간접비 모두를 제품의 원가에 포함한다. * 일반적인 재무제표 작성에 사용되는 원가정보를 얻기 위한 원가계산
	직접(변동) 원가계산	직접재료비, 직접노무비, 변동직접비 등의 변동비만을 원가계산의 대상으로 한다. * 고정비는 제품의 원가를 구성하지 않고 기간비용으로 처리

③ 원가회계의 흐름

재료비, 노무비, 제조경비계정에서 월차손익계정까지 일련의 원가 관련 계정의 대체과정을 원가의 흐름이라 한다.

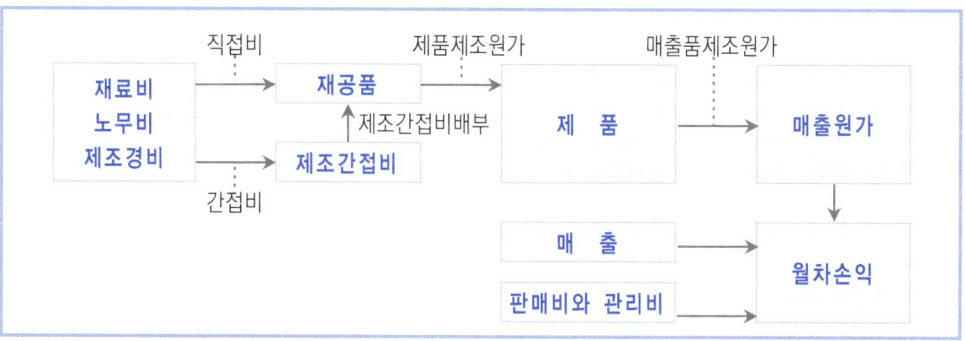

2 요소별 원가계산

NCS 능력단위 : 0203020103원가계산   능력단위요소 : 02원가배부하기
2.1 원가계산 대상에 따라 직접원가와 간접원가를 구분할 수 있다.

① 재료와 재료비

재료는 사용 형태에 따라 주요재료, 보조재료, 부분품, 소모공구기구비품 등으로 구분한다. 재료비는 제조과정에서 소비된 재료의 경제적 가치로 소비된 재료 중 직접재료비는 재공품계정 차변으로, 간접재료비는 제조간접비계정 차변으로 대체한다.

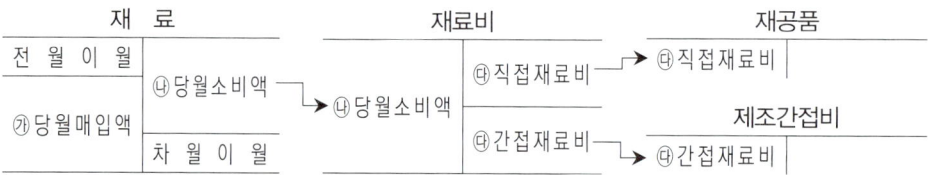

구 분	차변과목	금 액	대변과목	금 액
㉮ 재료의 외상 매입	재 료	×××	외 상 매 입 금	×××
㉯ 제조에 사용하기 위하여 출고	재 료 비	×××	재 료	×××
㉰ 재료 소비액(직접비와 간접비)의 대체	재 공 품 제 조 간 접 비	××× ×××	재 료 비	×××

② 노무비의 소비

노무비는 제품의 제조를 위하여 소비한 노동력의 경제적가치를 말하며 임금, 급료, 잡급, 종업원제수당 등으로 구분한다. 노무비를 지급하면 노무비계정 차변에 기입하고 소비액은 대변에 기입한다.

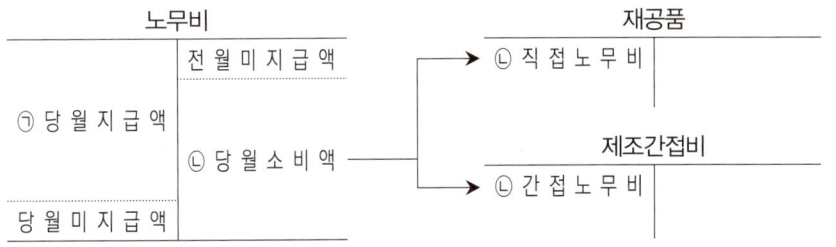

구 분	차변과목	금 액	대변과목	금 액
㉠ 노무비의 지급	노 무 비	×××	당 좌 예 금	×××
㉡ 노무비 소비액을 재공품계정과 제조간접비계정에 대체	재 공 품 제 조 간 접 비	××× ×××	노 무 비	×××

노무비소비액 = 노무비지급액 − 전월미지급액 + 당월미지급액
노무비지급액 = 노무비소비액 + 전월미지급액 − 당월미지급액

③ **제조경비의 소비**

제조경비는 제품의 제조를 위하여 소비한 원가요소 중 재료비와 노무비를 제외한 기타의 원가요소를 말한다. 제조경비의 지급액은 해당 제조경비계정의 차변에 기입하고 소비액은 대변에 기입한다.

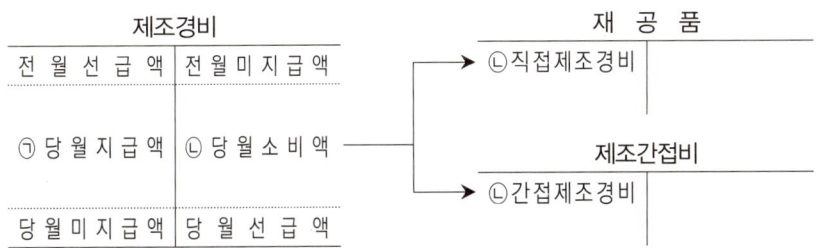

구 분	차변과목	금 액	대변과목	금 액
㉠ 제조경비의 지급	제 조 경 비	×××	당 좌 예 금	×××
㉡ 제조경비 소비액을 재공품계정과 제조간접비계정에 대체	재 공 품 제 조 간 접 비	××× ×××	제 조 경 비	×××

제조경비소비액
 = 제조경비 지급액 + 전월선급액 + 당월미지급액 − 전월미지급액 − 당월선급액

④ 제조간접비의 배부

간접비는 특정 제품의 원가로 추적이 불가능한 원가로 둘 이상의 제품에 공통으로 소비한 원가이다. 제조간접비계정에는 간접재료비, 간접노무비, 간접제조경비가 집계된다. 집계된 제조간접비를 각각의 제품에 적정한 배부기준을 사용하여 배부한다.

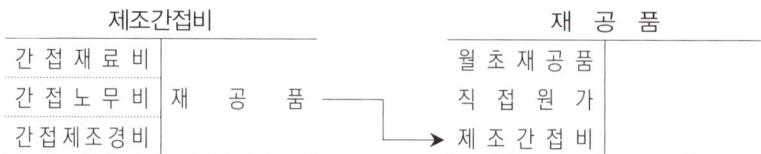

구 분	차변과목	금 액	대변과목	금 액
제조간접비의 배부	재 공 품	×××	제 조 간 접 비	×××

⑤ 제품제조원가

재공품은 제조과정의 미완성 상태의 것을 의미하며 재고자산이다. 재공품계정 차변에 집합한 직접재료비, 직접노무비, 직접제조경비, 제조간접비를 합하여 당월총제조비용이라 한다. 이 당월총제조비용에 월초재공품원가를 가산하고 월말재공품원가를 차감하여 당월제품제조원가를 구하여 재공품계정 대변에서 제품계정 차변에 대체한다.

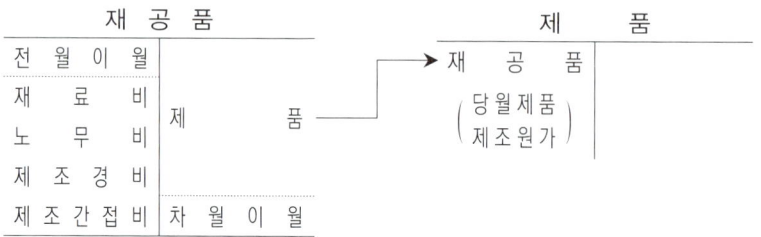

구 분	차변과목	금 액	대변과목	금 액
당월 제품(완성품)제조원가	제 품	×××	재 공 품	×××

⑥ 매출원가

재공품계정 대변에서 제품계정 차변에 대체한 당월제품제조원가에 월초제품재고액을 가산하고 월말제품재고액을 차감한 매출원가를 매출원가계정에 대체한다.

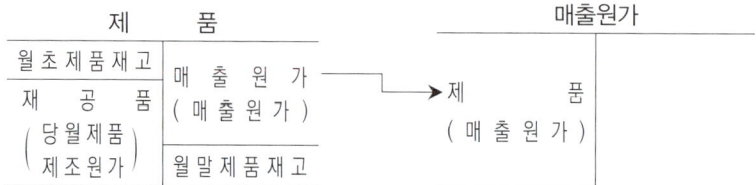

구 분	차변과목	금 액	대변과목	금 액
매출원가의 대체	매 출 원 가	×××	제 품	×××

CHECK POINT

당월총제조비용	직접재료비 + 직접노무비 + 직접제조경비 + 제조간접비
당월제품제조원가	월초재공품원가 + 당월총제조비용 − 월말재공품재고액
매출원가	월초제품재고액 + 당월제품제조원가 − 월말제품재고액

3 제조원가명세서의 작성

NCS 능력단위 : 0203020103원가계산   능력단위요소 : 04원가정보활용하기
4.1 회계 관련 규정에 따라 재무제표 작성에 필요한 원가정보를 제공할 수 있다.

① 제조원가명세서

제조원가명세서는 당기제품제조원가를 보고하기 위하여 작성하는 재무제표의 부속명세서이다.

② 제조원가명세서의 양식

제조원가명세서

과 목	금 액	
Ⅰ. 재　　　　　　료　　　비		60,000
1. 기 초 재 료 재 고 액	20,000	
2. 당 기 재 료 매 입 액	50,000	
3. 기 말 재 료 재 고 액	10,000	
Ⅱ. 노　　　　　　무　　　비		50,000
1. 급　　　　　　　　　여	30,000	
2. 퇴　직　　　　급　　여	20,000	
Ⅲ. 경　　　　　　　　　비		13,000
1. 전　　　력　　　비	1,000	
3. 감　가　상　각　비	3,000	
8. 외　주　가　공　비	4,000	
9. 포　　　장　　　비	5,000	
Ⅳ. 당 기 총 제 조 비 용		123,000
Ⅴ. 기 초 재 공 품 원 가		30,000
Ⅵ. 합　　　　　　　　　계		153,000
Ⅶ. 기 말 재 공 품 원 가		20,000
Ⅷ. 당 기 제 품 제 조 원 가		133,000

▶ 제조원가명세서에서 당기총제조비용은 재료비, 노무비, 경비로 구분하는 것이 보통이지만 개별원가계산제도를 채택하는 경우에는 직접재료비, 직접노무비, 제조간접비로 구분할 수 있다.
▶ 노무비와 경비는 제조부 또는 공장에서 사용한 것만 표시하고 판매부 또는 본사에서 사용한 부분은 손익계산서에 표시하여야 한다.
▶ 타계정대체액은 완성된 제품을 판매 이외의 목적으로 사용하는 경우 해당계정으로 대체되는 금액을 표시한다.

당기총제조비용 = 재료비 + 노무비 + 경비
당기제품제조원가 = 당기총제조비용 + 기초재공품원가 − 기말재공품원가
　　　　　　　　　− 타계정대체액

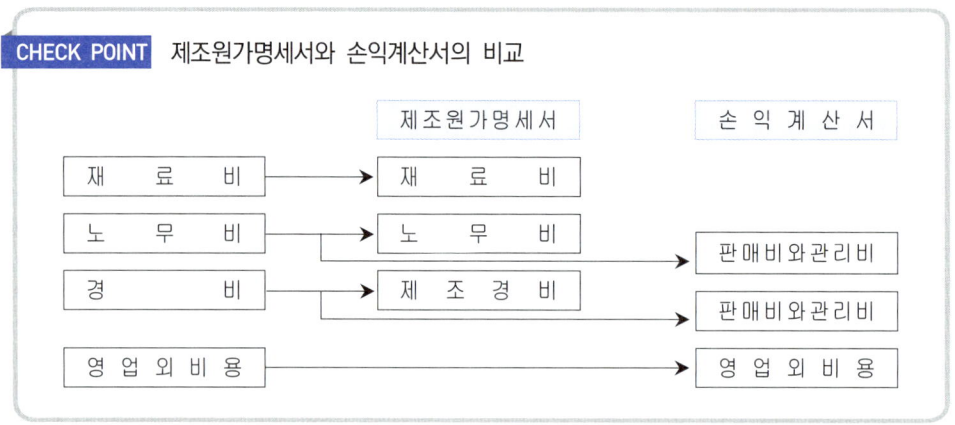

CHECK POINT 제조원가명세서와 손익계산서의 비교

확인예제  POINT 전산회계 1급

01 다음 원가에 관한 설명 중 틀린 것은?

① 제조원가는 직접재료원가, 직접노무원가, 제조간접원가를 말한다.
② 직접재료원가는 기초원재료재고액과 당기원재료매입액의 합계액에서 기말원재료재고액을 차감한 금액을 말한다.
③ 직접노무원가와 제조간접원가의 합계액을 기본원가라고 한다.
④ 제조활동 이외의 판매활동과 관리활동에서 발생하는 원가를 비제조원가라 한다.

해설 ③ 직접노무원가와 제조간접원가의 합계액을 가공원가라고 한다.

02 다음 자료를 보고 노무비의 당월 발생액을 계산하면 얼마인가?

• 노무비 전월선급액 : 100,000원   • 노무비 당월지급액(현금) : 400,000원

① 220,000원 ② 300,000원
③ 400,000원 ④ 500,000원

해설 ④ 노무비 발생액 : 400,000 + 100,000 = 500,000원

03 다음의 자료에 의하여 당기총제조원가를 구하시오.

• 기초원재료 : 40,000원   • 당기매입원재료 : 400,000원   • 기말원재료 : 120,000원
• 직접노무비 : 3,000,000원   • 제조간접비 : 직접노무비의 30%

① 4,020,000원 ② 4,220,000원
③ 4,300,000원 ④ 4,460,000원

해설 ② 재료비 : 40,000 + 400,000 - 120,000 = 320,000원
     당기총제조원가 : 320,000 + 3,000,000 + (3,000,000 × 30%) = 4,220,000원

04 다음 중 제조원가명세서에 포함되지 않는 것은?

① 직접재료비, 직접노무비, 제조간접비 ② 당기총제조원가
③ 제품매출원가   ④ 당기제품제조원가

해설 ③ 매출원가는 제품, 상품 등의 매출액에 대응되는 원가로서 판매된 제품이나 상품 등에 대한 제조원가 또는 매입원가이다. 매출원가의 산출과정은 손익계산서 본문에 표시하거나 주석으로 기재한다.

05 다음 원가계산자료 중 당기에 소요된 제조간접비 금액은 얼마인가?

- 직접재료비 : 3,000,000원
- 직접노무비 : 2,000,000원
- 기초재공품 : 2,000,000원
- 기말재공품 : 2,000,000원
- 당기제품제조원가 : 10,000,000원

① 5,000,000원 ② 10,000,000원
③ 15,000,000원 ④ 20,000,000원

해설 ① 제조간접비 = 당기총제조원가 − 직접재료비 − 직접노무비
　　　　　　　10,000,000 − 3,000,000 − 2,000,000 = 5,000,000원
　　　당기총제조원가 = 당기제품제조원가 + 기말재공품 − 기초재공품
　　　　　　　10,000,00 + 2,000,000 − 2,000,000 = 10,000,000원

06 다음 자료를 이용하여 매출원가를 계산하면 얼마인가?

- 기초재공품재고액 : 450,000원
- 기말재공품재고액 : 600,000원
- 기초제품재고액 : 300,000원
- 기말제품재고액 : 550,000원
- 당기총제조원가 : 800,000원

① 400,000원 ② 450,000원
③ 650,000원 ④ 800,000원

해설 ① 매출원가 = 기초제품재고액 + 당기제품제조원가 − 기말제품재고액
　　　당기제품제조원가 = 기초재공품재고액 + 당기총제조원가 − 기말재공품재고액

07 다음의 자료에서 당기총제조원가를 구하시오?

- ㉠ 당기에 직접재료를 5,000,000원에 구입하였다.
- ㉡ 당기에 발생한 직접노무원가는 3,500,000원이다.
- ㉢ 제조간접원가는 2,000,000원이 발생하였다.
- ㉣ 기초원재료재고는 500,000원이고 기말원재료재고는 2,000,000원이다.

① 7,000,000원 ② 9,000,000원
③ 10,500,000원 ④ 12,000,000원

해설 ② 직접재료비 = 기초원재료재고 + 당기매입원재료 − 기말원재료재고 = 3,500,000원
　　　당기총제조원가 = 직접재료원가 + 직접노무원가 + 제조간접원가
　　　　　　　3,500,000 + 3,500,000 + 2,000,000 = 9,000,000원

08 평가문제

POINT 전산회계 1급

01 다음 중에서 원가회계 목적과 관련이 가장 적은 것은?
① 재무제표의 작성에 유용한 원가정보를 제공한다.
② 원가통제에 대한 유용한 원가정보를 제공한다.
③ 경영자에게 경영의사결정에 유용한 원가정보를 제공한다.
④ 투자자에게 합리적인 의사결정에 관한 정보제공을 목적으로 한다.

해설 재무회계의 의의에 관련된 내용이다.

02 원가에 대한 다음 설명 중 가장 옳지 않은 것은?
① 준고정원가는 관련조업도 내에서 일정하게 발생하는 원가를 말한다.
② 직접재료비와 직접노무비를 기초원가라 한다.
③ 간접원가란 특정한 원가집적대상에 직접 추적할 수 없는 원가를 말한다.
④ 제품생산량이 증가함에 따라 관련 범위 내에서 제품단위당 고정원가는 일정하다.

해설 제품생산량이 증가함에 따라 제품단위당 고정원가는 감소한다.

03 제조간접비에 대한 다음 설명 중 맞는 것은?
① 가공비가 된다.
② 모든 노무비를 포함한다.
③ 변동비만 포함된다.
④ 고정비만 포함된다.

해설 제조간접비는 직접노무비와 더불어 가공비를 구성한다.

04 다음 자료에 의하여 제조간접비를 계산하면 얼마인가?

• 당기총제조비용	600,000원
• 직접비(기본원가)	300,000원
• 가공원가	500,000원

① 100,000원   ② 200,000원
③ 300,000원   ④ 400,000원

해설 당기총제조비용
600,000원 = 직접재료비 + 직접노무비 + 제조간접비
직접비(기본원가)
300,000원 = 직접재료비 + 직접노무비
따라서 제조간접비는 300,000원이 된다.

05 다음 중 기초원가이면서 가공비에도 해당하는 원가는?
① 직접재료비   ② 직접노무비
③ 간접재료비   ④ 간접노무비

06 직접재료비가 증가하더라도 영향을 받지 않는 항목은?
① 재공품   ② 제품
③ 매출원가   ④ 제조간접비

해설 직접재료비라 함은 완성품을 생산하는 데 사용되는 원재료의 원가 중 특정 제품에 직접적으로 추적할 수 있는 원가를 말하며, 제조간접비라 함은 직접재료비와 직접노무비를 제외한 모든 제조원가를 말한다.

07 흑치(주)의 제2기 원가 자료가 다음과 같을 경우 가공원가는 얼마인가?

• 직접재료원가 구입액	:	800,000원
• 직접재료원가 사용액	:	900,000원
• 직접노무원가 발생액	:	500,000원
• 변동제조간접원가 발생액	:	600,000원
(변동제조간접원가는 총제조간접원가의 40%이다)		

정답 | 1. ④ 2. ④ 3. ① 4. ③ 5. ② 6. ④ 7. ①

① 2,000,000원 ② 2,400,000원
③ 2,800,000원 ④ 2,900,000원

해설 500,000(직접노무비) + 600,000/0.4(제조간접원가)
= 2,000,000원

08 다음 자료에서 기초원가와 가공비(가공원가) 양쪽 모두에 해당하는 금액은 얼마인가?

- 직 접 재 료 비 : 300,000원
- 직 접 노 무 비 : 400,000원
- 변동제조간접비 : 200,000원
- 고정제조간접비 : 150,000원

① 350,000원 ② 400,000원
③ 450,000원 ④ 500,000원

해설 직접노무비는 기초원가와 가공비(가공원가) 양쪽 모두에 해당된다.

09 (주)세창의 당기 직접재료비는 50,000원이고, 제조간접비는 45,000원이다. (주)세창의 직접노무비는 가공비의 20%에 해당하는 경우, 당기의 직접노무비는 얼마인가?

① 9,000원 ② 10,000원
③ 11,250원 ④ 12,500원

해설 가공비 = 직접노무비 + 제조간접비
직접노무비 = (직접노무비 + 제조간접비) × 0.2
직접노무비 = (직접노무비 + 45,000) × 0.2
위 식을 직접노무비에 대하여 풀면,
직접노무비 = 11,250원

10 다음 중 제조원가항목에 해당하는 것은?
① 관리부 경리사원 급여
② 공장 차량운반구의 감가상각비
③ 영업사원 복리후생비
④ 마케팅부서 기업업무추진비

해설 공장 차량운반구의 감가상각비는 제조원가이다.

11 다음 중 제조원가로 분류할 수 없는 것은?
① 공장건물의 재산세
② 제품에 대한 광고선전비
③ 공장기계의 감가상각비
④ 공장근로자 회사부담분 국민연금

해설 제품에 대한 광고선전비는 판매비와 관리비로 분류한다.

12 당기총제조원가가 당기제품제조원가보다 더 큰 경우 다음 중 맞는 설명은?
① 당기제품제조원가가 제품매출원가보다 반드시 더 크다.
② 기초제품재고액이 기말제품재고액보다 더 작다.
③ 기초재공품액이 기말재공품액보다 더 크다.
④ 기초재공품액이 기말재공품액보다 더 작다.

해설 기말재공품액 - 기초재공품액 = 당기총제조원가 - 당기제품제조원가
따라서, 기말재공품액 〉 기초재공품액 = 당기총제조원가 〉 당기제품제조원가

13 다음은 (주)관우전자의 공장전기요금고지서의 내용이다. 원가 행태상의 분류로 옳은 것은?

- 기 본 요 금 : 1,000,000원 (사용량과 무관)
- 사 용 요 금 : 3,120,000원
  (사용량 : 48,000kw, kw당 65원)
- 전기요금합계 : 4,120,000원

① 고정원가 ② 준고정원가
③ 변동원가 ④ 준변동원가

해설 고정원가와 변동원가가 혼합된 것으로 사용량과 무관하게 발생하는 기본요금과 사용량에 따라 비례적으로 발생하는 추가요금이 혼합된 준변동원가에 해당함.

14 제조원가 중 원가행태가 다음과 같은 경우의 원가로서 가장 부적합한 것은?

조업도	100시간	500시간	1,000시간
총원가	5,000원	5,000원	5,000원

① 재산세
② 전기요금
③ 정액법에 의한 감가상각비
④ 임차료

정답 | 8. ② 9. ③ 10. ② 11. ② 12. ④ 13. ④ 14. ②

해설 기조업도가 변화하더라도 총원가가 일정한 경우는 고정비이며, 전기료의 경우 혼합원가(준변동비)에 해당한다.

15 다음 원가 중 제조과정에서 원가의 추적가능성에 따라 분류한 것은?
① 재료비, 노무비, 경비
② 직접비와 간접비
③ 변동비와 고정비
④ 제품원가와 기간원가

해설 ①-원가요소에 따른 분류기준, ③-원가행태에 따른 분류기준, ④-제조활동에 따른 분류기준

16 조업도의 감소에 따른 고정비 및 변동비와 관련한 원가행태를 틀리게 나타낸 것은?
① 총고정비는 일정하다.
② 단위당 고정비는 감소한다.
③ 총변동비는 감소한다.
④ 단위당 변동비는 일정하다.

해설 조업도가 감소하는 경우 단위당 고정비는 증가한다.

17 원가행태에 따른 분류 중에서 일정한 범위의 조업도 내에서 총원가가 일정하지만 조업도 구간이 달라지면 총액(총원가)이 달라지는 원가를 무엇이라 하는가?
① 변동원가   ② 고정원가
③ 준변동원가 ④ 준고정원가

18 일반적으로 관련범위 내에서 조업도가 증가하는 경우 변동원가와 고정원가의 행태에 대한 설명으로 가장 틀린 것은?
① 총변동원가는 증가한다.
② 총고정원가는 증가한다.
③ 단위당 변동원가는 일정하다.
④ 단위당 고정원가는 변동한다.

해설 총고정원가는 일정하다.

19 다음 중 원가행태에 따른 원가분류로 가장 옳은 것은?
① 직접비, 간접비
② 재료비, 노무비
③ 실제원가, 표준원가
④ 변동비, 고정비

해설 ① 제조활동 관련성에 따른 분류 : 제조원가, 비제조원가
② 추적가능성에 따른 분류 : 직접비, 간접비
③ 원가행태에 따른 분류 : 고정비, 변동비
④ 의사결정과의 관련성에 따른 분류 : 차액원가, 기발생원가, 기회원가, 관련원가, 비관련원가

20 원가에 대한 분류를 설명한 것이다. 다음 보기 중 가장 틀린 것은?
① 특정제품과 직접적으로 추적이 가능한 원가를 직접원가라 한다.
② 조업도가 증가할 때마다 원가총액이 비례하여 증가하는 원가를 변동원가라 한다.
③ 현재의 의사결정에 고려하여야 하는 원가로서 매몰원가를 들 수 있다.
④ 일정한 관련범위 내에서 조업도와 관계없이 총원가가 일정한 것을 고정원가라 한다.

해설 매몰원가는 의사결정시 고려하지 않는 이미 발생한 원가이다.

21 변동원가계산시스템을 사용하는 기업에서는 재무보고시 고정제조원가는 무엇으로 분류되는가?
① 제품원가   ② 기간비용
③ 관련원가   ④ 매출원가

해설 변동원가계산에서 고정제조간접비는 기간비용으로 처리한다.

22 공장에 설치하여 사용하던 기계가 고장이 나서 처분하려고 한다. 취득원가는 1,000,000원이며 고장시점까지의 감가상각누계액은 200,000원이다. 동 기계를 바로 처분하는 경우 500,000원을 받을 수 있으며 100,000원의 수리비를 들여 수리하는 경우 700,000원을 받을 수 있다. 이때 매몰원가는 얼마인가?
① 100,000원   ② 800,000원
③ 700,000원   ④ 500,000원

정답 | 15. ② 16. ② 17. ④ 18. ② 19. ④ 20. ③ 21. ② 22. ②

해설 이미 발생하여 현재의 의사결정과는 관련이 없는 원가를 매몰원가라고 한다. 따라서 기계의 장부금액인 800,000원은 기계의 처분여부와는 관련이 없는 매몰원가이다.

23 (주)남건은 태풍으로 인한 수해로 보관 중이던 제품 15,000,000원이 파손되었다. 이 제품을 파손된 상태에서 처분하면 500,000원에 처분가능하나 회사는 300,000원의 비용으로 파손부분을 수선하여 1,000,000원에 처분하기로 하였다. 이처럼 수선 후 처분하는 경우 기회비용은 얼마인가?

① 300,000원 ② 500,000원
③ 800,000원 ④ 1,000,000원

해설 기회비용이란 어느 한 대안을 선택하면 다른 대안은 포기할 수밖에 없다면 이때 포기해야 하는 대안에서 얻을 수 있는 효익을 말한다. 따라서 수선 후 처분하므로 파손상태에서 처분하는 방법을 포기하게 되므로 기회비용은 파손 상태에서 처분할 수 있는 가액인 500,000원이다.

24 의사결정과 관련된 설명이다. 틀린 것은?
① 관련원가는 특정의사결정과 직접적으로 관련이 있는 원가로서 고려중인 대안들간의 차이가 있는 미래원가이다.
② 비관련원가는 특정의사결정과 관련이 없는 원가이다.
③ 매몰원가는 과거 의사결정의 결과로 이미 발생된 원가이다.
④ 기회비용은 특정대안을 채택할 때 포기해야 하는 대안이 여러 개일 경우 이들 대안들의 효익 중 가장 작은 것이다.

해설 기회비용은 특정대안을 채택할 때 포기해야 하는 대안이 여러 개일 경우 이들 대안들의 효익 중 가장 큰 것이다.

25 다음 중 제조원가명세서 작성시 필요로 하지 않는 자료는?
① 간접재료비 소비액
② 간접노무비 소비액
③ 기초제품 재고액
④ 제조경비

해설 기초제품 재고액은 손익계산서 작성시 필요한 자료이다.

26 다음 중 제조원가명세서에서 구분표시 되는 항목이 아닌 것은?
① 직접재료비 ② 당기제품제조원가
③ 매출원가   ④ 제조간접비

해설 ③ 손익계산서에 표시되는 항목

27 다음은 제조원가명세서에 대한 설명이다. 가장 옳지 않은 것은?
① 제조원가명세서상의 원재료와 재공품재고액은 재무상태표와 일치한다.
② 제조원가명세서의 당기제품제조원가는 손익계산서의 제품매출원가 계산에 반영된다.
③ 재무상태표의 제품재고액은 제조원가명세서 작성과 관련 없다.
④ 당기총제조원가를 구하는 과정을 나타내는 보고서이다.

해설 당기제품제조원가를 구하는 과정을 나타내는 보고서이다.

28 제조원가명세서와 손익계산서 및 재무상태표의 관계에 대한 설명이다. 다음 중 설명이 틀린 것은?
① 제조원가명세서의 기말원재료재고액은 재무상태표의 원재료계정에 계상된다.
② 제조원가명세서의 기말재공품의 원가는 재무상태표의 재공품계정으로 계상된다.
③ 제조원가명세서의 당기제품제조원가는 손익계산서의 매출원가에 계상된다.
④ 손익계산서의 기말제품재고액은 재무상태표의 제품계정금액과 같다.

해설 제조원가명세서의 당기제품제조원가는 손익계산서의 당기제품제조원가에 계상된다.

정답 | 23. ② 24. ④ 25. ③ 26. ③ 27. ④ 28. ③

29 제조원가명세서와 관련된 설명이다. 틀린 것은?
① 재료 소비액의 산출과정이 표시된다.
② 기초재공품과 기말재공품재고액이 표시된다.
③ 기초재료와 기말재료재고액이 표시된다.
④ 외부에 보고되는 보고서이다.

> 해설
> - 제조원가명세서는 내부보고용으로 원가계산준칙을 준용한다.
> - 재무제표는 재무상태표, 손익계산서, 현금흐름표, 자본변동표로 구성되며, 주석을 포함한다.

30 다음 중 원가집계 계정의 흐름으로 가장 옳은 것은?
① 매출원가 → 재공품 → 재료비 → 제품
② 재료비 → 매출원가 → 재공품 → 제품
③ 재료비 → 재공품 → 제품 → 매출원가
④ 매출원가 → 재료비 → 재공품 → 제품

31 다음 중 일반적인 제조기업의 원가계산흐름을 바르게 설명한 것은?
① 부문별 원가계산→요소별 원가계산→제품별 원가계산
② 부문별 원가계산→제품별 원가계산→요소별 원가계산
③ 요소별 원가계산→부문별 원가계산→제품별 원가계산
④ 요소별 원가계산→제품별 원가계산→부문별 원가계산

32 다음은 (주)대건의 원가계산에 관한 자료이다. 기말재공품 원가는 얼마인가?

• 당기총제조비용 :	1,500,000원
• 기초재공품 재고액 :	200,000원
• 기초제품 재고액 :	300,000원
• 기말제품 재고액 :	180,000원
• 매출원가 :	1,620,000원

① 200,000원 ② 250,000원
③ 300,000원 ④ 350,000원

> 해설 기말재공품재고액
> = 200,000(기초재공품재고액) + 1,500,000(당기총제조비용) − 당기제품제조원가(1,620,000 − 300,000 + 180,000)

33 다음 자료에 의하여 당기제품매출원가를 계산하면 얼마인가?

• 기초재공품재고액 :	300,000원
• 당기총제조비용 :	1,000,000원
• 기말재공품재고액 :	400,000원
• 기초제품재고액 :	200,000원
• 기말제품재고액 :	300,000원
• 판매가능재고액 :	1,100,000원

① 1,000,000원 ② 900,000원
③ 800,000원 ④ 700,000원

> 해설
> - 당기제품제조원가
>   = 기초재공품재고액 + 당기총제조비용 − 기말재공품재고액
>   = 300,000 + 1,000,000 − 400,000
>   = 900,000원
> - 당기제품매출원가
>   = 기초제품재고액 + 당기제품제조원가 − 기말제품재고액
>   = 200,000 + 900,000 − 300,000
>   = 800,000원
> - 판매가능재고액
>   = 기초제품재고액 + 당기제품제조원가
>   = 200,000 + 900,000
>   = 1,100,000원

34 다음의 자료를 근거로 당기 총제조원가를 계산하면 얼마인가?

• 기초재공품재고액 :	20,000원
• 기초제품재고액 :	50,000원
• 매출원가 :	500,000원
• 기말재공품재고액 :	35,000원
• 기말제품재고액 :	40,000원

① 475,000원 ② 490,000원
③ 505,000원 ④ 510,000원

> 해설 매출원가
> = 기초제품 + 당기제품제조원가 − 기말제품
> 즉, 당기제품제조원가 = 매출원가 − 기초제품 + 기말제품 = 490,000원

당기제품제조원가 = 기초재공품 + 당기총제조원가
− 기말재공품
즉, 당기총제조원가 = 당기제품제조원가 − 기초재공품 + 기말재공품 = 505,000원

35 당기제품제조원가는 850,000원이다. 다음 주어진 자료에 의하여 기말재공품원가를 계산하면 얼마인가?

• 직접재료비	200,000원
• 직접노무비	300,000원
• 변동제조간접비	300,000원
• 고정제조간접비	100,000원
• 기초재공품	250,000원
• 기말재공품	?
• 기초제품	500,000원
• 기말제품	400,000원

① 300,000원 ② 350,000원
③ 400,000원 ④ 450,000원

해설 당기제품제조원가(850,000원)
= 직접재료비 + 직접노무비 + 변동제조간접비
  + 고정제조간접비 + 기초재공품 − 기말재공품
= 200,000 + 300,000 + 300,000 + 100,000
  + 250,000 − 기말재공품(?)
∴ 기말재공품원가는 300,000원이다.

36 다음 자료에 의한 (주)씨엘의 직접노무비는 얼마인가?

• 기초원재료	100,000원
• 기초재공품	1,000,000원
• 당기매입원재료	600,000원
• 기말재공품	500,000원
• 기말원재료	200,000원
• 당기제품제조원가	4,000,000원
• 제조간접비	1,500,000원

① 500,000원 ② 1,000,000원
③ 1,500,000원 ④ 2,000,000원

해설 원재료비(500,000원) = 100,000 + 600,000 − 200,000
당기총제조비용(3,500,000원)
= 4,000,000 − 1,000,000 + 500,000
직접노무비(1,500,000원)
= 3,500,000 − 500,000 − 1,500,000

37 다음은 (주)부산실업의 제조원가와 관련한 자료이다. 당기제품제조원가는 얼마인가?

• 기초재공품	100,000원
• 직접재료비	600,000원
• 가공비	1,000,000원
• 직접노무비	600,000원
• 기말재공품	250,000원
• 간접재료비	200,000원
• 간접노무비	200,000원

① 1,350,000원 ② 2,050,000원
③ 1,450,000원 ④ 1,050,000원

해설 • 가공비 = 직접노무비 + 제조간접비 = 1,000,000원
• 제조간접비 = 400,000원
• 당기총제조비용(원가)
  = 직접재료비 + 직접노무비 + 제조간접비
  = 600,000 + 600,000 + 400,000
  = 1,600,000원
• 당기제품제조원가
  = 100,000(기초재공품) + 1,600,000(당기총제조비용)
   − 250,000(기말재공품) = 1,450,000원

38 기말재공품재고를 잘못 계산하여 수정할 경우 그 금액이 달라지지 않는 것은? 단, 기말제품재고는 선입선출법으로 평가한다.

① 당기총제조비용 ② 당기제품제조원가
③ 매출원가   ④ 기말제품재고

해설 • 당기총제조비용
   = 원재료비 + 노무비 + 당기제조간접비
• 당기제품제조원가
   = 기초재공품 + 당기총제조비용 − 기말재공품
• 매출원가
   = 기초제품 + 당기제품제조원가 − 기말제품원가

39 수도광열비에 대한 자료가 다음과 같다. 당월의 수도광열비 소비액은 얼마인가?

• 당월지급액	5,000원
• 당월미지급액	4,000원
• 당월선급액	3,000원
• 전월선급액	2,000원
• 전월미지급액	1,000원

① 4,000원 ② 5,000원
③ 6,000원 ④ 7,000원

정답 | 35. ① 36. ③ 37. ③ 38. ① 39. ④

해설 당월지급액 5,000 + 당월미지급액 4,000
     − 당월선급액 3,000 + 전월선급액 2,000
     − 전월미지급액 1,000
     = 7,000원

40 다음 중 제조원가계산을 위한 재공품 계정에 표시될 수 없는 것은?
① 당기총제조원가
② 기말제품
③ 당기제품제조원가
④ 기말재공품

해설 기말 제품은 제품 계정에 표시된다.

정답 | 40. ②

SECTION 03 | 부문별 원가계산

> NCS 능력단위 : 0203020103원가계산   능력단위요소 : 02원가배부하기
> 2.2 원가계산 대상에 따라 합리적인 원가배부기준을 적용할 수 있다.
> 2.3 보조부문의 개별원가와 공통원가를 집계할 수 있다.
> 2.4 보조부문의 개별원가와 공통원가를 배부할 수 있다.

1 부문별 원가계산의 의의

부문별 원가계산은 요소별 원가계산을 거친 원가를 발생장소별로 집계하여 특정 제품의 원가로 배부하는 절차를 말한다. 원가가 발생하는 장소를 부문이라 하고 부문별로 집계된 원가를 부문비라 한다.

부문별 원가계산은 일정규모 이상의 기업에서 원가 통제와 관리를 위한 정보와 원가부문별 발생원가의 낭비 및 비효율을 파악할 수 있게 한다.

2 원가부문의 설정과 배부기준

① 원가부문의 설정

원가부문은 제품의 제조활동을 직접 담당하는 제조부문과 제조부문의 제조활동을 지원하기 위한 용역을 제공하는 보조부문으로 구분한다.

부 문		내 용
제조부문		제품 제조 공정의 주요한 과정을 말하는 것으로 주물부문, 절단부문, 선반부문, 조립부문, 연마부문 등으로 구분
보조부문	보조용역부문	동력부문, 수선부문, 검사부문 등
	공장관리부문	구매, 노무관리, 공장사무부문 등

② 배부기준

㉠ 부문공통비의 부문별 배부기준

부문공통비	배분기준
ⓐ 간접재료비	직접재료비
ⓑ 간접노무비, 복리후생비	직접노무비, 직접작업시간, 종업원 수
ⓒ 건물감가상각비, 임차료, 보험료	사용(점유)면적, 건물금액

부문공통비	배 분 기 준
ⓓ 기계감가상각비, 기계보험료	기계장치의 가액, 기계작업(운전)시간
ⓔ 전력비	전력사용량 또는 마력수 × 운전시간
ⓕ 가스비, 수도비	가스, 수도의 사용량
ⓖ 수선비	수선횟수, 수선시간, 기계장치의 금액

ⓛ 보조부문비의 배부기준

보조부문에서 발생한 원가는 특정 제품의 원가로 추적하는 것이 어렵기 때문에 제조부문에 배부하여 제품의 원가에 반영한다. 보조부문비를 제조부분에 배부하는 기준은 보조부문이 제조부문에 제공한 용역의 정도를 충실히 반영할 수 있어야 한다. 따라서 배부기준은 발생한 원가와 인과관계가 있어야 하고, 간단명료하며 편익 대비 비용이 효율적이어야 한다.

보조부문비	배부기준
동 력 부 문	사용전력량, 전기용량, Kw/h
수 선 유 지 부 문	수선횟수, 수선유지시간
검 사 부 문	검사수량, 검사시간
구 매 부 문	주문횟수, 주문비용
노 무 관 리 부 문	종업원수
공 장 사 무 부 문	종업원수

3 부문별 원가계산의 절차

부문비 계산절차	내 용	
① 부문별 원가의 집계	원가 요소의 소비액을 비목별로 구분하여 특정 부문에서만 사용된 부문개별비를 각각의 부문에 부과	
	원가요소 소비액 중 둘 이상의 부문에 공통으로 사용된 부문공통비를 적절한 배부기준에 의하여 각각의 부문에 배부	
② 보조부문비를 제조부문에 대체	직접배부법 또는 단계배부법 또는 상호배부법에 의하여 대체	
③ 제조부문비를 제품에 배부	공장전체 배부율 또는 부문별 배부율에 의하여 배부	

4 보조부문비의 배부(보조부문비배부표의 작성)

보조부문은 제조부문의 작업에 일정한 용역을 제공하는 것이므로 보조부문 원가는 용역 제공 정도를 가장 적정하게 반영할 수 있는 배부기준을 사용하여 제조부문에 배부한다.
보조부문비의 대체는 보다 정확한 원가계산을 하고, 부문 간 통제와 관리를 통한 원가절감을 가능하게 한다.
보조부문비를 배부하는 방법에는 직접배부법, 단계배부법, 상호배부법이 있다.

① **직접배부법**

　가장 단순한 방법으로 보조부문 상호간의 용역의 수수는 무시하고 한 번에 보조부문비를 제조부문에만 배부하는 방법이다. 아주 간단하여 비용이 적게 들고 보조부문간의 용역수수가 중요하지 않은 경우에 적합한 방법이다. 그러나 보조부문간의 용역수수가 큰 경우에는 원가배분의 결과가 정확한 원가정보를 주지 못하므로 부문간 통제와 관리가 충분하지 않다.

② **단계배부법**

　단계배부법은 계단식배부법이라고도 하며 다른 보조부문에 용역의 제공을 가장 많이 하는 보조부문부터 배부하거나 용역을 제공하는 다른 보조부문의 수가 가장 많은 보조부문부터 배부하는 방법이다.
　보조부문간의 용역수수를 반영한다는 점에서 직접배부법보다 우수하다. 보조부문의 배부순서와 용역의 제공 크기가 일치하면 합리적이나 배부순서와 용역의 제공정도가 다르면 원가배분이 부정확하게 된다. 즉, 배분순서를 어떻게 하느냐에 따라 원가계산의 결과가 다르게 나타나는 단점이 있다.

③ **상호배부법**

　상호배부법은 보조부문 상호간의 용역수수를 모두 반영하여 보조부문 상호간에도 배부한다. 보조부문 상호간의 용역수수를 모두 나타내므로 가장 정확한 원가배분의 방법이고 단계배부법과 달리 배부순서를 고려할 필요 없이 부문 간 통제와 의사결정의 정보를 얻을 수 있다. 다만 복잡한 원가배분의 절차를 위한 정확한 자료를 얻으려면 많은 시간과 비용이 소요되므로 소규모 기업에는 적합하지 않다.

확인예제  POINT 전산회계1급

01 다음 중 보조부문의 원가를 배부하는 방법과 관련된 내용으로 틀린 것은?

① 직접배부법은 보조부문 상호간의 용역제공관계를 무시하므로 계산이 가장 복잡한 방법이다.
② 단계배부법과 상호배부법은 보조부문 상호간의 용역제공관계를 고려한다.
③ 어떤 방법을 사용하더라도 보조부문비 총액은 모두 제조부문에 배부된다.
④ 보조부문 배부방법에 따라 제품별 이익이 달라지나, 회사 총이익은 같다.

해설 ① 직접배부법은 보조부문 상호간의 용역제공관계를 무시하므로 계산이 가장 간단한 방법이다.

02 다음은 보조부문원가에 관한 자료이다. 보조부문의 제조간접비를 다른 보조부문에는 배부하지 않고 제조부문에만 직접 배부할 경우 동력부문에서 조립부문으로 배부될 제조간접비는 얼마인가?

구 분		제조부문		보조부문	
		조립부문	절단부문	동력부문	관리부문
제조간접비				180,000	210,000
부문별배부율	동력부문	50%	30%		20%
	관리부문	40%	30%	30%	

① 90,000원   ② 112,500원
③ 84,000원   ④ 120,000원

해설 ② 180,000 × 50%/(50%+30%) = 112,500원

09 평가문제

01 다음의 괄호에 들어갈 적당한 말은?

> (   )이란 원가집합에 집계된 공통원가 또는 간접원가를 합리적인 배부기준에 따라 원가대상에 대응시키는 과정을 말한다.

① 원가대상 ② 원가배분
③ 원가집합 ④ 원가대응

[해설] 개별원가계산에서 원가계산시 이를 직접비와 간접비로 나누고, 간접비는 모두 제조간접비라는 일종의 집합(통제)계정에 모았다가 일정한 배부기준에 의해 제품별로 배부하게 된다. 이를 원가배부라 한다.

02 부문공통비인 건물의 감가상각비 배분기준으로 가장 적합한 것은?

① 각 부문의 인원수
② 각 부문의 면적
③ 각 부문의 작업시간
④ 각 부문의 노무비

03 다음 중 공장에서 사용중인 기계장치에 대한 감가상각비 배분기준으로 가장 적절한 것은?

① 재공품 비율
② 면적 비율
③ 기계사용시간 비율
④ 취득원가 비율

04 (주)대한상사는 올해 상반기 영업실적이 좋아 기업 전사원에게 복리후생비를 지급하려 한다. 이 기업은 기업본사부서 뿐만 아니라 공장지점, 영업소에도 전사원에게 균등하게 복리후생비를 지급하려고 한다. 기업 전체의 복리후생비를 각 본사와 지사에 배부하기 위한 기준으로 가장 적합한 것은?

① 각 지사의 전력소비량
② 각 지사의 연료소비량
③ 각 지사의 면적
④ 각 지사의 종업원 수

[해설] 복리후생비를 배부하려면 종업원수가 배부기준으로 가장 적당하다.

05 A사는 많은 기업들이 입주해 있는 건물을 관리하고 있다. 경비담당 직원들은 모든 입주기업들의 사무실 및 건물 전체를 경비를 맡고 있다. 건물 전체의 경비업무 수수료를 각 기업에 배부하기 위한 기준으로 가장 적합한 것은?

① 각 입주기업의 직원 수
② 각 입주기업의 임대 면적
③ 각 입주기업의 전력사용량
④ 각 입주기업의 근무시간

06 보조부문비의 배부방법 중 단계배부법에 대한 설명으로 틀린 것은?

① 보조부문 상호간의 용역수수를 완전히 고려하는 방법이다.
② 보조부문의 배부순서를 합리적으로 결정하는 것이 매우 중요하다.
③ 보조부문의 배부순서에 따라 배부액이 달라질 수 있다.
④ 최초 배부되는 부문의 경우 자신을 제외한 다른 모든 부문에 배부된다.

[해설] 보조부문 상호간의 용역수수를 완전히 고려하는 방법은 상호배부법이다.

07 다음의 보조부문비의 배부방법 중 정확도가 높은 방법부터 올바르게 배열한 것은?

① 직접배부법 > 상호배부법 > 단계배부법
② 직접배부법 > 단계배부법 > 상호배부법
③ 상호배부법 > 단계배부법 > 직접배부법
④ 단계배부법 > 상호배부법 > 직접배부법

정답 | 1. ② 2. ② 3. ③ 4. ④ 5. ② 6. ① 7. ③

[해설] 직접배부법 : 보조부문상호간 용역수수 완전무시
⇨ 간단, 정확성·신뢰도 가장 낮음
단계배부법 : 직접배부법과 상호배부법의 절충
상호배부법 : 보조부문상호간 용역수수 완전인식
⇨ 복잡, 정확도·신뢰도 가장 높음

08 다음은 무엇에 대한 설명인가?

> 보조부문원가를 보조부문의 배부순서를 정하여 한 번만 다른 보조부문과 제조부문에 배부한다.

① 개별배분법 ② 직접배분법
③ 단계배분법 ④ 상호배분법

09 기초재고와 기말재고가 없는 경우, 보조부문의 원가를 배부하는 방법과 관련된 내용으로 옳지 않은 것은?

① 직접배부법은 보조부문 상호간의 용역제공관계를 고려하지 않는다.
② 단계배부법과 상호배부법은 보조부문 상호간의 용역제공관계를 고려한다.
③ 어떤 방법을 사용하더라도 보조부문비 총액은 모두 제조부문에 배부된다.
④ 보조부문 배부방법에 따라 회사의 총이익도 달라진다.

[해설] 재고가 존재하지 않는다면 제품의 총원가는 어떤 방법으로 배부한다 하더라도 같기 때문에 회사의 총이익 역시 배부방법에 따라 달라지지 않는다.

10 보조부문비를 제조부문에 배부하는 방법에 대한 설명 중 틀린 것은?

① 직접배부법은 보조부문 상호간의 용역수수를 전혀 고려하지 않는 방법이다.
② 단계배부법은 보조부문 상호간의 용역수수를 일부 고려하는 방법이다.
③ 상호배부법은 보조부문 상호간의 용역수수를 완전히 고려하는 방법이다.
④ 계산의 정확성은 직접배부법 > 단계배부법 > 상호배부법 순으로 나타난다.

[해설] 계산의 정확성은 직접배부법 < 단계배부법 < 상호배부법 순으로 나타난다.

11 다음은 보조부문원가를 배분하는 방법과 설명이다. 잘못 연결된 것은?

① 보조부문원가를 다른 보조부문에는 배분하지 않고 제조부문에만 배분하는 방법 - 직접배분법
② 보조부문원가를 배분순서에 따라 순차적으로 다른 보조부문과 제조부문에 배분하는 방법 - 단계배분법
③ 보조부문 상호간의 용역수수관계를 완전히 인식하여 보조부문원가를 다른 보조부문과 제조부문에 배분하는 방법 - 상호배분법
④ 보조부문원가를 변동원가와 고정원가로 구분하여 각각 다른 배분기준을 적용하여 배분하는 방법 – 단일배분율법

[해설] 보조부문원가를 변동원가와 고정원가로 구분하여 각각 다른 배분기준을 적용하여 배분하는 방법은 이중배분율법이다.

12 (주)세원은 A, B 제조부문과 X, Y의 보조부문이 있다. 각 부문의 용역수수관계와 제조간접비 발생원가가 다음과 같다. 직접배부법에 의해 보조부문의 제조간접비를 배부한다면 B제조부문의 총제조간접비는 얼마인가?

	보조부문		제조부문		
	X	Y	A	B	합계
자기부문 발생액	150,000	250,000	300,000	200,000	900,000
(제공한횟수) X	-	200회	300회	700회	1,200회
Y	500회	-	500회	1,500회	2,500회

① 200,000원 ② 292,500원
③ 492,500원 ④ 600,000원

[해설] X부문 배부액(105,000원)
= 150,000 × (700회 / 1,000회)
Y부문 배부액(187,500원)
= 250,000 × (1,500회 / 2,000회)
B부문 총제조간접비(492,500원)
= 200,000 + 105,000 + 187,500

13 다음은 보조부문원가에 관한 자료이다. 보조부문의 제조간접비를 다른 보조부문에는 배부하지 않고 제조부문에만 직접 배부할 경우 수선부문에서 조립부문으로 배부될 제조간접비는 얼마인가?

구 분		보조부문		제조부문	
		수선부문	관리부문	조립부문	절단부문
제조간접비		80,000	100,000		
부문별 배부율	수선부문		20%	40%	40%
	관리부문	50%		20%	30%

① 24,000원 ② 32,000원
③ 40,000원 ④ 50,000원

해설 $\frac{80,000 \times 40\%}{(40\% + 40\%)}$ = 40,000원

14 요소별원가계산에 있어 발생하는 제조간접비의 배부차이를 조정하는 방법으로서 적절하지 않은 것은?
① 비례배분법
② 매출원가 가감조정법
③ 상호배분법
④ 영업외손익법

해설 상호배분법은 부문별원가계산시 보조부문의 원가를 배분하는 방법이다.

15 다음 중 제조간접비의 배부와 관련하여 그 성격이 다른 하나는?
① 직접배부법 ② 단계배부법
③ 상호배부법 ④ 비례배부법

해설 비례배분법은 제조간접비의 배부차액을 처리하는 방법이며, 나머지는 보조부문비를 제조부문에 배부하는 방법이다.

16 다음은 보조부문비와 관련된 설명이다. 가장 틀린 것은?
① 이중배분율법(dual allocation method)에 직접배분법, 단계배분법, 상호배분법을 적용할 수 없다.
② 원가행태에 의한 배분방법으로 단일배분율법과 이중배분율법이 있다.
③ 상호배분법은 보조부문비를 용역수수관계에 따라 다른 보조부문과 제조부문에 배부하는 방법이다.
④ 이중배분율법은 원가행태에 따라 배부기준을 달리 적용한다.

해설 이중배분율도 단일배분율법과 같이 직접배분법, 단계배분법, 상호배분법을 적용할 수 있다.

SECTION 04 개별원가계산과 제조간접비의 배부

> NCS 능력단위 : 0203020103원가계산　　능력단위요소 : 03원가계산하기
> 3.2 업종 특성에 따라 개별원가계산을 할 수 있다.

1 개별원가계산

개별원가계산은 성능, 규격, 품질 등이 다른 여러 종류의 제품을 주문에 의하여 소량을 개별적으로 생산하는 건설업, 기계제조업, 항공기제조업, 가구제조업, 조선업 등에서 사용하는 원가계산제도이다. 제품별로 부과된 직접비와 간접비 배부액을 집계하는 방법으로 개별 제품의 원가를 계산한다.
개별원가계산은 직접비와 간접비의 구분이 필요하고, 제품의 원가계산을 정확히 하기 위하여 제조간접비 배부액의 계산이 매우 중요하다.

2 개별원가계산의 절차

① 직접원가의 집계

　직접재료비, 직접노무비 등의 직접원가는 특정제품의 원가계산표에 직접 부과하고 그 직접원가 부과액의 합계액을 재공품계정에 기입한다.

구　　분	차변과목	금　액	대변과목	금　액
① 직접재료 소비액	재공품	×××	재료비	×××
② 직접노무비 소비액	재공품	×××	노무비	×××

② 제조간접비의 배부

　제조간접비는 특정 제품과 직접 연결할 수 없어 인위적인 배부기준이 필요하다. 인위적인 배부기준에 의하여 구한 배부율에 제품별 배부기준을 적용한 배부액을 제품별 원가계산표에 기입하는 것을 제조간접비의 배부라 한다.

구　　분	차변과목	금　액	대변과목	금　액
제조간접비의 배부	재공품	×××	제조간접비	×××

③ 제품원가와 기말재공품

특정 제품의 제조가 완료될 때까지 원가계산표에 집계된 직접원가와 제조간접비 배부액의 합계가 제품제조원가이며 이것을 재공품계정에서 제품계정으로 대체한다. 월말까지 미완성된 제품의 원가계산표에 집계된 금액은 월말재공품으로 다음 달로 이월한다.

구 분	차변과목	금 액	대변과목	금 액
제품제조원가	제품	×××	재공품	×××

3 제조간접비 배부방법

① 제조간접비 실제발생액의 배부

제조간접비의 실제 발생액을 제품에 배부하는 방법이다. 신속한 원가정보를 얻을 수 없고, 제품원가에 실제 간접비를 반영하므로 조업도의 변화에 따라 제품원가에 등락이 나타나는 문제가 있다.

$$제조간접비\ 실제배부율 = \frac{실제\ 제조간접비\ 총액}{배부기준\ 합계}$$

$$제조간접비\ 배부액 = 실제배부율 \times 제품별실제배부기준$$

▶ 직접재료비를 기준으로 할 때에는 직접재료비 총액을 배부율의 분모에 대입하고, 제품별 직접재료비를 배부액 계산식의 제품별 배부기준에 대입한다.
▶ 직접작업시간을 기준으로 할 때에는 배부율계산의 분모에 직접작업시간 총시간을 대입하고, 배부액계산의 제품별 배부기준에는 제품별 직접작업시간수를 대입한다.

② 제조간접비 예정배부

실제발생액을 배부하는 경우의 문제를 해소하기 위하여 예정배부를 한다. 예정배부율의 계산에서 예정배부기준합계는 예정기계작업시간총시간이나 예정직접노동시간총시간 등을 말한다. 예정배부액은 예정배부율에 실제의 기계작업시간 또는 실제의 직접노동시간을 곱하여 계산한다.

$$예정배부율 = \frac{예정제조간접비\ 총액}{예정배부기준\ 합계}$$

$$제조간접비\ 배부액 = 예정배부율 \times 제품별실제배부기준$$

③ 예정배부의 회계처리

제조간접비의 예정배부는 실제 발생한 제조간접비를 제품에 배부하지 않고 예정배부율에 의한 예정배부액을 제품에 배부하고 실제발생액과 예정배부액의 차이는 제조간접비배부차이계정을 설정하여 처리한다.

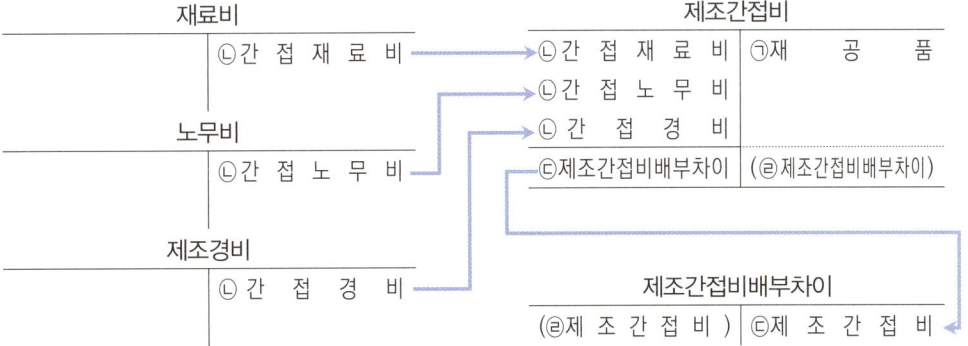

구 분	차변과목	금 액	대변과목	금 액
㉠ 제조간접비의 예정배부	재공품	×××	제조간접비	×××
㉡ 제조간접비 실제 발생액	제조간접비	×××	재료비 노무비 제조경비	××× ××× ×××
㉢ 제조간접비차이(과대배부)	제조간접비	×××	제조간접비배부차이	×××
㉣ 제조간접비차이(과소배부)	제조간접비배부차이	×××	제조간접비	×××

④ **제조간접비배부차이 처리**

제조간접비배부차이계정에서 제조간접비배부차이를 처리하는 방법에는 제조간접비배부차이 전부를 매출원가계정에 대체하는 매출원가처리법과 재공품, 제품, 매출원가계정에 포함한 총원가(또는 간접원가)에 비례하여 안분하는 안분법 및 영업외손익으로 처리하는 방법이 있다.

㉠ 과대배부(실제배부액 < 예정배부액)

구 분	차변과목	금 액	대변과목	금 액
① 배부차이 발생	제조간접비	×××	제조간접비배부차이	×××
② 매출원가에 대체	제조간접비배부차이	×××	매출원가	×××

㉡ 과소배부(실제배부액 > 예정배부액)

과대배부와 반대의 회계처리를 하게 된다.

확인예제 POINT 전산회계 1급

01 다음 중 개별원가계산을 주로 사용하는 업종이 아닌 것은?

① 항공기제조업　　　　　② 건설업
③ 화학공업　　　　　　　④ 조선업

해설 ③ 화학공업은 종합원가계산을 주로 사용한다.

02 개별원가계산에 대한 다음 설명 중 가장 적합하지 않은 것은?

① 주문식 맞춤 생산방식에 적합한 원가계산 방법이다.
② 제조간접원가의 작업별, 제품별 배부계산이 중요하다.
③ 공정별로 규격화된 제품의 원가계산에 적합한 방법이다.
④ 다품종 소량생산에 적합하며 주로 건설업, 조선업 등에서 사용된다.

해설 ③ 공정별로 규격화된 제품의 원가계산에는 종합원가계산제도가 적합한 방법이다.

03 다음 자료에 의할 때 제조지시서#2의 직접재료비는 얼마인가?(단, 제조간접비는 직접재료비를 기준으로 배분한다)

분류	제조지시서#2	총원가
직접재료비	(　　　　)원	1,500,000원
직접노무비	1,500,000원	2,200,000원
제조간접비	1,000,000원	3,000,000원

① 500,000원　　　　　　② 1,000,000원
③ 1,250,000원　　　　　④ 1,500,000원

해설 ① 3,000,000원(총제조간접비) × (제조지시서 #2의 직접재료비/1,500,000원) = 1,000,000원
　　　제조지시서 #2의 직접재료비 = 500,000원
　　　제조간접비배부율=직접재료비총액/제조간접비총액: 1,500,000/3,000,000 = 2
　　　제조간접비배부액=배부율×배부기준(제조지시서별 직접재료비)
　　　1,000,000원 = 2 × 제조지시서 #2의 직접재료비
　　　∴ 제조지시서 #2의 직접재료비 - 1,000,000 ÷ 2 = 500,000원

10 평가문제   POINT 전산회계 1급

01 다음은 개별원가계산과 종합원가계산에 대한 설명이다. 다음 중 가장 틀린 것은?
① 제분업, 시멘트생산업 등은 종합원가계산에 적합하다.
② 작업원가표를 작성하는 것은 개별원가계산이다.
③ 다품종소량생산의 형태는 개별원가계산을 적용한다.
④ 종합원가계산은 개별원가계산에 비해 제조간접비배부문제가 중요하다.

해설 개별원가계산은 다품종소량생산으로 여러 제품에 대한 제조간접비배부가 중요하다. 종합원가계산은 동일제품의 대량생산으로 제조간접비의 배부는 개별원가계산에 비해 중요치 않다.

02 개별원가계산제도에 있어 각 작업별 직접재료비, 직접노무비, 제조간접비가 집계, 기록되는 장소는?
① 작업원가표 ② 제조지시서
③ 세금계산서 ④ 매입주문서

해설 개별원가계산에서 원가를 집계 계산하는 장소는 작업원가표이다.

03 개별원가계산을 하고 있는 세원제약의 4월의 제조지시서와 원가자료는 다음과 같다.

제조지시서		
	#101	#102
생산량	1,000단위	1,000단위
직접노동시간	600시간	600시간
직접재료비	1,350,000원	1,110,000원
직접노무비	2,880,000원	2,460,000원

4월의 실제 제조간접비 총액은 4,000,000원이고, 제조간접비는 직접노동시간당 2,700원의 배부율로 예정배부되며, 제조지시서 #101은 4월중 완성되었고, #102는 미완성상태이다. 4월말 생산된 제품의 단위당 원가는 얼마인가?

① 5,000원   ② 5,850원
③ 5,520원   ④ 5,190원

해설 #101 제조간접비 배부액(1,620,000원)
= 600시간 × 2,700
제품 단위당 원가(5,850원)
= (1,620,000 + 1,350,000 + 2,880,000) / 1,000단위

04 정상개별원가계산의 방법에 의하여 제조간접비를 예정배부할 경우 예정배부액은 어떤 산식에 의하여 계산하여야 하는가?
① 실제배부율 × 배부기준의 실제발생량
② 실제배부율 × 배부기준의 예정발생량
③ 예정배부율 × 배부기준의 실제발생량
④ 예정배부율 × 배부기준의 예정발생량

05 (주)한결의 선박 제작과 관련하여 9월 중에 발생한 원가 자료는 다음과 같다. A선박의 당기총제조원가는 얼마인가? 단, 9월 중 제조간접비 발생액은 160,000원이며, 직접노무비를 기준으로 제조간접비를 배부한다.

구 분	A선박	B선박	합 계
직접재료비	30,000원	70,000원	100,000원
직접노무비	60,000원	140,000원	200,000원

① 102,000원   ② 110,000원
③ 138,000원   ④ 158,000원

해설 제조간접비배부율 = 제조간접비/총직접노무비
160,000/200,000 = 80%
당기총제조원가 = 직접재료비 + 직접노무비 + 제조간접비
30,000 + 60,000 + 60,000×80% = 138,000원

06 한국전자는 제조간접비를 직접노무시간을 기준으로 예정배부하고 있다. 당해 연도 초의 예상직접노무시간은 70,000시간이다. 당기말 현재 실제제조간접비 발생액이 2,150,000원이고 실제 직접노무시간이 75,000시간일 때 제조간접비 배부차이가 250,000원 과대

정답 | 1. ④ 2. ① 3. ② 4. ③ 5. ③ 6. ②

배부된 경우 당해 연도초의 제조간접비 예상액은 얼마인가?

① 1,900,000원　② 2,240,000원
③ 2,350,000원　④ 2,400,000원

해설 제조간접비 과대배부 : 실제발생액 < 예정배부액
실제발생액(2,150,000) + 과대배부액(250,000)
= 제조간접비배부액(2,400,000원)
제조간접비 예정배부율 = 2,400,000 ÷ 75,000 = 32원
제조간접비 예상액 = 70,000 × 32 = 2,240,000원

07 (주)크로바는 제조간접비를 직접노무시간을 기준으로 배부하고 있다. 당해 제조간접비 배부차이는 100,000원이 과대배부 되었다. 당기말 현재 실제 제조간접비 발생액은 500,000원이고, 실제 직접노무시간이 20,000시간일 경우 예정배부율은 얼마인가?

① 25원/시간당　② 30/시간당
③ 40원/시간당　④ 50원/시간당

해설 예정배부액 − 실제발생액(500,000)
= 100,000원(과대배부)
예정배부액 = 600,000원
예정배부액 600,000원
= 실제직접노무시간(20,000시간) × 예정배부율
예정배부율 = 30원/시간당

08 다음 중 제조간접비에 대한 설명으로 틀린 것은?

① 배부방법에는 실제배부법과 예정배부법이 있다.
② 실제배부법은 계절별 생산량이 큰 차이가 있는 경우에 적합한 배부법이다.
③ 여러 제품에 공통으로 발생하는 원가이기에 각 제품별로 집계하기 어렵다.
④ 일반적으로 제조부문의 임차료, 보험료, 감가상각비 등이 이에 해당된다.

해설 실제배부법은 계절별 생산량이 큰 차이가 있는 경우에 제품의 단위당 원가가 계절별로 다르게 되는 문제점이 있다.

09 (주)동부는 제조간접비를 직접노무시간으로 배부하고 있다. 당해연도초 제조간접비 예상금액은 600,000원, 예상직접노무시간은 20,000시간이다. 당기말 현재 실제제조간접비발생액은 400,000원 이고 실제직접노무시간이 15,000시간일 경우 제조간접비 배부차이는 얼마인가?

① 과대배부　50,000원
② 과소배부　50,000원
③ 과대배부　200,000원
④ 과소배부　200,000원

해설 예정배부율 : 600,000 / 20,000시간 = 30원/시간당
예정배부액 : 15,000시간 × 30 = 450,000원
배부차이 : 실제발생액 − 예정배부액
= 400,000 − 450,000
= 50,000원(과대배부)

10 정상개별원가계산에서 제조간접비의 배부차이를 조정하는 일반적인 방법이 아닌 것은?

① 매출원가조정법　② 비례배분법
③ 순실현가치법　④ 영업외손익법

해설 제조간접비 배부차이 조정으로 매출원가조정법, 비례배분법, 영업외손익법이 있다.

11 개별원가계산에 대한 내용으로 옳지 않은 것은?

① 주문생산업종에 적합하다.
② 개별원가표에 의해 제조간접비를 배부한다.
③ 제품별로 손익분석 및 계산이 어렵다.
④ 제조간접비의 배분이 가장 중요한 과제이다.

해설 개별원가계산은 각 개별작업별로 원가를 집계하여 제품별 원가계산을 하는 방법이기 때문에 제품별로 손익분석 및 계산이 용이하다.

정답 | 7. ② 8. ② 9. ① 10. ③ 11. ③

SECTION 05 | 종합원가계산

NCS 능력단위 : 0203020103원가계산   능력단위요소 : 03원가계산하기
3.3 업종 특성에 따라 종합원가계산을 할 수 있다.

1 종합원가계산의 의의

종합원가계산은 동종의 제품을 연속적으로 대량 생산하는 업종인 방직업, 정유업, 식품가공업 등에 적합한 원가계산 방법이다.
개별원가계산에서는 발생한 원가를 제품별로 집계하지만, 종합원가계산에서는 연속된 공정에서 계속적 반복적으로 생산하므로 발생원가를 공정별 또는 부문별로 집계하여 완성품과 미완성품에 배부하여 완성품제조원가와 기말재공품원가를 산출한다. 종합원가계산에서 제품의 원가는 평준화되는 것으로 가정하여 일정기간별로 집계한 총원가투입액을 총산출량으로 나누어 단위당원가를 구한다.

2 종합원가계산의 절차

종합원가계산은 다음과 같은 다섯 단계에 의하여 이루어진다.

> 1단계 : 물량의 흐름을 파악한다.
> 2단계 : 원가요소별로 완성품환산량을 계산한다.
> 3단계 : 원가요소별로 발생한 원가를 집계한다.
> 4단계 : 원가요소별로 완성품환산량 단위당원가를 산출한다.
> 5단계 : 완성품제조원가와 기말재공품원가를 계산한다.

3 기말재공품의 평가

기말재공품의 평가란 기초재공품의 원가와 당기에 투입한 원가를 완성품과 기말재공품에 배분하는 과정을 말하는 것으로 이것을 위하여 원가의 흐름에 대한 가정이 필요하다.
원가흐름의 가정에는 평균법, 선입선출법, 후입선출법이 있는데 후입선출법은 계산이 복잡하고 물량의 흐름에 배치되어 한국채택국제회계기준은 인정하지 않는다.

① 평균법

평균법은 기초재공품도 당기에 투입한 것으로 가정하여 기초재공품원가와 당기투입원가를 구분하지 않고 가중평균하여 완성품과 기말재공품에 안분하는 방법이다.

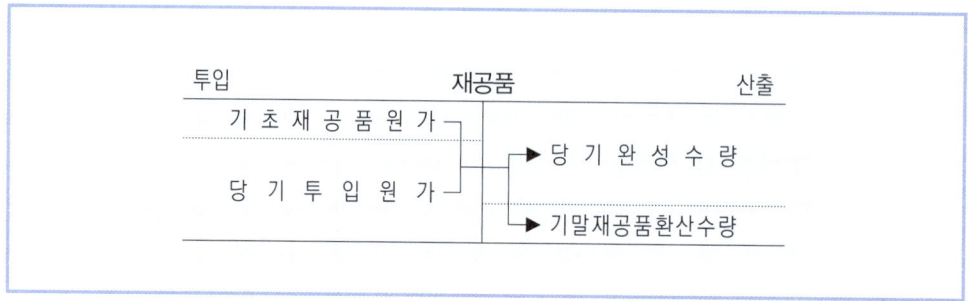

완성품환산량 = 당기완성수량 + 기말재공품환산량

완성품환산량단위당원가 = $\dfrac{\text{기초재공품원가} + \text{당기투입원가}}{\text{완성품 환산량}}$

기말재공품원가 = 완성품환산량단위당원가 × 기말재공품환산량

* 기말재공품 평가는 직접재료비와 가공비를 구분하여 구한 후 합산한다.

② 선입선출법

선입선출법은 기초재공품이 먼저 완성품이 되고 당기에 투입한 원가가 완성품과 기말재공품이 된다는 원가흐름을 가정한다.

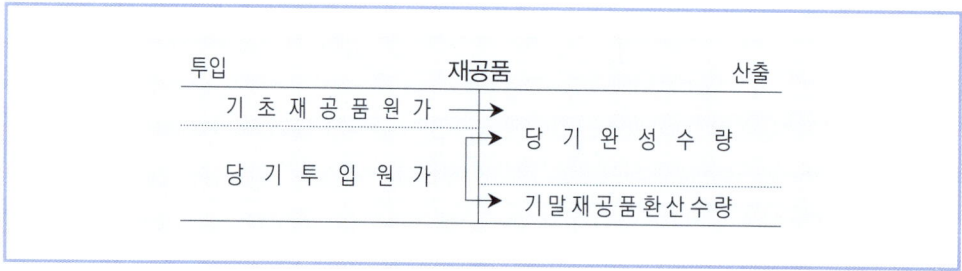

완성품환산량 = 당기완성수량 − 기초재공품환산량 + 기말재공품환산량
 = 기초재공품수량 × (1 − 완성도) + 당기제조착수수량 중 완성수량 + 기말재공품환산량

완성품환산량단위당원가 = $\dfrac{\text{당기투입원가}}{\text{완성품환산량}}$

기말재공품원가 = 완성품환산량단위당원가 × 기말재공품환산량

* 기말재공품 평가는 직접재료비와 가공비를 구분하여 구한 후 합산한다.

4 완성품제조원가의 계산

완성품제조원가는 기초재공품원가에 당기투입원가를 가산하고 기말재공품원가를 차감하여 구한다.

기말재공품원가 = 기말재공품수량 × 완성품환산량 단위당원가
완성품제조원가 = 기초재공품원가 + 당기투입원가 − 기말재공품원가

5 평균법과 선입선출법의 비교

구 분	평 균 법	선입선출법
배분대상원가	기초재공품원가와 당기투입원가의 합계액이 배분대상원가	기초재공품은 먼저 완성되는 것으로 가정하므로 당기투입원가가 배분대상원가
기초재공품의 완성도	기초재공품을 당기투입원가와 같이 당기에 투입한 것으로 보므로 완성도를 적용할 필요가 없다.	완성품환산량 계산을 위하여 기초재공품과 당기투입원가를 구분하여야 하므로 기초재공품의 완성도가 필요하다.
완성품환산량	당기완성수량 + 기말재공품환산량	당기완성수량 − 기초재공품환산량 + 기말재공품환산량
완성품 제조원가	완성수량에 완성품환산량단위당원가를 곱한 금액	당기투입분 중 완성수량에 완성품환산량단위당원가를 곱한 금액과 기초재공품원가의 합계액
장 단 점	계산 절차가 간단하나 전기분 원가와 당기투입원가가 혼합되어 원가정보의 유용성이 낮다.	계산 절차는 복잡하지만 당기분원가만 반영하므로 원가정보의 유용성이 크다.

6 공손과 감손

① 공손과 감손의 개념

공손이란 재료의 불량, 작업기술의 미숙, 기계의 정비불량 등으로 가공과정에 실패한 불합격품을 말한다.
감손은 제조과정에서 재료의 유실, 증발, 가스화하여 제품화되지 않은 부분을 말한다.

② 공손품이 있는 경우 종합원가계산

공손이 정상적인 원인에 의한 경우에는 제조원가로 처리하고, 비정상적인 원인에 의한 공손인 경우에는 영업외비용으로 처리한다.
제조원가로 처리하는 정상적인 공손의 경우에는 ㉠ 완성품에만 부담시키는 방법과 ㉡ 완성품과 기말재공품에 안분하는 방법이 있다.

구 분		처 리 방 법
정상공손원가	제조원가로 처리	기말재공품이 검사시점을 통과하지 못한 경우 : 완성품에만 배부
		기말재공품이 검사시점을 통과한 경우 : 완성품과 기말재공품에 안분
비정상공손원가	영업외비용으로 처리	

7 종합원가계산과 개별원가계산의 비교

구 분	종합원가계산	개별원가계산
생산형태	동종 제품의 연속 대량 생산	다품종 소량의 주문 생산
적용대상업종	정유업, 제분업, 제당업, 방직업, 철강업, 제지업, 화학품제조업	건설업, 조선업, 인쇄업, 기계제작업, 항공기제조업, 회계서비스업
제조지시서	계속제조지시서	특정제조지시서
원가계산방법	공정별 기간별원가계산을 하므로 직접재료비와 가공비의 구분과 완성품환산량의 계산이 중요	제조지시서별 원가계산을 위하여 직접비·간접비의 구분과 제조간접비의 배부가 중요
기말재공품의 평가	제조원가를 완성품원가와 기말재공품으로 분배하는 절차가 필요하고 기말재공품 완성품환산량에 단위당원가를 곱하여 계산한다.	별도의 기말재공품 평가가 불필요하고 미완성된 제조지시서의 원가를 집계하면 된다.
완성품단위당원가	완성품제조원가(= 기초재공품원가 + 당기제조원가투입액 - 기말재공품원가)를 완성수량으로 나눈다.	완성된 제품의 원가계산표의 합계액을 완성수량으로 나누어 구한다.
원가계산의 정확성	상대적으로 정확성이 떨어진다.	제품별 정확한 원가계산이 가능
원가계산의 비용	상대적으로 덜 복잡하여 비용이 많이 들지 않는다.	상세한 기록이 필요하여 원가계산비용이 많이 소요된다.

확인예제 · POINT 전산회계 1급

01 다음 중 개별원가계산과 종합원가계산에 대한 설명으로 틀린 것은?

① 개별원가계산은 제품원가를 개별작업별로 구분하여 집계한 다음, 이를 그 작업의 생산량으로 나누어서 제품 단위당 원가를 계산한다.
② 종합원가계산은 원가계산이 간편하고 경제적이며, 개별원가계산에 비해 정확한 원가계산이 가능하다.
③ 종합원가계산의 핵심과제는 완성품환산량을 계산하는 것이다.
④ 개별원가계산은 다품종 소량주문생산하는 업종에 적합하다.

해설 ② 개별원가계산이 종합원가계산보다 정확한 원가계산을 할 수 있다.

02 종합원가계산에 관한 다음 설명 중 가장 옳은 것은?

① 항공기 제조와 같은 주문제작 업종에 적합하다.
② 다품종 소량생산에 유용하다.
③ 제조공정별로 원가를 집계한다.
④ 작업원가표에 의해 원가를 집계한다.

해설 ③ ①②④는 개별원가계산에 관한 설명이다.

03 ㈜도봉회사는 종합원가계산에 의하여 제품을 생산한다. 재료는 공정의 초기단계에 투입되며, 가공원가는 전체 공정에 고르게 투입된다. 다음 자료에서 평균법에 의한 재료비와 가공비의 당기 완성품 환산량은 얼마인가?

- 기초재공품 : 5,000개(완성도 50%)
- 당기완성품 : 30,000개
- 당기착수량 : 35,000개
- 기말재공품의 완성도 40%

① 재료비 : 35,000개 가공비 : 31,500개
② 재료비 : 40,000개 가공비 : 34,000개
③ 재료비 : 40,000개 가공비 : 40,000개
④ 재료비 : 35,000개 가공비 : 34,000개

해설 ② 기말재공품 : 10,000개
  재료비 : 30,000+10,000=40,000개
  가공비 : 30,000+10,000*40%=34,000개

PART 01 기본이론정리 | **161**

04 재료비는 공정 초기에 모두 발생되고 가공비는 공정이 진행됨에 따라 균등하게 발생할 경우, 다음 자료에 의한 재료비의 완성품 환산량은?

- 기초 재공품 : 2,000개 (완성도 : 30%)
- 당기 완성품 수량 : 4,000개
- 기말 재공품 : 1,000개 (완성도 : 40%)
- 회사는 평균법을 적용하여 기말 재공품을 평가한다.

① 3,600개 ② 4,200개
③ 5,000개 ④ 6,000개

해설 ③ 재료비 완성품환산량 = 당기완성품수량 4,000개(100%) + 기말재공품수량 1,000개(100%) = 5,000개

05 당사는 선입선출법으로 종합원가계산을 하고 있다. 다음 자료에 따라 계산하는 경우 기말재공품의 원가는 얼마인가?

- 완성품환산량 단위당 재료비 : 350원
- 완성품환산량 단위당 가공비 : 200원
- 기말재공품 수량 : 300개(재료비는 공정초기에 모두 투입되고, 가공비는 80%를 투입)

① 132,000원 ② 153,000원
③ 144,000원 ④ 165,000원

해설 ② 기말재공품 재료비 : 300개 × 350 = 105,000원
기말재공품 가공비 : (300개 × 0.8) × 200 = 48,000원
기말재공품 원가 : 105,000 + 48,000 = 153,000원

06 다음은 공손에 대한 설명이다. 틀린 것은?

① 정상 공손이란 효율적인 생산과정에서도 발생하는 공손을 말한다.
② 정상 및 비정상공손품의 원가는 발생기간의 손실로 영업외비용으로 처리한다.
③ 공손품은 정상품에 비하여 품질이나 규격이 미달되는 불합격품을 말한다.
④ 공손품은 원재료의 불량, 작업자의 부주의 등의 원인에 의해 발생한다.

해설 ② 정상공손품의 원가는 제품원가의 일부를 구성한다.

11 평가문제

01 다음 중 종합원가계산방식이 가장 적절한 것은 무엇인가?
① 소형차 ② 비행기
③ 특별주문 드레스 ④ 선박

해설 소형자동차는 정형화된 공정에서 대량생산되기 때문에 종합원가계산방식이다.

02 다음의 괄호에 들어갈 적당한 말을 고르시오.

( )은 완성품환산량이라고 하는 인위적 배부기준에 따라 원가배부를 통하여 완성품원가와 기말재공품원가의 계산이 이루어진다.

① 요소별원가계산 ② 부문별원가계산
③ 개별원가계산 ④ 종합원가계산

해설 종합원가계산은 완성품환산량이라고 하는 인위적배부기준에 따라 원가배부를 통하여 완성품원가와 기말재공품원가의 계산이 이루어진다.

03 종합원가계산에 관한 다음 설명 중 가장 옳은 것은?
① 종합원가계산은 다품종 소량생산방식의 생산형태에 적합하다.
② 제조공정이 2이상 연속 되는 경우에는 적용할 수 없다.
③ 기초재공품의 완성도에 관계없이 평균법과 선입선출법의 원가계산액은 동일하다.
④ 종합원가계산은 재공품을 완성품환산량으로 환산하여 집계한다.

해설 ① 종합원가계산은 소품종 대량생산방식의 생산형태에 적합
② 제조공정이 2이상 연속되는 경우 공정별종합원가계산 적용
③ 기초재공정품이 없는 경우에 원가계산액이 동일할 수 있으나, 기초재공품의 완성도가 다른 경우 원가계산액은 상이하다.

04 다음 중 종합원가계산의 특징이 아닌 것은?
① 작업원가표 작성
② 제조공정별로 원가집계
③ 제조원가보고서 작성
④ 동종제품을 대량으로 생산하는 기업

해설 작업원가표 작성은 개별원가계산을 위한 서류이다.

05 종합원가계산에서 평균법을 적용하여 완성품환산량의 원가를 계산할 때 고려해야 할 원가는?
① 당기총제조비용
② 당기총제조비용과 기말재공품재고액의 합계
③ 당기총제조비용과 기말재공품재고액의 차액
④ 당기총제조비용과 기초재공품재고액의 합계

06 개별원가계산과 종합원가계산의 비교가 옳지 않은 것은?
① 개별원가계산에서는 제조간접비의 배부과정이 필요하나, 종합원가계산에서는 꼭 필요한 것은 아니다.
② 개별원가계산은 다품종의 제품생산에 적합하나, 종합원가계산은 동일종류 제품생산에 적합하다.
③ 개별원가계산에는 완성품환산량을 적용하나, 종합원가계산에는 그러하지 않다.
④ 개별원가계산과 종합원가계산은 주로 제조업분야에서 활용되는 원가계산방식이다.

해설 종합원가계산에서 완성품환산량을 적용하고, 개별원가계산에서는 제조간접비 배부가 이루어진다.

정답 | 1. ① 2. ④ 3. ④ 4. ① 5. ④ 6. ③

07 다음은 개별원가계산과 종합원가계산에 대한 설명이다. 다음 중 가장 틀린 것은?
① 제분업, 시멘트생산업 등은 종합원가계산에 적합하다.
② 작업원가표를 작성하는 것은 개별원가계산이다.
③ 다품종소량생산의 형태는 개별원가계산을 적용한다.
④ 종합원가계산은 개별원가계산에 비해 제조간접비배부 문제가 중요하다.

해설 개별원가계산은 다품종소량생산으로 여러 제품에 대한 제조간접비배부가 중요하다. 종합원가계산은 동일제품의 대량생산으로 제조간접비의 배부는 개별원가계산에 비해 중요치 않다.

08 종합원가계산하에서는 원가흐름 또는 물량흐름에 대해 어떤 가정을 하느냐에 따라 완성품환산량이 다르게 계산된다. 다음 중 평균법에 대한 설명으로 틀린 것은?
① 전기와 당기발생원가를 구분하지 않고 모두 당기발생원가로 가정하여 계산한다.
② 계산방법이 상대적으로 간편하다.
③ 원가통제 등에 보다 더 유용한 정보를 제공한다.
④ 완성품환산량 단위당 원가는 총원가를 기준으로 계산된다.

해설 전기와 당기발생원가를 각각 구분하여 완성품환산량을 계산하기 때문에 보다 정확한 원가계산이 가능하고 원가통제 등에 더 유용한 정보를 제공하는 물량흐름의 가정은 선입선출법이다.

09 기말재공품액이 기초재공품액보다 더 큰 경우 다음 중 맞는 설명은?
① 기초재공품액에 당기총제조비용을 더한 금액이 당기제품제조원가가 된다.
② 당기총제조비용이 당기제품제조원가보다 작다.
③ 당기제품제조원가이 제품매출원가보다 반드시 더 크다.
④ 당기제품원가가 당기총제조비용보다 작다.

해설 기말재공품액 − 기초재공품액
= 당기총제조비용 − 당기제품제조원가
따라서, 기말재공품액 > 기초재공품액
= 당기총제조비용 > 당기제품제조원가

10 다음 중 종합원가계산에서 재료비와 가공비의 완성도에 관계없이 완성품환산량의 완성도가 항상 가장 높은 것은 무엇인가?
① 가공비   ② 직접노무원가
③ 전공정원가   ④ 직접재료원가

해설 전공정원가는 전공정에서 원가가 모두 발생하였기 때문에 100%로 계산된다. 따라서 완성도에 관계없이 항상 완성품환산량의 완성도가 항상 가장 높은 것은 전공정원가이다.

11 다음 자료를 활용하여 평균법에 의한 재료비와 가공비의 완성품환산량을 계산하면 얼마인가?

- 기초재공품 : 700개(완성도 30%)
- 당기착수량 : 1,500개
- 당기완성품 : 1,700개
- 기말재공품 : 500개(완성도 50%)
- 재료는 공정초에 전량 투입되고, 가공비는 공정전반에 걸쳐 균등하게 투입된다.

① 재료비 2,200개, 가공비 1,950개
② 재료비 2,200개, 가공비 1,990개
③ 재료비 1,740개, 가공비 1,950개
④ 재료비 1,740개, 가공비 1,990개

해설 재료비 완성품환산량 : 1,700개 + 500개 = 2,200개
가공비 완성품환산량 :
1,700개 + 500개 × 0.5 = 1,950개

12 기초재공품은 20,000개(완성도 20%), 당기완성품 수량은 170,000개, 기말재공품은 10,000개(완성도 40%)이다. 평균법과 선입선출법의 가공비에 대한 완성품환산량의 차이는 얼마인가? 단, 재료는 공정초에 전량 투입되고, 가공비는 공정전반에 걸쳐 균등하게 투입된다.
① 4,000개   ② 5,000개
③ 6,000개   ④ 7,000개

정답 | 7. ④ 8. ③ 9. ④ 10. ③ 11. ① 12. ①

해설 4,000개 = 174,000 - 170,000
평균법에 의한 가공비의 완성품환산량
= 170,000 + 10,000 × 0.4 = 174,000개
선입선출법에 의한 가공비의 완성품환산량
= 170,000 + 10,000 × 0.4 - 20,000 × 0.2
= 170,000개

13 다음 자료를 보고 선입선출법에 의한 재료비와 가공비의 완성품환산량을 계산하면 얼마인가?

- 기초재공품 : 10,000단위(완성도 : 30%)
- 기말재공품 : 20,000단위(완성도 : 70%)
- 착 수 량 : 30,000단위
- 완성품수량 : 20,000단위
- 원재료는 공정 초에 전량 투입되고, 가공비는 공정전반에 걸쳐 균등하게 발생한다.

① 재료비 30,000단위, 가공비 31,000단위
② 재료비 30,000단위, 가공비 34,000단위
③ 재료비 40,000단위, 가공비 31,000단위
④ 재료비 40,000단위, 가공비 34,000단위

해설 재료비 = 10,000 + 20,000 = 30,000단위
가공비 = 10,000 × 70% + 10,000 + 20,000 × 70%
= 31,000단위

14 평균법으로 종합원가계산을 하고 있다. 기말재공품 200개에 대하여 재료비는 공정초기에 모두 투입되고, 가공비는 제조 진행에 따라 80%를 투입하고 있다. 만일 완성품환산량 단위당 재료비와 가공비가 각각 380원, 140원이라면, 기말재공품의 원가는 얼마인가?

① 16,000원 ② 53,200원
③ 98,400원 ④ 100,000원

해설 재료비는 공정초기에 모두 투입되었기 때문에
200 × 380 = 76,000원
가공비는 제조진행에 따라 투입되었기 때문에
(200 × 0.8) × 140 = 22,400원
따라서 기말재공품원가는
재료비 76,000 + 가공비 22,400 = 98,400원

15 공손에 대한 설명으로 틀린 것은?
① 비정상공손은 공손이 발생한 기간의 영업외비용으로 처리한다.
② 정상공손은 원가에 포함한다.
③ 공손품은 일정수준에 미달하는 불합격품을 말한다.
④ 작업폐물은 공손품으로 분류한다.

해설 작업폐물은 공손품으로 분류하지 않고 작업폐물의 평가액을 제조원가에서 차감한다.

16 상도(주)는 평균법에 의하여 종합원가계산을 하며, 재료는 공정 초기에 전량 투입되고, 가공비는 공정 중 고르게 투입된다. 다음 자료를 이용하여 재료비와 가공비의 완성품환산량을 구하면 얼마인가?

- 기초재공품수량 : 0개
- 당기착수량 : 4,000개
- 기말재공품수량 : 1,000개(완성도 50%)
- 완성품수량 : 3,000개

	재료비	가공비
①	3,500개	4,000개
②	3,500개	3,500개
③	4,000개	4,000개
④	4,000개	3,500개

해설

		재료비	가공비
완성품	3,000	3,000	3,000
기말재공품(50%)	1,000	1,000	500
완성품환산량		4,000	3,500

17 다음 중 공손에 대한 회계처리 중 틀린 것은?
① 공손이 정상적인가 아니면 비정상적인가를 고려하여야 한다.
② 정상적 공손은 제품원가의 일부를 구성한다.
③ 공손은 어떠한 경우에나 원가로 산입하지 않고 영업외비용으로 처리한다.
④ 공손의 비중이 적은 경우에는 공손을 무시한 채 회계처리하는 경우도 있다.

해설 비정상적 공손은 영업외비용으로 처리한다.

정답 | 13. ① 14. ③ 15. ④ 16. ④ 17. ③

18 종합원가계산방법과 개별원가계산방법에 대한 내용으로 올바르게 연결된 것은?

구분	종합원가계산방법	개별원가계산방법
① 핵심과제	제조간접비 배분	완성품환산량 계산
② 업 종	조선업	통조림제조업
③ 원가집계	공정 및 부문별 집계	개별작업별 집계
④ 장 점	정확한 원가계산	경제성 및 편리함

해설

구분	종합원가계산	개별원가계산
핵심과제	완성품환산량 계산	제조간접비 배분
업 종	통조림제조업	조선업
원가집계	공정 및 부문별 집계	개별작업별 집계
장 점	경제성 및 편리함	정확한 원가계산

19 종합원가계산은 원가흐름에 대한 가정에 따라 완성품환산량에 차이가 있다. 이에 관한 설명 중 옳지 않은 것은?

① 평균법은 기초재공품원가와 당기투입원가를 구분하지 않고 모두 당기 발생원가로 가정한다.
② 선입선출법은 기초재공품부터 먼저 완성되고 난 후, 당기 투입분을 완성시킨다고 가정한다.
③ 기초재공품이 없을 경우 선입선출법과 평균법의 완성품환산량은 항상 동일하다.
④ 재료비의 경우 공정초에 투입된다고 가정할 경우와 공정 전반에 걸쳐 균등하게 발생한다고 가정할 경우에 기말재공품의 완성품환산량은 차이가 없다.

해설 재료비의 경우 공정초에 투입하는 경우와 공정 전반에 걸쳐 균등하게 투입하는 경우 기말재공품의 완성품환산량은 차이가 발생한다.

정답 | 18. ③ 19. ④

03 부가가치세법 정리

SECTION 01 부가가치세법 총칙

1 부가가치세의 개념

부가가치세(VAT : Value Added Tax)는 소비를 과세대상으로 하는 소비세이나 소비자의 소비를 직접 측정하여 과세하는 것이 아니라 생산자가 재화나 용역을 생산·유통하는 각 단계에서 창출한 부가가치를 과세대상으로 한다.

2 부가가치세의 특징

구 분	내 용
국　　　　세	국가가 과세권을 행사하는 국세이면서, 세수의 25.3%를 지방소비세로 전환
간　　접　　세	납세의무자는 재화나 용역을 공급하는 사업자로 하고, 담세자는 최종소비자
일 반 소 비 세	모든 재화나 용역의 소비행위를 과세대상으로 하는 일반소비세
다 단 계 거 래 세	재화 또는 용역이 거래되는 모든 단계마다 과세
전단계세액공제법	매출액에 세율을 곱하여 매출세액을 계산한 후 매입단계에서 부담한 매입세액을 차감하여 부가가치세를 계산하는 방법
소비지국 과세원칙	국가간 이중과세를 조정하기 위하여 소비지국에서 과세하고 생산지국은 과세하지 않는다. 수입재화에 대하여는 세관장이 내국물품과 동일하게 부가가치세를 과세하고, 수출하는 재화는 영세율을 적용한다.
소비형부가가치세	국민소득 중 투자액을 제외한 소비액만을 대상으로 부가가치를 과세
면　세　제　도	부가가치세의 역진성 완화 목적, 소비자의 세부담 경감
사 업 장 단 위 과 세	사업장단위 과세원칙 예외적으로 주사업장총괄납부제도와 사업자단위과세제도 적용

3 납세의무자

부가가치세의 납세의무자는 사업자 및 재화를 수입하는 자이며, 사업자란 사업목적이 영리이든 비영리이든 관계없이 사업상 독립적으로 재화 또는 용역을 공급하는 자를 말한다.

4 사업자등록

① 사업자등록

사업을 신규로 개시하는 자는 사업개시일부터 20일 이내에 사업장마다 사업장관할 세무서장에게 사업자등록을 하여야 한다. 다만, 신규로 사업을 개시하고자 하는 자는 사업개시일전이라도 등록할 수 있다.

▶ 사업자가 사업자등록을 하지 않으면 사업자등록 신청 전의 매입세액을 공제받지 못하고, 미등록 가산세 부과 대상이 된다. 다만 공급시기가 속하는 과세기간이 끝난 후 20일 이내에 사업자등록을 신청하는 경우 그 과세기간의 매입세액은 공제할 수 있다.

② 사업자등록증의 발급

사업자등록의 신청을 받은 사업장 관할세무서장은 신청일부터 2일 이내(공휴일, 토요일, 근로자의 날 제외)에 사업자등록증을 발급하여야 한다. 국세청장이 필요하다고 인정하는 경우에는 발급기한을 5일 이내에서 연장하고 조사한 사실에 따라 발급할 수 있다.

③ 사업자등록의 정정

다음의 사유가 발생한 경우에는 지체 없이 사업자등록정정신고를 하여야 한다. 정정신고를 받은 세무서장은 정정내용을 확인하고, 다음의 기한 내에 재발급하여야 한다.

등 록 정 정 사 유	재발급기한
① 상호를 변경하는 때	신청일 당일
② 통신판매업자가 사이버몰의 명칭 또는 인터넷 도메인이름을 변경하는 때	
③ 대표자 변경, 사업의 종류 변경, 사업장을 이전하는 때	신청일로부터 2일 이내
④ 상속으로 인하여 사업자의 명의가 변경되는 때 (증여는 정정대상이 아니다)	
⑤ 공동사업자의 구성원 또는 출자지분의 변경이 있는 때	
⑥ 임대인, 임대차 목적물 및 면적, 보증금, 임대차기간의 변경이 있거나 새로이 상가건물을 임차한 때	

5 과세기간과 신고납부기한

① 일반과세자(계속사업자)

일반과세자로서 계속사업자의 과세기간과 신고납부기한은 다음과 같다.

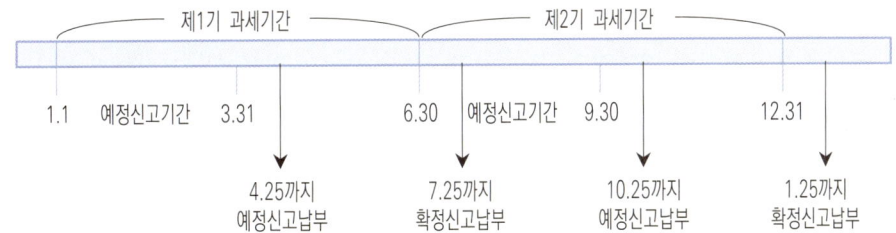

② **간이과세자(계속사업자)**

간이과세자의 과세기간은 1월 1일부터 12월 31일까지로 다음해 1월 25일까지 신고 납부하여야 한다. 간이과세자는 1월 1일부터 6월 30일까지를 예정부과기간이라 한다.

▶ 간이과세를 적용 받을 수 있는 사업자는 직전 1역년의 재화와 용역의 공급대가(부가가치세 포함)가 1억400만원(과세유흥장소와 부동산임대업 사업자는 4,800만원) 미만인 개인사업자로서 간이과세 적용 배제 대상이 아니어야 한다.

③ **예외적인 경우 과세기간**

신고납부는 과세기간 종료일로부터 25일 이내에 하여야 한다. 다만, 폐업자는 폐업일이 속하는 달의 다음달 25일까지 신고·납부하여야 한다.

구 분	과 세 기 간
신규사업자	사업개시일 또는 등록일 ~ 해당 과세기간 종료일
폐업자	해당 과세기간 개시일 ~ 폐업일
간이과세를 포기한 경우	다음의 기간을 각각 1과세기간으로 한다. ㉠ 해당 과세기간 개시일 ~ 포기신고일이 속하는 달의 말일 ㉡ 포기신고일이 속하는 달의 다음달 1일 ~ 해당 과세기간 종료일

6 납세지

NCS 능력단위 : 0203020225부가가치세신고   능력단위요소 : 03부가가치세신고하기
3.2 부가가치세법에 따라 납세지를 결정하여 상황에 맞는 신고를 할 수 있다

① **사업장별 과세원칙**

사업장별 과세원칙이란 사업장 소재지를 납세지로 하여, 사업자등록부터 세금계산서의 발급과 신고·납부 및 경정 등이 사업장별로 이루어지는 것을 말한다. 사업장별 과세원칙의 예외로 주사업장총괄납부 및 사업자단위과세제도가 있다.

② **업종별 사업장**

사업장이란 사업자 또는 그 사용인이 상시 주재하여 거래의 전부 또는 일부를 행하는 장소를 말한다. 다음의 업종별 사업장 이외의 장소도 사업장으로 등록할 수 있으나, 무인자동판매기를 통하여 재화 또는 용역을 공급하는 사업의 경우에는 그러하지 아니하다.

구 분	사 업 장
광 업	• 광업사무소의 소재지
제조업	• 최종 제품을 완성하는 장소(따로 제품의 포장만을 하거나 용기에 충전만을 하는 장소와 저유소는 제외)
건설업·운수업·부동산매매업	• 법인 법인의 등기부상의 소재지(지점소재지 포함) • 개인 업무를 총괄하는 장소
부동산임대업	• 부동산의 등기부상 소재지
무인자동판매기	• 사업에 관한 업무를 총괄하는 장소
통신판매업	• 부가통신판매사업자의 주된 사업장 소재지
다단계판매원	• 다단계판매원이 등록한 다단계판매업자의 주된 사업장
사업장을 설치하지 아니한 경우	• 사업자의 주소 또는 거소

확인예제 POINT 전산회계 1급

01 다음 중 현행 부가가치세법의 특징에 대한 설명으로 옳은 것은?

① 전단계거래액공제법이다.
② 비례세율로 소득에 대하여 역진성이 발생한다.
③ 개별소비세이다.
④ 지방세이다.

해설 ② 우리나라의 부가가치세는 전단계세액공제법, 일반소비세, 국세의 특징이 있다.

02 부가가치세법상 납세의무에 관한 설명으로 옳지 않은 것은?

① 영리목적의 유무에 불구하고 사업상 독립적으로 과세대상 재화를 공급하는 자는 납세의무가 있다.
② 과세의 대상이 되는 행위 또는 거래의 귀속이 명의일 뿐이고 사실상 귀속되는 자가 따로 있는 경우라 하더라도 명의자에 대하여 부가가치세법을 적용한다.
③ 영세율적용대상 거래만 있는 사업자도 부가가치세법상 신고의무가 있다.
④ 재화를 수입하는 자는 수입재화에 대한 부가가치세 납세의무가 있다.

해설 ② 과세의 대상이 되는 행위 또는 거래의 귀속이 명의일 뿐이고 사실상 귀속되는 자가 따로 있는 경우에는 사실상 귀속되는 자에 대하여 부가가치세법을 적용한다.

03 다음은 부가가치세법상 사업자와 관련된 내용이다. 틀린 것은?

① 개인사업자와 법인 사업자는 모두 일반과세자 또는 간이과세자가 될 수 있다.
② 개인사업자는 일반과세자 또는 간이과세자가 될 수 있다.
③ 면세사업자는 부가가치세법상 사업자가 아니다.
④ 간이과세자는 직전연도의 공급대가의 합계액이 1억 4백만원(부동산임대업과 과세유흥 장소는 4천800만원) 미만인 개인사업자만 될 수 있다.

해설 ① 법인사업자는 간이과세자가 될 수 없다.

SECTION 02 | 과세거래

> NCS 능력단위 : 0203020225부가가치세신고 능력단위요소 : 03부가가치세신고하기
> 3.4.부가가치세법에 따른 부가가치세의 과세대상인 재화의 공급과 용역의 공급의 범위를 판단할 수 있다.

1 일반적인 과세거래

① 재화의 공급

㉠ 재 화

재화란 재산 가치가 있는 물건 및 권리를 말한다.

구 분	내 용
물 건	상품·제품, 원료, 기계, 건물 등 모든 유체물 및 전기, 가스, 열 등 관리할 수 있는 자연력
권 리	광업권, 특허권, 저작권, 영업권 등의 권리

▶ 재산 가치가 없는 물, 공기 등과 수표·어음 등의 화폐대용증권, 주식·채권 등의 유가증권 및 상품권은 재화에 해당하지 않는다.

㉡ 공 급

공급이란 계약상 또는 법률상의 모든 원인에 의하여 재화를 인도 또는 양도하는 것을 말한다.

② 용역의 공급

㉠ 용 역

용역이란 재화 외에 재산 가치가 있는 모든 역무와 그 밖의 행위를 말한다. 용역의 범위는 다음과 같다.

- 건설업
- 숙박 및 음식점업
- 운수 및 창고업
- 정보통신업(출판업과 영상·오디오 기록물 제작 및 배급업은 제외)
- 금융 및 보험업
- 부동산업
- 교육서비스업
- 전문, 과학 및 기술 서비스업과 사업시설 관리, 사업 지원 및 임대서비스업
- 공공행정, 국방 및 사회보장행정
- 보건업 및 사회복지서비스업
- 예술, 스포츠 및 여가관련 서비스업
- 국제 및 외국기관의 사업
- 협회 및 단체, 수리 및 기타 개인서비스업과 제조업 중 산업용 기계 및 장비 수리업
- 가구내 고용활동 및 달리 분류되지 않은 자가소비 생산활동

▶ 부동산업 중 전·답·과수원·목장용지·임야 및 염전의 임대와 공익관련 지역권과 지상권의 임대는 용역의 범위에 포함되지 않는다.

ⓒ 공 급

용역의 공급은 계약상 또는 법률상의 모든 원인에 의하여 역무를 제공하거나 시설물, 권리 등 재화를 사용하게 하는 것을 말하며, 대가를 받지 않는 용역의 무상제공(특수관계인에 대한 부동산 임대용역의 무상제공은 제외)은 공급으로 보지 않는다.

CHECK POINT 재화의 공급과 용역의 공급의 구분 비교

거래의 내용	공급의 구분
주요자재를 전혀 부담하지 않고 단순히 가공만 하는 가공계약	용역의 공급
주요자재의 전부 또는 일부를 부담하여 가공하는 가공계약	재화의 공급
특허권 등의 권리 대여	용역의 공급
특허권 등의 권리 양도	재화의 공급
건설업이 주요자재의 전부 또는 일부를 부담하는 경우	항상 용역의 공급

③ 재화의 수입

재화의 수입이란 다음의 물품을 우리나라의 영토 및 우리나라가 행사할 수 있는 권리가 미치는 곳에 반입하는 것(보세구역을 거치는 것은 보세구역에서 반입하는 것)을 말한다.

2 재화 공급의 특례(간주공급)

① 자가공급

구 분	분 류
면세사업으로 전용	자기의 사업과 관련하여 생산하거나 취득한 재화를 면세사업을 위하여 사용하거나 소비하는 것
개별소비세 과세대상 자동차로 소비	자기의 사업과 관련하여 생산하거나 취득한 재화를 매입세액이 공제되지 않는 개별소비세 과세대상 자동차로 사용 소비하거나 그 자동차의 유지를 위하여 사용 소비하는 것
운수업, 자동차판매업 등이 직접 영업에 사용하지 않는 개별소비세 과세대상 자동차	운수업, 자동차판매업, 자동차임대업, 운전학원업 및 기계경비업(출동차량)을 경영하는 사업자가 자기사업과 관련하여 생산 취득한 재화 중 개별소비세 과세대상 자동차와 그 자동차의 유지를 위한 재화를 해당 업종에 직접 영업으로 사용하지 아니하고 다른 용도로 사용하는 것
판매를 목적으로 자기의 다른 사업장에 반출	사업장이 둘 이상인 사업자가 자기사업과 관련하여 생산 또는 취득한 재화를 판매 목적으로 다른 사업장에 반출하는 것. 단 사업자단위과세사업자 또는 주사업장총괄납부의 경우에는 제외한다.

② 개인적 공급

사업자가 자기생산·취득재화를 사업과 직접적인 관계없이 자기의 개인적인 목적이나 그 밖의 다른 목적을 위하여 사용·소비하거나 그 사용인 또는 그 밖의 자가 사용·소비하는 것으로서 사업자가 그 대가를 받지 아니하거나 시가보다 낮은 대가를 받는 경우는 재화의 공급으로 본다. 이 경우 사업자가 실비변상적이거나 복리후생적인 목적으로 제공하는 것으로서 다음의 경우는 재화의 공급으로 보지 아니한다.

> ㉠ 사업을 위해 착용하는 작업복, 작업모 및 작업화를 제공하는 경우
> ㉡ 직장 연예 및 직장 문화와 관련된 재화를 제공하는 경우
> ㉢ 다음 각각의 경우에 사용인 1명당 연간 10만원 한도의 재화를 제공하는 경우(10만원을 초과하는 경우 초과액은 재화의 공급으로 본다)
>   ⓐ 경조사
>   ⓑ 설날·추석, 창립기념일 및 생일 등

③ 사업상 증여

사업자가 자기의 사업과 관련하여 생산하거나 취득한 재화를 자기의 고객이나 불특정 다수에게 증여하는 경우 재화의 공급으로 본다. 그 예로 고객에게 판매장려금을 현금이 아닌 현물로 제공하는 경우를 들 수 있다. 단, 주된 거래인 재화의 공급대가에 포함된 증정품과 무상으로 인도하는 견본품, 특별재난지역에 공급하는 물품 및 자기적립마일리지등으로만 전부를 결제받고 공급하는 재화의 경우에는 사업상 증여에 해당하지 않는다.

④ 폐업시 남아있는 재화

사업자가 폐업할 때 자기 생산·취득재화 중 남아있는 재화는 자기에게 공급한 것으로 본다. 사업개시전에 사업자등록을 신청한 자가 사실상 사업을 시작하지 아니하게 되는 경우에도 또한 같다. 사업의 포괄양도에 의한 사업의 양수자가 폐업하는 경우 사업양도자가 매입세액공제를 받은 재화는 폐업시 남아있는 재화로 본다.

3 용역의 무상공급

사업자가 대가를 받지 아니하고 타인에게 용역을 공급하는 것은 용역의 공급으로 보지 아니한다. 다만, 사업자가 특수관계인에게 사업용 부동산의 임대용역을 무상으로 공급하는 것은 용역의 공급으로 본다.

확인예제 　　POINT 전산회계 1급

01 다음은 부가가치세법상 과세거래에 대한 설명이다. 틀린 것은?

① 재화의 공급에서 재화란 재산가치가 있는 물건 및 권리를 말한다.
② 재산가치가 있는 권리에는 영업권, 특허권, 광업권 및 상품권이 있다.
③ 부가가치세 과세대상 거래인 재화의 공급이란 계약상 또는 법률상의 모든 원인에 의하여 재화를 인도 또는 양도하는 것을 말한다.
④ 과세대상 용역의 공급은 계약상 또는 법률상의 모든 원인에 의하여 역무를 제공하거나 시설물, 권리 등 재화를 사용하게 하는 것을 말한다.

해설 ② 상품권은 재산가치가 있는 권리가 아니므로 부가가치세법상 재화에 해당하지 아니한다.

02 다음 중 부가가치세법상 재화 공급의 특례에 해당하는 간주공급으로 볼 수 없는 것은?

① 사업상증여
② 자기의 과세사업과 관련하여 취득한 재화를 면세사업에 전용하는 경우
③ 임대부동산의 양도
④ 폐업 시 남아있는 재화

해설 ③ 임대부동산의 양도는 재화의 일반적인 공급에 해당한다.

03 다음 중 부가가치세법상 재화의 공급으로 간주되어 과세대상이 되는 항목은?(아래 항목은 전부 매입세액 공제받았음)

① 직장 연예 및 직장 문화와 관련된 재화를 제공하는 경우
② 사업을 위해 착용하는 작업복, 작업모 및 작업화를 제공하는 경우
③ 사용인 1인당 연간 10만원 이내의 경조사와 관련된 재화 제공
④ 사업자가 자기생산·취득재화를 자기의 고객이나 불특정 다수에게 증여하는 경우

해설 ④ ①,②,③은 실비변상적이거나 복리후생적인 목적으로 제공하는 것으로 재화의 공급으로 보지 않는 경우이며 ④는 재화의 공급으로 간주하는 경우에 해당한다.(부가가치세법 제10조, 시행령 제19조2)

SECTION 03 | 공급시기와 세금계산서

1 공급시기

① 공급시기의 개념

공급시기는 과세거래를 어느 과세기간에 귀속시킬 것인지와 세금계산서의 발급시기 및 거래징수 시기를 결정하는 기준이다.

② 재화의 공급시기

㉠ 일반원칙

재화의 공급시기는 재화의 이동이 필요한 경우에는 재화가 인도되는 때, 재화의 이동이 필요하지 않은 경우에는 재화가 이용 가능하게 되는 때이며 그 외의 경우는 재화의 공급이 확정되는 때이다.

㉡ 거래형태별 공급시기

구 분	공 급 시 기
• 현금판매·외상판매·할부판매	재화가 인도되거나 이용가능하게 되는 때
• 상품권을 판매하고 현물과 교환하는 경우	재화가 실제로 인도되는 때
• 장기할부판매·중간지급조건부공급·완성도기준지급공급·전력 기타 공급단위를 구획할 수 없는 재화를 계속적으로 공급하는 경우	대가의 각 부분을 받기로 한 때
• 재화의 간주공급	사용·소비·반출·증여 및 폐업하는 때
• 반환조건부·동의조건부 기타 조건부 및 기한부판매	조건이 성취되거나 기한이 경과되어 판매가 확정되는 때
• 재화의 공급으로 보는 가공의 경우	가공된 재화를 인도하는 때
• 무인판매기를 이용하여 재화를 공급하는 경우	무인판매기에서 현금을 꺼내는 때
• 수출하는 재화	수출재화의 선적일 또는 기적일
• 수입재화를 보세구역 안에서 보세구역 밖의 국내에 공급하는 경우	수입신고수리일
• 폐업 전에 공급한 재화 또는 용역의 공급시기가 폐업일 이후에 도래하는 경우	그 폐업일
• 그 밖의 경우	재화가 인도되거나 인도가능한 때

ⓒ 거래 형태별 요건

ⓐ 장기할부판매

장기할부판매는 재화 또는 용역을 공급하고 대가를 월부·연부 그 밖의 부불방법에 따라 받는 거래로 2회 이상으로 분할하여 대가를 받고, 해당 재화의 인도일의 다음 날부터 최종의 부불금의 지급기일까지의 기간이 1년 이상인 거래를 말한다.

ⓑ 중간지급조건부 공급

중간지급조건부 공급은 계약금을 받기로 한 날의 다음 날부터 재화를 인도하는 날 또는 이용가능하게 하는 날(또는 용역의 제공을 완료하는 날)까지의 기간이 6개월 이상인 경우로서 그 기간 이내에 계약금 외의 대가를 2회 이상 분할하여 받는 거래를 말한다.

ⓒ 완성도기준지급 공급

완성도기준지급의 공급은 재화의 완성비율에 따라 대가를 지급받기로 약정한 거래를 말한다.

③ 용역의 공급시기

㉠ 원 칙

용역의 공급시기는 역무가 제공되거나 재화·시설물 또는 권리가 사용되는 때가 된다.

㉡ 거래형태별 공급시기

구 분	공 급 시 기
• 통상적인 공급의 경우	역무의 제공이 완료되는 때
• 장기할부·중간지급조건부·완성도기준지급 또는 기타조건부로 용역을 공급하거나 그 공급단위를 구획할 수 없는 용역을 계속적으로 공급하는 경우	대가의 각 부분을 받기로 한 때
• 간주임대료	예정신고기간 또는 과세기간의 종료일
• 2 과세기간 이상에 걸쳐 용역을 공급하고 그 대가를 선불 또는 후불로 받는 경우	예정신고기간 또는 과세기간의 종료일
• 폐업 전에 공급한 재화 또는 용역의 공급시기가 폐업일 이후에 도래하는 경우	폐업일
• 위의 기준을 적용할 수 없는 경우	역무의 제공이 완료되고, 그 공급가액이 확정되는 때

2 세금계산서

> NCS 능력단위 : 0203020225부가가치세신고 능력단위요소 : 01세금계산서발급·수취하기
> 1.1 세금계산서의 발급방법에 따라 세금계산서를 발급하고 발급명세를 국세청에 전송할 수 있다.

① 세금계산서의 개념

세금계산서란 일반과세자인 사업자가 재화 또는 용역을 공급하면서 부가가치세를 거래징수한 사실을 증명하기 위하여 공급받는 자에게 발급하는 증명으로 거래송장, 청구서 또는 영수증, 매입세액공제의 근거 자료, 거래의 증명 및 과세자료 및 매입장·매출장 등의 기능을 한다.

② 세금계산서의 필요적 기재사항과 임의적 기재사항

필요적 기재사항	임의적 기재사항
㉠ 공급하는 사업자의 등록번호와 성명 또는 명칭 ㉡ 공급받는 자의 등록번호 ㉢ 공급가액과 부가가치세액 ㉣ 작성연월일	㉠ 공급받는 자의 상호·성명·주소 ㉡ 공급하는 자와 공급받는 자의 업태와 종목 ㉢ 공급품목 ㉣ 단가와 수량 ㉤ 공급연월일 ㉥ 거래의 종류

▶ 필요적 기재사항은 전부 또는 일부가 기재되지 아니하거나 사실과 다르게 기재된 때에는 공급자는 세금계산서 불성실가산세(공급가액의 1%)가 적용되고, 공급받는자는 매입세액공제를 받을 수 없게 된다.

③ 세금계산서의 발급시기

세금계산서는 재화 또는 용역의 공급시기에 발급하여야 한다. 다만 공급시기 도래전에 대가를 수령한 경우에는 그 받은 대가에 대하여 공급시기가 도래하기 전에 세금계산서를 발급할 수 있다.

④ 세금계산서 발급특례

다음의 경우에는 세금계산서를 공급시기가 속하는 달의 다음 달 10일까지 발급할 수 있다. 세금계산서 발급 특례기한의 말일(공급일의 다음달 10일)이 공휴일 또는 토요일에 해당하는 경우에는 공휴일 또는 토요일의 다음날까지 발급할 수 있다.

> • 거래처별로 1역월(1일부터 말일까지) 공급가액을 합계하여 <u>해당 월의 말일</u>을 작성연월일로 하여 세금계산서를 발급하는 경우(월합계세금계산서)
> • 거래처별로 1역월 이내에서 거래관행상 정하여진 기간의 공급가액을 합계하여 <u>그 기간의 종료일</u>을 작성연월일로 하여 세금계산시를 발급하는 경우
> • 관계증명서류 등에 의하여 실제 거래사실이 확인되는 경우로서 <u>해당 거래일</u>을 작성연월일로 하여 세금계산서를 발급하는 경우

⑤ 영수증

㉠ 영수증의 의의

영수증이란 공급받는 자의 등록번호와 부가가치세액을 구분하지 않고 공급대가로 작성한다. 영수증으로는 매입세액공제를 받을 수 없으며, 영수증에는 금전등록기계산서, 신용카드매출전표등이 포함된다.

그러나 세금계산서 발급의무가 있는 사업자가 신용카드기 또는 직불카드기 등에 의하여 발급하는 영수증에는 공급가액과 세액을 구분하여 적어야 한다. 신용카드매출전표 등을 이미 발급한 경우에는 세금계산서를 발급할 수 없다.

㉡ 영수증 발급대상

간이과세자 중 직전 연도의 공급대가 합계액이 4,800만원 미만인 자와 신규로 사업을 시작하는 개인사업자로서 간이과세자로 하는 최초의 과세기간 중에 있는 자와 주로 사업자가 아닌 자에게 재화 또는 용역을 공급하는 사업자로서 다음의 사업을 영위하는 자는 영수증을 발급하여야 한다. 다만 공급받는 사업자가 사업자등록증을 제시하고 세금계산서 발급을 요구하는 때에는 세금계산서를 발급하여야 한다.

ⓐ 소매업·음식점업(다과점업)·숙박업

ⓑ 미용·욕탕 및 유사서비스업, 여객운송업, 입장권을 발행하여 영위하는 사업

ⓒ 변호사·공인회계사, 세무사, 법무사업 등 전문적 인적용역을 공급하는 사업(사업자에게 공급하는 경우 제외)

ⓓ 우편법에 의한 선택적 우편업무 중 소포우편물을 방문접수하여 배달하는 용역

ⓔ 과세되는 의료용역 또는 수의사가 제공하는 동물의 진료용역

ⓕ 무도학원과 자동차운전학원

ⓖ 전자서명인증사업자가 인증서를 발행하는 사업

ⓗ 간편사업자등록을 한 사업자가 국내에 전자적용역을 공급하는 사업

ⓘ 주로 사업자가 아닌 소비자에게 재화 또는 용역을 공급하는 도정업, 양복점업, 부동산중개업, 자동차제조업 및 자동차판매업 등

㉢ 세금계산서의 발급의무 면제

다음의 거래는 세금계산서의 발급의무가 면제된다.

ⓐ 택시운송·노점·행상·무인판매기를 이용하여 재화를 공급하는 사업

ⓑ 미용·욕탕 및 유사서비스업, 여객운송업, 입장권을 발행하여 영위하는 사업

ⓒ 공급받는 자가 세금계산서를 요구하지 않는 경우 소매업을 영위하는 자가 공급하는 재화 또는 용역

ⓓ 재화의 간주공급(총괄납부 또는 사업자단위과세를 적용 받지 않는 사업자가 판매 목적으로 직매장 등에 반출하는 경우는 제외)

ⓔ 부동산임대보증금에 대한 간주임대료

ⓕ 다음의 경우를 제외한 영세율 적용거래
- 내국신용장 또는 구매확인서에 의하여 공급하는 재화
- 한국국제협력단, 한국국제보건의료재단 및 대한적십자사에 공급하는 재화
- 수출재화임가공용역

ⓖ 전자서명인증사업자가 인증서를 발급하는 용역

ⓗ 간편사업자등록을 한 사업자가 국내에 전자적용역을 공급하는 사업

구 분	세금계산서의 발급 요구시 발급 여부
영수증 발급대상 업종	반드시 세금계산서 발급
미용·욕탕 및 유사서비스업 전세버스를 제외한 여객운송업 입장권을 발행하여 영위하는 사업 부동산임대업의 간주임대료	• 원칙 : 세금계산서 발급 불가 • 예외 : 감가상각자산 또는 해당사업 외의 용역의 공급인 경우 세금계산서 발급

⑥ **전자세금계산서의 발급과 전송**

법인과 직전년도의 사업장별 공급가액(면세공급가액 포함)이 8천만원 이상인 개인사업자는 다음해 제2기 과세기간이 시작하는 날(7월 1일)부터 계속하여 전자세금계산서를 반드시 발급하여야 하며, 발급일의 다음날까지 전송하여야 한다. 전자세금계산서 의무발급자가 전자세금계산서를 미발급하거나 미전송하면 가산세 부과대상이 된다.

▶ 직전연도 공급가액(면세공급가액 포함)이 사업장별로 8천만원 이상인 개인사업자는 이후 직전연도 공급가액이 8천만원 미만이 되어도 계속하여 의무발급자가 된다.

확인예제

01 다음 중 부가가치세법상 재화의 공급시기가 잘못 연결된 것은?

① 외국으로 직수출하는 경우 : 선적(기적)일
② 폐업시 잔존재화 : 폐업일
③ 장기할부판매 : 대가의 각 부분을 받기로 한 날
④ 무인판매기 : 동전 또는 지폐 투입일

해설 ④ 무인판매기를 이용하여 재화를 공급하는 경우 해당 사업자가 무인판매기에서 현금을 꺼내는 때를 재화의 공급시기로 본다(부가가치세법시행령 제28조).

02 다음 중 부가가치세법상 세금계산서 발급의무가 면제되지 않는 것은?

① 미용, 욕탕업을 영위하는 자가 제공하는 용역
② 공급받는 자에게 신용카드매출전표 등을 발급한 경우 해당 재화 또는 용역
③ 부동산임대용역 중 간주임대료
④ 내국신용장·구매확인서에 의하여 공급하는 재화

해설 ④ 내국신용장·구매확인서에 의하여 공급하는 재화는 국내사업자 간의 거래이므로 발급의무가 면제되지 않으므로 영세율세금계산서를 발급하여야 한다.

03 다음 중 부가가치세법상 세금계산서의 필요적 기재사항이 아닌 것은?

① 공급하는 사업자의 등록번호와 성명 또는 명칭
② 공급받는 자의 등록번호
③ 공급받는 자의 상호 또는 성명
④ 작성 연월일

해설 ③ 필요적 기재사항은 ①,②,④와 공급가액과 부가가치세액이다.

04 다음 중 세금계산서에 대한 설명으로 가장 올바르지 않은 것은?

① 세관장은 수입자에게 세금계산서를 발급하여야 한다.
② 경우에 따라 매입자발행세금계산서 발급이 가능하다.
③ 세금계산서는 원칙적으로 재화 또는 용역의 공급시기에 발급하여야 한다.
④ 면세사업자도 재화를 공급하는 경우 세금계산서를 발급하여야 한다.

해설 ④ 면세사업자는 재화를 공급하는 경우 계산서를 발급하여야 한다.

SECTION 04 | 영세율과 면세

1 영세율제도와 면세제도의 개요

① 영세율제도

영세율 제도는 특정한 재화 또는 용역을 공급하는 경우 그 공급가액에 0%의 세율을 적용하여 매출세액이 0(zero)이 되게 하고, 그 재화 또는 용역을 매입할 때 부담한 매입세액을 전액 공제(환급)하여 주는 방법으로 완전면세제도에 해당한다.

② 면세제도

면세제도는 특정한 재화 또는 용역의 공급에 대하여 부가가치세 납세의무를 면제시켜 주는 제도를 말한다. 부가가치세가 면제되는 재화 또는 용역을 공급하는 면세사업자는 부가가치세법상 납세의무가 없으므로 매출세액이 발생되지 아니하고, 매입하는 때에 부담한 매입세액은 공제(환급)되지 아니한다.

구 분	영 세 율	면 세
제도의 목적	국가간 이중과세를 방지하기 위한 소비지국 과세원칙의 구현	부가가치세의 역진성 완화
과세체계	영세율 대상 공급가액에 대하여 0%의 세율을 적용하여 과세표준에 포함하여 신고하여야 하고 매입세액공제를 받을 수 있다.	면세 대상 공급가액은 과세하지 않으므로 신고 대상이 되지 않고, 매입세액은 불공제 대상이다.
면세정도	완전면세제도	부분면세제도
대상거래	수출하는 재화 등	생활필수품 등
부가가치세법상 의무	부가가치세법상의 모든 의무를 이행하여야 한다.	매입처별세금계산서합계표 제출 의무만 있다.

2 영세율제도

① 영세율 적용대상 사업자

영세율을 적용할 수 있는 사업자는 면세사업자를 제외한 과세사업자로 간이과세자를 포함한다. 면세사업자는 영세율을 적용하지 않는 것이 원칙이지만 면세를 포기하면 적용이 가능하다. 또한 영세율은 사업자가 거주자 또는 내국법인인 경우에만 적용하는 것으로 비거주자 또는 외국법인는 영세율을 적용하지 않는다.

비거주자 또는 외국법인이라도 상호면세주의에 따라 우리나라의 거주자 또는 내국법인에게 동일한 면세를 적용하는 국가의 비거주자 또는 외국법인에게는 영세율을 적용한다.

② 영세율 적용대상거래

㉠ 수출하는 재화

ⓐ 내국물품(우리나라 선박에 의하여 채취되거나 잡힌 수산물 포함)을 외국으로 반출하는 것. 대행수출의 경우에는 수출품 생산업자의 수출에 대하여 영세율을 적용하지만 수출업자의 수출대행수수료는 10%의 부가가치세를 과세한다.

ⓑ 국내의 사업장에서 계약과 대가수령 등 거래가 이루어지는 것으로서 중계무역 방식의 수출, 위탁판매수출, 외국인도수출, 위탁가공무역 방식의 수출

ⓒ 국내에서 내국신용장 또는 구매확인서에 의하여 공급하는 재화(금지금은 제외). 내국신용장 등이 공급시기 이후에 개설되더라도 공급시기가 속하는 과세기간 종료일 후 25일 이내에 개설하는 경우에는 영세율을 적용한다.

▶ 내국신용장 또는 구매확인서에 의하여 공급하는 재화는 공급된 이후 당해 재화를 수출용도에 사용하였는지 여부에 불구하고 영세율을 적용한다.

ⓓ 한국국제협력단, 한국국제보건의료재단 및 대한적십자사에 공급하는 재화(사업을 위하여 외국에 무상으로 반출하는 재화에 한함).

㉡ 국외에서 제공하는 용역

㉢ 선박 또는 항공기의 외국항행용역

㉣ 기타 외화획득 재화 또는 용역

③ 영세율 첨부서류

영세율이 적용되는 경우에는 예정신고 또는 확정신고시 영세율 대상거래임을 증명하는 수출실적명세서, 외화입금증명 등의 서류를 첨부하여 제출하여야 한다. 영세율 첨부서류를 제출하지 않았어도 영세율 대상임이 확인되는 경우에는 영세율은 적용하지만, 영세율 과세표준 신고불성실가산세가 적용된다.

3 면 세

① 면세대상 재화 또는 용역

㉠ 기초생활필수품 관련 면세항목

ⓐ 식용에 공하는 농·축·수·임산물과 소금(식품위생법에 따른 천일염 및 재제소금)

ⓑ 우리나라에서 생산된 식용에 공하지 아니하는 농·축·수·임산물로서 원생산물 또는 원생산물의 본래의 성상이 변하지 아니하는 정도의 원시가공을 거친 것

ⓒ 수돗물, 연탄과 무연탄

ⓓ 여객운송용역(항공기, 시외우등고속버스 및 시외고급고속버스, 전세버스, 택시, 자동차대여업, 수중익선, 고속철도 등은 제외)

ⓔ 여성용 생리처리 위생용품

ⓒ 국민후생 및 문화관련 재화 또는 용역

 ⓐ 의료보건용역과 혈액(치료·예방·진단용 동물의 혈액 포함)
- 약사의 조제용역은 면세에 포함하나 의사의 처방전이 없는 일반의약품의 판매와 의사의 미용 목적 성형수술은 과세
- 수의사가 제공하는 동물의 진료용역 중 면세는 가축, 수산동물, 장애인 보조견, 국민기초생활수급자가 기르는 동물에 대한 진료와 질병예방 및 치료목적의 예방접종, 병리검사와 농식품부장관이 고시하는 100여개 다빈도 질병에 대한 진료용역으로 한정한다.

 ⓑ 인·허가를 받은 학원·강습소 등의 교육용역(무도학원과 자동차운전학원은 과세)
 ⓒ 도서(도서대여 및 실내도서열람용역 포함), 신문, 잡지, 관보 및 뉴스통신(광고는 과세)
 ⓓ 예술창작품(골동품 제외), 예술행사, 문화행사 및 아마추어 운동경기
 ⓔ 도서관, 과학관, 박물관, 미술관, 동물원 또는 식물원에의 입장

ⓒ 주택 및 주택부수 토지의 임대용역

ⓔ 부가가치의 구성요소에 해당하는 재화 또는 용역
- 토지(토지의 임대는 과세), 금융·보험용역
- 저술가, 작곡가 등이 직업상 제공하는 법 소정의 인적용역

ⓜ 기타의 재화 또는 용역

- 국가·지방자치단체·지방자치단체조합이 공급하는 재화 또는 용역(일부 제외)
- 국가·지방자치단체·지방자치단체조합 또는 일정한 공익단체에 무상으로 공급하는 재화 또는 용역(단, 유상공급은 과세)
- 우표(수집용 우표는 제외)·인지·증지·복권과 공중전화
- 담배 중 판매가격이 200원 이하인 것
- 종교·자선·학술·구호·기타 공익을 목적으로 하는 단체가 공급하는 재화·용역

확인예제

POINT 전산회계 1급

01 다음 중 부가가치세법상 영세율에 대한 설명으로 틀린 것은?

① 수출하는 재화에 적용된다.
② 최종소비자에게 부가가치세의 부담을 경감시키기 위한 완전면세제도다.
③ 내국신용장 또는 구매확인서에 의할 경우 영세율세금계산서를 발급해야 한다.
④ 영세율적용대상자는 부가가치세법상 과세사업자(간이과세자 제외)이어야 한다.

해설 ④ 영세율 적용 대상자는 부가가치세법상 과세사업자로 간이과세자를 포함한다.

02 다음 중 부가가치세법상 면세대상 거래에 해당되지 않는 것은?

① 낚시잡지 발행
② 택시 운행
③ 조제의약품 판매
④ 실내도서열람용역 제공

해설 ② 택시는 과세에 해당한다.
일반의약품 판매는 부가가치세법상 과세거래에 해당하지만 조제의약품은 면세에 해당한다.

03 다음 중 부가가치세법상 면세대상 거래에 해당하는 것은?

① 운전면허학원의 시내연수
② 시외우등고속버스 운행
③ 일반의약품에 해당하는 종합비타민 판매
④ 예술 및 문화행사

해설 ④ 예술 및 문화행사는 부가가치세법상 면세대상 거래에 해당된다.

SECTION 05 | 과세표준 및 매출세액

1 과세표준의 계산

① 과세표준

부가가치세 과세표준이란 "공급가액"을 의미하는 것으로 거래상대방으로부터 받은 대금, 요금, 수수료 기타 모든 금전적 가치가 있는 것을 포함한다. 부가가치세가 포함되지 않은 금액을 공급가액이라 하고, 부가가치세가 포함되면 공급대가라고 한다.

② 재화 또는 용역의 공급에 대한 공급가액

㉠ 일반적인 공급가액

구 분	공 급 가 액
• 금전으로 대가를 받은 경우	받은 대가
• 금전 이외의 대가를 받는 경우	공급한 재화 또는 용역의 시가
• 부당하게 낮은 대가를 받거나 받지 않은 경우	공급한 재화 또는 용역의 시가
• 대가를 외화로 받아 공급시기 도래 전에 원화로 환가한 경우	환가한 금액
• 대가를 외화로 받아 공급시기 이후에 외국통화 기타 외국환의 상태로 보유하거나 지급받는 경우	선적일의 기준환율(또는 재정환율)에 의하여 환산한 금액

㉡ 거래형태별 공급가액

구 분	공 급 가 액
• 외상판매 및 할부판매	공급한 재화의 총 가액
• 장기할부판매·중간지급조건부 공급·완성도기준지급 공급·전력 등 공급단위를 구획할 수 없는 재화의 계속적 공급	계약에 따라 받기로 한 대가의 각 부분

㉢ 공급가액에 포함하는 것

공급가액에는 장기할부판매 또는 할부판매의 이자상당액과 대가의 일부로 받는 운송보험료·산재보험료·운송비·포장비·하역비 및 자기적립마일리지 등(마일리지를 적립해준 사업자에게만 사용할 수 있는 마일리지) 외의 마일리지로 결제받은 부분에 대하여 보전 받았거나 보전 받을 금액을 포함한다. 또한 개별소비세, 교통·에너지·환경세 및 주세가 과세되는 재화 또는 용역은 해당 개별소비세, 교통·에너지·환경세, 주세와 그에 대한 교육세 및 농어촌특별세를 포함한다.

ⓔ 공급가액에 포함하지 않는 것

- 매출에누리·매출환입·매출할인
- 계약 등에 의하여 확정된 대가의 지급지연으로 인하여 지급받는 연체이자
- 재화 또는 용역의 공급과 직접 관련되지 않는 국고보조금과 공공보조금
- 공급받는 자에게 도달하기 전에 파손·훼손 또는 멸실된 재화의 가액
- 용기 또는 포장의 회수를 보장하기 위하여 받는 보증금
- 음식·숙박용역 등의 대가와 함께 받는 종업원의 봉사료 중 대가와 구분 기재한 경우로서 봉사료를 종업원에 지급한 사실이 확인되는 봉사료로 사업자의 수입금액으로 계상하지 않은 금액

ⓜ 과세표준에서 공제하지 않는 것

- 판매장려금(현물로 지급하면 사업상증여로 보아 과세표준에 포함한다.)
- 대손금
- 하자보증금

③ 재화의 수입

수입재화의 과세표준은 수입재화에 대한 관세의 과세가격에 관세, 개별소비세, 주세, 교통·에너지·환경세, 교육세, 농어촌특별세를 합한 금액으로 한다.

2 매출세액

구 분		과세표준	세율	세액
과 세	세금계산서발급분	×××	10%	×××
	매입자발행세금계산서	×××	10%	×××
	신용카드·현금영수증발행분	×××	10%	×××
	기타(정규영수증외매출분)	×××	10%	×××
영세율	세금계산서발급분	×××	0%	0
	기타	×××	0%	0
예정신고누락분				×××
대손세액가감				×××
합 계(매출세액)				×××

▶ 영세율의 기타란은 세금계산서를 발급하지 않는 영세율공급분(직수출)을 기입한다.

① 매출세액의 계산

$$매출세액 = 과세표준 \times 10\%(영세율은 0\%) + 예정신고누락분 \pm 대손세액가감$$

② 예정신고누락분

예정신고누락분이란 예정신고시 누락된 매출세액을 확정신고시 신고하는 금액을 말하며, 신고불성실가산세 및 납부지연가산세 등이 적용될 수 있다.

③ 대손세액공제

㉠ 대손세액공제제도

과세 재화 또는 용역을 공급한 사업자가 거래상대방의 부도, 파산 등의 사유로 거래대금은 물론 관련한 부가가치세를 받을 수 없어서 대손처리한 경우 부도 등으로 거래 징수하지 못한 부가가치세액을 해당 사업자의 매출세액에서 차감할 수 있도록 하여 기업의 자금 부담을 완화하도록 한 것이 대손세액 공제제도이다.

재화 또는 용역을 공급한 날부터 10년이 지난날이 속하는 과세기간에 대한 확정신고 기한까지 대손세액공제를 받을 수 있다. 대손세액공제를 적용받고자 하는 사업자는 확정신고시 대손금액이 발생한 사실을 증명하는 서류를 제출하여야 한다.

㉡ 대손세액공제액의 계산

$$대손세액 = 대손금액(부가가치세\ 포함) \times \frac{10}{110}$$

확인예제 　 POINT 전산회계 1급

01 다음의 부가가치세 과세표준에 관한 설명 중 옳지 않은 것은?

① 일반과세자의 과세표준은 공급대가의 금액으로 한다.
② 대손금은 과세표준에 포함하였다가 대손세액으로 공제한다.
③ 매출에누리와 환입은 과세표준에 포함되지 않는다.
④ 공급받는 자에게 도달하기 전에 파손, 멸실된 재화의 가액은 과세표준에 포함되지 않는다.

[해설] ① 과세표준은 공급가액의 금액이다.(부가가치세법 제29조 1항)

02 다음 자료를 이용하여 부가가치세 과세표준을 계산하면 얼마인가?

- 매출액 : 70,000,000원
- 매출에누리 : 5,000,000원
- 대손금액 : 1,100,000원
- 매입에누리 : 5,000,000원

① 60,000,000원　　② 65,000,000원
③ 68,900,000원　　④ 70,000,000원

[해설] ② 매출액 70,000,000 - 매출에누리 5,000,000 = 과세표준 65,000,000원
매출에누리, 매출환입, 매출할인은 과세표준에서 차감하고, 대손금, 판매장려금은 공제되지 않는 항목임.

03 다음 자료에 의하여 부가가치세의 과세표준을 계산하면 얼마인가?(단, 아래 금액에는 부가가치세가 포함되지 않았다)

- 총매출액 : 1,300,000원
- 매출할인 : 150,000원
- 공급대가의 지급지연에 따른 연체이자 : 130,000원
- 폐업 시 남아있는 재화(재고자산)의 장부가액 : 200,000원(시가 300,000원)

① 1,320,000원　　② 1,350,000원
③ 1,450,000원　　④ 1,600,000원

[해설] ③

구 분	근 거	공급가액
총매출액		1,300,000원
매출할인	과세표준에서 차감한다.	△150,000원
연체이자	과세표준에 포함되지 않는다.	-
폐업시 남아 있는 재화(재고자산)	시가를 공급가액으로 한다.	300,000원
과세표준		1,450,000원

SECTION 06 | 매입세액 공제와 납부세액 계산

1 매입세액

구 분	세 액
① 세금계산서 수취분 ─ 일반매입	×××
└ 고정자산매입	×××
② 예정신고누락분	×××
③ 매입자발행 세금계산서	×××
④ 그 밖의 공제 매입세액	×××
㉠ 신용카드매출전표 등 수령명세서제출분(일반, 고정)	
㉡ 의제매입세액	
㉢ 재활용폐자원 등 매입세액	
㉣ 재고매입세액	
㉤ 변제대손세액	
⑤ 공제받지 못할 매입세액	(×××)
⑥ 차감계(매입세액)	×××

① 세금계산서 수취분 매입세액

매출세액에서 공제되는 매입세액은 ㉠ 자기의 사업을 위하여 사용되었거나 사용될 재화 또는 용역의 공급 및 재화의 수입에 대한 세액으로 ㉡ 세금계산서를 수취하고 ㉢ 매입처별세금계산서합계표를 제출하여야 한다.

세금계산서수취분 매입세액란에는 일반매입과 고정자산매입을 구분하여 표시하여야 한다. 그리고 매입세액 공제되는 것과 불공제되는 것의 구분없이 수취한 모든 세금계산서의 매입세액을 표시하여야 한다.

② 기타 공제 매입세액

㉠ 신용카드매출전표 등 수령명세서 제출분 매입세액

사업과 관련하여 부가가치세액을 별도로 기재한 신용카드매출전표등(신용카드, 기명식선불카드, 직불카드, 현금영수증)을 받은 경우에는 세금계산서를 발급받은 것으로 보아 매입세액을 공제한다.

㉡ 의제매입세액

의제매입세액이란 과세사업자가 면세로 공급받은 농·축·수·임산물을 원재료로 하여 제조·가공한 재화 또는 창출한 용역의 공급이 과세되는 경우에 면세 매입가액의 일정금액을 매입세액으로 공제하는 것을 말한다.

의제매입세액공제는 면세 농산물 등을 매입한 날이 속하는 예정신고기간 또는 확정신고기간에 공제한다. 공제율과 공제할 수 있는 매입가액의 한도는 다음과 같다.

의제매입세액 = 면세농산물 등의 매입가액(한도액 적용) × 공제율

구 분		공제율
음식점업	과세유흥장소	2 / 102
	개인사업자	8 / 108
	과세기간별 과세표준이 2억원 이하인 개인사업자	9 / 109
	그 외의 음식점업 사업자	6 / 106
과자점업, 도정업, 제분업, 떡방앗간 영위 개인사업자		6 / 106
제조업(중소기업과 개인사업자)		4 / 104
그 외의 사업자		2 / 102

면세 농산물 등의 매입가액의 한도

해당 과세기간 과세표준	개인		법 인
	음식점	기타 업종	
2억원 초과	60%	55%	구분 없이 50%
1억원 초과 2억원 이하	70%	65%	
1억원 이하	75%		

ⓒ 신용카드매출전표 등 발행세액공제

부가가치세법상의 일반과세자 중 직전연도 공급가액이 10억원 이하인 개인사업자로서 영수증발급의무가 있는 사업자와 간이과세자가 과세되는 재화 또는 용역을 공급하고 세금계산서의 발급시기에 신용카드매출전표등을 발급하여 대금을 결제 받는 경우에는 세액공제를 받을 수 있다.

신용카드매출전표 등을 발급하여 대금을 결제 받는 경우 그 발급금액에 대하여 1.3%에 상당하는 금액을 연간 1,000만원을 한도로 납부세액에서 공제한다.

ⓔ 전자신고세액공제

납세자가 직접 전자신고방법에 의하여 부가가치세 확정신고를 하는 경우에는 해당 납부세액에서 1만원을 공제하거나 환급세액에 가산한다. 다만, 매출가액과 매입가액이 없는 일반과세자에 대해서는 전자신고세액공제를 적용하지 않는다.

③ 공제받지 못할 매입세액

　㉠ 사업자등록을 하기 전의 매입세액

　　사업자등록을 신청하기 전의 매입세액은 공제되지 않는다. 다만 공급시기가 속하는 과세기간이 끝난 후 20일 이내에 등록신청한 경우 그 과세기간의 매입세액 및 등록신청일부터 사업자등록증 발급일까지의 매입세액은 공제받을 수 있다.

　㉡ 세금계산서 미수취·부실기재분 매입세액

　　세금계산서를 발급받지 않거나, 발급받은 세금계산서의 필요적 기재사항이 누락되거나 사실과 다른 경우의 매입세액은 공제되지 않는다. 사실과 다른 경우에는 실제 공급가액과 사실과 다르게 적힌 금액의 차액에 해당하는 세액을 불공제한다.

　㉢ 매입처별세금계산서합계표 미제출·부실 기재분 매입세액

　㉣ 사업과 직접 관련 없는 지출에 대한 매입세액

　㉤ 개별소비세 과세대상 자동차의 구입과 임차 및 유지에 관한 매입세액

　　개별소비세가 과세되는 8인승 이하의 승용차(지프차 포함)의 구입 등을 위한 지출에 대한 매입세액은 공제되지 않는다. 다만, 운수업, 자동차판매업, 자동차임대업, 자동차운전학원 등에서 직접 영업에 사용하는 자동차와 기계경비업무를 하는 경비업에서 사용하는 출동차량 및 개별소비세가 과세되지 않는 배기량 1,000CC 이하인 자동차의 구입 등은 매입세액공제를 받을 수 있다.

　㉥ 기업업무추진비(접대비) 관련 매입세액

　㉦ 면세사업 관련 매입세액

　㉧ 토지 관련 매입세액

확인예제   POINT 전산회계 1급

01 부가가치세법상 다음의 매입세액 중 매출세액에서 공제되는 매입세액은?

① 기업업무추진비 관련 매입세액
② 면세사업 관련 매입세액
③ 화물차 구입 관련 매입세액
④ 사업과 직접 관련 없는 지출에 대한 매입세액

해설 ③ 기업업무추진비는 종전의 접대비이며, 화물차 구입 관련 매입세액은 공제 대상이다.

02 다음 자료에 의하여 부가가치세법상 제조업을 영위하는 일반과세사업자가 납부해야 할 부가가치세액은?

- 전자세금계산서 발급에 의한 제품매출액 : 36,300,000원(공급대가)
- 지출증빙용 현금영수증에 의한 원재료 매입액 : 24,800,000원(부가세 별도)
- 신용카드에 의한 업무용 승용차(1,500CC) 구입액 : 7,000,000원(부가세 별도)

① 820,000원
② 860,000원
③ 920,000원
④ 120,000원

해설 ① 납부세액 = 매출세액 - 매입세액
매출세액: 36,300,000 × 10/110 = 3,300,000원
매입세액: 24,800,000 × 0.1 = 2,480,000원
납부세액: 3,300,000 - 2,480,000 = 820,000원
신용카드에 의한 승용차(1,500CC) 구입 : 공제받지 못할 매입세액

03 다음 중 부가가치세법상 거래내역과 과세유형이 잘못 연결된 것은?

① 일반과세자가 제품을 납품하고 전자세금계산서를 발행하다. ==〉 과세
② 부가가치세 과세사업에 사용하기 위해 프린터를 구입하고 전자세금계산서를 수취하다. ==〉 매입세액공제
③ 영업부에서 사용하는 4인승 승용차(999cc) 수리비를 지급하고 전자세금계산서를 수취하다. ==〉 매입세액불공제
④ 공장건물 신축용 토지를 구입하고 전자계산서를 발급받았다. ==〉 면세

해설 ③ 승용차는 1000cc 초과분부터 매입세액불공제이다.

SECTION 07 | 신고·납부

> NCS 능력단위 : 0203020225부가가치세신고   능력단위요소 : 03부가가치세신고하기
> 3.1 부가가치세법에 따른 과세기간을 이해하여 예정·확정신고를 할 수 있다.
> 3.5 부가가치세 신고요령에 따른 부가가치세 신고서를 작성 할 수 있다.

1 예정신고 납부와 예정고지

① 예정신고 납부

법인 사업자는 예정신고기간에 대한 과세표준과 납부세액(또는 환급세액)을 예정신고기간의 종료 후 25일 이내에 신고·납부하여야 한다. 다만 조기환급신고에 있어서 이미 신고한 내용은 예정신고의 대상에서 제외한다.

개인사업자는 예정신고를 하지 아니하고 예정고지에 의한 납부가 원칙이다.

구 분	예정신고기간	예정신고납부기한
제1기 예정신고	1월 1일 ~ 3월 31일	예정신고기간 종료일부터 25일 이내
제2기 예정신고	7월 1일 ~ 9월 30일	

② 예정고지

개인사업자와 직전 과세기간의 공급가액이 1억5천만원 미만인 영세법인에 대하여 각 사업장관할세무서장이 예정신고기간마다 직전 과세기간에 대한 납부세액의 1/2에 상당하는 금액을 결정하여 예정고지하고 예정신고기한 내에 징수한다. 예정고지세액이 50만원 미만인 경우 징수하지 않는다.

2 확정신고와 납부

예정신고 및 조기환급신고에 있어서 이미 신고한 내용은 확정신고대상에서 제외한다. 대손세액공제, 일반환급, 납부세액 및 환급세액의 재계산, 가산세 및 전자신고세액공제는 예정신고에는 적용되지 않고 확정신고에만 적용된다.

구 분		과 세 기 간	확정신고납부기한	
일반 과세자	제1기 확정신고	1월 1일 ~ 6월 30일	7월 25일	과세기간 종료일부터 25일 이내
	제2기 확정신고	7월 1일 ~ 12월 31일	1월 25일	
간이과세자		1월 1일 ~ 12월 31일	1월 25일	

확인예제

01 다음 자료를 보고 2025년 제2기 부가가치세 확정신고기한으로 옳은 것은?

- 2025년 4월 25일 1기 부가가치세 예정신고 및 납부함.
- 2025년 7월 25일 1기 부가가치세 확정신고 및 납부함.
- 2025년 8월 20일 자금상황의 악화로 폐업함.

① 2025년 7월 25일 ② 2025년 8월 31일
③ 2025년 9월 25일 ④ 2026년 1월 25일

해설 ③ 폐업한 사업자의 부가가치세 확정신고기한은 폐업한 날이 속하는 달의 다음 달 25일까지이다.

02 다음 중 부가가치세 신고 시 제출하는 서류가 아닌 것은?

① 부가가치세 신고서와 대손세액공제신고서
② 총수입금액조정명세서와 의제매입세액공제신고서
③ 공제받지 못할 매입세액명세서와 건물 등 감가상각자산취득명세서
④ 매출처별 세금계산서 합계표와 매입처별 세금계산서 합계표

해설 ② 총수입금액조정명세서는 소득세신고 시 제출하는 첨부서류이다.

03 다음 중 부가가치세 예정신고 또는 확정신고와 관련하여 올바르지 아니한 것은?

① 법인사업자(영세법인 제외)는 예정신고를 하여야 하고, 개인사업자는 예정고지세액이 50만원 이상이면 예정고지하고 예정신고기한 내에 징수한다.
② 예정신고로 이미 신고한 내용은 확정신고를 하는 때에 제외한다.
③ 조기환급 신고를 한 내용은 확정신고시 포함하여 신고하여야 한다.
④ 대손세액공제, 가산세, 전자신고세액공제는 확정신고시에만 적용한다.

해설 ③ 예정신고와 조기환급신고로 이미 신고한 내용은 확정신고시 제외하고 신고하는 것이다.

12 평가문제

POINT 전산회계 1급

01 다음 중 우리나라의 부가가치세법의 특징이 아닌 것은?
① 개별소비세   ② 소비형 부가가치세
③ 간접세   ④ 전단계세액공제법

해설 개별소비세가 아니라 일반소비세이다.

02 홍길동은 일반과세사업자로 2025년 9월 1일에 사업을 시작하여 9월 7일에 사업자등록신청을 하였다. 홍길동의 부가가치세법상 2024년 제2기 과세기간은?
① 2025년 1월 1일~12월 31일
② 2025년 9월 1일~12월 31일
③ 2025년 9월 7일~12월 31일
④ 2025년 7월 1일~12월 31일

해설 신규사업자의 최초 과세기간은 사업개시일로부터 당해 과세기간의 종료일까지이다.

03 다음은 사업장의 범위를 업종별기준으로 설명한 것이다. 다음 중 가장 틀린 것은?
① 무인자동판매기에 의한 사업 : 무인자동판매기의 설치장소
② 부동산매매업 : 법인은 법인의 등기부상 소재지
③ 사업장을 설치하지 않은 경우 : 사업자의 주소 또는 거소
④ 비거주자와 외국법인 : 국내사업장 소재지

해설 무인자동판매기에 의한 사업 : 그 사업에 관한 업무총괄장소

04 다음 중 사업자등록의 정정사유가 아닌 것은?
① 상호를 변경하는 때
② 사업의 종류에 변경이 있는 때
③ 사업장을 이전할 때
④ 증여로 인하여 사업자의 명의가 변경되는 때

해설 증여로 인하여 사업자의 명의가 변경되는 경우에는 정정사유가 아닌 폐업사유가 된다.

05 다음 중 부가가치세법에 대한 설명으로 옳지 않는 것은?
① 현행 부가가치세는 일반소비세이면서 간접세에 해당된다.
② 면세제도의 궁극적인 목적은 부가가치세의 역진성을 완화하는 것이다.
③ 현행 부가가치세는 전단계거래액공제법을 채택하고 있다.
④ 소비지국과세원칙을 채택하고 있어 수출재화 등에 영세율이 적용된다.

해설 현행 부가가치세는 전단계세액공제법을 채택하고 있어 영세율과 면세적용이 용이하다.

06 다음 중 부가가치세의 면세대상이 아닌 것은?
① 수돗물   ② 신문
③ 밀가루   ④ 초코우유

해설 부가가치세법 제26조 제1항 : 초코우유는 가공유이므로 과세대상이다.

07 다음 중 부가가치세 과세거래에 해당되는 것을 모두 고르면?

| 가. 재화의 수입 |
| 나. 재화의 무상공급 |
| 다. 용역의 무상공급(부동산임대 제외) |
| 라. 고용관계에 의한 근로의 제공 |

① 가   ② 가, 나
③ 가, 나, 다   ④ 가, 나, 다, 라

해설 재화의 무상공급은 과세대상 거래이나 용역의 무상공급은 특수관계인에 대한 사업용 부동산의 임대용역을 제외하고 과세대상이 아니다.

정답 | 1. ① 2. ② 3. ① 4. ④ 5. ③ 6. ④ 7. ②

08 다음은 재화공급의 범위에 대한 설명이다. 틀린 것은?
① 할부판매에 의하여 재화를 인도 또는 양도하는 것
② 민사집행법에 의한 강제경매에 따라 재화를 인도 또는 양도하는 것
③ 교환계약에 의하여 재화를 인도 또는 양도하는 것
④ 가공계약에 의하여 재화를 인도하는 것

해설 강제경매에 따라 재화를 인도 또는 양도하는 것은 재화의 공급으로 보지 아니한다.

09 다음 중 부가가치세법상 재화 공급의 특례에 해당하는 간주공급으로 볼 수 없는 것은?
① 개인적 공급
② 자기의 과세사업과 관련하여 취득한 재화를 면세사업에 전용하는 경우
③ 폐업시 남아있는 재화
④ 사업용 기계장치의 양도

해설 사업용 기계장치의 양도는 재화의 일반적인 공급에 해당한다.

10 현행 부가가치세법상 용역의 공급으로 과세하지 않는 경우는 어느 것인가?
① 건설업자가 건설자재의 전부 또는 일부를 부담하는 경우
② 상대방으로부터 인도받은 재화에 주요자재를 전혀 부담하지 아니하고 단순히 가공만 하여 주는 경우
③ 산업상, 상업상 또는 과학상의 지식, 경험 또는 숙련에 관한 정보를 제공하는 경우
④ 특수관계자에 대한 사업용 부동산의 임대용역을 제외한 용역을 무상공급하는 경우

해설 특수관계자에 대한 부동산임대용역의 무상공급을 제외하고 용역의 무상공급의 경우는 현행 부가가치세법상 용역의 공급으로 보지 않는다.

11 부가가치세법상 부동산임대용역을 공급하는 경우에 전세금 또는 임대보증금에 대한 간주임대료의 공급시기는?

① 그 대가의 각 부분을 받기로 한 때
② 용역의 공급이 완료된 때
③ 그 대가를 받은 때
④ 예정신고기간 또는 과세기간 종료일

12 다음 중 부가가치세법상 재화의 공급시기로 틀린 것은?
① 현금판매 : 재화가 인도되거나 이용가능하게 되는 때
② 반환조건부 : 그 조건이 성취되어 판매가 확정되는 때
③ 무인판매기에 의한 공급 : 무인판매기에서 현금을 인취하는 때
④ 폐업시 잔존재화 : 폐업신고서 접수일

해설 폐업시 잔존재화 : 폐업하는 때

13 다음은 부가가치세법상의 재화와 용역의 거래 시기에 대한 설명이다. 틀린 것은?
① 재화의 이동이 필요한 경우에는 재화가 인도되는 때
② 장기할부 판매의 경우 대가를 받기로 한 때
③ 재화의 공급으로 보는 가공의 경우에는 재화의 가공이 완료된 때
④ 임대보증금에 대한 간주수입금액에 대해서는 예정신고기간 또는 과세기간의 종료일

해설 재화의 공급으로 보는 가공의 경우에는 가공된 재화를 인도하는 때

14 (주)씨엘은 수출을 하고 그에 대한 대가를 외국통화 기타 외국환으로 수령하였다. 이 경우 공급가액으로 올바르지 않은 것은?
① 공급시기 이후 대가 수령 - 공급시기의 기준환율 또는 재정환율로 환산한 가액
② 공급시기 이전 수령하여 공급시기 도래전 환가 - 공급시기의 기준환율 또는 재정환율로 환산한 가액
③ 공급시기 이전 수령하여 공급시기 도래 이후 환가 - 공급시기의 기준환율 또는 재정환율로 환산한 가액

정답 | 8. ② 9. ④ 10. ④ 11. ④ 12. ④ 13. ③ 14. ②

④ 공급시기 이전 수령하여 공급시기 도래 이후 계속 외환 보유 - 공급시기의 기준환율 또는 재정환율로 환산한 가액

[해설]
- 공급시기 도래 전에 원화로 환가한 경우에는 그 환가한 금액
- 공급시기 이후에 외국통화 기타 외국환의 상태로 보유하거나 지급받는 경우에는 공급시기의 기준환율 또는 재정환율에 의하여 계산한 금액

15 부가가치세법상 공급가액에 대한 설명 중 틀린 것은?
① 금전으로 대가를 받은 경우에는 그 대가
② 금전 이외의 대가를 받은 경우에는 자기가 공급한 재화 또는 용역의 원가
③ 폐업하는 때 남아 있는 재고재화의 경우에는 시가
④ 부가가치세가 표시되지 않거나 불분명한 경우에는 100/110에 해당하는 금액

[해설] ② 금전 이외의 대가를 받은 경우에는 자기가 공급한 재화 또는 용역의 시가를 공급가액으로 한다.

16 다음 중 부가가치세법상 재화의 공급시기가 '대가의 각 부분을 받기로 한 때'가 적용될 수 없는 것은?
① 기한부판매   ② 장기할부판매
③ 완성도기준지급   ④ 중간지급조건부

[해설] 기한부판매의 공급시기는 기한이 경과되어 판매가 확정되는 때이다.

17 다음 중 부가가치세법상 영세율에 대한 설명으로 틀린 것은?
① 수출하는 재화에 적용된다.
② 내국신용장에 의할 경우 영세율세금계산서를 발급해야 한다.
③ 최종소비자에게 부가가치세의 부담을 경감시키기 위한 불완전면세제도다.
④ 영세율적용대상자는 부가가치세법상 과세사업자(간이과세자 포함)이어야 한다.

[해설] 최종소비자에게 부가가치세의 부담을 경감시키기 위한 완전면세제도다.

18 다음 중 원칙적으로 부가가치세가 면세되는 재화 또는 용역의 공급의 개수는?

㉠ 단순가공된 두부	㉡ 신문사광고
㉢ 연탄과 무연탄	㉣ 시내버스 운송용역
㉤ 의료보건용역	㉥ 금융·보험용역

① 3개   ② 4개
③ 5개   ④ 6개

[해설] ㉡ 신문사 광고는 면세에서 제외된다. 의료보건용역은 원칙적으로 면세 대상이나 일부 성형수술과 약사의 조제용역을 제외한 약품판매는 과세대상이다.

19 다음 중 부가가치세법상 공급대가란?
① 매입가액에 부가가치세를 포함시킨 것
② 공급가액에 부가가치세를 포함시킨 것
③ 매입가액에 부가가치세를 포함시키지 않은 것
④ 공급가액에 부가가치세를 포함시키지 않은 것

[해설] 부가가치세법상 공급대가란 공급가액에 부가가치세를 포함시킨 것을 말한다.

20 다음 중 공급가액에 포함하지 않는 금액으로 틀린 것은?
① 부가가치세
② 매출에누리, 매출환입 및 매출할인
③ 재화를 공급받고 자기적립마일리지외의 마일리지로 결제하는 경우 보전받을 금액
④ 공급받는 자에게 도달하기 전에 파손·훼손 또는 멸실된 재화의 가액

[해설] 재화 또는 용역을 공급시 자기적립마일리지로 결제한 금액은 공급가액에 포함하지 않는다.

21 다음 중 부가가치세의 과세표준에서 공제하지 않는 것은 어느 것인가?
① 대손금과 장려금
② 환입된 재화의 가액
③ 매출할인
④ 에누리액

정답 | 15. ② 16. ① 17. ③ 18. ③ 19. ② 20. ③ 21. ①

22 부가가치세 확정신고시 공급가액에 포함되지 않는 것은?
① 토지의 임대
② 수출하는 재화
③ 영유아용 기저귀와 분유
④ 국민주택 초과 규모 주택의 공급

해설 영유아용 기저귀 분유는 부가가치세가 면제되는 항목이다.

23 다음 중 부가가치세법상 공급가액에 포함되지 않는 것은?
① 할부판매시 이자상당액
② 매출에누리 · 환입
③ 마일리지 결제액에 대한 보전받을 금액
④ 운송보험료

해설 매출에누리 환입은 공급가액에 포함되지 않는다.

24 전자세금계산서의 국세청 전송기한은?
① 발급일이 속하는 달의 말일의 다음날
② 발급일의 다음날
③ 발급일이 속하는 과세기간 종료일로부터 15일
④ 발급일이 속하는 과세기간 종료일의 다음날

해설 전자세금계산서의 국세청 전송기한은 전자세금계산서 발급일의 다음날까지 전송하여야 한다.

25 부가가치세법상 세금계산서의 필요적 기재사항으로 올바르지 않은 것은?
① 공급연월일
② 공급자의 등록번호와 성명 또는 명칭
③ 공급받는 자의 등록번호
④ 공급가액과 부가가치세액

해설 공급연월일이 아니라 작성연월일이 필요적 기재사항이다.

26 세금계산서를 발급하고자 한다. 추가적으로 반드시 있어야 하는 정보는 무엇인가?

(주)대흥실업(130-16-65566)은 (주)레오(106-86-40380)에 CD를 5개 개당 100,000원(부가세 별도)에 공급하였다.

① 공급가액
② 부가가치세
③ 작성연월일
④ (주)레오 대표자 성명

해설 세금계산서 필요적 기재사항 중 없는 자료는 작성연월일이다.

27 다음 중 부가가치세법상 세금계산서 발급의무가 면제되는 경우에 해당되지 않는 것은?
① 택시운송사업자, 노점 또는 행상을 하는 사람, 그밖에 기획재정부령으로 정하는 사업자가 공급하는 재화 또는 용역
② 부동산임대용역 중 간주임대료
③ 미용, 욕탕 및 유사 서비스업을 경영하는자가 공급하는 용역
④ 소매업을 경영하는자가 사업자에게 공급하는 재화 또는 용역

해설 부가가치세법 시행령 71①

28 다음 (   )안에 들어갈 말은 무엇인가?

부가가치세법상 사업자가 재화 또는 용역을 공급하고 세금계산서를 발급하지 아니한 경우 당해 재화 또는 용역을 공급받은 자는 관할세무서장의 확인을 받아 (   ) 발행 세금계산서를 발행할 수 있다.

① 사업자
② 매입자
③ 중개인
④ 매출자

해설 매입자발행 세금계산서에 기재된 부가가치세액은 공제받을 수 있다.

29 다음 중 부가가치세법상 세금계산서 제도와 관련한 설명 중 틀린 것은?
① 공급시기가 도래하기 전에 세금계산서를 발급하고 발급일로부터 7일 이내에 대가를 지급받는 경우에는 적법한 세금계산서를 발급한 것으로 본다.

② 매입자도 법정 요건을 갖춘 경우 세금계산서를 발행할 수 있다.
③ 영수증 발급대상 사업자가 신용카드매출전표를 발급한 경우에는 세금계산서를 발급할 수 없다.
④ 모든 영세율 거래에 대하여 세금계산서 발급의무가 없다.

[해설] 원칙적으로 국내에서 발생한 영세율 거래는 세금계산서 발급의무가 있다.

30 당사는 (주)실버벨과의 3월 1일부터 3월 31일까지의 매출분에 대하여 3월 31일자로 세금계산서를 작성하기로 하였다. 부가가치세법상 세금계산서는 언제까지 발급하여야 하는가?

① 4월 10일 ② 4월 12일
③ 4월 15일 ④ 4월 17일

[해설] 거래처별로 1개월간의 공급가액을 합계하여 세금계산서를 발급하는 경우 공급일이 속하는 다음달 10일까지 세금계산서를 발급할 수 있다. 그 발급일이 토요일, 일요일 또는 공휴일인 경우에는 그 다음날에 발급할 수 있다.

31 대천종합상사는 2025년 4월 15일에 사업을 개시하고, 7월 13일에 사업자등록신청을 하여, 7월 20일에 사업자등록증을 교부받았다. 다음 중 대천종합상사의 제1기 부가가치세 확정신고시 공제가능매입세액은 얼마인가? (단, 모두 세금계산서를 받은 것으로 가정한다)

- 4월 15일 : 상품구입액 300,000원
  (매입세액 30,000원) – 대표자 주민번호 기재분
- 5월 25일 : 비품구입액 400,000원
  (매입세액 40,000원) – 대표자 주민번호 기재분
- 5월 28일 : 기업업무추진비 사용액 200,000원
  (매입세액 20,000원) – 대표자 주민번호 기재분
- 6월 18일 : 상품구입액 1,000,000원
  (매입세액 100,000원) – 대표자 주민번호 기재분

① 120,000원 ② 160,000원
③ 170,000원 ④ 190,000원

[해설] 30,000 + 40,000 + 100,000 = 170,000원
공급시기가 속하는 과세기간이 끝난 후 20일 이내에 사업자등록을 신청한 경우 그 과세기간 내의 매입세액은 공제가 가능하다. 또한 사업자등록 신청일 이후의 매입세액은 공제가 가능하다.

32 현행 부가가치세법상 매입세액으로 공제가 가능한 것은?

① 세금계산서 미수취 관련 매입세액
② 사업과 직접 관련이 없는 지출에 대한 매입세액
③ 기업업무추진비 및 이와 유사한 비용의 지출에 관련된 매입세액
④ 매입자발행세금계산서상의 매입세액

[해설] 매입자발행세금계산서상의 매입세액은 공제 가능하다.

33 제조업을 영위하는 (주)광주상사는 다음 매입세액을 추가로 반영하고자 한다. 부가가치세 매출세액에서 공제가능한 매입세액은? (정당하게 세금계산서를 수취하였음)

① 기업업무추진비 관련 매입세액
② 업무관련 매입세액
③ 승용차(2,000cc)의 구입관련 매입세액
④ 면세사업관련 매입세액

[해설] 업무 관련 매입세액은 매입세액공제됨. 나머지는 불공제매입세액임

34 도·소매업을 영위하는 일반과세사업자 (주)한국의 다음 자료에 의하여 부가가치세 납부세액을 계산하면 얼마인가? (단, 자료의 금액은 공급가액이다)

(1) 매출자료 : 세금계산서 발급분 200,000원
  현금매출분(증빙없음) 100,000원
(2) 매입자료 : 현금매입분(증빙없음) 100,000원

① 50,000원 ② 30,000원
③ 20,000원 ④ 10,000원

[해설] (1) 매출세액 : (200,000 + 100,000) × 10% = 30,000원
(2) 매입세액 : 증빙 없는 현금매입분은 매입세액불공제임
(3) 납부세액 : 30,000 – 0 = 30,000원

35 다음 자료에 의하여 일반과세자 김세무의 부가가치세 매출세액을 계산하면 얼마인가?

> • 납부세액은 100,000원이다.
> • 세금계산서를 받고 매입한 물품의 공급가액은 3,000,000원이고 이 중 사업과 관련이 없는 물품의 공급가액 200,000원이 포함되어 있다.
> • 매입에 대한 영세율세금계산서는 없다.

① 360,000원 ② 380,000원
③ 400,000원 ④ 420,000원

해설 납부세액 = 매출세액 − 매입세액 + 매입세액불공제
즉, 매출세액 = 납부세액 + 매입세액 − 매입세액불공제
100,000 + 300,000 − 20,000 = 380,000원

36 다음 자료를 바탕으로 부가가치세 납부세액 계산시 매출세액에서 차감할 수 있는 대손세액은 얼마인가? (세부담최소화를 가정한다.)

내 역	공급가액
(가) 파산에 따른 매출채권	20,000,000원
(나) 부도발생일로부터 6개월이 경과한 부도수표	10,000,000원
(다) 상법상 소멸시효가 완성된 매출채권	1,000,000원

① 2,000,000원 ② 2,100,000원
③ 3,000,000원 ④ 3,100,000원

해설 차감 대손세액 = 공급대가 × 10/110
= (22,000,000+11,000,000+1,100,000) × 10/110
= 3,100,000원

37 다음 중 부가가치세 매입세액 공제가 가능한 경우는?

① 부동산매매업자가 토지의 취득에 관련된 매입세액
② 관광사업자가 승용자동차(5인승 2,000cc)의 취득에 따른 매입세액
③ 음식업자가 계산서를 받고 면세로 구입한 축산물의 의제매입세액
④ 소매업자가 사업과 관련하여 받은 영수증에 의한 매입세액

38 5월 20일 재화를 공급하고 다음의 기간이 경과한 날에 발급한 세금계산서 중 매입세액공제가 안되는 것은?

① 3개월   ② 6개월
③ 1년   ④ 1년 6개월

해설 공급한 날이 속하는 과세기간의 확정신고 기한(7월 25일)부터 1년 이내에 발급한 것은 공제가 가능

39 다음의 부가가치세법상 과세기간에 대한 설명 중 올바르지 않은 것은?

① 부가가치세법상 일반과세자의 제1기 예정신고기간은 1월 1일부터 3월 31일이다.
② 부가가치세법상 간이과세자의 과세기간은 제1기, 제2기의 구분없이 1년으로 1월 1일부터 12월 31일까지이다.
③ 부가가치세법상 일반과세자의 제1기 확정신고기간은 1월 1일부터 6월 30일까지이다.
④ 일반과세자(개인)와 간이과세자 모두 예정신고를 하지 아니하고 1년에 두 번(제1기, 제2기)예정고지에 의하여 직전과세기간 납부세액의 $\frac{1}{2}$을 납부한다.

해설 간이과세자는 예정고지라 하지 아니하고 예정부과라 한다. 간이과세자의 예정부과기간은 1년에 한 번 1월 1일부터 6월 30일까지이다.

40 다음 (   )에 알맞은 것은?

> 직전연도 공급가액이 10억원 이하인 음식점업을 영위하는 개인사업자(일반과세자)가 음식물을 판매하고 신용카드등 매출전표를 발행하는 경우, 부가가치세법상 신용카드등 발행금액의 (   )%에 상당하는 금액을 연간 1,000만원을 한도로 납부세액에서 공제한다.

① 1   ② 1.3
③ 2   ④ 2.6

해설 간이과세자와 직전연도 공급가액이 10억원 이하인 영수증 발급의무가 있는 개인사업자는 1.3%에 상당하는 금액을 연간 1,000만원을 한도로 납부세액에서 공제한다.

정답 | 35. ② 36. ④ 37. ③ 38. ④ 39. ④ 40. ②

41 다음 중 부가가치세법상 '조기환급'과 관련된 내용으로 틀린 것은?

① 조기환급 : 조기환급신고 기한 경과 후 25일 이내 환급
② 조기환급기간 : 예정신고기간 또는 과세기간 최종 3월 중 매월 또는 매 2월
③ 조기환급신고 : 조기환급기간 종료일부터 25일 이내에 조기환급기간에 대한 과세표준과 환급세액 신고
④ 조기환급대상 : 영세율적용이나 사업 설비를 신설, 취득, 확장 또는 증축하는 경우

[해설] 조기환급 : 조기환급신고 기한이 지난 후 15일 이내 (부가가치세법 제59조, 시행령 제107조)

42 다음 중 부가가치세법상 대손세액공제에 관한 설명 중 틀린 것은?

① 부가가치세가 과세되는 재화 또는 용역의 공급과 관련된 채권이어야 한다.
② 부도발생일로부터 3개월 이상 지난 수표·어음·중소기업의 외상매출금은 대손세액 공제 대상이다.
③ 회수기일이 2년 이상 지난 중소기업의 외상매출금 및 미수금은 대손세액 공제 대상이다.
④ 대손이 확정되면 공급자는 대손이 확정된 날이 속하는 과세기간의 매출세액에서 대손세액을 차감한다.

[해설] 부도발생일로부터 6개월 이상 지난 수표·어음·중소기업의 외상매출금은 대손세액공제 대상이다.

43 우리나라 부가가치세법에 대한 설명 중 가장 거리가 먼 항목은?

① 세부담의 역진성을 완화하기 위해 면세제도를 두고 있다.
② 소비지국 과세원칙에 따라 수입하는 재화에는 부가가치세가 과세된다.
③ 사업자가 아닌 자가 일시적으로 재화를 공급하는 경우, 부가가치세 납부의무가 없다.
④ 부가가치세의 과세대상은 크게 재화와 용역의 공급 그리고 재화와 용역의 수입으로 구분된다.

[해설] 부가가치세의 과세대상은 크게 재화와 용역의 공급 그리고 재화의 수입으로 구분된다.

44 다음 중 부가가치세 신고 시 제출하는 서류가 아닌 것은?

① 부가가치세 신고서와 건물 등 감가상각자산취득명세서
② 매출처별 세금계산서 합계표와 매입처별 세금계산서 합계표
③ 공제받지 못할 매입세액명세서와 대손세액공제신고서
④ 총수입금액조정명세서와 조정후총수입금액명세서

[해설] 총수입금액조정명세서는 소득세신고 서류이다.

정답 | 41. ① 42. ② 43. ④ 44. ④

CHAPTER 01 전산세무회계프로그램의 시작

1 사용자 로그인

바탕화면에서 케이렙(KcLep) 교육용 아이콘을 클릭하면 아래와 같은 로그인 화면이 나타난다. 사용급수를 선택하고 회사코드 옆의 말풍선을 클릭하여 나타난 등록회사 리스트에서 회사코드와 회사명을 선택한 후 로그인을 클릭한다. 이때 드라이브는 C:\KcLepDB로 기본 설정되고 실행파일과 데이터가 저장된다.

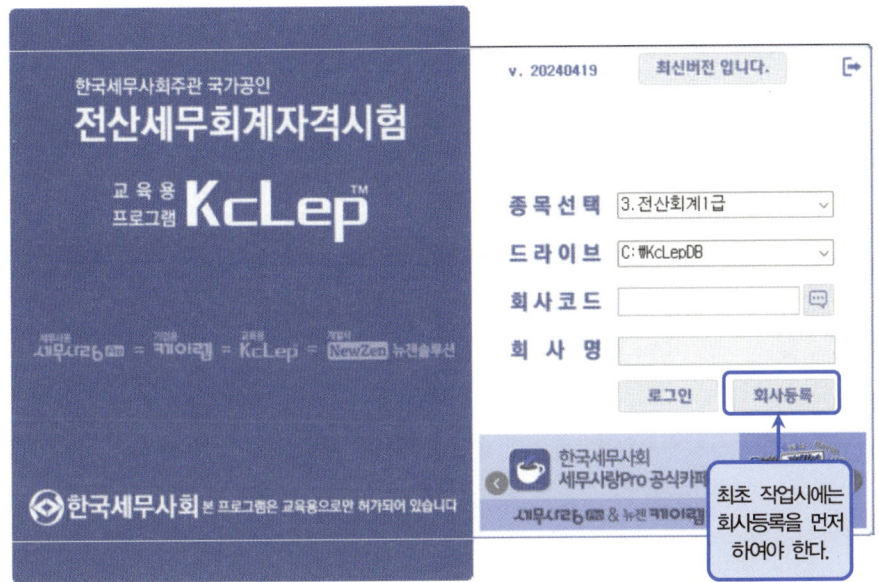

① 종목선택

사용자가 작업할 '종목'을 선택한다. 자격시험 응시종목에 따라 실행메뉴와 기능, 내용면에서 차이가 있으므로 학습하고자 하는 종목을 정확히 선택하여야 한다.

② 회사코드

작업할 회사의 코드를 선택한다. 최초 작업 시에는 「회사등록」을 선택하여 회사등록을 먼저 한 후에 선택한다. 등록된 회사가 이미 있을 때에는 '회사코드' 옆의 말풍선을 클릭하여 나타나는 '회사코드도움' 창에서 작업할 회사를 선택하고 확인하면 로그인이 된다.

③ 회사등록

프로그램을 처음 사용하는 경우 클릭하여 작업할 회사의 기본정보를 등록할 때 선택한다.

2 전산회계 1급 시작화면

급수선택에서 '전산회계1급'을 선택하면 회계관리와 부가가치 모듈의 메뉴가 나타난다.

전산회계 1급 기본메뉴 구성

- 회계관리모듈

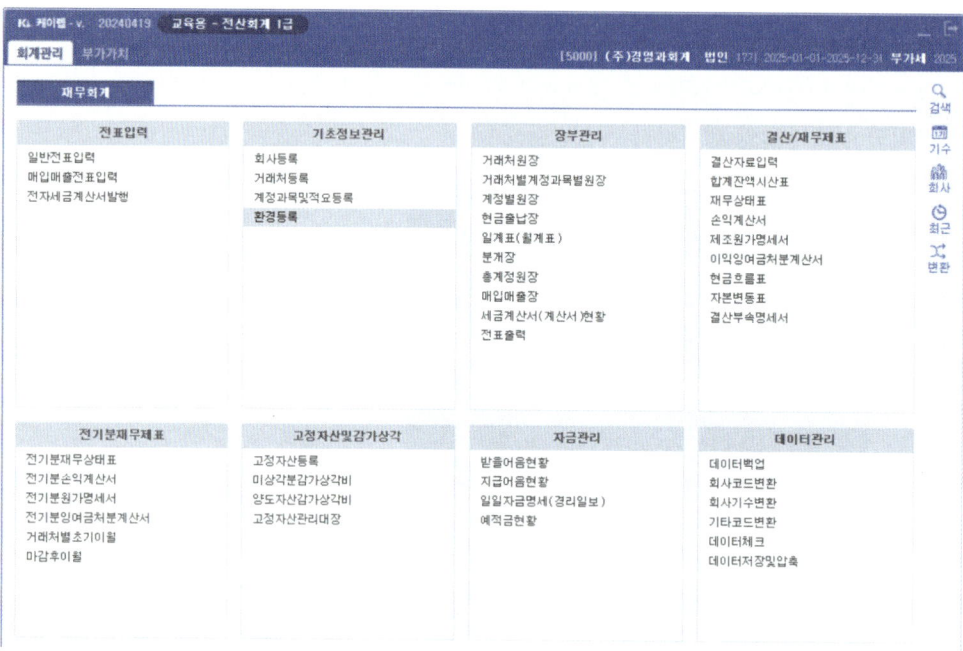

- 부가가치모듈

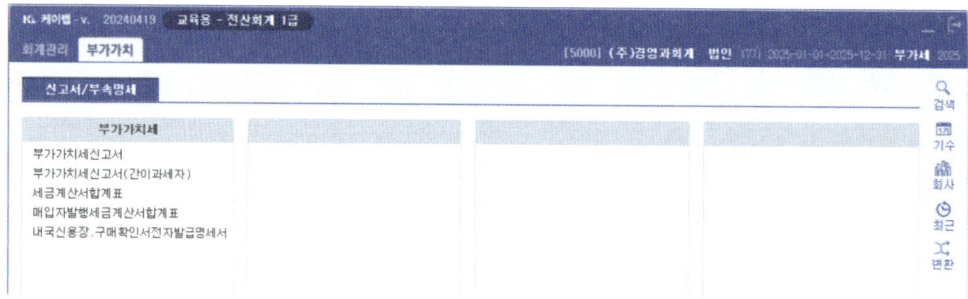

전산회계 1급 메뉴의 구성

회계관리

- **전표입력** : 거래를 입력하는 전표 입력과 전자세금계산서를 발행할 수 있는 메뉴이다. 부가가치세 신고 대상이 아닌 거래는 일반전표입력 메뉴에서 입력하고 부가가치세 신고 대상 거래는 매입매출전표입력 메뉴를 이용한다. 전자세금계산서의 발급과 전송은 전자세금계산서발행 메뉴에서 작업한다.

- **기초정보관리** : 입력 대상 기업의 기초정보를 입력하는 메뉴로 회사등록, 거래처등록, 계정과목및적요등록, 환경등록 등의 메뉴로 구성되어 있다.

- **장부관리** : 거래처원장, 계정별원장, 현금출납장 등 각종 장부를 조회할 수 있는 메뉴로 구성되어 있다.

- **결산/재무제표** : 결산자료의 입력 및 재무제표를 조회할 수 있는 메뉴이다. 합계잔액시산표, 재무상태표, 손익계산서, 제조원가명세서, 이익잉여금처분계산서 등의 메뉴로 구성되어 있다.

- **전기분재무제표** : 전기분재무제표와 거래처별초기이월을 입력하는 메뉴와 결산이 완료된 후 차기로 이월하는 마감후이월 메뉴로 구성되어 있다.

- **고정자산및감가상각** : 고정자산등록과 감가상각비를 계산하는 메뉴로 구성되어 있다.

- **자금관리** : 받을어음현황, 지급어음현황, 일일자금명세(경리일보), 예적금현황을 조회할 수 있다.

- **데이터관리** : 데이터백업, 회사코드변환, 회사기수변환, 기타코드변환, 데이터체크, 데이터의저장및압축 등의 메뉴로 구성되어 있다.

부가가치

- **부가가치세** : 부가가치세 신고 내역을 신고기간별로 조회하고 예정신고 누락분 등을 입력할 수 있는 부가가치세신고서와 간이과세자의 부가가치세 신고서, 세금계산서합계표, 매입자발행세금계산서합계표, 내국신용장·구매확인서 전자발급명세서 등의 메뉴로 구성되어 있다.

CHAPTER 02 프로그램의 첫걸음

SECTION 01 | 기초정보관리

NCS 능력단위 : 0203020105회계정보시스템　　능력단위요소 : 02회계프로그램운용하기
2.1 회계프로그램 매뉴얼에 따라 프로그램 운용에 필요한 기초 정보를 입력·수정할 수 있다.
2.2 회계프로그램 매뉴얼에 따라 정보 산출에 필요한 자료를 입력·수정할 수 있다.

회계처리를 하려는 회사에 대한 기본적인 사항을 가장 먼저 등록하여야 한다. 회계관리 모듈에서 '기초정보등록'의 메뉴와 '전기분재무제표등'의 메뉴에서 입력하여야 한다.

CHECK POINT 기초정보관리 요약

단　　계	구　성　항　목	
1. 기초정보등록	• 환경등록 • 거래처등록	• 회사등록 • 계정과목 및 적요등록
2. 전기분 재무제표등 입력	• 전기이월 작업 　- 전기분 재무상태표 　- 전기분 원가명세서 • 거래처별 초기이월	- 전기분 손익계산서 - 전기분 잉여금처분계산서

1 환경등록

회사의 업종과 특성에 따라 사용자가 입력방법을 지정하여 보다 빠른 입력을 할 수 있도록 시스템 환경을 설정하는 메뉴이다. 전산회계 1급은 제조업의 법인기업이 시험범위이므로 '분개유형설정'에서 매출과 매입계정을 수정하고, 부가세 포함여부를 확인하여야 한다.

① 분개유형 설정(2)

　㉠ 매출계정

　　매입매출전표입력 시 자동 분개되는 매출계정 코드의 기본값은 "401.상품매출"로 되어 있다. 그러나 전산회계 1급의 범위는 제조업이므로 "404.제품매출"로 수정하여야 한다.

ⓛ 매입계정

매입매출전표입력 시 자동 분개되는 매입계정 코드의 기본값은 "146.상품"으로 되어있다. 그러나 전산회계 1급 시험범위는 제조업이므로 "153.원재료"로 수정하여야 한다.

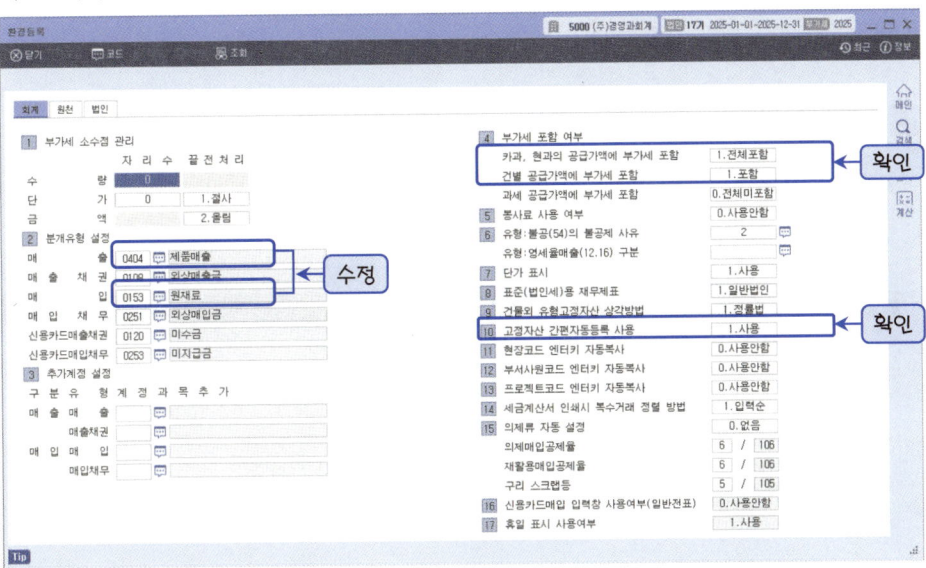

② 부가세 포함 여부(④)

㉠ 카과, 현과의 공급가액에 부가세 포함

자격시험에서 자료를 공급가액으로 줄 수도 있고 공급대가로 줄 수도 있다. 이러한 경우 환경등록의 내용을 알고 입력하는 것이 시간과 오류를 줄이는 방법이다.

1. 전체 포함 : 공급대가를 입력하면 공급가액과 부가가치세를 자동으로 구분 계산하는 방법
2. 매출만 포함 : 매출의 경우에만 공급대가를 입력하면 공급가액과 부가가치세를 자동으로 구분하는 방법으로 매입의 경우에는 공급가액을 입력하여야 한다.
3. 매입만 포함 : 매입의 경우에만 공급대가를 입력하면 공급가액과 부가가치세를 자동으로 구분 계산하는 방법
0. 전체 미포함 : 공급가액을 입력하여야 하며 부가가치세를 자동으로 계산하는 방법

㉡ 건별 공급가액에 부가세 포함

건별은 법정증명서류가 없거나 일반영수증 등을 교부한 경우로 그 영수증에 부가가치세가 별도로 표시되어 있지 않다. 따라서 건별은 1.포함을 선택하는 것이 일반적이다. 1.포함을 선택하면 공급대가를 입력하여야 하며 프로그램이 공급가액과 부가세를 자동으로 구분 계산한다.

③ 고정자산 간편자동등록 사용(⑩)

고정자산을 취득하는 전표를 입력할 때 고정자산을 등록할 수 있는 창을 활성화할 수 있는 기능이다. 시험에서 특별한 말이 없으면 지나치면 된다.

2 회사등록

사업자등록증과 기타 회사관련 자료를 참고하여 입력한다. 입력된 자료는 모든 출력물에 반영되고 계산의 기초가 되므로 정확하게 입력하여야 한다.

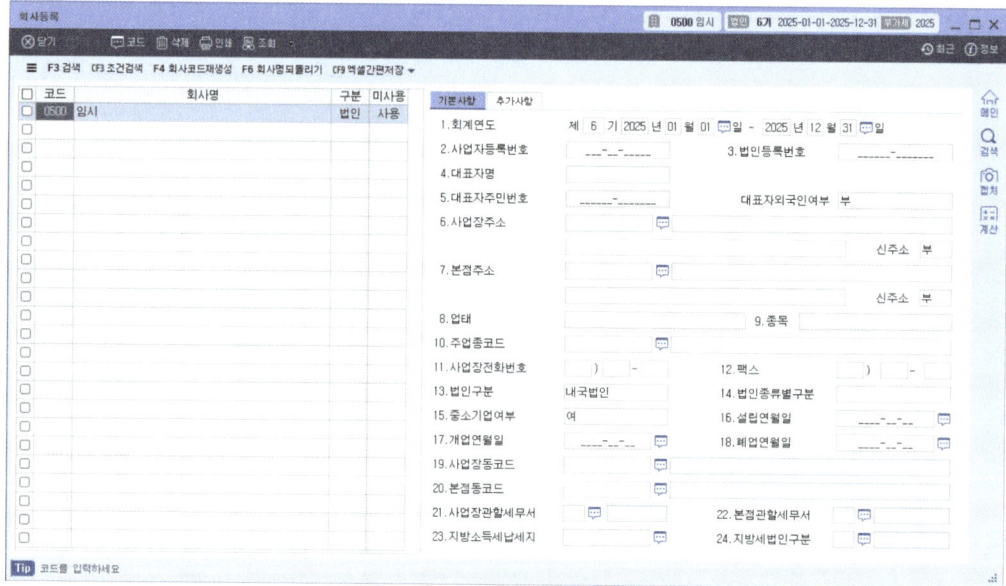

① 코 드

코드 란에 커서를 놓고 등록할 회사의 코드번호를 "0101 ~ 9999"까지의 번호 중 사용자가 원하는 숫자를 선택하여 입력한다.

② 회사명

사업자등록증에 적혀있는 법인명 또는 상호를 입력한다.

③ 구분과 미사용

사업자등록증 상 법인의 경우는 "1법인"을 개인의 경우는 "2개인"을 선택하고 미사용 란에는 "0사용"을 선택한다. 1.미사용을 선택하면 초기 로그인 화면의 회사코드에 나타나지 않는다.

④ 회계연도

개업일이 속한 사업연도부터 당기까지 사업연도에 대한 기수와 회계기간을 입력한다.

⑤ 사업자등록번호, 법인등록번호

사업자등록증에 적혀 있는 사업자등록번호와 법인등록번호를 입력한다. 사업자등록번호와 법인등록번호는 일정한 규칙에 의해 부여된 번호이므로 오류인 경우 프로그램에서 붉은색으로 표시된다.

⑥ 대표자명, 업태, 종목

사업자등록증에 적혀 있는 내용과 일치하게 정확히 입력한다.

⑦ 사업장 주소

우편번호 란에 커서를 두고 F2 키를 누르거나 말풍선을 선택하면 우편번호 검색 창이 나타난다. 지번 주소는 검색창에서 동 이름 두 글자를 입력한 후 검색 화면에서 해당하는 주소를 선택하고 나머지 주소는 직접 입력한다. 도로명 주소는 검색창에서 도로명 주소를 입력한 후 확인 선택한다. 도로명 주소를 입력할 때에 도로명은 띄어쓰기를 하지 않고 검색하여야 한다. 예를 들어 '테헤란로8길'로 입력하면 조회할 수 있지만 '테헤란로 8길'로 입력하면 조회가 되지 아니한다.
자격시험에서는 우편번호를 입력하지 않아도 된다.

⑧ 사업장동코드와 사업장관할세무서

사업장동코드란에 커서를 두고 F2 키를 누르거나 말풍선을 선택하여 보조창에서 사업장 소재지의 동이름을 입력하면 사업장동코드와 사업장 관할세무서가 자동으로 입력된다. 만일 사업자 등록증 상의 관할 세무서와 다른 경우에는 21.사업장관할세무서 란에 커서를 두고 말풍선을 클릭하여 보조창에서 관할 세무서를 선택하여야 한다.

⑨ 개업년월일

사업자등록증에 적혀 있는 개업년월일을 입력한다.

필수예제 따라하기

필수예제

(주)경영과회계는 사무용품을 제조하여 판매하는 법인기업이다. 사업자등록증을 참고하여 회사등록을 하시오(회사코드는 [5000]으로 등록하며, 회계연도는 제17기 2025. 1. 1 ~ 2025. 12. 31.이다).

사 업 자 등 록 증

(법인사업자용)

등록번호 : 214-81-08916

1. 상   호   명 : ㈜경영과회계
2. 대 표 자 명 : 김회계
3. 개 업 연 월 일 : 2009. 8. 1
4. 법 인 등 록 번 호 : 110111-3058123
5. 사업장 소재지 : 서울시 서초구 강남대로 156-5
   (양재동 창우빌딩)
6. 본 점 소 재 지 : 상 동
7. 사 업 의 종 류 : [업태] 제조·도매   [종목] 사무용품
8. 교 부 사 유 : 신 규
9. 사업자단위과세 적용사업장 여부 : 여(   ) 부(○)
10. 전자세금계산서 전용메일주소 : point@matbook.co.kr

2009년 8월 5일

서초세무서장 (인)

* 회사의 전화번호 : 02-555-1234, 설립연월일 : 2009.07.18

따라하기

① 회계관리 모듈의 "기초정보등록" 부분에서 "회사등록" 메뉴를 클릭한다.
② 코드에 "5000"을 입력하고, 회사명에 "(주)경영과회계"를 입력한 후 구분에서 "1"법인을 미사용에서 "0"사용을 선택한다.
③ 1.회계연도 : 2009년도 개업이므로 제17기 2025년 1월 1일 ~ 2025년 12월 31일로 입력한다.
④ 2.사업자등록번호 : 214 - 81 - 08916으로 입력한다.
  • 사업자등록번호란이 적색이면 그 번호가 오류이므로 정확한 번호로 수정하여야 한다.
⑤ 3.법인등록번호 : 110111 - 3058123을 입력한다.
⑥ 4.대표자명 : 김회계를 입력한다.
⑦ 5.대표자주민번호 : 문제에서 제시되지 않았으므로 생략한다.
⑧ 6.사업장주소 : 우편번호 입력란 옆의 말풍선을 클릭하여 우편번호와 주소를 인터넷 조회하여 서울시 서초구 강남대로 156-5(양재동 창우빌딩)을 입력한다.
⑨ 8.업태 : 제조·도매를 입력한다. 9.종목 : 사무용품을 입력한다.

⑩ 11.사업장전화번호 : 02-555-1234를 입력한다.
⑪ 16.설립연월일 : 2009년 7월 18일을 입력한다.
⑫ 17.개업연월일 : 2009년 8월 1일을 입력한다.
⑬ 19.사업장동코드와 20.본점동코드에서 양재동을 선택하여 19.사업장동코드와 20.본점동코드 및 21.사업장관할세무서 : 214.서초를 자동 완성한다.

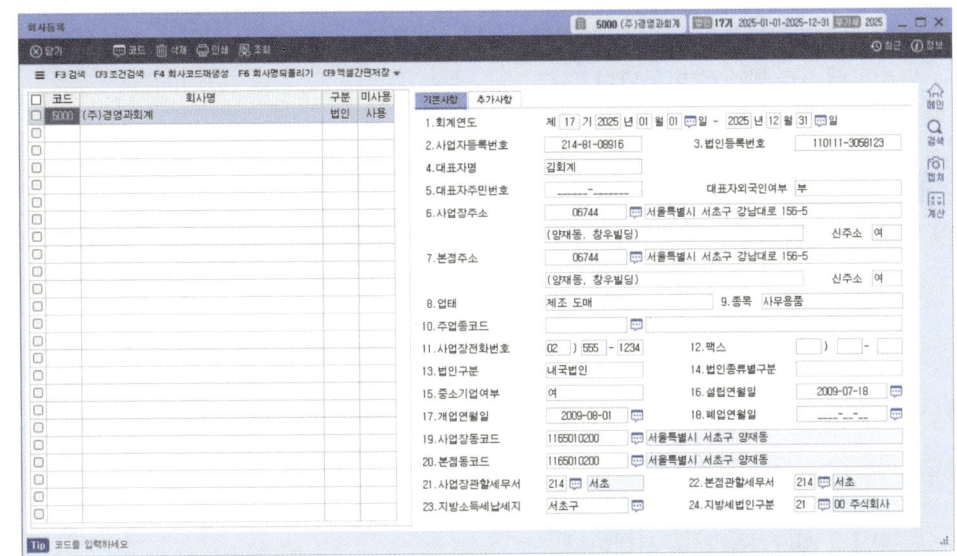

▶ 회사등록이 입력된 화면

▶ 추가사항 탭을 클릭하여 부가세신고방법, 신고담당자, 신고담당자 이메일 등을 추가로 입력할 수 있다.
▶ 21.사업장 관할세무서가 사업자등록증과 다른 경우 21.사업장 관할세무서의 말풍선을 클릭하여 수정 입력한다.

3 거래처등록

채권·채무에 대한 거래처원장을 작성하고 관리하기 위한 기초작업이 거래처등록이다. 거래처원장에서 관리하고자 하는 거래처의 기본정보를 등록한다. 거래처 관리가 필요 없는 거래처는 전표입력 시 코드번호 없이 거래처명만 입력하면 된다. 이처럼 거래처의 상호만 입력하면 거래처별로 된 장부들을 조회하거나 출력할 수 없다.

① 일반거래처

부가가치세신고 대상인 거래의 거래처는 반드시 거래처등록을 하여야 하며, 채권채무관리를 위한 거래처는 사용자의 필요에 따라 등록한다.

㉠ 코　드 : "00101~97999" 번호 중 사용자가 원하는 숫자 5자리까지 입력한다.
　㉡ 거래처명 : 거래처의 상호를 입력한다.
　㉢ 유　형 : 거래처의 유형을 선택한다. 1.매출 2.매입 3.매입매출동시
　㉣ 사업자등록번호 : 우측의 사업자등록번호 텍스트 박스에 입력하면 좌측의 등록번호 란에 자동으로 반영된다. 사업자등록상태조회는 실무상 사업자 여부를 국세청 홈페이지에서 확인하기 위한 메뉴로 자격시험과는 무관하다.
　㉤ 거래처에 대한 기타의 입력사항은 우측의 해당 란에 입력한다. 상세입력 안함에 체크하면 6.연락처부터 건너뛰기가 되어 다음 거래처로 이동하며 체크를 제거하면 커서가 6번 텍스트 박스로 이동한다.

> **CHECK POINT** 거래처등록을 하여야 하는 채권 채무 계정과목들 : 확인
>
> 자격시험에서는 외상매출금, 외상매입금, 받을어음, 지급어음, 대여금, 차입금, 미수금, 미지급금, 선급금, 선수금, 가지급금 등에 대하여 거래처등록을 하여야 하며, 실무에서는 모든 예금까지 거래처등록을 한다.

② **금융기관 거래처**

　㉠ 코　드 : 98000~99599 번호 중 하나를 금융기관 코드로 등록할 수 있다.
　㉡ 구　분 : 예금의 종류에 따라 1.보통예금, 2.당좌예금, 3.정기적금, 4.정기예금, 5.기타 중에서 해당하는 것을 선택한다.
　㉢ 계좌번호 : 해당 은행에 개설된 통장의 계좌번호를 입력한다.

③ **신용카드(매입,매출)거래처**

　㉠ 코　드 : 99600~99999 번호 중 하나를 신용카드사 코드로 등록할 수 있다.
　㉡ 카드번호 또는 가맹점 번호 : 신용카드로 매입, 구입 등의 지급수단으로 사용하는 경우에는 신용카드번호를 입력하고, 사용자가 신용카드 가맹점인 경우, 즉 매출인 경우 신용카드 가맹점번호를 입력한다.

④ **거래처명 수정**

회계기간 도중에 거래처의 상호가 바뀌거나 입력을 잘못하여 수정하려는 경우에는 거래처등록 화면의 거래처명에서 수정하여 입력하고 상단의 F11 전표변경을 클릭한다. 전표변경을 클릭하지 않으면 이미 입력된 전표는 수정전의 상호로 나타나고 거래처명을 변경한 후의 전표만 수정된 거래처명으로 나타나므로 주의하여야 한다.

필수예제 따라하기

필수예제

(주)경영과회계의 거래처를 거래처등록 메뉴에 등록하시오(일반거래처는 모두 매입 매출 동시 거래처로 할 것).

코드	거래처명	대표자	사업자등록번호	주　소	업태	종목
1000	김회계	김회계				
1001	충무상사	김진석	123-25-70762	경기도 안양시 만안구 현충로 48 (안양동)	도매	사무용품
1002	원효상회	박민정	606-45-62450	부산광역시 동래구 충렬대로237번길 109 (명륜동)	도매	사무용품
1003	당산상사(주)	양선정	108-81-31257	서울특별시 영등포구 대림로 178 (대림동)	도매	사무용품
1004	(주)영동	박중현	106-81-12569	서울특별시 동작구 상도로 16 (대방동)	도매	사무용품
1005	신림상회	김인성	110-28-94513	서울특별시 강남구 테헤란로8길 8 (역삼동)	도매	사무용품
1006	(주)대영	한중희	134-81-66245	경기도 안산시 단원구 중앙대로 907 (고잔동)	도매	사무용품
1007	반포상사	전성수	124-85-60669	경기도 수원시 영통구 청명남로 8 (영통동)	도매	사무용품
1008	(주)김포	오지형	112-81-25128	서울특별시 관악구 문성로 203 (신림동)	도매	사무용품
1009	(주)아산	이재포	107-85-23238	대구광역시 북구 학정로 421 (동천동)	제조	자동차정비
98000	신한은행		계좌번호	110-01965796(보통예금)		
98010	조은은행		계좌번호	32428621(기타)		
99600	신한카드	(매입)	카드번호	9580-1234-0005-6783		사업용카드
99700	신한카드사	(매출)	가맹점번호	62423405		

따라하기

➡ 거래처등록자료가 입력된 화면

1. 거래처등록(일반거래처)

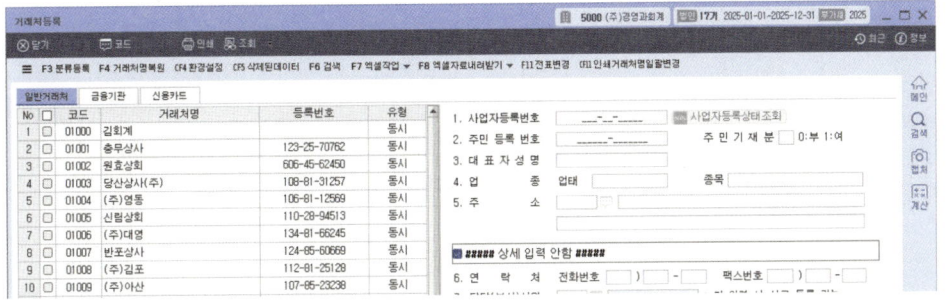

CHECK POINT

매출거래처에 대하여 전자세금계산서를 발급하려면 거래처의 대표자명을 입력하여야 하고 14.업체담당자연락처 (조회/등록)을 클릭하여 거래처의 담당자와 담당자의 이메일주소를 입력하여야 한다.

2. 거래처등록(금융기관)

No	코드	거래처명	계좌번호	유형
1	98000	신한은행	11001965796	보통예금
2	98010	조은은행	32428621	기타

1. 계 좌 번 호 : 11001965796
2. 계좌개설은행/지점 :
3. 계 좌 개 설 일 :
4. 예금 종류 / 만기 : 예금종류   만기
5. 이자율/매월납입액 : 이자율   %   매월납입액
6. 당 좌 한 도 액 :

3. 거래처등록(신용카드)

No	코드	거래처명	가맹점(카드)번호	유형
1	99600	신한카드	9580123400056783	매입
2	99700	신한카드사	62423405	매출

1. 사업자등록번호 :
2. 가 맹 점 번 호 :
3. 카드번호(매입) : 9580123400056783
4. 카드종류(매입) : 3 3.사업용카드
5. 카드 소유 담당 :   + 키 입력시 신규등록가능

4 계정과목 및 적요등록

> NCS 능력단위 : 0203020105회계정보시스템   능력단위요소 : 01회계관련DB마스터관리하기
> 1.1 DB마스터 매뉴얼에 따라 계정과목 및 거래처를 관리할 수 있다.

거래를 입력하는 것은 분개를 하는 것이므로 이론편에서 설명하는 계정과목에 대한 이해가 선행되어야 한다. 프로그램은 일반적인 계정과목은 기본으로 설정되어 있으며, 회사의 특성에 따라 계정과목을 수정하거나 추가(과목 추가)하여 사용할 수 있다. 계정과목 코드는 유동성배열원칙에 따라 자산, 부채, 자본, 수익, 비용의 순으로 되어있다.

① 계정체계

화면 좌측의 계정체계의 각 항목을 클릭하면 해당하는 체계에 속하는 계정과목이 우측에 나타난다. 새로운 계정과목을 추가하려면 해당하는 계정체계 내에서 사용자설정계정과목란에서 추가하여야 한다.

② 코드/계정과목

코드와 계정과목은 유동성배열에 의한 계정체계로 설정되어 있다.
㉠ 적색계정과목 : 본래는 수정할 수 없으나, 필요에 따라 수정하려는 경우에는 [Ctrl] 키와 [F2] 키를 함께 눌러 우측의 계정코드명이 활성화되면 수정할 수 있다.
㉡ 흑색계정과목 : 수정이 필요한 경우, 계정코드명에 커서를 두고 수정한다.
㉢ 사용자설정계정과목 : 사용하고자 하는 계정과목이 없는 경우 사용자설정계정과목에서 새로 등록하여 사용한다.

③ 성격

성격은 프로그램의 특성상 자동으로 재무제표 등을 작성하기 위해 별도로 구분해 놓은 것으로 변경하지 않고 그대로 사용하면 된다.

④ 관계

관계는 성격이 "4차감"인 계정의 경우에는 어느 계정에서 차감하는지를 나타내고 기타의 경우에는 회계처리를 함께 하여야 하는 계정을 표시한다.

⑤ 적요

적요는 현금적요와 대체적요로 구분하고, 적요의 추가등록이나 수정은 마우스로 해당하는 적요NO에 커서를 두고 추가 등록하거나 수정할 수 있다. 계정과목별로 반복적으로 발생하는 적요는 미리 등록하여 입력 시에 선택하여 사용할 수 있다.

필수예제 따라하기

필수예제

계정과목 및 적요등록 메뉴에서 다음 자료를 수정 또는 추가 등록하시오.
1. "122.소모품"계정을 "사무용품"으로 수정하시오.
2. 판매관리비 계정체계 범위 내에 "853.연구비" 계정을 추가등록 하시오(성격은 경비).
3. 판매관리비 "830.소모품비" 계정의 현금적요에 "4.회의용품비 지급"을 추가하시오.

따라하기

회계관리 모듈의 "기초정보등록" 부분에서 "계정과목및적요등록"을 클릭한다.

1. 계정과목명 수정
   ① 커서를 코드 란에 놓고 "122"을 입력하여 122.소모품으로 이동한다.
   ② 계정과목이 흑색이므로 커서를 우측의 계정과목 란에 가져간 다음 "사무용품"을 입력한다.

➡ 사무용품 계정으로 수정된 화면

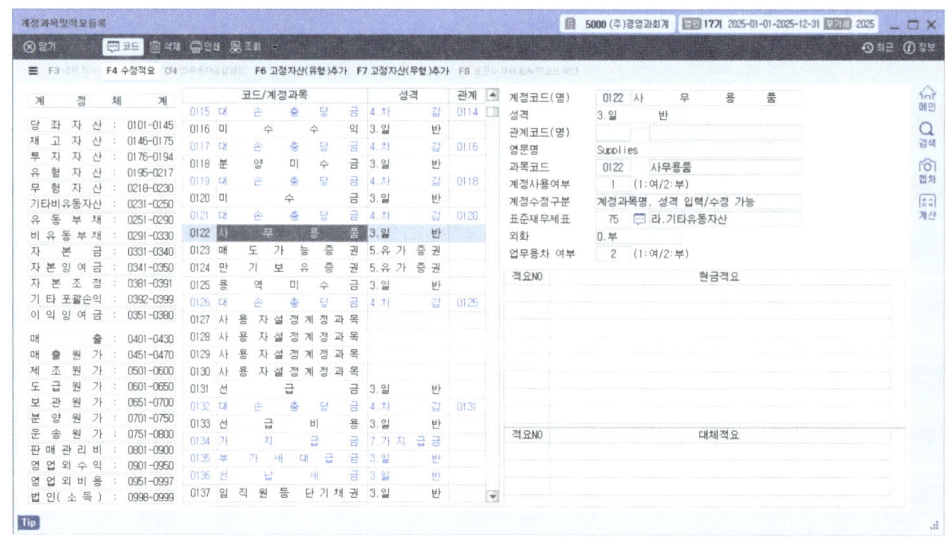

2. 계정과목의 신규등록
   ① 화면좌측의 "계정체계"에서 판매관리비를 클릭한다.
   ② 코드/계정과목에 801부터 900코드가 표시되면 코드범위 중 "853.사용자설정계정과목"을 선택한다.
   ③ 853.사용자설정계정과목의 과목명란에 커서를 놓고 "연구비"를 입력하고 성격 란에서 '3.경비'를 선택한다.

⊃ 연구비 계정이 등록된 화면

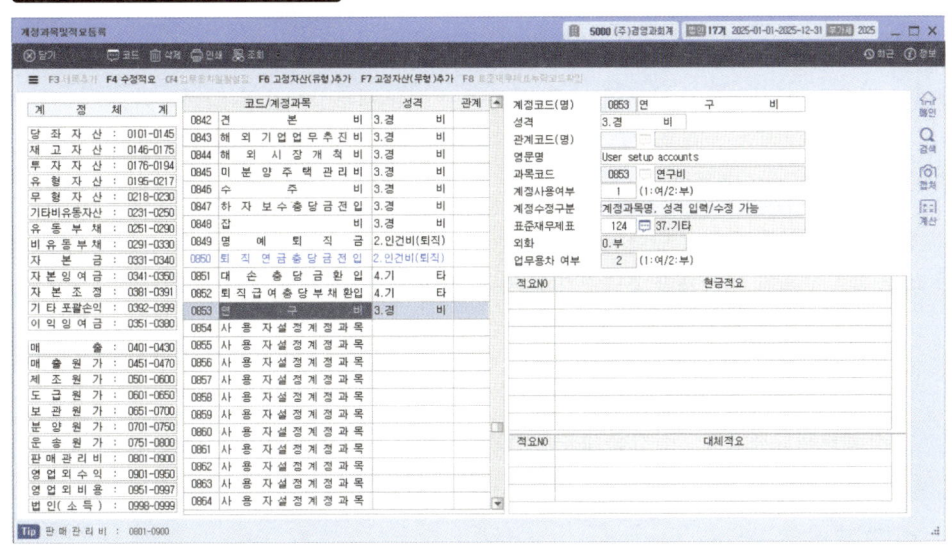

3. 적요의 수정
① 화면좌측에서 830.소모품비를 클릭한다.
② 화면우측의 적요등록사항 중 현금적요 4번에 "회의용품비 지급"을 추가한다.

⊃ 소모품비 계정에 적요가 추가된 화면

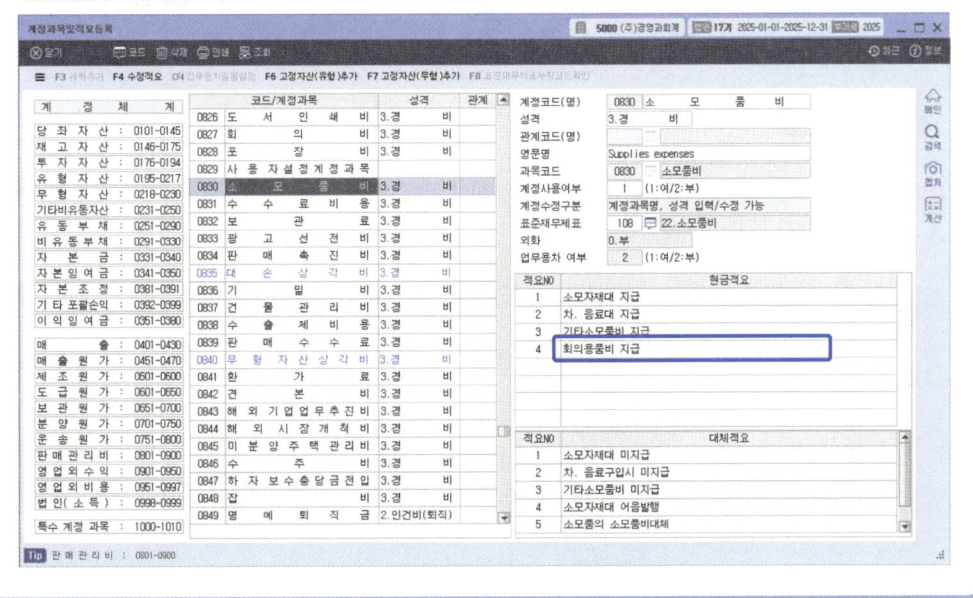

5 전기분재무상태표

전기분재무상태표 상의 자산 부채 자본은 전기말 금액을 시작으로 당기에 계속하여 회계처리 되어야 하므로 이월시켜야 하는데 이를 위하여 전기분재무상태표를 입력한다.

① 매출원가의 기말재고액

　전기분재무상태표에서 입력된 재고자산 중 제품계정의 금액은 전기분손익계산서의 제품 매출원가창에서 기말제품재고액으로 자동 반영된다.

② 원가명세서의 기말재고액

　㉠ 기말원재료재고액 : 전기분재무상태표의 원재료 계정 금액이 자동 반영된다.
　㉡ 기말재공품재고액 : 전기분재무상태표의 재공품 계정 금액이 자동 반영된다.

③ 제조원가명세서의 당기제품제조원가

　전기분 손익계산서의 제품매출원가 중 당기제품제조원가와 일치하여야 한다.

④ 이익잉여금처분계산서

　이익잉여금처분계산서의 당기순이익은 전기분손익계산서의 당기순이익을 입력한다.

> **CHECK POINT** 전기분재무상태표 작성 시 유의사항
> ① 계정과목코드와 금액을 입력하면 화면우측의 계정별합계에 자동 집계된다.
> ② 대손충당금, 감가상각누계액 등 차감과목은 설정대상 계정의 코드번호의 다음 번호를 사용하여야 하며 절대로 '-'로 입력하지 않는다(예 : 코드번호 108번 외상매출금에 대한 대손충당금은 코드번호 109번을 사용하여야 한다).
> ③ 퇴직급여충당부채 계정은 계정과목 코드를 입력한 후 하단 입력란에 총금액을 제조와 판관비로 구분하여 입력하여야 한다.
> ④ 가지급금과 가수금 계정은 계정과목 코드를 입력한 후 우측 보조창에서 각 사원별로 가지급금 또는 가수금 금액을 입력하여야 한다.
> ⑤ 보통주 자본금은 자본금 계정과목 코드(코드번호 : 331)을 사용한다.
> ⑥ 재무상태표에 당기순이익은 입력하지 않는다.
> ⑦ 재무상태표에는 '미처분이익잉여금'으로 표시하나 전산프로그램에서 입력 할 때에는 "375. 이월이익잉여금"으로 입력하여야 한다. 377.미처분이익잉여금으로 입력하지 않아야 한다.
> ⑧ 화면 우측 하단의 대차차액은 없어야 한다.
> ⑨ 입력순서에 관계없이 코드순으로 정렬되므로 누락된 경우 입력화면 마지막 줄에 추가 입력하면 된다.

필수예제 따라하기

필수예제
(주)경영과회계의 전기분재무상태표를 해당 메뉴에 입력하시오.

재 무 상 태 표
2024. 12. 31. 현재

㈜경영과회계 (단위 : 원)

과 목	금	액	과 목	금	액
자 산			부 채		
유 동 자 산		93,470,000	유 동 부 채		82,053,000
당 좌 자 산		85,770,000	외 상 매 입 금		28,000,000
현 금		9,540,000	지 급 어 음		15,600,000
당 좌 예 금		8,310,000	미 지 급 금		6,000,000
보 통 예 금		26,110,000	가 수 금		2,000,000
단 기 매 매 증 권		8,000,000	단 기 차 입 금		30,000,000
외 상 매 출 금	19,000,000		미 지 급 비 용		453,000
대 손 충 당 금	190,000	18,810,000	비 유 동 부 채		30,000,000
단 기 대 여 금		15,000,000	퇴직급여충당부채		30,000,000
재 고 자 산		7,700,000	부 채 총 계		112,053,000
제 품		3,300,000	자 본		
원 재 료		3,500,000	자 본 금		80,000,000
재 공 품		900,000	보 통 주 자 본 금		80,000,000
비 유 동 자 산		142,700,000	자 본 잉 여 금		0
투 자 자 산		30,000,000	자 본 조 정		0
장 기 대 여 금		30,000,000	기타포괄손익누계액		0
유 형 자 산		97,900,000	이 익 잉 여 금		44,117,000
토 지		60,000,000	이 익 준 비 금		2,000,000
기 계 장 치	41,000,000		미처분이익잉여금		42,117,000
감 가 상 각 누 계 액	24,000,000	17,000,000	(당기순이익 : 33,600,000)		
차 량 운 반 구	25,425,000		자 본 총 계		124,117,000
감 가 상 각 누 계 액	13,525,000	11,900,000			
비 품	19,000,000				
감 가 상 각 누 계 액	10,000,000	9,000,000			
무 형 자 산		4,800,000			
개 발 비		4,800,000			
기 타 비 유 동 자 산		10,000,000			
기 타 보 증 금		10,000,000			
자 산 총 계		236,170,000	부 채 와 자 본 총 계		236,170,000

* 가수금은 '대표자'란에 입력하고 퇴직급여충당부채 중 제조분은 20,000,000원임

> **따라하기**

회계관리 모듈의 "전기분재무제표"에서 "전기분재무상태표" 메뉴를 클릭한다.

① 유동자산, 당좌자산, 유동부채, 비유동부채, 자산총계, 자본총계 등 항목별 합계액은 입력하지 않고 계정과목과 금액만 입력하며, 코드 란에 커서를 놓고 입력하려는 계정과목의 한글 두 글자를 입력한 후 Enter↵를 하여 과목을 선택한다.

코드	금 액(원)	코드	금 액(원)	코드	금 액(원)	코드	금 액(원)
101	9,540,000	102	8,310,000	103	26,110,000	107	8,000,000
108	19,000,000	109	190,000	114	15,000,000	150	3,300,000
153	3,500,000	169	900,000	179	30,000,000	201	60,000,000
206	41,000,000	207	24,000,000	208	25,425,000	209	13,525,000
212	19,000,000	213	10,000,000	226	4,800,000	234	10,000,000
251	28,000,000	252	15,600,000	253	6,000,000	257	2,000,000
260	30,000,000	262	453,000	295	30,000,000	331	80,000,000
351	2,000,000	375	42,117,000				

▶ 미처분이익잉여금계정은 재무상태표에는 "미처분이익잉여금"으로 표시하나, 계정과목 입력 시에는 "375.이월이익잉여금"으로 입력하여야 한다.
▶ 당기순이익은 별도의 계정과목으로 입력하지 아니하며 전기분손익계산서를 입력할 때 당기순이익과 일치하여야 한다.

② 대손충당금과 감가상각누계액은 설정대상계정 코드번호의 다음 코드번호를 선택한다. 예를 들어 108.외상매출금계정에 대한 대손충당금은 109번 코드를 선택하고 206.기계장치에 대한 감가상각누계액은 207번 코드를 사용한다.
③ 가수금 2,000,000원은 화면 우측 창에 인별로 입력하여야 하는 것으로 이 문제에서는 대표자 란에 입력한다.
④ 퇴직급여충당부채 30,000,000원은 화면 하단의 제조에 20,000,000원을 입력하고 판관비에 10,000,000원을 입력하여야 한다. 제조활동과 관련된 사용인의 퇴직을 위하여 설정된 퇴직급여충당부채가 20,000,000원이고, 잔액 10,000,000원은 판매관리활동에 종사하는 사용인의 퇴직을 위하여 설정된 것이다.
⑤ 문제에서 제시한 재무상태표의 차변의 자산총계 금액과 전산입력 화면의 차변합계 금액이 일치하여야 하고, 대변의 부채와자본 총계 금액과 전산입력 화면의 대변합계 금액이 일치하여야 한다.
⑥ 화면 우측 계정별 합계 하단에서 대차차액을 확인하고 대차차액이 없으면 종료한다.

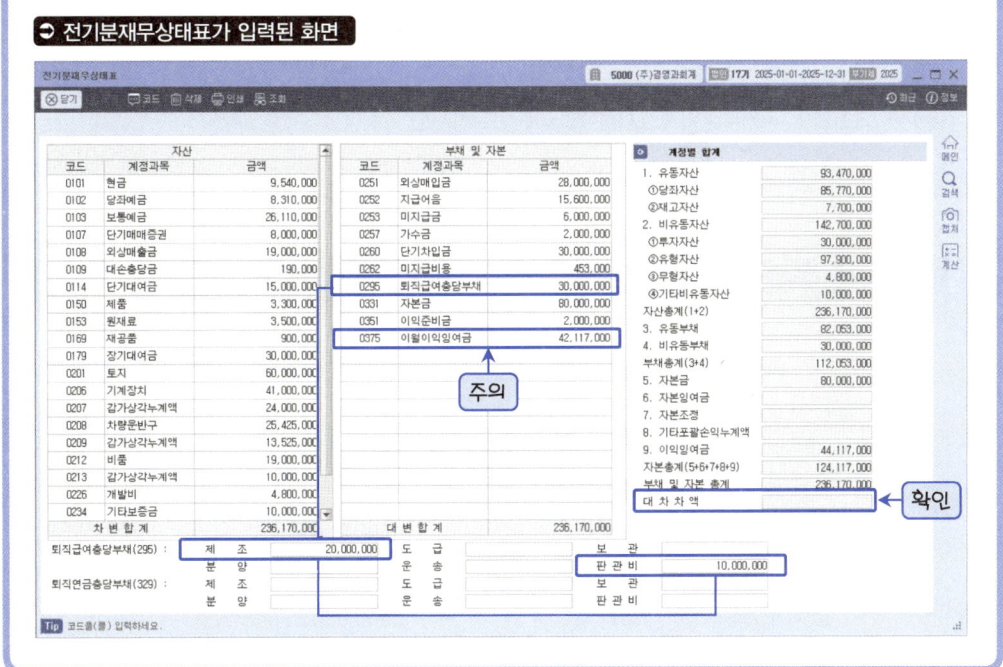

➡ 전기분재무상태표가 입력된 화면

6 전기분손익계산서

전기분손익계산서는 비교식 손익계산서의 자료를 제공함과 동시에 전기분재무상태표에 순이익을 반영하기 위하여 필수적으로 입력하여야 하는 메뉴이다.

① **상품매출원가의 입력방법**

"451.상품매출원가"를 선택하면 나타나는 보조창에 기초상품재고액과 당기상품매입액 등을 입력한다. 기말상품재고액은 전기분재무상태표에 입력한 금액이 자동 반영된다.

② **제품매출원가의 입력방법**

"455.제품매출원가"를 선택하면 나타나는 보조창에 기초제품재고액, 당기제품제조원가를 입력한다. 기말제품재고액은 전기분재무상태표에 입력한 금액이 자동 반영된다.

> **CHECK POINT** 전기분 손익계산서 작성 시 유의사항
> - 기간 : 손익계산서는 일정기간 경영성과를 표시하므로 해당 기간을 표시하여야 하는데, 전기분 손익계산서의 기간에는 전기 제16기 2024년 1월 1일부터 2024년 12월 31일까지로 입력한다.
> - 계정코드 : 손익계산서의 비용 항목은 800번대 이후의 코드번호를 사용하여 입력한다.
> - 화면 우측의 계정별합계에서 당기순이익 확인 → 이익잉여금처분계산서에 당기순이익 생성

필수예제 따라하기

필수예제

(주)경영과회계의 전기분손익계산서를 메뉴에 입력하시오.

손 익 계 산 서
제16기 2024. 1. 1. ~ 2024.12.31

㈜경영과회계 (단위 : 원)

과 목	금	액
매 출 액		233,500,000
제 품 매 출	233,500,000	
매 출 원 가		116,900,000
제 품 매 출 원 가		
당 기 상 품 매 입 액		
기 초 제 품 재 고 액	3,500,000	
당 기 제 품 제 조 원 가	116,700,000	
기 말 제 품 재 고 액	3,300,000	
매 출 총 이 익		116,600,000
판 매 비 와 관 리 비		74,900,000
급 여	46,100,000	
복 리 후 생 비	4,700,000	
여 비 교 통 비	1,650,000	
기 업 업 무 추 진 비	5,850,000	
통 신 비	3,130,000	
세 금 과 공 과	2,900,000	
소 모 품 비	7,400,000	
대 손 상 각 비	3,170,000	
영 업 이 익		41,700,000
영 업 외 수 익		0
영 업 외 비 용		3,500,000
이 자 비 용	3,500,000	
법 인 세 차 감 전 이 익		38,200,000
법 인 세 비 용		4,600,000
당 기 순 이 익		33,600,000

따라하기

회계관리 모듈의 전기분재무제표에서 "전기분손익계산서"를 클릭한다.

① 매출액, 매출원가, 매출총이익 등의 항목별 합계액은 제외하고 계정과목과 금액만 입력한다. 코드 란에서 계정과목의 두 글자를 입력한 후 해당하는 과목을 선택한다.

코 드	금 액(원)		코 드	금 액(원)
404	233,500,000		813	5,850,000
455	기초제품재고액 : 3,500,000		814	3,130,000
	당기제품제조원가 : 116,700,000		817	2,900,000
	기말제품재고액 : 3,300,000 (자동반영)		830	7,400,000
801	46,100,000		835	3,170,000
811	4,700,000		951	3,500,000
812	1,650,000		998	4,600,000

② 화면 우측의 계정별합계를 통해 입력된 금액의 항목별 합계를 확인할 수 있다.
③ 기말제품재고액은 전기분재무상태표에 제품을 입력하면 자동으로 생성된다. 따라서 전기분 손익계산서의 기말제품재고액을 수정하려면 전기분재무상태표의 제품을 수정하여야 한다.

◆ 매출원가 입력 화면

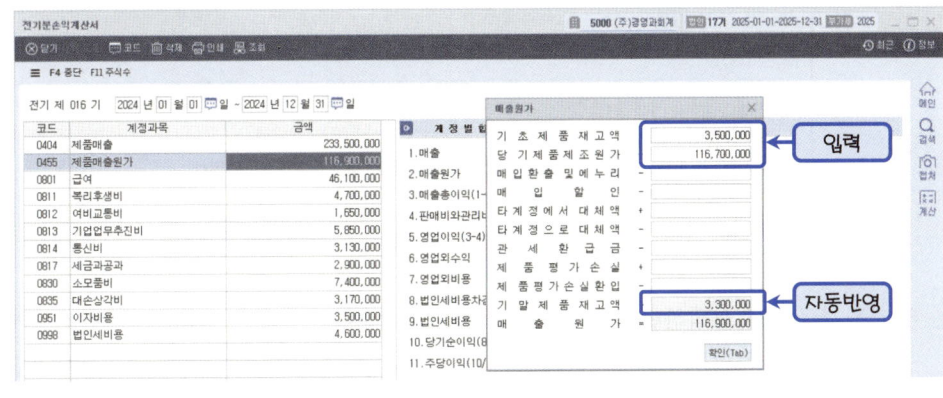

◆ 전기분손익계산서가 입력된 화면

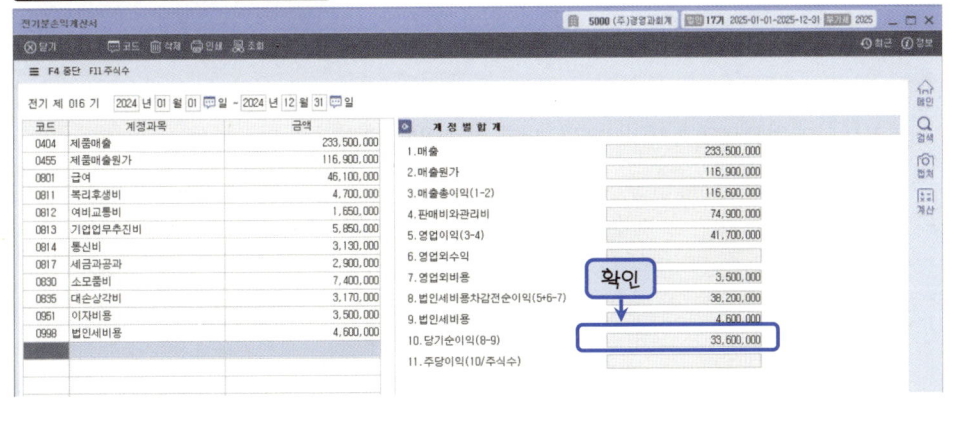

7 전기분원가명세서

전기분원가명세서는 전기분손익계산서의 매출원가 항목 중 당기제품제조원가의 내용을 설명한다.

① 원가설정 : 매출원가및경비선택의 보조창에서 하단의 편집을 누르고 "455.제품매출원가와 500번대 제조" 라인에 커서를 두고 좌측의 사용여부에서 '1.여'를 선택한다. 매출원가및경비선택의 보조창이 열리지 않을 경우에는 F4원가설정을 클릭하여 보조창을 활성화한다. 전산회계1급은 대상이 제조업이므로 600번대 도급, 650번대 보관, 700번대 분양, 750번대 운송 등의 원가계산은 생략한다.

사용여부	매출원가코드 및 계정과목		원가경비	화면
여	0455	제품매출원가	1	0500번대	제조
부	0452	도급공사매출원가	2	0600번대	도급
부	0457	보관매출원가	3	0650번대	보관
부	0453	분양공사매출원가	4	0700번대	분양
부	0458	운송매출원가	5	0750번대	운송

[참고사항]
1. 편집(tab)을 선택하면 사용여부를 1.여 또는 0.부로 변경하실 수 있습니다.
2. 사용여부를 1.여로 입력 되어야만 매출원가코드를 변경하실 수 있습니다.
   (편집(tab)을 클릭하신 후에 변경하세요)
3. 사용여부가 1.여인 매출원가코드가 중복 입력되어 있는 경우 본 화면에 입력하실 수 없습니다.

② 501.원재료비를 선택하면 나타나는 보조창에서 기초원재료재고액과 당기원재료매입액 등을 입력하고 기말원재료재고액은 전기분재무상태표에 입력한 금액이 자동반영 된다.

③ 원가명세서에 입력하는 계정과목은 '코드 500번대 경비'의 계정과목을 선택하여 입력한다.

④ 화면 우측의 계정별합계 중 "9.기말재공품재고액"은 전기분재무상태표에서 입력한 재공품의 금액이 자동으로 반영되어 있으나, "6.기초재공품재고액"과 "7.타계정에서대체액" 및 "10.타계정으로대체액"은 해당 란에 직접 입력하여야 한다.

> **필수예제 따라하기**

> **필수예제**
>
> (주)경영과회계의 전기분원가명세서를 메뉴에 입력하시오.

제조원가명세서
제16기 2024. 1. 1. ~ 2024.12.31

㈜경영과회계 (단위 : 원)

과목	금액	
원 재 료 비		44,855,000
기 초 원 재 료 재 고 액	8,900,000	
당 기 원 재 료 매 입 액	39,455,000	
기 말 원 재 료 재 고 액	3,500,000	
노 무 비		23,300,000
임 금	23,300,000	
경 비		48,345,000
복 리 후 생 비	6,376,000	
가 스 수 도 료	1,782,000	
전 력 비	1,953,000	
세 금 과 공 과 금	1,085,000	
감 가 상 각 비	2,660,000	
수 선 비	305,000	
보 험 료	969,000	
소 모 품 비	5,750,000	
외 주 가 공 비	27,465,000	
당 기 총 제 조 비 용		116,500,000
기 초 재 공 품 재 고 액		1,100,000
합 계		117,600,000
기 말 재 공 품 재 고 액		900,000
타 계 정 으 로 대 체 액		0
당 기 제 품 제 조 원 가		116,700,000

> **따라하기**
>
> 회계관리 모듈의 "전기분재무제표"에서 "전기분원가명세서"를 클릭한다.
> 처음에 나타나는 매출원가및경비선택 보조창에서 편집을 클릭하고 455.제품매출원가 1.500번 대. 제조 좌측의 사용여부에서 1.여를 선택한다. 이후에 매출원가를 수정 선택하려면 상단의 메뉴 바에서 F4 원가설정을 누르고 원가설정을 수정 선택한다.

매출원가 및 경비선택

사용여부	매출원가코드 및 계정과목		원가경비		화면
여	0455	제품매출원가	1	0500번대	제조
부	0452	도급공사매출원가	2	0600번대	도급
부	0457	보관매출원가	3	0650번대	보관
부	0453	분양공사매출원가	4	0700번대	분양
부	0458	운송매출원가	5	0750번대	운송

(← 1.여 선택)   (→ 500번대 제조경비 선택)

[참고사항]
1. 편집(tab)을 선택하면 사용여부를 1.여 또는 0.부로 변경하실 수 있습니다.
2. 사용여부를 1.여로 입력 되어야만 매출원가코드를 변경하실 수 있습니다.
   (편집(tab)을 클릭하신 후에 변경하세요)
3. 사용여부가 1.여인 매출원가코드가 중복 입력되어 있는 경우 본 화면에 입력하실 수 없습니다.

[확인(Enter)] [편집(Tab)] [자동설정(F3)] [취소(ESC)]

① 원재료비, 노무비, 경비 등의 항목별합계액은 입력하지 않고 계정과목과 금액만 입력한다. 코드 란에 계정과목의 두 글자를 입력한 후 해당하는 과목을 선택한다.

코 드	금 액 (원)	코 드	금 액 (원)
501	기초원재료재고액 8,900,000	517	1,085,000
	당기원재료매입액 39,455,000	518	2,660,000
	기말원재료재고액 3,500,000(자동반영)	520	305,000
504	23,300,000	521	969,000
511	6,376,000	530	5,750,000
515	1,782,000	533	27,465,000
516	1,953,000		

② 501.원재료비를 입력하면 나타나는 원재료 보조창에서 기초원재료재고액과 당기원재료매입액을 입력한다. 기말원재료재고액은 전기분재무상태표에서 입력한 원재료가 자동으로 반영된다. 만일 기말원재료재고액을 수정하려면 전기분재무상태표에서 원재료를 수정 입력하여야 한다.
③ 기초재공품재고액은 우측의 계정별합계의 해당란에 1,100,000원을 직접 입력하여야 한다.
④ 기말재공품재고액은 전기분재무상태표에서 재공품을 입력하였으면 자동으로 반영된다. 제조원가 명세서의 기말재공품재고액을 수정하려면 전기분재무상태표에서 재공품을 수정 입력하여야 한다.

◑ 원재료비 입력 화면

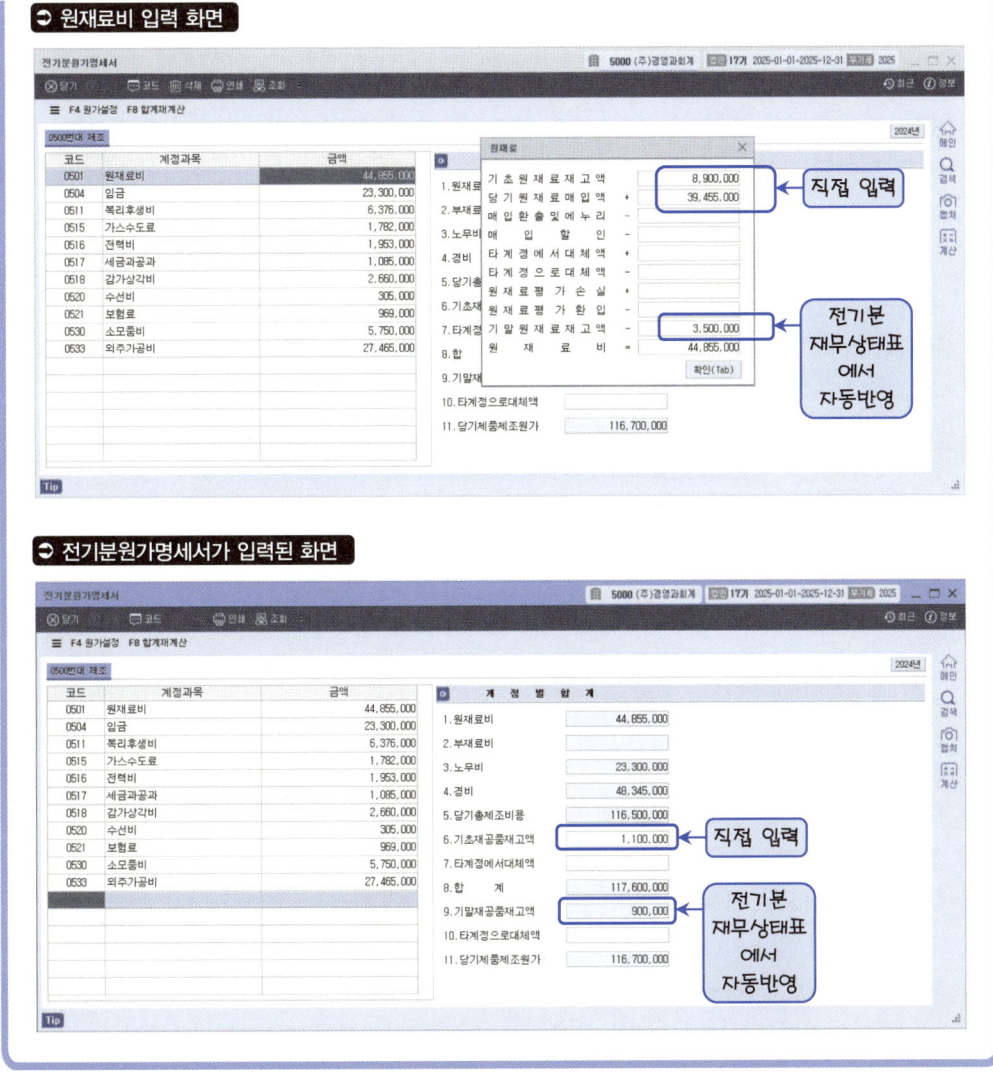

◑ 전기분원가명세서가 입력된 화면

8 전기분잉여금처분계산서

전기분이익잉여금처분계산서는 전년도 결산에서 발생한 이익잉여금(또는 결손금)에 대한 처분(또는 처리)내역을 표시하는 재무제표 부속서류이다. 최초 작업년도에만 입력하고 차기부터 마감 후 이월 작업으로 자동 반영된다.

① 전기분이익잉여금처분계산서(또는 결손금처리계산서)를 보고 해당 란에 직접 입력한다.
② 전기이월미처분이익잉여금은 직접 입력하고 당기순이익은 F6 불러오기를 클릭하여 "전기분 손익계산서의 당기순이익을 불러 오시겠습니까?"에 "예"를 선택하면 자동으로 반영된다.

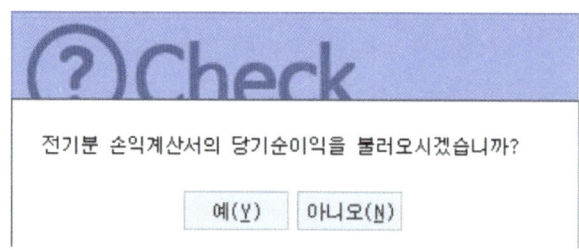

▶ 전기분손익계산서의 수정으로 당기순이익이 변경된 경우에는 반드시 상단의 F6 불러오기로 보조창을 열고 예(Y)를 클릭하여야 한다.

③ 전기분이익잉여금처분계산서의 'Ⅰ 미처분이익잉여금'의 금액과 전기분재무상태표의 375. 이월이익잉여금은 반드시 일치하여야 한다.
④ 전기이월미처리결손금은 전기이월미처분이익잉여금 란에 (-)금액으로 입력하면 전기이월미처리결손금으로 자동으로 변경된다.
⑤ 입력 시 추가 입력이 필요하면, 화면상단의 F4 칸 추가를 누르고 빈 란이 생기면 여기에 과목, 코드, 계정과목명을 추가하고 금액을 입력한다.
⑥ 전기분이익잉여금처분계산서의 삭제는 Ctrl + F3 (기본과목으로변경)을 클릭하여 삭제 후 다시 입력하여야 한다.

필수예제 따라하기

필수예제

(주)경영과회계의 전기분이익잉여금처분계산서를 메뉴에 입력하시오.

이익잉여금처분계산서

제16기 2024. 1. 1. ~ 2024.12.31
처분확정일 : 2025년 3월 2일

㈜경영과회계 (단위 : 원)

과　　　　　　목	금	액
Ⅰ 미 처 분 이 익 잉 여 금		42,117,000
전 기 이 월 미 처 분 이 익 잉 여 금	8,517,000	
회 계 변 경 의 누 적 효 과	0	
전 기 오 류 수 정 이 익	0	
전 기 오 류 수 정 손 실	0	
당 　 기 　 순 　 이 　 익	33,600,000	
Ⅱ 임 의 적 립 금 등 의 이 입 액		0
합　　　　　계(Ⅰ+Ⅱ)		42,117,000
Ⅲ 이 익 잉 여 금 처 분 액		0
이 　 익 　 준 　 비 　 금	0	
기 업 합 리 화 적 립 금	0	
배 　 　 당 　 　 금	0	
현 　 금 　 배 　 당	0	
주 　 식 　 배 　 당	0	
사 업 확 장 적 립 금	0	
감 　 채 　 적 　 립 　 금	0	
배 당 평 균 적 립 금	0	
Ⅳ 차 기 이 월 미 처 분 이 익 잉 여 금		42,117,000

따라하기

회계관리 모듈의 "전기분재무제표"에서 "전기분잉여금처분계산서" 메뉴를 클릭한다.

① 처분확정일자에 2025년 3월 2일을 입력한다.
② 전기이월미처분이익잉여금 란에 8,517,000원을 직접 입력한다.
③ 당기순이익은 F6 불러오기를 하면 33,600,000원이 자동으로 반영된다.

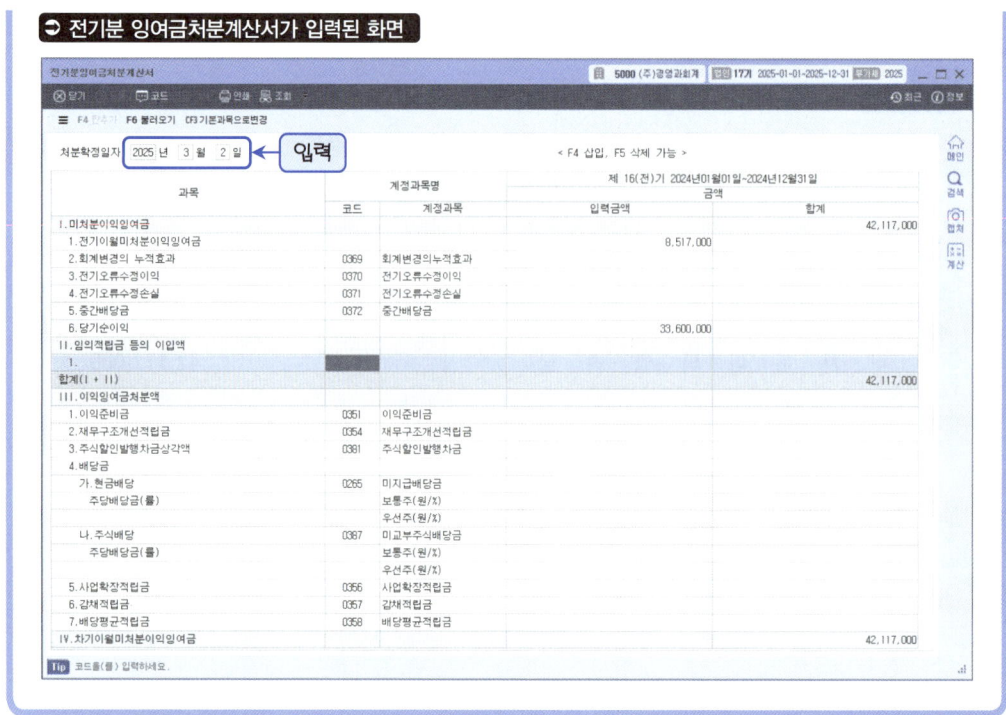

⇨ 전기분 잉여금처분계산서가 입력된 화면

9 거래처별초기이월

거래처별초기이월은 거래처별로 관리가 필요한 채권·채무와 특정한 계정과목에 대하여 거래처별 장부를 만들기 위하여 필수적인 작업이다.

① 거래처등록 메뉴에 관리가 필요한 거래처가 등록되어 있어야 한다.

② 상단의 F4 불러오기 메뉴를 클릭하여 나타나는 보조창에서 예를 선택하면 전기분재무상태표에 입력된 모든 계정의 잔액을 불러온다.

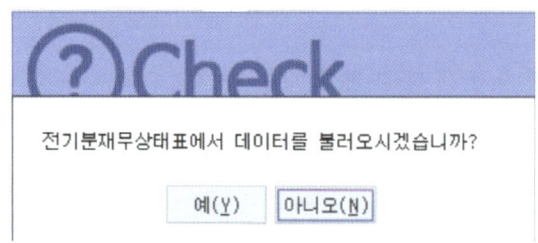

③ 입력할 계정과목을 선택한 다음 마우스로 우측의 거래처별 입력 화면의 코드 란에 커서를 놓고 F2를 눌러 나타나는 보조창에서 거래처를 선택한 후 거래처별 금액을 입력한다.

④ 재무상태표에서 불러온 좌측의 계정과목 금액과 우측의 거래처별 금액의 합계액이 일치하여야 한다. 일치하지 않으면 우측 하단의 차액 란에 금액이 붉은색으로 표시된다.

필수예제 따라하기

필수예제

(주)경영과회계의 거래처별 채권·채무 잔액을 거래처별초기이월 메뉴에 입력하시오.

계정과목	거래처명	금 액(원)
외 상 매 출 금	충 무 상 사	5,250,000
	원 효 상 회	7,500,000
	당 산 상 사 (주)	6,250,000
단 기 대 여 금	충 무 상 사	15,000,000
외 상 매 입 금	(주) 영 동	14,300,000
	신 림 상 회	7,200,000
	(주) 대 영	6,500,000
지 급 어 음	신 림 상 회	8,500,000
	(주) 대 영	7,100,000
미 지 급 금	(주) 김 포	6,000,000
단 기 차 입 금	조 은 은 행	30,000,000

따라하기

회계관리 모듈의 "전기분재무제표"에서 "거래처별초기이월" 메뉴를 클릭한다.

1. 외상매출금의 입력
   ① 커서를 좌측의 외상매출금계정에 놓고 우측의 코드 란을 선택한다.
   ② 우측의 코드 란에서 F2를 누르고 나타나는 보조창에서 1001.충무상사를 선택한 다음 금액 란에 5,250,000원을 입력한다.
   ③ 다음 줄로 이동하여 F2를 누르고 나타나는 보조창에서 1002.원효상회를 선택한 다음 금액 란에 7,500,000원을 입력한다.
   ④ 다음 줄로 이동하여 F2를 누르고 나타나는 보조창에서 1003.당산상사(주)를 선택한 다음 금액 란에 6,250,000원을 입력한다.
   ⑤ 우측 하단의 차액 란에 금액이 나타나지 않아야 한다.

◆ 외상매출금 자료가 입력된 화면

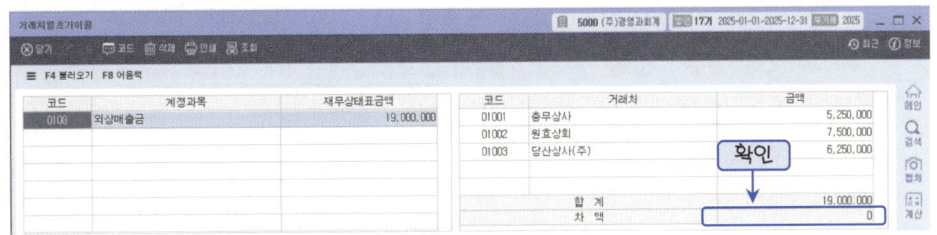

2. 단기대여금의 입력
① 커서를 좌측의 단기대여금계정에 놓고 우측의 코드 란을 선택한다.
② 우측의 코드 란에서 F2를 누르고 나타나는 보조창에서 1001.충무상사를 선택한 다음 금액 란에 15,000,000원을 입력한다.
③ 우측 하단의 차액 란에 금액이 나타나지 않아야 한다.

● 단기대여금 자료가 입력된 화면

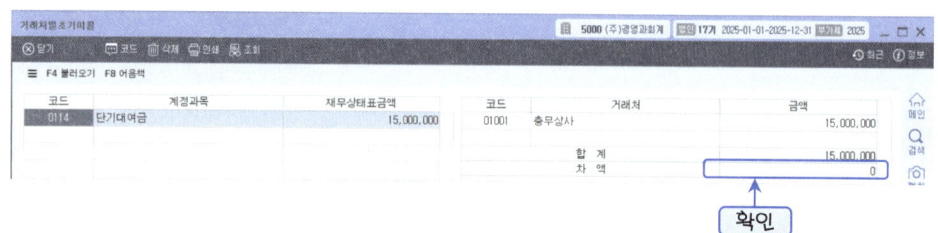

3. 외상매입금의 입력
① 커서를 좌측의 외상매입금계정에 놓고 우측의 코드 란을 선택한다.
② 우측의 코드 란에서 F2를 누르고 나타나는 보조창에서 1004.(주)영동을 선택한 다음 금액 란에 14,300,000원을 입력하고, 다음 줄로 이동하여 F2를 누르고 나타나는 보조창에서 1005.신림상회를 선택한 다음 금액 란에 7,200,000원을 입력한다.
③ 다음 줄로 이동하여 F2를 누르고 나타나는 보조창에서 1006.(주)대영을 선택한 다음 금액 란에 6,500,000원을 입력한다.

● 외상매입금 자료가 입력된 화면

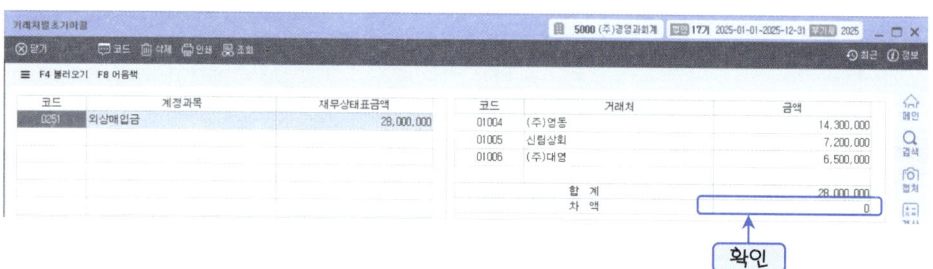

4. 지급어음의 입력
① 커서를 좌측의 지급어음계정에 놓고 우측의 코드 란을 선택한다.
② 우측의 코드 란에서 F2를 누르고 나타나는 보조창에서 1005.신림상회를 선택한 다음 금액 란에 8,500,000원을 입력하고, 다음 줄로 이동하여 F2를 누르고 보조창에서 1006.(주)대영을 선택한 다음 금액 란에 7,100,000원을 입력한다.
③ 우측 하단의 차액 란에 금액이 나타나지 않아야 한다.
④ 받을어음과 지급어음은 자금관리를 위하여 하단에 커서를 놓고 어음번호, 어음금액, 어음종류, 발행일자, 만기일 등을 입력하여야 한다.

➲ 지급어음 자료가 입력된 화면

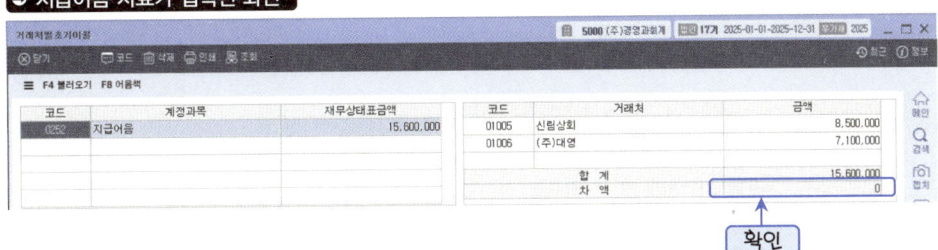

5. 미지급금의 입력
① 커서를 좌측의 미지급금계정에 놓고 우측의 코드 란을 선택한다.
② 우측의 코드 란에서 F2를 누르고 나타나는 보조창에서 1008.(주)김포를 선택한 다음 금액 란에 6,000,000원을 입력한다.
③ 우측 하단의 차액 란에 금액이 나타나지 않아야 한다.

➲ 미지급금 자료가 입력된 화면

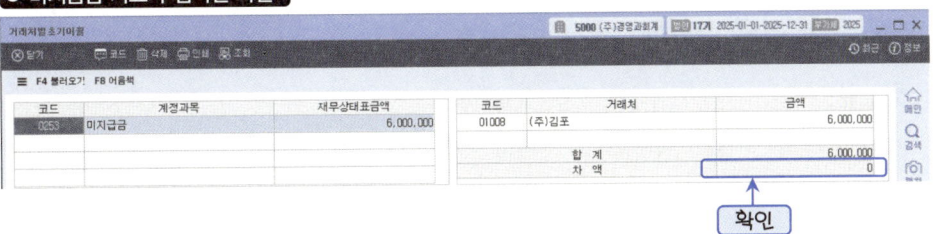

6. 단기차입금의 입력
① 커서를 좌측의 단기차입금계정에 놓고 우측의 코드 란을 선택한다.
② 우측의 코드 란에서 F2를 누르고 나타나는 보조창에서 98010.조은은행을 선택한 다음 금액 란에 30,000,000원을 입력한다.

➲ 단기차입금 자료가 입력된 화면

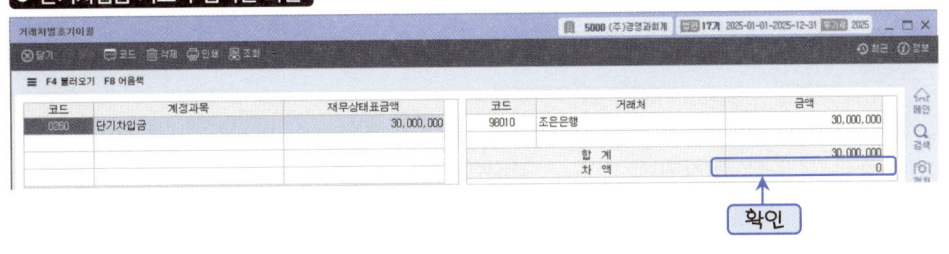

SECTION 02 | 전표입력 / 장부

> NCS 능력단위 : 0203020101전표관리   능력단위요소 : 02전표작성하기
> 2.1 회계상 거래를 현금거래 유무에 따라 사용되는 입금전표, 출금전표, 대체전표로 구분할 수 있다.
> 2.2 현금의 수입 거래를 파악하여 입금 전표를 작성할 수 있다.
> 2.3 현금의 지출 거래를 파악하여 출금 전표를 작성할 수 있다.
> 2.4 현금의 수입과 지출이 없는 거래를 파악하여 대체 전표를 작성할 수 있다.

모든 거래는 분개에 해당하는 '전표입력' 메뉴를 통하여 입력되고 입력된 회계자료는 각종 장부와 재무제표에 자동으로 반영된다. 부가가치세와 관계없는 거래는 '일반전표입력'에서 입력하고, 부가가치세와 관계있는 거래는 '매입매출전표입력'에서 입력하여야 한다.

1 일반전표입력

① 월, 일

상단 메뉴 바 아래의 월 란에서 작업하고자 하는 월을 선택하고, Enter↵를 치고 입력란에서 거래일자를 입력하는 방법과 상단의 월란과 일란에 직접 일자를 입력하는 방법이 있다.

② 번호

전표번호로서 일자별로 1번부터 자동으로 부여된다.
- 대체분개는 1개의 전표에 동일한 번호가 부여되며, 차·대변 금액 합계가 일치하면 다음 번호가 자동으로 부여된다.
- 전표번호의 수정을 하려면 상단의 '번호수정(Shift + F2)'를 사용하여 수정한다.

③ 구분

구분에는 전표의 유형을 입력한다.
[1.출금, 2.입금, 3.차변, 4.대변, 5.결산차변, 6.결산대변]
㉠ 현금거래 → 출금전표 : 1, 입금전표 : 2
㉡ 대체거래 → 차변 : 3, 대변 : 4
㉢ 결산자료 → 결산차변 : 5, 결산대변 : 6 (결산대체분개 할 때만 사용)

④ 계정과목

계정과목 코드번호를 직접 입력하거나, F2를 눌러 나타나는 보조창에서 계정과목을 선택할 수도 있고, 코드 란에 계정과목의 두 글자를 입력하고 Enter↵를 하여 나타나는 보조창에서 선택할 수도 있다.

⑤ 거래처코드

거래처별 관리가 필요한 경우 거래처별 코드를 입력하는 란이다.
1. F2 키를 누르거나 거래처명의 두 글자를 입력하여 나타나는 보조창에서 선택한다.
2. "+" 누른 후 거래처명을 입력하고 해당 거래처를 선택한다.
3. 새로운 거래처는 거래처등록에서 신규 등록하거나, 전표입력 화면 거래처 란에 "+"키와 거래처명을 입력하면 나타나는 보조창에서 거래처 등록을 하고 입력한다.
4. 거래처 코드번호를 알고 있는 경우에는 직접 입력하면 된다.

> **CHECK POINT** 거래처 코드를 입력하여야 할 계정과목 : 확인
> 외상매출금, 외상매입금, 받을어음, 지급어음, 대여금, 차입금, 미수금, 미지급금, 선급금, 선수금, 가지급금, 유동성장기부채, 임차보증금, 임대보증금, 부도어음과수표 등과 문제에서 거래처코드를 요구하는 계정과목

⑥ 거래처명

채권 채무가 있는 거래처와 특별한 관리가 필요한 거래처는 반드시 거래처 등록을 하여 코드번호를 부여하여야하지만 거래처 관리가 필요없는 거래처는 코드번호 없이 거래처명만 입력하면 된다.

⑦ 적요

거래의 내용을 요약하여 입력한다. 자격시험에서는 대부분 생략한다.
- 계정과목별로 반복적으로 발생하는 적요는 미리 등록하여 사용할 수 있다.
- 적요를 등록하거나 수정하려면 F8적요수정을 눌러 나타나는 창에서 입력하면 된다.

⑧ 금액

거래금액을 입력한다.
"+"키를 누르면 "000"이 입력되므로 큰 금액은 이를 이용하여 빠르게 입력한다.

⑨ 대차차액

대체전표의 금액을 입력하면서 차액이 발생하면 화면 상단의 대차차액 란에 차액이 붉은색으로 표시된다(차변금액합계 - 대변금액합계).

⑩ 전표의 삭제

전표의 삭제는 해당 전표를 선택한 후 F5 또는 상단 바의 삭제를 클릭하여 나타나는 보조창에서 예를 클릭하면 된다.

출금거래 : 구분1

분개 : (차변) 입력할 계정과목 　　XXX　　　　(대변) 현　　금　　XXX

- 구분란에 '1'을 입력한 다음 차변 계정과목을 입력한다.
- 계정과목 코드 란에 커서를 놓고 계정과목의 2글자를 입력하고 Enter↵ 를 하면 나타나는 보조창에서 해당하는 계정과목을 선택하는 방법으로 입력한다.

필수예제 따라하기

필수예제

다음은 (주)경영과회계의 기중 거래내역이다. 일반전표입력 메뉴에 입력하시오.

1. 1월 2일 : 본사 창고의 화재와 도난에 대비하여 동부화재 손해보험에 가입하고 1년분 보험료 450,000원을 현금으로 지급하였다. 단, 비용으로 처리하시오.

2. 1월 2일 : 포인트은행과 당좌거래 계약(당좌차월 한도 2,000,000원)을 체결하고 현금 400,000원을 당좌예금하다

3. 1월 2일 : (주)영동의 외상매입금 중 1,300,000원을 거래처 당산상사(주)에서 받아 보유하고 있던 자기앞수표로 지급하였다.

4. 1월 2일 : 충무상사에 1,500,000원을 대여(6개월 후 상환 조건)하고 현금으로 지급하다.

5. 1월 2일 : 생산부서 직원의 야근 시 식대 58,000원과 매출거래처 직원과 식사한 대금 32,000원을 숭의식당에 현금으로 지급하였다.

따라하기

1. 일자 : 1월 2일

구분	코드	계정과목	코드	거래처		적 요	금 액
1(출)	821	보 험 료		동부화재	3	화재보험료 납부	450,000
분개	(차) 보험료(판)		450,000	(대) 현　금			450,000

▶ 코드 란에 '보험'을 입력하면 521.보험료(제조원가)와 821.보험료(판매관리비) 계정이 조회된다. 공장, 생산부 등의 제조원가를 구성하는 경비 항목은 500번대 계정을 선택하고, 본사, 영업부 등으로 판매관리비를 구성하는 경비 항목은 800번대 계정을 선택한다.

2. 일자 : 1월 2일

구분	코드	계정과목	코드	거래처		적 요	금 액
1(출)	102	당 좌 예 금		포인트은행	1	당좌예금 현금입금	400,000
분개	(차) 당좌예금		400,000	(대) 현　금			400,000

▶ 당좌계약에 의한 당좌차월 한도는 당좌예금 잔액이 없어도 당좌수표를 발행할 수 있는 계약상 금액으로 회계상 거래에 해당하지 않는다. 따라서 당좌예금한 것만 분개한다.

3. 일자 : 1월 2일

구분	코드	계정과목	코드	거래처	적요	금액
1(출)	251	외 상 매 입 금	01004	㈜영동	1 외상매입금현금지급	1,300,000
분개	(차) 외상매입금 1,300,000 (대) 현 금 1,300,000 (거래처 : 1004.㈜영동)					

▶ 채권·채무 거래는 반드시 거래처코드를 입력하여야 거래처원장에 반영할 수 있다.
▶ 타인에게 받아 보유하고 있던 자기앞수표는 받을 때에 현금으로 처리하였으므로 지급하면 현금의 감소로 처리하고, 당좌수표를 발행하여 지급하면 당좌예금으로 처리하여야 한다.

4. 일자 : 1월 2일

구분	코드	계정과목	코드	거래처	적요	금액
1(출)	114	단 기 대 여 금	1001	충무상사	1 현금으로 단기대여	1,500,000
분개	(차) 단기대여금 1,500,000 (대) 현 금 1,500,000 (거래처 : 1001.충무상사)					

▶ 대여금은 결산일(12월31일) 기준으로 1년 이내이면 단기대여금, 1년을 초과하면 장기대여금으로 하여야 하며, 대여금은 채권이므로 반드시 거래처코드를 입력하여야 한다.

5. 일자 : 1월 2일

구분	코드	계정과목	코드	거래처	적요	금액
1(출)	511	복 리 후 생 비		숭의식당	2 직원식대및차대 지급	58,000
1(출)	813	기업업무추진비		숭의식당	거래처직원 식대	32,000
분개	(차) 복리후생비(제) 58,000 (대) 현 금 90,000 기업업무추진비(판) 32,000					

▶ 생산부서 직원의 식대는 복리후생비(제조), 매출거래처를 위한 식대는 기업업무추진비(판관비)
▶ 계정과목 코드란에 복리후생비를 입력하면 511.복리후생비(제조원가)와 811.복리후생비(판매관리비)계정이 조회된다. 생산부서 직원의 식대이므로 511.복리후생비를 선택한다.
▶ 계정과목 코드 란에 기업업무추진비를 입력한 후 원재료 매입처등 생산부서와 관련되는 기업업무추진비이면 513.기업업무추진비를 선택하고 매출거래처에 관련되면 813.기업업무추진비를 선택한다.

▶ **출금거래가 입력된 화면**

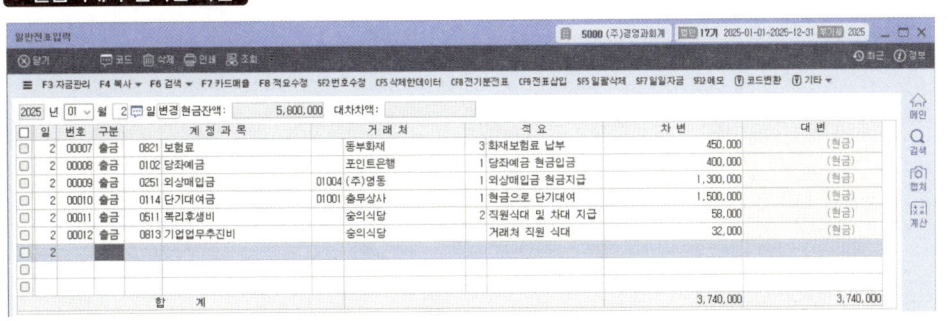

입금거래

분개 : (차변) 현   금   XXX   (대변) 입력할 계정과목   XXX

- 구분 란에 '2'를 입력한 다음 대변 계정과목을 입력한다.
- 계정과목 코드 란에 커서를 놓고 계정과목의 2글자를 입력하고 Enter↵를 하면 나타나는 보조창에서 해당하는 계정과목을 선택하는 방법으로 입력한다.
- 계정과목 코드를 외우고 있는 경우에는 직접 코드번호를 입력하면 된다.

필수예제 따라하기

필수예제

다음은 (주)경영과회계의 기중 거래내역이다. 일반전표입력 메뉴에 입력하시오.

1. 1월 3일 : 종로직매장에서 당사제품 외에 타사 제품의 판매를 대행하고 수수료 500,000원을 현금으로 받았다(일반적인 상거래가 아닌 것으로 본다).
2. 1월 3일 : 당산상사(주)의 외상매출금 중 700,000원을 현금으로 받았다.
3. 1월 3일 : 현금 800,000원을 보통예금 통장에서 인출하였다.
4. 1월 3일 : 원효상회의 외상매출금 300,000원은 자기앞수표로 회수하였고, 충무상사의 외상매출금 200,000원은 동점발행 당좌수표로 받았다.
5. 1월 3일 : 현금 1,000,000원을 조은은행에서 2026년 6월 30일 상환 조건으로 차입하였다.
6. 1월 3일 : 충무상사의 단기대여금에 대한 이자 30,000원을 현금으로 회수하였다.

따라하기

1. 일자 : 1월 3일

구분	코드	계정과목	코드	거래처	적요	금액
2(입)	909	수 수 료 수 익			3 판매대행수수료수령	500,000
분개	(차) 현 금		500,000		(대) 수수료수익	500,000

▶ 일반적상거래가 아니므로 매출계정을 사용하지 않고 수수료수익(영업외수익)을 사용한다.

2. 일자 : 1월 3일

구분	코드	계정과목	코드	거래처	적요	금액
7(입)	108	외 상 매 출 금	01003	당산상사(주)	1 외상매출대금현금회수	700,000
분개	(차) 현 금		700,000		(대) 외상매출금 (거래처 : 1003.당산상사(주))	700,000

▶ 채권·채무의 거래는 반드시 거래처코드를 입력하여 거래처원장에 반영하여야 한다.
▶ 외상매출금을 현금으로 받으면 현금은 증가하고 채권인 외상매출금은 감소한다.

3. 일자 : 1월 3일

구분	코드	계정과목	코드	거래처	적요	금액
2(입)	103	보통예금			2 보통예금 현금인출	800,000
분개	(차) 현 금		800,000	(대) 보통예금		800,000

▶ 예금의 인출이란 예금을 현금으로 찾아오는 것이므로 예금은 감소하고 현금은 증가한다.

4. 일자 : 1월 3일

구분	코드	계정과목	코드	거래처	적요	금액
2(입)	108	외상매출금	01002	원효상회	1 외상매출금 현금회수	300,000
2(입)	108	외상매출금	01001	충무상사	1 외상매출금 현금회수	200,000
분개	(차) 현 금		500,000	(대) 외상매출금(1002) 외상매출금(1001)		300,000 200,000

▶ 외상매출금을 회수하면 현금은 증가하고 채권인 외상매출금은 감소한다.
▶ 동점발행수표란 충무상사가 발행한 수표를 의미하는 것으로 타인발행수표에 해당하므로 통화대용증권이다. 따라서 자기앞수표와 함께 현금으로 회계처리 한다.

5. 일자 : 1월 3일

구분	코드	계정과목	코드	거래처	적요	금액
2(입)	260	단기차입금	98010	조은은행	2 차입금발생시현금수령	1,000,000
분개	(차) 현 금		1,000,000	(대) 단기차입금 (거래처 : 98010. 조은은행)		1,000,000

▶ 차입금은 결산일(2025년 12월 31일)부터 1년 이내에 상환 조건이면 단기차입금에 해당한다.

6. 일자 : 1월 3일

구분	코드	계정과목	코드	거래처	적요	금액
2(입)	901	이자수익			2 대여금 이자 수령	30,000
분개	(차) 현 금		30,000	(대) 이자수익		30,000

⊃ 입금거래가 입력된 화면

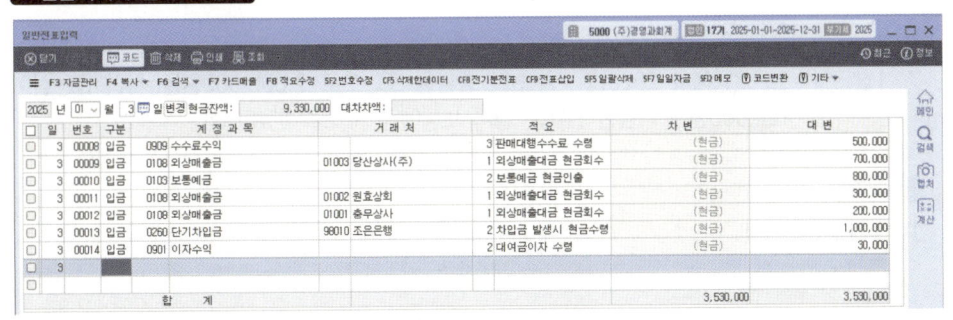

대체거래

분개 : (차변) 입력할 계정과목　　　　XXX　　　　(대변) 입력할 계정과목　　　　XXX

- 구분 란에 '3'을 입력하고 차변 분개에 해당하는 계정과목과 거래처코드, 적요, 금액을 입력하고 다음 줄의 구분 란에 '4'를 입력하고 대변 분개에 해당하는 계정과목과 거래처코드, 적요, 금액을 입력한다.
- 순서는 바꿀 수 있으며, 거래의 내용에 따라 차변과 대변이 두 줄 이상일 수도 있다.
- 현금이 포함된 대체거래(구분이 3 또는 4일 때)는 101.현금 계정을 입력할 수 있다.

필수예제 따라하기

필수예제

다음은 (주)경영과회계의 기중 거래내역이다. 일반전표 입력 메뉴에 입력하시오.

1. 1월 5일 : 원효상회의 외상매출금 1,000,000원이 당사 보통예금계좌로 이체되었다.

2. 1월 5일 : 신림상회의 외상매입금 300,000원을 당좌수표를 발행하여 지급하였다.

3. 1월 5일 : 서울식당에서 원재료 매입처 생산부장과 식사를 하고 식대 140,000원을 신한카드로 결제하였다.

4. 1월 5일 : 해외지점개설을 목적으로 대표이사의 국외출장 왕복항공료 2,000,000원을 법인카드(신한카드)로 결제하였다.

5. 1월 5일 : 사무실에서 사용할 난방기 1대 860,000원을 ㈜김포에서 구입하고 대금은 월말에 지급하기로 하였다(고정자산 간편등록은 무시할 것).

6. 1월 5일 : 단기매매차익을 목적으로 상장사인 ㈜창조의 주식200주(액면 @500원)을 @4,200원에 매입하고 대금은 증권사 매매수수료 15,000원과 함께 당좌수표를 발행하여 지급하였다.

7. 1월 5일 : 조은은행에서 2028년 1월 5일 상환을 조건으로 2,000,000원을 차입하고 선이자 120,000원을 차감한 잔액은 당사 보통예금 계좌로 받았다.

따라하기

1. 일자 : 1월 5일

구분	코드	계정과목	코드	거래처		적요	금액
3(차)	103	보 통 예 금			1	외상물품대금예금입금	1,000,000
4(대)	108	외 상 매 출 금	01002	원효상회	4	외상매출대금보통예금회수	1,000,000
분개	(차) 보통예금　　　　1,000,000				(대) 외상매출금　　　　1,000,000 (거래처 : 1002.원효상회)			

▶ 외상매출금을 보통예금 계좌로 받으면 보통예금은 증가하고, 채권인 외상매출금은 감소한다.

2. 일자 : 1월 5일

구분	코드	계정과목	코드	거래처	적 요	금 액
3(차)	251	외 상 매 입 금	01005	신림상회	1 외상매입금수표발행	300,000
4(대)	102	당 좌 예 금			6 당좌수표발행지급	300,000
분개	(차) 외상매입금　　　　300,000　　　(대) 당좌예금　　　　300,000 　　　　(거래처 : 1005.신림상회)					

▶ 외상매입금을 당좌수표를 발행하여 지급하면 외상매입금은 부채의 감소로 차변에 기입하고, 당좌예금은 자산의 감소로 대변에 기입한다.

3. 일자 : 1월 5일

구분	코드	계정과목	코드	거래처	적 요	금 액
3(차)	513	기업업무추진비			원재료매입처 식대	140,000
4(대)	253	미 지 급 금	99600	신한카드	원재료매입처 식대	140,000
분개	(차) 기업업무추진비(제)　　140,000　　(대) 미지급금　　　　140,000 　　　　　　　　　　　　　　　　　　　　(거래처 : 99600.신한카드)					

▶ 매출거래처를 위한 식대는 813.기업업무추진비(판매관리비)에 해당하지만 원재료 매입거래처를 위한 식대는 513.기업업무추진비(제조원가)에 해당한다.
▶ 환경등록에서 카드매입은 미지급금으로 설정되어 있다.
▶ 신용카드를 사용하면 카드회사에 대한 미지급금이므로 미지급금의 거래처코드에 서울식당을 입력하면 안 되고 카드회사 코드번호 99600번 신한카드(유형 : 매입)으로 입력하여야 한다.

4. 일자 : 1월 5일

구분	코드	계정과목	코드	거래처	적 요	금 액
3(차)	812	여 비 교 통 비			국외출장 항공료	2,000,000
4(대)	253	미 지 급 금	99600	신한카드	국외출장 항공료	2,000,000
분개	(차) 여비교통비(판)　　2,000,000　　(대) 미지급금　　　2,000,000 　　　　　　　　　　　　　　　　　　　　(거래처 : 99600.신한카드)					

▶ 신용카드로 항공료를 지급하면 신용카드 대금 결제일에 신용카드사에 지급하므로 결제일까지는 미지급금으로 하고, 미지급금은 채무에 해당하므로 거래처코드를 입력하여야 한다.
▶ 신용카드로 결제한 것은 미지급금의 거래처로 99600.신한카드(매입)을 선택하여야 한다.

5. 일자 : 1월 5일

구분	코드	계정과목	코드	거래처	적 요	금 액
3(차)	212	비　　　　품			냉난방기 구입	860,000
4(대)	253	미 지 급 금	01008	㈜김포	냉난방기 구입	860,000
분개	(차) 비 품　　　　860,000　　　(대) 미지급금　　　　860,000 　　　　　　　　　　　　　　　　　　(거래처:1008(주)김포)					

▶ 비품을 구입하고 대금을 지급하지 않은 것은 일반적 상거래가 아니므로 미지급금 계정을 사용하여야 하고, 미지급금은 채무이므로 반드시 거래처 코드를 입력하여야 한다.
▶ 비품을 입력하면 나타나는 고정자산간편등록 창은 무시하고 닫는다.

6. 일자 : 1월 5일

구분	코드	계정과목	코드	거래처	적요	금액
3(차)	107	단기매매증권			㈜창조 주식 매입	840,000
3(차)	984	수수료비용			1 유가증권취득수수료	15,000
4(대)	102	당좌예금			6 당좌수표발행지급	855,000
분개	(차) 단기매매증권　　　840,000 　　　수수료비용(984)　　15,000				(대) 당좌예금	855,000

▶ 단기매매차익을 목적으로 상장회사의 주식을 취득하면 단기매매증권 계정을 사용하고 취득 시 비용은 별도의 수수료비용 계정을 사용하여야 한다. 이때 수수료비용 계정은 코드 984번의 영업외비용으로 하여야 한다.
단기매매증권의 취득금액 : 200주 × 4,200 = 840,000원

7. 일자 : 1월 5일

구분	코드	계정과목	코드	거래처	적요	금액
3(차)	103	보통예금			장기차입금보통예입	1,880,000
3(차)	951	이자비용			선이자 지급	120,000
4(대)	293	장기차입금	98010	조은은행	4 장기차입금보통예입	2,000,000
분개	(차) 보통예금　　　1,880,000 　　　이자비용　　　　120,000				(대) 장기차입금　　　　　2,000,000 　　　(거래처 : 98010.조은은행)	

▶ 상환기간이 결산일(2025년 12월 31일) 기준으로 1년을 초과하므로 장기차입금으로 하여야 하고, 선이자는 차입시점에 이자를 먼저 공제하는 방식이므로 차입금 2,000,000원에서 이자 120,000원을 공제한 1,880,000원만 보통예금 계좌에 입금된다.

◆ 대체거래가 입력된 화면

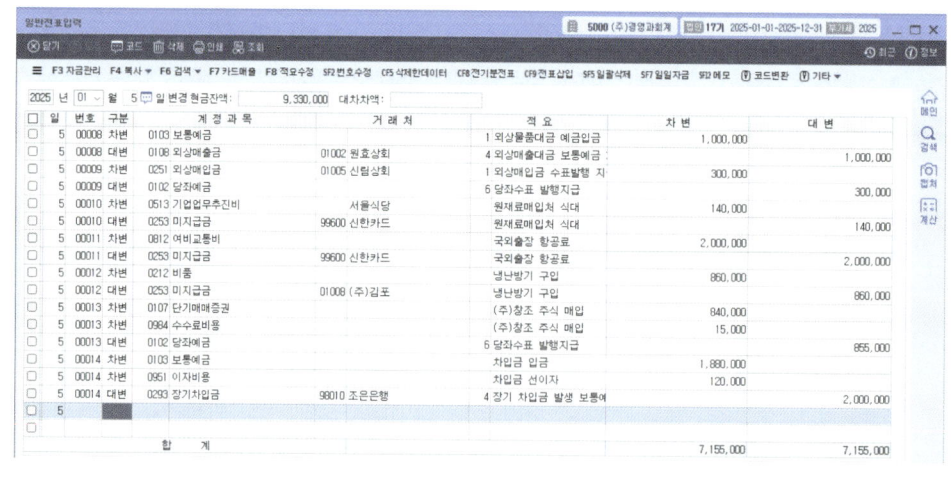

필수예제 따라하기

필수예제

다음은 (주)경영과회계의 기중 거래내역이다. 일반전표입력 메뉴에 입력하시오.

1. 2월 1일 : 반포문구로부터 영업부에서 사용할 소모품을 구입하고 대금 50,000원은 거래처로부터 받아서 보관하고 있던 자기앞수표로 지급하였다(비용으로 계상할 것).

2. 2월 2일 : 공장에서 사용하는 승용차에 대한 자동차세 270,000원과 본사 사무실에서 사용하는 승용차에 대한 자동차세 180,000원을 현금으로 납부하였다.

3. 2월 3일 : 새로 구축한 생산라인에 대한 교육을 제조부서에서 실시하였다. 강의는 외부강사를 초빙하였고 강사료는 1,000,000원으로 원천징수세액 33,000원을 제외하고 현금지급 하였다.

4. 2월 4일 : 당사에서 생산한 제품(원가 500,000원, 시가 650,000원)을 국군위문품으로 기탁하였다(적요입력 할 것).

5. 2월 5일 : 전기요금 800,000원(본사 300,000원, 공장 500,000원)이 보통예금 통장에서 자동 인출되었다.

6. 2월21일 : 다음과 같이 산출된 급여를 보통예금에서 직원의 보통예금계좌로 이체 지급하다.

구 분	관리직(원)	생산직(원)	합 계(원)
급여총액	2,500,000	3,800,000	6,300,000
소 득 세	114,700	231,740	346,440
지방소득세	11,470	23,170	34,640
국민연금	126,000	162,000	288,000
건강보험	66,780	85,860	152,640
고용보험	12,600	16,200	28,800
공 제 액	331,550	518,970	850,520
차인지급액	2,168,450	3,281,030	5,449,480

7. 3월 1일 : 당사 보통예금계좌에서 이자가 발생하여 원천징수세액 15,400원을 제외한 나머지 금액 84,600원이 입금되었다.

8. 3월 2일 : 조은은행으로부터 차입한 단기차입금에는 외국환금액이 포함되어 있다. 이를 상환하기 위하여 국민은행에서 달러로 환전하여 상환하였다. 환전대금은 보통예금 계좌에서 이체하였다.

- 차입금액 $10,000
- 차입시 적용한 환율 : 1,000원/$
- 상환시 적용한 환율 : 1,200원/$

9. 3월 3일 : 보통예금에서 2,000,000원을 정기예금으로 이체하였으며, 이때 보통예금에서 1,200원의 송금수수료가 인출되었다.

10. 3월 4일 : (주)영동으로부터 투자목적으로 토지를 10,000,000원에 구입하고, 현금으로 5,000,000원, 나머지는 약속어음을 발행하여 교부하였다. 또한 당일 취득세 1,000,000원은 현금 납부하였다.

11. 3월10일 : 2월분 4대 보험 통합징수분 469,440원(회사부담분 234,720원, 급여지급시 본인 부담분예수액 234,720원)을 현금으로 납부하였다.(회사부담분 내역 : 관리직 직원 102,690원, 생산직 직원 132,030원) 단, 4대보험 통합징수분 보험료는 복리후생비 계정으로 처리한다.

12. 4월 1일 : (주)김포에 대한 미지급금 중 1,600,000원을 당사 당좌예금에서 계좌 이체하여 지급 하였다.

13. 4월 2일 : 사용중인 기계장치(취득원가 : 20,000,000원, 감가상각누계액 : 5,000,000원)를 동일업종인 거래처의 유사한 용도로 사용하던 기계장치(장부금액 : 8,000,000원, 공정가치 : 20,000,000원)과 교환하였다. 교환되는 기계장치 상호간의 공정가치는 동일하다.

14. 4월 3일 : 당사의 최대 주주인 한성철 씨로부터 제품 물류창고를 신축할 부지를 기증받았다. 토지에 대한 등기비용 500,000원을 당좌수표를 발행하여 지급하였으며, 현재 토지의 공정가치는 10,000,000원이며, 장부금액은 12,000,000원이다.

15. 4월 4일 : 충무상사의 외상매출금 5,250,000원 중 3,000,000원은 당좌수표로 받고 나머지 잔액은 충무상사 발행 약속어음으로 받았다.

16. 4월 5일 : 원효상회의 외상매출금 6,250,000원 중 250,000원은 현금으로 받고 잔액은 약속어음으로 받다.

17. 5월 1일 : 거래처 (주)영동에 대한 외상매입금 중 10,000,000원을 당사 발행의 약속어음(만기 2026년 1월 31일)으로 지급하였다.

18. 5월 2일 : 거래처인 원효상회부터 받은 받을어음 6,000,000원을 거래은행인 대한은행에서 할인하고 할인료 150,000원을 차감한 실수금은 당좌예금에 입금하였다(매각거래로 처리할 것).

19. 5월 10일 : 원재료를 매입하고 신림상회에 발행하여 준 약속어음 5,000,000원 만기가 도래하여 당좌수표를 발행하여 지급하였다.

20. 5월 15일 : (주)대영에 원재료를 주문하면서 계약금으로 1,000,000원을 당좌예금에서 이체하였다.

21. 5월 20일 : 기획팀 과장 김영희에게 출장을 명하고 여비개산액 550,000원을 현금으로 지급하였다(신규 거래처 거래처코드 : 2001번으로 등록하시오).

22. 5월 25일 : 출장에서 돌아온 김영희로부터 아래와 같이 출장비 사용내역을 제출받고 잔액 70,000원은 현금으로 회수하였다.

출장비 사용 내역서		
내 역	금 액	비 고
교 통 비	250,000원	
숙 박 비	120,000원	
식 대	110,000원	
계	480,000원	

> **따라하기**

1. 일자 : 2월 1일

구분	코드	계정과목	코드	거래처		적요	금액
1(출)	830	소 모 품 비		반포문구	3	기타소모품비 지급	50,000
분개	(차) 소모품비(판)		50,000	(대) 현 금			50,000

2. 일자 : 2월 2일

구분	코드	계정과목	코드	거래처		적요	금액
1(출)	517	세 금 과 공 과			1	공장자동차세납부	270,000
1(출)	817	세 금 과 공 과			1	자동차세 납부	180,000
분개	(차) 세금과공과(제) 세금과공과(판)		270,000 180,000	(대) 현 금			450,000

3. 일자 : 2월 3일

구분	코드	계정과목	코드	거래처	적요	금액
3(차)	525	교 육 훈 련 비			제조부서교육 강사료	1,000,000
4(대)	254	예 수 금			강사료 원천징수세액	33,000
4(대)	101	현 금			제조부서교육 강사료	967,000
분개	(차) 교육훈련비(제)	1,000,000	(대) 예 수 금 현 금			33,000 967,000

4. 일자 : 2월 4일

구분	코드	계정과목	코드	거래처		적요	금액
3(차)	953	기 부 금				국군위문품 기탁	500,000
4(대)	150	제 품			8	타계정으로대체액손익계산	500,000
분개	(차) 기 부 금		500,000	(대) 제 품			500,000

▶ 제품을 접대, 기부 등 판매목적 이외로 사용한 경우 반드시 적요란에 적요 8. 타계정으로 대체를 선택하여 입력한다.

5. 일자 : 2월 5일

구분	코드	계정과목	코드	거래처		적요	금액
3(차)	516	전 력 비			4	전기요금보통예금인출	500,000
3(차)	815	수 도 광 열 비				전기요금보통예금인출	300,000
4(대)	103	보 통 예 금				전기요금보통예금인출	800,000
분개	(차) 전 력 비(제) 수도광열비(판)		500,000 300,000	(대) 보통예금			800,000

6. 일자 : 2월 21일

구분	코드	계정과목	코드	거래처	적 요	금 액
3(차)	504	임　　　금			2 생산직종업원 임금지급	3,800,000
3(차)	801	급　　　여			2 급여지급	2,500,000
4(대)	254	예　수　금			3 당월분 갑근세등예수	850,520
4(대)	103	보　통　예　금			직원 급여지급	5,449,480
분개	(차) 임　　금(제)　　3,800,000 　　　급　　여(판)　　2,500,000				(대) 예　수　금　　　　850,520 　　　보통예금　　　　5,449,480	

➲ 2월 거래가 입력된 화면

7. 일자 : 3월 1일

구분	코드	계정과목	코드	거래처	적 요	금 액
3(차)	103	보　통　예　금			보통예금이자수입	84,600
3(차)	136	선　납　세　금			1 이자소득원천징수세액	15,400
4(대)	901	이　자　수　익			1 보통예금이자원본대체	100,000
분개	(차) 보통예금　　　　84,600 　　　선납세금　　　　15,400				(대) 이자수익　　　　100,000	

8. 일자 : 3월 2일

구분	코드	계정과목	코드	거래처	적요		금 액
3(차)	260	단 기 차 입 금	98010	조은은행	2	차입금상환시보통인출	10,000,000
3(차)	952	외 환 차 손			4	차입금상환시 환차손	2,000,000
4(대)	103	보 통 예 금				차입금상환시보통인출	12,000,000
분개	(차) 단기차입금　　　　　10,000,000　　　　　(대) 보통예금　　　　　12,000,000 　　　　외 환 차 손　　　　　 2,000,000						

9. 일자 : 3월 3일

구분	코드	계정과목	코드	거래처	적요		금 액
3(차)	105	정 기 예 금			1	정기예금 입금	2,000,000
3(차)	831	수 수 료 비 용				송금수수료	1,200
4(대)	103	보 통 예 금				정기예금대체	2,001,200
분개	(차) 정 기 예 금　　　　　2,000,000　　　　　(대) 보통예금　　　　　2,001,200 　　　　수수료비용(판)　　　　　 1,200						

10. 일자 : 3월 4일

구분	코드	계정과목	코드	거래처	적요	금 액
3(차)	183	투 자 부 동 산		㈜영동	투자목적 토지구입	11,000,000
4(대)	101	현　　　　금			토지구입대금 지급	6,000,000
4(대)	253	미 지 급 금	01004	㈜영동	토지대금 어음발행	5,000,000
분개	(차) 투자부동산　　　　　11,000,000　　　　　(대) 현　　금　　　　　6,000,000 　　　　　　　　　　　　　　　　　　　　　　　　　　　　미지급금　　　　　5,000,000					

▶ 투자목적 토지를 구입하고 발행한 약속어음은 상품, 원재료 등과 관련된 것이 아니므로 지급어음으로 하지 않고 미지급금으로 하여야 한다.

11. 일자 : 3월 10일

구분	코드	계정과목	코드	거래처	적 요	금 액
3(차)	254	예 수 금			4대보험 예수분 납부	234,720
3(차)	811	복 리 후 생 비			회사부담 4대보험료납부	102,690
3(차)	511	복 리 후 생 비			회사부담 4대보험료납부	132,030
4(대)	101	현　　　　금			4대보험료납부	469,440
분개	(차) 예 수 금　　　　　234,720　　　　　(대) 현　　금　　　　　469,440 　　　　복리후생비(판)　　102,690 　　　　복리후생비(제)　　132,030					

▶ 현금거래라도 대체거래처럼 구분을 3.차변 4.대변(101.현금)의 대체전표로 입력하여도 된다.

● 3월 거래가 입력된 화면

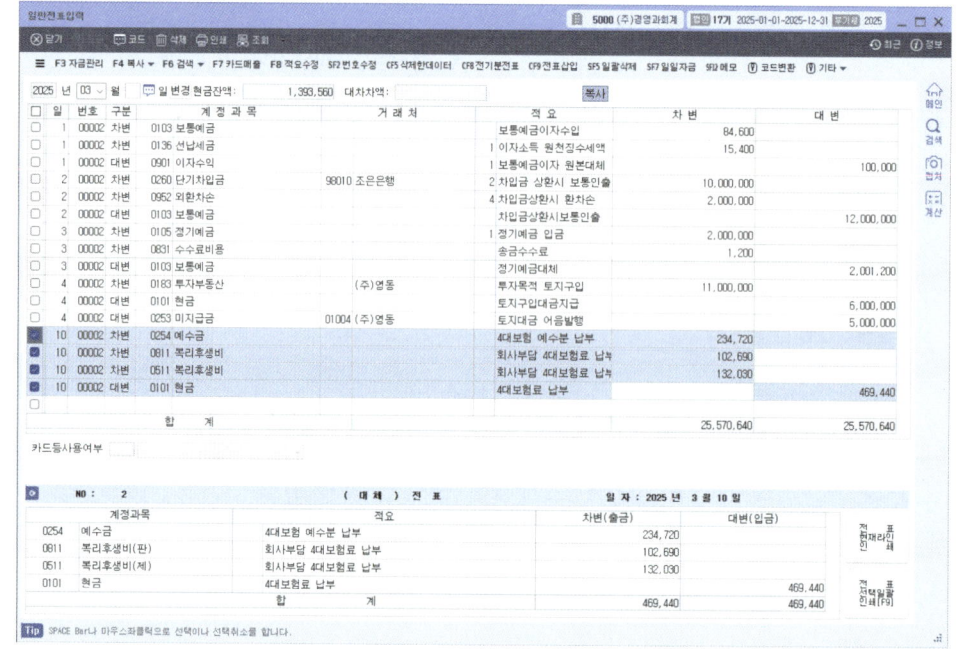

12. 일자 : 4월 1일

구분	코드	계정과목	코드	거래처	적 요	금 액
3(차)	253	미지급금	01008	㈜김포	1 미지급금예금지급	1,600,000
4(대)	102	당좌예금			미지급금당좌이체	1,600,000
분개	(차) 미지급금		1,600,000	(대) 당좌예금		1,600,000

13. 일자 : 4월 2일

구분	코드	계정과목	코드	거래처	적 요	금 액
3(차)	206	기계장치			기계장치 교환	15,000,000
3(차)	207	감가상각누계액			기계장치 교환	5,000,000
4(대)	206	기계장치			기계장치 교환	20,000,000
분개	(차) 기계장치(신) 　　　감가상각누계액		15,000,000 5,000,000	(대) 기계장치(구)		20,000,000

▶ 동종자산을 교환하는 경우 취득금액은 제공한 자산의 장부금액으로 한다. 이종자산을 교환하는 경우 취득금액은 제공한 자산의 공정가치로 한다.

14. 일자 : 4월 3일

구분	코드	계정과목	코드	거래처		적요	금액
3(차)	201	토 지		한성철		토지수증	10,500,000
4(대)	917	자산수증이익			3	고정자산수증이익	10,000,000
4(대)	102	당좌예금				토지등기비용	500,000
분개	(차) 토 지　　　　10,500,000　　(대) 자산수증이익　　10,000,000 　　　　　　　　　　　　　　　　당좌예금　　　　　500,000						

15. 일자 : 4월 4일

구분	코드	계정과목	코드	거래처		적요	금액
3(차)	101	현 금				외상매출금 회수	3,000,000
3(차)	110	받을어음	01001	충무상사	3	외상매출금 어음회수	2,250,000
4(대)	108	외상매출금	01001	충무상사		외상매출금 회수	5,250,000
분개	(차) 현　금　　　　3,000,000　　(대) 외상매출금　　5,250,000 　　　받을어음　　　2,250,000						

16. 일자 : 4월 5일

구분	코드	계정과목	코드	거래처		적요	금액
3(차)	101	현 금				외상매출금 회수	250,000
3(차)	110	받을어음	01002	원효상회	3	외상매출금 어음회수	6,000,000
4(대)	108	외상매출금	01002	원효상회		외상매출금 회수	6,250,000
분개	(차) 현　금　　　　　250,000　　(대) 외상매출금　　6,250,000 　　　받을어음　　　6,000,000						

➲ 4월 거래가 입력된 화면

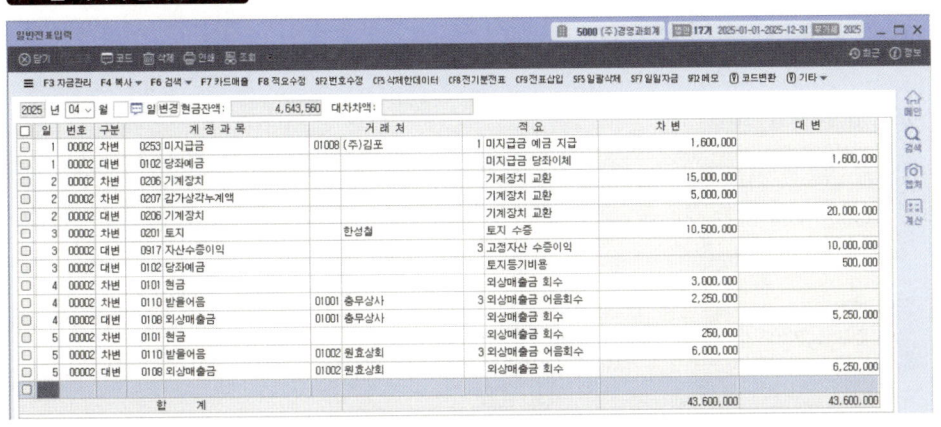

17. 일자 : 5월 1일

구분	코드	계정과목	코드	거래처	적 요	금 액
3(차)	251	외 상 매 입 금	01004	㈜영동	2 외상매입금지급어음발행	10,000,000
4(대)	252	지 급 어 음	01004	㈜영동	3 외상매입금반제어음발행	10,000,000
분개	(차) 외상매입금		10,000,000	(대) 지급어음		10,000,000

18. 일자 : 5월 2일

구분	코드	계정과목	코드	거래처	적 요	금 액
3(차)	102	당 좌 예 금			어음할인액당좌예입	5,850,000
3(차)	956	매출채권처분손실			어음할인료	150,000
4(대)	110	받 을 어 음	01002	원효상회	5 어음할인액	6,000,000
분개	(차) 당좌예금 매출채권처분손실		5,850,000 150,000	(대) 받을어음		6,000,000

19. 일자 : 5월 10일

구분	코드	계정과목	코드	거래처	적 요	금 액
3(차)	252	지 급 어 음	01005	신림상회	2 지급어음 결제	5,000,000
4(대)	102	당 좌 예 금			5 지급어음 당좌결제	5,000,000
분개	(차) 지급어음		5,000,000	(대) 당좌예금		5,000,000

20. 일자 : 5월 15일

구분	코드	계정과목	코드	거래처	적 요	금 액
3(차)	131	선 급 금	01006	㈜대영	계약금 당좌이체	1,000,000
4(대)	102	당 좌 예 금			계약금 당좌이체	1,000,000
분개	(차) 선 급 금		1,000,000	(대) 당좌예금		1,000,000

21. 일자 : 5월 20일

구분	코드	계정과목	코드	거래처	적 요	금 액
1(출)	134	가 지 급 금	02001	김영희	여비개산액	550,000
분개	(차) 가지급금		550,000	(대) 현 금		550,000

▶ 거래처코드 란에 "+" 또는 "0000"을 거래처명에 김영희를 입력하고 ⏎를 치면 나타나는 보조창에서 거래처 코드를 2001번으로 입력하고 등록한다.
▶ 하단의 거래처 등록에서 추가사항을 입력할 수 있다.

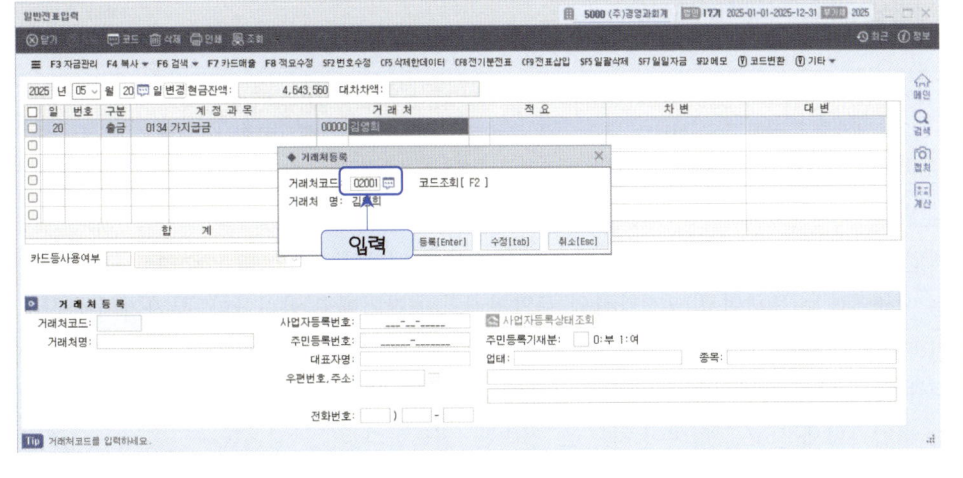

22. 일자 : 5월 25일

구분	코드	계정과목	코드	거래처	적 요	금 액
3(차)	812	여 비 교 통 비			1 출장여비 가지급정산	480,000
3(차)	101	현 금			출장여비 가지급정산	70,000
4(대)	134	가 지 급 금	02001	김영희	출장여비 가지급정산	550,000
분개	(차) 여비교통비(판) 현 금		480,000 70,000	(대) 가지급금		550,000

➲ 5월 거래가 입력된 화면

2 매입매출전표입력

> NCS 능력단위 : 0203020101전표관리　　능력단위요소 : 03증빙서류관리하기
> 3.1 발생한 거래에 따라 필요한 관련 서류 등을 확인하여 증빙여부를 검토할 수 있다.
> 3.2 발생한 거래에 따라 관련 규정을 준수하여 증빙서류를 구분·대조할 수 있다.
> 3.3 증빙서류 관련 규정에 따라 제 증빙자료를 관리할 수 있다.

매입매출전표입력 메뉴는 부가가치세신고 대상에 해당하는 거래를 입력하는 것으로 매입 또는 매출거래는 물론이고 고정자산의 구입거래와 매각거래도 입력한다. 부가가치세 신고 대상인 (전자)세금계산서, 영세율세금계산서, 수입세금계산서, 계산서, 신용카드매출전표, 현금영수증 등의 거래 증명서류에 의하여 입력한다. 다만, 매출의 경우에는 거래 증명서류가 없더라도 부가가치세 신고를 하여야 하므로 '건별'로 입력한다.

- 화면 상단은 부가가치세와 관련된 내용을 입력하고, 화면 하단에는 분개를 입력한다.
- 화면 상단에 입력된 자료는 부가가치세 신고자료(부가가치세 신고서, 세금계산서합계표, 매입매출장 등)에 영향을 준다.
- 부가가치세 신고 대상 거래를 일반전표로 입력하면 부가가치세 신고 자료에 반영되지 않으므로 반드시 매입매출전표입력 메뉴에서 하여야 한다. 반대로 부가가치세 신고대상이 아닌 거래는 일반전표입력 메뉴에 입력하여야 한다.

① 월, 일

상단 메뉴 바 아래 있는 월 란에서 작업하고자 하는 월을 선택하고 [Enter↵]를 치고 입력 란에서 거래일자를 입력하는 방법과 상단의 월 란과 일 란에 직접 일자를 입력하여 하루씩 거래를 입력하는 방법이 있다.

② 번호

전표의 일련번호로 거래 일자별로 1번부터 자동으로 부여된다.

③ 유형

유형은 다음과 같이 구별되며, 부가가치세신고서와 신고부속서류에 자동 반영되므로 정확하게 입력하여야 한다. 매출 유형이 11.매출과세, 17.매출카과, 51.매입과세, 57.매입카과 등에 해당하는 거래가 연속되는 경우에는 상단의 해당 탭을 누르고 입력하면 거래마다 유형의 선택을 할 필요 없이 빠르게 입력할 수 있다.

부 가 세 유 형													
매출							매입						
11.과세	과세매출	16.수출	수출	21.전자	전자화폐		51.과세	과세매입	56.금전	금전등록	61.현과	현금과세
12.영세	영세율	17.카과	카드과세	22.현과	현금과세		52.영세	영세율	57.카과	카드과세	62.현면	현금면세
13.면세	계산서	18.카면	카드면세	23.현면	현금면세		53.면세	계산서	58.카면	카드면세		
14.건별	무증빙	19.카영	카드영세	24.현영	현금영세		54.불공	불공제	59.카영	카드영세		
15.간이	간이과세	20.면건	무증빙				55.수입	수입분	60.면건	무증빙		

④ 품목

거래에 나타나는 품목을 입력한다. 품목이 둘 이상인 복수거래는 F7을 눌러서 나타나는 화면 하단에 품목별로 입력한다.

⑤ 수량, 단가, 공급가액

대상 거래의 수량, 단가, 공급가액을 입력한다. 수량과 단가를 입력하면 공급가액과 부가가치세가 자동으로 표시된다. 수량과 단가의 입력을 생략하면 공급가액을 직접 입력하고 이에 따라 부가가치세는 자동으로 계산된다.
㉠ 공급가액 : 부가가치세를 포함하지 않은 금액
㉡ 공급대가 : 부가가치세를 포함한 금액(공급가액+부가가치세)

⑥ 부가세

직접 입력할 수도 있고 공급가액을 입력하면 자동으로 계산한다.

⑦ 공급처명

거래상대방을 입력한다. 코드 란에 거래처명 두 글자를 입력하거나 F2를 이용하여 보조창에서 선택한다.

⑧ 전자

전자세금계산서인 경우에는 "1.여"를 입력한다. 전자세금계산서를 연속하여 입력할 때에는 상단의 전자입력 탭을 클릭하고 입력하면 모든 거래가 전자세금계산서로 입력된다. 프로그램으로 전자세금계산서를 발급하는 경우에는 전자 란에 "1.여"를 입력하지 않아야 한다. 매입매출전표입력 메뉴에서 먼저 거래를 입력하고 전자세금계산서를 발급 전송하면 전자 란에 자동으로 "1.여"가 표시된다.

⑨ 분개

상단에 입력한 내용은 부가가치세 신고를 위한 것이고 하단에는 회계처리의 내용 즉 장부에 반영될 분개를 입력한다.
0번 분개없음 : 분개할 필요가 없거나 생략하려고 할 때 선택한다.
1번 현금 : 거래금액 전액이 현금거래인 경우 선택한다.
- 매출거래는 부가세예수금과 매출액의 분개가 자동으로 나타나고, 매입거래는 부가세대급금과 원재료의 분개가 자동으로 나타난다. 매출액 또는 원재료 매입이 아닌 경우 적절한 계정과목으로 수정 입력하여야 한다.

2번 외상 : 거래금액 전액이 외상인 경우 선택한다.
- 매출유형 거래는 외상매출금과 부가세예수금계정 및 기본계정(제품매출)에 의한 분개가 자동으로 나타난다. 부가세예수금은 수정을 할 수 없으며 외상매출금과 기본계정(제

품매출)은 거래에 맞게 수정 및 추가입력이 가능하다.
- 매입유형 거래는 외상매입금과 부가세대급금계정 및 기본계정(원재료)에 의한 분개가 자동으로 나타난다. 부가세대급금은 수정이 불가능하며, 외상매입금과 기본계정(원재료)은 수정 및 추가입력이 가능하다.

3번 혼합 : 거래금액 전액이 현금과 외상이 아닌 거래에서 선택하는 것이 일반적이나 모든 거래에서 선택할 수 있다.
- 매출거래는 부가세예수금과 기본계정(제품매출)이 자동으로 표시되며 차변과목은 사용자가 직접 입력한다.
- 매입거래는 부가세대급금과 기본계정(원재료)이 자동으로 분개되어 나타나며, 대변과목은 사용자가 직접 입력한다.

4번 카드 : 거래 전액이 카드 결제인 매출, 매입을 입력 시 선택한다.
환경등록에서 신용카드매출채권과 신용카드매입채무로 설정된 계정과목으로 분개가 된다.

5번 추가 : 환경등록에서 추가로 설정한 경우에 사용할 수 있다.

⑩ **영세율 구분**

매출유형이 12. 영세 또는 16. 수출인 경우 영세율 구분의 말풍선을 클릭하여 해당하는 영세율 매출내용을 선택한다.

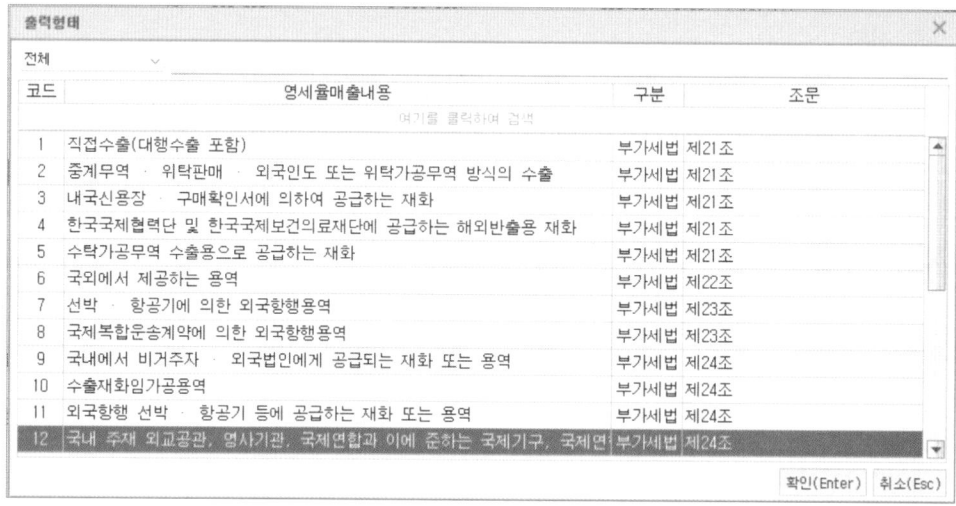

유형별 입력자료와 특성

매출유형		내용
11.과세	과세매출	과세매출에 대한 세금계산서를 입력할 때 선택
12.영세	영세율	영세율세금계산서를 입력할 때 선택(구매승인서 또는 내국신용장 발급)
13.면세	계산서	면세 매출로 발행된 계산서를 입력할 때 선택
14.건별	무증빙 간주공급	법정증명이 발급되지 않은 과세매출 또는 접대목적으로 제품 제공할 때 선택 공급가액 란에 부가가치세가 포함된 공급대가를 입력하고 [Enter↵]를 치면 공급가액과 부가세가 자동으로 계산되어 입력된다.
15.간이	간이과세	세금계산서가 발급되지 않는 과세매출을 입력할 때 선택 [14.건별]과 차이 : 공급가액과 세액이 자동 구분계산 되지 않는다.
16.수출	수출	세금계산서를 발급하지 않는 수출(영세율세금계산서가 발행되는 [12.영세]와 구분)
17.카과	카드과세	신용카드에 의한 과세매출을 입력할 때 선택(세금계산서 발행분 제외) [17.카과]로 입력된 자료는 신용카드매출발행집계표의 과세분에 자동 반영
18.카면	카드면세	신용카드에 의한 면세매출을 입력할 때 선택 [18.카면]으로 입력된 자료는 신용카드매출발행집계표의 면세분에 자동 반영
19.카영	카드영세	영세율 대상 거래의 신용카드 매출 → 신용카드발행집계표 과세분에 반영
20.면건	무증빙	계산서가 발급되지 않은 면세거래로 매출을 입력할 때 선택
21.전자	전자화폐	전자적결제 수단에 의한 매출 → 전자화폐결제명세서에 가맹점별로 집계
22.현과	현금과세	현금영수증에 의한 과세매출을 입력할 때 선택 [22.현과]로 입력된 자료는 신용카드매출발행집계표의 과세분에 자동 반영
23.현면	현금면세	현금영수증에 의한 면세매출을 입력할 때 선택 [23.현면]으로 입력된 자료는 신용카드매출발행집계표의 면세분에 자동 반영
24.현영	현금영세	영세율 대상 거래의 현금영수증 매출 → 신용카드발행집계표의 과세분에 반영

매입유형		내용
51.과세	과세매입	발급받은 세금계산서를 입력할 때 선택
52.영세	영세율	발급받은 영세율 세금계산서를 입력할 때 선택
53.면세	계산서	면세로 발급받은 계산서를 입력할 때 선택(세관장이 발급한 수입계산서 포함)
54.불공	불공제	매입세액공제를 받을 수 없는 **세금계산서**를 입력할 때 선택 (사유별로 우측 해당번호 선택) ① 필요적 기재사항 누락 ② 사업과 직접 관련 없는 지출 ③ 개별소비세법 제1조 제2항 제3호에 따른 자동차 구입, 유지 및 임차 ④ 기업업무추진비 및 이와 유사한 비용 관련 ⑤ 면세사업과 관련 ⑥ 토지의 자본적 지출 관련 ⑦ 사업자등록 전 매입세액 ⑧ 금거래계좌 미사용 관련 매입세액 ⑨ 공통매입세액 안분계산 분 ⑩ 대손처분받은 세액 ⑪ 납부세액 재계산분
55.수입	수입분	재화의 수입 시 세관장이 발급한 수입세금계산서를 입력할 때 선택 * 수입세금계산서의 공급가액은 부가가치세 신고서의 과세표준이지 회계처리 대상이 아니다. 따라서 수입세금계산서는 하단의 분개화면에 부가가치세만 표시된다.
56.금전	금전등록	금전등록기 영수증을 받은 매입을 입력할 때 선택(매입세액 불공제임)
57.카과	카드과세	신용카드에 의한 과세분 매입을 입력할 때 선택
58.카면	카드면세	신용카드에 의한 면세분 매입을 입력할 때 선택
59.카영	카드영세	신용카드에 의한 영세율 매입을 입력할 때 선택
60.면건	무증빙	계산서가 발급되지 않은 면세분 매입을 입력할 때 선택
61.현과	현금과세	현금영수증에 의한 과세분 매입을 입력할 때 선택
62.현면	현금면세	현금영수증에 의한 면세분 매입을 입력할 때 선택

▶ 54.불공에서 종전의 ③비영업용 소형승용자동차 구입, 유지 및 임차는 부가가치세법의 개정에 맞춰 개별소비세법 제1조 제2항 제3호에 따른 자동차로 변경되었다.
▶ 부가가치세법 개정으로 54.불공의 ④는 접대비를 기업업무추진비로 변경하여 사용한다.

3 전자세금계산서 발행

> NCS 능력단위 : 0203020225부가가치세신고   능력단위요소 : 01세금계산서발급·수취하기
> 1.1 세금계산서의 발급방법에 따라 세금계산서를 발급하고 발급명세를 국세청에 전송할 수 있다.

법인과 직전사업년도 공급가액(면세 포함)이 8천만원 이상인 개인사업자는 의무적으로 전자세금계산서를 발급하여야 한다. 전자세금계산서 발급과 전송은 아직 자격시험에 출제되지 않으므로 학습에서 제외하여도 된다. 다만 실무상 필요하므로 설명과 연습문제를 실었다. 전자세금계산서 발급을 요구하지 않는 문제에서 전자세금계산서를 발급하였다고 하면 전자란에 '1.여'를 입력하여야 한다.

① 전자세금계산서 발급 대상인 매출 거래를 매입매출전표입력할 때에 전자 란에 전자체크(1여)를 하지 않고 입력하여야 한다. 만일 전자 란에 1여를 입력하고 전자세금계산서발행 메뉴에 가면 발행상태 란에 타사발행으로 표시되어 전자세금계산서를 발행할 수 없다.

② 전자세금계산서발행 메뉴를 실행하여 전자세금계산서 발행기간을 입력하고 매입매출전표입력 메뉴에 입력한 데이터를 불러온다. 이때에는 발행상태 란에 미발행으로 표시된다.

③ 전자 발행하려는 세금계산서를 체크하여 선택하고 하단의 수신자 탭에 받는이(메일을 수신할 담당자)의 이메일을 등록한다. 수신자가 입력되어 있지 않으면 전자세금계산서가 발급되지 않는다.

④ 전자 발행하려는 세금계산서를 체크로 선택하고 화면 상단의 F3 전자발행을 클릭한다. 이때 나타나는 보조창에서 전자세금계산서 발급대상을 한 번 더 확인하고 상단의 발행(Tab)을 클릭하면 전자세금계산서 발행 건수와 발행 여부를 묻는 보조창이 나타난다.

⑤ 화면의 보조창에서 예를 클릭하면 전자세금계산서 발행 사이트인 베스트빌의 로그인 화면이 나타난다. 교육용 프로그램에서는 아이디와 비밀번호를 kacpta로 입력하고 확인을 클릭하면 국세청에 전송하기 위한 e세로 인증서 화면이 나타난다. 교육용 프로그램은 인증서 암호가 미리 입력되어 있어 확인만 클릭하면 된다.

⑥ 확인 버튼을 클릭하면 전자세금계산서가 전송되었다는 메시지가 나오고 발행상태는 성공으로 표시된다. 이상의 과정을 거치면 실무 프로그램에서는 국세청에 데이터가 전송되지만 교육용 프로그램에서는 전송되지 않는다.

⑦ 전자세금계산서를 발행한 전표는 매입매출전표입력에서 삭제를 할 수 없고 전자세금계산서발행 메뉴에서 F4 발행취소(삭제)를 클릭하여 전자세금계산서 발행을 먼저 취소한 후에 매입매출전표입력에서 해당 전표를 삭제하여야 한다.

필수예제 따라하기

> **필수예제**
>
> (주)경영과회계의 기중 거래내역을 매입매출전표입력 메뉴에 입력하시오(문제에서 전자세금계산서를 발급한 거래는 모두 일괄해서 전자세금계산서를 발급 전송할 것).

[매 출]

■ 11. 과세 : 세금계산서(부가가치세 10%)가 발급된 거래를 입력

입력 시 유의사항

(1) 세금계산서(부가가치세 10%)가 발급되는 과세매출거래
(2) 품목이 2개 이상일 경우 상단툴바의 F7'복수거래'키를 이용하여 입력
(3) 비사업자와 거래 : 거래처등록 시 주민등록번호 입력 후 주민기재분에서 1.여를 선택
(4) 공급가액과 세액을 구분하여야 하는 경우 : 부가가치세 포함한 금액(공급대가)일 때 → 공급대가÷1.1 = 공급가액
(5) 반품거래 : 수량은 음수(-)로, 단가는 (+)로, 수량·단가가 없을 경우 → 공급가액을 음수(-)로 입력
(6) 유형자산 매각거래 : 공급가액은 항상 세금계산서에 기재된 공급가액을 입력하여야 한다.
   ※ 처분하는 유형자산의 취득원가와 감가상각누계액은 화면 하단의 분개 란에 금액을 입력
(7) 세금계산서와 신용카드매출전표가 동시에 발급되었을 경우 → 항상 11.과세를 선택하고 거래처를 수정
(8) 전자세금계산서를 발행하려면 전자란에 1여를 입력하지 않는다. 다만, 자격시험에서 전자세금계산서를 메뉴에서 발행하지 않고 전자세금계산서를 발급하였다고 제시하면 반드시 전자 란에 1여를 입력하여야 한다.

---

1. **7월 1일** : 충무상사에 제품을 판매하고 다음과 같이 전자세금계산서를 발급하였다. 대금은 전액 현금으로 회수하였다(담당자 : 이충무, 이메일 : good@matbook.co.kr).

| 전자세금계산서(공급자보관용) | | | | | 책 번 호 | 권 | 호 |
| | | | | | 일련번호 | | |

공급자	등록번호	214-81-08916			공급받는자	등록번호	123-25-70762		
	상호(법인명)	(주)경영과회계	성명(대표자)	김회계		상호(법인명)	충무상사	성명(대표자)	김진석
	사업장주소	서울 서초구 강남대로 156-5 305				사업장주소	안양시 만안구 현충로 48		
	업태	제조,도매	종목	사무용품		업태	도매	종목	사무용품

작성				공급가액		세액		비고
연	월	일	공란수					
2025	7	1	4	5,000,000		500,000		

| 월일 | 품목 | 규격 | 수량 | 단가 | 공급가액 | 세액 | 비고 |
| 7 1 | 제품 | | 1,000 | 5,000 | 5,000,000 | 500,000 | |

| 합계금액 | 현금 | 수표 | 어음 | 외상미수금 | 이 금액을 | **영수** 함 |
| 5,500,000 | 5,500,000 | | | | | 청구 |

2. **7월 2일** : 계양상사(거래처코드번호 : 1201, 사업자등록번호 125-04-20133 신규 등록할 것)에 모니터 10대를 1대당 600,000원(부가가치세 별도)에 판매하고 전자세금계산서를 발급하였다. 대금 중 3,000,000원은 현금으로 받고 나머지 금액은 외상으로 하였다(담당자 : 대표 김계양, 이메일 : sun@matbook.co.kr).

3. **7월 3일** : 원효상회에 다음과 같이 제품을 매출하고 전자세금계산서를 발급하였다. 대금은 전액 외상으로 하였다(담당자 : 김원효, 이메일 : moon@matbook.co.kr).

품 목	수량	단 가	공급가액	부가가치세	비 고
제품 가	30개	120,000원	3,600,000원	360,000원	
제품 나	50개	400,000원	20,000,000원	2,000,000원	

4. 7월 4일 : 제품을 비사업자인 이효진(이메일 : lee@matbook.co.kr, 거래처코드 01401로 신규 등록, 주민등록번호 701015-1554313)에게 판매하고, 공급가액 1,000,000원(부가가치세 별도)의 전자세금계산서를 발급하고 대금은 현금으로 수취하였다.

5. 7월 5일 : 공장에서 사용하던 기계(취득원가 18,000,000원, 감가상각누계액 15,000,000원)를 (주)김포에 5,000,000원(부가가치세 별도)에 매각하고 대금 중 2,000,000원을 자기앞수표로 잔액은 2달 후에 받기로 하고 전자세금계산서(담당자 : 김포만, 이메일 : kim@matbook.co.kr)를 발급하였다(당기의 감가상각은 무시할 것).

6. 7월 6일 : 계양상사에 판매한 모니터 중 1대가 불량으로 반품 받고 반품 재화에 대하여 전자세금계산서를 발급하였다. 대금은 전액 외상매출금과 상계한다.

품 목	수량	단 가	공급가액	부가가치세	비 고
모니터	-1	600,000원	-600,000원	-60,000원	

■ 12. 영세 : 세금계산서(부가가치세 0%)가 발급된 거래 입력

―――――― | 입력 시 유의사항 | ――――――

- 영세율 거래는 부가가치세율이 0%이므로 부가가치세액이 없다. 따라서 부가세예수금 계정이 나타나지 않는다.
  (1) 국내 사업자간의 영세율 매출거래 - 내국신용장(Local L/C) 또는 구매확인서에 의하여 공급하는 재화
  (2) 12.영세 - 반드시 세금계산서를 발급하여야, 16. 수출 - 직수출 등으로 세금계산서 발급의무 면제
  (3) 법인과 직전년도 매출액이 8천만원 이상인 개인은 영세율세금계산서도 전자로 발급하여야 한다.

7. 7월 7일 : 해외수출대행업체인 충무상사에 내국신용장에 의하여 제품 200개를 개당 50,000원에 납품하고 영세율로 전자세금계산서를 발급하였다. 대금 중 절반은 동사 발행 당좌수표로 받고 잔액은 외상으로 하였다.

8. 7월 8일 : 수출업체인 원효상회에 Local L/C에 따라 $30,000(기준환율 1,000원/$1)에 제품을 납품하고 영세율전자세금계산서를 발급하였으며, 대금은 약속어음으로 받았다.

■ 13. 면세 : 계산서가 발급된 거래를 입력

―――――― | 입력 시 유의사항 | ――――――

(1) 면세재화 또는 용역을 공급하고 계산서를 발급한 면세매출 거래
   (부가가치세 면세 대상 : 서적, 신문, 잡지, 토지, 농·축·수·임산물, 교육·의료보건용역, 기초생활필수품 거래 등)

9. 7월 9일 : 경북상사에 상품(회계솔루션서적) 500,000원을 판매하고 전자계산서를 발급하였다. 대금 중 200,000원은 현금으로 회수하고 잔액은 당사 보통예금계좌로 입금되었다 (거래처 신규 등록할 것. 거래처코드번호 : 1301, 사업자등록번호 : 117-81-67161 대표자 : 김경북, 수신담당자 : 하지원, haha@matbook.co.kr).

■ 14. 건별 : 소매로 판매하면서 법정증빙이 아닌 일반영수증을 발행하거나 증빙이 없는 거래 또는 간주공급 거래를 입력(현금영수증은 22.현금과세로 입력)

―――― | 입력 시 유의사항 | ――――
(1) 소매매출거래(법정증빙이 없는 거래, 일반영수증), 부가가치세법 상 간주공급(접대목적 제공)의 발생 시
(2) 공급가액란에 공급대가를 입력하면 공급가액과 세액이 자동으로 구분 계산(1회만 자동 계산)
  → 잘못 입력하면 해당 전표를 삭제한 후 다시 입력하거나 공급가액과 세액을 구분 입력하여야 한다.

10. 7월10일 : 제품을 개인 유산슬에게 소매로 판매하고 대금 440,000원(부가가치세 포함)을 현금으로 받았다(이 문제만 세금계산서 발급대상자가 아니라고 가정하고 거래처코드 1402번으로 등록할 것).

■ 16. 수출 : 세금계산서 발급대상이 아닌 직수출 거래의 입력

―――― | 입력 시 유의사항 | ――――
(1) 직수출·대행수출거래
(2) 선적일자의 기준환율 또는 재정환율을 적용하여 수출재화의 공급가액(과세표준)을 환산한다.
  ① 재화 또는 용역의 공급시기 도래 전에 원화로 환가한 경우 → 환가한 금액
  ② 재화 또는 용역의 공급시기 이후 외국통화 상태로 보유하거나 지급받는 경우 →선적일의 기준환율 또는 재정환율.

11. 7월11일 : 미국에 소재한 애플사에 제품을 직수출하였다. 선적일은 7월 11일이고 물품대금은 총 8,000달러이며, 선적일 현재의 기준환율은 달러당 1,015원이다. 대금은 아직 수령하지 못하였다(거래처코드 : 1403 신규등록).

■ 17. 카드과세 : 신용카드매출전표(부가가치세 10% 포함)가 발행된 거래의 입력

―――― | 입력 시 유의사항 | ――――
(1) 신용카드매출전표(10% 부가가치세 포함) 발행에 의한 과세매출 거래
(2) 공급가액 란에 공급가액을 입력하면 세액 자동 계산(환경등록에 부가세 포함으로 되어 있으면 공급대가 입력)
(3) 상단의 거래처는 매출처로 하고 하단의 분개입력 시 거래처는 카드회사로 변경하여야 한다.

12. 7월12일 : 개인 소비자 조세호(코드는 1404, 주민등록번호 720307-2030116으로 거래처 등록할 것)에게 제품 3,300,000원(부가가치세 포함)을 판매하고, 신용카드매출전표(신한카드사)를 발행하였다. 분개는 외상매출금으로 회계처리 하시오.

■ 22. 현금과세 : 현금영수증(부가가치세 10% 포함)이 발행된 거래를 입력

―――― | 입력 시 유의사항 | ――――
(1) 과세 재화 또는 용역을 공급하고 현금영수증을 발행한 과세매출 거래(10% 부가가치세)
(2) 공급가액 란에 공급가액을 입력하면 세액이 자동으로 구분 계산(환경등록에 부가세 포함으로 되어 있으면 공급대가 입력)

13. 7월13일 : 비사업자인 조세호에게 제품을 판매하고 대금 330,000원(공급대가)은 세금계산서 발급 없이 현금으로 받고 현금영수증을 발행교부하였다.

따라하기

회계관리 모듈의 전표입력에서 [매입매출전표입력] 메뉴를 선택한다.

[매 출]

1. 일자 : 7월 1일 (전자 란에 '여' 자동 표시)

유형	품목	수량	단가	공급가액	부가세	공급처명	
11.과세	제품	1,000	5,000	5,000,000	500,000	01001	충무상사
분개	1.현금 (입금) 255.부가세예수금 (입금) 404.제품매출					500,000 5,000,000	

▶ 전자세금계산서를 발행하여야 하므로 전자란에서 무시한다. 자격시험에서 프로그램으로 전자세금계산서를 발행하지 않고 단순히 주어진 자료에 의하여 전자세금계산서를 입력할 때에는 전자란에서 '1.여'를 선택하여야 세금계산서합계표에 전자세금계산서분으로 집계된다.

2. 일자 : 7월 2일 (전자 란에 '여' 자동 표시)

유형	품목	수량	단가	공급가액	부가세	공급처명	
11.과세	모니터	10	600,000	6,000,000	600,000	01201	계양상사
분개	3.혼합 (차) 101.현 금 3,000,000 (차) 108.외상매출금 3,600,000			(대) 255.부가세예수금 600,000 (대) 404.제품매출 6,000,000			

▶ 신규거래처의 등록은 코드란에서 "+키"를 누르고 거래처명을 입력하면 나타나는 보조창에서 원하는 코드번호 1201번을 입력하고 수정을 클릭한 후 화면 하단에서 거래처에 대해 제시된 내용을 입력하여 등록한다.

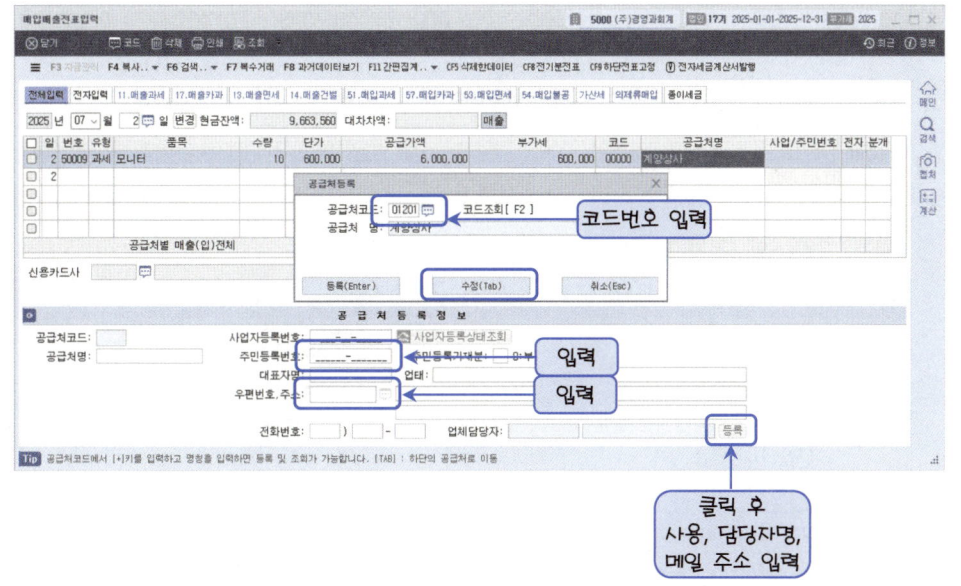

3. 일자 : 7월 3일 (전자 란에 '여' 자동 표시)

유형	품목	수량	단가	공급가액	부가세		공급처명
11.과세	제품가외			23,600,000	2,360,000	01002	원효상회
분개	2.외상 (차) 108.외상매출금 25,960,000				(대) 255.부가세예수금 2,360,000 (대) 404.제품매출 23,600,000			

▶ 복수거래는 화면 상단의 F7 복수거래를 클릭하여 화면 하단에 복수거래 입력창이 활성화되면 내용을 입력한다. 입력을 마치면 F7, Esc 또는 ↵키를 눌러 상단으로 이동한다.

4. 일자 : 7월 4일 (전자 란에 '여' 자동 표시)

유형	품목	수량	단가	공급가액	부가세		공급처명
11.과세	제품			1,000,000	100,000	01401	이효진
분개	1.현금	(입금) 404.제품매출 (입금) 255.부가세예수금			1,000,000 100,000		

▶ 신규거래처를 등록. 공급처 코드란에 "0000" 이나 "+키를 이용하여 신규거래처에 대해 제시된 해당 내용을 입력하고, 개인은 반드시 주민등록번호란 우측에 주민등록기재분에서 1 : 여를 선택한다.

5. 일자 : 7월 5일 (전자 란에 '여' 자동 표시)

유형	품목	수량	단가	공급가액	부가세		공급처명
11.과세	기계장치			5,000,000	500,000	01008	㈜김포
분개	3.혼합 (차) 207.감가상각누계액 15,000,000 (차) 101.현금 2,000,000 (차) 120.미수금 3,500,000				(대) 255.부가세예수금 500,000 (대) 206.기계장치 18,000,000 (대) 914.유형자산처분익 2,000,000			

▶ 화면 상단에 기계장치의 처분금액(공급가액)을 입력하고 하단은 매각에 따른 분개를 입력한다.
   장부금액 : 18,000,000 - 15,000,000 = 3,000,000원
   유형자산처분손익 : 처분금액 5,000,000 - 장부금액 3,000,000 = 2,000,000원

6. 일자 : 7월 6일 (전자 란에 '여' 자동 표시)

유형	품목	수량	단가	공급가액	부가세		공급처명
11.과세	반품	-1	600,000	-600,000	-60,000	01201	계양상사
분개	2.외상 (차) 108.외상매출금			-660,000	(대) 255.부가세예수금 (대) 404.제품매출		-60,000 -600,000

7. 일자 : 7월 7일 (전자 란에 '여' 자동 표시, 영세율 구분 : 3.내국신용장 구매확인서)

유형	품목	수량	단가	공급가액	부가세		공급처명
12.영세	제품	200	50,000	10,000,000	0	01001	충무상사
분개	3.혼합 (차) 101.현금 (차) 108.외상매출금			5,000,000 5,000,000	(대) 404.제품매출		10,000,000

▶ 영세율구분에서 3. 내국신용장 구매확인서에 의하여 공급하는 재화를 선택한다.

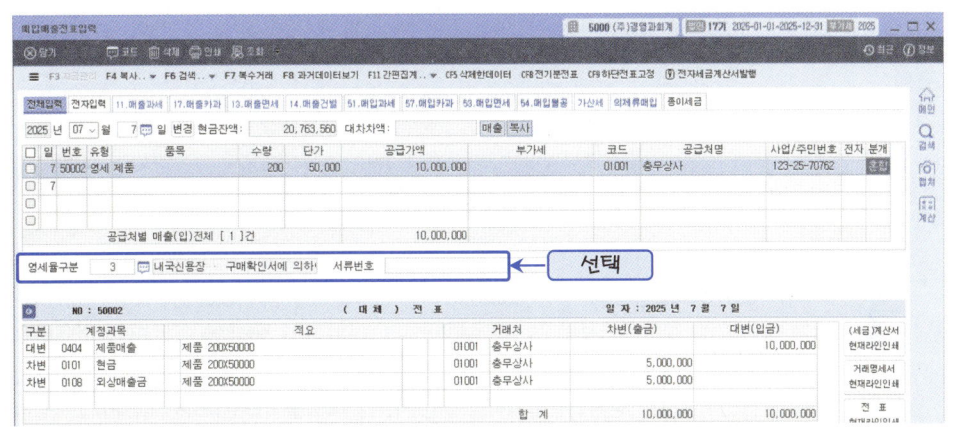

8. 일자 : 7월 8일 (전자 란에 '여' 자동 표시, 영세율 구분 : 3.내국신용장 구매확인서)

유형	품목	수량	단가	공급가액	부가세		공급처명
12.영세	제품			30,000,000	0	01002	원효상회
분개	3.혼합 (차) 110.받을어음			30,000,000	(대) 404.제품매출		30,000,000

▶ 영세율 구분에서 3. 내국신용장 구매확인서에 의하여 공급하는 재화를 선택한다.

9. 일자 : 7월 9일 (전자 란에 '여' 자동 표시)

유형	품목	수량	단가	공급가액	부가세		공급처명
13.면세	회계솔루션서적			500,000	0	01301	경북상사
분개	3.혼합 (차) 101.현 금 (차) 103.보통예금			200,000 300,000	(대) 401.상품매출		500,000

▶ 경북상사를 신규 등록하기 위하여 코드란에 00000을 공급처명에 경북상사를 입력하고 보조창에서 코드번호 1301번을 입력하고 등록한다.
▶ 하단 분개에서 404.제품매출을 401.상품매출로 수정하여야 한다.

10. 일자 : 7월 10일

유형	품목	수량	단가	공급가액	부가세	공급처명	
14.건별	제품			400,000	40,000	01402	유산슬
분개	1.현금	(입금) 255.부가세예수금 (입금) 404.제품매출				40,000 400,000	

▶ 공급가액란에 공급대가 440,000원을 입력하고 Enter↵ 하면 공급가액과 부가가치세가 자동으로 계산된다. 유산슬을 신규로 거래처등록 하려면 보조창에 공급처코드로 문제에서 요구한 1402번을 반드시 입력하여야 한다. 특정 번호를 입력하지 않으면 프로그램이 자동으로 코드번호를 부여한다.

11. 일자 : 7월 11일 (영세율 구분 : 1. 직접 수출 선택)

유형	품목	수량	단가	공급가액	부가세	공급처명	
16.수출	제품			8,120,000	0	01403	애플사
분개	2.외상 (차) 108.외상매출금			8,120,000	(대) 404.제품매출		8,120,000

▶ 신규거래처의 등록은 코드 란에서 "➕키"를 누르고 거래처명을 입력하면 나타나는 보조창에서 원하는 코드번호를 입력하고 수정을 클릭한 후 화면 하단에서 거래처에 대해 제시된 내용을 입력하여 등록한다.
▶ 수출한 재화의 공급가액은 선적일 전에 환가한 경우에는 환가액이고 그 이외에는 선적일의 환율을 적용한다.

12. 일자 : 7월 12일

유형	품목	수량	단가	공급가액	부가세	공급처명	
17.카과	제품			3,000,000	300,000	01404	조세호
분개	2.외상 (차) 108.외상매출금 (99700. 신한카드사)			3,300,000	(대) 255.부가세예수금 (대) 404.제품매출		300,000 3,000,000

▶ 공급가액 란에 공급대가 3,300,000원을 입력하고 Enter↵ 하면 부가세가 자동으로 계산된다. 분개유형을 입력하고 화면 중간에 있는 신용카드사 말풍선을 클릭하여 신한카드를 선택한다. 분개유형이 2.외상이면 외상매출금이 자동생성되고 4.카드이면 미수금이 자동생성된다. 분개유형이 3.혼합이면 분개의 계정과목을 직접 입력하여야 한다. 모든 경우에 분개의 거래처는 신한카드가 된다.
▶ 공급대가를 입력하면 공급가액과 부가세를 자동으로 구분하는 것은 1회에 한하는 것으로 금액을 수정하려면 공급가액과 부가세를 직접 계산하여 각각 입력하여야 한다. 이러한 경우에 공급가액과 부가세를 자동으로 구분하려면 전표 전체를 삭제하고 다시 입력하면 자동으로 구분한다.

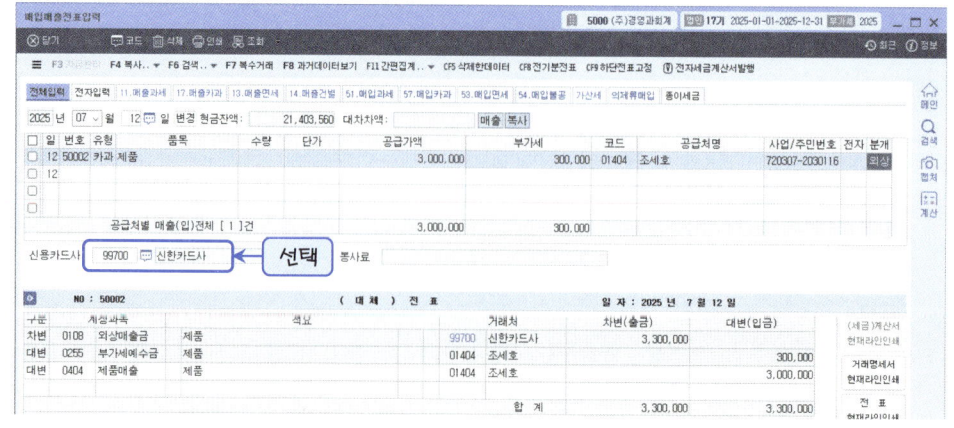

13. 일자 : 7월 13일

유형	품목	수량	단가	공급가액	부가세	공급처명	
22.현과	제품			300,000	30,000	01404	조세호
분개	1.현금	(입금) 255.부가세예수금				30,000	
		(입금) 404.제품매출				300,000	

▶ 공급가액 란에 공급대가 330,000원을 입력하고 Enter↵ 하면 부가세가 자동으로 계산된다. 17.카과나 22.현과를 선택한 경우 환경등록에서 ④ 부가세 포함여부가 0.미포함인지 1.포함인지에 따라 입력이 달라진다. 0.미포함인 경우에는 공급가액을 입력하여야 하고, 1.포함인 경우에는 공급대가(공급가액+부가가치세)를 입력하여야 한다.
- 공급대가 = 공급가액 × 1.1
- 공급가액 = 공급대가 ÷ 1.1

➡ 매출거래 자료가 입력된 화면

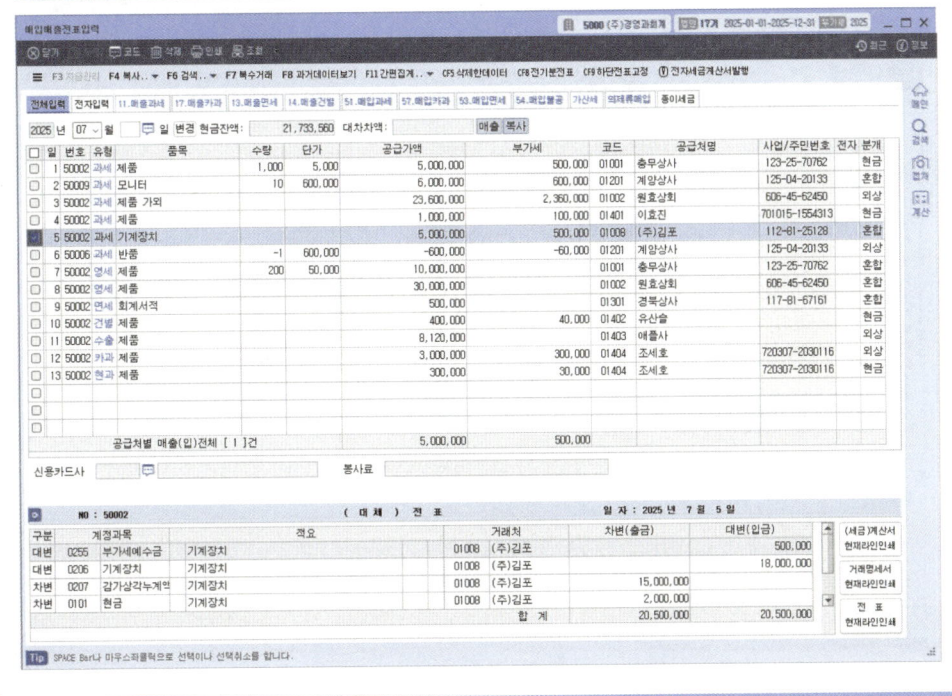

필수예제 따라하기

필수예제

(주)경영과회계의 7월의 매출거래에 대하여 전자세금계산서 및 전자계산서를 발급하고 전송하시오.

따라하기

① 회계관리 모듈의 전표입력에서 전자세금계산서발행 메뉴를 클릭한다.

기간을 7월 1일 ~ 7월 31일을 입력하고 거래처, 발행상태, 국세청 전송상태는 Enter↵ 를 하면 매입매출전표입력 데이터를 불러온다. 발행대상 거래 좌측□에 체크를 하고 거래처별로 하단에 수신자를 입력한다.

수신자는 1.사용, 담당자명, 담당자메일주소를 입력하고 반드시 Enter↵ 하여야 한다. 그리고 상단의 F3 전자발행을 클릭한다.

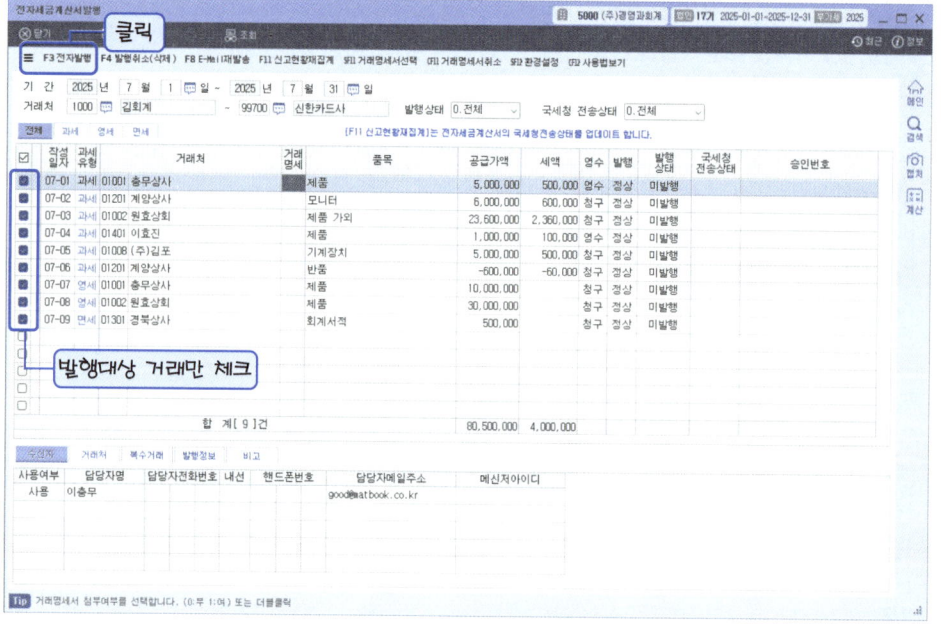

② 새로운 전자세금계산서 발행 보조창에서 상단의 발행(Tab)을 클릭하면 나타나는 '전자세금계산서 9건을 발행하시겠습니까?'라는 질문에 예를 클릭한다.

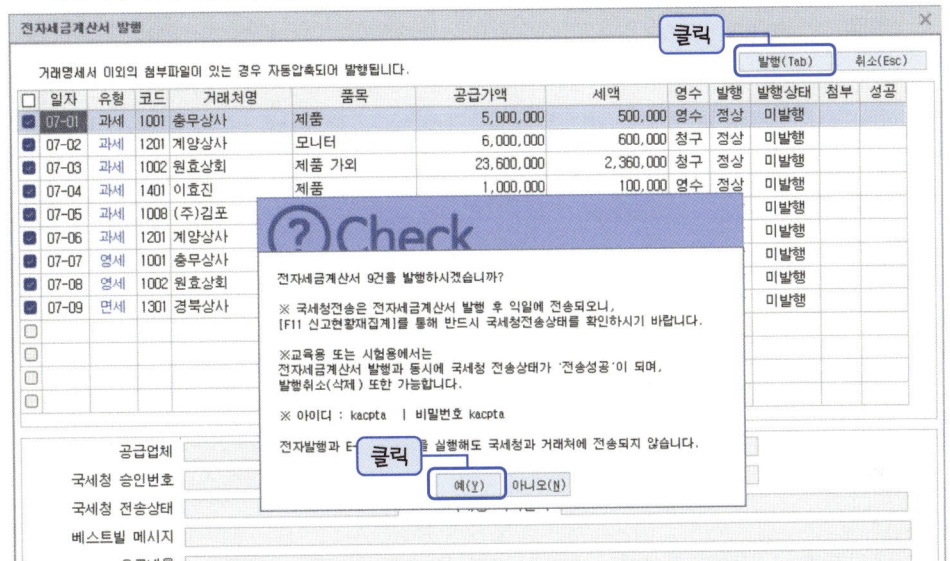

③ 베스트빌 로그인 화면에서 아이디와 비밀번호를 kacpta로 치고 확인을 클릭하면 국세청 전송을 위한 e세로 인증서 화면이 나타난다.
여기에서 확인을 클릭하면 전자세금계산서 발행이 성공하고 국세청에 전송되었다는 메시지가 화면에 표시된다. 그리고 닫기를 클릭하고 나간다.

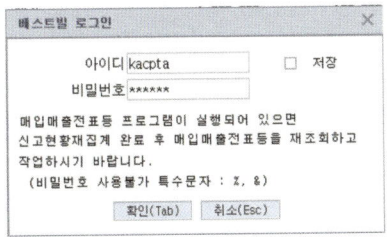

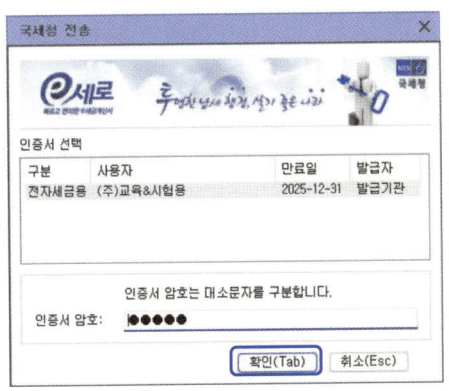

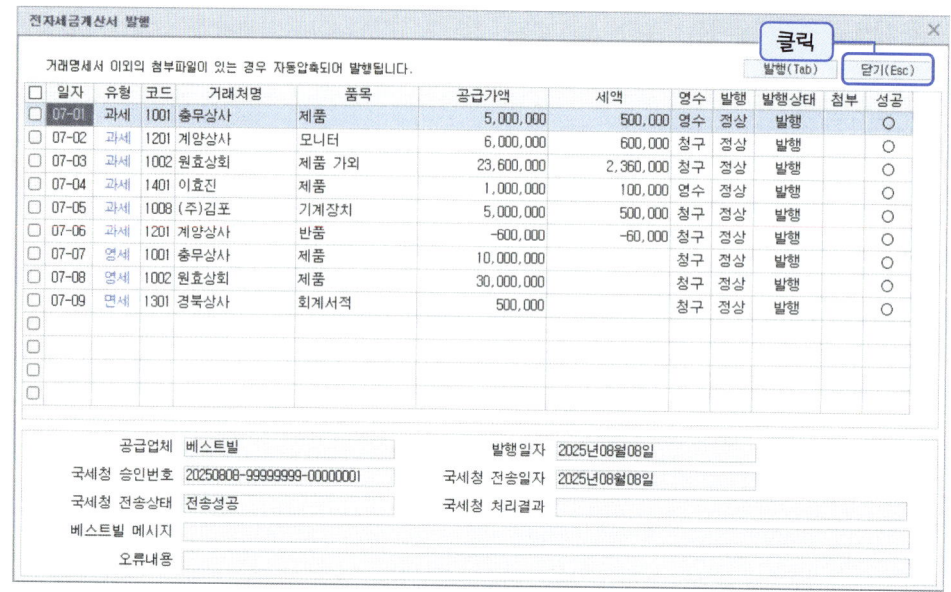

④ 국세청에 전송 완료 화면에서 닫기를 클릭하고 나오면 전자세금계산서발행화면에서 다음과 같이 전자세금계산서를 발행하고 전송이 성공되었음을 확인할 수 있다.

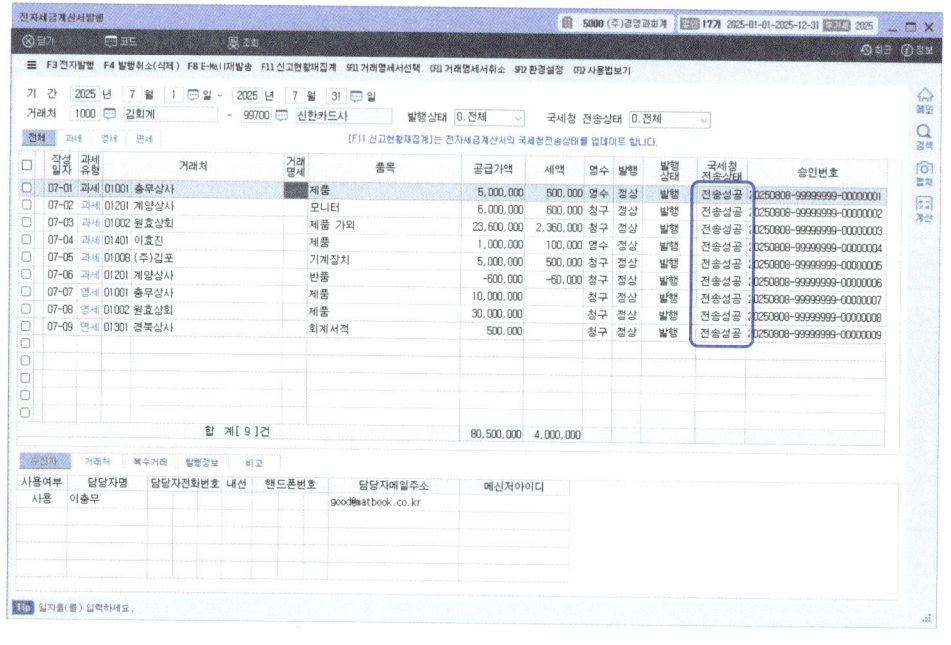

⑤ 전송을 성공한 후에 매입매출전표입력 메뉴에서 7월 거래를 조회하면 전자란에 '여'가 자동으로 반영된 것을 확인할 수 있다.

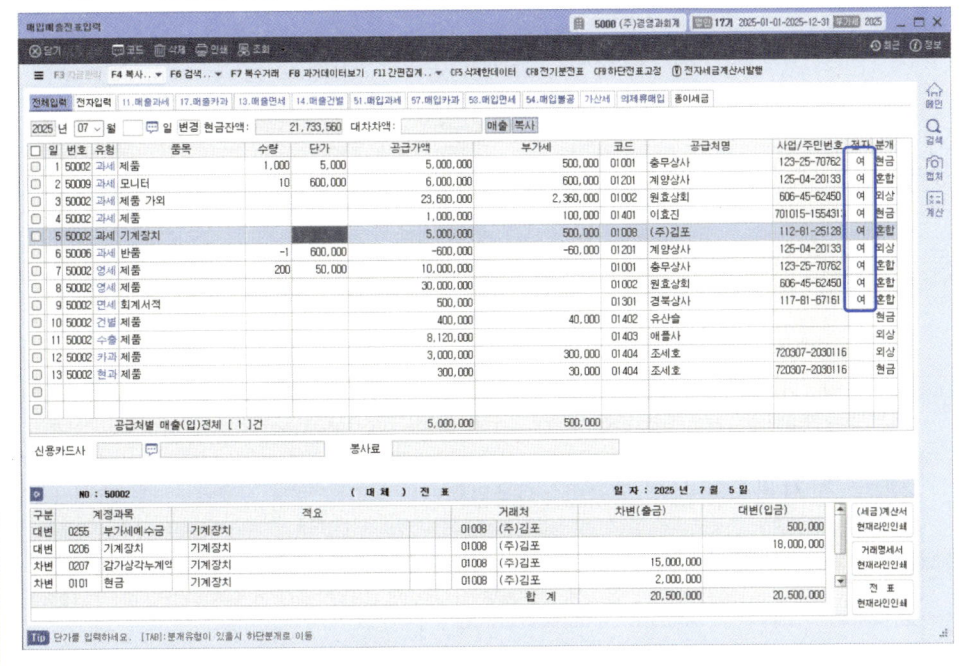

필수예제 따라하기

필수예제

다음 (주)경영과회계의 기중 거래내역을 매입매출전표입력 메뉴에 입력하시오.

[매 입]

■ 51. 과세 : 세금계산서(부가가치세 10%)를 수취한 거래 입력

입력 시 유의사항

(1) 세금계산서 수취한 과세 매입거래 - 전자세금계산서는 전자 란에서 1:여를 선택한다.
(2) 매입거래처(공급자)와 분개 계정과목의 거래처가 다른 경우 : 어음의 배서, 신용카드, 캐피탈 할부, 가지급금
→ 분개입력 시 거래처 수정 필수

---

1. 8월 1일 : 거래처 (주)영동에서 원재료(200개, @5,000원, 부가가치세 별도)를 매입하고 전자세금계산서를 발급받았다. 대금은 다음 달 말일에 결제하기로 하였다.

전자세금계산서(공급받는자보관용)								책 번 호	권	호
								일련번호		

공급자	등록번호	106-81-12569			공급받는자	등록번호	229-81-08918		
	상호(법인명)	(주)영동	성명(대표자)	박중현		상호(법인명)	(주)경영과회계	성명(대표자)	김회계
	사업장주소	서울시 동작구 상도로 16				사업장주소	서울시 서초구 강남대로 156-5 305		
	업태	도매	종목	사무용품		업태	제조,도매	종목	사무용품

작성		공급가액							세액							비고
연	월	일	공란수	백	십	억	천	백	십	만	천	백	십	일	십	억	천	백	십	만	천	백	십	일	
2025	8	1	4				1	0	0	0	0	0	0					1	0	0	0	0	0	

월일	품목	규격	수량	단가	공급가액	세액	비고
8 1	원재료		200	5,000	1,000,000	100,000	

합계금액	현금	수표	어음	외상미수금	이 금액을 영수 함 청구
1,100,000				1,100,000	

2. 8월 2일 : (주)대영으로부터 원재료(공급가액 5,000,000원, 부가가치세별도)를 매입하고 전자세금계산서를 발급받았다. 매입대금은 5월 15일 지급한 계약금 1,000,000원을 제외한 잔액을 약속어음을 발행하여 결제하였다.

3. 8월 3일 : 사무실과 공장에서 사용할 복사용지 20박스(@5,000원, 부가가치세별도)를 (주)알파문구(코드 1013, 사업자등록번호 105-81-75391)에서 일괄구입하고 전자세금계산서를 받았다. 복사용지 대금은 현금으로 지급하며 사무실과 공장에 각각 10박스씩 분배된다. 거래처 등록하고, 회계처리는 소모품비 계정으로 한다.

4. 8월 4일 : 본사에서 사용하던 승용차(배기량 1,000cc)의 고장으로 내우카센타에서 수리하고 수리비 300,000원(부가가치세별도)을 현금으로 지급하고 전자세금계산서를 수취하였다. 차량유지비계정을 사용할 것(거래처코드 1202번, 대우기센디, 사업자등록번호 131-29-61258, 대표 박지성).

5. 8월 5일 : 생산직 종업원들의 안전을 목적으로 반포상사에서 다음 물품들을 구입하고 전자세금계산서를 발급받았다. 대금은 1개월 후에 지급하기로 하였다. 비용계정으로 회계

처리 한다(복수거래로 회계처리 할 것).

품 목	수 량	단 가	공급가액	세 액	결제방법
안전화	10개	25,000원	250,000원	25,000원	외상
안전벨트	5개	100,000원	500,000원	50,000원	

6. 8월 6일 : 부평상사에서 당사의 사업과 관련된 원재료 가공을 위한 임가공용역 계약에 의하여 제작 의뢰했던 반제품을 납품받았다. 임가공비(공급가액 2,000,000원 부가가치세 200,000원)에 대해서 세금계산서를 발급받았고 대금 중 200,000원은 당사 보통예금 계좌에서 이체되었고, 잔액은 다음 달에 지급하기로 하다. 매입채무로 처리하시오(신규거래처 등록을 거래처코드 1203, 사업자등록번호 124-08-74105, 대표 오철수로 할 것, 기타 자료 입력은 생략).

■ 52. 영세 : 세금계산서(부가가치세 0%)를 수취한 거래 입력

―――――― | 입력 시 유의사항 | ――――――

(1) 수출하는 사업자 등이 내국신용장 또는 구매확인서에 의한 영세율세금계산서를 수취한 매입 거래
→ 영세율세금계산서도 전자로 발급받으면 전자란에서 1:여를 선택하여야 한다.

7. 8월 7일 : 원재료 납품업체인 신림상회로부터 내국신용장(local L/C)에 의해 수출용 제품 생산에 사용될 원재료(500개, 단가 @5,000원)를 납품받고 전자세금계산서(영세율)를 발급받았다. 대금은 전액 어음을 발행하여 지급하였다.

■ 53. 면세 : 계산서를 수취한 거래 입력

―――――― | 입력 시 유의사항 | ――――――

(1) 면세사업자가 발급한 계산서를 수취한 면세재화 매입 거래
→ 농·축·수·임산물 등 기초생필품, 의료보건용역, 서적, 신문, 잡지, 토지, 교육용역

8. 8월 8일 : 공장의 원재료 매입처의 확장이전을 축하하기 위하여 양재화원(212-81-95846)에서 화분을 100,000원에 구입하여 전달하였다. 증명서류로 전자계산서를 수취하였으며, 대금은 현금으로 지급하였다(거래처코드 : 1204에 등록하시오).

■ 54. 불공 : 세금계산서 수취분 중 매입세액공제가 불가능한 거래 입력

―――――― | 입력 시 유의사항 | ――――――

(1) 세금계산서를 발급받은 과세매입으로 매입세액이 공제되지 않는 거래 (반드시 **세금계산서 수취분만 입력**)
※ 신용카드매출전표와 현금영수증에 의한 매입거래는 매입세액불공제대상이라도 → 절대 입력 불가
(2) 불공제매입세액은 부가세대급금정을 사용하지 않고 본 계정에 포함하여 회계처리
(3) 매입세액 불공제 대상 거래
① 세금계산서합계표 미제출 및 필요적 기재사항 누락
② 사업과 직접 관련이 없는 지출에 대한 매입세액 → 가지급금
③ 개별소비세 과세대상 자동차의 구입, 유지 및 임차비용에 대한 매입세액(배기량 1,000cc 이하 경차는 공제)
④ 기업업무추진비(종전 접대비) 및 이와 유사한 비용 관련 매입세액
⑤ 면세사업 관련 매입세액
⑥ 토지의 조성 등을 위한 자본적 지출에 관련된 매입세액
⑦ 사업자등록신청전 매입세액 → 공급시기가 속한 과세기간이 끝난 후 20일 이내에 등록 신청한 경우 공제가능
(4) 면세재화를 기업업무추진비로 사용하는 경우 계산서를 받으면 53.면세매입으로 → 54.불공이 아니다.

9. 8월 9일 : 회사 영업부에서 업무용으로 사용하는 법인소유의 5인승 승용차(경차 아님)가 고장이 발생하여 대우카센타에서 수리하고 전자세금계산서를 수취하였다. 수리비 110,000원(부가가치세 포함)은 전액 법인카드(신한카드)로 결제 지급하였다.

10. 8월10일 : 반포상사에서 동해참치 캔 선물세트 150,000원(부가가치세 별도)를 현금으로 구입하고 전자세금계산서를 발급받았다. 그리고 구매한 선물세트는 매출거래처 충무상사의 영업부 부장의 모친회갑기념으로 전달하였다.

11. 8월11일 : 대표이사 김회계의 자택에서 사용할 목적으로 (주)김포에서 공기청정기를 현금으로 1,500,000원(부가가치세 별도)에 구입하였고 회사 명의로 전자세금계산서를 수취하였다. 대금은 회사에서 현금으로 결제하였으며 대신 지급한 대금은 대표이사의 가지급금으로 처리한다.

■ 55. 수입 : 수입세금계산서를 수취한 거래 입력

―――――――――| 입력 시 유의사항 |―――――――――

(1) 재화를 수입하고 세관장이 발행하는 수입세금계산서의 공급가액은 부가가치세를 산출하기 위한 과세표준에 해당하므로 별도의 회계처리를 하지 않고 부가가치세액에 대해서만 전표입력 하여야 한다.
(2) 수입한 재화의 회계처리는 수입신고필증을 근거로 일반전표입력에서 회계처리(매입매출전표→회계처리 생략)

12. 8월12일 : 원재료를 수입하면서 인천세관으로부터 수입세금계산서(공급가액 5,000,000원, 부가가치세 500,000원)을 전자로 발급받고 부가가치세 500,000원은 인천세관에 현금으로 완납하였다. 인천세관의 거래처등록을 하고, 부가가치세와 관련된 것만을 회계처리하기로 한다(거래처코드 2100, 인천세관 : 109-83-02763).

■ 57.카과 : 신용카드영수증을 수취한 거래 입력

―――――――――| 입력 시 유의사항 |―――――――――

(1) 신용카드로 결제한 매입거래 중 매입세액 공제가 가능한 것만 57.카과
  ※ 공제요건 : 일반과세자로부터 공급받고 공급가액과 세액이 구분되어 있는 신용카드매출전표 수취
  • 공제요건을 갖추지 않은 신용카드매출전표 → 일반전표입력 메뉴에서
(2) 공급가액 란에 공급가액을 입력하면 세액을 자동으로 계산(환경등록에서 부가세 포함으로 되어 있으면 공급대가 입력)
(3) 분개입력 시 거래처를 카드회사로 변경 필수 → 미지급금 또는 외상매입금계정

13. 8월13일 : (주)아산에서 관리부서의 회식을 하고 음식대금 440,000원(부가가치세 포함)을 법인카드인 신한카드로 결제하였다(카드매입에 대한 부가가치세 매입세액 공제요건은 충족됨).

■ 61.현과 : 현금영수증(부가가치세 10%)을 수취한 거래 입력

―――――――――| 입력 시 유의사항 |―――――――――

(1) 현금영수증 수취한 과세매입 거래 → 공급가액과 10% 부가가치세 구분 기재된 현금영수증
  ※ 공제요건 : 일반과세자로부터 공급받고 공급가액과 세액이 구분되어 있는 현금영수증 수취
  • 공제요건을 갖추지 않은 현금영수증 → 일반전표입력 메뉴에서
(2) 공급가액 란에 공급가액을 입력하면 세액을 자동으로 구분 계산(환경등록에서 부가세 포함으로 되어 있으면 공급대가 입력)

14. 8월14일 : 생산부서에서 (주)김포에 공장청소에 따른 지급수수료 330,000원(부가가치세 포함)을 자기앞수표로 지급하고 사업자 등록번호를 제시하고 매입세액공제가 가능한 지출증빙용 현금영수증을 받았다.

따라하기

회계관리 모듈의 전표입력에서 [매입매출전표입력] 메뉴를 선택한다.

[매 입]

1. 일자 : 8월 1일 (전자 란에서 1:여를 선택)

유형	품목	수량	단가	공급가액	부가세		공급처명
51.과세	원재료	200	5,000	1,000,000	100,000	01004	㈜영동
분개	2. 외상 (차) 135.부가세대급금　　　　100,000 (차) 153.원재료　　　　　　1,000,000				(대) 251.외상매입금　　　1,100,000			

▶ 전자세금계산서를 발급받은 경우 전자 란에서 1:여를 선택하여야 전자세금계산서 발급분이 되며 매입처별세금계산서합계표에 전자세금계산서분으로 자동 집계된다.

2. 일자 : 8월 2일 (전자 란에서 1:여를 선택)

유형	품목	수량	단가	공급가액	부가세		공급처명
51.과세	원재료			5,000,000	500,000	01006	㈜대영
분개	3. 혼합 (차) 135.부가세대급금　　　　500,000 (차) 153.원재료　　　　　　5,000,000				(대) 131.선급금　　　　　1,000,000 (대) 252.지급어음　　　　　4,500,000			

▶ 5월 15일 지급한 계약금 1,000,000원은 선급금으로 원재료를 매입할 때 반드시 상계한다.

3. 일자 : 8월 3일 (전자 란에서 1:여를 선택)

유형	품목	수량	단가	공급가액	부가세		공급처명
51.과세	복사용지	20	5,000	100,000	10,000	01013	알파문구
분개	1. 현금　　(출금) 135.부가세대급금　　　　10,000 　　　　　　(출금) 530.소모품비(제)　　　　50,000 　　　　　　(출금) 830.소모품비(판)　　　　50,000							

▶ 거래처코드 01013 '(주)알파문구'를 신규로 거래처등록을 한다.

4. 일자 : 8월 4일 (전자 란에서 1:여를 선택)

유형	품목	수량	단가	공급가액	부가세		공급처명
51.과세	차량수리비			300,000	30,000	01202	대우카센타
분개	1. 현금　　(출금) 135.부가세대급금　　　　30,000 　　　　　　(출금) 822.차량유지비(판)　　　300,000							

▶ 거래처코드 01202 '대우카센타'를 신규로 거래처등록을 한다.

5. 일자 : 8월 5일 (전자 란에서 1:여를 선택)

유형	품목	수량	단가	공급가액	부가세		공급처명
51.과세	안전화외			750,000	75,000	01007	반포상사
분개	3. 혼합 (차) 135.부가세대급금 (차) 511.복리후생비			75,000 750,000	(대) 253.미지급금		825,000

▶ 복수거래의 경우 품목에 커서를 두고 화면 상단의 "F7 복수거래"를 클릭하거나, 기능키 F7 을 눌러서 하단의 창에 복수거래의 품목별로 규격, 수량, 단가 등을 입력한다.

6. 일자 : 8월 6일 (전자 란에서 0:부를 선택)

유형	품목	수량	단가	공급가액	부가세		공급처명
51.과세	임가공비			2,000,000	200,000	01203	부평상사
분개	3. 혼합 (차) 135.부가세대급금 (차) 533.외주가공비			200,000 2,000,000	(대) 103.보통예금 (대) 251.외상매입금		200,000 2,000,000

▶ 거래처코드 01203으로 '부평상사'를 신규로 거래처등록을 한다.
▶ 매입채무로 처리하라는 것은 외상매입금과 지급어음 중 적합한 것으로 회계처리 하라는 의미이다.
▶ 문제에서 세금계산서를 받았거나 종이세금계산서를 받았다고 하면 전자세금계산서가 아니므로 전자 란에서 0:부를 선택하거나 지나치면 된다.

7. 일자 : 8월 7일 (전자 란에서 1:여를 선택)

유형	품목	수량	단가	공급가액	부가세		공급처명
52.영세	원재료	500	5,000	2,500,000	0	01005	신림상회
분개	3. 혼합 (차) 153.원재료			2,500,000	(대) 252.지급어음		2,500,000

8. 일자 : 8월 8일 (전자 란에서 1:여를 선택)

유형	품목	수량	단가	공급가액	부가세		공급처명
53.면세	화분			100,000	0	01204	양재화원
분개	1. 현금 (출금) 513.기업업무추진비(제)						100,000

▶ 거래처코드 01204 '양재화원'을 신규로 거래처등록 한다. 공장의 원재료 매입처에 대한 기업업무추진비는 제조원가이며, 화분은 면세재화이므로 기업업무추진비로 회계처리를 하여도 세금계산서를 받은 것이 아니므로 54.불공으로 하면 안 된다.
▶ 계산서도 전자로 받은 경우 전자란에 1:여를 입력한다.

9. 일자 : 8월 9일 (전자 란에서 1:여를 선택)

유형	품목	수량	단가	공급가액	부가세		공급처명
54.불공	차량수리			100,000	10,000	01202	대우카센타
분개	3. 혼합 (차) 822.차량유지비			110,000	(대) 253.미지급금 (거래처 99600. 신한카드)		110,000

- ▶ 54.불공의 유형은 반드시 화면 중간에 불공제사유 말풍선을 클릭하여 11개 불공제사유 중 하나를 선택한다.
- ▶ 3.개별소비세법 제1조 제2항 제3호에 따른 자동차 구입, 유지 및 임차를 선택한 후 Enter↵ 입력한다(부가가치세신고 부속서류에 자동으로 반영).
- ▶ 화면 하단에서 차변(3) 153.원재료를 822.차량유지비로 변경 입력하여야 하며, 대변(4)에 미지급금계정(253)을 입력하고 거래처 란은 '99600.신한카드'로 수정 입력한다.

❖ 불공제 사유 : 3.개별소비세법 제1조 제2항 제3호에 따른 자동차 구입, 유지 및 임차 선택

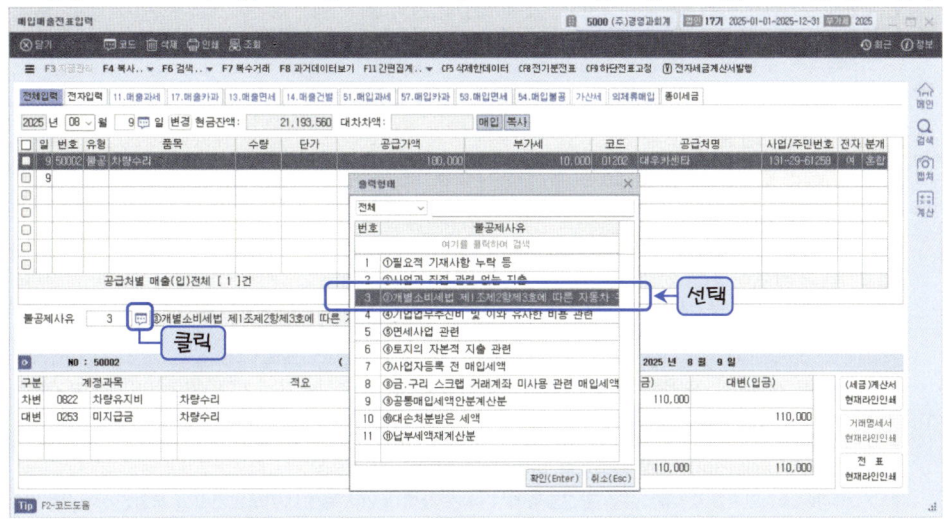

10. 일자 : 8월 10일 (전자 란에서 1:여를 선택)

유형	품목	수량	단가	공급가액	부가세		공급처명
54.불공	선물세트			150,000	15,000	01007	반포상사
분개	1.현금	(출금) 813.기업업무추진비(판)				165,000	

- ▶ 불공제 사유 : 4. 기업업무추진비 및 이와 유사한 비용 관련

11. 일자 : 8월 11일 (전자 란에서 1:여를 선택)

유형	품목	수량	단가	공급가액	부가세		공급처명
54.불공	공기청정기			1,500,000	150,000	01008	㈜김포
분개	1.현금	(출금) 134.가지급금(거래처 1000. 김회계)				1,650,000	

- ▶ 불공제 사유는 2. 사업과 직접 관련 없는 지출을 선택한다.
- ▶ 상단의 거래처와 하단의 거래처가 다른 경우로 화면 하단의 계정과목을 134.가지급금으로 수정하고 거래처에 '01000. 김회계'로 수정 입력한다.

12. 일자 : 8월 12일 (전자 란에서 1:여를 선택)

유형	품목	수량	단가	공급가액	부가세	공급처명	
55.수입	원재료			5,000,000	500,000	02100	인천세관
분개	1.현금	(출금) 135.부가세대급금				500,000	

▶ 재화를 수입하는 경우 세관장이 발행하는 전자세금계산서의 공급가액은 상단의 공급가액에 입력하여 부가가치세 신고에 반영하고 하단의 분개에서는 실제 매입액이 아니므로 부가가치세만 입력하고 매입액에 대한 회계처리는 수입신고필증 등에 의하여 일반전표입력 메뉴에서 한다.

13. 일자 : 8월 13일

유형	품목	수량	단가	공급가액	부가세	공급처명	
57.카과	회식대			400,000	40,000	01009	㈜아산
분개	4.카드 (차) 135.부가세대급금　　40,000 (차) 811.복리후생비　　　400,000				(대) 253.미지급금　　440,000 (거래처 99600. 신한카드)		

▶ 57.카과를 선택하고 공급가액 란에 공급대가 440,000원을 입력하면 공급가액 400,000원과 부가가치세 40,000원이 자동으로 계산되고 전자 란은 건너뛴다.
▶ 화면 중간의 신용카드사 옆의 말풍선을 클릭하여 99600.신한카드를 선택하면 하단 분개의 미지급금 란의 거래처가 99600.신한카드로 자동으로 변경된다.
▶ 57.카과나 61.현과를 선택한 경우 환경등록에서 ④ 부가세 포함여부가 0.미포함인지 1.포함인지에 따라 입력이 달라진다.
0.미포함인 경우에는 공급가액을 입력하여야 하고, 1.포함인 경우에는 공급대가(공급가액+부가가치세)를 입력하여야 한다.
• 공급대가 = 공급가액 × 1.1
• 공급가액 = 공급대가 ÷ 1.1

14. 일자 : 8월 14일

유형	품목	수량	단가	공급가액	부가세	공급처명	
61.현과	청소비용			300,000	30,000	01008	㈜김포
분개	1.현금	(출금) 135.부가가세대급금 (출금) 531.수수료비용(제)				30,000 300,000	

▶ 공급가액 란에 공급대가(330,000원)을 입력하면 공급가액과 부가가치세가 자동으로 계산된다.
　공급가액 = 공급대가 ÷ 1.1
　공급가액 : 330,000 ÷ 1.1 = 300,000원

○ 매입거래 자료가 입력된 화면

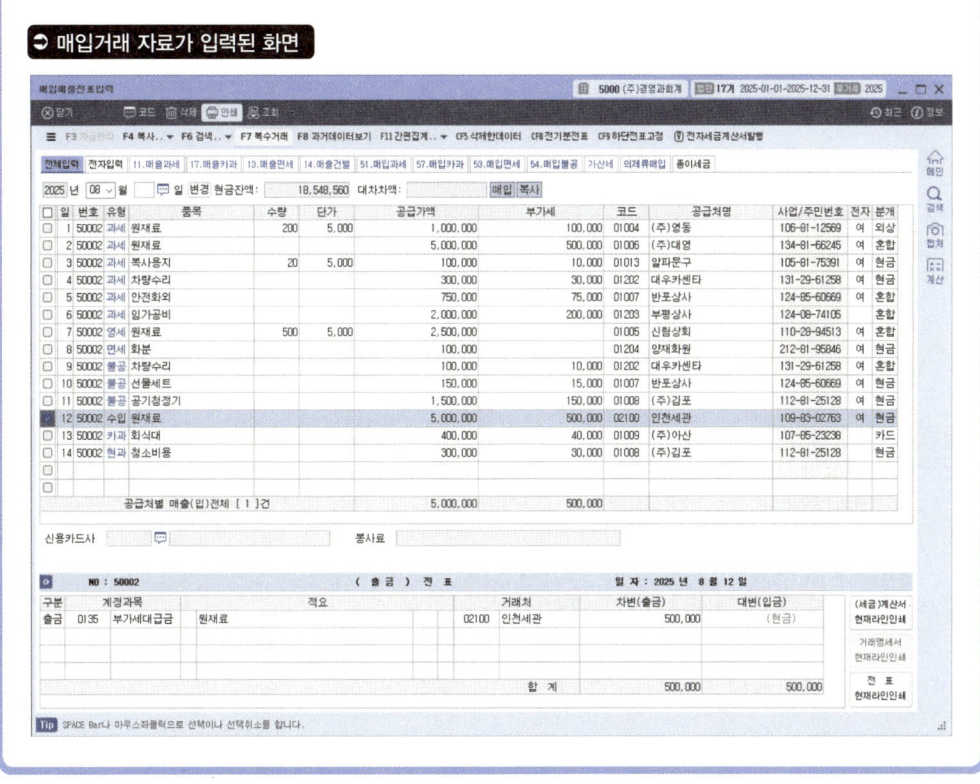

SECTION 03 | 부가가치세

1 부가가치세신고서

> NCS 능력단위 : 0203020225부가가치세신고   능력단위요소 : 03부가가치세신고하기
> 3.5 부가가치세신고요령에 따른 부가가치세 신고서를 작성할 수 있다.

① 개요

부가가치 모듈의 부가가치세1에서 부가가치세신고서를 클릭하면 부가가치세 신고서 화면이 활성화된다. 부가가치세 신고기간을 조회기간으로 입력하면 매입매출전표입력 메뉴에서 입력된 자료가 자동으로 부가가치세 신고서에 반영된다.
부가가치세 신고서 화면의 항목은 매입매출전표입력메뉴에서 입력된 내용이지만 신고서 화면에서 수정, 삭제 또는 추가 입력도 할 수 있다.

② 신고내용

매입매출전표입력 메뉴에서 입력한 내용이 자동으로 해당 과세기간에 반영된다.

구 분			코 드	내 용
(1) 과세표준 및 매출세액	과 세	• 세금계산서 발급분	1	11.과세로 입력한 매출금액이 자동 반영
		• 매입자발행세금계산서	2	매입자가 발행한 매출세금계산서를 입력
		• 신용카드·현금영수증발행분	3	17.카과, 22.현과로 입력한 매출금액이 자동 반영
		• 기타(정규영수증외 매출분)	4	14. 건별로 입력한 매출금액이 자동 반영 (자가공급, 개인적공급, 사업상증여 등의 간주공급)
	영 세	• 세금계산서 발급분	5	12.영세로 입력한 영세율 매출액이 자동 반영
		• 기타(직수출 등)	6	16.수출로 입력한 직수출액이 자동 반영
	• 예정신고누락분		7	확정신고 시 예정신고 누락분을 신고할 때 입력
	• 대손세액가감		8	대손세액(-) 또는 대손회수 시 세액(+)을 입력
	• 합계		9	영세율 매출로 인하여 금액의 10%와 세액이 일치하지 않을 수 있다.

구 분		코 드		내 용
(2) 매입세액	세금계산서 수취분	• 일반매입	10	51.과세매입, 52.영세매입, 54.불공매입, 55.수입으로 입력한 공급가액과 세액이 자동반영
		• 고정자산매입	11	51~54에 해당되는 것 중 하단 분개 란에 계정과목을 고정 자산으로 입력한 공급가액과 세액 자동반영
	• 예정신고누락분		12	확정신고 시 예정신고 누락분을 신고할 때 입력
	• 매입자발행 세금계산서		13	매입자가 발행한 매입세금계산서 입력

	• 그 밖의·공제 매입세액
	
	세금계산서를 수취하지 아니하였
	으나 매입세액 공제 대상인 거래
	등을 프로그램이 자동으로 반영
			14	• 신용카드매출수령금액합계표
				  • 일반매입 (41)
				  • 고정자산매입 (42)
				• 의제매입세액 (43)
				• 재활용폐자원 등 매입세액 (44)
				• 과세사업전환매입세액 (45)
				• 재고매입세액 (46)
				• 변제대손세액 (47)
				• 외국인 관광객에 대한 환급세액 (48)

	• 공제받지못할 매입세액		16	54.불공으로 입력한 불공제매입세액과 공통매입세액 불 공제분, 대손처분받은 세액 등을 입력
(3) 납부(환급)세액(매출세액−매입세액)				각종 경감공제세액과 예정신고미환급세액 및 예정고지세 액 등이 반영되지 아니한 세액이다.

▶ 신고서 입력된 내역의 대부분은 해당하는 부가가치세 부속서류를 작성 제출하여야 한다.

2 세금계산서합계표

> NCS 능력단위 : 0203020225부가가치세신고   능력단위요소 : 01세금계산서발급·수취하기
> 1.3 부가가치세법에 따라 세금계산서 및 계산서 합계표를 작성할 수 있다.

세금계산서합계표는 과세사업자가 재화 또는 용역을 공급하고 발급한 매출세금계산서와 공급받고 발급받은 매입세금계산서를 집계한 표로서 부가가치세신고서에 반드시 첨부하여 제출하여야 한다. 제출하지 않는 경우 가산세와 매입세액불공제 등의 불이익을 받는다.

조회기간을 입력하면 매출 또는 매입거래의 거래처별로 매출(입)처수, 세금계산서매수, 공급가액 및 세액을 확인할 수 있다.

필수예제 따라하기

필수예제

다음의 물음에 대하여 적절한 메뉴를 조회하여 답하시오.

1. 제2기 예정신고기간의 부가가치세 납부세액과 차가감하여 납부할 세액은 얼마인가?
2. 제2기 예정신고기간에 매입세액불공제에 해당하는 매입세액은 얼마인가?
3. 제2기 예정신고기간에 발급한 세금계산서 중 영세율 공급가액은 얼마인가?
4. 제2기 예정신고기간에 신용카드와 현금영수증에 의한 공급대가는 얼마인가?
5. 제2기 예정신고기간의 매출세금계산서의 총 매수와 공급가액은 얼마인가?
6. 제2기 예정신고기간에 수취한 공제 가능한 전자세금계산서 매수와 매입거래처의 수는?

따라하기

- 부가가치세신고서 조회(기간 : 7월 1일 ~ 9월 30일, 신고구분 : 1.정기신고)

1. 납부세액(=매출세액-매입세액) : 2,885,000원, 27.차·가감하여 납부할 세액 : 2,885,000원
2. 16.공제받지못할 매입세액 : 175,000원(세액 란 금액)
3. 5.영세율 세금계산서 발급분 : 40,000,000원
4. 3.신용카드·현금영수증발행분의 금액과 세액의 합계금액 또는 19.금액 : 3,630,000원

➲ 조회된 화면

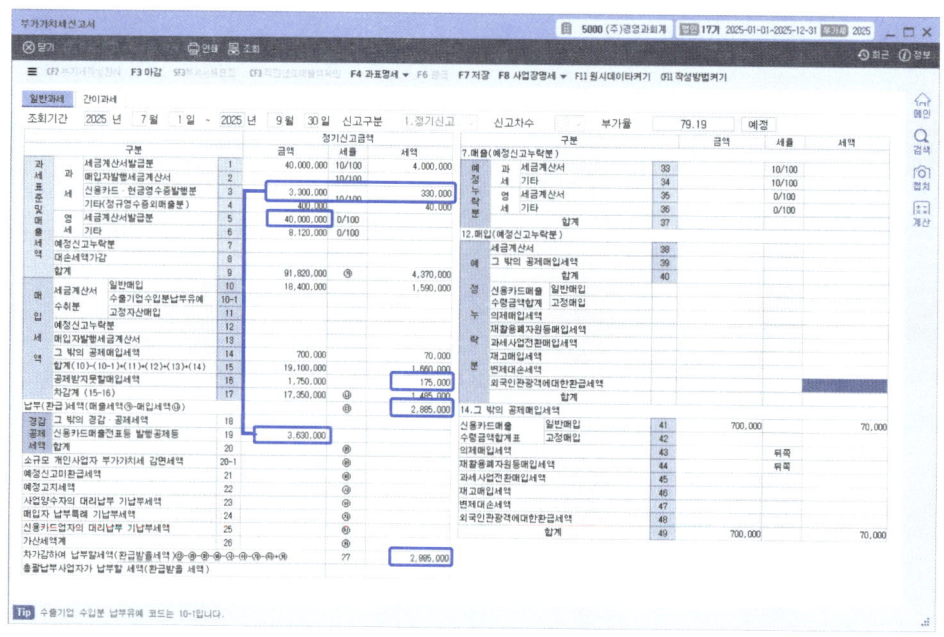

5. 매출세금계산서 총 매수 : 8매, 공급가액 : 80,000,000원
• 세금계산서합계표 조회(기간 : 7월~9월, 매출, 전체 데이터 선택)

➲ 조회된 화면

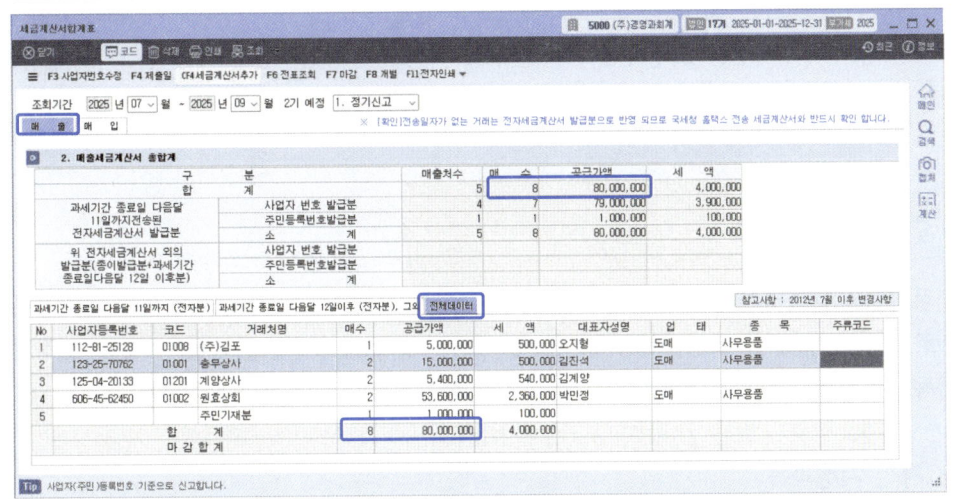

6. 매입거래처의 수 : 매수 10매, 거래처 8곳
• 세금계산서합계표 조회(기간 : 7월~9월, 매입, 과세기간 종료일 다음달 11까지(전자분) 선택)

➲ 조회된 화면

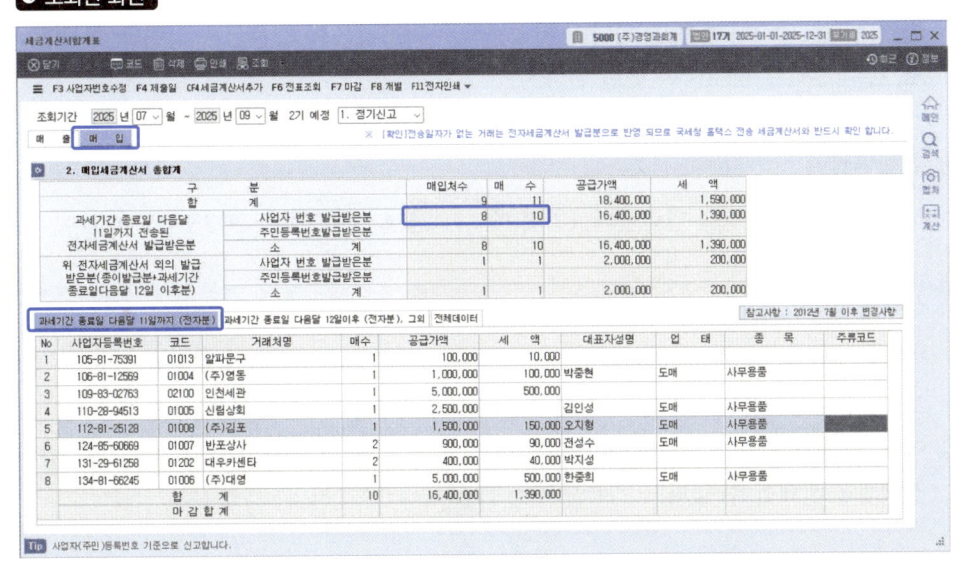

SECTION 04 | 고정자산 및 감가상각

기업의 영업활동이나 제조활동에 사용되는 토지, 건물, 기계장치, 차량운반구 등의 유형자산과 특허권 등의 무형자산을 고정자산이라 한다. 토지와 건설중인자산을 제외한 고정자산은 사용 또는 시간의 경과로 그 가치가 감소하게 된다. 이를 결산에 반영하는 절차가 감가상각이다.

1 고정자산 등록

고정자산을 등록하여 관리하고 감가상각비를 계산하는 메뉴로 기본등록사항과 추가등록사항으로 구성되어 있다. 고정자산등록 메뉴를 이용하여 고정자산을 등록할 수 있고 고정자산을 취득하는 경우 전표입력할 때 나타나는 고정자산등록 보조창에서 등록할 수도 있다.

① **자산 계정과목**

계정과목 코드를 직접 입력하거나, F2 또는 말풍선을 눌러 나타나는 보조창에서 해당하는 계정과목을 선택하여 입력한다.

② **자산코드/명**

계정과목을 입력하면 화면 하단이 활성화되어 자산코드와 자산명을 입력할 수 있다. 자산코드는 1부터 순차로 부여하면 된다.

③ **취득년월일**

해당 자산의 취득일을 입력한다. (입력 예 : 2025년 5월 8일 → 2025-05-08)

④ **상각방법**

건물을 제외한 유형자산은 환경등록에서 정률법으로 설정되어 있으므로 건물은 정액법, 그 외의 유형자산은 정률법이 자동으로 선택된다. 자격시험에서 자동선택된 상각방법이 아닌 것을 요구하면 상각방법란에 커서를 두고 "1"을 입력하면 정률법, "2"를 입력하면 정액법을 선택할 수 있다.

⑤ 기본등록사항

1 기초가액 : 유형자산은 취득금액, 무형자산은 전기말 장부금액(상각 후 잔액)을 입력한다.
2 전기말상각누계액 : 전기말재무상태표 상 감가상각누계액을 입력한다.
3 전기말 장부가액 : 유형자산은 기초가액에서 전기말 감가상각누계액을 차감한 금액이 자동으로 반영된다.
4 당기 중 취득 및 당기증가 : 당기 중에 취득한 자산을 입력한다.
5~9 : 전산회계 1급의 범위를 벗어나므로 설명을 생략한다.
11 내용연수 : 해당 자산의 감가상각 내용연수를 입력한다. 말풍선을 누르면 내용연수별 상각률을 확인할 수 있다.
14 경비구분 : 자산의 용도에 따라 경비를 구분하여야 적절하게 결산에 반영된다. 제조원가에 해당하면 코드 1. 500번대(제조)를 선택하고 판매관리비에 해당하면 코드 6. 800번대(판관비)를 선택한다.

필수예제 따라하기

필수예제

(주)경영과회계의 고정자산내역은 다음과 같다. 입력된 내용을 무시하고 고정자산등록 메뉴에 등록하시오.

(단위 : 원)

계정과목	품명	취득일	취득가액	감가상각누계액	상각방법	내용연수	업종코드	용도
기계장치	절삭기	2022. 7.15	25,000,000	11,200,000	정률법	5년	13	생산설비
기계장치	압축기	2024. 7.10	20,000,000	4,510,000	정률법	5년	13	생산설비
차량운반구	트럭	2022. 3.15	16,000,000	9,600,000	정률법	5년	01	공장생산부
차량운반구	승용차	2024. 1. 5	9,000,000	4,059,000	정률법	5년	01	본사영업부
비품	복사기	2023. 7.31	1,200,000	700,000	정률법	5년	01	본사관리부
개발비	개발비	2024. 1. 1	4,800,000		정액법	4년	63	본사

▶ 개발비는 2024년에 6,000,000원에 취득하여 1,200,000원을 상각한 잔액이다.

따라하기

1. 206.기계장치(절삭기)의 당기분 감가상각비 : 6,223,800원

⇨ 입력이 완료된 화면

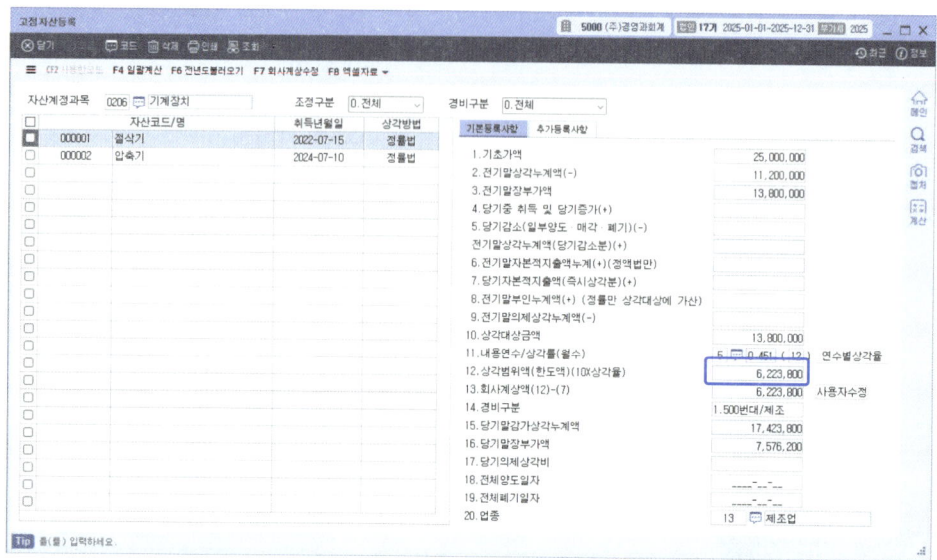

2. 206.기계장치(압축기)의 당기분 감가상각비 : 6,985,990원

⇨ 입력이 완료된 화면

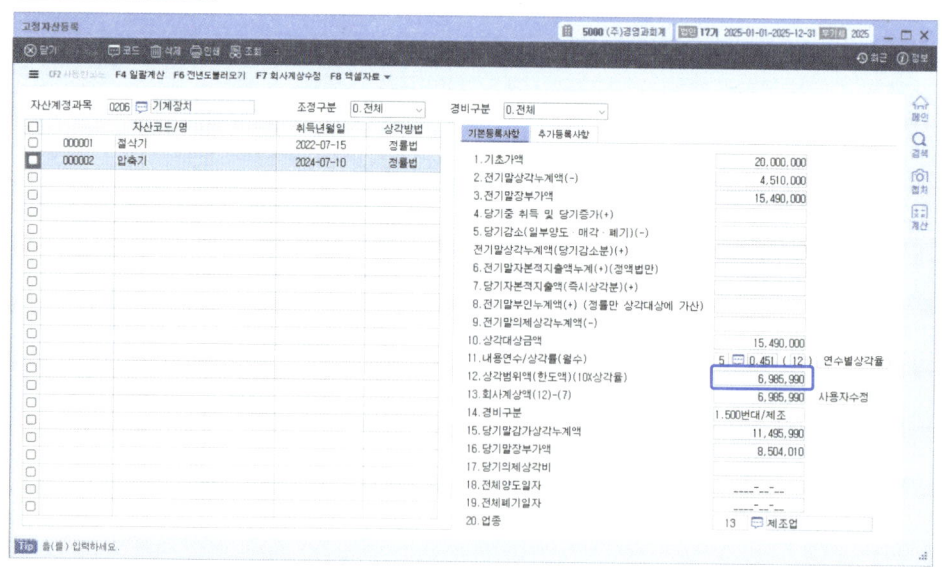

3. 208.차량운반구(트럭)의 당기분 감가상각비 : 2,886,400원

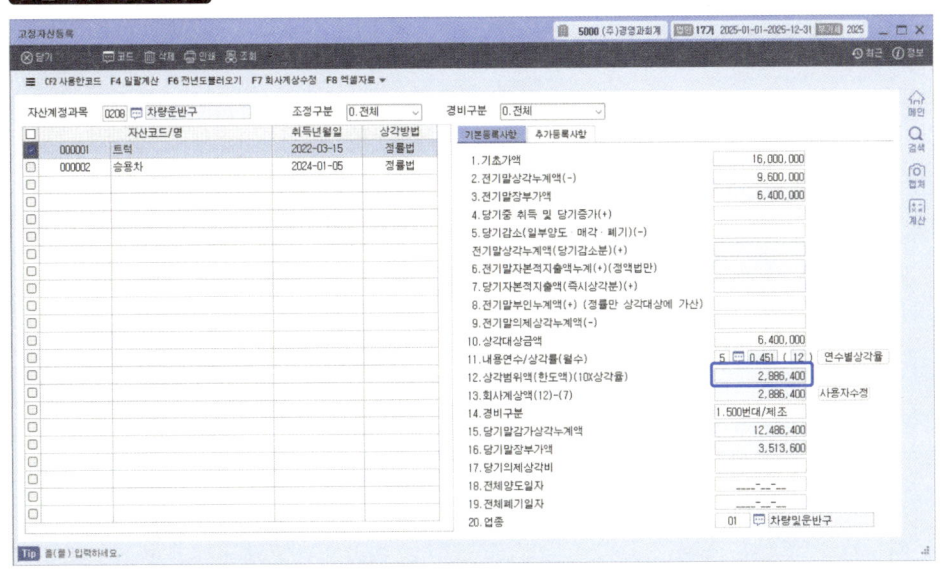

4. 208.차량운반구(승용차)의 당기분 감가상각비 : 2,228,391원

5. 212.비품(복사기)의 당기분 감가상각비 : 225,500원

➲ 입력이 완료된 화면

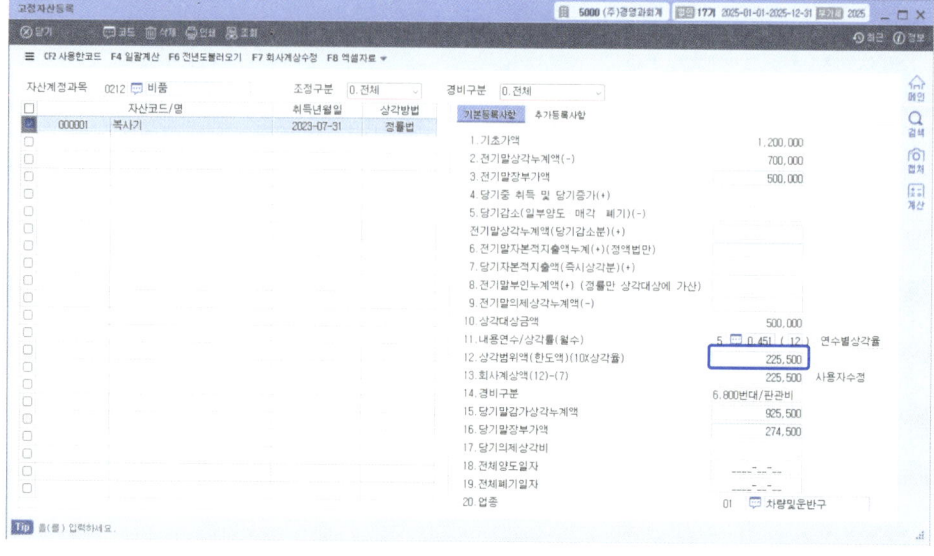

6. 226.개발비 당기분 상각액 : 1,200,000원

➲ 입력이 완료된 화면

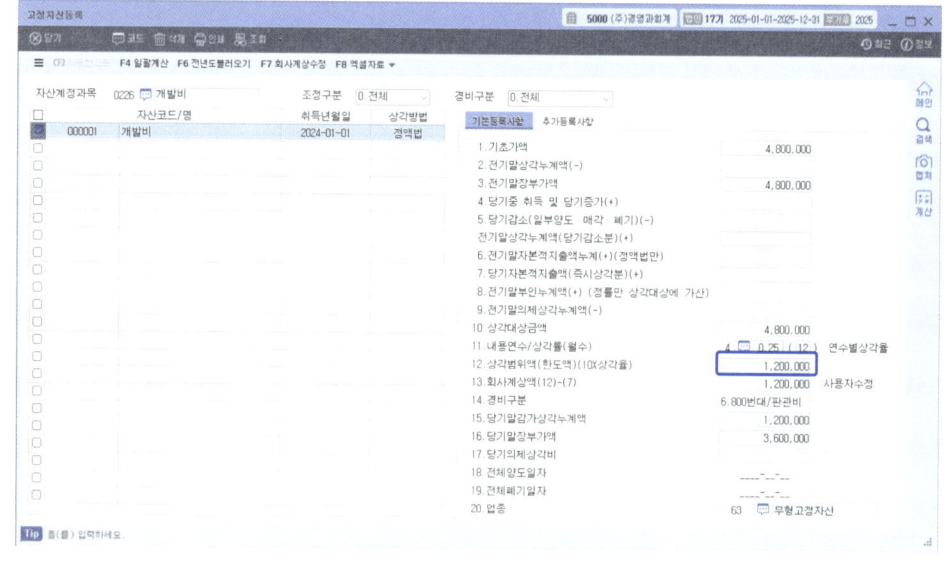

SECTION 05 | 결산 / 재무제표

> NCS 능력단위 : 0203020104결산관리　　　능력단위요소 : 01결산분개하기
> 1.1 회계 관련 규정에 따라 제반서류를 준비할 수 있다.
> 1.2 손익계정에 관한 결산정리사항을 분개할 수 있다.
> 1.3 자산·부채계정에 관한 결산정리사항을 분개할 수 있다.

결산이란 보고기간 말에 장부를 마감하여 재무제표를 작성하고, 이를 통하여 재무상태와 경영성과를 파악하는 절차를 말한다. 전산회계프로그램에서 결산은 자동 작성되어 있는 수정전시산표를 검토하고, 기말정리(수정)사항을 입력함으로써 재무제표를 확정하는 절차를 말한다. 이때에 장부마감은 프로그램이 자동으로 진행하며 결산의 방법에는 수동결산과 자동결산이 있다.

① 수동결산

[일반전표입력] 메뉴에서 결산일(12월31일)에 결산분개를 직접 입력하는 방법

② 자동결산

[결산자료입력] 메뉴에서 해당하는 란에 금액을 입력하는 방법으로 반드시 F3 전표추가 키를 클릭하여야 한다. F3 전표추가 키에 의하여 프로그램이 결산분개를 자동으로 한다.

결산방법 요약

① 수동결산	• 일반전표메뉴에서 결산일(12월 31일)에 분개 직접 입력 　- 선급비용, 선수수익, 미지급비용, 미수수익 　- 소모품, 현금과부족, 가지급금, 가수금 등 정리 　- 단기매매증권평가손익, 외화환산손익 계상
② 자동결산 결산자료입력 메뉴 **매출원가코드** 455 - 제품매출원가 **원가경비구분** 1 - 500번대 제조 입력 후 → 확인	- 재고자산의 기말재고액 입력(원재료, 재공품, 제품, 상품) - 감가상각비 입력 - 퇴직급여충당부채 추가계상액 입력 - 대손상각비 입력 - 법인세등에서 미지급법인세를 추가계상액 란에 입력 　• 법인세추산액에서 선납세금을 차감한 후 미지급법인세액만 입력 　• 결산전금액 란에 있는 선납세금계정 금액을 결산반영금액 란에 입력 ◉ 반드시 확인 ✓ 　• 입력 종료 후 "전표추가" 아이콘 선택 (또는 F3) 　• 결산분개를 일반전표에 추가하시겠습니까?　예(Y) 선택

	1. 제조원가명세서 조회
③ 조 회	2. 손익계산서 조회
	3. 이익잉여금처분계산 조회(저장된 데이터 불러오기 질문에 아니오 선택)
	"전표추가" 아이콘 선택
	• 잉여금처분내역이 없는 경우에도 반드시 전표추가
	• 일반전표에 대체분개를 추가하시겠습니까? 예(Y) 선택
	4. 재무상태표 조회

◉ 수동결산과 자동결산 중 하나만 선택하여야 하며, 자동결산 항목이라도 수동결산이 가능하다.
◉ 오류발생시 처리 : 결산자료입력 메뉴에서 "Ctrl + F5"키로 결산분개 일괄 삭제 후 결산자료를 재입력 한다.

③ 수동 결산 내용

㉠ 선급비용과 미지급비용의 정리

• 선급비용(비용의 이연) : 당기에 비용으로 처리된 금액 중 차기에 해당하는 부분
　　(차) 선급비용　　xxx　　　(대) 비용　　　　xxx
• 미지급비용(비용의 예상) : 당기에 속하는 비용을 지급하지 않은 경우 그 미지급액
　　(차) 비용　　　xxx　　　(대) 미지급비용　　xxx

㉡ 선수수익과 미수수익의 정리

• 선수수익(수익의 이연) : 당기에 받은 수익 중 차기에 해당하는 부분
　　(차) 수익　　　xxx　　　(대) 선수수익　　　xxx
• 미수수익(수익의 예상) : 당기분 수익에 속하지만 아직 받지 못한 금액
　　(차) 미수수익　 xxx　　　(대) 수익　　　　　xxx

㉢ 미사용 소모품 대체

• 구입시 비용(소모품비)으로 처리한 경우 : 결산 시에 미사용분을 소모품으로 대체
　　(차) 소모품　　xxx　　　(대) 소모품비　　　xxx
• 구입시 자산계정(소모품)으로 처리한 경우 : 결산 시에 사용분을 소모품비로 대체
　　(차) 소모품비　xxx　　　(대) 소모품　　　　xxx

㉣ 현금과부족 정리

• 장부상 잔액보다 현금시재액(실제 보유 현금)이 부족한 경우 : 결산 시까지 원인이 밝혀지지 않으면 잡손실로 대체한다.
• 장부상 잔액보다 현금시재액(실제 보유 현금)이 많은 경우 : 결산 시까지 원인이 밝혀지지 않으면 잡이익으로 대체한다.

ⓜ 가지급금과 가수금 정리

임시계정인 가지급금과 가수금은 결산 시에 그 내용을 나타내는 적절한 과목으로 정리하여야 한다.

ⓑ 단기매매증권의 평가(공정가치법)

결산 시에 보유한 단기매매증권(주식과 채권)은 공정가치로 평가하여 재무상태표에 반영한다. 공정가치와 장부금액의 차액은 단기매매증권평가손실 또는 단기매매증권평가이익으로 처리하며 단기매매증권에 직접 가감한다.

ⓢ 외화 자산·부채의 평가

결산일의 환율로 평가한 금액과 차액을 외화환산이익 또는 외화환산손실로 계상한다.

ⓞ 장기차입금 유동성 대체

보고기간말 현재 1년 이내에 상환될 장기차입금은 유동성장기부채로 대체하여야 한다.

ⓩ 선납세금의 정리

법인세 중간예납액과 원천징수액을 납부할 때 선납세금으로 처리한 경우 결산일에 법인세비용으로 대체하거나 결산자료입력메뉴에서 자동결산을 할 수도 있다.

④ 자동 결산 내용(결산자료입력 메뉴 활용)

회계관리 모듈의 결산/재무제표에서 결산자료입력 메뉴를 선택한다.

결산자료입력 화면에서 기간을 1월~12월을 입력하면 결산분개금액, 결산전금액, 결산반영금액, 결산후금액이 과목별로 나타난다. 커서를 내려 결산반영금액 란의 입력창에 커서를 놓고 해당 금액을 입력한다.

상단의 기능 아이콘(F7 감가상각, F8 대손상각, Ctrl + F8 퇴직충당)을 클릭하면 일부 계정은 보조창을 통하여 빠르게 입력할 수 있다. 그리고 결산자료 입력 시 계정과목별 잔액조회가 필요하면 F6 잔액조회를 클릭하여 확인할 수 있다.

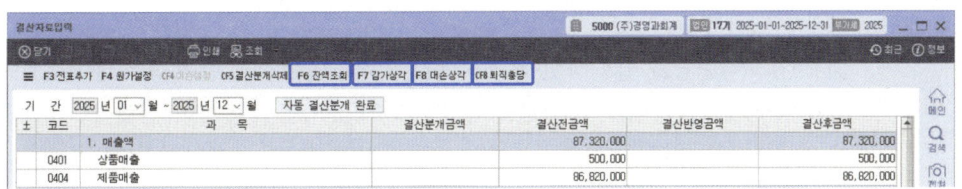

㉠ 재고자산의 기말재고액 입력(원재료, 재공품, 제품, 상품)

결산자료입력 해당란에 기말재고액을 각각 입력한다.

ⓒ 감가상각비 입력

상단의 F7 감가상각을 클릭하거나 F7 키를 누르면 나타나는 보조창에서 결산반영금액을 확인, 수정하고 결산반영을 클릭하면 일괄 입력된다.

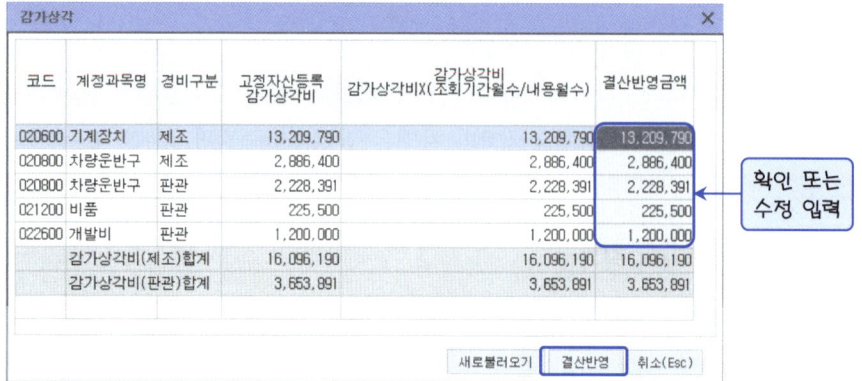

ⓒ 대손상각비의 입력

F8 대손상각을 클릭하면 보조창에 대손율 1%로 모든 채권의 대손충당금 설정액을 자동으로 불러온다. 대손충당금을 설정할 채권의 추가설정액을 제외한 나머지는 금액을 삭제하고 결산반영을 클릭하면 결산자료입력에 일괄 반영된다.

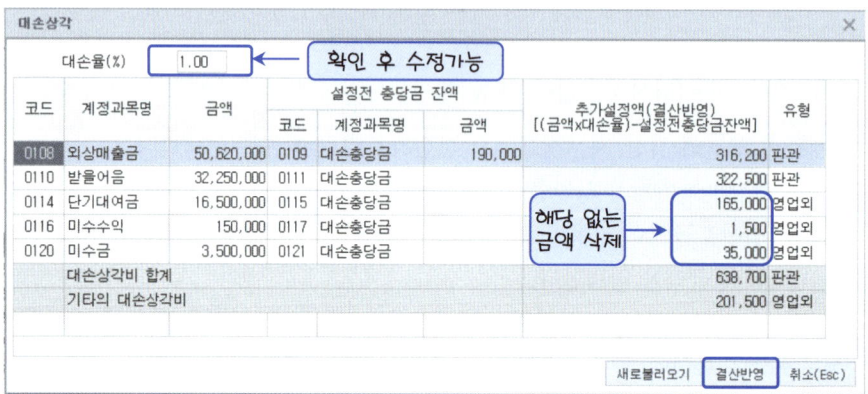

ⓔ 퇴직급여 입력

Ctrl+F8 퇴직충당을 클릭하면 보조창에서 퇴직급여추계액 란에 퇴직급여추계액을 제조원가(508.퇴직급여)와 판매관리비(806.퇴직급여)로 구분하여 입력하면 추가설정액이 결산자료로 입력된다.(퇴직급여추계액 - 설정전잔액 = 추가설정액)

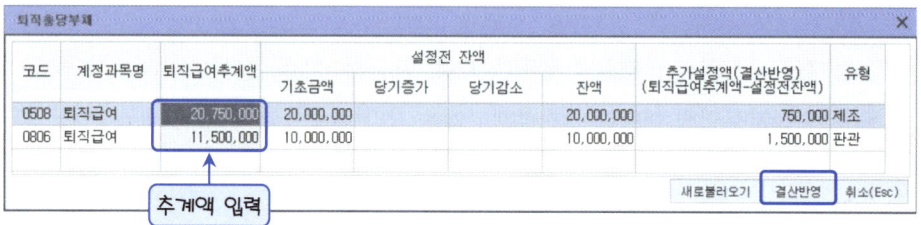

ⓜ 법인세비용(법인세등)의 입력

법인세추산액에서 선납세금(원천납부세액 또는 중간예납세액)을 차감한 금액(미지급법인세)을 결산자료입력 화면의 추가계상액 란에 입력한다. 이때 F6 잔액조회를 클릭하거나 계정별원장 또는 합계잔액시산표에서 선납세금계정을 조회하여 선납세금을 법인세비용계정으로 대체하는 분개를 수동으로 하거나 결산자료입력화면에서 결산전금액에 있는 선납세금을 결산반영금액 줄에 입력한다.

선납세금을 법인세비용으로 대체하는 분개 : (차) 법인세비용 xxx (대) 선납세금 xxx
자동결산 : 결산전금액에 있는 선납세금을 결산반영금액 줄로 옮겨 입력한다.
법인세추산액 - 선납세금 = 미지급법인세(결산자료입력의 추가계상액에 반영)

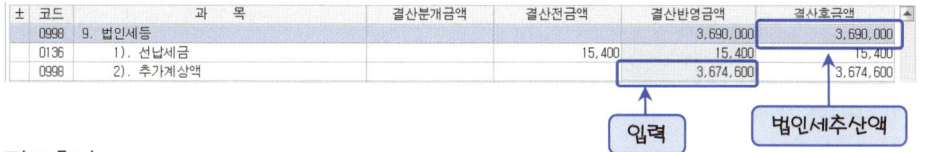

ⓗ 전표추가

결산자료입력을 마치면 F3 전표추가를 클릭하고 나타나는 보조창에서 "결산분개를 일반전표에 추가하시겠습니까?"라는 질문에 예를 선택하여야 한다.

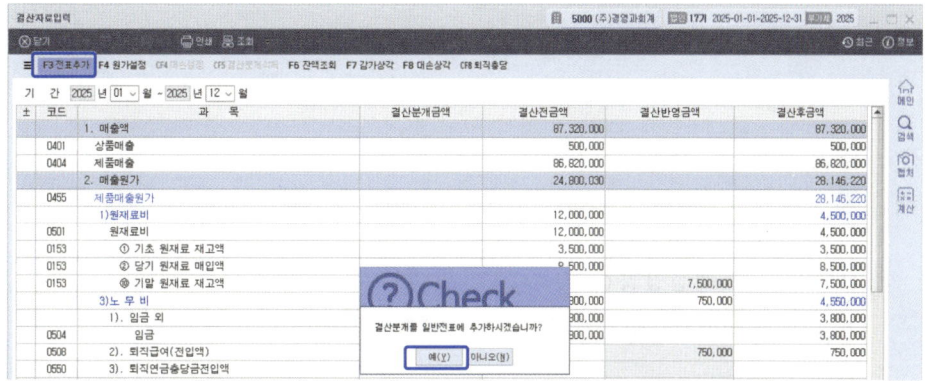

⑤ 재무상태표와 손익계산서의 작성

> NCS 능력단위 : 0203020104결산관리   능력단위요소 : 03재무제표작성하기
> 3.1 회계 관련 규정에 따라 재무상태표를 작성할 수 있다.
> 3.2 회계 관련 규정에 따라 손익계산서를 작성할 수 있다.

수동결산 대상은 일반전표입력 메뉴에서 결산수정사항에 대한 분개를 하고, 자동결산 대상은 결산자료입력에서 전표추가를 완료하면 재무상태표와 손익계산서는 자동으로 완성된다.

⑥ 이익잉여금 처분계산서 작성

> NCS 능력단위 : 0203020104결산관리   능력단위요소 : 03재무제표작성하기
> 3.5 회계 관련 규정에 따라 이익잉여금처분계산서를 작성할 수 있다.

이익잉여금처분계산서를 처음 작성할 때는 "저장된 데이터 불러오기"의 메시지에서 "아니오"를 선택하고 처분예정일(2026년 3월 14일로 가정)과 처분내용을 입력한 후 F6 전표추가를 클릭하여 손익대체에 따른 자동분개를 생성한다.

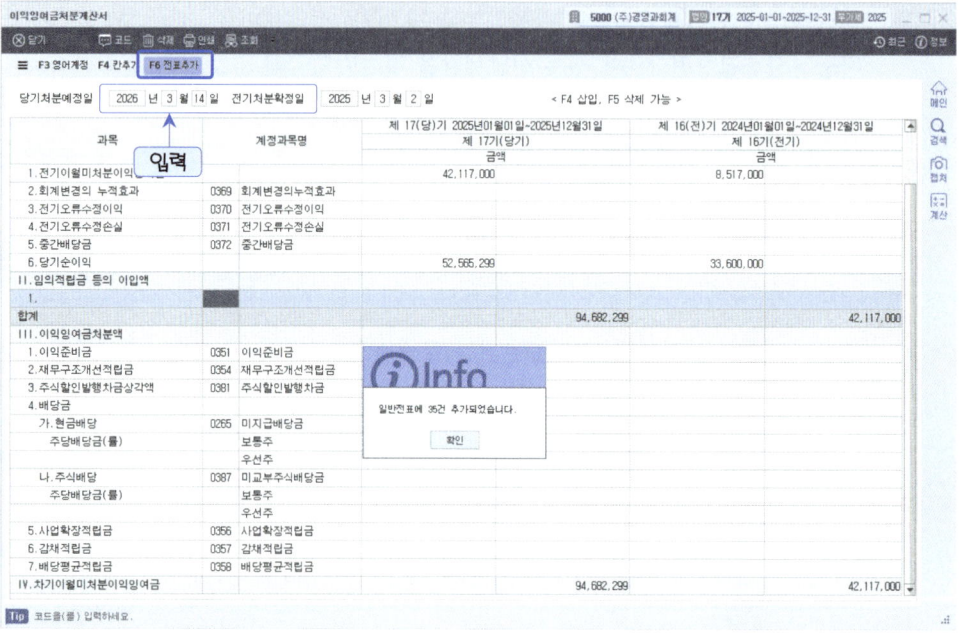

⑦ 결산의 오류 정정방법

결산자료입력에서 Ctrl + F5 키로 자동결산분개를 일괄 삭제 후 재결산한다.

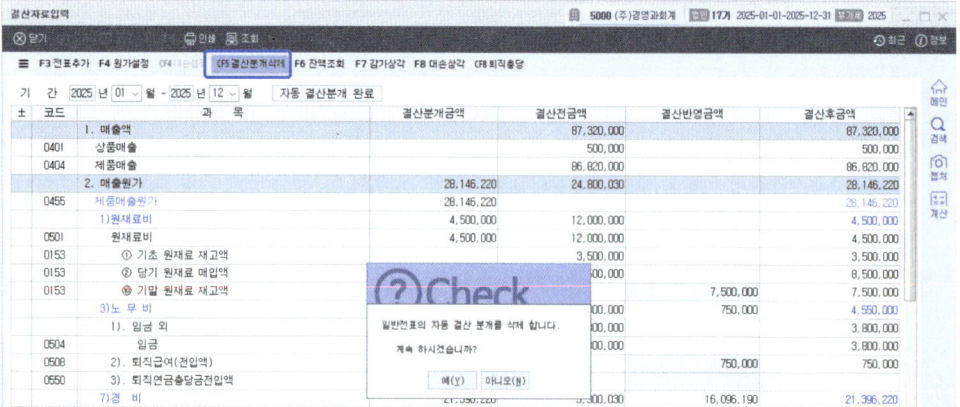

필수예제 따라하기

필수예제

(주)경영과회계의 기말정리사항은 다음과 같다.

1. 재고자산에 대한 기말재고액은 다음과 같다.
   - 원재료 : 7,500,000원
   - 재공품 : 2,500,000원
   - 제 품 : 3,500,000원

2. 회사는 매출채권의 1%를 대손충당금으로 설정하기로 하였다.

3. 퇴직급여충당부채의 추가설정액은 다음과 같다.
   - 생산직 :   750,000원
   - 사무직 : 1,500,000원

4. 고정자산에 대해 다음과 같이 감가상각을 하다.

계정과목	구 분	금 액
기계장치	제 조 경 비	13,209,790원
차량운반구	판매비와 관리비	2,228,391원
	제 조 경 비	2,886,400원
비 품	판매비와 관리비	225,500원
개발비	판매비와 관리비	1,200,000원

5. 당기분 이자 미수액 150,000원을 계상하다.
6. 당기 법인세비용 추산액은 3,690,000원이다(선납세금을 조회하여 입력할 것).

따라하기

1. 수동결산항목 : 12월 31일 일반전표입력 메뉴에서 결산정리분개 입력
   ㉠ 이자 미수분 정리
      (차) 116.미수수익   150,000   (대) 901.이자수익   150,000
   ㉡ 선납세금계정 정리(계정별원장 선납세금계정 또는 합계잔액시산표 12월 조회)
      * 수동결산과 자동결산 모두 가능하나 자동결산으로 입력하기로 한다.

⇒ 일반전표입력 메뉴에 입력된 화면

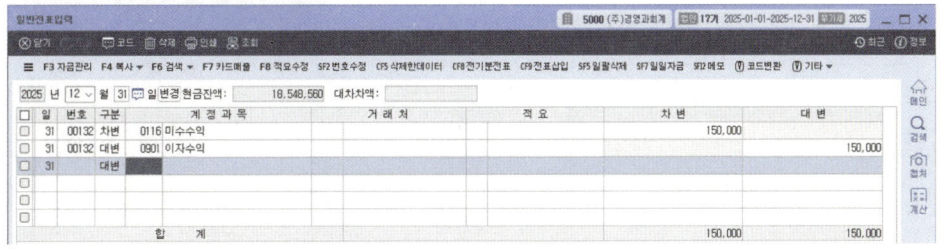

2. 결산자료입력 메뉴에서 해당 란에 입력 후 F3 전표추가 키로 자동 결산 분개
   ㉠ 기말재고액을 해당 란에 입력
      • 기말원재료재고액 : 7,500,000원
      • 기말재공품재고액 : 2,500,000원
      • 기말제품재고액 : 3,500,000원
   ㉡ 대손상각 란에 채권별로 직접 입력 또는 F8 대손상각을 이용하여 일괄입력
      • 외상매출금 : (50,620,000 × 1%) - 190,000 = 316,200원 입력
      • 받을어음 : 32,250,000 × 1% = 322,500원 입력
   ㉢ 퇴직급여(전입액) 란에 추가설정액 입력 또는 Ctrl+F8 퇴직충당을 이용하여 추계액 입력
      • 제품매출원가의 노무비 508.퇴직급여 : 750,000원(추계액 : 20,750,000원)
      • 판매비와관리비 806.퇴직급여 : 1,500,000원(추계액 : 11,500,000원)
   ㉣ 감가상각비 란에 계정과목별로 직접 입력 또는 F7 감가상각을 이용하여 입력
      • 제품매출원가 - 경비 - 일반감가상각비
        - 기계장치 : 13,209,790원(6,223,800+6,985,990)
        - 차량운반구 : 2,886,400원
      • 판매비와일반관리비 - 감가상각비
        - 차량운반구 : 2,228,391원   - 비품 : 225,500원
      • 무형자산상각비 - 개발비 : 1,200,000원
   ㉤ 법인세등 입력
      1) 선납세금란 : 계정별원장에서 조회한 선납세금 15,400원을 입력
      2) 추가계상액 : 3,674,600원 입력
         법인세 추산액 3,690,000원에서 선납세금 15,400원을 차감한 금액을 입력한다.

      > * 선납세금에 대하여 수동결산을 하는 경우에는 12월 31일 일반전표입력에서 다음과 같이
      >   분개를 하고 결산자료입력의 코드136. 1)선납세금 란에는 입력하지 아니하여야 한다.
      >   (차) 998.법인세비용   15,400   (대) 136.선납세금   15,400

3. 결산자료입력을 마치면 반드시 F3 전표추가 키에 의해 결산분개를 생성시켜야 한다.
4. 손익계산서에서 12월을 조회하여 당기순이익을 확인한다.

➲ 결산자료 입력메뉴에 입력된 화면

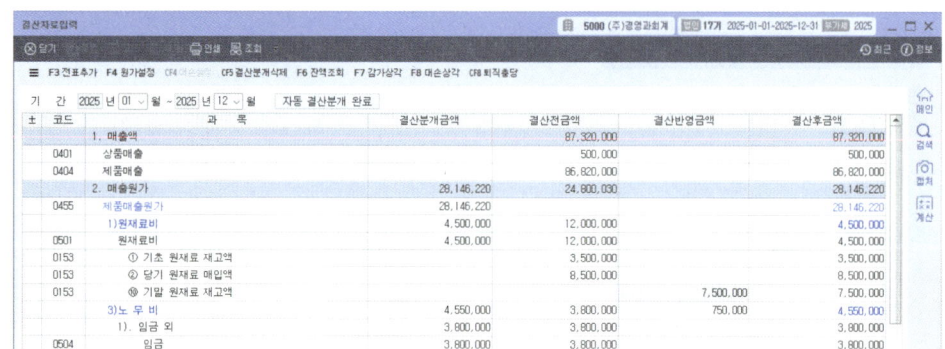

코드	과 목	결산분개금액	결산전금액	결산반영금액	결산후금액
0508	2). 퇴직급여(전입액)		750,000		750,000
0550	3). 퇴직연금충당금전입액			750,000	750,000
	7)경 비	21,396,220	5,300,030	16,096,190	21,396,220
	1). 복리후생비 외	5,300,030	5,300,030		5,300,030
0511	복리후생비		940,030		940,030
0513	기업업무추진비		240,000		240,000
0516	전력비		500,000		500,000
0517	세금과공과		270,000		270,000
0525	교육훈련비		1,000,000		1,000,000
0530	소모품비		50,000		50,000
0531	수수료비용		300,000		300,000
0533	외주가공비		2,000,000		2,000,000
0518	2). 일반감가상각비	16,096,190		16,096,190	16,096,190
0206	기계장치			13,209,790	13,209,790
0208	차량운반구			2,886,400	2,886,400
0212	비품				
0455	8)당기 총제조비용		21,100,030		30,446,220
0169	① 기초 재공품 재고액		900,000		900,000
0169	⑩ 기말 재공품 재고액			2,500,000	2,500,000
0150	9)당기완성품제조원가	28,846,220	22,000,030		28,846,220
0150	① 기초 제품 재고액		3,300,000		3,300,000
0150	⑥ 타계정으로 대체액		500,000		500,000
0150	⑩ 기말 제품 재고액			3,500,000	3,500,000
	3. 매출총이익		62,519,970	-3,346,190	59,173,780
	4. 판매비와 일반관리비	638,700	7,120,890	5,792,591	12,913,481
	1). 급여 외		2,500,000		2,500,000
0801	급여		2,500,000		2,500,000
0806	2). 퇴직급여(전입액)			1,500,000	1,500,000
0850	3). 퇴직연금충당금전입액				
0818	4). 감가상각비			2,453,891	2,453,891
0206	기계장치				
0208	차량운반구			2,228,391	2,228,391
0212	비품			225,500	225,500
0835	5). 대손상각	638,700		638,700	638,700
0108	외상매출금			316,200	316,200
0110	받을어음			322,500	322,500
0840	6). 무형자산상각비			1,200,000	1,200,000
0226	개발비			1,200,000	1,200,000
	7). 기타비용		4,620,890		4,620,890
0811	복리후생비		502,690		502,690
0812	여비교통비		2,480,000		2,480,000
0813	기업업무추진비		197,000		197,000
0815	수도광열비		300,000		300,000
0817	세금과공과		180,000		180,000
0821	보험료		450,000		450,000
0822	차량유지비		410,000		410,000
0830	소모품비		100,000		100,000
0831	수수료비용		1,200		1,200
	5. 영업이익		55,399,080	-9,138,781	46,260,299
	6. 영업외 수익		12,780,000		12,780,000
	1). 이자수익		280,000		280,000
0901	이자수익		280,000		280,000
0924	2). 준비금 환입				
	3). 기타영업외수익		12,500,000		12,500,000
0909	수수료수익		500,000		500,000
0914	유형자산처분이익		2,000,000		2,000,000
0917	자산수증이익		10,000,000		10,000,000
	7. 영업외 비용		2,785,000		2,785,000
	1). 이자비용		120,000		120,000
0951	이자비용		120,000		120,000
0954	2). 기타의대손상각				
0114	단기대여금				
0116	미수수익				
0120	미수금				
0972	3). 준비금 전입				
0977	4). 조특법상 특별상각				
	5). 기타영업외비용		2,665,000		2,665,000
0952	외환차손		2,000,000		2,000,000
0953	기부금		500,000		500,000
0956	매출채권처분손실		150,000		150,000
0984	수수료비용		15,000		15,000
	8. 법인세차감전이익		65,394,080	-9,138,781	56,255,299
0998	9. 법인세등	3,690,000		3,690,000	3,690,000
0136	1). 선납세금		15,400	15,400	15,400
0998	2). 추가계상액	3,690,000		3,674,600	3,674,600
	10. 당기순이익		65,394,080	-12,828,781	52,565,299
	11. 주당이익				
	주식수				

매출액: [87,320,000] 당기순이익: [52,565,299] 소득평률: 60.20%

⊃ **일반전표입력의 12월 31일자로 자동 입력된 결산분개**

> **CHECK POINT**
>
> 전표입력에서 5:결산차변 6:결산대변은 문제에서 요구하는 경우에만 사용하는 것이 좋다.
> 자동결산을 위하여 결산자료 입력메뉴에서 해당 란에 입력하고 F3 전표추가를 클릭하면 결산일자로 일반전표가 생성되는데 이때에 전표구분이 5.결차, 6.결대인 것이다.
> 프로그램에서 5.결차, 6.결대를 사용하는 이유는 결산자료입력을 일괄 삭제할 때 전표 중에서 5.결차, 6.결대를 선별하여 빠르게 삭제하기 위한 것이다.

SECTION 06 | 제장부의 조회

> NCS 능력단위 : 0203020105회계정보시스템 능력단위요소 : 02회계프로그램운용하기
> 2.3 회계프로그램 매뉴얼에 따라 기간별·시점별로 작성한 각종 장부를 검색·출력할 수 있다.
> 2.4 회계프로그램 매뉴얼에 따라 결산 작업 후 재무제표를 검색·출력할 수 있다.

> NCS 능력단위 : 0203020102자금관리 능력단위요소 : 01현금시재관리하기
> 1.1 회계 관련 규정에 따라 당일 현금 수입금을 수입일보에 기재하고 금융기관에 입금할 수 있다.
> 1.2 회계 관련 규정에 따라 출금 시 증빙서류의 적정성 여부를 판단할 수 있다.
> 1.3 출금할 때 정액자금 전도제에 따라 소액현금을 지급·관리할 수 있다.
> 1.4 회계 관련 규정에 따라 입·출금 전표 및 현금출납부를 작성하고 현금 시재를 일치시키는 작업을 할 수 있다.

전산회계 프로그램에서 거래 자료를 입력하면 그 내용이 각종 장부에 자동으로 반영되도록 구성되어 있다.

① 거래처원장

거래처원장은 계정과목별로 각 거래처의 거래내역을 보여주는 장부이다. 거래처원장은 전표입력을 할 때 거래처코드를 입력한 것만 조회된다.
- 잔액 : 조회기간의 전기이월, 차변, 대변, 잔액을 거래처별로 보여준다.
- 내용 : 조회기간의 특정 거래처의 일자별 거래내역을 보여준다.

② 거래처별계정과목별원장

거래처별계정과목별원장은 조회하는 모든 거래처와 관련한 계정과목별 전기이월, 차변, 대변, 잔액을 보여주는 장부이다. 잔액, 잔액상세, 내용으로 구성되어 있다.

③ 계정별원장

계정별원장 메뉴는 현금(101)계정을 제외한 모든 계정의 거래내역을 조회 및 출력할 수 있다. 계정과목별 원장에서 거래에 커서를 놓고 클릭하여 나타나는 하단의 분개 화면에서 분개를 수정하거나 삭제할 수 있다.

④ 현금출납장

현금출납장은 현금계정의 거래내역을 조회 및 출력할 수 있으며 거래를 입력할 때에 입금전표 또는 출금전표로 입력한 것은 물론이고 대체전표로 입력한 내용도 보여준다.

⑤ 일계표(월계표)

일계표(월계표)는 매일 또는 매월의 거래의 입력내용을 계정과목별로 집계한 것으로 매일의 거래를 계정별로 집계한 분개집계표가 일계표이며, 월별로 집계한 것이 월계표이다.

거래를 현금의 입출금을 수반하는 현금거래와 현금을 수반하지 않는 대체거래로 나누어 각각 현금과 대체 란에 표시한다.
- 일계표 : 일 단위의 거래내역을 조회할 때 선택하는 것으로 조회기간을 일 단위로 입력한다(예 : 3월 14일의 외상매출금 현금회수액 등).
- 월계표 : 월 단위의 거래내역을 조회할 때 선택하는 것으로 조회기간을 월 단위로 입력한다(예 : 3월에 발생한 판매관리비의 현금출금액 등).
- 해석방법
  ㉠ 차변 현금 란 : 해당 계정의 상대과목이 현금의 출금거래(해당과목 xxx /현금 xxx)
  ㉡ 차변 대체 란 : 해당 계정의 차변요소 거래를 의미(자산증가, 부채감소, 비용발생)
  ㉢ 대변 현금 란 : 해당 계정의 상대과목이 현금의 입금거래(현금 xxx /해당과목 xxx)
  ㉣ 대변 대체 란 : 해당 계정의 대변요소 거래를 의미(자산감소, 부채증가, 수익발생)
- 일계표 각 란의 금액에 대한 분개 예시

일계표(월계표)

차 변			계정과목	대 변		
계	대체	현금		현금	대체	계
			외 상 매 출 금	㉡30,000		
	㉢40,000		상 품			
			외 상 매 입 금		㉣ 40,000	
		㉠ 20,000	소 모 품 비			
			총지출액	금 월 소 계	총수입액	
			월말잔액	금월잔고/전월잔고	전월잔액	

소모품비 지출액 ㉠ :   (차변) 소모품비   20,000   (대변) 현금   20,000
외상매출금 회수액 ㉡ :   (차변) 현금   30,000   (대변) 외상매출금 30,000
상품 외상매입액 ㉢+㉣ :   (차변) 상품   40,000   (대변) 외상매입금 40,000
㉢과 ㉣은 하나의 거래이다.

⑥ 분개장

분개장은 전표입력메뉴에서 입력한 거래의 분개를 발생한 순서대로 기록하는 장부로 입력된 모든 내역을 출력할 수 있다.

⑦ 총계정원장

총계정원장은 주요부에 해당하는 장부로서 모든 계정과목의 차변, 대변 및 잔액이 집계되어 있다. 월별은 해당 계정의 변동금액이 월별로 집계되고 일별은 해당 계정의 발생금액이 월별로 집계되는 총계정원 원장이다(예 : 소모품비 지급이 가장 많은 달과 금액 조회).

⑧ 매입매출장

매입매출장은 매입매출전표입력 메뉴에서 입력한 자료에 의하여 작성된다.
1. 전체 : 매출거래와 매입거래를 하나의 화면에서 볼 수 있다.
2. 매출 : 입력한 매출거래의 유형별(11.과세, 12.영세,13.면세, 16.수출 등)로 조회한다.
3. 매입 : 입력한 매입거래의 유형별(51.과세, 52.영세, 53.면세, 54.불공 등)로 조회한다.

⑨ 세금계산서(계산서)현황

매입매출전표입력 메뉴에서 매출/매입으로 입력된 세금계산서 또는 계산서를 전체와 전자발행(11일 이내) 및 전자발행(11일 이후)종이발행으로 구분하여 조회하고 출력한다.

⑩ 전표출력

입력된 자료를 입금전표, 출금전표, 대체전표로 조회하고 출력한다.

⑪ 세금계산서합계표

매입매출전표 입력에 의하여 세금계산서(매출/매입)를 과세기간 종료일 다음달 11일까지 발급한 전자분 세금계산서과 그 외의 세금계산서를 구분하여 집계한다.

⑫ 합계잔액시산표, 재무상태표, 손익계산서, 제조원가명세서

조회하고자 하는 날짜까지 계정과목별 합계와 잔액을 조회하고 출력한다. 특정한 계정에 커서를 위치한 후 Enter↵ 또는 더블클릭으로 계정별원장을 조회할 수 있으며 조회된 원장에서 계정별원장조회 및 전표수정도 가능하다.

필수예제 따라하기

필수예제

다음의 물음에 대하여 적절한 메뉴를 조회하여 답하시오.

1. 3월중 제조경비 현금지출액은 얼마인가?
2. 3월 31일 현재 외상매입금 잔액은 얼마인가?
3. 9월 30일 현재 외상매출금 잔액은 거래처별로 각각 얼마인가?
4. 1년 중 (판)복리후생비 지출이 가장 많은 달과 지출액은 얼마인가?
5. 2월 29일 현재 현금 잔액은 얼마인가?
6. 기말 현재 당기총제조비용과 당기제품제조원가는 얼마인가?
7. 기말 현재 당기순이익과 전기순이익은 얼마인가?
8. 12월 31일 현재 매출채권 금액은 얼마인가?
9. 12월 31일 현재 현금 및 현금성자산은 얼마인가?

따라하기

1. 월계표 3월~3월 조회 : 제조경비 현금지출액 132,030원

➲ 조회된 화면

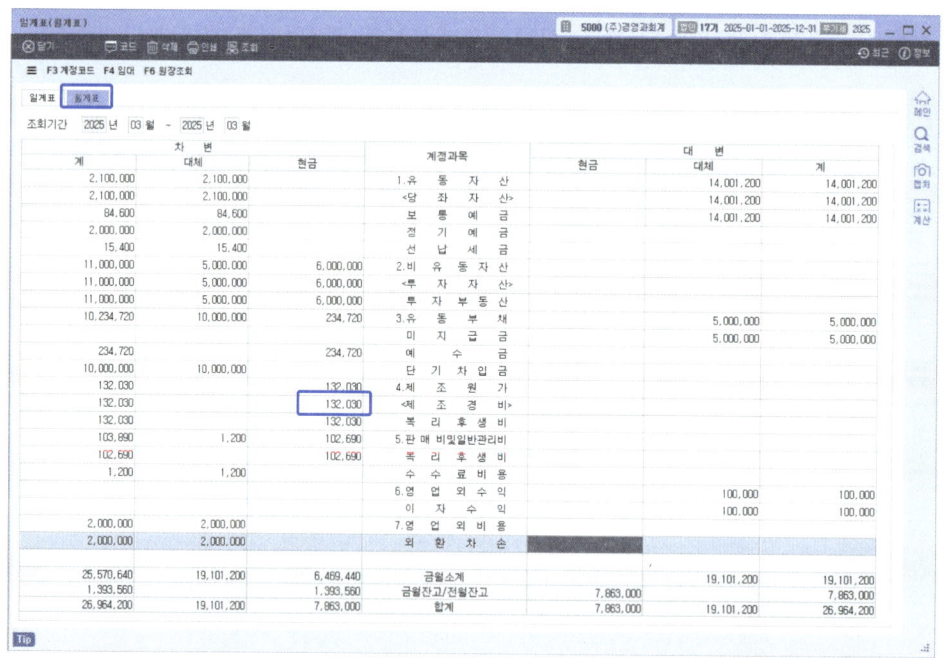

2. 계정별원장 3월 1일~31일 또는 합계잔액시산표 3월 31일 조회
   251.외상매입금 잔액 26,400,000원

➲ 조회된 화면

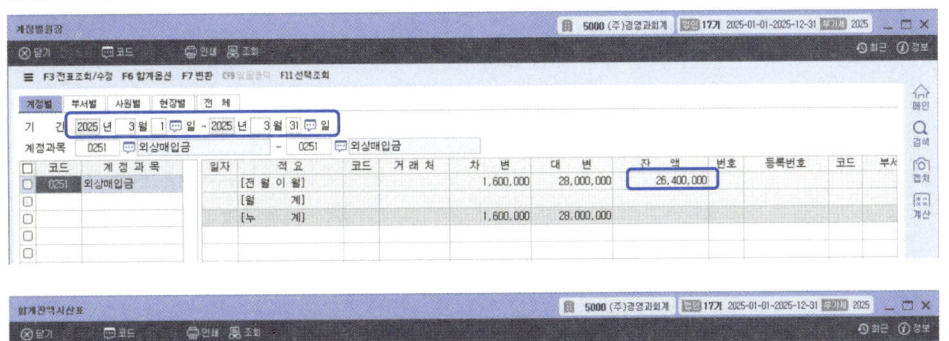

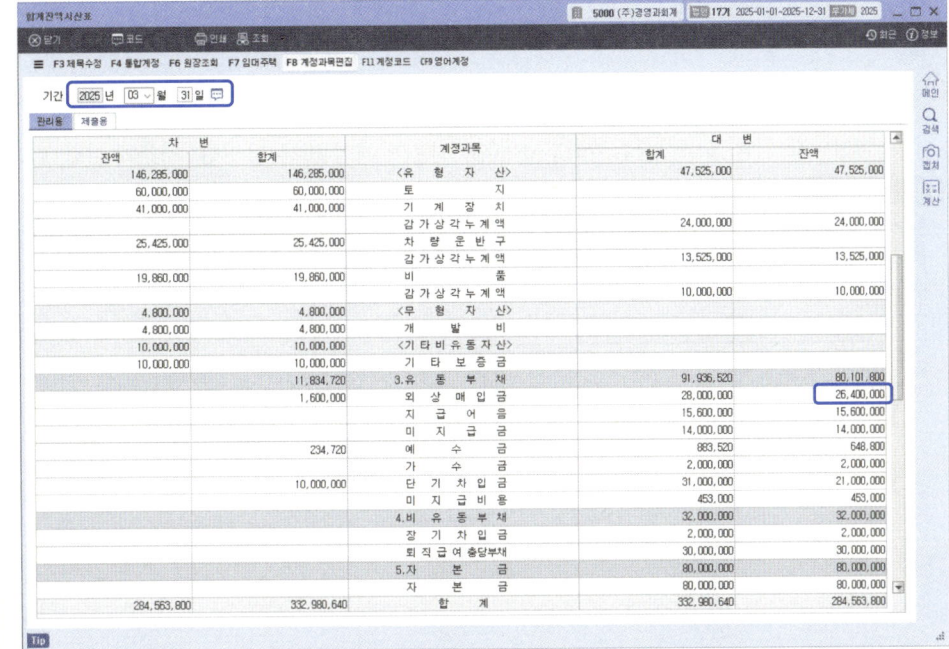

3. 거래처원장 9월 1일~9월 30일 계정과목 108. 조회 : 거래처별 외상매출금 잔액
   1001. 충무상사   4,800,000원
   1002. 원효상회   25,910,000원
   1003. 당산상사(주)   5,550,000원
   1201. 계양상사   2,940,000원
   1403. 애플사   8,120,000원
   99700. 신한카드사   3,300,000원

➲ 조회된 화면

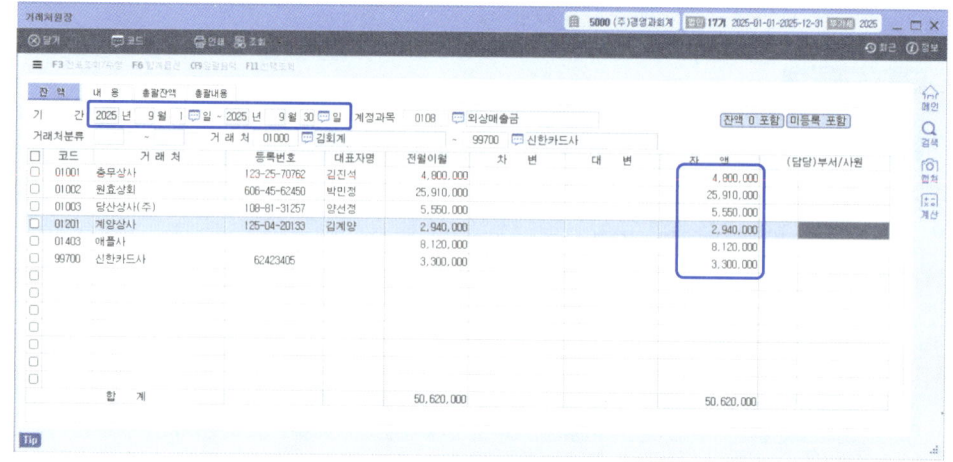

4. 총계정원장 월별 조회 : 811.복리후생비(판) 지출이 가장 많은 달 8월, 지출액 400,000원

➲ 조회된 화면

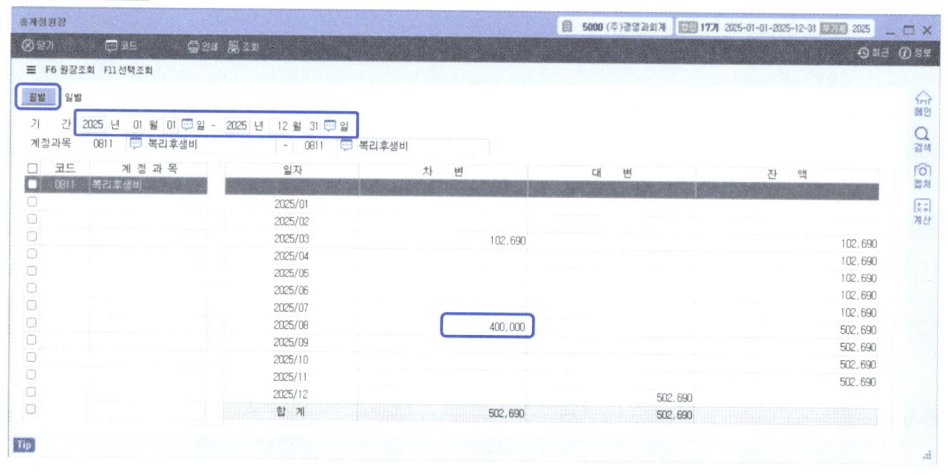

5. 현금출납장 2월 조회 : 2월 28일 현금 잔액 7,863,000원

➲ 조회된 화면

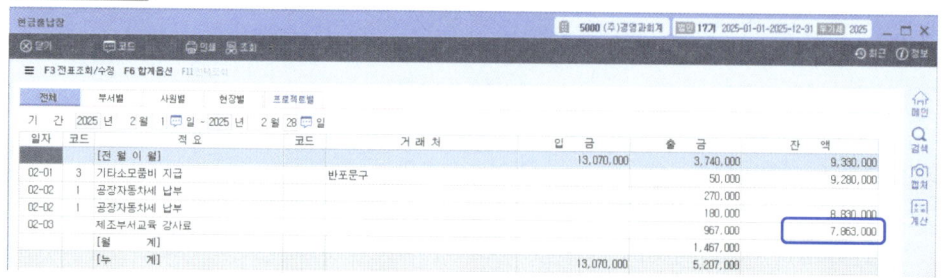

6. 제조원가명세서 조회 : 당기총제조비용 30,446,220원 당기제품제조원가 28,846,220원

➲ 조회된 화면

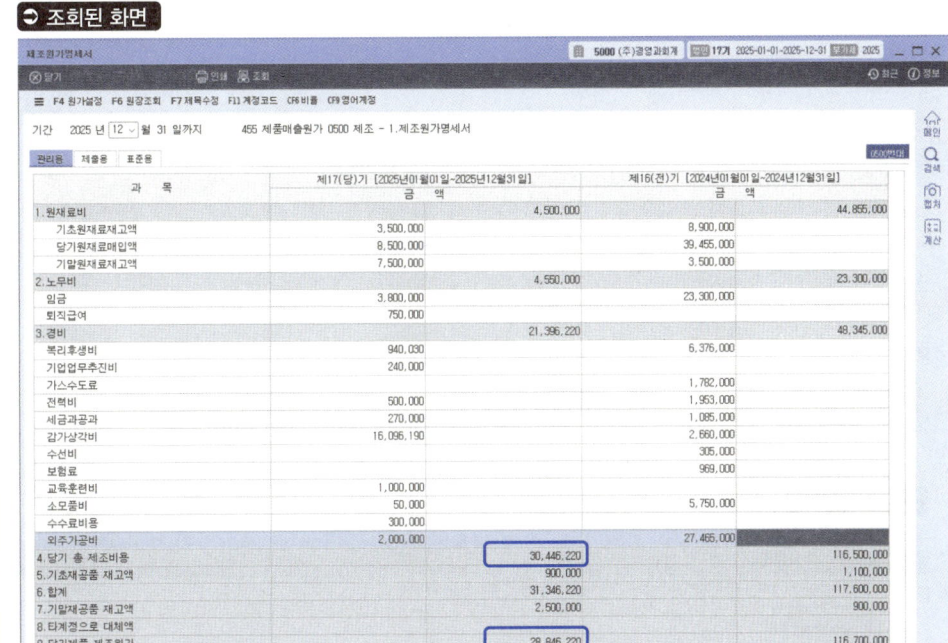

7. 손익계산서 조회 : 당기순이익 52,565,299원, 전기순이익 33,600,000원

➲ 조회된 화면

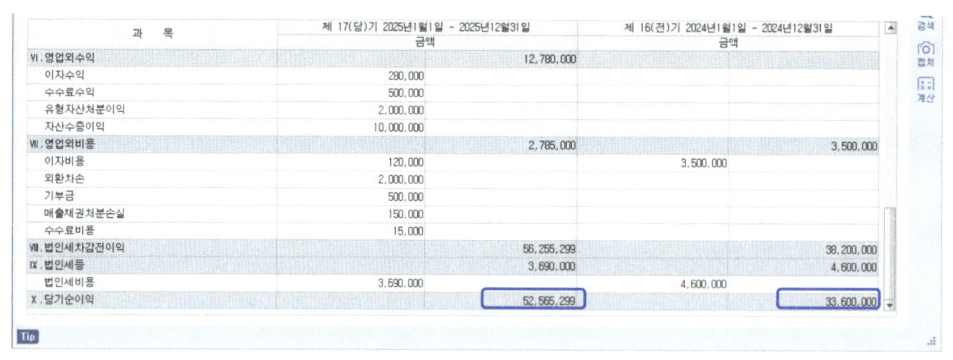

8. 재무상태표 또는 합계잔액시산표 제출용 조회 : 12월 31일 현재 매출채권 82,870,000원

9. 12월 31일 현재 현금및현금성자산 31,977,480원

➲ 조회된 화면

[참고]
▶ 유동자산 증가액 : 161,643,790 − 93,470,000 = 68,173,780원
▶ 매입채무 증가액 : 47,100,000 − 43,600,000 = 3,500,000원

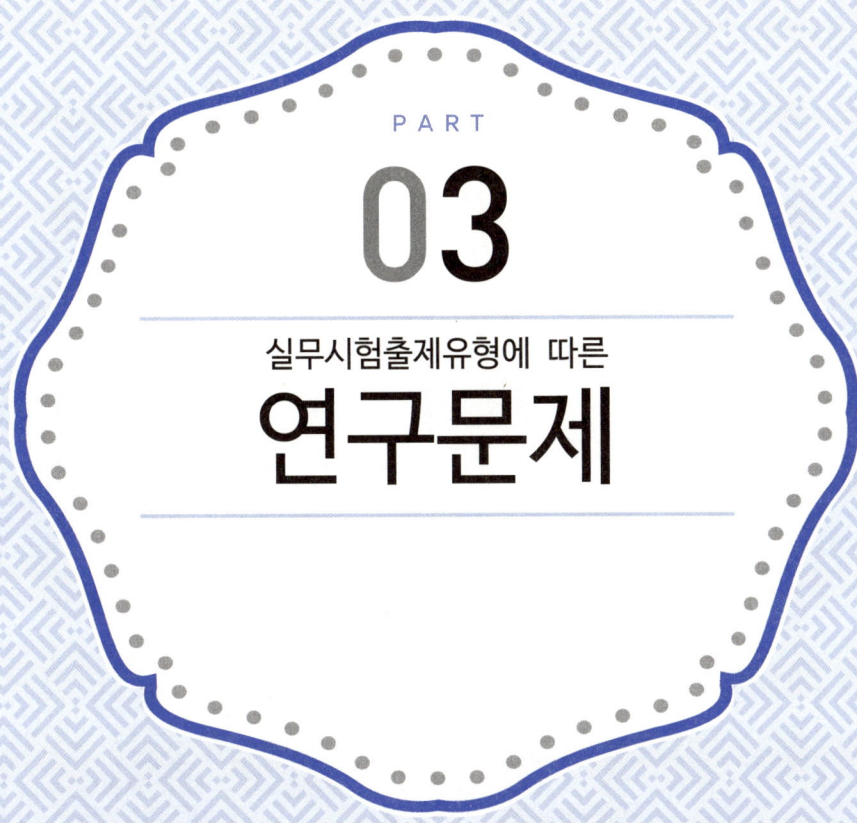

㈜연구전자(회사코드 : 5590)는 전자제품을 제조하여 판매하는 중소기업이며, 당기(15기) 회계기간은 2025. 1. 1. ~ 2025. 12. 31.이다. 전산세무회계 수험용 프로그램을 이용하여 다음 물음에 답하시오.

──────── | 기본전제 | ────────

문제에서 한국채택국제회계기준을 적용하도록 하는 전제조건이 없는 경우, 일반기업회계기준을 적용하여 회계처리 한다.

Q1 다음은 기초정보관리에 대한 자료이다. 각각의 요구사항에 대하여 답하시오. (10점)

[1] ㈜연구전자의 전기 기말 실제 제품 재고액을 조사해 보니 7,500,000원이었다. 전기 재무상태표의 기말재고와의 차액은 재고자산에 대한 정상감모손실분이다. 이 내용을 반영하여 전기분 재무제표와 관련된 내용을 모두 수정하시오. (4점)

> **정답** 전기분재무상태표→ 기말제품재고액 10,000,000원을 7,500,000원으로 수정 입력
> 전기분손익계산서→ 매출원가의 기말제품재고액이 7,500,000원으로 자동변경되고 당기순이익이 128,157,000원에서 125,657,000원으로 2,500,000원 감소된 것을 확인
> 전기분잉여금처분계산서→ F6불러오기를 하면 Ⅰ.미처분이익잉여금이 163,657,000원에서 161,157,000원으로 감소된 것을 확인
> 전기분재무상태표→ 375.이월이익잉여금 163,657,000원을 161,157,000원으로 수정 입력

> **주요검토사항**
> 1. 정상적인 재고자산감모손실은 매출원가에 포함한다. 전산프로그램에서는 실제재고액을 입력하면 자동으로 재고감모손실액이 매출원가에 포함되게 된다.
> 2. 당기순이익이 변하면 전기분잉여금처분계산서의 Ⅰ.미처분이익잉여금이 변하며, Ⅰ.미처분이익잉여금과 전기분재무상태표의 375.이월이익잉여금의 금액이 항상 일치하여야 한다.

● 수정전 전기분손익계산서 - 기말제품재고액과 매출원가 및 당기순이익의 검토

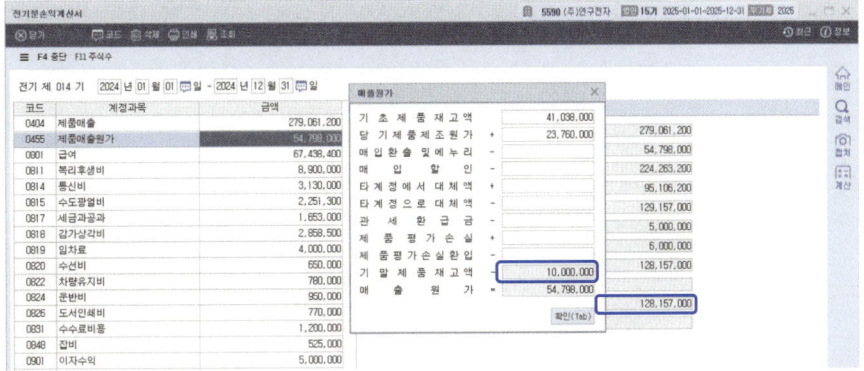

- 전기분재무상태표에서 제품 수정 - 대차차액 - 2,500,000원 발생

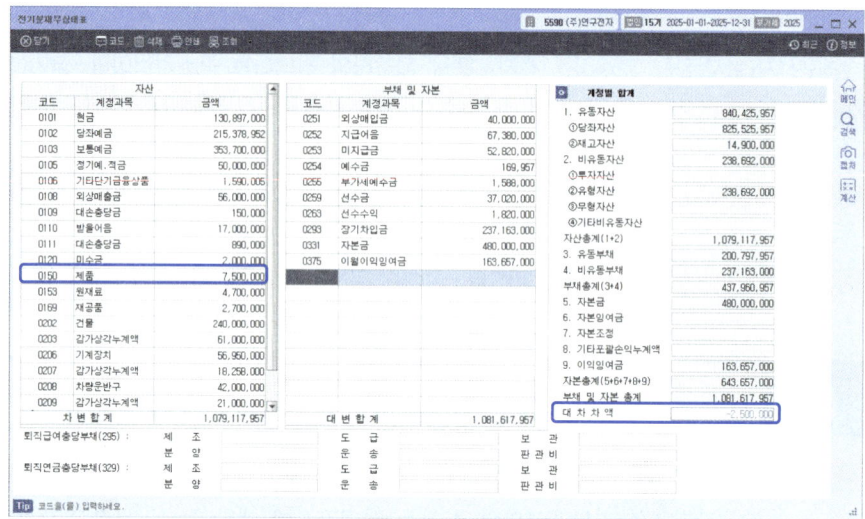

- 전기분손익계산서 - 기말제품재고액 수정후 매출원가와 당기순이익 확인

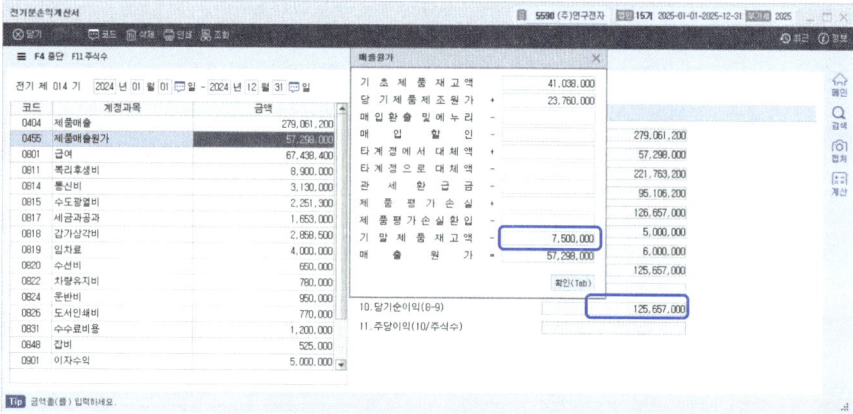

- 전기분잉여금처분계산서 - F6불러오기로 수정 후 미처분이익잉여금 확인

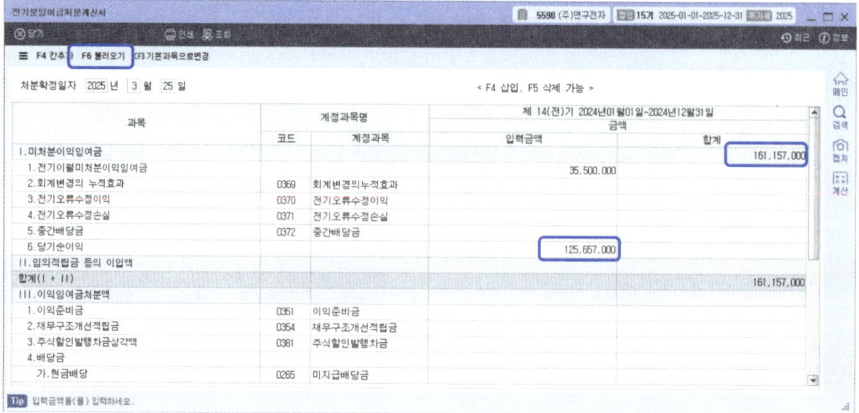

• 전기분재무상태표 – 이월이익잉여금(375) 161,157,000원으로 수정 입력

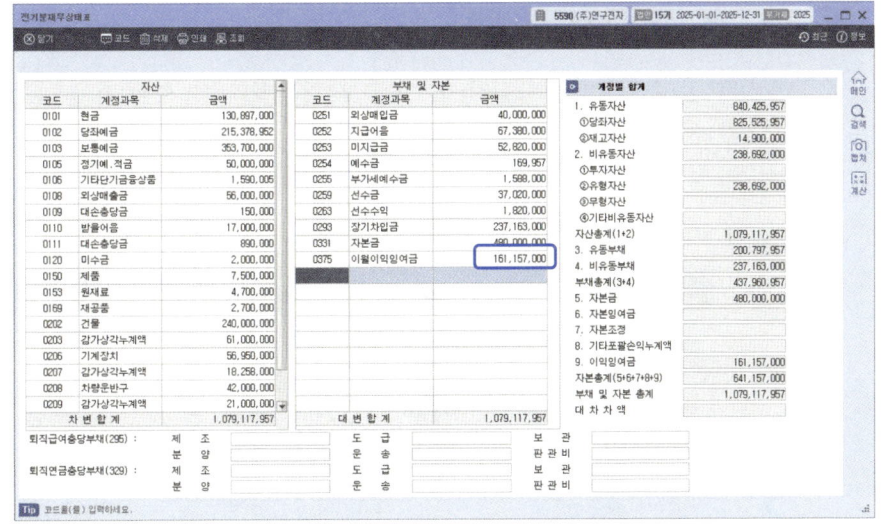

[2] 전기말 거래처별 채권, 채무에 대한 거래처와 오류금액을 다음과 같이 수정하시오. (3점)

채권·채무	거 래 처	금 액
외상매출금	(주)용산테크 → 청계천테크 (주)미래컴퓨터 → 다음컴퓨터	25,400,000원 → 24,500,000원 35,100,000원 → 31,500,000원
외상매입금	(주)태평반도체 → (주)대서반도체	30,000,000원 → 40,000,000원

정답 해당 계정과목별 거래처명과 금액을 거래처별초기이월 메뉴에서 수정한다.

[3] 다음의 거래처를 거래처등록 메뉴에 매출 유형으로 입력하시오. (3점)

코드	상 호	사업자등록번호	대표자	업태	종목	사업장소재지
1002	(주)제이제이	124-87-09458	박종진	도,소매	컴퓨터	경기도 화성시 향남읍 삼천병마로 238

주소 입력 시 우편번호는 입력을 생략해도 된다.

정답 거래처등록메뉴에서 1002번에 추가 입력한다.

Q2

다음 거래 자료를 일반전표입력 메뉴에 추가 입력하시오(일반전표입력의 모든 거래는 부가가치세를 고려하지 말 것). (18점)

입력시 유의사항

☐ 일반적인 적요의 입력은 생략하지만, 타계정 대체거래는 적요번호를 선택하여 입력한다.
☐ 채권·채무와 관련된 거래는 별도의 요구가 없는 한 반드시 기 등록되어 있는 거래처코드를 선택하는 방법으로 거래처명을 입력한다.
☐ 제조경비는 500번대 계정코드를, 판매비와 관리비는 800번대 계정코드를 사용한다.
☐ 회계처리시 계정과목은 별도제시가 없는 한 등록되어 있는 계정과목 중 가장 적절한 과목으로 한다.

[1] 8월 5일 김해남씨로부터 장기투자목적으로 토지를 취득하면서 7,000,000원은 당좌수표를 발행하여 지급하고, 나머지 1,000,000원은 월말에 지급하기로 하였다. 또한 이전등기 하면서 취득세 150,000원을 현금으로 지급하였다. (3점)

정답 8월 5일 일반전표입력

(차) 투자부동산	8,150,000	(대) 당좌예금	7,000,000
		미지급금(김해남)	1,000,000
		현　　금	150,000

주요검토사항

1. 입력 시 유의사항에 따라 채권·채무와 관련된 거래는 별도의 요구가 없는 한 반드시 기 등록되어 있는 거래처코드를 선택하는 방법으로 거래처명을 입력하여야 한다.
2. 토지를 구입한 경우 유형자산이면 토지, 투자목적이면 투자자산의 투자부동산으로 한다.
3. 일반적 상거래에 의한 채무가 아니므로 미지급금을 사용하여야 한다. 만일, 어음을 발행 교부하더라도 지급어음이 아닌 미지급금으로 하여야 한다.

※ 유형자산은 재화의 생산, 용역의 제공, 타인에게 임대 또는 자체적으로 사용할 목적으로 보유하는 물리적형체가 있는 자산으로 1년을 초과하여 사용할 것이 예상되는 자산이다.

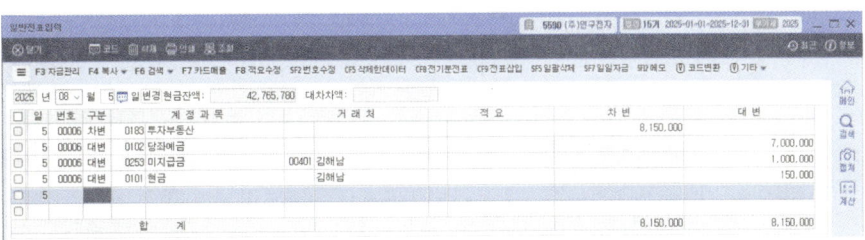

[2] 8월 14일 (주)성일기업에 대한 외상매출금 2,700,000원과 외상매입금 3,800,000원을 상계처리하고 나머지 잔액은 당좌수표를 발행하여 지급하였다. (3점)

정답 8월 14일 일반전표입력

(차) 외상매입금	3,800,000	(대) 외상매출금	2,700,000
((주)성일기업)		((주)성일기업)	
		당좌예금	1,100,000

주요검토사항

입력 시 유의사항에 따라 채권·채무와 관련된 거래는 별도의 요구가 없는 한 반드시 기 등록되어 있는 거래처코드를 선택하는 방법으로 거래처명을 입력하여야 한다.

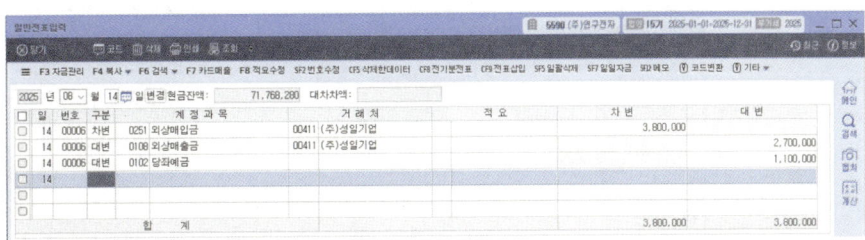

[3] 8월 26일 구글에 수출(선적일자 6월 25일)한 제품 외상매출금이 보통예금 계좌에 원화로 환전되어 입금되었다. (3점)

- 외상매출금 : $3,000   · 6월25일 환율 : 1,200원/$ · 8월26일 환율 : 1,300원/$

정답 8월 26일 일반전표입력
(차) 보통예금   3,900,000   (대) 외상매출금(구글)   3,600,000
                                              외환차익   300,000

주요검토사항
1. 매출을 인식하는 날이 선적일이므로 외상매출금은 선적일의 환율로 평가되어 있다.
   장부상 외상매출금 : $3,000 × 1,200 = 3,600,000원
2. 보통예금에 입금된 금액은 입금일의 환율 1,300원을 적용하고 차액은 외환차익 또는 외환차손으로 회계처리 한다.
3. 입금된 금액은 $3,000 × 1,300 = 3,900,000원이므로 차액 300,000원은 외환차익이 된다.

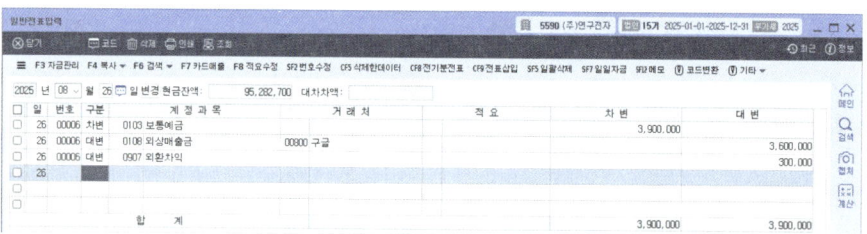

[4] 9월 19일 거래처인 (주)용산전자의 외상매입금 55,000,000원 중 33,000,000원은 당좌수표를 발행하여 지급하고, 나머지 금액은 면제받았다. (3점)

정답 9월 19일 일반전표입력
(차) 외상매입금   55,000,000   (대) 당좌예금   33,000,000
    ((주)용산전자)   채무면제이익   22,000,000

주요검토사항
채무를 면제받은 금액은 채무면제이익으로 영업외수익에 해당한다.

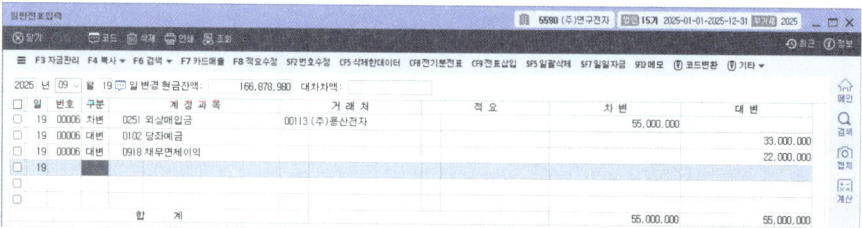

[5] 9월 26일 제조부 소속 신상용 대리(6년 근속)의 퇴직으로 퇴직금 9,000,000원 중 소득세 및 지방소득세로 231,000원을 원천징수한 후 차인지급액을 전액 보통예금 계좌에서 이체하였다(퇴직 직전 퇴직급여충당부채 잔액은 없었다). (3점)

정답 9월 26일 일반전표입력

(차) 퇴직급여(제)	9,000,000	(대) 예 수 금	231,000
		보통예금	8,769,000

주요검토사항
1. 퇴직급여 지급 시 공제액은 대변에 예수금으로 처리한다.
2. 퇴직급여 지급 시에 계정별원장이나 합계잔액시산표를 확인하여 퇴직급여충당부채 잔액이 있으면 퇴직급여충당부채를 먼저 상계하고 부족분을 퇴직급여 계정으로 처리한다.

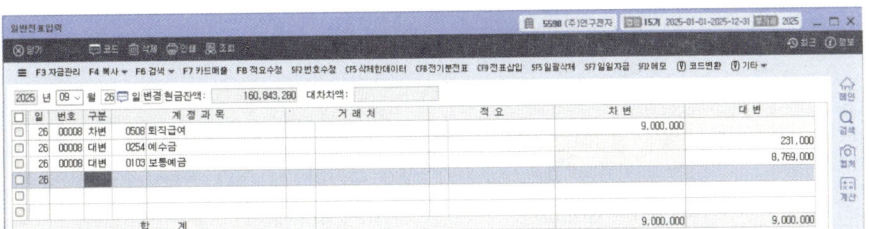

[6] 9월 30일 제2기 부가가치세 예정신고분에 대한 부가가치세 예수금 37,494,500원과 부가가치세대급금 20,048,400원을 상계처리하고 잔액을 10월 25일 납부할 예정이다. 9월 30일 기준으로 적절한 회계처리를 하시오(미지급세금 계정을 사용할 것). (3점)

정답 9월 30일 일반전표입력

(차) 부가세예수금	37,494,500	(대) 부가세대급금	20,048,400
		미지급세금	17,446,100

주요검토사항
부가세예수금(부채)을 차변으로 부가세대급금(자산)을 대변으로 분개하여 각각 상계하고 잔액을 미지급세금으로 처리한다.

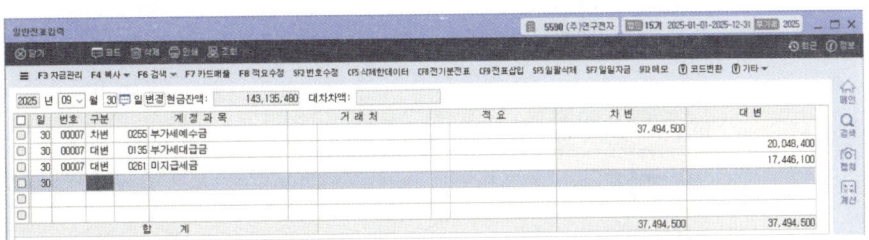

Q3 다음 거래 자료를 매입매출전표입력 메뉴에 입력하시오. (18점)

입력시 유의사항

□ 일반적인 적요의 입력은 생략하지만, 타계정 대체거래는 적요번호를 선택하여 입력한다.
□ 별도의 요구가 없는 한 반드시 기 등록되어 있는 거래처코드를 선택하는 방법으로 거래처명을 입력한다.
□ 제조경비는 500번대 계정코드를, 판매비와 관리비는 800번대 계정코드를 사용한다.
□ 회계처리시 계정과목은 별도제시가 없는 한 등록되어 있는 계정과목 중 가장 적절한 과목으로 한다.
□ 입력화면 하단의 분개까지 처리하고, 전자세금계산서 및 전자계산서는 전자입력으로 반영한다.

[1] 10월 11일 관리부서는 부활식당에서 회식을 하고 식사대금 550,000원(부가가치세 포함)을 법인카드인 국민카드로 결제하였다(카드매입에 대한 부가가치세 매입세액 공제요건은 충족하였다). (3점)

정답 10월 11일 매입매출전표입력
유형: 57.카과, 공급가액 : 500,000, 부가세 : 50,000, 거래처 : 부활식당, 분개 : 카드
(차) 복리후생비(판)   500,000   (대) 미지급금(국민카드)   550,000
    부가세대급금   50,000

주요검토사항

1. 유형에 57.카과, 거래처에 부활식당을 입력하면 커서가 중앙의 신용카드사로 가는데 여기서 국민카드사를 선택하고 분개를 4.카드로 입력하면 하단 분개에 미지급금과 거래처 국민카드가 자동 반영된다. 그리고 차변의 원재료를 복리후생비로 수정 입력한다.
2. 카드매입이 부가가치세 매입세액 공제를 받으려면 일반과세자로부터 과세대상 재화 또는 용역을 공급받고 신용카드매출전표에 공급가액과 부가가치세가 구분되어 있어야 한다.
3. 만일 카드매입이 승용차의 유류대, 접대비 등으로 부가가치세 매입세액불공제 대상인 경우에는 일반전표입력 메뉴에 부가가치세를 구분하지 않고 입력하여야 한다.
4. 환경등록에서 카과가 부가세 '0.미포함'으로 설정되어 있으므로 부가세를 제외한 공급가액을 계산하여 입력하여야 한다.
공급가액 = 공급대가÷1.1 550,000÷1.1 = 500,000원

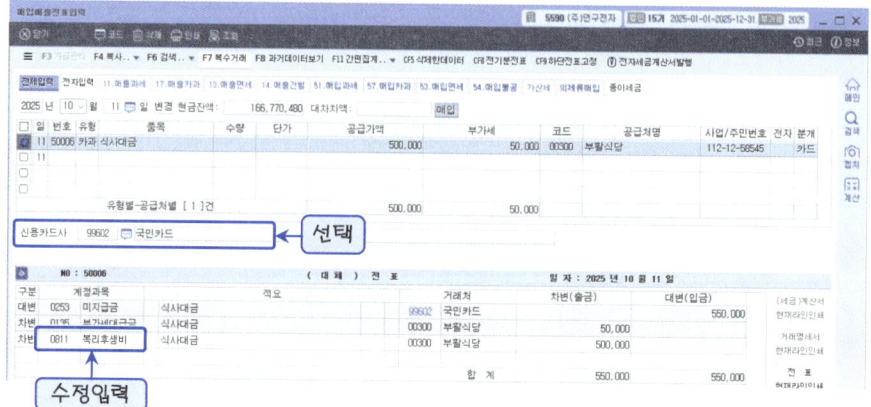

[2] 10월 15일 성진기업에서 내국신용장(Local L/C)에 의하여 원재료 22,000,000원을 공급받고 영세율 전자세금계산서를 발급받았으며, 대금 중 50%는 어음으로 지급하고 나머지 금액은 보통예금에서 이체 지급하였다. (3점)

정답 10월 15일 매입매출전표입력
유형: 52.영세, 공급가액 : 22,000,000, 거래처 : 성진기업, 전자 : 여, 분개 : 혼합
(차) 원 재 료　　　　　　　22,000,000　　　(대) 지급어음(성진기업)　　11,000,000
　　　　　　　　　　　　　　　　　　　　　　　보통예금　　　　　　　11,000,000

주요검토사항
1. 내국신용장과 구매확인서에 의하여 매입하는 경우 상대방이 영세율세금계산서를 발급한다.
2. 영세율세금계산서를 전자로 받으면 전자 란에 '1:여'를 입력하여야 한다.
3. 내국신용장 또는 구매확인서에 의하여 매출한 경우 영세율 세금계산서를 발급하고 유형은 12.영세를 선택한다.

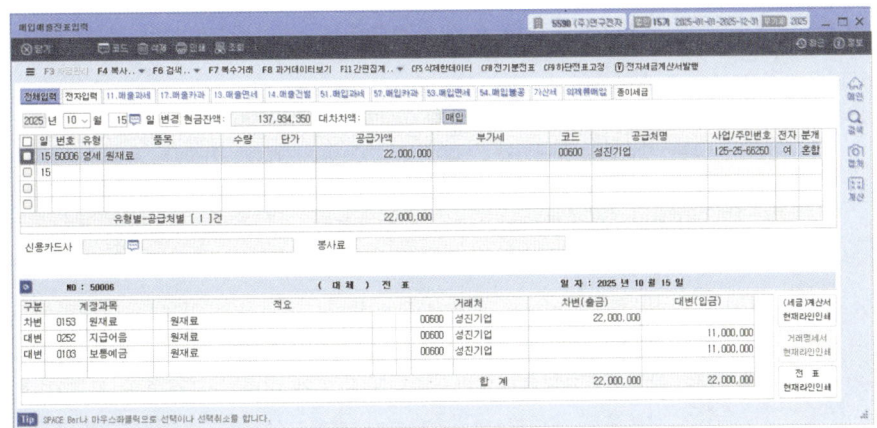

[3] 10월 17일 직원들의 통근을 위해 (주)산천여객으로부터 시내버스 영업용으로 사용하던 중고버스를 8,000,000원에 구입하면서 전자계산서를 수취하고, 대금은 전액 당좌수표를 발행하여 지급하였다. (3점)

정답 10월 17일 매입매출전표입력
유형: 53.면세, 공급가액 : 8,000,000, 거래처 : (주)산천여객, 전자 : 여, 분개 : 혼합
(차) 차량운반구　　　　　　 8,000,000　　　(대) 당좌예금　　　　　　 8,000,000

주요검토사항
1. (주)산천여객은 시내버스 사업자이므로 면세사업자에 해당한다.
2. 면세사업자에게 버스를 구입하고 계산서를 받으면 53.면세로 입력하여야 한다.
3. 전자계산서를 받으면 전자세금계산서와 동일하게 전자 란에 1.여를 입력한다.
4. 하단 분개에서 원재료를 차량운반구로 수정 입력한다.

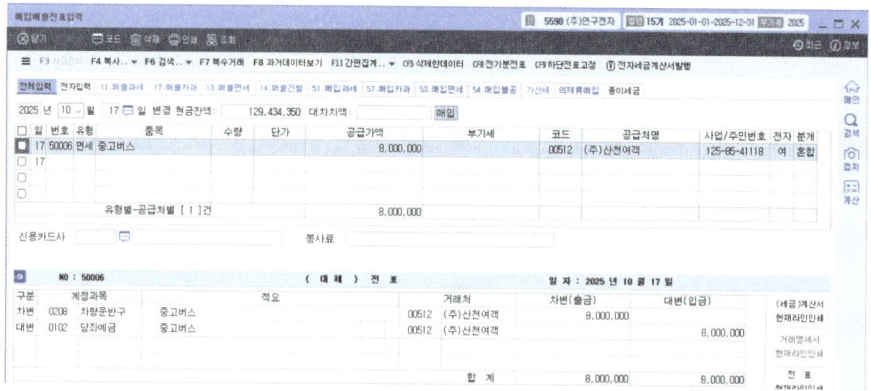

[4] 10월 20일 회사 영업부에서 사용하고 있는 5인승 소형승용자동차(2,000cc)에 사용할 경유를 500,000원(부가가치세 별도)에 구입하고, 세금계산서(전자세금계산서가 아님)를 동성주유소로부터 수령하였다. 부가가치세를 포함한 구입대금 전액을 보통예금에서 이체 지급하였다. (3점)

정답 10월 20일 매입매출전표입력
유형: 54.불공, 공급가액 : 500,000, 부가세 : 50,000, 거래처 : 동성주유소
분개 : 혼합 (불공제사유 : 3.개별소비세법 제1조 제2항 제3호에 따른 자동차 구입 및 유지)
(차) 차량유지비(판)   550,000   (대) 보통예금   550,000

> **주요검토사항**
> 1. 영업부에서 사용하는 5인승 승용차(2,000cc)는 개별소비세 과세대상 승용자동차에 해당하므로 승용차의 유지비용인 경유 구입액도 매입세액 불공제 대상이다.
> 2. 운수업, 자동차판매업, 자동차 임대업, 자동차운전학원 등에서 자동차를 영업에 사용하는 경우와 개별소비세가 과세되지 않는 1,000cc 이하의 자동차의 구입, 임대 및 유지비는 매입 세액공제 대상이다.

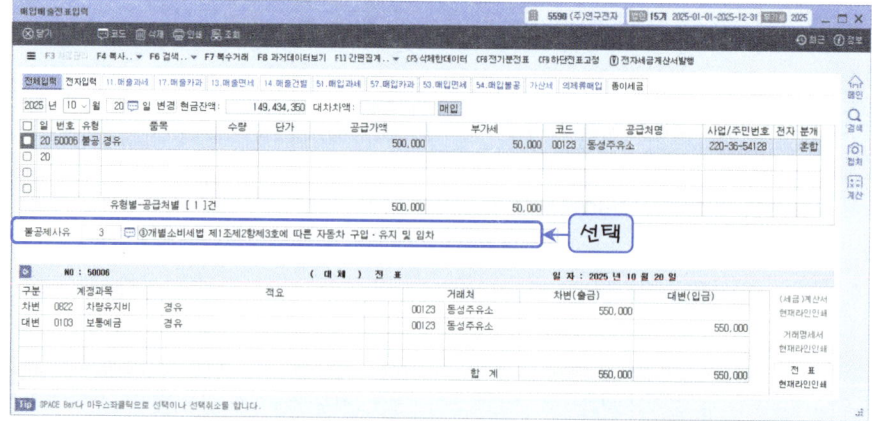

[5] 11월 16일 공장에서 사용하던 기계장치를 ㈜권선종합상사에 매각하고 전자세금계산서를 발급하였다. 매각대금은 2,200,000원(부가세포함)이며 보통예금으로 수취하였다. 동 기계장치는 취득원가가 3,000,000원이며 매각 당시 감가상각누계액은 1,800,000원이었다(매각일까지의 감가상각에 대한 회계처리는 무시하고 매각관련 처분손익의 분개를 매입매출전표입력 메뉴에서 진행 할 것).

(3점)

정답 11월 16일 매입매출전표입력
유형 : 11.과세, 공급가액 : 2,000,000, 부가세 : 200,000, 거래처 : ㈜권선종합상사, 전자 : 여, 분개 : 혼합

(차) 보통예금	2,200,000	(대) 기계장치	3,000,000
감가상각누계액(207.)	1,800,000	부가세예수금	200,000
		유형자산처분이익	800,000

주요검토사항
1. 유형자산인 기계장치를 처분하는 경우 상단 공급가액에는 부가가치세를 제외한 2,000,000원이 입력되어야 한다. 2,200,000÷1.1=2,000,000원
2. 하단의 분개에서 대변의 제품매출은 기계장치로 수정하여 취득원가로 입력하고, 반드시 감가상각누계액을 확인하여 차변에 입력하여야 한다.
3. 처분손익은 처분금액(공급가액) 2,000,000원과 장부금액을 비교한다.
4. 장부금액=취득금액-감가상각누계액(3,000,000-1,800,000=1,200,000원)
5. 처분이익 : 2,000,000-1,200,000=800,000원

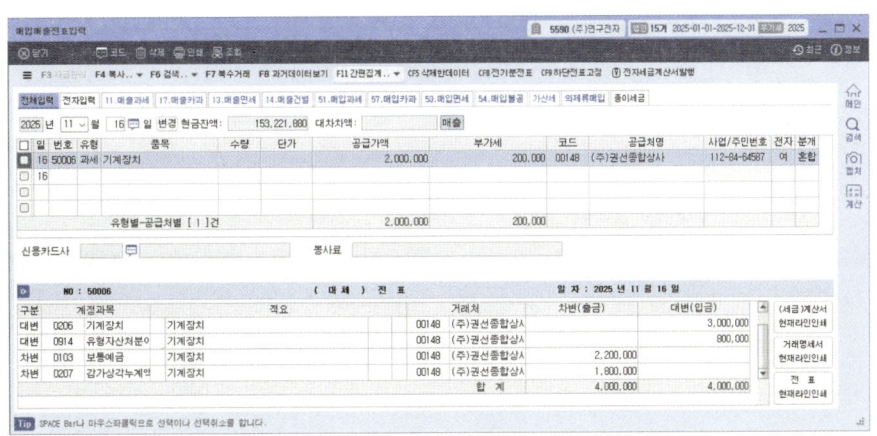

[6] 11월 30일 연말 선물용으로 당사 제품인 VIP선물세트(원가 50,000원, 시가 80,000원, 부가세 포함 시가 88,000원)을 매출 거래처인 ㈜광원개발에 제공하였다.

(3점)

정답 11월 30일 매입매출전표입력
유형: 14.건별, 공급가액 : 80,000, 부가세 : 8,000, 거래처 : (주)광원개발, 분개 : 혼합
(차) 기업업무추진비(판)   58,000   (대) 부가세예수금   8,000
                                          제 품   50,000
                                    (적요8. 타계정으로 대체)

주요검토사항

1. 제품을 판매목적이 아닌 접대 목적으로 제공하면 유형은 14.건별로 하고 부가세 공급가액은 시가로 입력하여야 한다.
2. 자료에서 시가를 부가가치세를 포함한 공급대가로 주는 경우에는 공급가액을 계산하여야 한다.
   공급대가 ÷ 1.1 = 공급가액   88,000 ÷ 1.1 = 80,000원
3. 하단의 분개에서 기업업무추진비는 제공한 제품의 원가에 부가세를 가산한다.
   기업업무추진비 : 50,000(시가)+8,000(부가세)=58,000원
4. 분개 대변의 제품매출은 제품으로 수정하고 금액은 제공한 제품의 원가로 입력하여야 하며 적요에서 적요 8. 타계정으로 대체를 반드시 선택 입력하여야 한다.

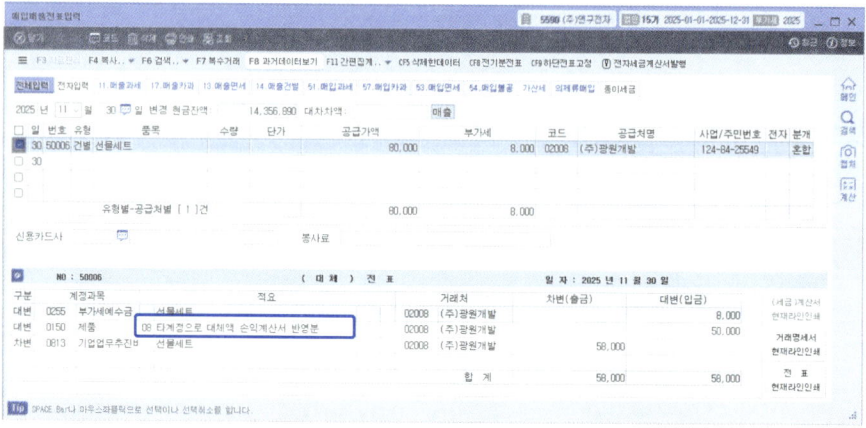

일반전표입력 및 매입매출전표입력 메뉴에 입력된 내용 중 다음과 같은 오류가 발견되었다. 입력된 내용을 확인하여 정정하시오. (6점)

[1] 8월 7일 현금으로 지급한 운반비는 전액 원재료 구입과 관련된 운반비용(부가가치세 포함)으로써 친절용달(일반과세자)로부터 수기로 세금계산서를 발급 받은 것이었다. (3점)

정답 8월 7일 일반전표입력에서 삭제
(차) 운 반 비(판)   77,000   (대) 현   금   77,000
8월 7일 매입매출전표입력에서 입력
유형 : 51.과세, 공급가액 : 70,000, 거래처 : 친절용달, 전자 : 부, 분개 : 현금
(차) 원 재 료   70,000   (대) 현   금   77,000
    부가세 대급금   7,000

주요검토사항
1. 원재료 매입 시 운반비 등 제비용은 운반비계정으로 하지 않고 원재료의 원가로 처리하여야 한다.
2. 수기에 의한 세금계산서는 전자세금계산서가 아니므로 전자 란에 0:부를 입력하여야 한다.

● 일반전표입력 삭제 전 화면

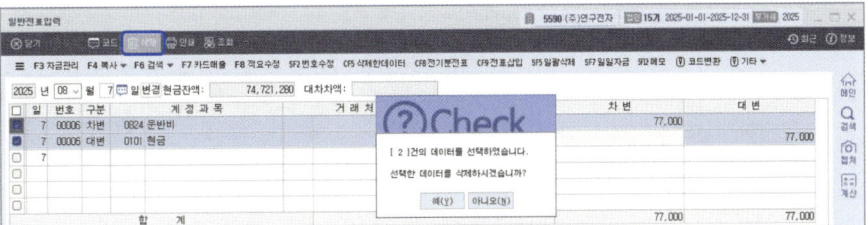

● 매입매출전표입력 수정 후 화면

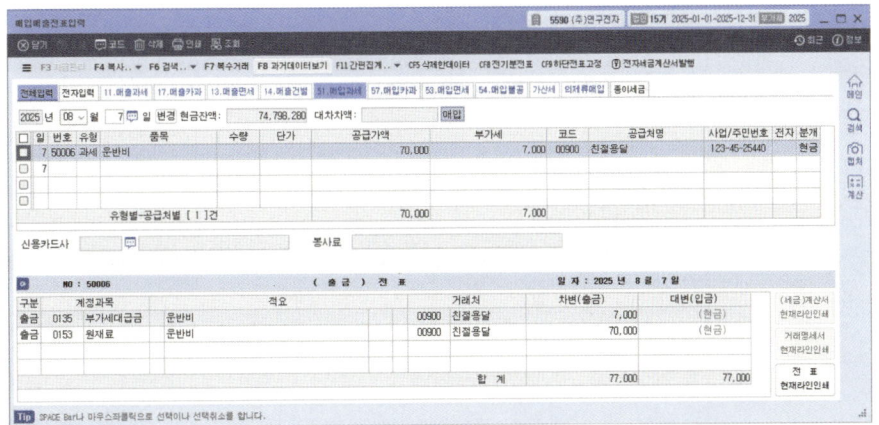

[2] 10월 29일 (주)가제트상사에서 당사의 소망은행 보통예금계좌로 송금한 10,700,000원 전액을 외상매출금을 회수한 것으로 처리하였으나, 10월 29일 현재의 (주)가제트상사의 외상매출금 잔액을 초과한 금액은 선수금으로 확인되었다. (3점)

정답 10월 29일 일반전표입력
· 수정 전
(차) 보통예금　　　　　　　10,700,000　　　(대) 외상매출금　　　　　　10,700,000
　　　　　　　　　　　　　　　　　　　　　　　　　　((주)가제트상사)
· 수정 후(거래처원장에서 (주)가제트상사 외상매출금 조회 확인 후 수정)
(차) 보통예금　　　　　　　10,700,000　　　(대) 외상매출금　　　　　　 8,700,000
　　　　　　　　　　　　　　　　　　　　　　　　　　((주)가제트상사)
　　　　　　　　　　　　　　　　　　　　　　　　　선수금((주)가제트상사)　 2,000,000

주요검토사항
거래처원장을 조회하여 확인된 대변의 외상매출금 10,700,000원을 8,700,000원으로 수정하고 대변에 선수금(901.(주)가제트상사) 2,000,000원을 추가 입력한다.

● 거래처원장 확인(수정전)

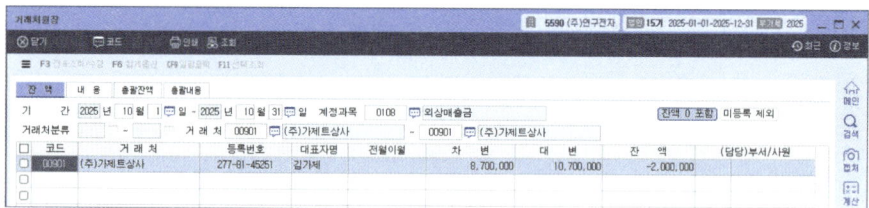

● 일반전표입력 수정

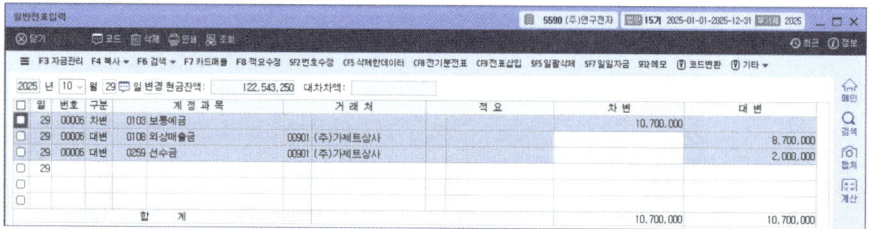

● 일반전표입력 수정 후 거래처 원장

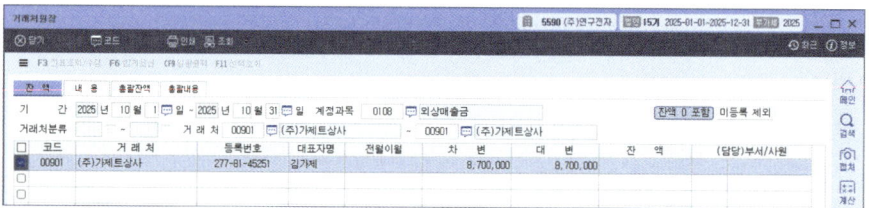

Q5 결산정리사항은 다음과 같다. 해당메뉴에 입력하시오. (9점)

[1] 장부상 현금잔액은 49,245,450원이나, 실제 보유하고 있는 현금잔액은 49,232,780원으로 현금부족액에 대한 원인이 밝혀지지 아니하였다. 영업외비용 중 적절한 계정과목에 의하여 회계처리 하시오. (3점)

> **정답** 12월 31일 일반전표입력
> (차) 잡 손 실　　　　　　12,670　　　(대) 현　　금　　　　　　12,670
>
> **주요검토사항**
> 1. 결산일 현재 현금이 부족한데 원인을 모르면 잡손실로 과잉인데 원인을 모르면 잡이익으로 처리한다.
> 2. 결산일 이전에 현금과부족으로 처리한 것에 대하여 원인을 모르면 차변에 있는 현금과부족은 잡손실로 대변에 있는 현금과부족은 잡이익으로 대체한다.
> 3. 결산 분개는 문제에서 요구하는 경우에만 5(결차), 6(결대)로 입력하고, 요구하지 않는 경우에는 3(차), 4(대)로 입력하면 된다.

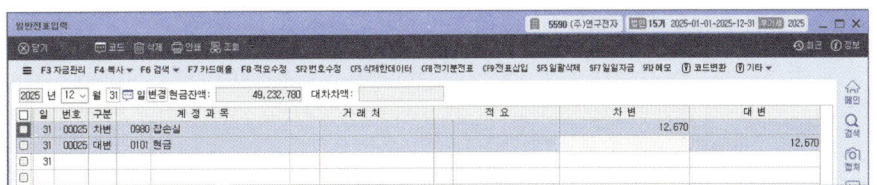

[2] 전기 말 큰빛은행으로부터 차입한 장기차입금 중 5,000,000원은 2026년 1월 20일 만기가 도래하고 회사는 이를 상환할 계획이다. (3점)

> **정답** 12월 31일 일반전표입력
> (차) 장기차입금(큰빛은행)　5,000,000　　(대) 유동성장기부채(큰빛은행) 5,000,000
>
> **주요검토사항**
> 1. 장기차입금은 비유동부채로 결산일 현재 상환기일이 1년을 초과하는 차입금을 말한다.
> 2. 결산일에 장기차입금, 사채 등의 비유동부채의 상환기일이 1년 이내가 되면 유동부채인 유동성장기부채 계정으로 대체하여야 한다.

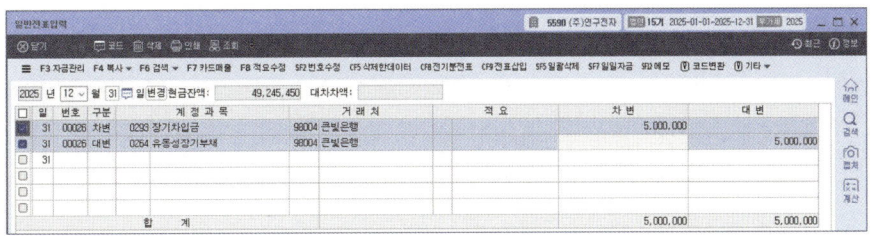

[3] 외상매출금과 받을어음 및 미수금에 대하여 다음 금액을 대손충당금으로 추가 설정하시오. 회사는 미수금에 대한 대손상각비는 영업외비용으로 처리하고 있다. (3점)

- 외상매출금 : 5,694,200원
- 받을어음 : 265,500원
- 미수금 : 20,000원

정답 수동결산은 12월 31일 일반전표입력에서 다음과 같이 회계처리한다.

(차) 대손상각비(판)	5,959,700	(대) 대손충당금(외상매출금)	5,694,200
기타의대손상각비(954)	20,000	대손충당금(받을어음)	265,500
		대손충당금(미수금)	20,000

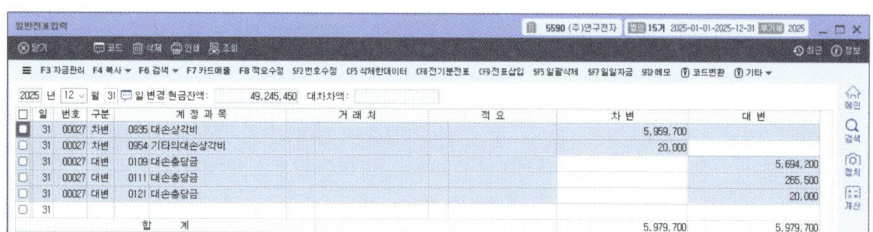

주요검토사항

1. 자동결산을 하려면 결산자료입력메뉴에서 판매비와일반관리비 5)대손상각에서 외상매출금, 받을어음에 영업외비용 2)기타의대손상각에서 미수금에 각각의 추가설정액을 입력하고 F3 전표추가를 클릭한다.
2. 단축키로 입력하려면 상단의 F8 대손상각을 클릭하여 보조창에서 대손충당금을 설정하지 않는 단기대여금과 선급금의 추가설정액은 삭제하고 나머지 계정은 추가설정액을 확인한 후 하단의 결산반영을 선택하고 상단의 F3 전표추가를 클릭한다.

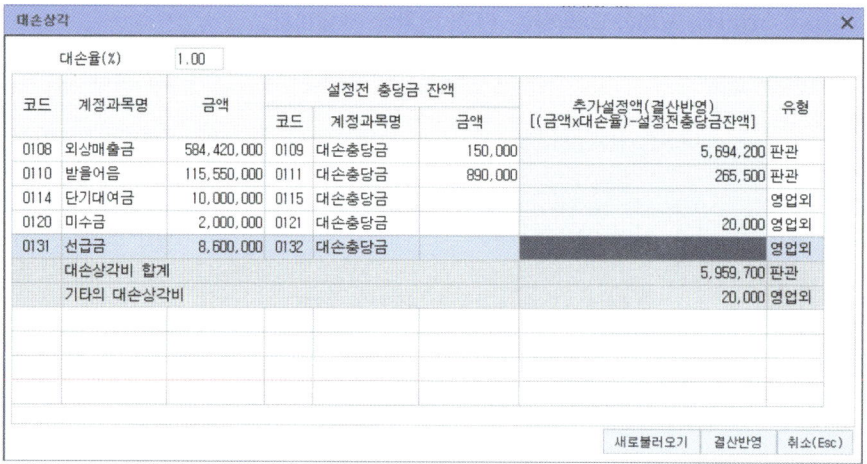

Q6 다음 사항을 조회하여 답안을 저장메뉴에 입력하시오. (9점)

[1] 부가가치세 제1기 과세기간 최종 3개월(4월~6월)에 (주)금강상사로부터 전자세금계산서를 발급받은 거래의 공급가액은 모두 얼마인가? (3점)

> 정답 세금계산서합계표 조회(4월~6월) → 매입 탭, 전자분 (주)금강상사 조회 6,700,000원

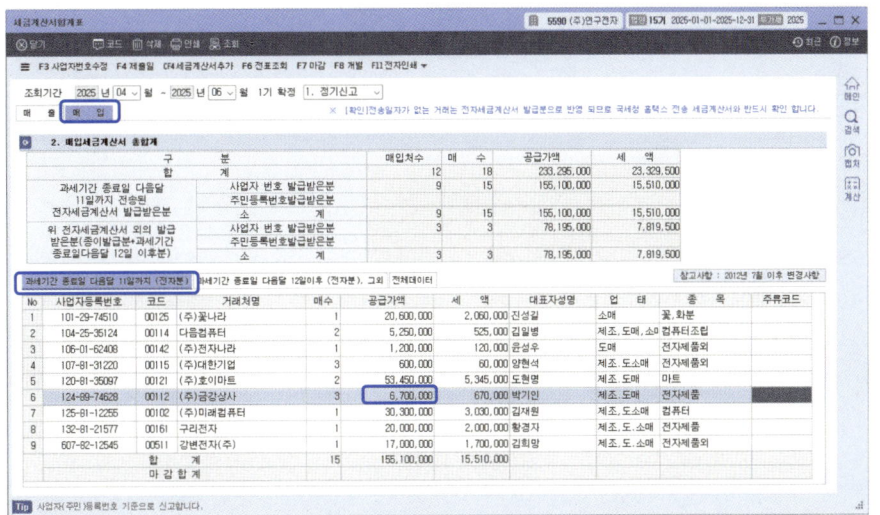

[2] 제1기 최종 3개월(4월~6월) 중 영세율세금계산서 발급금액은 얼마인가? (3점)

> 정답 매입매출장 조회(4월 1일~6월 30일, 구분 : 2.매출, 유형 : 12.영세, ◎ 전체) 38,450,000원

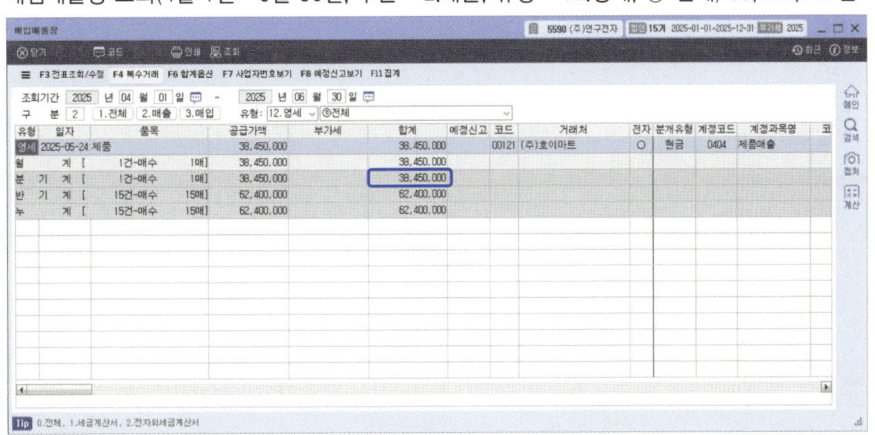

▶ 부가가치세신고서(조회기간 : 4월 1일~6월 30일)의 5.영세 세금계산서 발급분 금액과 같다.

[3] 제1기 예정신고기간(1월~3월) 중 수입세금계산서 수취금액(공급가액)은 얼마인가? (3점)

정답 매입매출장 조회(1월1일~3월31일, 3.매입, 유형 : 55.수입) 분기계 10,240,000원

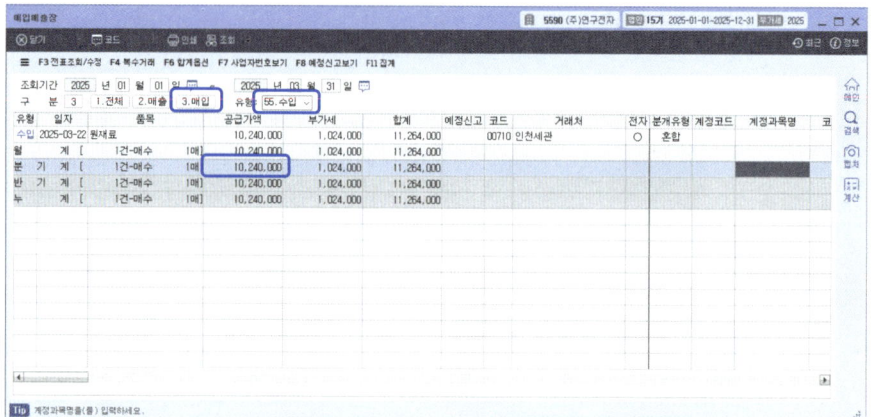

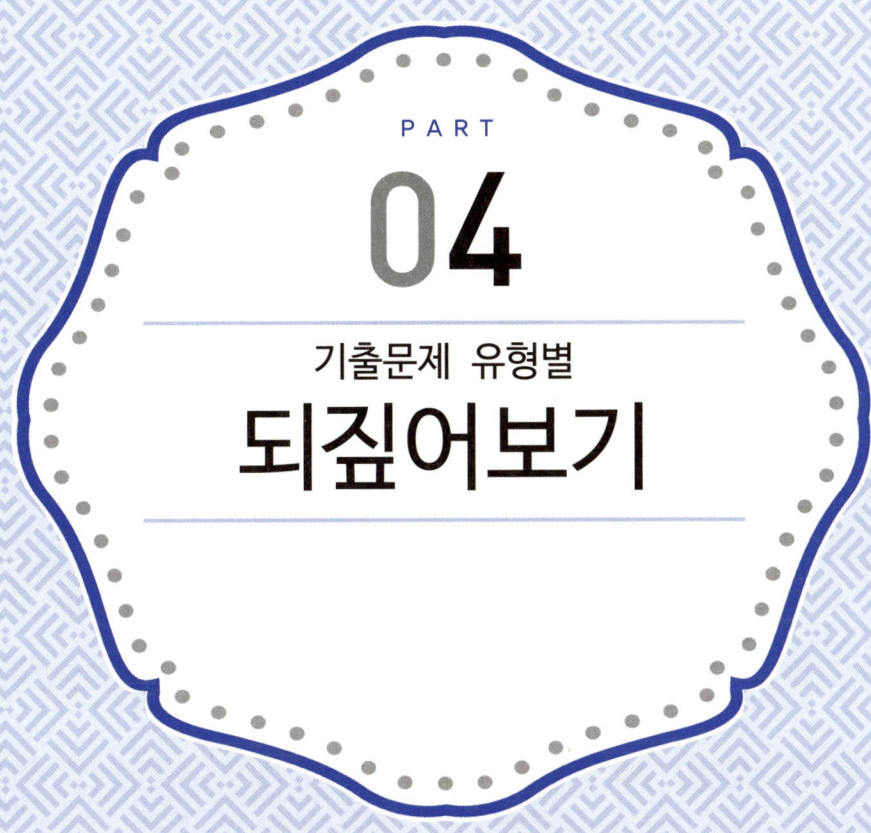

㈜기출산업(회사코드 5500)는 제조업을 영위하는 중소기업이며, 당기(제16기) 회계기간은 2025. 1. 1 ~ 2025. 12. 31이다. 전산세무회계 수험용 프로그램을 이용하여 다음 물음에 답하시오.

| 기본전제 |

문제에서 한국채택국제회계기준을 적용하도록 하는 전제조건이 없는 경우, 일반기업회계기준을 적용하여 회계처리 한다.

1 기초정보관리

> 되짚으며 따라하기

기초정보관리와 전기분재무제표 메뉴에 입력된 내용을 검토하여 수정하시오.

1 다음은 기초정보관리 및 전기분재무제표에 대한 자료이다. 각각의 요구사항에 대하여 답하시오. (10점)

[1] 정기적금 가입에 따른 다음의 사항을 거래처등록메뉴에 등록하시오. (3점)

- 코드번호 : 99000
- 계좌번호 : 125-8255-112
- 거래처명 : 창조은행
- 유형 : 정기적금

[2] 전기분 원가명세서(제조)에 입력된 내용 중 가스수도료가 1,500,000원이 아니라 2,500,000원이고 소모품비가 2,500,000원이 아니고 1,500,000원이다. 이를 수정하여 입력하시오. (4점)

[3] 생산부 직원들에게 매출증가에 따른 성과급을 지급하기로 하였다. 제조원가의 상여금 계정에 다음 내용의 적요를 등록하시오. (3점)

대체적요 9.   직원성과급 지급

> 풀이

1. 거래처등록메뉴의 금융기관 탭에서 99000번으로 유형: 정기적금으로 입력
2. 전기분 원가명세서 : 가스수도료 1,500,000원을 2,500,000원으로 수정입력
   소모품비 2,500,000원을 1,500,000원으로 수정입력
   ▶ 전기분 제조원가명세서에 있는 당기제품제조원가는 전기분손익계산서에 자동반영되며, 전기분당기순이익은 전기분잉여금처분계산서에 자동반영된다. 전기분잉여금처분계산서의 미처분이익잉여금은 전기분재무상태표의 375.이월이익잉여금과 같은지 확인한다.

3. 계정과목및적요등록 메뉴에서 제조원가의 상여금계정을 선택하고 우측 하단의 대체적요에 적요번호 9번으로 '직원성과급 지급'을 등록한다.

2 자산의 일반전표 입력

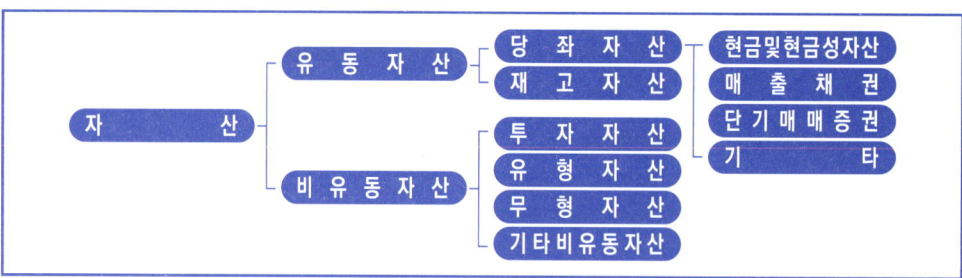

되짚으며 따라하기 - 현금및현금성자산, 단기금융상품

CHECK POINT

❖ 현금및현금성자산
- 현금 : 통화, 통화대용증권(타인발행수표, 자기앞수표, 가계수표, 송금수표, 우편환증서, 송금환증서, 배당금영수증, 만기가 된 공·사채이자표, 국고지급통지서, 만기된 어음, 일람출급어음 등)
- 당좌예금, 보통예금 등 요구불예금
- 현금성자산 : <u>취득 당시</u> 만기가 3개월 이내인 자산
  주의 → 결산일부터 3개월(×)
  취득 당시 3개월 이내에 만기가 도래하는 단기금융상품, 환매채(3개월 이내의 환매조건),

❖ 단기금융상품 → 1년 이내 정기예금·정기적금·사용이 제한된 예금·양도성예금증서

다음은 ㈜기출산업의 기중 거래내역이다. 일반전표입력 메뉴에 입력하시오.

1. 7월 1일 : 거래처 전자마을에서 외상매출금 중 1,000,000원은 (주)서해물산이 발행한 당좌수표로 받고, 2,000,000원은 보통예금 계좌로 송금받았다.

2. 7월 2일 : 보통예금에서 2,000,000원을 정기예금으로 이체하였으며, 이때 보통예금에서 1,900원의 송금수수료가 인출되었다.

풀이

1. 일자 : 7월 1일

구분	코드	계정과목	코드	거래처	적요	금액
3(차)	101	현　　　금				1,000,000
3(차)	103	보 통 예 금				2,000,000
4(대)	108	외 상 매 출 금	02001	전자마을		3,000,000
분개	(차) 현　　금　　　1,000,000　　　(대) 외상매출금　　3,000,000 　　　보통예금　　　2,000,000					

2. 일자 : 7월 2일

구분	코드	계정과목	코드	거래처	적요	금액
3(차)	105	정 기 예 금				2,000,000
3(차)	831	수 수 료 비 용				1,900
4(대)	103	보 통 예 금				2,001,900
분개	(차) 정기예금　　　　2,000,000　　　(대) 보통예금　　　2,001,900 　　　수수료비용(판)　　　1,900					

되짚으며 따라하기 – 단기매매증권

CHECK POINT

(1) 유동자산 : 단기매매증권(단기간 내에 매매차익을 목적으로 취득, 시장성있는 상장주식 등으로 매수·매도가 적극적이고 빈번하게 이루어짐), 매도가능증권 (시장성 없으며 1년 이내 보유)
(2) 취득시 : 수수료 → 단기매매증권은 별도의 984.수수료비용 계정 처리(매도가능증권은 취득원가에 포함)
(3) 매각시 : 수수료 → 매각대금에서 수수료 차감한 후 단기매매증권처분손실과 이익 계산
(4) 결산시 평가 : 단기매매증권평가손익 → 영업외손익
　　　　　　　　 ※ 매도가능증권평가손익(재무상태표 : 기타포괄손익누계액)

다음의 (주)기출산업 기중 거래내역을 일반전표입력 메뉴에 입력하시오.

1 7월 3일 : 단기보유목적으로 상장회사인 (주)삼한의 주식 1,000주를 주당 6,000원(액면금액 @5,000원)에 구입하고 대금은 매입수수료 8,000원을 포함하여 보통예금계좌에서 이체하였다(단기매매증권으로 처리할 것).

2 7월 4일 : 빈번한 매수·매도로 단기차익을 얻기 위해 1주당 24,000원에 구입한 상장주식 100주를 1주당 20,000원에 처분하고 대금은 보통예금에 계좌이체 되었다.

3 7월 5일 : 빈번한 매수·매도에 의한 단기매매차익을 목적으로 갖고 있는 상장사인 삼성전자 주식 300주를 1주당 5,500원(장부금액 @5,000원)에 매각 처분하고 대금은 매매수수료 20,000원을 차감한 후 현금으로 받다.

풀이

1. 일자 : 7월 3일

구분	코드	계정과목	코드	거래처	적요	금액
3(차)	107	단기매매증권				6,000,000
3(차)	984	수수료비용				8,000
4(대)	103	보통예금				6,008,000
분개	(차) 단기매매증권 　　 수수료비용	6,000,000 8,000		(대) 보통예금		6,008,000

▶ 단기매매증권 취득 시 관련비용은 영업외비용인 수수료비용(984) 계정으로 처리하고, 만기보유증권, 매도가능증권 취득 시 관련비용은 취득원가에 가산하여 회계처리 한다.

2. 일자 : 7월 4일

구분	코드	계정과목	코드	거래처	적요	금액
3(차)	103	보통예금				2,000,000
3(차)	958	단기투자자산처분손실				400,000
4(대)	107	단기매매증권				2,400,000
분개	(차) 보통예금 　　 단기투자자산처분손실	2,000,000 400,000		(대) 단기매매증권		2,400,000

3. 일자 : 7월 5일

구분	코드	계정과목	코드	거래처	적요	금액
3(차)	101	현금				1,630,000
4(대)	107	단기매매증권				1,500,000
4(대)	906	단기투자자산처분이익				130,000
분개	(차) 현금	1,630,000		(대) 단기매매증권 　　 단기투자자산처분이익		1,500,000 130,000

▶ 처분금액 계산 : 5,500×300주−20,000 = 1,630,000원

되짚으며 따라하기 – 매출채권

CHECK POINT

❖ 매출채권 : 외상매출금과 받을어음 → 일반적 상거래인 상품매출, 제품매출일 때.
　　　　※ 일반적상거래 이외 → 미수금계정
　　　　※ 제품매출과 카드매출 대금은 → 외상매출금으로 처리
　(1) 받을어음 대변 : 어음할인(매출채권처분손실), 만기추심, 배서양도, 어음부도(부도어음과수표)
　(2) 제품 외상매출액에 대한 할인(외상대금 조기회수 현금할인)
　　　　→ 제품매출의 차감과목인 406. 매출할인 사용

❖ 매출채권 대손처리 : 대손충당금 우선 상계, 부족 시 대손상각비
　• 전기 대손처리한 외상매출금 회수 → 대손충당금 증가(대변 처리)
　※ 거래 내용에 대손충당금의 금액이 없을 때
　　　→ 계정별원장 또는 거래처원장에서 대손충당금계정의 잔액을 조회하여 회계처리

다음은 ㈜기출산업의 기중 거래내역이다. 일반전표입력 메뉴에 입력하시오.

1 7월 7일 : 전자마을의 외상매출금 7,000,000원 중 5,000,000원은 현금으로 받고 나머지 잔액은 어음으로 받았다.

2 7월 8일 : 만기가 도래하여 거래은행에 추심 의뢰한 (주)후지스의 받을어음 5,000,000원 중에서, 추심수수료 100,000원을 차감한 금액이 보통예금계좌에 입금되었다.

3 7월 9일 : 원재료 매입처인 (주)미림의 외상매입금 5,000,000원을 지급하기 위해 (주)영민상회에서 받아 보관중인 약속어음 3,000,000원을 배서양도하고 나머지는 당좌수표를 발행하여 지급하였다.

4 7월 10일 : 국민카드 매출대금 1,500,000원에서 수수료 3%를 제외하고 당사의 보통예금계좌에 입금되었다. 단, 카드매출대금은 외상매출금계정으로 처리하고 있다.

5 7월 11일 : 거래처인 (주)영민상회로부터 받은 받을어음 5,000,000원을 거래은행인 국민은행에서 할인하고 대금은 할인료 25,000원을 제외한 전액을 보통예금에 입금하였다(매각거래로 회계처리 할 것).

6 7월 12일 : 제품을 매출하고 (주)후지스로부터 수취한 어음 3,000,000원이 부도처리 되었다는 것을 거래처 주거래은행인 국민은행으로부터 통보받았다. 이에 따른 적절한 회계처리를 하시오.

7 7월 13일 : 2024년도에 대손이 확정되어 대손충당금과 상계 처리한 외상매출금 200,000원이 당사의 보통예금에 입금 된 것을 확인하였다(단, 부가가치세법상 대손세액은 고려하지 말 것).

8 7월 14일 : 회사는 매출처인 전자마을의 제품매출에 대한 외상대금 2,000,000원을 회수하면서 약정기일보다 10일 빠르게 회수되어 2%를 할인하여주고 대금은 보통예금으로 송금받다(단, 부가가치세는 고려하지 않는다).

풀이

1. 일자 : 7월 7일

구분	코드	계정과목	코드	거래처	적 요	금 액
3(차)	101	현 금				5,000,000
3(차)	110	받 을 어 음	02001	전자마을		2,000,000
4(대)	108	외 상 매 출 금	02001	전자마을		7,000,000
분개	(차) 현 금 5,000,000 받을어음 2,000,000				(대) 외상매출금	7,000,000

2. 일자 : 7월 8일

구분	코드	계정과목	코드	거래처	적 요	금 액
4(대)	110	받 을 어 음	00106	㈜후지스		5,000,000
3(차)	103	보 통 예 금				4,900,000
3(차)	831	수 수 료 비 용				100,000
분개	(차) 보통예금 4,900,000 수수료비용(판) 100,000				(대) 받을어음	5,000,00

3. 일자 : 7월 9일

구분	코드	계정과목	코드	거래처	적 요	금 액
3(차)	251	외 상 매 입 금	00139	㈜미림		5,000,000
4(대)	110	받 을 어 음	00130	㈜영민상회		3,000,000
4(대)	102	당 좌 예 금				2,000,000
분개	(차) 외상매입금 5,000,000				(대) 받을어음((주)영민상회) 당좌예금	3,000,000 2,000,000

4. 일자 : 7월 10일

구분	코드	계정과목	코드	거래처	적요	금액
4(대)	108	외 상 매 출 금	99602	국민카드(매출)		1,500,000
3(차)	831	수 수 료 비 용				45,000
3(차)	103	보 통 예 금				1,455,000
분개	(차) 수수료비용(판) 45,000 　　　보통예금　　　 1,455,000			(대) 외상매출금		1,500,000

5. 일자 : 7월 11일

구분	코드	계정과목	코드	거래처	적요	금액
4(대)	110	받 을 어 음	00130	㈜영민상회		5,000,000
3(차)	103	보 통 예 금				4,975,000
3(차)	956	매출채권처분손실				25,000
분개	(차) 보통예금　　　　 4,975,000 　　　매출채권처분손실　 25,000			(대) 받을어음		5,000,000

▶ 차입거래에 의한 회계처리는 다음과 같다.
　(차) 보통예금　　　　4,975,000　　(대) 단기차입금　　5,000,000
　　　이자비용　　　　　 25,000

6. 일자 : 7월 12일

구분	코드	계정과목	코드	거래처	적요	금액
3(차)	246	부도어음과수표	00106	㈜후지스		3,000,000
4(대)	110	받 을 어 음	00106	㈜후지스		3,000,000
분개	(차) 부도어음과수표　3,000,000			(대) 받을어음		3,000,000

▶ 부도어음과수표 계정의 거래처 코드를 입력하여야 한다.

7. 일자 : 7월 13일

구분	코드	계정과목	코드	거래처	적요	금액
3(차)	103	보 통 예 금				200,000
4(대)	109	대 손 충 당 금				200,000
분개	(차) 보통예금　　　　200,000			(대) 대손충당금		200,000

▶ 이미 대손처리를 완료한 외상매출금을 회수하면 대변에 109.대손충당금으로 처리한다.

8. 일자 : 7월 14일

구분	코드	계정과목	코드	거래처	적 요	금 액
4(대)	108	외 상 매 출 금	02001	전자마을		2,000,000
3(차)	406	매 출 할 인				40,000
3(차)	103	보 통 예 금				1,960,000
분개	(차) 매출할인 40,000 보통예금 1,960,000			(대) 외상매출금		2,000,000

▶ 제품매출에 대한 할인은 코드 406.매출할인을 선택하고, 상품매출에 대한 할인은 코드 403.매출할인을 선택한다.

되짚으며 따라하기 – 기타 채권

CHECK POINT

(1) 단기대여금계정 : 대여기간 1년 이내(결산일 기준)
(2) 선급금계정 : 계약금·착수금 지급
(3) 가지급금계정 : 출장 여비 개산지급액 ・출장여비 정산 : 가지급금 대변에 기입하여 소멸 처리
(4) 현금과부족 : 현금의 부족 또는 과잉일 때 임시계정 처리 (결산 때는 잡손실, 잡이익 처리)

다음은 (주)기출산업의 기중 거래내역이다. 일반전표입력 메뉴에 입력하시오.

1 7월 19일 : 전자마을에 1년 이내 회수 조건으로 5,000,000원을 대여하기로 하여 4,000,000원은 보통예금에서 지급하였고, 나머지 1,000,000원은 전자마을에 대한 외상매출금을 대여금으로 전환하기로 약정하였다.

2 7월 20일 : 창고 임차보증금에 대한 계약금 2,000,000원을 가로수에 당좌수표를 발행하여 지급하였다(계약기간은 2025년 8월 21일~2026년 8월 20일).

3 7월 21일 : 영업부 사원 김영희에게 출장을 명하고 여비개산액 150,000원을 현금으로 지급하였다.

4 7월 22일 : 생산직 직원에게 선지급(30만원)하고 전도금으로 회계처리 한 출장비에 대하여 다음과 같은 출장비 명세서를 받았다. 초과된 출장비는 보통예금에서 지급하였다 (전액 여비교통비로 회계처리 할 것).

- 교통비 : 110,000원
- 식　대 : 70,000원
- 숙박비 : 150,000원
- 입장료 : 30,000원

5 7월 23일 : 출장갔던 영업부사원 김영희가 복귀하여 가지급금으로 처리하였던 출장비 150,000원을 정산하고 잔액 16,000원을 현금 회수하였다.

6 7월 24일 : 현금시재를 확인한 결과 장부잔액보다 현금잔고가 100,000원 더 많은 것을 확인하였으나 그 원인이 밝혀지지 않았다.

풀이

1. 일자 : 7월 19일

구분	코드	계정과목	코드	거래처	적요	금액
3(차)	114	단 기 대 여 금	02001	전자마을		5,000,000
4(대)	103	보 통 예 금				4,000,000
4(대)	108	외 상 매 출 금	02001	전자마을		1,000,000
분개	(차) 단기대여금　　　5,000,000			(대) 보통예금 　　 외상매출금		4,000,000 1,000,000

2. 일자 : 7월 20일

구분	코드	계정과목	코드	거래처	적요	금액
3(차)	131	선　　급　　금	00118	가로수		2,000,000
4(대)	102	당 좌 예 금				2,000,000
분개	(차) 선급금　　　　 2,000,000			(대) 당좌예금		2,000,000

3. 일자 : 7월 21일

구분	코드	계정과목	코드	거래처	적요	금액
1(출)	134	가 지 급 금	04001	김영희		150,000
분개	(차) 가지급금　　　　150,000			(대) 현　　　금		150,000

4. 일자 : 7월 22일

구분	코드	계정과목	코드	거래처	적요	금액
3(차)	512	여 비 교 통 비				360,000
4(대)	138	전　　도　　금				300,000
4(대)	103	보 통 예 금				60,000
분개	(차) 여비교통비　　　360,000			(대) 전도금 　　 보통예금		300,000 60,000

5. 일자 : 7월 23일

구분	코드	계정과목	코드	거래처	적요	금액
3(차)	812	여비교통비				134,000
3(차)	101	현금				16,000
4(대)	134	가지급금	04001	김영희		150,000
분개	(차) 여비교통비 134,000 현금 16,000				(대) 가지급금	150,000

6. 일자 : 7월 24일

구분	코드	계정과목	코드	거래처	적요	금액
2(입)	141	현금과부족				100,000
분개	(차) 현금 100,000				(대) 현금과부족	100,000

되짚으며 따라하기 – 재고자산

CHECK POINT
- 원재료, 제품을 생산이나 판매 이외의 용도(접대, 기부)로 사용 : 타계정 대체거래(손익 반영) → 적요 8번 입력
- 운송 중인 상품(선적지인도조건) : 매입자는 미착품계정 처리

다음은 (주)기출산업의 기중 거래내역이다. 일반전표입력 메뉴에 입력하시오.

1. 7월 25일 : 당사에서 제조한 제품(원가 3,000,000원, 시가 4,200,000원)을 서울시에 기부하였다.

2. 7월 26일 : 미국 유니온잭상사에 원재료 대금 2,000,000원을 보통예금에서 이체하여 결제하였다(선적지인도조건이며 해당 원재료는 상대국에서 선적되어 운송 중에 있다).

풀이

1. 일자 : 7월 25일

구분	코드	계정과목	코드	거래처	적요		금액
3(차)	953	기부금					3,000,000
4(대)	150	제품			8	타계정으로 대체액	3,000,000
분개	(차) 기부금 3,000,000				(대) 제품		3,000,000

2. 일자 : 7월 26일

구분	코드	계정과목	코드	거래처	적요	금액
3(차)	168	미 착 품				2,000,000
4(대)	103	보 통 예 금				2,000,000
분개	(차) 미착품		2,000,000	(대) 보통예금		2,000,000

되짚으며 따라하기 – 투자자산

CHECK POINT
(1) 특정현금과예금 : 당좌거래 개설보증금
(2) 매도가능증권 : 시장성이 없거나 장기보유 유가증권 → 취득시 수수료 원가에 포함
　　　　　　　　단기매매증권은 취득시 수수료 등 비용은 별도 비용 처리
(3) 투자부동산 : 장기투자목적으로 토지나 건물 취득
(4) 퇴직연금제도
　• 확정기여형 : 퇴직급여 → 비용으로 처리(제조와 판매관리비 구분)
　• 확정급여형 : 퇴직연금운용자산 → 투자자산(코드 186)으로 처리(퇴직급여충당부채에서 차감 표시)

다음은 (주)기출산업의 기중 거래내역이다. 일반전표입력 메뉴에 입력하시오.

1 7월 27일 : 당좌거래 개설보증금 1,700,000원을 현금으로 예치하여 우리은행과 당좌거래를 개설하고 당좌개설수수료 5,000원을 현금으로 지급하였다(거래처코드를 입력할 것).

2 7월 28일 : 비상장회사인 (주)고풍의 주식 1,000주를 1주당 @8,000원에 취득하고, 수수료 50,000원과 함께 현금으로 지급하였다(투자자산의 매도가능증권으로 회계처리할 것).

3 7월 29일 : 길음상사로부터 투자목적으로 토지를 30,000,000원에 구입하고, 현금으로 10,000,000원, 나머지는 약속어음을 발행하여 교부하였다. 또한 당일 취득세 1,000,000원은 현금 납부하였다.

4 7월 30일 : 회사는 전 임직원의 퇴직금에 대해 확정급여형(DB) 퇴직연금에 가입하고 있으며, 8월분 퇴직연금 700,000원을 당사 보통예금에서 이체하여 납부하였다.

5 7월 31일 : 확정기여형 퇴직연금제도를 설정하고 퇴직연금의 부담금(기여금) 1,500,000원(제조 1,000,000원, 판매관리 500,000원)을 은행에 현금 납부하였다.

> **풀이**

1. 일자 : 7월 27일

구분	코드	계정과목	코드	거래처	적 요	금 액
1(출)	177	특정현금과예금	98000	우리은행		1,700,000
1(출)	831	수 수 료 비 용				5,000
분개	(차) 특정예금과현금 　　수수료비용		1,700,000 5,000	(대) 현　　금		1,705,000

2. 일자 : 7월 28일

구분	코드	계정과목	코드	거래처	적 요	금 액
1(출)	178	매 도 가 능 증 권				8,050,000
분개	(차) 매도가능증권		8,050,000	(대) 현　　금		8,050,000

▶ 매도가능증권, 만기보유증권 취득시 수수료 등 관련비용은 취득원가에 가산하여 회계처리하고, 단기매매증권 취득시 관련비용은 영업외비용(수수료비용)으로 처리한다.
▶ 시장성이 없는 유가증권과 시장성이 있어도 매수·매도가 빈번하지 않는 유가증권은 매도가능증권으로 처리한다.
▶ 장기보유는 투자자산(178)으로, 단기보유는 유동자산(123)으로 구분한다.

3. 일자 : 7월 29일

구분	코드	계정과목	코드	거래처	적 요	금 액
3(차)	183	투 자 부 동 산				31,000,000
4(대)	101	현　　　　금				11,000,000
4(대)	253	미 지 급 금	02007	길음상사		20,000,000
분개	(차) 투자부동산		31,000,000	(대) 현　금 　　미지급금		11,000,000 20,000,000

▶ 토지를 구입한 것은 일반적 상거래에 해당하지 않으므로 지급어음으로 하지 않고 미지급금으로 하여야 한다.

4. 일자 : 7월 30일

구분	코드	계정과목	코드	거래처	적 요	금 액
3(차)	186	퇴직연금운용자산				700,000
4(대)	103	보 통 예 금				700,000
분개	(차) 퇴직연금운용자산		700,000	(대) 보통예금		700,000

▶ 확정급여형(DB형) 퇴직연금의 부담금 불입액은 투자자산인 퇴직연금운용자산 계정으로 처리한다.

5. 일자 : 7월 31일

구분	코드	계정과목	코드	거래처	적요	금액
1(출)	508	퇴 직 급 여				1,000,000
1(출)	806	퇴 직 급 여				500,000
분개		(차) 퇴직급여(제) 1,000,000 퇴직급여(판) 500,000			(대) 현 금	1,500,000

되짚으며 따라하기 – 유형자산

CHECK POINT

❖ 자산 취득 시
- 구입금액 + 매입부대비용 (중개수수료, 취득세, 등록면허세, 등기비용, 토지 관련 자본적지출 등)
  * 재산세, 자동차세는 부대비용에 해당되지 않음 : 세금과공과로 처리
- 철거비용 처리 : 토지 취득 시 → 토지에 포함   • 건물 철거할 때 → 유형자산처분손실 처리
- 건물 매각(처분) 시 : 감가상각누계액 차변에 기입
- 장부금액과 처분금액 차액 → 유형자산처분이익 또는 처분손실 처리
- 건설중인자산계정 : 유형자산의 건설을 위하여 직접 또는 간접으로 소요된 재료비·노무비 및 간접비, 건설을 위하여 지출한 도급금액 또는 취득한 기계 등을 포함한다.
  * 유형자산 건설 완료 시까지 지출한 금액을 처리하는 임시계정 → 완료시 유형자산으로 대체

다음은 (주)기출산업의 기중 거래내역이다. 일반전표입력 메뉴에 입력하시오.

1. 8월 1일 : 사옥신축을 위한 제일은행 차입금에 대한 이자 500,000원을 제일은행 보통예금계좌에서 이체하였으며 이자비용은 자본화하기로 하였다. 착공일은 2024년 5월 1일이며, 완공예정일은 2026년 10월 31일이다.

2. 8월 2일 : 당사는 업무용 승용차 1대(20,000,000원)을 현대자동차에서 구입하고, 대금 중 15,000,000원은 ABC사에서 6개월 무이자할부로 하고, 5,000,000원은 현금으로 지급하였다. 그리고 차량구입에 따른 취득세 1,100,000원도 현금으로 지급하였다(단기차입금으로 할 것).

3. 8월 3일 : 창고건물과 토지를 총 22,000,000원에 보통예금에서 이체하고 매입하였다. 토지의 가격은 20,000,000원, 창고건물의 취득가격은 2,000,000원이며, 매입에 따른 추가부대비용은 다음과 같으며 모두 현금으로 지급하였다.

- 토지 중개수수료 및 등기이전비용 : 100,000원
- 토지 조경공사비(영구성 있음)   : 200,000원
- 배수로 및 하수처리장 설치(유지보수책임은 지방자치단체에 있음) : 300,000원
- 대대적인 창고건물의 리모델링을 위한 지출 : 500,000원

4 8월 4일 : 대전에 제2공장을 신축하기 위하여 건물이 세워져 있는 (주)오산공업의 토지를 80,000,000원에 구입하고 대금은 당좌수표를 발행하여 지급하였다. 또한 건물의 철거비용 1,000,000원과 토지 정지비용 800,000원을 당좌수표를 발행하여 지급하였다.

5 8월 5일 : 사용중인 창고건물(취득가액 5,000,000원, 감가상각누계액 4,000,000원)을 새로 신축하기 위하여 철거하였으며, 철거용역업체에 철거비용 200,000원을 보통예금에서 지급하였다.

6 8월 6일 : 업무용 승용차를 구입하면서 다음과 같은 금액을 구매대행회사에 전액 현금으로 지급하다. 회사는 차량구입 시 필수적으로 매입하는 지역개발채권을 만기(2030년 8월 31일)까지 보유하기로 하였다.

- 차 량 가 액 : 18,500,000원
- 취 득 세 : 500,000원
- 지역개발채권매입액 : 500,000원(공정가치 300,000원)

7 8월 7일 : 영업팀에서 사용하던 차량운반구를 3,500,000원에 매각하고 대금은 현금으로 받다(단, 당기 감가상각비는 계상하지 않는다).

계정과목	취득금액	감가상각누계액
차량운반구	5,000,000원	2,000,000원

8 8월 8일 : 회사의 업무용으로 사용하는 오토바이(취득원가 1,200,000원, 감가상각누계액 750,000원)이 금일 사고로 폐기처분하였다.

풀이

1. 일자 : 8월 1일

구분	코드	계정과목	코드	거래처	적요	금액
3(차)	214	건설중인자산				500,000
4(대)	103	보통예금				500,000
분개		(차) 건설중인자산	500,000	(대) 보통예금		500,000

▶ 이자비용의 자본화란 유형자산을 건설하기 위하여 차입한 차입금의 이자를 해당 유형자산의 취득원가에 가산하는 것을 말한다. 건물이 완공되기 이전이므로 건설중인자산 계정으로 한다.

2. 일자 : 8월 2일

구분	코드	계정과목	코드	거래처	적요	금액
3(차)	208	차 량 운 반 구				21,100,000
4(대)	260	단 기 차 입 금	00200	ABC사		15,000,000
4(대)	101	현 금				6,100,000
분개	(차) 차량운반구		21,100,000		(대) 단기차입금 현 금	15,000,000 6,100,000

3. 일자 : 8월 3일

구분	코드	계정과목	코드	거래처	적요	금액
3(차)	201	토 지				20,600,000
3(차)	202	건 물				2,500,000
4(대)	103	보 통 예 금				22,000,000
4(대)	101	현 금				1,100,000

분개	(차) 토 지
	    건 물
			20,600,000
			2,500,000
					(대) 보통예금
					    현 금
						22,000,000
						1,100,000

▶ 토지의 취득원가 : 20,000,000 + 100,000 + 200,000 + 300,000 = 20,600,000원
  건물의 취득원가 : 2,000,000 + 500,000 = 2,500,000원

4. 일자 : 8월 4일

구분	코드	계정과목	코드	거래처	적요	금액
3(차)	201	토 지				81,800,000
4(대)	102	당 좌 예 금				81,800,000
분개	(차) 토 지		81,800,000		(대) 당좌예금	81,800,000

▶ 토지를 사용하기 위하여 건물이 있는 토지를 취득하여 건물을 철거하는 경우 건물의 취득금액과 철거비용은 토지의 원가로 한다.

5. 일자 : 8월 5일

구분	코드	계정과목	코드	거래처	적요	금액
4(대)	202	건 물				5,000,000
3(차)	203	감가상각누계액				4,000,000
4(대)	103	보 통 예 금				200,000
3(차)	970	유형자산처분손				1,200,000

분개	(차) 감가상각누계액
	    유형자산처분손실
			4,000,000
			1,200,000
					(대) 건 물
					    보통예금
						5,000,000
						200,000

6. 일자 : 8월 6일

구분	코드	계정과목	코드	거래처	적 요	금 액
1(출)	208	차 량 운 반 구				19,200,000
1(출)	181	만 기 보 유 증 권				300,000
분개	(차) 차량운반구 19,200,000 만기보유증권(투자자산) 300,000			(대) 현　　　금		19,500,000

▶ 유형자산의 취득과 함께 국·공채를 매입하는 경우 국·공채의 매입금액과 공정가치의 차액을 유형자산의 취득금액으로 계상한다.

7. 일자 : 8월 7일

구분	코드	계정과목	코드	거래처	적 요	금 액
4(대)	208	차 량 운 반 구				5,000,000
3(차)	209	감가상각누계액				2,000,000
3(차)	101	현　　　금				3,500,000
4(대)	914	유형자산처분이익				500,000
분개	(차) 감가상각누계액 2,000,000 현　금 3,500,000			(대) 차량운반구 유형자산처분이익		5,000,000 500,000

▶ 유형자산처분이익 = 처분금액 – 장부금액(3,500,000 – 3,000,000 = 500,000원)
▶ 장부금액 = 취득원가 – 감가상각누계액(5,000,000 – 2,000,000 = 3,000,000원)

8. 일자 : 8월 8일

구분	코드	계정과목	코드	거래처	적 요	금 액
4(대)	208	차 량 운 반 구				1,200,000
3(차)	209	감가상각누계액				750,000
3(차)	970	유형자산처분손실				450,000
분개	(차) 감가상각누계액 750,000 유형자산처분손실 450,000			(대) 차량운반구		1,200,000

되짚으며 따라하기 – 무형자산

> **CHECK POINT**
> - 무형자산의 인식 : 물리적 실체가 없고, 식별 가능성, 자원에 대한 통제, 미래 경제적 효익의 존재.
> - 무형자산의 종류 : 영업권, 산업재산권(특허권, 실용신안권, 디자인권, 상표권), 광업권, 개발비, 소프트웨어 등

다음은 (주)기출산업의 기중 거래내역이다. 일반전표입력 메뉴에 입력하시오.

1. 8월 9일 : 당사의 신제품 개발을 위해 보통예금에서 인출된 개발비 2,000,000원에 대하여 자산계정을 사용하여 회계처리 하시오.

2. 8월 10일 : 신제품 개발에 성공하여 특허권을 취득하고, 특허출원 등의 제비용 300,000원을 현금으로 지급하다(무형자산 개별계정으로 처리할 것).

풀이

1. 일자 : 8월 9일

구분	코드	계정과목	코드	거래처	적요	금액
3(차)	226	개 발 비				2,000,000
4(대)	103	보 통 예 금				2,000,000
분개	(차) 개발비		2,000,000	(대) 보통예금		2,000,000

2. 일자 : 8월 10일

구분	코드	계정과목	코드	거래처	적요	금액
1(출)	219	특 허 권				300,000
분개	(차) 특허권		300,000	(대) 현 금		300,000

▶ 통합계정으로 하면 산업재산권계정으로 하여야 하나, 개별계정으로 처리하므로 특허권계정을 사용하기로 한다.

되짚으며 따라하기 – 기타비유동자산

CHECK POINT
- 기타비유동자산 : 투자자산, 유형자산, 무형자산에 속하지 않는 비유동자산
  → 전세권, 임차보증금, 영업보증금, 장기매출채권, 장기선급금 등
- 건물, 기계 등을 임차하기 위하여 지급하는 보증금은 임차보증금(기타 비유동자산)
  비교 : 건물주가 임대하고 받는 보증금은 임대보증금(비유동부채)

다음은 (주)기출산업의 기중 거래내역이다. 일반전표입력 메뉴에 입력하시오.

1 8월 11일 : 상품 홍보관을 운영하기 위해 마포빌딩 건물주와 상가 건물에 대한 임대차계약을 하고, 보증금 20,000,000원과 8월분 임차료 500,000원을 현금으로 지급하다.

2 8월 12일 : 전자제품수리부서의 사무용 기기 임차에 따른 보증금으로 1,500,000원을 (주)나이스에 당좌수표를 발행하여 지급하였다.

풀이

1. 일자 : 8월 11일

구분	코드	계정과목	코드	거래처	적 요	금 액
1(출)	232	임 차 보 증 금	00181	마포빌딩		20,000,000
1(출)	819	임 차 료				500,000
분개	(차) 임차보증금 임차료(판)		20,000,000 500,000	(대) 현 금		20,500,000

2. 일자 : 8월 12일

구분	코드	계정과목	코드	거래처	적 요	금 액
3(차)	232	임 차 보 증 금	00116	(주)나이스		1,500,000
4(대)	102	당 좌 예 금				1,500,000
분개	(차) 임차보증금		1,500,000	(대) 당좌예금		1,500,000

3 부채의 일반전표 입력

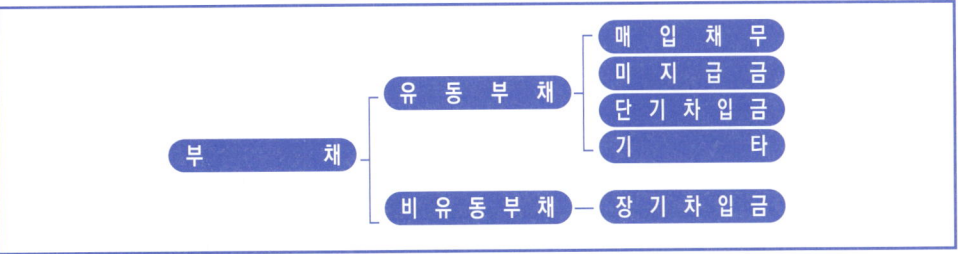

> 되짚으며 따라하기 - **매입채무**

> **CHECK POINT**
> • 매입채무 : 외상매입금과 지급어음(상품매입, 원재료 매입 등 상거래 관련)
> • 원재료 외상매입금에 대한 할인은 → 원재료 차감과목인 155. 매입할인 계정으로 처리

다음은 (주)기출산업의 기중 거래내역이다. 일반전표입력 메뉴에 입력하시오.

1. 8월 13일 : (주)미림의 외상매입금 4,000,000원을 결제하기 위해 당사에서 제품을 매출하고 받아 보관하고 있던 거래처 (주)대한기업 발행의 약속어음 2,000,000원을 배서 양도하고, 나머지는 당사의 보통예금으로 지급하였다.

2. 8월 14일 : (주)무상랜드에서 원재료를 매입하고 대금으로 발행하여 주었던 어음 6,000,000 원이 만기가 되어서 당좌수표를 발행하여 지급하였다.

3. 8월 15일 : 원재료 매입처 (주)청계전자의 외상매입금 10,000,000원에 대하여 약정에 따라 200,000원을 할인받고 잔액은 당좌수표를 발행하여 지급하였다.

> **풀이**

1. 일자 : 8월 13일

구분	코드	계정과목	코드	거래처	적 요	금 액
3(차)	251	외 상 매 입 금	00139	㈜미림		4,000,000
4(대)	110	받 을 어 음	00115	㈜대한기업		2,000,000
4(대)	103	보 통 예 금				2,000,000
분개	(차) 외상매입금		4,000,000	(대) 받을어음((주)대한기업) 보통예금		2,000,000 2,000,000

2. 일자 : 8월 14일

구분	코드	계정과목	코드	거래처	적 요	금 액
3(차)	252	지 급 어 음	00112	㈜무상랜드		6,000,000
4(대)	102	당 좌 예 금				6,000,000
분개	(차) 지급어음		6,000,000	(대) 당좌예금		6,000,000

3. 일자 : 8월 15일

구분	코드	계정과목	코드	거래처	적 요	금 액
3(차)	251	외 상 매 입 금	00167	㈜청계전자		10,000,000
4(대)	155	매 입 할 인				200,000
4(대)	102	당 좌 예 금				9,800,000
분개	(차) 외상매입금		10,000,000	(대) 매입할인 당좌예금		200,000 9,800,000

▶ 원재료에 대한 매입할인은 코드 155. 매입할인으로 처리하며, 상품에 대한 매입할인은 코드 148. 매입할인으로 처리한다.

되짚으며 따라하기 – 미지급금

CHECK POINT

미지급금(코드 253) : 일반적 상거래(상품, 원재료) 이외의 외상 또는 어음발행 거래
차량 할부구입, 지출을 카드로 결제할 때

다음은 ㈜기출산업의 기중 거래내역이다. 일반전표입력 메뉴에 입력하시오.

1. 8월16일 : ㈜강원전자로부터 사무실용 에어컨을 2,000,000원에 구입하고 대금은 익월 말에 지급하기로 하였다.

2. 8월17일 : ㈜상훈상사 미지급금 중 1,000,000원이 보통예금계좌에서 자동이체 되어 결제 처리 되었다.

3. 8월25일 : 1기 확정신고분 부가가치세 13,171,700원(납부불성실가산세 포함, 미지급금계정 처리)을 보통예금에서 납부하였다(단, 부가가치세의 미지급 세금은 12,987,700원 이며, 납부불성실가산세 184,000원은 판매관리비의 세금과공과로 처리할 것).

풀이

1. 일자 : 8월 16일

구분	코드	계정과목	코드	거래처	적요	금액
3(차)	212	비 품				2,000,000
4(대)	253	미 지 급 금	00138	㈜강원전자		2,000,000
분개	(차) 비품		2,000,000	(대) 미지급금		2,000,000

2. 일자 : 8월 17일

구분	코드	계정과목	코드	거래처	적요	금액
3(차)	253	미 지 급 금	00109	㈜상훈상사		1,000,000
4(대)	103	보 통 예 금				1,000,000
분개	(차) 미지급금		1,000,000	(대) 보통예금		1,000,000

3. 일자 : 8월 25일

구분	코드	계정과목	코드	거래처	적요	금액
3(차)	253	미 지 급 금				12,987,700
3(차)	817	세 금 과 공 과				184,000
4(대)	103	보 통 예 금				13,171,700
분개	(차) 미지급금 세금과공과		12,987,700 184,000	(대) 보통예금		13,171,700

되짚으며 따라하기 – 차입금

CHECK POINT

단기차입금 : 상환기간이 1년 이내인 차입금   ※ 장기차입금 : 상환기간이 1년을 초과하는 차입금
- 결산일에 장기차입금의 상환기간이 1년 이내가 되면 264.유동성장기부채 계정으로 대체

다음은 (주)기출산업의 기중 거래내역이다. 일반전표입력 메뉴에 입력하시오.

1 8월 18일 : 회사 운영자금이 부족하여 광주은행에서 10,000,000원을 6개월 후에 상환하기로 하고 차입하여 광주은행 보통예금계좌에 입금하였다(보통예금의 거래처코드를 입력할 것).

2 8월 19일 : 우리은행으로부터 차입한 장기차입금 14,500,000원을 상환함과 동시에 이자 2,000,000원을 광주은행의 보통예금에서 이체하여 지급하였다. 보통예금의 거래처코드를 입력하시오.

풀이

1. 일자 : 8월 18일

구분	코드	계정과목	코드	거래처	적 요	금 액
3(차)	103	보 통 예 금	98100	광주은행		10,000,000
4(대)	260	단 기 차 입 금	98100	광주은행		10,000,000
분개	(차) 보통예금		10,000,000	(대) 단기차입금		10,000,000

▶ 문제에서 보통예금의 거래처코드를 요구하였으므로 보통예금 거래처에 반드시 98100. 광주은행을 입력하여야 한다.

2. 일자 : 8월 19일

구분	코드	계정과목	코드	거래처	적 요	금 액
3(차)	293	장 기 차 입 금	98000	우리은행		14,500,000
3(차)	951	이 자 비 용				2,000,000
4(대)	103	보 통 예 금	98100	광주은행		16,500,000
분개	(차) 장기차입금 이자비용		14,500,000 2,000,000	(대) 보통예금		16,500,000

되짚으며 따라하기 – 기타 채무

CHECK POINT

(1) 선수금 : 판매관련 계약금(선금 수입)　　• 매출하면 → 차변기입 소멸
(2) 가수금 : 입금이 원인불명일 때 처리　　　• 내용이 확인되면 → 차변기입 소멸
(3) 예수금 : 소득세 등 원천징수분 처리　　　• 다음달 10일 납부하면 → 차변기입 소멸

다음은 ㈜기출산업의 기중 거래내역이다. 일반전표입력 메뉴에 입력하시오.

1 8월 20일 : 당사는 ㈜강원전자에 제품을 공급하기로 계약을 맺고, 계약금 1,000,000원을 보통예금계좌로 이체 받았다.

2 8월 21일 : 당사 보통예금계좌에 3,000,000원이 입금되었으나 원인을 찾지 못하였다.

3 8월 22일 : 가수금 3,000,000원 중 1,000,000원은 전자마을에 대한 제품매출의 계약금이고 나머지는 동사의 외상매출금을 회수한 것으로 확인되었다.

4 9월 10일 : 8월분 급여 지급 시 원천징수한 소득세와 개인지방소득세 382,000원을 신한은행에 현금으로 납부하였다.

풀이

1. 일자 : 8월 20일

구분	코드	계정과목	코드	거래처	적요	금액
3(차)	103	보 통 예 금				1,000,000
4(대)	259	선 수 금	00138	㈜강원전자		1,000,000
분개	(차) 보통예금		1,000,000	(대) 선수금		1,000,000

2. 일자 : 8월 21일

구분	코드	계정과목	코드	거래처	적요	금액
3(차)	103	보 통 예 금				3,000,000
4(대)	257	가 수 금				3,000,000
분개	(차) 보통예금		3,000,000	(대) 가수금		3,000,000

3. 일자 : 8월 22일

구분	코드	계정과목	코드	거래처	적요	금액
3(차)	257	가 수 금				3,000,000
4(대)	259	선 수 금	02001	전자마을		1,000,000
4(대)	108	외 상 매 출 금	02001	전자마을		2,000,000
분개	(차) 가수금		3,000,000	(대) 선수금 외상매출금		1,000,000 2,000,000

4. 일자 : 9월 10일

구분	코드	계정과목	코드	거래처	적요	금액
1(출)	254	예 수 금				382,000
분개	(차) 예수금		382,000	(대) 현 금		382,000

▶ 거래일이 8월에서 9월로 변경되었으므로 월을 변경하여 정확한 거래일자를 입력하여야 한다.

되짚으며 따라하기 - 비유동부채

CHECK POINT

❖ 퇴직연금제도
- 확정급여형 퇴직연금제도 : 186.퇴직연금운용자산 처리
- 확정기여형 퇴직연금제도 : 퇴직급여(비용)로 인식

❖ 퇴직금 지급 : 우선 '퇴직급여충당부채'계정으로 충당 처리, 부족하면 '퇴직급여'계정으로 처리
- 계정별원장에서 퇴직급여충당부채 금액 확인 → 원천징수분은 예수금 처리

❖ 사채발행 : 사채발행비용은 사채 발행금액에서 차감 (사채할인발행차금에 포함)
- 사채 할인발행은 액면이자율이 시장이자율보다 낮다 → 할증발행은 반대

다음은 (주)기출산업의 기중 거래내역이다. 일반전표입력 메뉴에 입력하시오.

1 8월 23일 : 생산직원 박세직씨가 개인적인 이유로 퇴직하여 다음과 같이 퇴직금을 지급하였다. 현재 당사는 퇴직금을 지급하기 위한 퇴직급여충당부채가 충분하다(적요에 코드번호를 입력할 것).

내 역	금액 및 비고
퇴직급여	3,000,000원
퇴직관련세금(소득세 및 지방소득세)	100,000원
차감지급액	2,900,000원
지급방법	당사 보통예금에서 지급

2 8월 24일 : 관리부 직원 홍길동이 퇴사하여 퇴직금을 광주은행 보통예금 통장에서 지급하였다. 퇴직연금에 가입한 적은 없으며 퇴직급여의 내용은 다음과 같다(적요에 코드번호를 입력할 것).

내 역	금 액
퇴직급여	12,000,000원
퇴직소득세 및 지방소득세	400,000원
차감지급액	11,600,000원

▶ 퇴사 직전 회사의 퇴직급여충당부채 잔액은 2,000,000원 있었다고 가정한다.

3 8월 25일 : 사채 액면 총액 60,000,000원, 상환기한 5년, 발행금액은 58,000,000원으로 발행하고 납입금은 당좌예금하다.

4 8월 26일 : 토지를 구입하고 토지대금 30,000,000원 중 20,000,000원은 보통예금에서 이체하고, 나머지는 광주은행으로부터 대출(대출기간 5년)을 받아 지급하였다.

> 풀이

1. 일자 : 8월 23일

구분	코드	계정과목	코드	거래처		적요	금액
3(차)	295	퇴직급여충당부채			2	퇴직시 상계(제조)	3,000,000
4(대)	254	예　수　금					100,000
4(대)	103	보　통　예　금					2,900,000
분개	(차) 퇴직급여충당부채　　3,000,000				(대) 예수금　　　　100,000 　　　보통예금　　2,900,000		

▶ 퇴직급여를 지급할 때 퇴직급여충당부채와 상계하는 경우 적요란에 코드번호를 입력한다. 생산직원에 대한 것이므로 2.퇴직시퇴직급여충당부채상계(제조)를 선택 입력한다.

2. 일자 : 8월 24일

구분	코드	계정과목	코드	거래처	적요		금액
3(차)	295	퇴직급여충당부채			1	퇴직시 상계(판관)	2,000,000
3(차)	806	퇴　직　급　여					10,000,000
4(대)	254	예　수　금					400,000
4(대)	103	보　통　예　금	98100	광주은행			11,600,000
분개	(차) 퇴직급여충당부채　　2,000,000 　　　퇴직급여　　　　　10,000,000				(대) 예수금　　　　400,000 　　　보통예금　　11,600,000		

▶ 관리부 직원의 퇴직급여와 퇴직급여충당부채를 상계하는 것이므로 적요 1.퇴직시퇴직급여충당부채상계(판관)을 선택 입력한다.

3. 일자 : 8월 25일

구분	코드	계정과목	코드	거래처	적요	금액
4(대)	291	사　　　　채				60,000,000
3(차)	292	사채할인발행차금				2,000,000
3(차)	102	당　좌　예　금				58,000,000
분개	(차) 당좌예금　　　　58,000,000 　　　사채할인발행차금　2,000,000			(대) 사　채　　　60,000,000		

4. 일자 : 8월 26일

구분	코드	계정과목	코드	거래처	적요	금액
3(차)	201	토　　　　지				30,000,000
4(대)	103	보　통　예　금				20,000,000
4(대)	293	장　기　차　입　금	98100	광주은행		10,000,000
분개	(차) 토　지　　　30,000,000			(대) 보통예금　　　20,000,000 　　　장기차입금　　10,000,000		

4 자본의 일반전표 입력

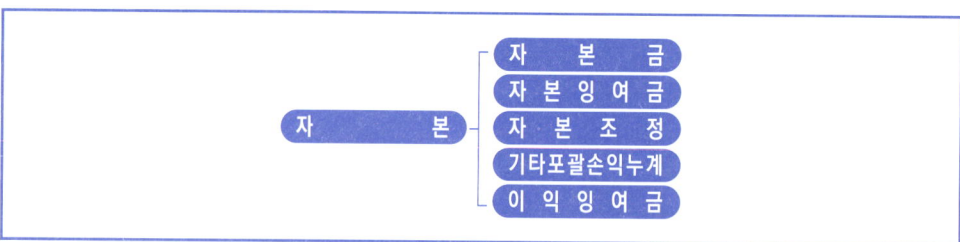

되짚으며 따라하기 – 자본금

CHECK POINT

자본금 : 발행한 주식수 × 1주당 액면금액으로 표시
주식발행비용은 주식할인발행차금에는 가산하고, 주식발행초과금에서는 차감한다.
- 액면금액(500원) 〉 발행금액(400원) : 신주발행비용(10원)을 포함하여 → 주식할인발행차금 (110원)
- 액면금액(500원) 〈 발행금액(600원) : 신주발행비용(10원)을 차감하여 → 주식발행초과금 (90원)
- 주식을 할인발행할 때 주식발행초과금과 주식할인발행차금을 확인하여 상계한다.

다음은 (주)기출산업의 기중 거래내역이다. 일반전표입력 메뉴에 입력하시오.

1 8월 27일 : 액면금액이 1주당 5,000원인 보통주를 증권시장에서 주당 10,000원씩 5,000주를 현금으로 발행하였다, 주식발행에 소요된 인쇄비, 광고비, 수수료 등의 주식발행비로 5,000,000원이 현금 지출되었다.

2 8월 28일 : 주식 10,000주(액면금액 @10,000원)를 주당 9,000원에 발행하고 납입금은 전액 우리은행 보통예금 계좌에 입금되었다. 신주발행비 2,300,000원은 전액 현금으로 지급하였다(보통예금의 거래처코드를 입력할 것).

3 8월 29일 : 이사회의 승인을 얻어 매입처 (주)청계전자에 지급하여야 할 외상매입금 중 일부인 6,000,000원을 당사에 출자 전환하고 신주 1,000주(액면금액 @5,000원)를 발행하였다. 신주발행에 따른 제비용은 없다고 가정한다.

풀이

1. 일자 : 8월 27일

구분	코드	계정과목	코드	거래처	적요	금액
3(차)	101	현　　　금				45,000,000
4(대)	331	자　본　금				25,000,000
4(대)	341	주식발행초과금				20,000,000
분개		(차) 현　금　　　45,000,000			(대) 자본금　　　　　　25,000,000 　　　주식발행초과금　20,000,000	

▶ 주식발행금액 : (5,000주 × 10,000) − 5,000,000 = 45,000,000원
　주식발행초과금 : 45,000,000 − (5,000주 × 액면5,000) = 20,000,000원

2. 일자 : 8월 28일

구분	코드	계정과목	코드	거래처	적요	금액
4(대)	331	자　본　금				100,000,000
3(차)	103	보　통　예　금	98000	우리은행		90,000,000
3(차)	341	주식발행초과금				12,300,000
4(대)	101	현　　　금				2,300,000
분개		(차) 보통예금　　　　90,000,000 　　　주식발행초과금　12,300,000			(대) 자본금　　　100,000,000 　　　현　금　　　2,300,000	

▶ 자본금 : 10,000주 × 액면10,000원 = 100,000,000원
　발행금액 : 10,000주 × 1주당발행금액9,000원 − 신주발행비용2,300,000원 = 87,700,000원
　주식할인발행차금 : 100,000,000 − 87,700,000 = 12,300,000원
▶ 주식할인발행차금은 8월27일 거래에서 주식발행초과금 20,000,000원이 발생하였으므로 주식발행초과금과 우선 상계하여야 한다.

3. 일자 : 8월 29일

구분	코드	계정과목	코드	거래처	적요	금액
4(대)	331	자　본　금				5,000,000
4(대)	341	주식발행초과금				1,000,000
3(차)	251	외 상 매 입 금	00167	㈜청계전자		6,000,000
분개		(차) 외상매입금　　　6,000,000			(대) 자본금　　　　　　5,000,000 　　　주식발행초과금　1,000,000	

▶ 자본금은 항상 (발행주식수 × 액면금액)이 되어야 한다.

되짚으며 따라하기 - **이익잉여금**

CHECK POINT

이익잉여금 처분 : '이월이익잉여금' 계정 차변   이익준비금은 현금배당액의 1/10 적립
- 현금배당은 미지급배당금(265)으로, 주식배당은 미교부주식배당금(387)으로,
- 이후 현금배당하면 → (차)미지급배당금/(대)현금 , 주식배당하면 → (차)미교부주식배당금/(대)자본금

다음은 (주)기출산업의 기중 거래내역이다. 일반전표입력 메뉴에 입력하시오.

1 3월 6일 : 주주총회를 통하여 2024년도 결산에 대하여 다음과 같이 이익을 처분하고 결산을 확정하였다(전기분잉여금처분계산서에도 반영할 것).

> 현금배당금 10,000,000원, 주식배당금 20,000,000원, 이익준비금 1,000,000원

2 3월 10일 : 금년 3월 6일에 열린 주주총회에서 결의한 주식배당 20,000,000원에 대해 주식배정을 실시하였다. 단, 원천징수세액은 없는 것으로 한다.

3 3월 11일 : 주주총회에서 결의한 배당금 10,000,000원을 보통예금에서 이체하여 지급하였다(원천징수는 없는 것으로 가정함).

풀이

1. 일자 : 3월 6일

구분	코드	계정과목	코드	거래처	적 요	금 액
3(차)	375	이월이익잉여금				31,000,000
4(대)	265	미지급배당금				10,000,000
4(대)	387	미교부주식배당금				20,000,000
4(대)	351	이익준비금				1,000,000
분개	(차) 이월이익잉여금 31,000,000			(대) 미지급배당금 10,000,000 미교부주식배당금 20,000,000 이익준비금 1,000,000		

▶ 전기분잉여금처분계산서에 처분확정일자를 2025년 3월 6일로 입력하고 처분내역을 입력한다.

2. 일자 : 3월 10일

구분	코드	계정과목	코드	거래처	적 요	금 액
3(차)	387	미교부주식배당금				20,000,000
4(대)	331	자본금				20,000,000
분개	(차) 미교부주식배당금 20,000,000			(대) 자본금 20,000,000		

3. 일자 : 3월 11일

구분	코드	계정과목	코드	거래처	적 요	금액
3(차)	265	미 지 급 배 당 금				10,000,000
4(대)	103	보 통 예 금				10,000,000
분개	(차) 미지급배당금		10,000,000	(대) 보통예금		10,000,000

5 비용의 일반전표 입력

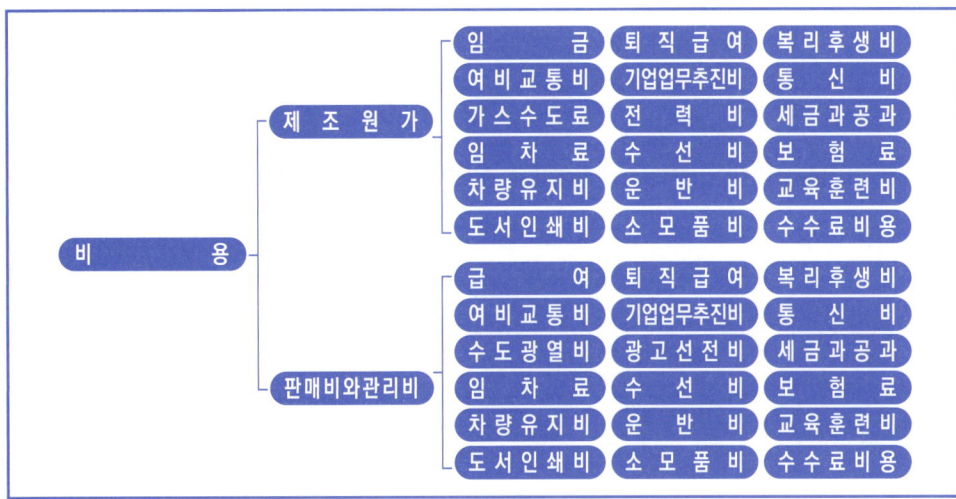

> **CHECK POINT**
>
> ❖ 판매비와 일반관리비의 회계처리
>   1. 퇴직급여(코드 806)
>   • 퇴직금 지급할 때 : 퇴직급여충당부채 우선 상계, 부족하거나 없으면 → '퇴직급여(원천징수세액 : 예수금계정 처리
>   ☆ • 퇴직연금제도
>   ① 확정기여형 : 비용으로 처리 → 퇴직급여
>   ② 확정급여형 : 투자자산으로 처리 → 퇴직연금운용자산(코드 186)
>   2. 복리후생비(코드 811) : 임·직원 대상 지출
>   임·직원 회식대, 결혼축하금, 유니폼 구입, 경리부 사용 차와 음료수
>   ※ 제품을 직원식당에서 사용→원가로 제품계정 대변 처리(타계정으로 대체 : 적요8)
>   3. 여비교통비(코드 812) : 항공료, 숙박비, 고속도로통행료, 주차비 등
>   4. 기업업무추진비(코드 813) : 거래처 제공 선물대금, 식대, 향응, 금품 등
>   5. 통신비(코드 814) : 우편요금, 전화요금, 인터넷전용회선요금, 팩스사용료 등
>   6. 수도광열비(코드 815) : 수도요금, 전기요금, 가스대금, 난방용석유 등의 요금
>   • 제조원가(공장) → 가스수도료(코드 515), 전력비(코드 516) 사용
>   7. 보험료(코드 821) : 화재보험, 손해보험, 자동차보험의 보험료
>   • 건강보험료, 고용보험료, 산재보험료의 사업주 부담분 : 복리후생비
>   • 국민연금보험료 사업주 부담분 : 세금과공과(복리후생비도 가능)
>   8. 차량유지비(코드 822) : 차량주유대금, 주차비, 통행료, 세차비, 차량수리비 등
>   9. 운반비계정(코드 824) : 상품, 제품 매출 시 발송비용, 택배비용 등
>   10. 교육훈련비(코드 825) : 강사초청료, 학원연수비 등   ※ 원천징수 세금 → 예수금계정 처리
>   11. 도서인쇄비(코드 826) : 도서구입, 정기간행물 구독료, 명함인쇄 등
>   12. 소모품비(코드 830) : 소모성 비품 구입 → 사무용품, 복사용지, 청소용품, 주방용품 등
>   13. 광고선전비(코드 833) : 상품이나 제품의 판매촉진을 위한 광고선전비
>   14. 수수료비용(코드 831) : 송금수수료, 추심수수료, 신용카드 결제수수료, 리스자산의 유지보수료, 로열티 등
>   ※ 비용발생에 대한 카드결제 : 대변에 미지급금계정 처리 후 거래처코드(카드사) 입력

되짚으며 따라하기 - 급여(임금)

> **CHECK POINT**
>
> ❖ 급여지급 대한 회계처리(급여: 801. 임금: 504.)
>   1단계 : 차변에 급여 총액 또는 임금 총액을 입력
>   2단계 : 공제금액들은 모두 계산하여 대변에 예수금으로 처리
>   3단계 : 차액지급액을 대변에 입력(현금, 예금 등)
>   * 문제가 요구하면 상여금 계정 사용
>   * 임시직과 일용근로자의 일당은 잡급(507. 805.) 사용 가능
>   ※ 건강보험료 납부시는 근로자 본인부담은 예수금, 회사부담은 복리후생비로 차변 분개 처리
>   • 국민연금의 회사부담액 - 세금과공과(복리후생비 처리 가능)

다음은 (주)기출산업의 기중 거래내역이다. 일반전표입력 메뉴에 입력하시오.

1 9월 25일 : 기획부 사원 이승현씨의 급여를 지급하면서 국민연금과 건강보험료, 소득세를 공제하고 보통예금통장에서 이체하다.

성 명	급 여	국민연금	건강보험료	소득세
이승현	1,500,000원	135,000원	42,000원	36,000원

풀이

1. 일자 : 9월 25일

구분	코드	계정과목	코드	거래처	적 요	금 액
3(차)	801	급 여				1,500,000
4(대)	254	예 수 금				213,000
4(대)	103	보 통 예 금				1,287,000
분개	(차) 급 여		1,500,000		(대) 예수금 보통예금	213,000 1,287,000

되짚으며 따라하기 – 퇴직급여

다음은 (주)기출산업의 기중 거래내역이다. 일반전표입력 메뉴에 입력하시오.

1 9월 26일 : 영업부 직원에 대하여 확정기여형 퇴직연금에 가입하고 10,000,000원을 보통예금에서 지급하였다. 이 금액에는 연금운용에 따른 수수료 500,000원이 포함되어 있다.

풀이

1. 일자 : 9월 26일

구분	코드	계정과목	코드	거래처	적요	금액
3(차)	806	퇴 직 급 여				9,500,000
3(차)	831	수 수 료 비 용				500,000
4(대)	103	보 통 예 금				10,000,000
분개	(차) 퇴직급여　　　　　9,500,000　　　(대) 보통예금　　　10,000,000 　　　수수료비용　　　　 500,000					

되짚으며 따라하기 – 복리후생비

다음은 (주)기출산업의 기중 거래내역이다. 일반전표입력 메뉴에 입력하시오.

1 9월 1일 : 다음과 같은 내용의 8월분 건강보험료를 현금으로 납부하다.

- 회사부담분 : 382,000원(이 중 생산직 직원에 대한 건강보험료는 180,000원임)
- 종업원부담분 : 382,000원
- 회사는 건강보험료 회사부담분에 대하여 복리후생비로 처리하고 있다.

2 9월 2일 : 공장 창고에 보관 중인 제품 30,000원(원가)을 본사직원들의 복리를 위하여 본사 건물에 있는 직원식당에 설치하였다.

3 9월 3일 : 당사는 생산부 직원 김상호의 부친 조의금으로 200,000원을 현금으로 전달하였다.

4 9월 4일 : 경북의류에서 관리부에서 착용할 유니폼 한 벌을 구입하고 그 대금 65,000원은 당사 어음을 발행 지급하였다(비용으로 계상하고 거래처코드 5001로 등록할 것).

> 풀이

1. 일자 : 9월 1일

구분	코드	계정과목	코드	거래처	적요	금액
3(차)	511	복리후생비				180,000
3(차)	811	복리후생비				202,000
3(차)	254	예수금				382,000
4(대)	101	현금				764,000
분개	(차) 복리후생비(제) 180,000 복리후생비(판) 202,000 예수금 382,000			(대) 현금		764,000

2. 일자 : 9월 2일

구분	코드	계정과목	코드	거래처	적요	금액
3(차)	811	복리후생비				30,000
4(대)	150	제품			8 타계정으로 대체	30,000
분개	(차) 복리후생비(판) 30,000			(대) 제품		30,000

▶ 제품 적요 란에 반드시 적요코드 8.타계정으로대체를 입력하여야 한다.

3. 일자 : 9월 3일

구분	코드	계정과목	코드	거래처	적요	금액
1(출)	511	복리후생비				200,000
분개	(차) 복리후생비(제) 200,000			(대) 현금		200,000

4. 일자 : 9월 4일

구분	코드	계정과목	코드	거래처	적요	금액
3(차)	811	복리후생비				65,000
4(대)	253	미지급금	05001	경북의류		65,000
분개	(차) 복리후생비(판) 65,000			(대) 미지급금		65,000

▶ 복리후생비로 처리할 유니폼 구입은 일반적 상거래에 해당하지 아니하므로 지급어음이 아니고 미지급금으로 처리하여야 한다.

되짚으며 따라하기 - 여비교통비

다음은 (주)기출산업의 기중 거래내역이다. 일반전표입력 메뉴에 입력하시오.

1 9월 8일 : 홍콩지점관리를 목적으로 대표이사의 국외출장 왕복항공료 3,000,000원을 법인카드(국민카드)로 결제하였다.

풀이

1. 일자 : 9월 8일

구분	코드	계정과목	코드	거래처	적요	금액
3(차)	812	여 비 교 통 비				3,000,000
4(대)	253	미 지 급 금	99605	국민카드(매입)		3,000,000
분개	(차) 여비교통비		3,000,000	(대) 미지급금		3,000,000

되짚으며 따라하기 – 기업업무추진비

다음은 (주)기출산업의 기중 거래내역이다. 일반전표입력 메뉴에 입력하시오.

1. 9월 9일 : 당사는 매출거래처인 (주)종로에 선물을 하기 위해 롯데마트에서 갈비셋트를 250,000원에 구입하고, 전액 당사의 롯데카드로 결제하였다.

2. 9월 10일 : 원재료 매입처 직원과 식사를 하고 식대 120,000원을 법인카드(우리카드)로 결제하였다.

풀이

1. 일자 : 9월 9일

구분	코드	계정과목	코드	거래처	적요	금액
3(차)	813	기업업무추진비				250,000
4(대)	253	미 지 급 금	99601	롯데카드		250,000
분개	(차) 기업업무추진비(판)		250,000	(대) 미지급금		250,000

2. 일자 : 9월 10일

구분	코드	계정과목	코드	거래처	적요	금액
3(차)	513	기업업무추진비				120,000
4(대)	253	미 지 급 금	99604	우리카드(매입)		120,000
분개	(차) 기업업무추진비(제)		120,000	(대) 미지급금		120,000

되짚으며 따라하기 - **통신비**

다음은 (주)기출산업의 기중 거래내역이다. 일반전표입력 메뉴에 입력하시오.

1. 9월 11일 : 재경팀 사무실에서 사용하는 전화의 전화요금 125,000원을 은행에서 현금으로 납부하였다.

풀이

1. 일자 : 9월 11일

구분	코드	계정과목	코드	거래처	적 요	금 액
1(출)	814	통 신 비				125,000
분개	(차) 통신비(판)		125,000	(대) 현 금		125,000

되짚으며 따라하기 - **수도광열비(가스수도료, 전력비)**

다음은 (주)기출산업의 기중 거래내역이다. 일반전표입력 메뉴에 입력하시오.

1. 9월 13일 : 지난 달 도시가스공사에 대한 공장 가스수도료 54,000원을 보통예금에서 이체지급 하였다.
2. 9월 14일 : 전기요금 900,000원(본사 400,000원, 공장 500,000원)이 보통예금 통장에서 자동 인출되었다.

풀이

1. 일자 : 9월 13일

구분	코드	계정과목	코드	거래처	적 요	금 액
3(차)	515	가 스 수 도 료				54,000
4(대)	103	보 통 예 금				54,000
분개	(차) 가스수도료(제)		54,000	(대) 보통예금		54,000

2. 일자 : 9월 14일

구분	코드	계정과목	코드	거래처	적 요	금 액
3(차)	516	전 력 비				500,000
3(차)	815	수 도 광 열 비				400,000
4(대)	103	보 통 예 금				900,000
분개	(차) 전 력 비(제) 수도광열비(판)		500,000 400,000		(대) 보통예금	900,000

▶ 815.수도광열비계정 대신으로 816.전력비계정을 사용하여도 된다.

되짚으며 따라하기 – 세금과공과

CHECK POINT

❖ 세금과공과계정(코드 817)
- 재산세, 자동차세, 주민세, 등록면허세, 간주임대료에 대한 부가가치세
  ※ 취득세 → 취득원가에 포함
- 공과금 : 법정단체 협회비, 사용자단체협회비, 상공회의소회비 등

다음은 (주)기출산업의 기중 거래내역이다. 일반전표입력 메뉴에 입력하시오.

1 9월 15일 : 제품을 제조하는 공장 건물에 대한 재산세 1,250,000원과 영업부 사무실에 대한 재산세 2,100,000원을 현금으로 납부하였다.

2 9월 16일 : 주민세(균등분) 65,000원이 구청으로부터 부과되었으며, 법인카드인 국민카드로 납부하였다.

3 9월 17일 : 전국전자협의회 협회비 100,000원을 현금으로 지급하였다.

4 9월 10일 : 공장근로자 급여와 관련된 원천징수금액 중 국민연금(회사부담분 포함)과 근로소득세, 지방소득세를 현금으로 납부하였다(국민연금의 비용항목과 관련한 부분은 '세금과공과'로 처리할 것).

- 국 민 연 금 : 324,000원 납부(회사부담분:162,000원, 근로자부담분:162,000원)
- 근로소득세 : 200,000원 납부, 지방소득세 20,000원 납부

5 9월 19일 : 영업부 건물의 임차보증금에 대한 간주임대료에 대한 부가가치세 500,000원을 건물소유주에게 보통예금계좌에서 이체하였다(임차계약 시 간주임대료에 대한 부가가치세는 임차인 부담으로 계약을 체결하였음).

> 풀이

1. 일자 : 9월 15일

구분	코드	계정과목	코드	거래처	적요	금액
1(출)	517	세 금 과 공 과				1,250,000
1(출)	817	세 금 과 공 과				2,100,000
분개	(차) 세금과공과(제) 1,250,000 세금과공과(판) 2,100,000				(대) 현 금	3,350,000

2. 일자 : 9월 16일

구분	코드	계정과목	코드	거래처	적요	금액
3(차)	817	세 금 과 공 과				65,000
4(대)	253	미 지 급 금	99605	국민카드(매입)		65,000
분개	(차) 세금과공과(판) 65,000				(대) 미지급금	65,000

▶ 주민세(균등분), 주민세(재산분) 및 주민세(종업원분)의 납부액은 세금과공과로 회계처리 하고, 법인지방소득세의 납부액은 법인세비용으로 회계처리 한다.

3. 일자 : 9월 17일

구분	코드	계정과목	코드	거래처	적요	금액
1(출)	817	세 금 과 공 과				100,000
분개	(차) 세금과공과(판) 100,000				(대) 현 금	100,000

4. 일자 : 9월 10일

구분	코드	계정과목	코드	거래처	적요	금액
1(출)	254	예 수 금				382,000
1(출)	517	세 금 과 공 과				162,000
분개	(차) 예수금 382,000 세금과공과(제) 162,000				(대) 현 금	544,000

▶ 국민연금 회사부담분을 납부하면 세금과공과로 처리하고 종업원의 급여를 지급할 때 원천징수한 소득세, 국민연금 등을 납부하면 예수금의 감소로 회계처리 한다.

5. 일자 : 9월 19일

구분	코드	계정과목	코드	거래처	적요	금액
3(차)	817	세 금 과 공 과				500,000
4(대)	103	보 통 예 금				500,000
분개	(차) 세금과공과(판) 500,000				(대) 보통예금	500,000

▶ 간주임대료에 대한 부가가치세는 실제 부담하는 기업의 비용(세금과공과)으로 처리한다.

되짚으며 따라하기 – 임차료

다음은 (주)기출산업의 기중 거래내역이다. 일반전표입력 메뉴에 입력하시오.

1 9월 20일 : 영업부 사무실의 임차료 700,000원을 삼화빌딩(주)에 현금으로 지급하였다.

풀이

1. 일자 : 9월 20일

구분	코드	계정과목	코드	거래처	적요	금액
1(출)	819	임 차 료				700,000
분개	(차) 임차료(판)		700,000	(대) 현 금		700,000

▶ 임차료계정과 지급임차료계정은 같은 것으로 어느 것을 사용하여도 된다.

되짚으며 따라하기 – 수선비

CHECK POINT

❖ 수선비계정(코드 820) : 건물, 기계, 비품 등 유형자산의 수리비(수익적지출) → 비용 처리
　• 차량운반구에 대한 수리비 → 차량유지비(코드 822)계정 처리
　※ 자본적지출 : 건물, 차량운반구, 기계장치 등 → 유형자산으로 처리

다음은 (주)기출산업의 기중 거래내역이다. 일반전표입력 메뉴에 입력하시오.

1 9월 21일 : 회사는 공장 벽면이 노후되어 새로이 도색작업을 하고 이에 대한 비용 1,000,000원을 (주)삼한에 500,000원은 현금으로 결제하고 잔액은 외상으로 하였다(※증빙서류는 영수증을 수취하였다).

2 9월 22일 : 파손된 본사 영업팀 건물의 유리를 교체하고, 대금 1,500,000원을 당좌수표로 발행하여 지급하였다(수익적지출로 처리할 것).

풀이

1. 일자 : 9월 21일

구분	코드	계정과목	코드	거래처	적요	금액
3(차)	520	수 선 비				1,000,000
4(대)	101	현 금				500,000
4(대)	253	미 지 급 금	00135	㈜삼한		500,000
분개	(차) 수선비		1,000,000	(대) 현 금 미지급금		500,000 500,000

2. 일자 : 9월 22일

구분	코드	계정과목	코드	거래처	적요	금액
3(차)	820	수 선 비				1,500,000
4(대)	102	당 좌 예 금				1,500,000
분개	(차) 수선비		1,500,000	(대) 당좌예금		1,500,000

▶ 수익적 지출 → 비용으로 처리, 자본적 지출 → 자산으로 처리

되짚으며 따라하기 - **보험료**

다음은 (주)기출산업의 기중 거래내역이다. 일반전표입력 메뉴에 입력하시오.

1 9월 22일 : 당사의 상품을 보관하는 창고의 화재와 도난에 대비하여 (주)동부화재에 손해보험가입하고 보험료 1,500,000원을 보통예금에서 이체하였다.

풀이

1. 일자 : 9월 22일

구분	코드	계정과목	코드	거래처	적요	금액
3(차)	821	보 험 료				1,500,000
4(대)	103	보 통 예 금				1,500,000
분개	(차) 보험료		1,500,000	(대) 보통예금		1,500,000

▶ 보험료를 납부하면 보험료 계정을, 재해로 피해를 보면 재해손실계정을, 보험금을 타면 보험금수익 계정을 사용한다.

되짚으며 따라하기 - **차량유지비**

다음은 (주)기출산업의 기중 거래내역이다. 일반전표입력 메뉴에 입력하시오.

1 9월 23일 : 현대오일주유소에서 공장용 화물차에 주유를 하고 주유대금 50,000원은 법인카드(우리카드)로 결제하였다(매입세액공제요건을 갖추지 못하였다).

2 9월 24일 : 영업부용 승용차를 대일카센터에서 수리하고 수리비 150,000원을 우리카드로 결제하였다.

풀이

1. 일자 : 9월 23일

구분	코드	계정과목	코드	거래처	적요	금액
3(차)	522	차 량 유 지 비				50,000
4(대)	253	미 지 급 금	99604	우리카드(매입)		50,000
분개	(차) 차량유지비(제)		50,000	(대) 미지급금		50,000

▶ 매입세액공제요건을 갖추지 못하였으므로 일반전표입력메뉴에서 입력하여야 한다. 매입세액공제요건을 갖춘 경우에만 매입매출전표 입력에서 57.카과로 입력한다.

2. 일자 : 9월 24일

구분	코드	계정과목	코드	거래처	적요	금액
3(차)	822	차 량 유 지 비				150,000
4(대)	253	미 지 급 금	99604	우리카드(매입)		150,000
분개	(차) 차량유지비(판)		150,000	(대) 미지급금		150,000

되짚으며 따라하기 - **운반비**

다음은 (주)기출산업의 기중 거래내역이다. 일반전표입력 메뉴에 입력하시오.

1 9월 25일 : (주)강원전자에 샘플 발송을 위하여 한일택배에 택배비 9,000원을 현금으로 지급하였다.

> **풀이**

1. 일자 : 9월 25일

구분	코드	계정과목	코드	거래처	적요	금액
1(출)	824	운 반 비				9,000
분개	(차) 운반비(판)		9,000	(대) 현 금		9,000

되짚으며 따라하기 – 교육훈련비

다음은 (주)기출산업의 기중 거래내역이다. 일반전표입력 메뉴에 입력하시오.

1 9월 26일 : 생산직원의 원가절감교육을 위해 외부강사를 초청하여 교육하고 강사료 중 원천징수세액 99,000원을 제외하고 나머지 금액 2,901,000원은 당사 보통예금계좌에서 강사의 보통예금계좌로 송금하였다.

> **풀이**

1. 일자 : 9월 26일

구분	코드	계정과목	코드	거래처	적요	금액
3(차)	525	교 육 훈 련 비				3,000,000
4(대)	254	예 수 금				99,000
4(대)	103	보 통 예 금				2,901,000
분개	(차) 교육훈련비(제)		3,000,000	(대) 예수금 보통예금		99,000 2,901,000

되짚으며 따라하기 – 도서인쇄비

다음은 (주)기출산업의 기중 거래내역이다. 일반전표입력 메뉴에 입력하시오.

1 9월 27일 : 본사 영업사원에 대하여 새로이 명함을 인쇄하여 배부하였다. 대금 90,000원은 현금으로 지급하였다.

풀이

1. 일자 : 9월 27일

구분	코드	계정과목	코드	거래처	적요	금액
1(출)	826	도 서 인 쇄 비				90,000
분개	(차) 도서인쇄비(판)		90,000	(대) 현 금		90,000

되짚으며 따라하기 – 소모품비

다음은 (주)기출산업의 기중 거래내역이다. 일반전표입력 메뉴에 입력하시오.

1 9월 28일 : 본사 관리사무실에서 사용할 A4용지를 문구점에서 현금으로 구입하고 아래의 현금영수증을 수취한 후, 비용으로 처리하려고 한다. 일반전표에 입력하시오(부가가치세는 무시하고, 거래처코드는 설정하지 말 것).

```
                현 금 영 수 증
 대      표 : 김   성   수
 주      소 : 서울 노원구 노원로 406
 전      화 : 02-904-2598
 사업자등록번호 : 123-52-66527
 상      호 : 광복문구
 
 일      자 : 2025. 9. 28
 금      액 : 29,000원
 품      목 : A4용지
 
                감사합니다.
```

풀이

1. 일자 : 9월 28일

구분	코드	계정과목	코드	거래처	적요	금액
1(출)	830	소 모 품 비				29,000
분개	(차) 소모품비(판)		29,000	(대) 현 금		29,000

되짚으며 따라하기 – 광고선전비

다음은 (주)기출산업의 기중 거래내역이다. 일반전표입력 메뉴에 입력하시오.

1 9월 29일 : 생활정보지 "세방"에 신입사원 채용공고를 3주간 게재하기로 하고 대금 200,000원을 당점이 발행한 당좌수표로 지급하였다.

풀이

1. 일자 : 9월 29일

구분	코드	계정과목	코드	거래처	적 요	금 액
3(차)	833	광 고 선 전 비				200,000
4(대)	102	당 좌 예 금				200,000
분개	(차) 광고선전비	200,000		(대) 당좌예금		200,000

되짚으며 따라하기 – 수수료비용

다음은 (주)기출산업의 기중 거래내역이다. 일반전표입력 메뉴에 입력하시오.

1 9월 30일 : 제조공정과 관련한 외국기술서적의 번역을 프리랜서에게 의뢰하고 번역비 1,500,000원에서 원천징수세액 49,500원을 차감한 금액을 현금으로 지급하였다 (수수료비용으로 회계 처리할 것).

풀이

1. 일자 : 9월 30일

구분	코드	계정과목	코드	거래처	적 요	금 액
3(차)	531	수 수 료 비 용				1,500,000
4(대)	254	예 수 금				49,500
4(대)	101	현 금				1,450,500
분개	(차) 수수료비용(제)	1,500,000		(대) 예수금 현 금		49,500 1,450,500

6 영업외손익의 일반전표 입력

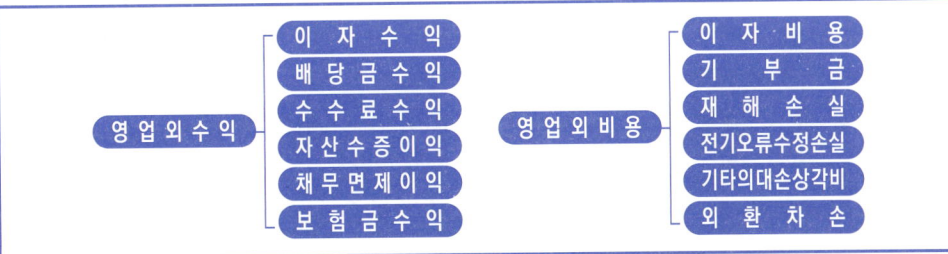

> **CHECK POINT**
>
> ❖ 영업외수익(코드 910~950)
>   1. 이자 받을 때 : 이자수익(코드 901) 대변과 선납세금계정(원천징수세액) 차변 처리
>   2. 배당금 받을 때 : 배당금수익(코드 903), 판매대행 수수료 받을 때 : 수수료수익계정(코드 909)
>   3. 화재로 보험금 받을 때 : 보험금수익(화재 등 재해발생시 : 961.재해손실)
>   4. 자산수증이익(코드 917) : 무상으로 자산을 증여받은 경우(공정가치 평가)
>   5. 채무면제이익(코드 918) : 채권자로부터 채무를 면제받은 경우
> ❖ 영업외비용(코드 951~997)
>   1. 이자비용(코드 951) 차변과 예수금계정(이자비용에 대한 원천징수분) 대변 처리
>   2. 기부금(코드 953) : ※ 제품을 기부할 때 → 원가 기입 : 타계정으로대체 적요8번 표시
>   3. 재해손실계정(코드 961) : 화재손실
>   4. 전기오류수정손실계정(코드 962) : 전기분 오류가 중대하지 않는 경우
>   5. 기타의 대손상각비계정(코드 954) : 대여금, 미수금 등의 대손액 처리
>   6. 외환차손계정(코드 952) : 외화차입금 상환시 상환손실의 회계처리 : 기중 거래
>   • 장부상(차입시)환율 1,000 〈 상환시 환율 1,100 → 외환차손 100 처리
>   ※ 결산 때 발생하는 평가손익 → 외화환산이익과 외화환산손실 계정을 사용

되짚으며 따라하기 – 영업외수익

다음은 (주)기출산업의 기중 거래내역이다. 일반전표입력 메뉴에 입력하시오.

1. 10월 1일 : 보통예금계좌에서 300,000원의 이자수익이 발생하였으며, 원천징수 법인세(지방소득세 포함)을 제외한 나머지 금액이 보통예금계좌로 입금되었다(원천징수 법인세율은 14%이며 지방소득세율은 1.4%로 가정한다).

2. 10월 2일 : 7월 17일에 발생한 화재로 인하여 소실된 제품(원가 10,000,000원)에 대한 보험금 7,000,000원을 보험회사로부터 보통예금계좌로 입금 받았다(당사는 삼현화재에 화재보험이 가입되어 있다).

3. 10월 3일 : 판매영업부에서 당사제품 외에 타사제품의 판매를 대행하고 수수료 500,000원을 현금으로 받았다(일반적인 상거래가 아닌 것으로 한다).

4 10월 4일 : 대표이사로부터 토지 30,000,000원을 무상으로 기증 받았다.

5 10월 5일 : 당사의 최대주주인 김상수 씨로부터 제품 창고를 건설할 토지를 기증받았다. 본 토지에 대한 이전비용 5,000,000원은 당좌수표를 발행하여 지급하였으며, 현재 토지의 공정가치는 150,000,000원이다.

6 10월 6일 : 거래처인 (주)어치상사의 미지급금 10,000,000원 중 70%는 보통예금계좌에서 이체하고, 나머지 금액은 상환을 면제받았다.

풀이

1. 일자 : 10월 1일

구분	코드	계정과목	코드	거래처	적요	금액
3(차)	103	보 통 예 금				253,800
3(차)	136	선 납 세 금				46,200
4(대)	901	이 자 수 익				300,000
분개	(차) 보통예금 　　 선납세금		253,800 46,200	(대) 이자수익		300,000

▶ 이자수익을 받을 때 상대방이 원천징수하고 공제한 법인세는 선납세금으로 처리한다.

2. 일자 : 10월 2일

구분	코드	계정과목	코드	거래처	적요	금액
3(차)	103	보 통 예 금				7,000,000
4(대)	919	보 험 금 수 익				7,000,000
분개	(차) 보통예금		7,000,000	(대) 보험금수익		7,000,000

3. 일자 : 10월 3일

구분	코드	계정과목	코드	거래처	적요	금액
2(입)	909	수 수 료 수 익				500,000
분개	(차) 현　　금		500,000	(대) 수수료수익		500,000

4. 일자 : 10월 4일

구분	코드	계정과목	코드	거래처	적요	금액
3(차)	201	토　　　지				30,000,000
4(대)	917	자 산 수 증 이 익				30,000,000
분개	(차) 토　지		30,000,000	(대) 자산수증이익		30,000,000

5. 일자 : 10월 5일

구분	코드	계정과목	코드	거래처	적 요	금 액
3(차)	201	토 지				155,000,000
4(대)	917	자산수증이익				150,000,000
4(대)	102	당 좌 예 금				5,000,000
분개	(차) 토 지 155,000,000			(대) 자산수증이익 당좌예금		150,000,000 5,000,000

6. 일자 : 10월 6일

구분	코드	계정과목	코드	거래처	적 요	금 액
3(차)	253	미 지 급 금	00131	㈜어치상사		10,000,000
4(대)	103	보 통 예 금				7,000,000
4(대)	918	채무면제이익				3,000,000
분개	(차) 미지급금 10,000,000			(대) 보통예금 채무면제이익		7,000,000 3,000,000

되짚으며 따라하기 - **영업외비용**

다음은 (주)기출산업의 기중 거래내역이다. 일반전표입력 메뉴에 입력하시오.

1 10월 7일 : 개인 김돈아 씨로부터 차입한 자금에 대한 이자비용 1,500,000원이 발생하여 원천징수세액 412,500원을 차감한 나머지 금액 1,087,500원을 자기앞수표로 지급하였다.

2 10월 8일 : 태풍으로 재난을 당한 불우이웃을 돕기 위하여 성금 3,000,000원을 관할 동 주민센터에 현금으로 지급하였다.

3 10월 9일 : 태풍 피해를 입은 필리핀 국민에게 구호품으로 당사의 제품(원가 7,000,000원, 판매가 8,500,000원)을 전달하였다.

4 10월 10일 : 본사 창고에서 화재가 발생하여 창고에 보관하고 있던 제품 3,000,000원(장부가액)이 소실되었다. 당사는 이와 관련한 보험에 가입되어 있지 않다.

5 10월 11일 : 회사는 전기에 퇴직급여충당부채 10,000,000원이 미계상된 점을 발견하고 일반기업회계기준에 따라 즉시 퇴직급여충당부채를 추가로 계상하였다(발견된 오류는 중대하지 아니하다).

[6] 10월 12일 : (주)꽃나라에 대한 단기대여금 5,000,000원이 동사의 파산으로 인하여 전액 대손처리 하기로 하였다. 대손충당금잔액은 없다.

[7] 10월 13일 : 미국기업인 벤카인터내셔날에 수출(선적일자 10월 5일)하였던 제품에 대한 외상매출금이 보통예금계좌에 입금되었다.

- 외상매출금 : $20,000
- 10월 5일 환율 : 1,500원/$
- 10월 13일 환율 : 1,300원/$

풀이

1. 일자 : 10월 7일

구분	코드	계정과목	코드	거래처	적요	금액
3(차)	951	이 자 비 용				1,500,000
4(대)	254	예 수 금				412,500
4(대)	101	현 금				1,087,500
분개	(차) 이자비용 1,500,000				(대) 예수금 현 금	412,500 1,087,500

2. 일자 : 10월 8일

구분	코드	계정과목	코드	거래처	적요	금액
1(출)	953	기 부 금				3,000,000
분개	(차) 기부금 3,000,000				(대) 현 금	3,000,000

3. 일자 : 10월 9일

구분	코드	계정과목	코드	거래처	적요	금액
3(차)	953	기 부 금				7,000,000
4(대)	150	제 품			8 타계정으로 대체액	7,000,000
분개	(차) 기부금 7,000,000				(대) 제 품	7,000,000

4. 일자 : 10월 10일

구분	코드	계정과목	코드	거래처	적요	금액
3(차)	961	재 해 손 실				3,000,000
4(대)	150	제 품			8 타계정으로 대체액	3,000,000
분개	(차) 재해손실 3,000,000				(대) 제 품	3,000,000

5. 일자 : 10월 11일

구분	코드	계정과목	코드	거래처	적요	금액
3(차)	962	전기오류수정손실				10,000,000
4(대)	295	퇴직급여충당부채				10,000,000
분개	(차) 전기오류수정손실		10,000,000	(대) 퇴직급여충당부채		10,000,000

▶ 당기에 발견한 전기 또는 그 이전기간의 오류가 중대하지 않은 경우 당기 손익계산서에 영업외손익 중 962.전기오류수정손익으로 처리한다. 중대한 오류인 경우에는 이익잉여금(371.전기오류수정손실)으로 처리한다.

6. 일자 : 10월 12일

구분	코드	계정과목	코드	거래처	적요	금액
3(차)	954	기타의대손상각비				5,000,000
4(대)	114	단기대여금	125	㈜꽃나라		5,000,000
분개	(차) 기타의대손상각비		5,000,000	(대) 단기대여금		5,000,000

▶ 매출채권의 대손은 판매관리비인 835.대손상각비 계정을 사용하지만, 매출채권 이외의 채권의 대손은 영업외비용인 954.기타의대손상각비 계정을 사용하여야 한다.

7. 일자 : 10월 13일

구분	코드	계정과목	코드	거래처	적요	금액
3(차)	103	보통예금				26,000,000
3(차)	952	외환차손				4,000,000
4(대)	108	외상매출금	5002	벤카인터내셔날		30,000,000
분개	(차) 보통예금 외환차손		26,000,000 4,000,000	(대) 외상매출금		30,000,000

▶ 외상매출금은 수출의 수익인식이 선적일이므로 선적일의 환율로 처리되어 있다.
외상매출금 20,000×1,500=30,000,000원
보통예금에 입금된 금액은 입금된 날 환율(1,300원/$)로 처리한다.
보통예금 20,000×1,300=26,000,000원

7 매입매출전표 입력

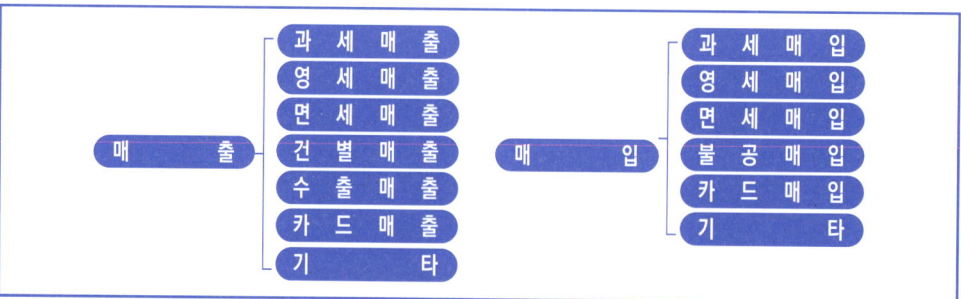

> **CHECK POINT**
>
> ❖ ★ 매입매출전표 입력 시 주의사항
> (1) 증명서류 확인   (2) 거래처 입력(등록되어 있지 않은 경우에는 신규거래처 등록)
> (3) 분개유형 확인 : 대부분 3.혼합 분개유형 처리
> - 복수거래(품목이 2이상일 때)   · 부가세 포함일 때(나누기 1.1)
> - 불공 처리(부가세포함 분개)   · 유형자산의 처분(처분금액이 공급가액, 하단 분개 주의)
> - 공급대가(부가세 포함) 입력 해당
>   - 14.건별 : 공급대가를 입력하면 공급가액과 부가세 자동 계산
>   - 17.카과, 22.현과, 57.카과, 61.현과 : 환경등록에서 부가세 포함으로 되어 있으면 공급대가 입력 공급가액과 부가세 자동 계산, 부가세 미포함이면 공급가액 입력
>   공급대가 = 공급가액 × 1.1   공급가액 = 공급대가 ÷ 1.1
>   - 매출전표 입력 시 : 제품매출이 아닌 경우 → 제품매출계정 대신에 다른 계정과목을 꼭 입력
>   - 매입전표 입력 시 : 원재료가 아닌 경우 → 원재료계정 대신에 다른 계정과목을 꼭 입력
>
> ♣ 매입매출전표 입력 시 증명서류 확인
>
> | 발급하다, 교부하다, 발행하다.
상품제품매출·자산처분 거래 | 증 명 서 류 | 발급받다, 수취하다, 교부받다.
원재료 매입, 자산구입, 비용지급 |
> |---|---|---|
> | 11. 과   세★ | 10% 세금계산서 | 51. 과   세★ |
> | 12. 영   세 | 영세율세금계산서 | 52. 영   세 |
> | 13. 면   세 | 계산서 | 53. 면   세 |
> | 14. 건   별 | 소매영수증, 간주공급 | |
> | | 수입세금계산서 | 55. 수   입 |
> | 16. 수   출 | 직수출(수출신고필증) | |
> | 17. 카   과 | 신용카드매출전표 | 57. 카   과☆ |
> | 22. 현   과☆ | 현금영수증 | 61. 현   과 |
> | | 10% 세금계산서 | 54. 불   공★ |
>
> 세금계산서는 전자세금계산서와 종이세금계산서를 모두 포함한다.
> 57. 카과와 61.현과는 매입세액공제 요건을 갖춘 경우에만 사용한다.

되짚으며 따라하기 – 과세매출

CHECK POINT

❖ 유형 11 : 과세매출 → 일반과세 (★제품매출 : 매회출제), 유형자산 매각
 (1) 세금계산서(부가가치세 10%)를 발급하는 과세매출거래
 (2) 품목이 2개 이상일 경우 '복수거래'키를 이용하여 입력
 (3) 비사업자에게 공급하는 거래 : 거래처등록 시 주민번호 입력 후 주민등록기재분에 '1.여' 선택
 (4) 공급가액과 세액을 구분하여야 하는 경우 : 부가가치세 포함일 때(공급대가) → 나누기 1.1
 (5) 반품거래 : 수량을 음수(-)로, 단가는 (+)로, 수량·단가가 없을 경우 → 공급가액을 음수(-)로 입력
 (6) 유형자산 매각거래 : 공급가액은 세금계산서가 발급된 금액 입력
  ※ 처분하는 유형자산의 취득원가와 감가상각누계액은 하단 분개 란에 입력
 (7) 공급처와 계정과목의 거래처가 서로 다른 경우
  (신용카드 결제, 어음의 배서양도, 가지급금 : 대표이사 등) → 분개입력 시 거래처를 수정
   * 매출세금계산서 발급 + 신용카드일 때 : 신용카드 무시, 세금계산서로 처리 → 11. 매출과세
 (8) 자격시험에서 매출세금계산서를 전자로 발급한 경우와 매입세금계산서를 전자로 받으면 전자 란에
  반드시 1:여 선택 입력
 (9) 매출전자세금계산서를 프로그램에서 발급 전송하려면 전자 란에 1:여 입력금지 → 1:여 자동생성
  (전자란에 1:여를 입력하면 전자세금계산서발급 메뉴에서 타사발행으로 표시되어 발행할 수 없음)

(주)기출산업의 기중 거래내역을 매입매출전표입력 메뉴에 입력하고, 전자세금계산서 발급을 요구하는 경우 전자세금계산서를 발급 전송하시오.

1 8월 1일 : 아래의 전자세금계산서를 보고 매입매출전표에 입력하시오.

| | 전자세금계산서 (공급자보관용) | | | | | | | 책 번 호 | 권 | 호 |
| | | | | | | | | 일련번호 | | |

공급자	등록번호	105-86-54182			공급받는자	등록번호	613-81-32457		
	상 호 (법인명)	(주)기출산업	성 명 (대표자)	김은철		상 호 (법인명)	전자마을	성 명 (대표자)	박세종
	사업장주소	서울 서초 서초 1602				사업장주소	서울 구로구 구로동 212		
	업 태	제조	종 목	의류		업 태	제조	종 목	전자제품

작 성	공 급 가 액	세 액	비 고
연 월 일 공란수	백 십 억 천 백 십 만 천 백 십 일	십 억 천 백 십 만 천 백 십 일	
2025 8 1 3	1 8 0 0 0 0 0 0	1 8 0 0 0 0 0	

월일	품 목	규격	수량	단 가	공급가액	세 액	비 고
8 1	제품		500	36,000	18,000,000	1,800,000	

합계금액	현 금	수 표	어 음	외상미수금	이 금액을	영수 청구	함
19,800,000	1,000,000	2,000,000		16,800,000			

2 8월 2일 : 구리전자에 제품 100개(단가 150,000원, 부가가치세 별도)를 판매하고 전자세금계산서를 발급하였다. 판매대금 중 10,000,000원은 구리전자가 보유하고 있던 한림소프트가 발행한 약속어음(만기 11.2)으로 배서양도 받고, 잔액은 1개월 후에 수취하기로 하였다(전자세금계산서를 발급 전송 할 것. 담당자 김구리 이메일 han@mat.com).

3 8월 3일 : (주)강원전자에 다음과 같이 제품을 매출하고 전자세금계산서를 발급하였다. 대금은 계약금 2,000,000원을 차감한 잔액을 외상으로 하였다.

품 목	수 량	단 가	공급가액	부가가치세
갑 제품	50	120,000원	6,000,000원	600,000원
을 제품	25	800,000원	20,000,000원	2,000,000원

4 8월 4일 : (주)미림에 제품 22,000,000원(부가가치세 포함)을 판매하고 전자세금계산서를 발급하고, 대금은 3개월 후에 받기로 하였다(전자세금계산서를 발급 전송 할 것).

5 8월 5일 : 비사업자인 이재영(620237-1810133)에게 제품 1,500,000원(부가세 별도)를 판매하고 자기앞수표를 받았으며, 주민등록번호로 전자세금계산서를 발급하였다(거래처 신규 등록할 것, 거래처코드번호:2000).

6 8월 6일 : 원재료 운송용 트럭(취득가액 30,000,000원, 전기말 감가상각누계액 12,000,000원)을 (주)대한기업에 20,000,000원(부가가치세 별도)에 처분하고 전자세금계산서를 발급하였으며 대금은 한 달 후에 수령하기로 한다. 처분시점에 감가상각은 하지 않는다.

7 8월 7일 : 전자마을에 판매한 제품 중 10개(1개당 공급가액 36,000원)가 불량품으로 판명되어 반품받고 반품전자세금계산서를 발급하였다. 대금은 외상대금과 상계하여 정리하기로 하였다.

풀이

1. 일자 : 8월 1일 (전자 란에 '1:여' 입력)

유형	품목	수량	단가	공급가액	부가세	공급처	
11.과세	제품	500	36,000	18,000,000	1,800,000	02001	전자마을
분개	3.혼합 (차) 101.현금 3,000,000 (차) 108.외상매출금 16,800,000				(대) 255.부가세예수금 1,800,000 (대) 404.제품매출 18,000,000		

▶ 전자세금계산서를 발급 전송하라는 요구가 없으므로 전자 란에서 '1.여'를 입력하여야 한다.

2. 일자 : 8월 2일 (전자 란에 '여' 자동 표시)

유형	품목	수량	단가	공급가액	부가세		공급처
11.과세	제품	100	150,000	15,000,000	1,500,000	00161	구리전자
분개	3. 혼합 (차) 110.받을어음 　　(114.한림소프트) (차) 108.외상매출금			10,000,000 6,500,000	(대) 255.부가세예수금 (대) 404.제품매출		1,500,000 15,000,000

▶ 하단 분개 받을어음계정의 거래 란에 커서를 위치하고 F2 키를 이용하여 받을어음계정에 대한 거래처를 '114.한림소프트'로 변경한다.
▶ 문제에서 전자세금계산서를 발급하라고 하는 경우 전자 란에서 '1.여'를 선택하면 안 된다.
▶ 거래처등록 또는 전자세금계산서발행 화면에서 12.업체담당자연락처 등록을 하여야 전자세금계산서를 발급할 수 있다.
▶ 전자세금계산서발행 메뉴에서 해당기간을 입력하고 발행대상 거래의 좌측에 체크하고 상단 F3전자발행을 클릭하여 발급 전송하면 매입매출전표입력 화면의 전자 란에 '여'가 자동으로 표시된다(아이디와 비밀번호 : kacpta).

3. 일자 : 8월 3일 (전자 란에 '1:여' 입력)

유형	품목	수량	단가	공급가액	부가세		공급처
11.과세	갑제품외*			26,000,000	2,600,000	00138	㈜강원전자
분개	3.혼합 (차) 108.외상매출금 (차) 259.선수금			26,600,000 2,000,000	(대) 255.부가세예수금 (대) 404.제품매출		2,600,000 26,000,000

▶ 품목이 2개 이상이면 품목을 입력할 때 화면상단의 F7 복수거래를 클릭하여 하단에 거래내역을 입력하면 품목 란에 "갑제품외"로 표시된다. 입력 후 F7, ━, Esc 등을 이용하여 상단으로 이동한다.
▶ 전자세금계산서를 발급 전송하라는 요구가 없으므로 전자 란에서 '1.여'를 선택하여야 한다.

4. 일자 : 8월 4일 (전자 란에 '여' 자동 표시)

유형	품목	수량	단가	공급가액	부가세		공급처
11.과세	전자제품			20,000,000	2,000,000	00139	㈜미림
분개	2.외상 (차) 108.외상매출금			22,000,000	(대) 255.부가세예수금 (대) 404.제품매출		2,000,000 20,000,000

▶ 부가가치세를 포함한 금액은 공급대가이므로 1.1로 나누어서 공급가액을 구해야 한다.
　공급가액 : 22,000,000 ÷ 1.1 = 20,000,000원
▶ 문제에서 전자세금계산서를 발급하라고 하는 경우 전자 란에서 '1.여'를 선택하면 안 된다. 전자세금계산서발행 메뉴에서 해당기간을 입력하고 발행대상 거래의 좌측에 체크하고 상단 F3전자발행을 클릭하여 발급 전송하면 매입매출전표입력 화면의 전자 란에 '여'가 자동으로 표시된다(아이디와 비밀번호 : kacpta).

5. 일자 : 8월 5일 (전자 란에 '1:여' 입력)

유형	품목	수량	단가	공급가액	부가세		공급처
11.과세	제품			1,500,000	150,000	02000	이재영
분개	1.현금	(입금) 255.부가세예수금 (입금) 404.제품매출					150,000 1,500,000

▶ '이재영'을 대표자 및 담당자로 하여 신규거래처로 등록 시 주민등록번호를 입력하고 주민기재분에서 1.여를 선택한다.
▶ 전자세금계산서를 발급 전송하라는 요구가 없으므로 전자 란에서 '1.여'를 입력하여야 한다.

6. 일자 : 8월 6일 (전자 란에 '1:여' 입력)

유형	품목	수량	단가	공급가액	부가세		공급처
11.과세	트럭매각			20,000,000	2,000,000	00115	㈜대한기업
분개	3.혼합 (차) 209.감가상각누계액　　12,000,000 (차) 120.미수금　　　　　　22,000,000				(대) 208.차량운반구　　　30,000,000 (대) 255.부가세예수금　　 2,000,000 (대) 914.유형자산처분이익　 2,000,000		

▶ 전자세금계산서를 발급 전송하라는 요구가 없으므로 전자 란에서 '1.여'를 선택 입력하여야 한다.
▶ 미수금은 트럭의 처분금액과 부가가치세(10%)의 합계 금액이 되어야 한다.

7. 일자 : 8월 7일 (전자 란에 '1:여' 입력)

유형	품목	수량	단가	공급가액	부가세		공급처
11.과세	제품	-10	36,000	-360,000	-36,000	02001	전자마을
분개	2.외상 (차) 108.외상매출금　　　　　　-396,000				(대) 255.부가세예수금　　　　-36,000 (대) 404.제품매출　　　　　-360,000		

▶ 매출 제품의 반품은 부가가치세법상 공급가액에 포함되지 않으므로 음수(-)의 수정세금계산서를 발급하고, 유형은 11.과세를 선택하고 수량에서 (-)로 표시하여 회계처리 한다. 법인은 수정세금계산서도 전자 발급하여야 한다.
▶ 전자세금계산서를 발급 전송하라는 요구가 없으므로 전자 란에서 '1.여'를 선택 입력하여야 한다.

되짚으며 따라하기 - 영세매출

CHECK POINT

❖ 유형 12 : 영세매출 →영세율이 적용되므로 부가세예수금 계정이 없다
  (1) 영세율 매출거래 (내국신용장 또는 구매확인서에 의하여 공급하는 재화와 수출재화임가공용역)
  (2) 세금계산서가 발급되면 → 12. 영세(간접수출)
     세금계산서 발급의무 면제 → 16. 수출 유형을 선택

(주)기출산업의 기중 거래내역을 매입매출전표입력 메뉴에 입력하고, 전자세금계산서 발급을 요구하는 경우 전자세금계산서를 발급 전송하시오.

1 8월 8일 : (주)상기물산(대표 김구라, 134-81-11231)에 Local L/C에 의하여 제품 8,000,000원을 납품하고 영세율 전자세금계산서를 발급하였으며, 대금 중 50%는 외상으로 나머지는 어음으로 수령하였다(거래처코드 4000번으로 등록 할 것).

2 8월 9일 : 수출대행업체인 (주)미성공업에 내국신용장에 의하여 제품 200개를 1개당 100,000원에 납품하고 영세율전자세금계산서를 발급하였다. 대금 중 10%는 현금으로 받고 잔액은 외상으로 하였다(전자세금계산서를 발급 전송 할 것).

> **풀이**

1. 일자 : 8월 8일 (전자 란에 '1:여' 입력) 영세율 유형 : 3.내국신용장 등

유형	품목	수량	단가	공급가액	부가세		공급처
12.영세	제품			8,000,000	0	04000	㈜상기물산
분개	3.혼합 (차) 110.받을어음 4,000,000 (차) 108.외상매출금 4,000,000				(대) 404.제품매출		8,000,000

▶ ㈜상기물산을 신규로 거래처 등록하는 방법 : 공급처코드란에서 '+' 키를 입력하고 공급처에 ㈜상기물산을 입력한 다음 Enter↵를 하면 나타나는 보조창에서 공급처코드 번호 4000을 입력하고 수정을 선택한 후 하단 창에서 공급처의 내용을 입력하여 등록한다.
▶ 내국신용장 또는 구매확인서에 의한 공급은 국내 사업자간의 거래이므로 반드시 세금계산서를 발급하여야 한다.
▶ 전자세금계산서를 발급 전송하라는 요구가 없으므로 전자 란에서 '1.여'를 선택하여야 한다.

2. 일자 : 8월 9일 (전자 란에 '여' 자동 표시) 영세율 유형 : 3.내국신용장 등

유형	품목	수량	단가	공급가액	부가세		공급처
12.영세	제품	200	100,000	20,000,000	0	00119	㈜미성공업
분개	3.혼합 (차) 101.현금 2,000,000 (차) 108.외상매출금 18,000,000				(대) 404.제품매출		20,000,000

▶ 문제에서 전자세금계산서를 발급하라고 하는 경우 전자 란에서 '1.여'를 선택하면 안 된다. 전자세금계산서발행 메뉴에서 해당기간을 입력하고 발행대상 거래의 좌측에 체크하고 상단 F3전자발행을 클릭하여 발급 전송하면 매입매출전표입력 화면의 전자 란에 '여'가 자동으로 표시된다(아이디와 비밀번호 : kacpta).

되짚으며 따라하기 – 건별매출

> **CHECK POINT**
>
> ❖ 14. 건별
> (1) 소매매출거래(증명이 없는 거래, 일반영수증, 비사업자와 거래), 간주공급의 발생 시
> (2) 공급가액란에 공급대가를 입력하면 공급가액과 세액을 자동 구분 계산
>   → 잘못 입력하면 삭제 후, 처음부터 다시 입력한다.
> ※ 현금영수증을 발급하면 → 22. 현과 유형으로 입력

다음의 ㈜기출산업의 기중 거래내역을 매입매출전표입력 메뉴에 입력하시오.

1 8월 13일 : 비사업자인 김돈아에게 노트북 컴퓨터 1대를 462,000원(공급대가)에 공급하고 대금은 현금으로 받고 거래명세서를 발급해 주었다.

풀이

1. 일자 : 8월 13일

유형	품목	수량	단가	공급가액	부가세	공급처	
14.건별	노트북			420,000	42,000	04002	김돈아
분개	1.현금	(입금) 255.부가세예수금 (입금) 404.제품매출				42,000 420,000	

▶ 건별매출은 공급가액란에 공급대가(462,000원)을 입력하면 공급가액과 부가가치세가 자동으로 분리 표시된다. 공급가액 란에 부가가치세를 차감한 공급가액을 입력하면 안 된다.
▶ 자격시험에서 대부분 건별매출의 경우 공급처(거래처) 입력을 요구하지 않는다.

되짚으며 따라하기 – 수출매출

CHECK POINT

❖ 유형 16 : 수출
 (1) 직수출·대행수출거래
 (2) 선적일자의 기준환율 또는 재정환율을 적용하여 공급가액을 환산한다.
  ① 재화 또는 용역의 공급시기 도래 전에 원화로 환가한 경우 → 그 환가한 금액
  ② 재화 또는 용역의 공급시기 이후 외국통화 기타 외국환의 상태로 보유하거나, 지급받는 경우
   →선적일의 기준환율(달러화는 기준환율, 기타 외화는 재정환율)

다음의 (주)기출산업의 기중 거래내역을 매입매출전표입력 메뉴에 입력하시오.

1 8월 14일 : 프랑스 거래처 봉쥬르에 공급가액 20,000,000원인 제품을 직수출하고 대금은 외상으로 하다.

2 8월 15일 : 스머프상사에 제품(공급가액 40,000,000원)을 직수출하고 이미 수취한 계약금을 제외한 대금은 외상으로 하였다. 한편 당사는 제품수출계약을 체결하면서 계약금 8,000,000원을 수취한 바 있다.

풀이

1. 일자 : 8월 14일, 영세율 유형 : 1.직접수출

유형	품목	수량	단가	공급가액	부가세	공급처	
16.수출	제품			20,000,000		52350	봉쥬르
분개	2.외상 (차) 108.외상매출금			20,000,000	(대) 404.제품매출		20,000,000

2. 일자 : 8월 15일, 영세율 유형 : 1.직접수출

유형	품목	수량	단가	공급가액	부가세		공급처
16.수출	제품			40,000,000		00141	스머프상사
분개	3.혼합 (차) 259.선수금 (차) 108.외상매출금			8,000,000 32,000,000	(대) 404.제품매출		40,000,000

되짚으며 따라하기 – 카드과세매출

CHECK POINT

❖ 유형 17 : 카드과세매출
  (1) 신용카드 매출전표(10% 부가가치세 포함) 발행에 의한 과세매출 거래
  (2) 공급가액란에 공급가액을 입력하면 세액이 자동 구분 계산
  (3) 환경등록에서 부가세 포함으로 되어 있는 경우 공급대가 입력하면 공급가액과 부가세 자동 구분 계산
  (4) 하단의 분개입력 시 거래처 카드회사로 변경 확인

다음의 (주)기출산업의 기중 거래내역을 매입매출전표입력 메뉴에 입력하시오.

1 8월 16일 : 개인 소비자 김영희에게 제품 6,600,000원(부가가치세 포함)을 판매하였고, 김영희는 신용카드(국민카드)로 결제하였다. 외상매출금으로 회계처리 하시오.

풀이

1. 일자 : 8월 16일

유형	품목	수량	단가	공급가액	부가세		공급처
17.카과	제품			6,000,000	600,000	4001	김영희
분개	2.외상 (차) 108.외상매출금 　　(99602.국민카드)			6,600,000	(대) 255.부가세예수금 (대) 404.제품매출		600,000 6,000,000

▶ 환경등록에서 카과의 공급가액에 부가세가 미포함으로 되어 있으므로 공급가액 란에 공급가액(6,600,000 ÷ 1.1 = 6,000,000원)을 입력하여야 부가세가 자동으로 계산되어 표시된다.
▶ 분개유형을 2.외상으로 선택하면 하단 분개에 외상매출금이 자동으로 나타나고 화면 중간의 신용카드사 말풍선을 클릭하여 99602 국민카드(매출)를 선택하면 거래처가 99602.국민카드로 변경된다.

되짚으며 따라하기 - 현금과세매출

CHECK POINT

❖ 유형 22 : 현금과세 매출
  (1) 10% 부가가치세가 있는 현금영수증 발행에 의한 과세매출 거래
  (2) 공급가액란에 공급가액 입력하면 세액 자동 계산(환경등록이 부가세 포함이면 공급대가 입력)

(주)기출산업의 기중 거래내역이다. 다음 거래내역을 매입매출전표 입력 메뉴에 입력하시오.

1 8월 19일 : 개인인 이익동씨에게 제품을 3,300,000원(부가가치세 포함)에 현금으로 판매하고 현금영수증을 발행하여 주었다.

풀이

1. 일자 : 8월 19일

유형	품목	수량	단가	공급가액	부가세	공급처	
22.현과	제품			3,000,000	300,000	00401	이익동
분개	1.현금	(입금) 255.부가세예수금 (입금) 404.제품매출				300,000 3,000,000	

▶ 환경등록에서 현과의 공급가액에 부가세가 미포함으로 되어 있으므로 공급가액 란에 공급가액(3,300,000 ÷ 1.1 = 3,000,000원)을 입력하여야 부가세가 자동으로 계산되어 표시된다.

되짚으며 따라하기 - 과세매입

CHECK POINT

❖ 유형 51 : 과세매입

  • 원재료 매입, 부재료 매입
  • 자산의 취득거래 : 차량운반구, 비품, 소프트웨어
  • 비용의 지급거래 : 외주가공비, 복리후생비, 광고선전비, 소모품비, 임차료

(1) 세금계산서를 발급받은 과세매입거래 → 전자세금계산서를 받으면 전자 란에서 1:여 선택
(2) 품목이 2개 이상일 경우 복수거래를 클릭한 후 하단에서 입력
(3) 비사업자와 거래 : 공급처(거래처) 등록 시 주민번호 입력 후 주민등록기재분에서 '1.여' 선택
(4) 공급가액과 세액을 구분하여야 하는 경우 : 부가가치세 포함한 공급대가 → 나누기 1.1
(5) 반품거래 : 수량은 음수(-)로, 단가는 (+)로, 수량·단가가 없을 경우 → 공급가액을 음수(-)로 입력
(6) 공급처와 계정과목의 거래처가 다른 경우 → 분개입력 시 거래처 수정
  * 어음의 배서, 신용카드결제, 금융기관 거래처수정, 가지급금(대표이사)

다음의 (주)기출산업의 기중 거래내역을 매입매출전표입력 메뉴에 입력하시오.

1. 9월 1일 : (주)하드웨어로부터 원재료 1,000,000원(부가세 별도, 전자세금계산서 수취)을 매입하고 어음(만기 12.31)을 발행하여 지급하였다.

2. 9월 2일 : (주)한라로부터 부재료를 6,600,000원(부가가치세 포함, 전자세금계산서 발급받음)에 매입하고, 대금의 10%는 현금으로 지급하고, 나머지는 외상으로 하였다. (주)한라를 거래처코드 00188로 등록하시오(대표자 : 독고진, 업태 : 제조, 종목 : 반도체).

3. 9월 3일 : (주)강촌마트로부터 내년 여름에 대비하여 사무실용 에어컨(3대, 대당 2,000,000원, 부가가치세 별도)을 매입하였다. 전자세금계산서를 발급받고 대금은 매출처인 (주)미성공업에서 받은 약속어음으로 절반을 지급하였고, 나머지 절반은 당사가 발행한 약속어음을 지급하였다.

4. 9월 4일 : 제품 운반용 트럭의 성능향상을 위하여 지성자동차에서 엔진을 교체하였다. 이는 자본적지출에 해당하는 것으로 엔진교체비 5,000,000원(부가세 별도)를 당좌수표를 발행 지급하고 세금계산서(종이)를 발급받았다.

5. 9월 5일 : 거래처 (주)페미리전자에서 상품 25,000,000원(부가가치세 별도)를 매입하고 전자세금계산서를 발급받다. 대금은 8월 1일 지급한 계약금 2,500,000원으로 대체하고 잔액은 약속어음(만기 : 12월 31일)을 발행하여 교부하였다.

6. 9월 6일 : 한국소프트(주)에서 ERP시스템 소프트웨어 용역을 공급받고, 전자세금계산서 22,000,000원(부가가치세 포함)를 수취하였다. 대금은 금년 12월 10일에 지급하기로 하였다. 단, 계정과목은 무형자산 항목으로 처리하고, 당해 용역은 완료되었다.

7. 9월 7일 : 제품의 임가공 계약에 의해 의뢰하였던 컴퓨터부품 10,000,000원(부가가치세 별도)을 (주)신성정밀로부터 납품받고 전자세금계산서를 수취하였다. 대금의 반은 당점발행 당좌수표로 지급하고 나머지는 우리카드(미지급금 계정 사용)로 결제하였다.

8. 9월 8일 : 미우리상사에서 당월의 본사 임차료에 대한 공급가액 500,000원(부가가치세 별도)의 세금계산서(종이)를 발급받고 보통예금 계좌에서 송금하였다.

9. 9월 9일 : 생산직 종업원들의 안전을 목적으로 나라종합상사에서 다음 물품들을 구입하고 세금계산서(종이)를 발급받다. 대금은 1개월 후에 지급하기로 하였다. 비용계정을 사용하여 회계처리 하시오(복수거래로 입력 할 것).

품 목	수 량	단 가	공급가액	세 액	결제방법
안전모	15	20,000원	300,000원	30,000원	외상
장 갑	100	1,000원	100,000원	10,000원	

10. 9월 10일 : 수락산슈퍼에서 사무실용 찻잔 1세트를 40,000원(부가가치세 별도)에 구입하고 세금계산서(수기분)를 발급받았으며, 대금은 현금으로 지급하였다. 찻잔은 구입 시 비용으로 처리하였다.

11 9월 11일 : 본사에서 사용하던 승용차(800cc)의 고장으로 기린카센터에서 수리하고 수리비 300,000원(부가가치세 별도)을 현금지급하고 전자세금계산서를 수취하였다(차량유지비계정으로 처리할 것).

12 9월 12일 : (주)대영기획에 본사 사무직 신입사원 채용광고를 게재하고 광고료 600,000원(부가세 별도)를 현금으로 지급하고 전자세금계산서를 발급받았다(신규거래처 등록할 것, 거래처코드 1500, 사업자등록번호 123-81-66584).

13 9월 13일 : (주)하드웨어에서 구입한 원재료 중 일부가 파손되어 반품(공급가액 100,000원, 부가가치세 별도)하고, 수정전자세금계산서를 발급받았다. 대금은 외상매입금과 상계 정리하기로 하였다.

풀이

1. 일자 : 9월 1일 (전자 란에서 1:여를 선택)

유형	품목	수량	단가	공급가액	부가세		공급처
51.과세	원재료			1,000,000	100,000	00110	㈜하드웨어
분개	3.혼합 (차) 153.원재료　　　1,000,000 (차) 135.부가세대급금　100,000				(대) 252.지급어음		1,100,000

2. 일자 : 9월 2일 (전자 란에서 1:여를 선택)

유형	품목	수량	단가	공급가액	부가세		공급처
51.과세	부재료			6,000,000	600,000	00188	㈜한라
분개	3.혼합 (차) 162.부재료　　　6,000,000 (차) 135.부가세대급금　600,000				(대) 101.현금 (대) 251.외상매입금		660,000 5,940,000

▶ 공급가액 : 6,600,000 ÷ 1.1 = 6,000,000원
▶ 하단 분개에서 153.원재료를 162.부재료로 수정하여야 한다.

3. 일자 : 9월 3일 (전자 란에서 1:여를 선택)

유형	품목	수량	단가	공급가액	부가세		공급처
51.과세	에어컨	3	2,000,000	6,000,000	600,000	00156	㈜강촌마트
분개	3.혼합 (차) 212.비품　　　　6,000,000 (차) 135.부가세대급금　600,000				(대) 253.미지급금 (대) 110.받을어음 　　(거래처 : 119.(주)미성공업)		3,300,000 3,300,000

▶ 받을어음계정과목이나 금액란에 커서를 위치하고 받을어음계정에 대한 거래처를 '119.(주)미성공업'으로 변경한다.

4. 일자 : 9월 4일 (전자 란에서 0:부를 선택)

유형	품목	수량	단가	공급가액	부가세		공급처
51.과세	엔진교체			5,000,000	500,000	00126	지성자동차
분개	3.혼합 (차) 208.차량운반구 (차) 135.부가세대급금			5,000,000 500,000	(대) 102.당좌예금		5,500,000

5. 일자 : 9월 5일 (전자 란에서 1:여를 선택)

유형	품목	수량	단가	공급가액	부가세		공급처
51.과세	상품			25,000,000	2,500,000	00151	㈜페미리전자
분개	3.혼합 (차) 146.상품 (차) 135.부가세대급금			25,000,000 2,500,000	(대) 131.선급금 (대) 252.지급어음		2,500,000 25,000,000

6. 일자 : 9월 6일 (전자 란에서 1:여를 선택)

유형	품목	수량	단가	공급가액	부가세		공급처
51.과세	ERP시스템			20,000,000	2,000,000	00134	한국소프트(주)
분개	3.혼합 (차) 227.소프트웨어 (차) 135.부가세대급금			20,000,000 2,000,000	(대) 253.미지급금		22,000,000

7. 일자 : 9월 7일 (전자 란에서 1:여를 선택)

유형	품목	수량	단가	공급가액	부가세		공급처
51.과세	부품가공비			10,000,000	1,000,000	00610	㈜신성정밀
분개	3.혼합 (차) 533.외주가공비 (차) 135.부가세대급금			10,000,000 1,000,000	(대) 102.당좌예금 (대) 253.미지급금 　　　(99604.우리카드)		5,500,000 5,500,000

▶ 하단분개에서 미지급금계정의 거래처를 99604.우리카드(매입)으로 변경해 주어야 한다.

8. 일자 : 9월 8일 (전자 란에서 0:부를 선택)

유형	품목	수량	단가	공급가액	부가세		공급처
51.과세	임차료			500,000	50,000	00600	미우리상사
분개	3.혼합 (차) 819.임차료 (차) 135.부가세대급금			500,000 50,000	(대) 103.보통예금		550,000

9. 일자 : 9월 9일 (전자 란에서 0:부를 선택)

유형	품목	수량	단가	공급가액	부가세	공급처	
51.과세	안전모 외*			400,000	40,000	00108	나라종합상사
분개	3.혼합 (차) 511.복리후생비 (차) 135.부가세대급금			400,000 40,000	(대) 253.미지급금		440,000

▶ 품목이 2개 이상이면 품목을 입력할 때 화면상단의 [복수거래]키를 이용하여 거래내역을 입력하면 품목란에 "안전모 외"로 표시된다.

10. 일자 : 9월 10일 (전자 란에서 0:부를 선택)

유형	품목	수량	단가	공급가액	부가세	공급처	
51.과세	찻잔			40,000	4,000	00173	수락산슈퍼
분개	1.현금	(출금) 830.소모품비 (출금) 135.부가세대급금				40,000 4,000	

11. 일자 : 9월 11일 (전자 란에서 1:여를 선택)

유형	품목	수량	단가	공급가액	부가세	공급처	
51.과세	승용차수리			300,000	30,000	03500	기린카센터
분개	1.현금	(출금) 822.차량유지비 (출금) 135.부가세대급금				300,000 30,000	

▶ 배기량 1,000cc 이하의 국민차(경차)의 구입 및 유지비용은 매입세액공제가 가능하다.

12. 일자 : 9월 12일 (전자 란에서 1:여를 선택)

유형	품목	수량	단가	공급가액	부가세	공급처	
51.과세	광고료			600,000	60,000	01500	㈜대영기획
분개	1.현금	(출금) 833.광고선전비 (출금) 135.부가세대급금				600,000 60,000	

▶ 공급처코드란에 ⊞키를 누르고 공급처명 (주)대영기획을 입력하면 나타나는 보조창에서 문제에서 요구하는 코드번호 1500을 입력하고 하단에서 사업자번호를 입력한다.

13. 일자 : 9월 13일 (전자 란에서 1:여를 선택)

유형	품목	수량	단가	공급가액	부가세	공급처	
51.과세	원재료			-100,000	-10,000	00110	㈜하드웨어
분개	2.외상 (차) 153.원재료 (차) 135.부가세대급금			-100,000 -10,000	(대) 251.외상매입금		-110,000

▶ 원재료의 반품은 부가가치세법상 공급가액에 포함되지 않으므로 음수(-)의 수정세금계산서를 수취하고, 유형은 51.과세 공급가액과 부가가치세에서 (-)로 표시하여 회계처리한다.

되짚으며 따라하기 – 영세매입

> **CHECK POINT**
> ❖ 유형 52 : 영세매입
>   (1) 내국신용장 또는 구매확인서에 의해 영세율세금계산서를 발급받은 영세율 매입거래
>   (2) 영세율이 적용되어 부가세대급금계정이 없다.

다음의 (주)기출산업의 기중 거래내역을 매입매출전표입력 메뉴에 입력하시오.

1 9월 14일 : 구매확인서에 의해 수출용 제품에 대한 원재료(공급가액 35,800,000원)을 (주)신성정밀로부터 매입하고 영세율전자세금계산서를 발급받았다. 매입대금 중 4,000,000원은 (주)상기물산으로부터 받은 약속어음을 배서양도하고, 나머지는 3개월 만기의 당사 발행 약속어음으로 주었다.

2 9월 15일 : (주)용문으로부터 내국신용장(Local L/C)에 의하여 원재료(1,000개, @5,000원)을 공급받고 영세율전자세금계산서를 발급받았으며 대금은 전액 당사 발행 약속어음으로 지급하였다.

풀이

1. 일자 : 9월 14일 (전자 란에서 1:여를 선택)

유형	품목	수량	단가	공급가액	부가세		공급처
52.영세	원재료			35,800,000	0	00610	㈜신성정밀
분개	3.혼합 (차) 153.원재료			35,800,000	(대) 110.받을어음 ((주)상기물산) (대) 252.지급어음		4,000,000 31,800,000

2. 일자 : 9월 15일 (전자 란에서 1:여를 선택)

유형	품목	수량	단가	공급가액	부가세		공급처
52.영세	원재료	1,000	5,000	5,000,000	0	00169	㈜용문
분개	3.혼합 (차) 153.원재료			5,000,000	(대) 252.지급어음		5,000,000

되짚으며 따라하기 - 면세매입

> **CHECK POINT**
>
> ❖ 유형 53 : 면세매입
>   (1) 면세사업자가 발급한 계산서를 수취한 면세매입 거래
>   (서적, 신문, 잡지, 토지, 농·축·임 수산물, 교육·의료보건용역, 생필품거래) → 강사료지급
>   (2) 면세매입은 54.불공과 구분하여야 한다.
>   접대목적으로 구입한 면세재화는 54.불공이 아니라 53.면세매입으로 하여야 한다.

다음의 (주)기출산업의 기중 거래내역을 매입매출전표입력 메뉴에 입력하시오.

1. 9월 16일 : 생산직 사원 최임금의 결혼식에 사용할 축하화환을 100,000원에 (주)꽃나라에서 계산서를 발급받아 구입하고 대금은 보통예금에서 이체하였다.

2. 9월 17일 : 영업직 직원들이 (주)페미리전자로부터 교육훈련특강을 받고, 수강료 3,000,000원에 대한 전자계산서를 발급받았다. 수강료는 선급금으로 회계처리 되어있던 계약금 1,000,000원을 제외한 나머지 2,000,000원을 현금으로 지급하였다.

3. 9월 18일 : 공장 건물을 신축 할 목적으로 (주)상훈상사로부터 토지를 15,000,000원에 매입하고 수기분 계산서를 받았다. 대금 중 10,000,000원은 당사 보통예금 계좌에서 이체하여 지급하고 나머지는 3개월 후에 지급하기로 하였다.

4. 9월 19일 : 영업부 사내 경연대회 상품으로 주기 위하여 한마음문구로부터 전래동화 1질을 60,000원에 구입, 현금으로 지급하고 계산서를 수취하였다.

5. 9월 20일 : 당사는 본사 경리부에서 사용할 실무서적 10권을 (주)영풍문고에서 300,000원에 현금 구입하면서 전자계산서를 수령하였다(거래처 신규 등록을 할 것 코드 : 191).

6. 9월 21일 : 매출 거래처 선물용으로 ㈜강촌마트에서 현금으로 쌀 20포대(@50,000원)를 구입하고 전자계산서를 수취하였다.

풀이

1. 일자 : 9월 16일

유형	품목	수량	단가	공급가액	부가세		공급처
53.면세	화환			100,000	0	00125	㈜꽃나라
분개	3.혼합 (차) 511.복리후생비			100,000	(대) 103.보통예금		100,000

2. 일자 : 9월 17일(전자 란에서 1 : 여를 선택)

유형	품목	수량	단가	공급가액	부가세		공급처
53.면세	교육훈련			3,000,000	0	00151	㈜페미리전자
분개	3.혼합 (차) 825.교육훈련비		3,000,000		(대) 131.선급금 (대) 101.현금		1,000,000 2,000,000

▶ 전자계산서를 발급 받으면 전자세금계산서와 동일하게 전자 란에 1 : 여를 입력하여야 한다.

3. 일자 : 9월 18일

유형	품목	수량	단가	공급가액	부가세		공급처
53.면세	토지			15,000,000	0	00109	㈜상훈상사
분개	3.혼합 (차) 201.토지		15,000,000		(대) 103.보통예금 (대) 253.미지급금		10,000,000 5,000,000

4. 일자 : 9월 19일

유형	품목	수량	단가	공급가액	부가세		공급처
53.면세	전래동화			60,000	0	00180	한마음문구
분개	1. 현금	(출금) 811.복리후생비				60,000	

5. 일자 : 9월 20일(전자 란에서 1 : 여를 선택)

유형	품목	수량	단가	공급가액	부가세		공급처
53.면세	실무서적			300,000	0	00191	㈜영풍문고
분개	1.현금	(출금) 826.도서인쇄비				300,000	

▶ 전자계산서를 발급 받으면 전자세금계산서와 동일하게 전자 란에 1 : 여를 입력하여야 한다.

6. 일자 : 9월 21일(전자 란에서 1 : 여를 선택)

유형	품목	수량	단가	공급가액	부가세		공급처
53.면세	쌀	20	50,000	1,000,000	0	00156	㈜강촌마트
분개	1.현금	(출금) 813.기업업무추진비				1,000,000	

▶ 면세 재화를 구입하여 접대에 사용하는 것은 54.불공이 아니라 53.면세가 되어야 한다.
▶ 전자계산서를 수취하면 언제나 유형을 53.면세로 한다.

되짚으며 따라하기 - 불공매입

CHECK POINT

❖ 유형 54 : 불공매입
  (1) 세금계산서를 발급받은 과세매입 중 매입세액 불공제 거래(반드시 세금계산서 수취분만 입력)
    ※ 신용카드매출전표 및 현금영수증 수취분으로 매입세액 공제가 불가능한 거래 → 절대 입력 불가
    ※ 53.면세거래는 세금계산서를 수취하지 않은 거래이므로 54.불공으로 할 수 없음
  (2) 매입세액불공제이므로 부가세를 본계정에 포함하여 회계처리(부가세대급금계정 사용하지 않는다)
  (3) 매입세액 공제가 불가능한 거래
    ① 세금계산서합계표 미제출 및 필요적 기재사항 누락
    ② 사업과 직접 관련이 없는 지출에 대한 매입세액 → 업무무관지출, 가지급금
    ③ 개별소비세법 제1조 제2항 제3호에 따른 자동차의 구입, 유지 및 임차비용에 대한 매입세액
       → 1,000cc 이하 경차와 운수업, 자동차판매업, 자동차임대업, 자동차학원 영업용차량과 경비업의 출동차량은 제외
    ④ 기업업무추진비(종전의 접대비) 및 이와 유사한 비용 관련 매입세액
    ⑤ 면세사업 관련 매입세액 → 세금계산서 수취분 중 면세관련 매입세액
    ⑥ 토지의 조성 등을 위한 자본적 지출에 관련된 매입세액
    ⑦ 사업자등록전 매입세액
       → 공급시기가 속한 과세기간이 끝난 후 20일 이내에 사업자등록을 신청한 경우의 매입세액은 공제가능

다음의 (주)기출산업의 기중 거래내역을 매입매출전표입력 메뉴에 입력하시오.

1 9월 22일 : 영업부서에서 매출거래처 (주)후지스의 체육대회의 점심식사를 지원하기 위하여, 도시락 제공업체인 (주)깔끔도시락으로부터 전자세금계산서를 발급받았다. 대금 5,000,000원(부가세 별도)은 자기앞수표로 지급하였다(거래처코드 800번으로 등록하시오).

2 9월 23일 : 회사 영업부에서 업무용으로 사용하는 법인소유의 소형승용차(1,500cc)가 고장이 발생하여 기린카센터에서 수리하고 세금계산서를 수취하였다. 차량수리비 330,000원(부가가치세 포함)은 전액 현금으로 지급하였다(비용으로 회계 처리할 것).

3 9월 24일 : 취득가액 10,000,000원(부가가치세 별도)인 소형승용차(1500cc)를 지성자동차에서 10개월 할부로 구입하고 세금계산서를 받고 최초불입금 1,100,000원은 당좌수표를 발행하여 지급하였다.

4 9월 25일 : 대표이사의 자택에서 사용할 목적으로 (주)페미리전자에서 OLED TV를 5,000,000원(부가가치세 별도)에 구입하고, 회사 명의로 전자세금계산서를 수령하였다. 대금은 회사에서 현금으로 결제 하였으며, 대표이사 김은철의 가지급금으로 처리한다.

5 9월 26일 : (주)에이스렌트에서 영업부 업무용으로 임차한 승용차(2,000cc)의 사용대금 550,000원(부가세 포함)을 현금으로 지급하면서 전자세금계산서를 발급받았다.

6 9월 27일 : 영업부는 매출거래처 최과장의 아들 돌잔치 선물로 ㈜샛별의류에서 유아용품을 130,000원(부가가치세 별도)에 현금으로 구입하고 전자세금계산서를 발급 받았다.

풀이

1. 일자 : 9월 22일 불공제사유 : 4.기업업무추진비 관련 매입세액 (전자 란에서 1:여를 선택)

유형	품목	수량	단가	공급가액	부가세	공급처	
54.불공	도시락			5,000,000	500,000	00800	㈜깔끔도시락
분개	1.현금	(출금) 813.기업업무추진비(판)				5,500,000	

▶ 불공매입의 경우 공급가액과 부가가치세는 세금계산서대로 입력하고, 회계처리 시 세액은 공급가액에 합산하여 처리하여야 한다.

2. 일자 : 9월 23일 불공제사유 : 3.개별소비세 대상 자동차 유지 (전자 란에서 0:부를 선택)

유형	품목	수량	단가	공급가액	부가세	공급처	
54.불공	차량수리			300,000	30,000	03500	기린카센터
분개	1.현금	(출금) 822.차량유지비(판)				330,000	

▶ 개별소비세 대상 자동차는 회계프로그램상 개별소비세법 제1조 제2항 제3호에 따른 자동차로 표시된다.

3. 일자 : 9월 24일 불공제사유 : 3.개별소비세 대상 자동차 구입 (전자 란에서 0:부를 선택)

유형	품목	수량	단가	공급가액	부가세	공급처	
54.불공	소형승용차			10,000,000	1,000,000	00126	지성자동차
분개	3.혼합 (차) 208.차량운반구			11,000,000		(대) 102.당좌예금 (대) 253.미지급금	1,100,000 9,900,000

4. 일자 : 9월 25일 불공제사유 : 2.사업과 관련 없는 지출 (전자 란에서 1:여를 선택)

유형	품목	수량	단가	공급가액	부가세	공급처	
54.불공	3D TV			5,000,000	500,000	00151	㈜페미리전자
분개	1.현금	(출금) 134.가지급금(101.김은철)				5,500,000	

▶ 가지급금의 거래처는 101.김은철로 수정 입력하여야 한다.

5. 일자 : 9월 26일 불공제사유 : 3.개별소비세 대상 자동차 임차 (전자 란에서 1:여를 선택)

유형	품목	수량	단가	공급가액	부가세	공급처	
54.불공	렌탈료			500,000	50,000	00129	㈜에이스렌트
분개	1.현금	(출금) 819.임차료(판)				550,000	

6. 일자 : 9월 27일 불공제사유 : 4.기업업무추진비 관련 매입세액 (전자란에서 1:여를 선택)

유형	품목	수량	단가	공급가액	부가세	공급처	
54.불공	유아용품			130,000	13,000	00160	㈜샛별의류
분개	1.현금	(출금) 813.기업업무추진비(판)				143,000	

▶ 세금계산서를 수취한 것으로 접대 목적에 사용하면 54.불공으로 한다.

되짚으며 따라하기 – 수입

CHECK POINT

❖ 유형 55 : 수입세금계산서 – 수입
  (1) 재화를 수입하고 세관장이 발급하는 수입세금계산서의 공급가액은 부가가치세를 산출하기 위한 과세표준에 해당하므로 별도의 회계처리를 하지 않고 부가가치세액에 대해서만 전표입력 한다.
  (2) 수입한 재화의 회계처리는 수입면장을 근거로 일반전표입력에서 회계처리(매입매출전표 → 자산 회계처리 생략)

다음의 (주)기출산업의 기중 거래내역을 매입매출전표입력 메뉴에 입력하시오.

1 9월 27일 : 해외거래처인 청도무역에서 수입한 원재료($12,000)와 관련하여, 김포세관으로부터 수입전자세금계산서를 발급받아 동 부가가치세액 1,300,000원을 김포세관에 현금으로 완납하였다. 단, 부가가치세와 관련된 것만을 회계처리하기로 한다.(9월 27일 환율 $1 = 1,100원)

풀이

1. 일자 : 9월 27일 (전자란에서 1:여를 선택)

유형	품목	수량	단가	공급가액	부가세	공급처	
55.수입	원재료			13,000,000	1,300,000	00700	김포세관
분개	1.현금	(출금) 135.부가세대급금				1,300,000	

▶ 수입재화에 대한 부가가치세가 1,300,000원이면 수입세금계산서의 공급가액은 13,000,000원이 된다.

되짚으며 따라하기 - 카드과세 매입

CHECK POINT

❖ 유형 57 : 카드과세 매입
  (1) 매입세액 공제가 가능한 신용카드 결제에 의한 매입거래
      ※ 신용카드매출전표의 공제요건 : 공급가액과 세액이 구분기재되어 있는 신용카드매출전표 수취
        • 공제요건을 갖추지 않은 신용카드매출전표 → 일반전표입력 메뉴에서 입력
  (2) 공급가액란에 공급가액을 입력하면 세액은 자동 계산(환경등록이 부가세 포함이면 공급대가 입력)
  (3) 하단의 분개입력 시 거래처를 카드회사로 변경 확인 → 미지급금계정 또는 외상매입금계정에서

다음의 (주)기출산업의 기중 거래내역을 매입매출전표입력 메뉴에 입력하시오.

1 9월 28일 : (주)숭실상사로부터 업무용 컴퓨터 1대를 5,500,000원(부가가치세 포함)에 구입하고 법인카드인 롯데카드로 구입하였다(신용카드 매입세액공제요건을 모두 충족함).

2 9월 29일 : 공장에 설치중인 기계장치의 성능을 시운전하기 위하여 춘천주유소에서 휘발유 1,100,000원(공급대가)를 구입하면서 법인명의의 신용카드(국민카드)로 결제하고 공급가액과 세액이 구분된 신용카드매출전표를 받았다.

3 9월 30일 : 독도식당에서 영업부서의 회식을 하고 음식대금 880,000원(부가가치세 포함)을 법인카드인 우리카드로 결제하였다. 카드매입에 대한 부가가치세 매입세액 공제요건은 충족하였다(독도식당 거래처등록 코드 : 0163번).

4 9월 30일 : (주)후지스에서 원재료를 2,200,000원(부가가치세 포함)에 구입한 후 국민카드로 구입대금을 결제하였다. 세금계산서는 수령하지 아니하였으며 부가가치세 매입세액공제를 위한 요건을 모두 구비하였다(외상매입금으로 회계처리 할 것).

풀이

1. 일자 : 9월 28일

유형	품목	수량	단가	공급가액	부가세		공급처
57.카과	컴퓨터			5,000,000	500,000	00113	㈜숭실상사
분개	4.카드 (차) 212.비품 (차) 135.부가세대급금			5,000,000 500,000	(대) 253.미지급금 (99601.롯데카드)		5,500,000

▶ 카드매입은 공급가액란에 공급가액을 계산하여 입력하여야 부가가치세가 자동으로 계산된다.
  5,500,000 ÷ 1.1 = 5,000,000원(공급가액)

2. 일자 : 9월 29일

유형	품목	수량	단가	공급가액	부가세		공급처
57.카과	휘발유			1,000,000	100,000	00123	춘천주유소
분개	4.카드 (차) 206.기계장치 1,000,000 (차) 135.부가세대급금 100,000				(대) 253.미지급금 1,100,000 (99605.국민카드(매입))		

▶ 시운전에 소요되는 비용은 해당 자산의 취득원가로 처리한다.

3. 일자 : 9월 30일

유형	품목	수량	단가	공급가액	부가세		공급처
57.카과	음식대금			800,000	80,000	00163	독도식당
분개	4.카드 (차) 811.복리후생비 800,000 (차) 135.부가세대급금 80,000				(대) 253.미지급금 880,000 (99604.우리카드(매입))		

▶ 공급가액 : 880,000÷1.1 = 800,000원

4. 일자 : 9월 30일

유형	품목	수량	단가	공급가액	부가세		공급처
57.카과	원재료			2,000,000	200,000	00106	㈜후지스
분개	3.혼합 (차) 153.원재료 2,000,000 (차) 135.부가세대급금 200,000				(대) 251.외상매입금 2,200,000 (99605.국민카드(매입))		

▶ 공급가액 : 2,200,000÷1.1 = 2,000,000원

되짚으며 따라하기 – 현금과세매입

CHECK POINT

❖ 유형 61 : 현금과세매입
  (1) 지출증빙용 현금영수증(공급가액과 10% 부가가치세액 구분 기재분)을 수취한 과세매입 거래
  (2) 공급가액란에 공급가액을 입력하면 세액 자동 계산(환경등록이 부가세 포함이면 공급대가 입력)

다음의 (주)기출산업의 기중 거래내역을 매입매출전표입력 메뉴에 입력하시오.

1 9월 26일 : 한마음문구에서 영업부 프린터에 사용할 잉크를 99,000원(부가세 포함)에 구입하고 현금 지급하고 현금영수증(지출증빙용)을 받았다. 부가세 공제요건은 충족하였다(사무용품비로 처리하고, 승인번호 입력은 생략).

2 9월 27일 : 생산부서에서 미우리상사에 공장청소에 따른 지급수수료 330,000원(부가가치세 포함)을 현금으로 지급하고 공급가액과 세액이 구분된 지출증빙용 현금영수증을 교부받았다(현금영수증 승인번호 생략).

3 9월 28일 : 영업부에서 사용하고 있는 업무용 승용차(998cc)의 주유비 55,000원(공급대가)를 춘천주유소에서 현금 결제하고 현금영수증(지출증빙용)을 발급받았다(춘천주유소는 일반과세사업자이다).

풀이

1. 일자 : 9월 26일

유형	품목	수량	단가	공급가액	부가세	공급처	
61.현과	프린터잉크			90,000	9,000	00180	한마음문구
분개	1.현금	(출금) 829.사무용품비(판)				90,000	
		(출금) 135.부가세대급금				9,000	

▶ 공급가액 : 99,000 ÷ 1.1 = 90,000원 입력
▶ 환경등록에서 부가세 포함 여부가 0.미포함인 경우에는 공급가액을 입력하고 1.포함인 경우에는 공급대가를 입력해주어야 공급가액과 부가가치세를 자동으로 구분 계산한다.
▶ 공급대가 = 공급가액 + 부가가치세(10%) = 공급가액 × 1.1
▶ 공급가액 = 공급대가 ÷ 1.1

2. 일자 : 9월 27일

유형	품목	수량	단가	공급가액	부가세	공급처	
61.현과	공장청소 수수료			300,000	30,000	00600	미우리상사
분개	1.현금	(출금) 531.수수료비용(제)				300,000	
		(출금) 135.부가세대급금				30,000	

▶ 공급가액 : 330,000 ÷ 1.1 = 300,000원 입력

3. 일자 : 9월 28일

유형	품목	수량	단가	공급가액	부가세	공급처	
61.현과	주유비			50,000	5,000	00123	춘천주유소
분개	1.현금	(출금) 822.차량유지비(판)				50,000	
		(출금) 135.부가세대급금				5,000	

▶ 공급가액 : 55,000 ÷ 1.1 = 50,000원 입력
▶ 배기량 1,000cc 이하 승용차의 구입, 유지 및 임차에 대한 부가가치세는 공제대상이다.

되짚으며 따라하기 – 현금면세매입

CHECK POINT

❖ 유형 62 : 현금면세매입
  (1) 현금영수증을 수취한 면세매입 거래

다음의 (주)기출산업의 기중 거래내역을 매입매출전표입력 메뉴에 입력하시오.

1 9월 29일 : 생산부서 사원들에게 선물로 지급하기 위해 이천쌀 50포대를 수락산슈퍼에서 구입하고 현금으로 1,200,000원을 결제하면서 현금영수증(지출증빙용)을 발급 받았다(승인번호 입력은 생략).

풀이

1. 일자 : 9월 29일

유형	품목	수량	단가	공급가액	부가세		공급처
62.현면	쌀			1,200,000		00173	수락산슈퍼
분개	1.현금	(출금) 511.복리후생비			1,200,000		

8 오류자료의 정정

되짚으며 따라하기 – 전표 입력의 정정

(주)기출산업의 일반전표입력 및 매입매출전표입력 메뉴에 입력된 내용 중 다음과 같은 오류가 발견되었다. 입력된 내용을 확인하여 정정하시오.

1 11월 14일 : 전자세금계산서를 발급한 제품매출은 (주)원단나라가 아니라 (주)영진전자에 대한 것이었다.

2 11월 22일 : (주)강원전자에서 매입한 원재료 매입단가는 5,000원이 아니라 7,000원으로 밝혀졌다. 단, 수량은 변화가 없었다.

3 11월 23일 : 지성자동차에서 본사 업무용 승용차(2000cc) 차량대금 20,000,000원(부가가치세 2,000,000원)을 구입하면서 전표유형을 51.과세로 처리하였다. 올바르게 수정하시오.

4 11월 24일 : 현금으로 지급한 운반비는 전액 원재료 구입과 관련된 운반비용 22,000원(부가가치세 포함)으로써 가로수(일반과세자)로부터 수기로 작성된 세금계산서를 발급받은 것이었다.

5 11월 28일 : 생산공장 건물의 일부 증축으로 인해 공사비 22,000,000원(부가가치세 포함)을 나라종합상사에 지급하였다. 대금은 당좌수표를 발행하여 지급하고, 전자세금계산서를 발급받았다. 본 거래는 건물의 자본적 지출임에도 불구하고 회계담당자는 수익적 지출로 회계처리하였다.

6 12월 2일 : 영업부서 직원의 식대 50,000원을 현금으로 지급한 것으로 회계처리하였는데, 이는 영업부서 거래처 직원의 결혼축의금으로 확인되었다.

7 12월 5일 : 현금으로 지급되었던 영업직원용 명함인쇄비용 80,000원이 생산직원용으로 회계처리 되어있다.

8 12월 8일 : 제조부서 직원을 위하여 확정급여형(DB형) 퇴직연금에 가입하고 보통예금에서 3,000,000원을 이체하여 불입하였으나, 회사에서는 확정기여형(DC형) 퇴직연금을 납부한 것으로 잘못 회계처리 되었다.

9 12월 10일 : 본사 세금과공과계정으로 처리한 출금거래 500,000원은 원재료 매입처 가로수에 원재료 계약금을 지급한 것으로 확인되었다.

10 12월 18일 : 영업부사무실 수도광열비로 74,500원을 현금 지급한 것으로 회계처리하였으나, 이는 제품을 제조하는 공장에서 발생한 수도요금 40,000원과 전기요금 34,500원으로 확인되었다.

11 12월 19일 : 보통예금에 입금된 금액은 (주)영민상회의 외상매출금이 회수된 것이 아니라, 12월 30일까지 (주)삼한에 제품을 공급하기로 약속하고 받은 계약금으로 확인되었다.

12 12월 21일 : 세금과공과으로 처리한 금액은 11월 25일 직원급여를 지급하면서 원천징수한 소득세를 납부한 것으로 확인되었다.

13 12월 22일 : 보통예금에서 지급한 750,400원은 영업부에서 매입한 컴퓨터(거래처 : 상훈상사)에 대한 지급액으로 확인결과 은행 이체수수료 400원이 포함되어 결제된 금액이었다.

풀이

1. 11월 14일 매입매출전표 수정

   거래처 142.(주)원단나라를 410.(주)영진전자로 수정입력.

2. 11월 22일 매입매출전표입력 수정

   원재료 매입단가 5,000원 → 7,000원으로 정정하여 공급가액 7,000,000원 부가가치세 700,000원으로 회계처리한다.

3. 11월 23일 매입매출전표입력 수정

   - 수정전 - 유형: 51.과세   거래처 : 지성자동차(00126)   분개 : 혼합
     (차) 차량운반구   20,000,000   (대) 미지급금   22,000,000
         부가세대급금   2,000,000
   - 수정후 - 유형: 54.불공   거래처 : 지성자동차   분개 : 혼합   불공제사유 : 3.
     (차) 차량운반구   22,000,000   (대) 미지급금   22,000,000

4. 11월 24일 일반전표입력에서 전표를 삭제한 후 매입매출전표입력에 입력

   - 수정전 : 11월 24일 일반전표입력
     (차) 운반비(판)   22,000   (대) 현   금   22,000
   - 수정후 : 11월 24일 매입매출전표입력
     유형: 51.과세, 공급가액: 20,000 세액: 2,000, 거래처: 가로수, 전자: 부, 분개: 현금(혼합)
     (차) 원재료   20,000   (대) 현   금   22,000
         부가세대급금   2,000

5. 11월 28일 매입매출전표입력 수정

   - 수정전 : 유형: 51.과세, 공급가액: 20,000,000, 거래처: 나라종합상사, 전자: 부, 분개: 혼합
     (차) 수선비(제)   20,000,000   (대) 당좌예금   22,000,000
         부가세대급금   2,000,000
   - 수정후 : 유형: 51.과세, 공급가액: 20,000,000, 거래처: 나라종합상사, 전자: 여, 분개: 혼합
     (차) 건   물   20,000,000   (대) 당좌예금   22,000,000
         부가세대급금   2,000,000

6. 12월 2일 일반전표입력 수정

   - 수정전 : (차) 복리후생비(판)   50,000   (대) 현   금   50,000
   - 수정후 : (차) 기업업무추진비(판)   50,000   (대) 현   금   50,000

7. 12월 5일 일반전표입력 수정

   - 수정전 : (차) 도서인쇄비(제)   80,000   (대) 현   금   80,000
   - 수정후 : (차) 도서인쇄비(판)   80,000   (대) 현   금   80,000

8. 12월 8일 일반전표입력 수정

• 수정전 : (차) 퇴직급여(제)	3,000,000	(대) 보통예금	3,000,000
• 수정후 : (차) 퇴직연금운용자산	3,000,000	(대) 보통예금	3,000,000

9. 12월 10일 일반전표입력 수정

• 수정전 : (차) 세금과공과(판)	500,000	(대) 현　금	500,000
• 수정후 : (차) 선급금(118.가로수)	500,000	(대) 현　금	500,000

10. 12월 18일 일반전표입력 수정

• 수정전 : (차) 수도광열비(판)	74,500	(대) 현　금	74,500
• 수정후 : (차) 가스수도료(제)	40,000	(대) 현　금	74,500
전력비(제)	34,500		

11. 12월 19일 일반전표입력 수정

• 수정전 : (차) 보통예금	450,000	(대) 외상매출금((주)영민상회)	450,000
• 수정후 : (차) 보통예금	450,000	(대) 선수금((주)삼한)	450,000

12. 12월 21일 일반전표입력 수정

• 수정전 : (차) 세금과공과(판)	126,000	(대) 현　금	126,000
• 수정후 : (차) 예수금	126,000	(대) 현　금	126,000

13. 12월 22일 일반전표입력 수정

• 수정전 : (차) 미지급금(상훈상사)	750,400	(대) 보통예금	750,400
• 수정후 : (차) 미지급금(상훈상사)	750,000	(대) 보통예금	750,400
수수료비용(판)	400		

9 부가가치세 관련 조회

되짚으며 따라하기 - 부가가치세신고서

다음의 물음에 대하여 적절한 메뉴를 조회하여 답하시오.

1. 제1기 부가가치세 예정신고기간(1월~3월)의 부가가치세 과세표준과 매출세액은 각각 얼마인가?

2. 제1기 부가가치세 예정신고기간(1월~3월)의 영세율과세표준 중 세금계산서 발급분은 얼마인가?

3. 제1기 부가가치세 예정신고기간(1월~3월)의 신용카드 및 현금영수증 과세매출액(부가가치세 포함)은 얼마인가?

4. 제1기 부가가치세 예정신고기간(1월~3월)의 부가가치세 납부세액 또는 환급세액은 얼마인가?

5. 제1기 부가가치세 예정신고기간(1월~3월)에 공제받을 수 있는 부가가치세 매입세액은 얼마인가?

6. 제1기 부가가치세 예정신고기간(1월~3월)에 부가가치세 매입세액 중 공제받지 못할 매입세액은 얼마인가?

7. 제1기 확정신고기간(4월~6월)의 부가가치세 신고시 예정신고누락분 영세율세금계산서 매출액은 얼마인가?

풀이

부가가치세신고서 조회(조회기간 1월 1일~3월 31일)

1. 과세표준 : 316,330,004원, 매출세액 : 29,238,000원
2. 영세율 과세표준(세금계산서 발급분) : 23,950,000원
3. 신용카드 및 현금영수증 과세매출액 : 26,994,000원(부가가치세포함)
4. 납부세액 : 4,459,000원
5. 공제받을 수 있는 매입세액 : 24,779,000원
6. 공제받지 못할 매입세액 : 500,000원
7. 부가가치세신고서(4월 1일-6월 30일) 조회 :
   기존에 저장된 데이터를 불러오시겠습니까? 에 반드시 예를 클릭하여야 한다.
   7.예정신고누락분에 커서를 놓고 35.영세율세금계산서 매출액 : 3,000,000원

되짚으며 따라하기 – 세금계산서합계표

다음의 물음에 대하여 적절한 메뉴를 조회하여 답하시오.

1. 제1기 부가가치세 예정신고기간의 매출세금계산서 총발급매수와 공급가액은 각각 얼마인가?
2. 제1기 부가가치세 예정신고기간(1월~3월)에 과세기간 종료일 다음달 11일까지 전송한 매출세금계산서 매수와 공급가액 합계액은 얼마인가?
3. 제1기 부가가치세 예정신고기간(1월~3월)의 매출세금계산서 매수가 가장 많은 거래처는?
4. 제1기 부가가치세 예정신고기간(1월~3월)의 정상으로 전자세금계산서를 수취한 매입건수와 공급가액은 얼마인가?
5. 제1기 부가가치세 예정신고기간(1월~3월)의 전자세금계산서를 수취하지 않은 매입건수와 공급가액은 얼마인가?

풀이

세금계산서합계표 조회(조회기간 1월~3월)

1. 매출세금계산서 총 발급매수 : 38매, 공급가액 : 291,790,000원(전체 데이터 선택)
2. 매출세금계산서매수 : 35매, 공급가액 : 267,370,000원(과세기간 종료일 다음 달 11일까지 선택)
3. 매출세금계산서 매수가 가장 많은 거래처 : (주)남동기기(165.)
4. 매입건수 : 26건, 공급가액 : 229,345,000원(과세기간 종료일 다음 달 11일까지 선택)
5. 매입건수 : 2건, 공급가액 : 2,745,000원(과세기간 종료일 다음 달 12일 이후 선택)

되짚으며 따라하기 – 매입매출장

다음의 물음에 대하여 적절한 메뉴를 조회하여 답하시오.

1 제1기 부가가치세 예정신고기간(1월~3월) 중 일반신용카드 사용으로 인해 부가가치세를 공제받은 세액은?

2 제1기 부가가치세 예정신고기간(1월~3월) 중 계산서를 수취하여 매입한 금액은 얼마인가?

3 제1기 부가가치세 예정신고기간 중 신용카드에 의하여 매출한 건수와 금액(부가가치세 제외)은 얼마인가?

4 제1기 부가가치세 예정신고기간(1월~3월)의 매입 중 영세율 전자세금계산서 매수와 매입액은 얼마인가?

풀이

매입매출장 조회(조회기간 1월 1일~3월 31일)

1. 매입(57.카과 조회) : 3,850,000원
2. 매입(53.면세 조회) : 45,030,000원
3. 매출(17.카과 조회) : 8건, 22,840,004원
4. 매입(52.영세 ①전자 조회) : 10매, 15,055,000원

10 결산재무제표

되짚으며 따라하기 - 결산

(주)기출산업의 기말정리사항은 다음과 같다.

1. 기말현재 당기비용으로 처리한 보험료(판) 중 기간미경과액은 400,000원이다.
2. 이자수익 중 다음연도 회계기간에 해당하는 금액은 2,400,000원이다.
3. 2026년 1월 20일에 지급할 이자 3,000,000원 중 당기에 귀속되는 금액은 2,200,000원이다.
4. 거래은행인 우리은행에 예치한 정기예금에 대하여 당기분 경과이자를 인식하다(예금액 100,000,000원, 예치일 2025년 5월 1일, 만기일 2027년 4월 30일, 연이자율 9%, 이자지급 매년 4월30일, 월할 계산할 것).
5. 영업부에서는 계속적으로 소모품 구입 시 7,000,000원 소모품비로 비용화하여 계상하고 결산시 미사용분을 자산으로 계상한다. 결산 시 영업부서로부터 미사용분으로 소모품 2,200,000원을 통보받았다.
6. 보유하고 있는 단기매매증권의 기말 현재 장부금액과 공정가치는 다음과 같다.

계정과목	장부금액	공정가치
단기매매증권	24,000,000원	24,120,000원

7. 단기차입금 중에는 ABC사의 외화단기차입금 12,000,000원(미화 $10,000)이 포함되어 있다(보고기간말 현재 적용환율 : 미화 $1당 1,050원).
8. 장부상 현금보다 실제 현금시재액이 과다하여 현금과부족으로 계상하였던 금액 100,000원에 대하여 결산일 현재에도 그 원인을 알 수 없어 당기 손익(영업외손익)으로 처리한다.
9. 재고자산의 기말재고액은 다음과 같다.

재고자산명	금액
원 재 료	8,000,000원
재 공 품	12,000,000원
제 품	24,000,000원

10. 무형자산(개발비) 당기 상각비는 1,000,000원이다.
11. 법인세등 예상액은 2,950,000원이며, 중간예납세액 1,800,000원과 이자소득에 대한 원천징수세액 46,200원은 선납세금으로 계상되어 있다(이외의 다른 자료는 무시한다).

> **풀이**

일반전표입력(12월 31일)에서 분개 입력

1. (차) 선급비용　　　　　　400,000　　　(대) 보험료(판)　　　　　　400,000
2. (차) 이자수익　　　　　2,400,000　　　(대) 선수수익　　　　　2,400,000
3. (차) 이자비용　　　　　2,200,000　　　(대) 미지급비용　　　　2,200,000
4. (차) 미수수익　　　　　6,000,000　　　(대) 이자수익　　　　　6,000,000

　　　미수수익 : $100,000,000 \times 9\% \times \dfrac{8}{12} = 6,000,000$원

5. (차) 소 모 품　　　　　2,200,000　　　(대) 소모품비　　　　　2,200,000
6. (차) 단기매매증권　　　　120,000　　　(대) 단기투자자산평가이익　120,000
7. (차) 단기차입금(ABC사)　1,500,000　　(대) 외화환산이익　　　1,500,000

　　　외화환산이익 : 12,000,000 - ($10,000 × 1,050) = 1,500,000원

8. (차) 현금과부족　　　　　100,000　　　(대) 잡 이 익　　　　　　100,000

결산자료입력에서 해당란에 입력

9. 기말재고액을 해당란에 입력
   - 기말원재료재고액 : 8,000,000원
   - 기말재공품재고액 : 12,000,000원
   - 기말제품재고액 : 24,000,000원 입력
10. 판매비와관리비 무형자산상각비란에 금액 입력
    - 개발비 : 1,000,000원 입력
11. 136.선납세금 란에 1,846,200원을 입력하고 998.추가계상액란에 미지급법인세를 계산하여 1,103,800원(=2,950,000-1,846,200)을 입력한다.
    ▶ 결산자료입력메뉴에서 해당란에 금액을 입력한 다음 반드시 F3 전표추가 키에 의해 결산분개를 생성시킨 다음 재무제표를 조회한다.

11 제장부의 조회

되짚으며 따라하기 – 일/월계표

다음의 물음에 대하여 적절한 메뉴를 조회하여 답하시오.

1. 3월에 발생된 판매비와 일반관리비 총액은 얼마인가?
2. 4월 30일의 일계표를 확인한 후 당일에 발생한 현금지출액과 금일 현금잔고(시재금액)를 각각 기재하시오.
3. 4.1 ~ 4.15 기간동안의 매출액은 얼마인가?
4. 6월 중 계상된 복리후생비 중 현금지출액은 얼마인가?
5. 4월부터 6월까지 제조원가(재료비는 무시할 것)가 가장 큰 월과 금액은 얼마인가?
6. 4월부터 6월까지의 제품 제조관련 노무비 총액은 얼마인가?

풀이

일/월계표 조회

1. 판매비및일반관리비 총액 : 9,492,500원
2. 4월 30일의 현금지출액 : 9,924,000원, 현금잔고 : 168,110,543원
3. 4/1~4/15기간의 매출액 : 104,216,000원
4. 6월 중 복리후생비 현금지출액 : 645,100원
   (제조원가 438,200원 + 판매관리비 206,900원)
5. 4월부터 6월까지 제조원가가 가장 큰 월과 금액 : 일계표(월계표)의 4월부터 6월까지 각 월별 조회하여 비교 : 6월 58,265,500원(4월 7,760,800원, 5월 6,260,500원)
6. 4월부터 6월 제조관련 노무비총액(월계표 조회) : 16,450,000원

되짚으며 따라하기 – 계정별원장(또는 총계정원장, 합계잔액시산표)

다음의 물음에 대하여 적절한 메뉴를 조회하여 답하시오.

1. 1월부터 5월까지 영업외비용은 얼마인가?
2. 1월~6월 중에서 지급어음 발행금액이 가장 큰 월과 금액은 얼마인가?
3. 1월부터 6월까지 수취한 받을어음 금액은 얼마인가?

> **풀이**
>
> 1. 합계잔액시산표(5월 31일) 조회 : 1,638,004원
> 2. 총계정원장 조회(지급어음계정 대변금액) : 5월, 25,000,000원
> 3. 총계정원장 1월~5월 조회(받을어음계정 전기이월을 제외한 차변합계) : 30,000,000원

되짚으며 따라하기 – 현금출납장

다음의 물음에 대하여 적절한 메뉴를 조회하여 답하시오.

1. 4월 28일 현재 현금 시재액은 얼마인가?
2. 3월 중(3.1 ~ 3.31) 현금 지출액은 얼마인가?
3. 1월 중 현금유입액과 현금유출액의 차이는 얼마인가?

> **풀이**
>
> 1. 현금출납장 또는 일계표 조회 : 162,734,543원
> 2. 현금출납장 3월 1일~3월 31일 조회(대변 월계) : 28,485,340원
> 3. 현금출납장 1월 1일~1월 31일 조회(입금월계-출금월계) : 93,450,000 - 66,524,357 = 26,925,643원

되짚으며 따라하기 – 거래처원장

다음의 물음에 대하여 적절한 메뉴를 조회하여 답하시오.

1. 3월 중 (주)영생상회에 대하여 외상매출금을 수령한 금액은 얼마인가?
2. 4월(4월 1일 ~ 30일) 동안 매입처 (주)고풍에 상환한 외상매입금은 얼마인가?

> **풀이**
>
> 1. 거래처원장(3월 1일~3월 31일) 108.외상매출금 (주)영생상회 대변금액 : 4,270,000원
> 2. 거래처원장(4월 1일~4월 30일) 251.외상매입금 (주)고풍 차변금액 : 4,000,000원

되짚으며 따라하기 – 재무제표

다음의 물음에 대하여 적절한 메뉴를 조회하여 답하시오.

1. 6월 30일 현재 현금및현금성자산 잔액은 얼마인가?
2. 6월 30일 현재 매입채무(외상매입금과 지급어음) 잔액은 얼마인가?
3. 전기말과 비교하여 5월 31일 현재 유동자산 증가액은 얼마인가?

풀이

1. 재무상태표(제출용) 6월 조회 현금및현금성자산 잔액 : 243,824,053원
2. 재무상태표(제출용) 6월 조회 매입채무 잔액 : 475,939,200원
3. 재무상태표 5월 조회 : 452,389,653원(=1,160,066,658원 – 707,677,005원)

CHAPTER 01 실전모의시험

㈜금왕전자(회사코드:5501)는 전자제품을 제조하여 판매하는 중소기업으로, 당기(제11기)의 회계기간은 2025.1.1.~2025.12.31.이다. 전산세무회계 수험용 프로그램을 이용하여 다음 물음에 답하시오.

| 기본전제 |

문제에서 한국채택국제회계기준을 적용하도록 하는 전제조건이 없는 경우, 일반기업회계기준을 적용하여 회계처리 한다.

Q1

다음은 기초정보관리 및 전기분재무제표에 대한 자료이다. 각각의 요구사항에 대하여 답하시오. (10점)

[1] 다음의 자료를 이용하여 거래처등록 메뉴에서 신규 거래처를 등록하시오(단, 주어진 자료 외의 다른 항목은 입력할 필요 없음). (3점)

- 거래처코드 : 7171
- 거래처명 : ㈜천천상사
- 대표자성명 : 이부천
- 유형 : 매출
- 업태 : 도매
- 종목 : 전자제품
- 사업자등록번호 : 129-86-78690
- 사업장 주소 : 인천광역시 계양구 경명대로 1077 로얄프라자 201호(계산동)
  (단, 주소 입력 시 우편번호 입력은 생략함.)

[2] ㈜금왕전자의 기초 채권 및 채무의 올바른 잔액은 다음과 같다. 거래처별초기이월 자료를 검토하여 오류가 있으면 삭제 또는 수정, 추가 입력하여 올바르게 정정하시오. (3점)

계정과목	거래처	금액
외상매출금	㈜대전전자	3,000,000원
	㈜목포전자	2,000,000원
외상매입금	손오공상사	1,500,000원
	사오정산업	800,000원
받을어음	㈜대구전자	300,000원

[3] 전기분 손익계산서를 검토한 결과 다음과 같은 오류가 발견되었다. 전기분재무상태표, 전기분손익계산서, 전기분원가명세서, 전기분잉여금처분계산서 중 관련된 부분을 수정하시오. (4점)

계정과목	틀린 내용	올바른 내용
소모품비	판매비와관리비로 2,000,000원을 과다계상함	제조원가로 2,000,000원을 추가 반영할 것

Q2 다음 거래 자료를 일반전표입력 메뉴에 추가 입력하시오(일반전표입력의 모든 거래는 부가가치세를 고려하지 말 것). (18점)

> **입력시 유의사항**
> - 일반적인 적요의 입력은 생략하지만, 타계정 대체거래는 적요번호를 선택하여 입력한다.
> - 채권·채무와 관련된 거래는 별도의 요구가 없는 한 반드시 기 등록되어 있는 거래처코드를 선택하는 방법으로 거래처명을 입력한다.
> - 제조경비는 500번대 계정코드를, 판매비와 관리비는 800번대 계정코드를 사용한다.
> - 회계처리시 계정과목은 별도제시가 없는 한 등록되어 있는 계정과목 중 가장 적절한 과목으로 한다.

[1] 7월 20일 회사가 보유하고 있던 매도가능증권(투자자산)을 다음과 같은 조건으로 처분하고 대금은 보통예금으로 회수하였다(단, 전기의 기말평가는 일반기업회계기준에 따라 처리하였다). (3점)

취득가액	2024년 말 공정가치	처분가액	비고
24,000,000원	28,000,000원	29,000,000원	시장성이 있다.

[2] 9월 26일 창고에 보관 중인 원재료 550,000원(원가)을 공장에서 사용 중인 기계장치의 수리를 위하여 사용하였다. (3점)

[3] 11월 4일 세금계산서를 발급할 수 없는 간이과세자인 일백토스트에서 공장 생산직 직원들의 간식용 토스트를 주문하였다. 대금은 현금으로 지급하고, 아래와 같은 영수증을 받았다(일반전표에 입력할 것). (3점)

일백토스트			
사업자번호 121-15-12340			김일백
경기도 이천시 가좌로1번길			TEL : 031-400-1158
홈페이지 http://www.kacpta.or.kr			
현금(지출증빙용)			
구매 2025/11/04/10:06			거래번호 : 150
상품명	단가	수량	금액
햄토스트	2,500원	4	10,000원
치즈토스트	2,000원	5	10,000원
합 계			20,000원
받 은 금 액			20,000원

[4] 11월 5일 전기에 대손이 확정되어 대손충당금과 상계처리하였던 ㈜대전전자의 외상매출금 500,000원이 회수되어 당사의 보통예금 계좌에 입금되었다. (3점)

[5] 11월 8일 기계장치 구입으로 인하여 부가가치세 제2기 예정신고기간에 발생한 부가가치세 환급금 10,300,000원이 보통예금 계좌로 입금되었다. 부가가치세 제2기 예정신고기간의 부가가치세 환급금은 미수금으로 회계처리를 하였다. (3점)

[6] 11월 30일 해외거래처인 ACE에 수출(선적일 : 11월 1일)한 제품에 대한 외상매출금 $2,000를 회수하였다. 외화로 회수한 외상매출금은 즉시 원화로 환전하여 당사 보통예금 계좌에 입금하였다. (3점)

- 2025년 11월 1일 환율 : 1,100원/$
- 2025년 11월 30일 환율 : 1,150원/$

Q3 다음 거래 자료를 매입매출전표입력 메뉴에 입력하시오. (18점)

입력시 유의사항
- 일반적인 적요의 입력은 생략하지만, 타계정 대체거래는 적요번호를 선택하여 입력한다.
- 별도의 요구가 없는 한 반드시 기 등록되어 있는 거래처코드를 선택하는 방법으로 거래처명을 입력한다.
- 제조경비는 500번대 계정코드를, 판매비와 관리비는 800번대 계정코드를 사용한다.
- 회계처리시 계정과목은 별도제시가 없는 한 등록되어 있는 계정과목 중 가장 적절한 과목으로 한다.
- 입력화면 하단의 분개까지 처리하고, 전자세금계산서 및 전자계산서는 전자입력으로 반영한다.

[1] 10월 16일 ㈜한국마트에서 대표이사 신윤철이 업무와 무관하게 개인적으로 이용하기 위하여 노트북 1대를 2,500,000원(부가가치세 별도)에 외상으로 구매하고 전자세금계산서를 받았다(단, 거래처를 입력할 것). (3점)

전자세금계산서

승인번호				20251016 - 15454645 - 58811886				

공급자	사업자등록번호	105-81-23608	종사업장번호		공급받는자	사업자등록번호	126-87-10121	종사업장번호	
	상호(법인명)	㈜한국마트	성명(대표자)	한만군		상호(법인명)	㈜금왕전자	성명(대표자)	신윤철
	사업장 주소	서울특별시 동작구 여의대방로 28				사업장 주소	경기도 이천시 가좌로1번길 21-26		
	업태	도소매	종목	전자제품		업태	제조,도소매	종목	전자제품
	이메일					이메일			

작성일자	공급가액	세액	수정사유	비고
2025-10-16	2,500,000원	250,000원	해당 없음	

월	일	품 목	규 격	수 량	단 가	공 급 가 액	세 액	비 고
10	16	노트북		1	2,500,000원	2,500,000원	250,000원	

합 계 금 액	현 금	수 표	어 음	외 상 미 수 금	위 금액을 (청구) 함
2,750,000원				2,750,000원	

[2] 10월 21일 ㈜송송유통에 제품을 판매하고 다음과 같이 전자세금계산서를 발급하였다. 판매대금 중 10,000,000원은 지주상사가 발행한 어음으로 받았고, 나머지는 다음 달에 받기로 하였다. (3점)

전자세금계산서						승인번호	20251021 - 15454645 - 58811886		
공급자	사업자등록번호	126-87-10121	종사업장번호		공급받는자	사업자등록번호	110-81-19066	종사업장번호	
	상호(법인명)	㈜금왕전자	성명(대표자)	신윤철		상호(법인명)	㈜송송유통	성명(대표자)	이송
	사업장 주소	경기도 이천시 가좌로1번길 21-26				사업장 주소	서울특별시 강남구 강남대로 30		
	업태	제조,도소매	종목	전자제품		업태	도소매	종목	전자제품
	이메일					이메일			

작성일자	공급가액	세액	수정사유	비고
2025-10-21	40,000,000원	4,000,000원	해당 없음	

월	일	품목	규격	수량	단가	공급가액	세액	비고
10	21	전자제품				40,000,000원	4,000,000원	

합계금액	현금	수표	어음	외상미수금	위 금액을 (청구) 함
44,000,000원			10,000,000원	34,000,000원	

[3] 11월 2일 ㈜이에스텍으로부터 공장 시설보호를 목적으로 CCTV 설치를 완료하고 전자세금계산서를 발급받았다. 대금총액 3,300,000원(부가가치세 포함) 중 현금으로 300,000원을 지급하였고, 나머지는 10회에 걸쳐 매달 말 균등 지급하기로 하였다(계정과목은 시설장치 과목을 사용할 것). (3점)

[4] 11월 27일 당사는 본사의 사옥을 신축할 목적으로 기존 건물이 있는 토지를 취득하고 즉시 건물을 철거한 후 ㈜철거로부터 전자세금계산서를 발급받았다. 구건물 철거 비용 33,000,000원(공급가액 30,000,000원, 세액 3,000,000원) 중 15,000,000원은 보통예금으로 지급하고, 나머지는 외상으로 하였다. (3점)

[5] 12월 01일 개인 소비자인 권지우씨에게 제품을 2,400,000원(부가가치세 별도)에 판매하고, 판매대금은 신용카드로 결제받았다. 단, 신용카드에 의한 판매는 매출채권으로 처리한다. (3점)

```
             카드매출전표
─────────────────────────────────
카 드 종 류 : 국민카드
회 원 번 호 : 2224-1222-****-1345
거 래 일 시 : 2025.12.1.  16:05:16
거 래 유 형 : 신용승인
매  출  액 : 2,400,000원
부 가 세 액 :   240,000원
합  계  액 : 2,640,000원
결 제 방 법 : 일시불
승 인 번 호 : 71999995
은 행 확 인 : 국민은행
가 맹 점 명 : ㈜금왕전자
           -이 하 생 략-
```

[6] 12월 20일 미국 소재 법인 dongho와 8월 4일 직수출 계약을 체결한 제품 $5,000의 선적을 완료하고, 수출대금은 차후에 받기로 하였다. 직수출 계약일의 기준환율은 1,180원/$, 선적일의 기준환율은 1,185원/$이다(수출신고번호 입력은 생략함). (3점)

Q4 일반전표입력 및 매입매출전표입력 메뉴에 입력된 내용 중 다음과 같은 오류가 발견되었다. 입력된 내용을 확인하여 수정 또는 삭제 추가 입력하여 오류를 정정하시오. (6점)

[1] 8월 25일 제1기 확정신고기간의 부가가치세 납부세액과 가산세 162,750원을 보통예금으로 납부하고 일반전표에서 세금과공과(판)으로 회계처리 하였다. 단, 6월 30일의 부가가치세 회계처리를 확인하고, 가산세는 세금과공과(판)으로 처리하시오. (3점)

[2] 10월 17일 ㈜이플러스로부터 구매한 스피커의 대금 2,200,000원을 보통예금 계좌에서 이체하고 일반전표에서 상품으로 회계처리 하였으나, 사실은 영업부 사무실에서 업무용으로 사용할 목적으로 구입하고 지출증빙용 현금영수증을 발급받은 것으로 확인되었다. 회사는 이를 비품으로 처리하고 매입세액공제를 받으려고 한다. (3점)

Q5 결산정리사항은 다음과 같다. 해당메뉴에 입력하시오. (9점)

[1] 외상매입금 계정에는 중국에 소재한 거래처 상하이에 대한 외상매입금 2,200,000원($2,000)이 포함되어 있다(결산일 현재 적용환율 : 1,120원/$). (3점)

[2] 7월 1일 전액 비용으로 회계처리한 보험료(제조부문 : 2,400,000원, 영업부문 : 1,500,000원)는 1년분(2025.7.1.~2026.6.30.) 보험료를 일시에 지급한 것으로, 보험료는 월할 계산한다. (3점)

[3] 9월 15일 가수금으로 처리한 2,550,000원에 대한 원인을 조사한 결과, 그 중 2,530,000원은 ㈜인천의 외상매출금을 회수한 것으로 밝혀졌다. 나머지 금액은 결산일 현재까지 그 차이의 원인을 알 수 없어 당기 수익(영업외수익)으로 처리하였다. (3점)

Q6 다음 사항을 조회하여 답안을 이론문제 답안작성 메뉴에 입력하시오. (9점)

[1] 1분기(1월~3월) 중 제품매출이 가장 많은 달(月)과 가장 적은 달(月)의 차이는 얼마인가? (단, 음수로 입력하지 말 것) (3점)

[2] 부가가치세 제1기 예정신고기간(1월~3월) 중 신용카드로 매입한 사업용 고정자산의 공급가액은 얼마인가? (3점)

[3] 6월 중 한일상회에서 회수한 외상매출금은 얼마인가? (3점)

CHAPTER 02 실전모의시험

㈜다모아전자(회사코드:5502)은 전자제품을 제조하여 판매하는 중소기업이며, 당기(제11기) 회계기간은 2025.1.1.~2025.12.31.이다. 전산세무회계 수험용 프로그램을 이용하여 다음 물음에 답하시오.

| 기본전제 |

문제에서 한국채택국제회계기준을 적용하도록 하는 전제조건이 없는 경우, 일반기업회계기준을 적용하여 회계처리 한다.

Q1 다음은 기초정보관리 및 전기분재무제표에 대한 자료이다. 각각의 요구사항에 대하여 답하시오. (10점)

[1] 거래처별 초기이월 자료를 검토하여 올바르게 수정 또는 추가 입력하시오. (3점)

계정과목	거래처	금액	재무상태표상 금액
외상매입금	남성산업기계	30,656,000원	56,656,000원
	세콤전자	26,000,000원	
미지급금	㈜고요상사	2,500,000원	3,800,000원
	㈜유앤아이	1,300,000원	

[2] 계정과목 및 적요 등록 메뉴에서 통신비(판매비및일반관리비) 계정의 대체전표 적요 3번에 "사무실 인터넷 사용료 지급"을 등록하시오. (3점)

[3] 전기 재무제표를 검토한 결과 다음과 같은 오류를 확인하였다. 관련된 전기분 재무제표를 적절히 수정하시오. (4점)

- 사회복지공동모금회에 대한 기부금 5,000,000원이 누락된 것으로 확인된다.

Q2 다음 거래 자료를 일반전표입력 메뉴에 추가 입력하시오(일반전표입력의 모든 거래는 부가가치세를 고려하지 말 것). (18점)

> **입력시 유의사항**
> - 일반적인 적요의 입력은 생략하지만, 타계정 대체거래는 적요번호를 선택하여 입력한다.
> - 채권·채무와 관련된 거래는 별도의 요구가 없는 한 반드시 기 등록되어 있는 거래처코드를 선택하는 방법으로 거래처명을 입력한다.
> - 제조경비는 500번대 계정코드를, 판매비와 관리비는 800번대 계정코드를 사용한다.
> - 회계처리시 계정과목은 별도제시가 없는 한 등록되어 있는 계정과목 중 가장 적절한 과목으로 한다.

[1] 9월 14일 제품 1세트(원가 400,000원)를 매출거래처에 견본품으로 무상 제공하다(단, 견본비 계정과목으로 회계처리할 것). (3점)

[2] 9월 30일 제2기 예정 부가가치세 신고(7/1~9/30)를 위해 부가세예수금 9,910,000원과 부가세대급금 11,230,000원을 상계 처리하고 환급받을 부가가치세 1,320,000원에 대하여 미수금 계정으로 회계처리 하였다(단, 거래처입력은 생략할 것). (3점)

[3] 10월 5일 독일의 AUTO사로부터 7월 5일에 외상으로 수입하였던 기계장치(유형자산)의 대금 $150,000의 지급기일이 되어 보통예금에서 지급하였다. 이에 대한 환율정보는 다음과 같다. (3점)

- 7월 5일 : $1 = 1,200원
- 10월 5일 : $1 = 1,100원

[4] 10월 15일 ㈜대광건설에 대한 미지급금 50,000,000원을 상환하기 위하여 받을어음(해피상사) 40,000,000원을 배서양도 하였으며, 나머지는 보통예금으로 지급하였다. (3점)

[5] 11월 13일 기업은행에서 차입한 장기차입금에 대한 원금 20,000,000원과 이자 300,000원을 보통예금 계좌에서 자동이체하여 지급하였다. (3점)

[6] 11월 17일 회사가 보유 중인 자기주식 전부를 25,000,000원에 처분하고 매각대금은 보통예금으로 받았다. 단, 처분 시점의 자기주식 장부금액은 23,250,000원이고 자기주식처분손실 계정의 잔액은 1,500,000원이다. (3점)

Q3 다음 거래 자료를 매입매출전표입력 메뉴에 입력하시오. (18점)

> **입력시 유의사항**
> - 일반적인 적요의 입력은 생략하지만, 타계정 대체거래는 적요번호를 선택하여 입력한다.
> - 별도의 요구가 없는 한 반드시 기 등록되어 있는 거래코드를 선택하는 방법으로 거래처명을 입력한다.
> - 제조경비는 500번대 계정코드를, 판매비와 관리비는 800번대 계정코드를 사용한다.
> - 회계처리시 계정과목은 별도제시가 없는 한 등록되어 있는 계정과목 중 가장 적절한 과목으로 한다.
> - 입력화면 하단의 분개까지 처리하고, 전자세금계산서 및 전자계산서는 전자입력으로 반영한다.

[1] 10월 11일 구매확인서에 의해 수출용제품에 대한 원재료(공급가액 44,000,000원)을 ㈜평산기업에서 매입하고 영세율전자세금계산서를 발급받았다. 매입대금은 3개월 만기의 당사 발행 약속어음으로 지급하였다. (3점)

[2] 10월 19일 제조부문에서 사용하는 기계장치의 수선비 165,000원을 다음과 같은 신용카드 매출전표로 결제하였다(단, 수선비에 대한 지출은 자산의 가치증가나 내용연수를 연장시키지 못함). (3점)

신 용 카 드 매 출 전 표

단말기번호	21293691	전표번호	223567
카드종류		거래종류	결제방법
신한카드		신용구매	일시불
회원번호(Card No)		취소시 원거래일자	
1140-2303-4255-8956			
유효기간		거래일시	품명
		2025.10.19	
전표제출		금 액/AMOUNT	150,000원
		부가세/VAT	15,000원
전표매입사		봉사료/TIPS	
		합 계/TOTAL	165,000원
거래번호		승인번호/(Approval No.) 9721245	
가맹점	㈜진진		
대표자	김영진	TEL	
가맹점번호		사업자번호	106-86-44955
주소	서울시 송파구 올림픽로 92		
		서명(Signature) ㈜다모아전자	

[3] 10월 30일 ㈜세무로부터 공급받았던 원재료 중 일부가 품질에 문제가 있어 반품하였으며, 회계처리는 외상매입금 계정과 상계하여 처리하기로 한다(분개금액은 (-)로 표시할 것). (3점)

전자세금계산서							승인번호		124589545252	
공급자	사업자등록번호	104-81-36565	종사업장번호		공급받는자	사업자등록번호	123-87-11024		종사업장번호	
	상호(법인명)	㈜세무	성명(대표자)	김지연		상호(법인명)	㈜다모아전자		성명	조서우
	사업장주소	인천시 계양구 작전동 420				사업장주소	경기도 군포시 고산로 679(산본동)			
	업태	제조/도소매	종목	전자제품		업태	도소매		종목	전자제품
	이메일					이메일				
작성일자		공급가액		세액			수정사유			
2025.10.30.		-7,000,000원		-700,000원			일부반품			
비고										

월	일	품목	규격	수량	단가	공급가액	세액	비고
10	30	원재료				-7,000,000원	-700,000원	

합계금액	현금	수표	어음	외상미수금	이 금액을 영수/청구 함
-7,700,000원				-7,700,000원	

[4] 11월 15일 러시아의 Moisa사에게 직수출로 제품을 $20,000(환율 $1 = 1,100원)에 판매하고 선적하였다. 대금은 한 달 후에 받기로 하였다. (3점)

[5] 12월 12일 당사 영업장 증축을 위하여 ㈜한국토건으로부터 토지를 150,000,000원에 취득하고 전자계산서를 발급받았다. 대금 중 50,000,000원은 당좌수표를 발행하여 지급하고, 나머지는 3개월 뒤에 지급하기로 하였다. (3점)

[6] 12월 15일 하나무역에 제품을 판매하고 다음과 같은 신용카드매출전표(비씨카드)로 결제 받았다. (3점)

매 출 전 표

단말기번호	11213692	전표번호	
카드종류 비씨카드		거래종류 신용구매	결제방법 일시불
회원번호(Card No) 4140-0202-3245-9989		취소시 원거래일자	
유효기간		거래일시 2025.12.15.	품명
전표제출		금 액/AMOUNT 부가세/VAT	2,000,000원 200,000원
전표매입사		봉사료/TIPS 합 계/TOTAL	2,200,000원
거래번호		승인번호/(Approval No.) 98421147	
가맹점 대표자 가맹점번호 주소	㈜다모아전자 조서우 경기도 군포시 고산로 679(산본동)	TEL 사업자번호	123-87-11024
		서명(Signature) 하나무역	

Q4 일반전표입력 및 매입매출전표입력 메뉴에 입력된 내용 중 다음과 같은 오류가 발견되었다. 입력된 내용을 확인하여 수정 또는 삭제 추가 입력하여 오류를 정정하시오. (6점)

[1] 9월 5일 보통예금에 입금된 ㈜태산정공의 외상매출금 회수액 5,500,000원을 제품매출에 대한 계약금으로 회계처리 하였다. (3점)

[2] 10월 4일 영업부에서 매출거래처 야유회를 지원하기 위해 ㈜성실로부터 현금으로 구매한 기념품 3,000,000원(부가가치세 별도, 전자세금계산서 수취)를 복리후생비로 회계처리 하였다. (3점)

Q5 결산정리사항은 다음과 같다. 해당메뉴에 입력하시오. (9점)

[1] 2025년 4월 1일에 2년 후에 이자(연 6%)와 원금을 일시 상환하는 조건으로 하나은행으로부터 100,000,000원을 차입하였는데 당기분 이자비용을 인식하기로 한다(단, 거래처입력은 생략하며, 월할계산 할 것). (3점)

[2] 기말 현재 당사가 단기 시세차익을 목적으로 취득한 ㈜삼전산업 주식의 취득원가 및 연도말 공정가액은 다음과 같다. 공정가액으로 평가하기로 한다. (3점)

주 식 명	2025.3.20.취득가액	2025.12.31.공정가액
㈜삼전산업	75,000,000원	81,000,000원

[3] 기말 현재 외상매출금과 받을어음 잔액에 대하여 각각 1%의 대손충당금을 보충법으로 설정하시오. (3점)

Q6 다음 사항을 조회하여 답안을 이론문제 답안작성 메뉴에 입력하시오. (9점)

[1] 3월 말 현재 유동자산은 전년도 12월 말 유동자산보다 얼마나 더 증가 하였는가?(양수로 표시할 것) (3점)

[2] 상반기 중 제품매출액이 가장 큰 달과 가장 적은 달의 차액은 얼마인가?(양수로 표시할 것) (3점)

[3] 1기 확정(4월~6월) 부가가치세 신고기간 중 현금영수증으로 매출 된 공급대가의 합계액은 얼마인가? (3점)

CHAPTER 03 실전모의시험

㈜옥산테크(회사코드:5503)은 운동기구를 제조하여 판매하는 중소기업이며, 당기(제9기) 회계기간은 2025. 1. 1. ~ 2025. 12. 31. 이다. 전산세무회계 수험용 프로그램을 이용하여 다음 물음에 답하시오.

| 기본전제 |

문제에서 한국채택국제회계기준을 적용하도록 하는 전제조건이 없는 경우, 일반기업회계기준을 적용하여 회계처리 한다.

Q1 다음은 기초정보관리 및 전기분재무제표에 대한 자료이다. 각각의 요구사항에 대하여 답하시오. (10점)

[1] 다음은 ㈜옥산테크의 사업자등록증이다. 기초정보관리의 회사등록 메뉴에 입력된 내용을 검토하여 누락분은 추가입력하고 잘못된 부분은 정정하시오(단, 주소 입력 시 우편번호는 입력하지 않아도 무방함). (3점)

사 업 자 등 록 증
(법인사업자)
등록번호 : 220-81-62517

법인명(단체명) : ㈜옥산테크
대표자 : 이필재

개업연월일 : 2017년 8월 14일   법인등록번호 : 110181-0095668
사업장 소재지 : 경상북도 경주시 강변로 214(성건동)
본점소재지 : 경상북도 경주시 강변로 214(성건동)
사업의 종류 : 업태 제조   종목 운동기구

발급사유 : 신규

사업자 단위 과세 적용사업자 여부 : 여( ) 부(∨)
전자세금계산서 전용 전자우편주소 :

2017 년 09 월 11 일

경 주 세 무 서 장

[2] 다음 자료를 보고 계정과목 및 적요등록에 반영하시오. (3점)

- 코드 : 853
- 성격 : 경비
- 계정과목 : 행사비
- 대체적요 : 1. 학회 행사비용 지급

[3] 외상매출금과 외상매입금의 초기이월은 다음과 같다. 거래처별초기이월 메뉴에서 수정 또는 추가 입력하시오. (4점)

구 분	거래처	올바른금액
외상매출금	㈜대원	2,000,000원
	㈜동백	4,500,000원
	㈜소백	2,000,000원
외상매입금	비바산업	-
	우송유통	43,000,000원
	공간기업	2,000,000원

Q2
다음 거래 자료를 일반전표입력 메뉴에 추가 입력하시오(일반전표입력의 모든 거래는 부가가치세를 고려하지 말 것). (18점)

입력시 유의사항
- 일반적인 적요의 입력은 생략하지만, 타계정 대체거래는 적요번호를 선택하여 입력한다.
- 채권ㆍ채무와 관련된 거래는 별도의 요구가 없는 한 반드시 기등록되어 있는 거래처코드를 선택하는 방법으로 거래처명을 입력한다.
- 제조경비는 500번대 계정코드를, 판매비와 관리비는 800번대 계정코드를 사용한다.
- 회계처리시 계정과목은 별도제시가 없는 한 등록되어 있는 계정과목 중 가장 적절한 과목으로 한다.

[1] 7월 3일   공장에서 사용 중인 기계장치 수리비로 15,000,000원을 ㈜한국의 보통예금으로 이체하였으며, 기계장치의 가치가 증가한 자본적지출이다. (3점)

[2] 7월 5일   태종빌딩과 전월에 체결한 본사 건물 임대차계약의 잔금일이 도래하여 임차보증금 50,000,000원 중 계약일에 지급한 5,000,000원을 제외한 45,000,000원을 보통예금 계좌에서 이체하였다(단, 하나의 전표로 처리할 것). (3점)

[3] 7월 7일   사무실에서 사용할 에어컨을 ㈜수연전자에서 2,000,000원에 구입하고 그 대금은 2주 후에 지급하기로 하였다. 에어컨 설치비용 250,000원은 보통예금 계좌에서 바로 지급하였다(단, 에어컨은 자산으로 처리할 것). (3점)

[4] 8월 6일   ㈜달리자의 외상매출금 10,000,000원 중 6,000,000원은 보통예금에 입금받았고, 나머지 4,000,000원은 자기앞수표로 받았다. (3점)

[5] 8월 19일   전자부품용 기계장치(취득가액 35,000,000원, 감가상각누계액 31,500,000원)를 성능저하로 폐기처분 하였다(당기의 감가상각비는 고려하지 않음). (3점)

[6] 11월 20일 제품의 판매용 사진 촬영을 위해서 손 모델인 이아람씨를 고용하고 수수료 3,000,000원 중 원천징수세액 99,000원을 제외한 나머지 금액을 보통예금 계좌에서 지급하였다(단, 수수료비용 계정과목은 판매비와 관리비 항목을 사용할 것). (3점)

Q3 다음 거래 자료를 매입매출전표입력 메뉴에 입력하시오. (18점)

입력시 유의사항
- 일반적인 적요의 입력은 생략하지만, 타계정 대체거래는 적요번호를 선택하여 입력한다.
- 별도의 요구가 없는 한 반드시 기 등록되어 있는 거래처코드를 선택하는 방법으로 거래처명을 입력한다.
- 제조경비는 500번대 계정코드를, 판매비와 관리비는 800번대 계정코드를 사용한다.
- 회계처리시 계정과목은 별도제시가 없는 한 등록되어 있는 계정과목 중 가장 적절한 과목으로 한다.
- 입력화면 하단의 분개까지 처리하고, 전자세금계산서 및 전자계산서는 전자입력으로 반영한다.

[1] 8월 7일   생산부서에서 회식을 하고 법인체크카드(비씨)로 결제하자마자 바로 보통예금에서 인출되었다. (3점)

```
단말기번호
8002124738                    120524128234
카드종류
IBK비씨카드                    신용승인
카드번호
2224-1222-1014-1345
판매일자
2025/08/07 13:52:46
거래구분
일시불                        금액         300,000원
은행확인                      세금          30,000원
비씨
판매자                        봉사료             0원
                              합계         330,000원
대표자
이성수
사업자등록번호
117-09-52793
가맹점명
동보성
가맹점주소
서울 양천구 신정4동 973-12
                              서명
                                    Semusa
```

[2] 10월 1일 천안 제1공장에서 사용하던 기계장치(취득가액 50,000,000원, 감가상각누계액 40,000,000원)을 ㈜재생에 4,400,000원(부가가치세 포함)에 매각하고 현금영수증을 발급하였다. 매각대금은 전액 자기앞수표로 받았다. (3점)

[3] 10월 11일 희망상사에 제품을 판매하고 다음과 같이 전자세금계산서를 발급하였다. (3점)

전자세금계산서

승인번호: 20251011-10000-009329

공급자
- 사업자등록번호: 220-81-62517
- 종사업장번호:
- 상호(법인명): ㈜옥산테크
- 성명(대표자): 이필재
- 사업장주소: 경상북도 경주시 강변로 214
- 업태: 제조
- 종목: 운동기구
- 이메일:

공급받는자
- 사업자등록번호: 127-44-61631
- 종사업장번호:
- 상호(법인명): 희망상사
- 성명: 김마리
- 사업장주소: 서울시 마포구 광성로 11
- 업태: 도매
- 종목: 운동기구
- 이메일:

작성일자	공급가액	세액	수정사유
2025.10.11	5,000,000원	500,000원	

비고:

월	일	품목	규격	수량	단가	공급가액	세액	비고
10	11	A제품		100	50,000원	5,000,000원	500,000원	

합계금액	현금	수표	어음	외상미수금	이 금액을 영수/청구 함
5,500,000원	3,500,000원			2,000,000원	

[4] 10월 30일 다음은 구매한 원재료에 하자가 있어 반품을 한 후 발급받은 수정세금계산서이다. 수정세금계산서 수취와 동시에 원재료 및 외상매입금과 상계처리하였다. (3점)

수정전자세금계산서(공급받는자 보관용)

승인번호: 20251030-21852-17459

공급자
- 사업자등록번호: 484-81-88130
- 종사업장번호:
- 상호(법인명): ㈜한강
- 성명(대표자): 김서울
- 사업장주소: 경기도 광명시 광명로 58(가학동)
- 업태: 제조, 도소매
- 종목: 원목
- 이메일:

공급받는자
- 사업자등록번호: 220-81-62517
- 종사업장번호:
- 상호(법인명): ㈜옥산테크
- 성명: 이필재
- 사업장주소: 경상북도 경주시 강변로 214
- 업태: 제조
- 종목: 운동기구
- 이메일:

작성일자	공급가액	세액	수정사유
2025. 10. 30.	-3,000,000원	-300,000원	

비고:

월	일	품목	규격	수량	단가	공급가액	세액	비고
10	30	철강원자재(원재료)		-100	30,000원	-3,000,000원	-300,000원	

합계금액	현금	수표	어음	외상미수금	이 금액을 영수/청구 함
-3,300,000원				-3,300,000원	

[5] 11월 10일   ㈜남서울로부터 원재료를 13,200,000원(부가가치세 포함)에 매입하고 전자세금계산서를 받았다. 매입대금 중 11월 1일에 지급한 선급금 1,000,000원을 제외한 나머지 금액을 보통예금에서 이체하였다(단, 하나의 전표로 처리할 것).   (3점)

[6] 11월 19일   일본의 미즈노사에 수출제품(공급가액 ￥2,000,000)을 다음과 같이 직접 납품(선적)하고, 선수 계약금을 제외한 잔여대금은 11월 말일에 받기로 하였다. 수출신고번호 입력은 생략한다.   (3점)

거래일자	외화	기준환율	거래내역
11월 9일	￥100,000	1,055원/￥100	계약금이 입금되었으며 외화 보통예금에 외화로 보유 중
11월 19일	￥1,900,000	1,100원/￥100	수출제품 전체 선적됨.

Q4
일반전표입력 및 매입매출전표입력 메뉴에 입력된 내용 중 다음과 같은 오류가 발견되었다. 입력된 내용을 확인하여 정정하시오.   (6점)

[1] 8월 10일   본사 판매부서가 사용하고 있는 화물자동차에 대해 ㈜만능공업사에서 정비를 받으면서 583,000원(부가가치세 포함)을 현금으로 결제하고 현금영수증을 발급받았다. 회계담당자는 매입세액을 공제받지 못하는 것으로 처리하여 일반전표에 입력하였다.   (3점)

[2] 12월 20일   대한적십자사에 현금으로 기부한 30,000원이 세금과공과(판매비와 관리비)로 처리되어 있음을 확인하였다.   (3점)

Q5
결산정리사항은 다음과 같다. 해당메뉴에 입력하시오. 결산자료입력 메뉴를 통해 입력한 내용은 반드시 전표추가를 통해 전표를 발행하시오.   (9점)

[1] 기말 현재 당사가 장기투자를 목적으로 보유하고 있는 ㈜하나가 발행한 주식의 취득원가, 전년도 말 및 당해연도 말 공정가액은 다음과 같다. 단, 하나의 전표로 입력할 것.   (3점)

주식명	취득원가	전년도 말 공정가액	당해연도 말 공정가액
㈜하나 보통주	30,000,000원	32,000,000원	28,000,000원

[2] 기말(12월 31일) 현재 장기차입금 현황은 다음과 같다. (3점)

구분	금액	차입일자	상환(예정)일자	거래처
장기차입금1	15,000,000원	2022. 12. 1	2027. 12. 1	국민은행
장기차입금2	25,000,000원	2021. 7. 1	2026. 6. 30	한일물산

[3] 당사는 매 회계연도 말에 외상매출금과 받을어음 잔액의 1%를 대손충당금으로 설정하고 있다. 이에 대한 기말 수정분개를 입력하시오(당기에 발생한 대손채권은 없는 것으로 가정하며, 대손충당금 설정에 필요한 정보는 관련 데이터를 조회하여 사용할 것). (3점)

Q6 다음 사항을 조회하여 답안을 이론문제 답안작성 메뉴에 입력하시오. (9점)

[1] 제1기 확정신고기간(4월~6월)의 세금계산서 수취분 중 고정자산매입을 제외한 일반매입의 세액은 얼마인가? (3점)

[2] 2월 원재료 매입액은 얼마인가? (3점)

[3] 제1기 확정 부가가치세 신고에 반영된 내역 중 6월에 카드로 매출 된 공급대가는 얼마인가? (3점)

CHAPTER 04 실전모의시험

㈜일진자동차(회사코드:5504)는 자동차특장을 제조하여 판매하는 중소기업으로, 당기(제10기)의 회계기간은 2025.1.1.~2025.12.31.이다. 전산세무회계 수험용 프로그램을 이용하여 다음 물음에 답하시오.

| 기본전제 |

문제에서 한국채택국제회계기준을 적용하도록 하는 전제조건이 없는 경우, 일반기업회계기준을 적용하여 회계처리 한다.

Q1 다음은 기초정보관리 및 전기분재무제표에 대한 자료이다. 각각의 요구사항에 대하여 답하시오. (10점)

[1] 다음은 ㈜일진자동차의 사업자등록증이다. 회사등록 메뉴에 입력된 내용을 검토하여 누락분은 추가입력하고 잘못된 부분은 정정하시오(주소입력 시 우편번호는 입력하지 않아도 무방함). (3점)

사 업 자 등 록 증
(법인사업자)　　

등록번호 : 134-86-81692

법 인 명 (단 체 명) : ㈜일진자동차
대　　표　　자 : 김일진
개 업 연 월 일 : 2016년 05월 06일　　법인등록번호 : 110111-1390212
사 업 장 소 재 지 : 경기도 화성시 송산면 마도북로 40
본 점 소 재 지 : 경기도 화성시 송산면 마도북로 40
사 업 의 종 류 : 업태　제조업　　　종목　자동차특장
발　 급　 사　 유 : 신규

사업자 단위 과세 적용사업자 여부 : 여( )　부(∨)
전자세금계산서 전용 전자우편주소 :

2016 년 05 월 04 일
화 성 세 무 서

[2] 다음 자료를 이용하여 아래의 계정과목에 대한 적요를 추가로 등록하시오. (3점)

- 계정과목 : 831. 수수료비용
- 현금적요 : (적요NO. 8) 오픈마켓 결제대행 수수료

[3] 전기분 재무제표 중 아래의 계정과목에서 다음과 같은 오류를 발견하였다. 수정 후 잔액이 되도록 적절하게 관련 재무제표를 모두 수정하시오. (4점)

부서	계정과목	수정 전 잔액	수정 후 잔액
영업부	수도광열비	3,300,000원	2,750,000원
생산부	가스수도료	7,900,000원	8,450,000원

Q2 다음 거래 자료를 일반전표입력 메뉴에 추가 입력하시오. (일반전표입력의 모든 거래는 부가가치세를 고려하지 말 것) (18점)

입력시 유의사항

- 일반적인 적요의 입력은 생략하지만, 타계정 대체거래는 적요번호를 선택하여 입력한다.
- 채권·채무와 관련된 거래는 별도의 요구가 없는 한 반드시 기 등록되어 있는 거래처코드를 선택하는 방법으로 거래처명을 입력한다.
- 제조경비는 500번대 계정코드를, 판매비와 관리비는 800번대 계정코드를 사용한다.
- 회계처리시 계정과목은 별도제시가 없는 한 등록되어 있는 계정과목 중 가장 적절한 과목으로 한다.

[1] 7월 30일   제품을 판매하고 ㈜초코로부터 받은 약속어음 5,000,000원을 만기가 도래하기 전에 보람은행에 할인하고, 할인료 30,000원을 차감한 후 보통예금 계좌로 입금되었다(단, 매각거래로 처리할 것). (3점)

[2] 8월 10일   7월분 국민연금보험료를 현금으로 납부하였다. 납부한 총금액은 540,000원이며, 이 중 50%는 직원 부담분이고, 나머지 50%는 회사부담분(제조부문 직원분:180,000원, 관리부문 직원분:90,000원)이다. 단, 회사부담분은 세금과공과로 처리한다. (3점)

[3] 9월 26일 우리은행에 예치한 정기예금 50,000,000원의 만기일이 도래하여 정기예금 이자에 대한 원천징수세액을 차감한 후 보통예금 계좌로 입금되었다(단, 원천징수세액은 자산으로 처리할 것). (3점)

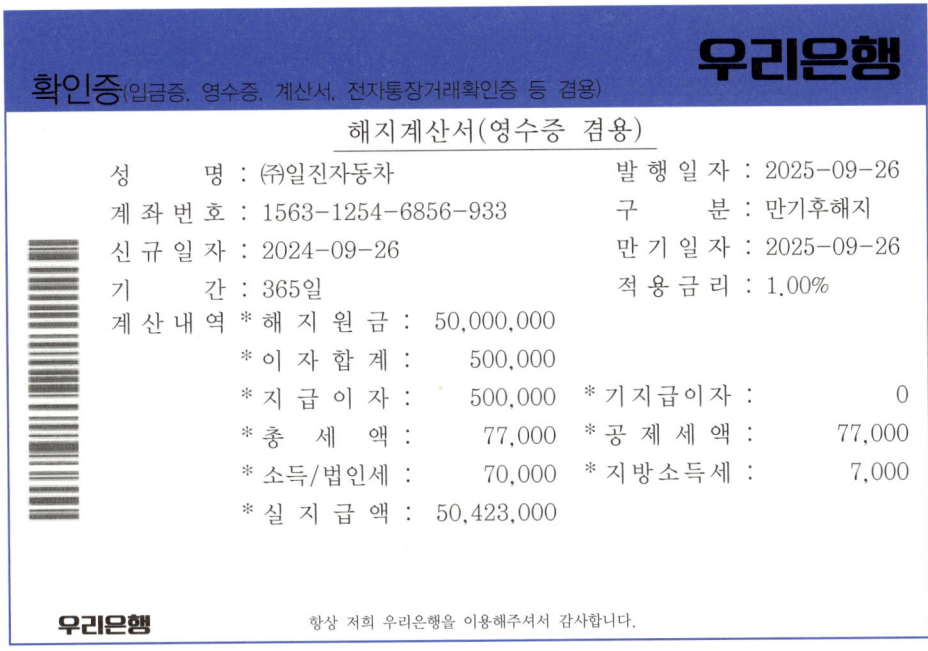

[4] 10월 26일 주당 발행금액 6,000원에 유상증자를 실시하여 신주 10,000주(주당 액면금액 5,000원)를 발행하였으며, 주금납입액은 보통예금 계좌에 입금되었다. 단, 증자 전 주식할인발행차금 계정의 잔액은 1,000,000원이다. (3점)

[5] 10월 29일 아주중고로부터 매입한 원재료에 대한 매입운임 50,000원을 현금으로 지급하였다. (3점)

[6] 11월 8일 제조부문이 사용하고 있는 건물의 증축공사에서 발생한 인건비 15,000,000원을 보통예금 계좌에서 이체하여 지급하였다(단, 해당 비용은 자본적지출에 해당하며, 해당 인건비에 대해 원천징수를 하지 않는다고 가정한다). (3점)

Q3 다음 거래 자료를 매입매출전표입력 메뉴에 입력하시오. (18점)

입력시 유의사항
- 일반적인 적요의 입력은 생략하지만, 타계정 대체거래는 적요번호를 선택하여 입력한다.
- 별도의 요구가 없는 한 반드시 기등록되어 있는 거래처코드를 선택하는 방법으로 거래처명을 입력한다.
- 제조경비는 500번대 계정코드를, 판매비와 관리비는 800번대 계정코드를 사용한다.
- 회계처리시 계정과목은 별도제시가 없는 한 등록되어 있는 계정과목 중 가장 적절한 과목으로 한다.
- 입력화면 하단의 분개까지 처리하고, 전자세금계산서 및 전자계산서는 전자입력으로 반영한다.

[1] 9월 30일   제조부문이 사용하는 기계장치의 원상회복을 위한 수선을 하고 수선비 330,000원을 전액 하나카드로 결제하고 다음의 매출전표를 수취하였다(미지급금으로 회계처리 할 것). (3점)

매 출 전 표

단말기번호	11213692	전표번호	234568
카드종류		거래종류	결제방법
하나카드		신용구매	일시불
회원번호(Card No)		취소시 원거래일자	
4140-0202-3245-9959			
유효기간		거래일시	품명
2027.12.31.		2025.09.30.	기계수선
전표제출		금 액/AMOUNT	300,000
		부 가 세/VAT	30,000
전표매입사		봉 사 료/TIPS	
		합 계/TOTAL	330,000
거래번호		승인번호/(Approval No.) 98421147	

가 맹 점   ㈜다고쳐
대 표 자   김세무   TEL   031-628-8624
가맹점번호 3685062   사업자번호 204-19-76690
주   소   경기 성남시 수정구 고등동 525-5

서명(Signature)
㈜일진자동차

[2] 10월 11일 아재자동차로부터 원재료 운반용 화물자동차를 매입하고 전자세금계산서를 발급받았으며, 대금 중 3,300,000원은 보관 중인 ㈜삼진의 약속어음을 배서하여 지급하고, 잔액은 외상으로 하였다. (3점)

전자세금계산서

승인번호	20251011-1000000-00009329

공급자	사업자등록번호	519-15-00319	종사업장번호		공급받는자	사업자등록번호	134-86-81692	종사업장번호	김일진
	상호(법인명)	아재자동차	성명(대표자)	김아재		상호(법인명)	㈜일진자동차	성명(대표자)	
	사업장 주소					사업장 주소	경기도 화성시 송산면 마도북로 40		
	업태	제조,도매	종목	자동차, 부품		업태	제조	종목	자동차특장
	이메일					이메일			

작성일자	공급가액	세액	수정사유	비고
2025-10-11	6,000,000원	600,000원	해당 없음	

월	일	품목	규격	수량	단가	공급가액	세액	비고
10	11	화물자동차				6,000,000원	600,000원	

합계금액	현금	수표	어음	외상미수금	이 금액을 영수 함 청구
6,600,000원			3,300,000원	3,300,000원	

[3] 10월 15일 미국에 소재한 ANGEL사로부터 수입한 원재료에 대하여 수입전자세금계산서 (공급가액 5,000,000원, 부가가치세 500,000원)을 인천세관으로부터 발급받고, 이에 관한 부가가치세를 보통예금 계좌에서 이체하였다. (3점)

[4] 11월 4일 ㈜삼양안전으로부터 제조부문에서 사용할 안전용품을 구입하고 아래의 전자세금계산서를 발급받았다. 단, 안전용품은 소모품(자산) 계정을 사용하여 회계처리한다. (3점)

전자세금계산서

승인번호	20251104-1000000-00009331

공급자	사업자등록번호	109-81-33518	종사업장번호		공급받는자	사업자등록번호	134-86-81692	종사업장번호	
	상호(법인명)	㈜삼양안전	성명(대표자)	이수진		상호(법인명)	㈜일진자동차	성명(대표자)	김일진
	사업장 주소	경기도 의정부시 부자로 11				사업장 주소	경기도 화성시 송산면 마도북로 40		
	업태	도소매	종목	목재		업태	제조	종목	자동차특장
	이메일					이메일			

작성일자	공급가액	세액	수정사유	비고
2025-11-04	1,600,000원	160,000원	해당 없음	

월	일	품목	규격	수량	단가	공급가액	세액	비고
11	04	안전용품				1,600,000원	160,000원	

합계금액	현금	수표	어음	외상미수금	이 금액을 영수 함 청구
1,760,000원	300,000원			1,460,000원	

[5] 11월 14일 제조부문에서 사용하던 기계장치(취득원가 50,000,000원, 감가상각누계액 43,000,000원)를 인천상사에 5,000,000원(부가가치세 별도)에 매각하면서 전자세금계산서를 발급하였으며, 대금 중 부가가치세는 현금으로 받고, 나머지는 전액 인천상사가 발행한 약속어음으로 수령하였다. (3점)

[6] 11월 22일 매출처인 ㈜성남의 야유회에 증정할 물품으로 미래마트에서 음료수 550,000원(부가가치세 포함)을 구입하고 전자세금계산서를 발급받고, 대금은 보통예금 계좌에서 이체하여 지급하였다. (3점)

Q4 일반전표입력 및 매입매출전표입력 메뉴에 입력된 내용 중 다음과 같은 오류가 발견되었다. 입력된 내용을 확인하여 수정 또는 삭제 추가 입력하여 오류를 정정하시오. (6점)

[1] 7월 3일 ㈜한성전자의 부도로 미수금 잔액 10,000,000원이 회수불능되어 전액 대손처리하였으나, 확인 결과 ㈜한성전자의 미수금이 아니라 ㈜성한전기의 미수금이며, 부도 시점에 미수금에 대한 대손충당금 잔액 1,000,000원이 있었던 것으로 확인된다. (3점)

[2] 11월 29일 일시 보유목적으로 시장성 있는 태평상사의 주식 100주를 주당 10,000원에 취득하면서 취득과정에서 발생한 수수료 10,000원도 취득원가로 회계처리 하였다. (3점)

Q5 결산정리사항은 다음과 같다. 해당메뉴에 입력하시오. (9점)

[1] 국민은행의 정기예금에 대한 기간경과분 이자수익을 인식하다(단, 월할로 계산할 것). (3점)

- 예금금액 : 60,000,000원
- 예금기간 : 2년(2025.10.01.~2027.09.30.)
- 연이자율 : 2%
- 이자지급일 : 연 1회(매년 9월 30일)

[2] 10월 5일 영업부문에서 사용할 소모품 500,000원을 구입하고 자산으로 회계처리 하였다. 결산일 현재 소모품 사용액은 350,000원이다. (3점)

[3] 결산일 현재 외상매출금 잔액의 1%에 대하여 대손이 예상된다. 보충법에 의하여 대손충당금 설정 회계처리를 하시오(단, 대손충당금 설정에 필요한 정보는 관련 데이터를 조회하여 사용할 것). (3점)

다음 사항을 조회하여 답안을 이론문제 답안작성 메뉴에 입력하시오. (9점)

[1] 제1기 부가가치세 확정신고기간(4월~6월) 중 매입세액을 공제받지 않은 공급가액은 얼마인가? (3점)

[2] 제1기 부가가치세 예정신고기간(1월~3월)과 확정신고기간(4월~6월)의 매출세금계산서 발급 매수의 차이는 얼마인가? (단, 답이 음수인 경우에도 양수로 입력한다.) (3점)

[3] 4월(4월 1일~4월 30일) 중 외상매출금 회수액은 얼마인가? (3점)

CHAPTER 05 실전모의시험

㈜광주기계(회사코드:5505)는 기계부품을 제조하여 판매하는 중소기업으로 당기(제11기)의 회계기간은 2025.1.1.~2025.12.31.이다. 전산세무회계 수험용 프로그램을 이용하여 다음 물음에 답하시오.

| 기본전제 |

- 문제에서 한국채택국제회계기준을 적용하도록 하는 전제조건이 없는 경우, 일반기업회계기준을 적용하여 회계처리 한다.
- 문제의 풀이와 답안작성은 제시된 문제의 순서대로 진행한다.

Q1. 다음은 기초정보관리 및 전기분재무제표에 대한 자료이다. 각각의 요구사항에 대하여 답하시오. (10점)

[1] 다음의 신규 거래처를 거래처등록 메뉴를 이용하여 추가로 등록하시오. (3점)

- 거래처코드 : 1001
- 거래처명 : ㈜보석상사
- 사업자등록번호 : 108-81-13579
- 대표자 : 송달인
- 업태 : 제조
- 종목 : 금속가공
- 유형 : 동시
- 사업장주소 : 경기도 여주시 세종로 14(홍문동)
※ 주소 입력 시 우편번호 입력은 생략해도 무방함.

[2] 계정과목및적요등록 메뉴에서 복리후생비(판매비및일반관리비) 계정의 대체적요 3번에 "임직원피복비 미지급"을 등록하시오. (3점)

[3] 전기분 재무제표를 검토한 결과 다음과 같은 오류를 확인하였다. 이와 관련된 전기분 재무제표를 적절히 수정하시오. (4점)

> 외주가공비(제조원가에 속함) 5,500,000원이 누락된 것으로 확인된다.

Q2 다음 거래 자료를 일반전표입력 메뉴에 추가 입력하시오(일반전표입력의 모든 거래는 부가가치세를 고려하지 말 것). (18점)

> **입력시 유의사항**
> - 일반적인 적요의 입력은 생략하지만, 타계정 대체거래는 적요번호를 선택하여 입력한다.
> - 채권ㆍ채무와 관련된 거래는 별도의 요구가 없는 한 반드시 기 등록되어 있는 거래코드를 선택하는 방법으로 거래처명을 입력한다.
> - 제조경비는 500번대 계정코드를, 판매비와 관리비는 800번대 계정코드를 사용한다.
> - 회계처리시 계정과목은 별도제시가 없는 한 등록되어 있는 계정과목 중 가장 적절한 과목으로 한다.

[1] 7월 10일 ㈜서창상사의 외상매출금 10,000,000원을 ㈜서창상사가 보유하고 있던 약속어음(㈜신흥기전 발행) 10,000,000원으로 배서양도 받다. (3점)

[2] 8월 8일 지난달 근로소득 지급액에 대한 원천징수세액인 예수금 220,000원 중 200,000원은 보통예금으로 납부하고, 나머지는 현금으로 납부하다(단, 하나의 전표로 처리하되, 거래처명은 기재하지 말 것). (3점)

[3] 9월 30일 창고에 보관 중인 제품 7,200,000원이 화재로 인하여 소실되다. 당사는 화재보험에 가입되어 있지 않다. (3점)

[4] 10월 20일 ㈜상록에 판매한 제품을 화물차로 발송하면서 운임비 250,000원을 현금으로 지급하고 운송장을 발급받다. (3점)

[5] 11월 8일 보유하고 있던 자기주식 중 300주(주당 액면금액 1,000원, 주당 취득가액 1,500원)을 주당 1,300원에 처분하고, 처분대금은 모두 현금으로 수취하다(처분 전 자기주식처분이익 계정 잔액은 없는 것으로 하며, 하나의 전표로 처리할 것). (3점)

[6] 12월 26일 연말 불우이웃돕기 성금으로 현금 3,000,000원을 지급하다. (3점)

Q3 다음 거래 자료를 매입매출전표입력 메뉴에 입력하시오. (18점)

입력시 유의사항

- 일반적인 적요의 입력은 생략하지만, 타계정 대체거래는 적요번호를 선택하여 입력한다.
- 별도의 요구가 없는 한 반드시 기 등록되어 있는 거래처코드를 선택하는 방법으로 거래처명을 입력한다.
- 제조경비는 500번대 계정코드를, 판매비와 관리비는 800번대 계정코드를 사용한다.
- 회계처리시 계정과목은 별도제시가 없는 한 등록되어 있는 계정과목 중 가장 적절한 과목으로 한다.
- 입력화면 하단의 분개까지 처리하고, 전자세금계산서 및 전자계산서는 전자입력으로 반영한다.

[1] 8월 25일 영업부의 거래처인 맘모스 물산의 사업장 확장 이전을 축하하기 위하여 축하화환을 현금으로 구입하고 아래의 전자계산서를 발급받다. (3점)

전자계산서

승인번호			20250825 - 15454645 - 58811886					

공급자
- 등록번호: 105-92-25728
- 종사업장번호:
- 상호(법인명): 남동꽃도매시장
- 성명(대표자): 한다발
- 사업장 주소: 인천광역시 남동구 인하로 501
- 업태: 도소매
- 종목: 화훼류
- 이메일:

공급받는자
- 등록번호: 211-87-10230
- 종사업장번호:
- 상호(법인명): ㈜광주기계
- 성명(대표자): 안효섭
- 사업장 주소: 서울시 송파구 도곡로 434
- 업태: 제조
- 종목: 기계부품
- 이메일:

작성일자	공급가액	세액	수정사유	비고
2025-08-25	200,000원	해당 없음		

월	일	품 목	규격	수량	단가	공급가액	세액	비고
08	25	화환		1		200,000원		

합계금액	현금	수표	어음	외상미수금	
200,000원	200,000원				위 금액을 (영수) 함

[2] 9월 5일 공장부지로 사용할 토지의 취득으로 발생한 중개수수료 5,500,000원(부가가치세 포함)을 ㈜한화공인중개법인에 보통예금으로 지급하고 전자세금계산서를 발급받다. (3점)

[3] 11월 15일 최종소비자인 이영수 씨에게 제품을 현금으로 판매하고 다음과 같은 현금영수증을 발급하다(단, 거래처를 입력할 것). (3점)

	㈜광주기계	
사업자번호 211-87-10230		안효섭
서울시 송파구 도곡로 434		TEL : 02-520-1234

현금영수증(소득공제용)

구매 2025/11/15/10:46 거래번호 : 0026-0107

상품명	수량	금액
2043655000009	1	968,000원
202511150105	과 세 물 품 가 액	880,000원
	부 가 가 치 세 액	88,000원
	합 계	968,000원
	받 은 금 액	968,000원

[4] 11월 19일 ㈜연기실업에 당사가 사용하던 차량운반구(취득원가 50,000,000원, 처분일 현재 감가상각누계액 35,000,000원)를 12,500,000원(부가가치세 별도)에 처분하다. 대금은 보통예금 계좌로 입금되었으며, 전자세금계산서를 발급하다. (3점)

[5] 12월 6일 임대인 하우스랜드로부터 생산부의 11월분 임차료 2,500,000원(부가가치세 별도)에 대한 전자세금계산서를 발급받다. (3점)

전자세금계산서

					승인번호	20251206-242428782128		
공급자	등록번호	130-41-27190	종사업장번호		공급받는자	등록번호	211-87-10230	종사업장번호	
	상호(법인명)	하우스랜드	성명(대표자)	김하우		상호(법인명)	㈜광주기계	성명(대표자)	안효섭
	사업장 주소	경기도 부천시 오정구 오정동 129				사업장 주소	서울시 송파구 도곡로 434		
	업태	부동산	종목	임대		업 태	제조	종목	기계부품
	이메일					이메일			

작성일자	공급가액	세액	수정사유	비고
2025.12.06.	2,500,000원	250,000원	해당 없음	

월	일	품 목	규 격	수 량	단 가	공 급 가 액	세 액	비 고
12	06	11월 임대료				2,500,000원	250,000원	

합 계 금 액	현 금	수 표	어 음	외 상 미 수 금	위 금액을 (청구) 함
2,750,000원				2,750,000원	

[6] 12월 11일 구매확인서에 의해 ㈜아카디상사에 제품 11,000,000원을 납품하고 영세율전자
세금계산서를 발급하다. 대금 중 7,000,000원은 외상으로 하고, 나머지는 약속어
음으로 수령하였다(단, 서류번호 입력은 무시한다). (3점)

Q4 일반전표입력 및 매입매출전표입력 메뉴에 입력된 내용 중 다음과 같은 오류가 발견되었다. 입력된 내용을 확인하여 수정 또는 삭제 추가 입력하여 오류를 정정하시오. (6점)

[1] 8월 31일 ㈜현대전자로부터 차입한 운영자금에 대한 이자비용 500,000원 중 원천징수
세액 137,500원을 제외하고 보통예금 계좌에서 이체한 금액인 362,500원에
대해서만 회계처리 하였음이 확인되었다. 올바른 회계처리를 하시오(원천징수
세액은 부채로 처리하고, 하나의 전표로 입력할 것). (3점)

[2] 10월 2일 영국의 TOMS사에 직수출하고 제품매출액 $3,000를 $1당 1,200원으로 환산하
여 계상하였으나, 검토 결과 선적일 당시 기준환율은 $1당 1,250원으로 확인되
었다. (3점)

Q5 결산정리사항은 다음과 같다. 해당메뉴에 입력하시오. (9점)

[1] 영업부의 소모품 구입 시 전액 소모품으로 자산화하고, 결산 시 사용분을 비용으로 계상해
오고 있다. 결산 시 영업부로부터 미사용분인 소모품은 1,000,000원으로 통보받았다(단,
전산을 조회하여 처리하고, 금액은 음수로 입력하지 말 것). (3점)

[2] 12월 11일 실제 현금보유액이 장부상 현금보다 570,000원이 많아서 현금과부족으로 처리하
였던바, 결산일에 340,000원은 선수금(㈜건영상사)으로 밝혀졌으나, 230,000원은 그 원인을
알 수 없다. (3점)

[3] 기업회계기준에 의하여 퇴직급여충당부채(퇴직급여추계액의 100%)를 설정하고 있다. 퇴
직급여충당부채와 관련한 자료는 다음과 같다(단, 퇴직금 지급 시 퇴직급여충당부채와 상
계하기로 한다). (3점)

구분	기초금액	당기설정액	기중 사용금액 (퇴직금 지급액)
판매관리부	25,000,000원	13,000,000원	8,000,000원
제조생산부	30,000,000원	15,000,000원	10,000,000원

Q6 다음 사항을 조회하여 답안을 이론문제 답안작성 메뉴에 입력하시오. (9점)

[1] 4월의 롯데카드 사용금액은 얼마인가?(단, 미지급금으로 계상하였으며, 카드대금 결제일은 다음 달 10일이다.) (3점)

[2] 5월 한 달 동안 판매비와관리비 총 지출금액은 얼마인가? (3점)

[3] 제1기 부가가치세 확정신고기간(4월~6월)의 전자세금계산서 발급분 중 주민등록번호발급분의 공급가액은 얼마인가? (3점)

CHAPTER 06 실전모의시험

㈜천안테크(회사코드 : 5506)는 자동차부품을 제조하여 판매하는 중소기업이며, 당기(제10기)의 회계기간은 2025.1.1.~2025.12.31.이다. 전산세무회계 수험용 프로그램을 이용하여 다음 물음에 답하시오.

| 기본전제 |

문제에서 한국채택국제회계기준을 적용하도록 하는 전제조건이 없는 경우, 일반기업회계기준을 적용하여 회계처리 한다.

Q1 다음은 기초정보관리 및 전기분재무제표에 대한 자료이다. 각각의 요구사항에 대하여 답하시오. (10점)

[1] 전기분 재무상태표에서 토지의 가액이 11,000,000원 과소입력되어 있으며 건물의 가액은 11,000,000원 과대입력되어 있음을 확인하였다. 전기분 재무상태표를 수정하시오. (3점)

[2] 다음 자료를 이용하여 계정과목및적요등록 메뉴에서 계정과목을 등록하시오. (3점)

- 코드 : 824
- 계정과목 : 운반비
- 현금적요 : 4. 택배운송비 지급

[3] 거래처별 초기이월 채권과 채무잔액은 다음과 같다. 자료에 맞게 추가입력이나 정정 및 삭제하시오. (4점)

계정과목	거래처	금액	재무상태표 금액
외상매출금	㈜보령전자	10,200,000원	59,000,000원
	대전전자㈜	12,000,000원	
	평택전자㈜	36,800,000원	
지급어음	대덕전자부품㈜	10,000,000원	37,000,000원
	명성전자㈜	27,000,000원	

Q2 다음 거래 자료를 일반전표입력 메뉴에 추가 입력하시오(일반전표입력의 모든 거래는 부가가치세를 고려하지 말 것). (18점)

> **입력시 유의사항**
> ▫ 일반적인 적요의 입력은 생략하지만, 타계정 대체거래는 적요번호를 선택하여 입력한다.
> ▫ 채권·채무와 관련된 거래는 별도의 요구가 없는 한 반드시 기 등록되어 있는 거래처코드를 선택하는 방법으로 거래처명을 입력한다.
> ▫ 제조경비는 500번대 계정코드를, 판매비와 관리비는 800번대 계정코드를 사용한다.
> ▫ 회계처리시 계정과목은 별도제시가 없는 한 등록되어 있는 계정과목 중 가장 적절한 과목으로 한다.

[1] 8월 16일 영업부 사무실의 파손된 유리창을 교체하고, 대금 2,800,000원은 당좌수표를 발행하여 지급하다(수익적 지출로 처리하시오). (3점)

[2] 9월 30일 ㈜창창기계산업에 9월 20일 제품을 판매하고 발생한 외상매출금 10,000,000원을 약정기일보다 10일 빠르게 회수하여 외상매출금의 3%를 할인해 주었다. 대금은 보통예금 계좌에 입금되었다. (3점)

[3] 10월 27일 주당 액면금액이 10,000원인 보통주 2,000주를 주당 13,000원에 발행하고, 신주 납입대금은 신주 발행에 소요된 비용 400,000원을 차감한 잔액이 보통예금 계좌에 입금되었다(단, 하나의 전표로 처리하며 신주 발행 전 주식할인발행차금 잔액은 없는 것으로 한다). (3점)

[4] 10월 28일 수입한 원재료에 부과되는 관세 1,500,000원과 통관수수료 500,000원을 보통예금 계좌에서 이체하였다. (3점)

[5] 10월 29일 영업부에서 제품홍보물 제작비용 510,000원을 탱탱광고사에 국민카드(법인)로 결제하였다. (3점)

[6] 11월 30일 ㈜동행기업의 파산으로 인해 단기대여금 3,000,000원이 회수불능되어 대손처리를 하였다(단, 단기대여금에 대한 대손충당금 현재 잔액은 660,000원이다). (3점)

Q3 다음 거래 자료를 매입매출전표입력 메뉴에 입력하시오. (18점)

> **입력시 유의사항**
> - 일반적인 적요의 입력은 생략하지만, 타계정 대체거래는 적요번호를 선택하여 입력한다.
> - 별도의 요구가 없는 한 반드시 기 등록되어 있는 거래처코드를 선택하는 방법으로 거래처명을 입력한다.
> - 제조경비는 500번대 계정코드를, 판매비와 관리비는 800번대 계정코드를 사용한다.
> - 회계처리시 계정과목은 별도제시가 없는 한 등록되어 있는 계정과목 중 가장 적절한 과목으로 한다.
> - 입력화면 하단의 분개까지 처리하고, 전자세금계산서 및 전자계산서는 전자입력으로 반영한다.

[1] 7월 20일   원재료를 구입하면서 발생한 운반비 33,000원(부가가치세 포함)을 일반과세자인 상록택배에 보통예금 계좌에서 지급하고, 지출증빙용 현금영수증을 수취하였다. (3점)

[2] 9월 30일   ㈜청주자동차에 제품을 판매하고 다음의 전자세금계산서를 발급하였다. (3점)

전자세금계산서

승인번호: 20250930 - 15454645 - 58811886

공급자
- 등록번호: 307-81-12347
- 종사업장번호:
- 상호(법인명): ㈜천안테크
- 성명(대표자): 김도담
- 사업장주소: 충청남도 천안시 동남구 가마골1길 5
- 업태: 제조도매
- 종목: 자동차부품
- 이메일:

공급받는자
- 등록번호: 126-87-10121
- 종사업장번호:
- 상호(법인명): ㈜청주자동차
- 성명(대표자): 하민우
- 사업장주소: 충청북도 청주시 충대로1번길 21-26
- 업태: 제조
- 종목: 자동차
- 이메일:

작성일자	공급가액	세액	수정사유	비고
2025-09-30	25,000,000원	2,500,000원	해당 없음	

월	일	품목	규격	수량	단가	공급가액	세액	비고
09	30	자동차부품		10	2,500,000원	25,000,000원	2,500,000원	

합계금액	현금	수표	어음	외상미수금	
27,500,000원			25,000,000	2,500,000	위 금액을 (청구) 함

[3] 11월 7일   싱가포르에 소재한 글로벌인더스트리와 $42,000에 직수출하기로 계약한 제품의 선적을 완료하였다. 수출대금은 5개월 후에 받기로 하였으며, 선적일의 기준환율은 1,200원/$이다(단, 수출신고번호 입력은 생략한다). (3점)

[4] 12월 7일   제품 110,000원(부가가치세 포함)을 비사업자인 강태오에게 판매하고 현금을 수취하였으나 현금영수증을 발급하지 않았다. (3점)

[5] 12월 20일 생산부 직원들에게 간식으로 제공하기 위한 샌드위치를 커피프린스(일반과세자)에서 신용카드로 구매하였다. (3점)

단말기번호	14359661 08750002 040017	전표번호	
카드종류	신한카드		008202
회원번호	9435-2802-7580-0500		
유효기간	거 래 일 시	취소시당초거래일	
2026/09	2025/12/20 14:32		
거래유형	신용승인	품명	샌드위치
결제방법	일시불	금 액 AMOUNT	600 000
매장명		부가세 VAT	60 000
판매자		봉사료 S/C	
은행확인	신한카드		
대표자		합 계 TOTAL	660 000
알림/NOTICE	제출	승인번호	00360380
가맹점주소	서울 용산구 부흥로2가 15-2		
가맹점번호	104108086		
사업자등록번호	106-62-61190		
가맹점명	커피프린스		
문의전화/HELP TEL. TEL:1544-4700 (회원용)		서명/SIGNATURE	

[6] 12월 30일 영업부는 거래처의 20주년 창립기념일을 맞아 축하선물로 보내기 위한 집기비품을 두리상사로부터 2,200,000원(부가가치세 포함)에 구입하고 전자세금계산서를 발급받았으며, 대금은 보통예금 계좌에서 이체하여 지급하였다. (3점)

Q4 일반전표입력 및 매입매출전표입력 메뉴에 입력된 내용 중 다음과 같은 오류가 발견되었다. 입력된 내용을 확인하여 수정 또는 삭제 추가 입력하여 오류를 정정하시오. (6점)

[1] 12월 1일 임시 물류창고로 사용하기 위해 임대업자 나자비씨와 물류창고 임대차계약서를 작성하고 보증금 20,000,000원 전액을 보통예금 계좌에서 이체하였다. 이에 대해 임대보증금으로 회계처리 하였다. (3점)

[2] 12월 9일 전의카센터에 생산부의 운반용 트럭의 수리비용 990,000원(부가가치세 포함)을 보통예금 계좌에서 지급하고 전자세금계산서를 발급받았으나, 일반전표로 회계처리 하였다. (3점)

Q5 결산정리사항은 다음과 같다. 해당메뉴에 입력하시오. (9점)

[1] 부가가치세 제2기 확정신고기간에 대한 부가세예수금은 62,346,500원, 부가세대급금이 52,749,000원일 때 부가가치세를 정리하는 회계처리를 하시오. 단, 납부세액(또는 환급세액)은 미지급세금(또는 미수금)으로 회계처리하고, 불러온 자료는 무시한다. (3점)

[2] 단기차입금에는 거래처 아메리칸테크㈜에 대한 외화차입금 30,000,000원(미화 $30,000)이 계상되어 있다(회계기간 종료일 현재 기준환율 : 미화 1$당 1,100원). (3점)

[3] 당사가 단기시세차익을 목적으로 취득한 ㈜삼호산업 주식의 취득가액 및 기말 현재 공정가액은 다음과 같으며, 공정가액으로 평가하기로 한다. (3점)

주식명	2025. 4.25. 취득가액	2025.12.31. 공정가액
㈜삼호산업	64,000,000원	49,000,000원

Q6 다음 사항을 조회하여 답안을 이론문제 답안작성 메뉴에 입력하시오. (9점)

[1] 제1기 확정신고기간(4월~6월) 중 매입한 사업용 고정자산의 매입세액은 얼마인가? (3점)

[2] 2분기(4월~6월) 중 발생한 수수료비용(판매비및관리비)은 얼마인가? (3점)

[3] 6월 30일 현재 외상매출금 잔액이 가장 많은 거래처명과 금액은 얼마인가? (3점)

CHAPTER 07 실전모의시험

세무사랑㈜(회사코드:5507)은 부동산임대업 및 전자제품의 제조·도소매업을 영위하는 중소기업으로 당기(제11기) 회계기간은 2025.1.1.~2025.12.31.이다. 전산세무회계 수험용 프로그램을 이용하여 다음 물음에 답하시오.

| 기본전제 |

- 문제에서 한국채택국제회계기준을 적용하도록 하는 전제조건이 없는 경우, 일반기업회계기준을 적용하여 회계처리 한다.
- 문제의 풀이와 답안작성은 제시된 문제의 순서대로 진행한다.

Q1 다음은 기초정보관리 및 전기분재무제표에 대한 자료이다. 각각의 요구사항에 대하여 답하시오. (10점)

[1] 다음 자료를 이용하여 계정과목 및 적요등록 메뉴에서 견본비(판매비및일반관리비) 계정과목의 현금적요를 추가로 등록하시오. (3점)

- 코드 : 824
- 계정과목 : 견본비
- 현금적요 : NO.2 전자제품 샘플 제작비 지급

[2] 세무사랑㈜의 기초 채권 및 채무의 올바른 잔액은 다음과 같다. 주어진 자료를 검토하여 잘못된 부분은 오류를 정정하고, 누락된 부분은 추가하여 입력하시오. (3점)

계정과목	거래처	금액
외상매출금	㈜홍금전기	30,000,000원
	㈜금강기업	10,000,000원
외상매입금	삼신산업	30,000,000원
	하나무역	26,000,000원
받을어음	㈜대호전자	25,000,000원

[3] 전기분 재무제표 중 아래의 계정과목에서 다음과 같은 오류를 발견하였다. 관련 재무제표를 적절하게 수정하시오. (4점)

계정과목	관련 부서	수정 전 잔액	수정 후 잔액
전력비	생산부	2,000,000원	4,200,000원
수도광열비	영업부	3,000,000원	1,100,000원

Q2 다음의 거래 자료를 일반전표입력 메뉴를 이용하여 입력하시오(일반전표입력의 모든 거래는 부가가치세를 고려하지 말 것). (18점)

> **입력시 유의사항**
> - 일반적인 적요의 입력은 생략하지만, 타계정 대체거래는 적요번호를 선택하여 입력한다.
> - 채권·채무와 관련된 거래는 별도의 요구가 없는 한 반드시 기 등록되어 있는 거래처코드를 선택하는 방법으로 거래처명을 입력한다.
> - 제조경비는 500번대 계정코드를, 판매비와관리비는 800번대 계정코드를 사용한다.
> - 회계처리 시 계정과목은 별도제시가 없는 한 등록되어 있는 계정과목 중 가장 적절한 과목으로 한다.

[1] 7월 3일 영업부 사무실로 사용하기 위하여 세무빌딩과 사무실 임대차계약을 체결하고, 보증금 6,000,000원 중 계약금 600,000원을 보통예금(우리은행) 계좌에서 이체하여 지급하였다. 잔금은 다음 달에 지급하기로 하였다. (3점)

[2] 8월 1일 하나카드의 7월분 매출대금 3,500,000원에서 가맹점수수료 2%를 차감한 금액이 당사의 보통예금 계좌로 입금되었다(단, 신용카드 매출대금은 외상매출금으로 처리하고 있다). (3점)

[3] 8월 16일 영업부 직원의 퇴직으로 인해 발생한 퇴직금은 8,800,000원이다. 당사는 모든 직원에 대해 전액 확정급여형(DB형) 퇴직연금에 가입하고 있으며, 현재 퇴직연금운용자산의 잔액은 52,000,000원이다. 단, 퇴직급여충당부채와 퇴직연금충당부채는 설정하지 않았다. (3점)

[4] 8월 23일 나라은행으로부터 차입한 대출금 20,000,000원(대출기간 : 2023.01.01.~2026.12.31.)을 조기 상환하기로 하고, 이자 200,000원과 함께 보통예금 계좌에서 이체하여 지급하다. (3점)

[5] 11월 5일 ㈜다원의 제품매출 외상대금 4,000,000원 중 3,000,000원은 동점 발행 약속어음으로 받고, 1,000,000원은 금전소비대차계약(1년 대여)으로 전환하였다. (3점)

[6] 11월 20일 사업용 중고트럭 취득과 관련된 취득세 400,000원을 현금으로 납부하였다. (3점)

Q3 다음의 거래 자료를 매입매출전표입력 메뉴를 이용하여 입력하시오. (18점)

입력시 유의사항
- 일반적인 적요의 입력은 생략하지만, 타계정 대체거래는 적요 번호를 선택하여 입력한다.
- 채권·채무 관련 거래는 별도의 요구가 없는 한 반드시 기등록된 거래처코드를 선택하는 방법으로 거래처명을 입력한다.
- 제조경비는 500번대 계정코드를, 판매비와관리비는 800번대 계정코드를 사용한다.
- 회계처리 시 계정과목은 등록된 계정과목 중 가장 적절한 과목으로 한다.
- 입력화면 하단의 분개까지 처리하고, 세금계산서 및 계산서는 전자 여부를 입력하여 반영한다.

[1] 8월 17일 구매확인서에 의해 수출용 제품의 원재료를 ㈜직지상사로부터 매입하고 영세율전자세금계산서를 발급받았다. 매입대금 중 10,000,000원은 외상으로 하고, 나머지 금액은 당사가 발행한 3개월 만기 약속어음으로 지급하였다. (3점)

영세율전자세금계산서

승인번호	20250817-15454645-58811574			

공급자
- 등록번호: 136-81-29187
- 종사업장번호:
- 상호(법인명): ㈜직지상사
- 성명: 나인세
- 사업장주소: 서울특별시 동작구 여의대방로 35
- 업태: 도소매
- 종목: 전자제품
- 이메일:

공급받는자
- 등록번호: 123-81-95681
- 종사업장번호:
- 상호(법인명): 세무사랑㈜
- 성명: 이진우
- 사업장주소: 울산광역시 중구 종가로 405-3
- 업태: 제조 외
- 종목: 전자제품 외
- 이메일:

작성일자	공급가액	세액	수정사유	비고
2025-08-17	15,000,000원	0원	해당 없음	

월	일	품목	규격	수량	단가	공급가액	세액	비고
08	17	원재료			15,000,000원	15,000,000원		

합계금액	현금	수표	어음	외상미수금	위 금액을 (청구) 함
15,000,000원			5,000,000원	10,000,000원	

[2] 8월 28일 제조부 직원들에게 지급할 작업복을 이진컴퍼니로부터 공급가액 1,000,000원(부가가치세 별도)에 외상으로 구입하고 종이세금계산서를 발급받았다. (3점)

[3] 9월 15일 우리카센타에서 공장용 화물트럭을 수리하고 수리대금 242,000원(부가가치세 포함)은 현금으로 결제하면서 지출증빙용 현금영수증을 받았다(단, 수리대금은 차량유지비로 처리할 것). (3점)

[4] 9월 27일 인사부가 사용할 직무역량 강화용 책을 ㈜대한도서에서 구입하면서 전자계산서를 수취하고 대금은 외상으로 하다. (3점)

전자계산서					승인번호	20250927-15454645-58811886	
공급자	등록번호	120-81-32052	종사업장번호		공급받는자	등록번호	123-81-95681	종사업장번호	
	상호(법인명)	㈜대한도서	성명	박대한		상호(법인명)	세무사랑㈜	성명	
	사업장주소	인천시 남동구 서해2길				사업장주소	울산광역시 중구 종가로 405-3		
	업태	도소매	종목	도서		업태	제조	종목	전자제품
	이메일					이메일			

작성일자	공급가액	수정사유	비고
2025-09-27	200,000원	해당 없음	

비고

월	일	품목	규격	수량	단가	공급가액	세액	비고
09	27	도서(직장생활 노하우 외)			200,000원	200,000원		

합계금액	현금	수표	어음	외상미수금	위 금액을 (청구) 함
200,000원				200,000원	

[5] 9월 30일 ㈜세무렌트로부터 영업부에서 거래처 방문용으로 사용하는 승용차(배기량 2,000cc, 5인승)의 당월분 임차료에 대한 전자세금계산서를 수취하였다. 당월분 임차료는 다음 달에 결제될 예정이다. (3점)

전자세금계산서					승인번호	20250930-15454645-58811886	
공급자	등록번호	105-81-23608	종사업장번호		공급받는자	등록번호	123-81-95681	종사업장번호	
	상호(법인명)	㈜세무렌트	성명	왕임차		상호(법인명)	세무사랑㈜	성명	이진우
	사업장주소	서울시 강남구 강남대로 8				사업장주소	울산광역시 중구 종가로 405-3		
	업태	서비스	종목	임대		업태	제조	종목	전자제품
	이메일					이메일			

작성일자	공급가액	세액	수정사유	비고
2025-09-30	700,000원	70,000원	해당 없음	

비고

월	일	품목	규격	수량	단가	공급가액	세액	비고
09	30	차량렌트대금(5인승)	2,000cc	1	700,000원	700,000원	70,000원	

합계금액	현금	수표	어음	외상미수금	위 금액을 (청구) 함
770,000원				770,000원	

[6] 10월 15일 우리자동차㈜에 공급한 제품 중 일부가 불량으로 판정되어 반품 처리되었으며, 수정전자세금계산서를 발행하였다. 대금은 해당 매출 관련 외상매출금과 상계하여 처리하기로 하였다(단, 음수(-)로 회계처리할 것). (3점)

전자세금계산서

승인번호				20251015-58754645-58811367			

공급자	등록번호	123-81-95681	종사업장번호		공급받는자	등록번호	130-86-55834	종사업장번호	
	상호(법인명)	세무사랑㈜	성명	이진우		상호(법인명)	우리자동차㈜	성명	신방자
	사업장주소	울산광역시 중구 종가로 405-3				사업장주소	서울특별시 강남구 논현로 340		
	업태	제조	종목	전자제품		업태	제조	종목	자동차(완성차)
	이메일					이메일			

작성일자	공급가액	세액	수정사유	비고
2025-10-15	-10,000,000원	-1,000,000원	일부 반품	품질 불량으로 인한 반품
비고				

월	일	품목	규격	수량	단가	공급가액	세액	비고
10	15	제품				-10,000,000원	-1,000,000원	

합계금액	현금	수표	어음	외상미수금	위 금액을 (청구) 함
-11,000,000원				-11,000,000원	

Q4 일반전표입력 및 매입매출전표입력 메뉴에 입력된 내용 중 다음과 같은 오류가 발견되었다. 입력된 내용을 확인하여 오류를 정정하시오. (6점)

[1] 7월 6일 ㈜상문의 외상매입금 3,000,000원을 보통예금 계좌에서 이체한 것이 아니라 제품을 판매하고 받은 상명상사 발행 약속어음 3,000,000원을 배서하여 지급한 것으로 밝혀졌다. (3점)

[2] 12월 13일 영업부 사무실의 전기요금 121,000원(공급대가)을 현금 지급한 것으로 일반전표에 회계처리 하였으나, 이는 제조공장에서 발생한 전기요금으로 한국전력공사로부터 전자세금계산서를 수취한 것으로 확인되었다. (3점)

Q5 결산정리사항은 다음과 같다. 해당 메뉴에 입력하시오. (9점)

[1] 결산일을 기준으로 대한은행의 장기차입금 50,000,000원에 대한 상환기일이 1년 이내에 도래할 것으로 확인되었다. (3점)

[2] 무형자산인 특허권(내용연수 5년, 정액법)의 전기 말 상각후잔액은 24,000,000원이다. 특허권은 2024년 1월 10일에 취득하였으며, 매년 법정 상각범위액까지 무형자산상각비로 인식하고 있다. 특허권에 대한 당기분 무형자산상각비(판)를 계상하시오. (3점)

[3] 당기 법인세비용은 13,500,000원으로 산출되었다(단, 법인세 중간예납세액은 선납세금을 조회하여 처리할 것). (3점)

Q6 다음 사항을 조회하여 답안을 이론문제 답안작성 메뉴에 입력하시오. (9점)

[1] 6월 30일 현재 현금및현금성자산의 전기말 현금및현금성자산 대비 증감액은 얼마인가? 단, 감소한 경우에도 음의 부호(-)를 제외하고 양수로만 입력하시오. (3점)

[2] 제1기 부가가치세 확정신고기간(04.01.~06.30.)의 매출액 중 세금계산서발급분 공급가액의 합계액은 얼마인가? (3점)

[3] 6월 중 지예상사에 대한 외상매입금 결제액은 얼마인가? (3점)

08 실전모의시험

고성상사㈜(회사코드:5508)는 가방 등의 제조·도소매업 및 부동산임대업을 영위하는 중소기업으로 당기(제10기) 회계기간은 2025.1.1.~2025.12.31.이다. 전산세무회계 수험용 프로그램을 이용하여 다음 물음에 답하시오.

| 기본전제 |

- 문제에서 한국채택국제회계기준을 적용하도록 하는 전제조건이 없는 경우, 일반기업회계기준을 적용하여 회계처리 한다.
- 문제의 풀이와 답안작성은 제시된 문제의 순서대로 진행한다.

Q1

다음은 기초정보관리 및 전기분재무제표에 대한 자료이다. 각각의 요구사항에 대하여 답하시오. (10점)

[1] [거래처등록] 메뉴를 이용하여 다음의 신규 거래처를 추가로 등록하시오. (3점)

- 거래처코드 : 3000
- 거래처명 : ㈜나우전자
- 대표자 : 김나우
- 사업자등록번호 : 108-81-13579
- 업태 : 제조
- 종목 : 전자제품
- 유형 : 동시
- 사업장주소 : 서울특별시 서초구 명달로 104(서초동)

※ 주소 입력 시 우편번호 입력은 생략해도 무방함.

[2] 다음 자료를 이용하여 계정과목및적요등록을 하시오. (3점)

- 계정과목 : 퇴직연금운용자산
- 대체적요 1. 제조 관련 임직원 확정급여형 퇴직연금부담금 납입

[3] 전기분 재무상태표 작성 시 기업은행의 단기차입금 20,000,000원을 신한은행의 장기차입금으로 잘못 분류하였다. 전기분재무상태표 및 거래처별초기이월을 수정, 삭제 또는 추가 입력하시오. (4점)

Q2. 일반전표입력 메뉴를 이용하여 다음의 거래 자료를 입력하시오(일반전표입력의 모든 거래는 부가가치세를 고려하지 말 것). (18점)

> **입력시 유의사항**
> - 일반적인 적요의 입력은 생략하지만, 타계정 대체거래는 적요번호를 선택하여 입력한다.
> - 채권·채무와 관련된 거래는 별도의 요구가 없는 한 반드시 기등록된 거래처코드를 선택하는 방법으로 거래처명을 입력한다.
> - 제조경비는 500번대 계정코드를, 판매비와관리비는 800번대 계정코드를 사용한다.
> - 회계처리 시 계정과목은 별도의 제시가 없는 한 등록된 계정과목 중 가장 적절한 과목으로 한다.

[1] 8월 1일   미국은행으로부터 2024년 10월 31일에 차입한 외화장기차입금 중 $30,000를 상환하기 위하여 보통예금 계좌에서 39,000,000원을 이체하여 지급하였다. 일자별 적용환율은 아래와 같다. (3점)

2024.10.31. (차입일)	2024.12.31. (직전연도 종료일)	2025.08.01. (상환일)
1,210원/$	1,250원/$	1,300원/$

[2] 8월 12일   금융기관으로부터 매출거래처인 ㈜모모가방이 발행한 어음 50,000,000원이 부도처리되었다는 통보를 받았다. (3점)

[3] 8월 23일   임시주주총회에서 6월 29일 결의하고 미지급한 중간배당금 10,000,000원에 대하여 원천징수세액 1,540,000원을 제외한 금액을 보통예금 계좌에서 지급하였다. (3점)

[4] 8월 31일   제품의 제조공장에서 사용할 기계장치(공정가치 5,500,000원)를 대주주로부터 무상으로 받았다. (3점)

[5] 9월 11일   단기매매차익을 목적으로 주권상장법인인 ㈜대호전자의 주식 2,000주를 1주당 2,000원(1주당 액면금액 1,000원)에 취득하고, 증권거래수수료 10,000원을 포함한 대금을 모두 보통예금 계좌에서 지급하였다. (3점)

[6] 9월 13일   ㈜다원의 외상매출금 4,000,000원 중 1,000,000원은 현금으로 받고, 나머지 잔액은 ㈜다원이 발행한 약속어음으로 받았다. (3점)

Q3 다음 거래 자료를 매입매출전표입력 메뉴에 입력하시오. (18점)

> **입력시 유의사항**
> - 일반적인 적요의 입력은 생략하지만, 타계정 대체거래는 적요번호를 선택하여 입력한다.
> - 채권·채무와 관련된 거래는 별도의 요구가 없는 한 반드시 기등록된 거래처코드를 선택하는 방법으로 거래처명을 입력한다.
> - 제조경비는 500번대 계정코드를, 판매비와관리비는 800번대 계정코드를 사용한다.
> - 회계처리 시 계정과목은 별도의 제시가 없는 한 등록된 계정과목 중 가장 적절한 과목으로 한다.
> - 입력화면 하단의 분개까지 처리하고, 전자세금계산서 및 전자계산서는 전자입력으로 반영한다.

[1] 7월 13일   ㈜남양가방에 제품을 판매하고, 대금은 신용카드(비씨카드)로 결제받았다(단, 신용카드 판매액은 매출채권으로 처리할 것). (3점)

신용카드 매출전표

결제정보

카드종류	비씨카드	카드번호	1234-5050-4646-8525
거래종류	신용구매	거래일시	2025-07-13
할부개월	0	승인번호	98465213

구매정보

주문번호	511-B	과세금액	5,000,000원
구매자명	㈜남양가방	비과세금액	0원
상품명	크로스백	부가세	500,000원
		합계금액	5,500,000원

[2] 9월 5일   특별주문제작하여 매입한 기계장치가 완성되어 특수운송전문업체인 쾌속운송을 통해 기계장치를 인도받았다. 운송비 550,000원(부가가치세 포함)을 보통예금 계좌에서 이체하여 지급하고 쾌속운송으로부터 전자세금계산서를 수취하였다. (3점)

[3] 9월 6일   정도정밀로부터 제품임가공계약에 따른 제품을 납품받고 전자세금계산서를 수취하였다. 제품임가공비용은 10,000,000원(부가가치세 별도)이며, 전액 보통예금 계좌에서 이체하여 지급하였다(단, 제품임가공비용은 외주가공비 계정으로 처리할 것). (3점)

[4] 9월 25일   제조공장 인근 육군부대에 3D프린터기를 외상으로 구입하여 기증하였고, 아래와 같은 전자세금계산서를 발급받았다. (3점)

전자세금계산서

공급자	등록번호	220-81-55976	종사업장번호		공급받는자	등록번호	128-81-32658	종사업장번호	
	상호(법인명)	㈜목포전자	성명(대표자)	정찬호		상호(법인명)	고성상사㈜	성명(대표자)	현정민
	사업장 주소	서울특별시 서초구 명달로 101				사업장 주소	서울시 중구 창경궁로5다길 13-4		
	업태	도소매	종목	전자제품		업태	제조,도소매	종목	가방 등
	이메일					이메일			

작성일자	공급가액	세액	수정사유	비고
2025-09-25	3,500,000원	350,000원	해당 없음	

월	일	품 목	규격	수량	단가	공급가액	세액	비고
09	25	3D 프린터		1	3,500,000원	3,500,000원	350,000원	

합계금액	현금	수표	어음	외상미수금	위 금액을 (청구) 함
3,850,000원				3,850,000원	

[5] 10월 6일   본사 영업부에서 사용할 복합기를 구입하고, 대금은 하나카드로 결제하였다. (3점)

매출전표

단말기번호 A - 1000   전표번호 56421454

회원번호(CARD NO)
3152-3155-****-****

카드종류	유효기간	거래일자
하나카드	12/29	2025.10.06.

거래유형	취소시 원 거래일자
신용구매	

결제방법	판매금액	1,500,000원
일시불	부가가치세	150,000원
매입처	봉사료	
매입사제출	합계(TOTAL)	1,650,000원

전표매입사	승인번호(APPROVAL NO)
하나카드	35745842

가맹점명	가맹점번호
㈜ok사무	5864112
대표자명	사업자번호
김사무	204-81-76697

주소
경기도 화성시 동탄대로 537, 101호

서명(SIGNATURE)
고성상사(주)

[6] 12월 1일 ㈜국민가죽으로부터 고급핸드백 가방 제품의 원재료인 양가죽을 매입하고, 아래의 전자세금계산서를 수취하였다. 부가가치세는 현금으로 지급하였으며, 나머지는 외상거래이다. (3점)

전자세금계산서

	승인번호	202520241201-15454645-58811886

공급자	사업자등록번호	204-81-35774	종사업장번호		공급받는자	사업자등록번호	128-81-32658	종사업장번호	
	상호(법인명)	㈜국민가죽	성명(대표자)	김국민		상호(법인명)	고성상사㈜	성명(대표자)	현정민
	사업장 주소	경기도 안산시 단원구 석수로 555				사업장 주소	서울시 중구 창경궁로5다길 13-4		
	업태	도소매	종목	가죽		업태	제조,도소매	종목	가방 등
	이메일					이메일			

작성일자	공급가액	세액	수정사유	비고
20252024-12-01	2,500,000원	250,000원	해당 없음	

월	일	품목	규격	수량	단가	공급가액	세액	비고
12	01	양가죽			2,500,000원	2,500,000원	250,000원	

합계금액	현금	수표	어음	외상미수금	위 금액을 (청구) 함
2,750,000원	250,000원			2,500,000원	

Q4
일반전표입력 및 매입매출전표입력 메뉴에 입력된 내용 중 다음과 같은 오류가 발견되었다. 입력된 내용을 확인하여 정정하시오. (6점)

[1] 7월 22일 제일자동차로부터 영업부의 업무용승용차(공급가액 15,000,000원, 부가가치세 별도)를 구입하여 대금은 전액 보통예금 계좌에서 지급하고 전자세금계산서를 받았다. 해당 업무용승용차의 배기량은 1,990cc이나 회계담당자는 990cc로 판단하여 부가가치세를 공제받는 것으로 회계처리하였다. (3점)

[2] 9월 15일 매출거래처 ㈜댕댕오디오의 파산선고로 인하여 외상매출금 3,000,000원을 회수불능으로 판단하고 전액 대손상각비로 대손처리하였으나, 9월 15일 파산선고 당시 외상매출금에 관한 대손충당금 잔액 1,500,000원이 남아있던 것으로 확인되었다. (3점)

Q5 결산정리사항은 다음과 같다. 관련 메뉴를 이용하여 결산을 완료하시오. (9점)

[1] 9월 16일에 지급된 2,550,000원은 그 원인을 알 수 없어 가지급금으로 처리하였던 바, 결산일인 12월 31일에 2,500,000원은 하나무역의 외상매입금을 상환한 것으로 확인되었으며 나머지 금액은 그 원인을 알 수 없어 당기 비용(영업외비용)으로 처리하기로 하였다. (3점)

[2] 결산일 현재 필립전자에 대한 외화 단기대여금($30,000)의 잔액은 60,000,000원이다. 결산일 현재 기준환율은 $1당 2,200원이다(단, 외화 단기대여금도 단기대여금 계정과목을 사용할 것). (3점)

[3] 대손충당금은 결산일 현재 미수금(기타 채권은 제외)에 대하여만 1%를 설정한다. 보충법에 의하여 대손충당금 설정 회계처리를 하시오(단, 대손충당금 설정에 필요한 정보는 관련 데이터를 조회하여 사용할 것). (3점)

Q6 다음 사항을 조회하여 답안을 이론문제 답안작성 메뉴에 입력하시오. (9점)

[1] 당해연도 제1기 부가가치세 예정신고기간(1월~3월) 중 카드과세매출의 공급대가 합계액은 얼마인가? (3점)

[2] 6월의 영업외비용 총지출액은 얼마인가? (3점)

[3] 제1기 부가가치세 확정신고기간의 공제받지못할매입세액은 얼마인가? (3점)

09 실전모의시험

㈜소담패션(회사코드:5509)은 스포츠의류 등을 제조하여 판매하는 중소기업이며, 당기(제10기) 회계기간은 2025.1.1.~2025.12.31.이다. 전산세무회계 수험용 프로그램을 이용하여 다음 물음에 답하시오.

— | 기본전제 | —

문제에서 한국채택국제회계기준을 적용하도록 하는 전제조건이 없는 경우, 일반기업회계기준을 적용하여 회계처리 한다.

Q1 다음은 기초정보관리 및 전기분재무제표에 대한 자료이다. 각각의 요구사항에 대하여 답하시오. (10점)

[1] 다음 자료를 이용하여 거래처등록의 해당 탭에 추가로 입력하시오. (3점)

- 거래처코드 : 99605
- 카드번호 : 9410-0900-5580-8352
- 카드종류 : 사업용카드
- 카드사명 : 시티카드
- 유형 : 매입
- 사용여부 : 여

[2] 다음 계정과목에 대하여 적요를 추가적으로 등록하시오. (3점)

- 코드 : 0819
- 현금적요 : 7. 공기청정기임차료 지급
- 계정과목 : 임차료
- 대체적요 : 7. 공기청정기임차료 미지급

[3] 전기분 재무제표를 검토한 결과 다음과 같은 오류가 발견되었다. 모든 전기분 재무제표의 관련된 부분을 수정하시오. (4점)

계정과목	틀린 금액	올바른 금액	내용
운반비(524)	660,000원	6,600,000원	입력 오류

Q2 다음 거래 자료를 일반전표입력 메뉴에 추가 입력하시오(일반전표입력의 모든 거래는 부가가치세를 고려하지 말 것).
(18점)

> **입력시 유의사항**
> - 일반적인 적요의 입력은 생략하지만, 타계정 대체거래는 적요번호를 선택하여 입력한다.
> - 채권·채무와 관련된 거래는 별도의 요구가 없는 한 반드시 기등록되어 있는 거래처코드를 선택하는 방법으로 거래처명을 입력한다.
> - 제조경비는 500번대 계정코드를, 판매비와 관리비는 800번대 계정코드를 사용한다.
> - 회계처리시 계정과목은 별도제시가 없는 한 등록되어 있는 계정과목 중 가장 적절한 과목으로 한다.

[1] 7월 20일   국민은행에서 2025년 8월 30일까지 상환하기로 하고 5,000,000원을 차입하여 즉시 ㈜섬메이의 미지급금 5,000,000원을 지급하였다. (3점)

[2] 8월 21일   공장이전을 위해 신축중이던 건물이 완공되어 취득세 등 관련 소요 공과금 7,500,000원을 보통예금 계좌에서 이체 지급하였다. (3점)

[3] 8월 30일   국민은행에서 차입한 단기차입금을 상환하기 위하여 보통예금 계좌에서 5,000,000원을 국민은행에 이체하였다. (3점)

[4] 9월 10일   지난달 영업팀 임직원들에게 급여를 지급하면서 원천징수한 소득세 160,000원을 신용카드(비씨카드)로 납부하였다. (3점)

[5] 10월 22일 영통산업에 제품을 판매하면서 발생한 화물운송비 150,000원을 보통예금 계좌에서 이체하였다. (3점)

[6] 11월 1일   사채 액면총액 20,000,000원, 상환기간 3년, 발행금액 22,000,000원으로 발행하고 납입금은 보통예금에 입금되었다. (3점)

Q3 다음 거래 자료를 매입매출전표입력 메뉴에 입력하시오. (18점)

> **입력시 유의사항**
> - 일반적인 적요의 입력은 생략하지만, 타계정 대체거래는 적요번호를 선택하여 입력한다.
> - 별도의 요구가 없는 한 반드시 기 등록되어 있는 거래처코드를 선택하는 방법으로 거래명을 입력한다.
> - 제조경비는 500번대 계정코드를, 판매비와 관리비는 800번대 계정코드를 사용한다.
> - 회계처리시 계정과목은 별도제시가 없는 한 등록되어 있는 계정과목 중 가장 적절한 과목으로 한다.
> - 입력화면 하단의 분개까지 처리하고, 전자세금계산서 및 전자계산서는 전자입력으로 반영한다.

[1] 8월 3일   새로 출시한 제품의 홍보를 위하여 판매부서에서 광고대행사인 ㈜블루에게 홍보물(영상콘텐츠) 제작을 의뢰하여 배포하고 전자세금계산서를 발급받았다. 해당 대금 1,100,000원(부가가치세 포함)은 8월 31일에 지급하기로 하였다(미지급금 계정을 사용할 것). (3점)

[2] 8월 10일   ㈜삼성상회에 제품을 판매하고 다음의 전자세금계산서를 발급하였다. 대금은 7월 30일에 보통예금으로 수령한 계약금을 제외하고 ㈜삼성상회가 발행한 약속어음(만기 2025년 10월 31일)을 수취하였다. (3점)

전자세금계산서(공급자 보관용)

구분		공급자				공급받는자		
	사업자등록번호	206-81-95706	종사업장번호		사업자등록번호	102-81-42945	종사업장번호	
	상호(법인명)	㈜소담패션	성명(대표자)	황희상	상호(법인명)	㈜삼성상회	성명	이현희
	사업장주소	경상남도 고성군 동해면 외산로 592			사업장주소	인천광역시 남동구 구월남로 129		
	업태	제조,도소매	종목	스포츠의류	업태	도매	종목	의류
	이메일	JI1234@gmail.net			이메일	samsung@naver.com		

작성일자	공급가액	세액	수정사유
2025.08.10	50,000,000원	5,000,000원	
비고			

월	일	품목	규격	수량	단가	공급가액	세액	비고
8	10	전자부품		10	5,000,000원	50,000,000원	5,000,000원	

합계금액	현금	수표	어음	외상미수금	이 금액을 영수/청구 함
55,000,000원	11,000,000원		44,000,000원		

[3] 11월 10일   선적 완료한 제품은 미국 소재 법인인 ebay에 11월 2일 $10,000에 직수출하기로 계약한 것이며, 수출대금은 차후에 받기로 하였다. 계약일 시점 기준환율은 $1=1,210원이며, 선적일 시점 기준환율은 $1=1,250원이다. (3점)

[4] 11월 20일 경리부의 업무용 도서를 구입하면서 현금을 지급하고 ㈜설영문고로부터 다음과 같이 현금영수증을 발급받았다. (3점)

```
                    ㈜설영문고
         116-81-80370              홍지안
              서울특별시 서초구 명달로 105
              홈페이지 http://www.kacpta.or.kr

                    현금(지출증빙)

         구매 2025/11/20/15:34    거래번호 : 0026-0107
         상품명              수량           금액
         법인세 조정 실무       1         100,000원

         합   계                        100,000원
         받은금액                        100,000원
```

[5] 11월 30일 내국신용장에 의해 수출용 제품에 필요한 원자재(공급가액 : 10,000,000원)를 ㈜현우로부터 매입하고 영세율전자세금계산서를 발급받았다. 매입금액 전액에 대해 약속어음을 발행(만기 : 2025년 12월 31일)하여 지불하였다. (3점)

[6] 12월 7일 당사가 생산한 제품(원가 350,000원, 시가 500,000원이며 부가가치세는 제외된 금액 임)을 매출거래처 직원 결혼선물용으로 사용하였다. (3점)

Q4 일반전표입력 및 매입매출전표입력 메뉴에 입력된 내용 중 다음과 같은 오류가 발견되었다. 입력된 내용을 확인하여 수정 또는 삭제 추가 입력하여 오류를 정정하시오. (6점)

[1] 8월 3일 매출처 ㈜네오전자의 부도로 외상매출금 잔액 1,100,000원이 회수불능하여 전액 대손상각비로 처리하였는데, 확인 결과 부도 시점에 외상매출금에 대한 대손충당금 잔액이 800,000원이었던 것으로 확인된다. (3점)

[2] 12월 20일 업무용 승용차(모닝, 배기량 1,000cc인 경차임)를 현금으로 구입(11,950,000원, 부가가치세별도)하면서 과세유형을 불공제로 입력하였다. 원재료 매입으로 되어있는 현재의 전표를 수정하시오. (3점)

차량명	판매가격 (부가가치세 별도)	제조사	구입점
모닝(스탠다드)	11,950,000원	기아자동차㈜	기아차 남양주점 (208-81-56451)

Q5 결산정리사항은 다음과 같다. 해당 메뉴에 입력하시오. (9점)

[1] 기말 외상매입금 계정 중에는 미국 ABC Ltd.의 외상매입금 3,000,000원(미화 $2,500)이 포함되어 있다(결산일 현재 적용환율 : 1,150원/$). (3점)

[2] 6월 1일에 공장 건물 중 일부를 임대(임대기간 : 2025. 6. 1.~2026. 5. 31.)하고, 일시에 수령한 12개월분 임대료 50,400,000원을 전액 임대료(영업외수익)로 회계처리하였다. 월할계산 하시오. (3점)

[3] 당해 사업연도 법인세등은 10,000,000원이다. 법인세의 중간예납세액 6,000,000원(선납세금 계정)을 8월 15일에 납부하였고 나머지 금액에 대해서는 다음 연도 3월 31일까지 납부할 예정이다. (3점)

Q6 다음 사항을 조회하여 답안을 이론문제 답안작성 메뉴에 입력하시오. (9점)

[1] 상반기(1월~6월) 중 제품매출액이 가장 많은 달과 그 금액은 얼마인가? (3점)

[2] 4월말 현재 미지급금이 가장 많은 거래처명과 그 금액은 얼마인가? (3점)

[3] 제1기 예정신고기간(1월~3월) 동안 삐에로패션으로부터 수취한 매입세금계산서의 매수와 공급가액은 얼마인가? (3점)

CHAPTER 10 실전모의시험

㈜남일전자(회사코드:5510)은 전자제품을 제조하여 판매하는 중소기업이며, 당기(제13기) 회계기간은 2025. 1. 1. ~ 2025. 12. 31. 이다. 전산세무회계 수험용 프로그램을 이용하여 다음 물음에 답하시오.

| 기본전제 |

문제에서 한국채택국제회계기준을 적용하도록 하는 전제조건이 없는 경우, 일반기업회계기준을 적용하여 회계처리 한다.

Q1 다음은 기초정보관리 및 전기분재무제표에 대한 자료이다. 각각의 요구사항에 대하여 답하시오. (10점)

[1] 전기분 손익계산서를 검토한 결과 다음과 같은 오류가 발견되었다. 관련되는 전기분 재무제표를 모두 수정하시오. (4점)

계정과목	틀린 금액	올바른 금액	내 용
수도광열비(815)	5,600,000원	6,500,000원	입력오류

[2] 아래의 거래처를 거래처등록 메뉴에 입력하시오. (3점)

코드번호	거래처명	사업자등록번호	대표자
50001	㈜한진캐피탈	121-81-22407	김용수
50002	㈜성우중기	131-81-25245	이판술

[3] 계정과목 및 적요등록 메뉴에서 511.복리후생비 계정의 대체전표 적요 3번에 "공장 직원 코로나19 예방접종비"를 등록하시오. (3점)

다음 거래 자료를 일반전표입력 메뉴에 추가 입력하시오(일반전표입력의 모든 거래는 부가가치세를 고려하지 말 것). (18점)

> **입력시 유의사항**
> - 일반적인 적요의 입력은 생략하지만, 타계정 대체거래는 적요번호를 선택하여 입력한다.
> - 채권·채무와 관련된 거래는 별도의 요구가 없는 한 반드시 기 등록되어 있는 거래처코드를 선택하는 방법으로 거래처명을 입력한다.
> - 제조경비는 500번대 계정코드를, 판매비와 관리비는 800번대 계정코드를 사용한다.
> - 회계처리시 계정과목은 별도제시가 없는 한 등록되어 있는 계정과목 중 가장 적절한 과목으로 한다.

[1] 7월 25일   제1기 확정신고분 부가가치세와 신용카드수수료(판관비) 350,000원을 포함하여 신용카드(비씨카드)로 납부하였다(단, 6월 30일에 적정하게 회계처리 된 부가가치세 관련 분개를 확인 후 회계처리 할 것). (3점)

[2] 8월 20일   회사는 기업은행과 당좌차월 계약을 맺고 있으며, 현재 당좌수표 발행액은 당좌예금 예입액을 초과한 상태이다. 당일 회사는 7월 20일에 ㈜토즈상사에서 외상으로 구입한 기계장치의 구입대금 18,000,000원을 당좌수표를 발행하여 지급하였으며 이는 당좌계약 한도 내의 금액이다. (3점)

[3] 9월 10일   당사의 최대주주인 김지운 씨로부터 본사를 신축할 토지를 기증받았다. 토지의 공정가치는 40,000,000원이다. (3점)

[4] 10월 12일   ㈜봄꽃상사의 미수금 2,000,000원이 대손처리 요건을 충족하여 당일 대손처리하기로 하였다. 대손충당금을 조회하여 회계처리 하시오(단, 부가가치세는 고려하지 않는다). (3점)

[5] 11월 3일   ㈜울진에 단기 대여(6개월 후 회수, 연 이자율 3%)하면서 타인발행 당좌수표 10,000,000원을 지급하였다. (3점)

[6] 11월 10일   회사 판매직 직원이 퇴직하였으며, 동 직원의 퇴직금은 8,000,000원이다. 회사는 은행에 확정급여형(DB형) 퇴직연금에 가입하고 있어 동 퇴직연금기금을 인출하여 지급하였다(단, 관련 자료를 조회한 후 회계처리 할 것). (3점)

Q3 다음 거래 자료를 매입매출전표입력 메뉴에 입력하시오. (18점)

> **입력시 유의사항**
> - 일반적인 적요의 입력은 생략하지만, 타계정 대체거래는 적요번호를 선택하여 입력한다.
> - 별도의 요구가 없는 한 반드시 기 등록되어 있는 거래처코드를 선택하는 방법으로 거래처명을 입력한다.
> - 제조경비는 500번대 계정코드를, 판매비와 관리비는 800번대 계정코드를 사용한다.
> - 회계처리시 계정과목은 별도제시가 없는 한 등록되어 있는 계정과목 중 가장 적절한 과목으로 한다.
> - 입력화면 하단의 분개까지 처리하고, 전자세금계산서 및 전자계산서는 전자입력으로 반영한다.

[1] 9월 2일   ㈜제주로부터 원재료 500개(공급가액 @50,000원, 부가가치세 별도)를 구입하고 전자세금계산서를 교부받았으며, 대금 중 10,000,000원은 제품을 판매하고 받아 보관 중인 ㈜마포의 약속어음을 배서하여 지급하고, 잔액은 외상으로 하였다.
(3점)

[2] 9월 4일   공장에서 사용하던 기계장치를 ㈜민영기업에 매각하고 전자세금계산서를 발급하였다. 매각대금은 8,800,000원(부가가치세 포함)이며 보통예금으로 수취하였다. 동 기계장치의 취득원가는 20,000,000원이며 매각 당시 감가상각누계액은 9,000,000원이었다(매각일까지의 감가상각에 대한 회계처리는 무시하고 매각 관련 처분손익의 분개를 매입매출전표입력 메뉴에서 진행 할 것).   (3점)

[3] 10월 31일   제조부서에서 사용하기 위한 컴퓨터를 ㈜프라엘전자로부터 구입하였고 대금 2,178,000원(VAT 포함)을 비씨카드로 결제하였다(단, 컴퓨터는 유형자산 계정으로 처리할 것).
(3점)

[4] 11월 1일   연말 선물용으로 당사 제품인 VIP선물세트(원가 50,000원, 시가 88,000원, 부가세 포함)를 매출 거래처인 ㈜우진에 제공하였다.   (3점)

[5] 11월 10일 동해상사에 제품을 판매하고 다음의 전자세금계산서를 발급하였다. 대금은 8월 1일에 수령한 계약금을 제외하고 나머지는 보통예금 계좌로 받았다. (3점)

전자세금계산서						승인번호		20251110-21058052-117266459		
공급자	사업자등록번호	131-81-35215		종사업장번호		공급받는자	사업자등록번호	130-33-68798	종사업장번호	
	상호(법인명)	㈜남일전자		성 명(대표자)	남진호		상호(법인명)	동해상사	성 명	박찬종
	사업장주소	경기도 광명시 광명로 58(가학동)					사업장주소	서울시 마포구 상암동 261		
	업 태	제조, 도소매	종 목	전자제품			업 태	도매업	종 목	컴퓨터
	이메일						이메일			
작성일자		공급가액		세액			수정사유			
2025. 11. 10		15,000,000		1,500,000						
비고										
월	일	품 목	규격	수량	단 가		공 급 가 액	세 액	비 고	
11	10	전자부품		150	100,000		15,000,000	1,500,000		
합 계 금 액		현 금		수 표		어 음	외 상 미 수 금		이 금액을 영수 함 청구	
16,500,000		16,500,000								

[6] 12월 10일 회사는 일부 원재료를 수입하고 있다. 수입원재료의 통관비용을 현금 지급하고 다음의 전자세금계산서를 발급받았다. (3점)

전자세금계산서						승인번호		20251210-11058172-127266460		
공급자	사업자등록번호	229-81-28156		종사업장번호		공급받는자	사업자등록번호	131-81-35215	종사업장번호	
	상호(법인명)	㈜에이스국제운송		성 명(대표자)	이신중		상호(법인명)	㈜남일전자	성 명	남진호
	사업장주소	서울 서초구 방배로 142					사업장주소	경기도 광명시 광명로 58(가학동)		
	업 태	운수	종 목	화물,중개			업 태	제조, 도소매	종 목	전자제품
	이메일						이메일			
작성일자		공급가액		세액			수정사유			
2025. 12. 10		470,000		47,000						
비고										
월	일	품 목	규격	수량	단 가		공 급 가 액	세 액	비 고	
12	10	통관수수료					120,000	12,000		
12	10	운송료					350,000	35,000		
합 계 금 액		현 금		수 표		어 음	외 상 미 수 금		이 금액을 영수 함 청구	
517,000		517,000								

Q4 일반전표입력 및 매입매출전표입력 메뉴에 입력된 내용 중 다음과 같은 오류가 발견되었다. 입력된 내용을 확인하여 수정 또는 삭제 추가 입력하여 오류를 정정하시오. (6점)

[1] 10월 25일 회계처리한 세금과공과는 업무용 차량운반구의 취득세를 국민은행 보통예금 계좌이체를 통해 납부한 것이다. (3점)

[2] 11월 2일 당사 직원 박성실에 대한 단기대여금 3,000,000원은 상환기간이 2027년 9월 30일이다. (3점)

Q5 결산정리사항은 다음과 같다. 해당 메뉴에 입력하시오. (9점)

[1] 외상매입금계정에는 홍콩 거래처 만리상사에 대한 외화외상매입금 2,400,000원($2,000)이 계상되어 있다(회계기간 종료일 현재 적용환율 : $1당 1,180원). (3점)

[2] 매출채권(외상매출금, 받을어음) 잔액에 대하여 1%의 대손충당금을 보충법으로 설정하다. (3점)

[3] 당기에 회사가 계상할 감가상각비는 아래와 같다. (3점)

- 공장 기계장치 감가상각비 : 9,200,000원
- 제품 판매 홍보용 트럭 감가상각비 : 2,100,000원

Q6 다음 사항을 조회하여 답안을 이론문제 답안작성 메뉴에 입력하시오. (9점)

[1] 1월부터 6월까지 계산서를 수취한 금액은 얼마인가? (3점)

[2] 6월 중 판매비 및 관리비의 복리후생비 중 현금으로 지급된 금액은 얼마인가? (3점)

[3] 1.1~3.31에 고정자산을 매각하고 발급한 세금계산서(공급가액) 금액의 합계액은? (3점)

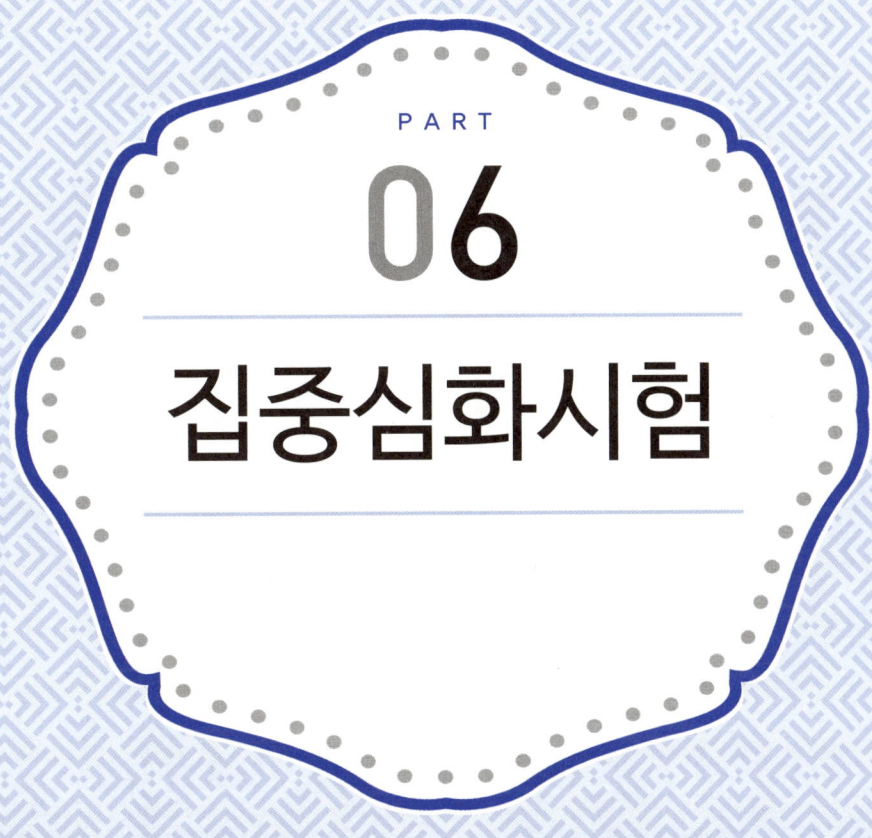

ROUND 01 집중심화시험

이론시험

다음 문제를 보고 알맞은 것을 골라 답안저장 메뉴화면에 입력하시오.(객관식 문항당 2점)

--- 기본전제 ---

문제에서 한국채택국제회계기준을 적용하도록 하는 전제조건이 없는 경우, 일반기업회계기준을 적용하여 회계처리 한다.

1. 다음은 한국채택국제회계기준에 의한 재무제표의 질적 특성에 관련된 내용이다. 성격이 다른 하나는?

   ① 비교가능성 ② 검증가능성
   ③ 적시성 ④ 충실한 표현

2. 다음은 재고자산의 평가에 대한 설명이다. 틀린 것은?

   ① 재고자산의 평가손실누계액은 재고자산의 차감계정으로 표시한다.
   ② 재고자산의 평가손실은 영업외비용으로 처리한다.
   ③ 재고자산의 감모손실이 정상적인 범위 내에 해당하는 경우에는 매출원가에 가산한다.
   ④ 재고자산의 감모손실이 비정상적인 것으로 판단되는 경우에는 영업외비용으로 처리한다.

3. 다음의 내용을 수정 분개 하는 경우 적절한 회계처리로 옳은 것은?

   > 임직원의 퇴직금과 관련하여 외부 금융기관에 보통예금 계좌에서 500,000원을 예치하면서 회계담당자가 확정급여형(DB) 퇴직연금으로 회계처리 하였다. 그러나 기업은 퇴직금을 확정기여형(DC) 퇴직연금으로만 운영하고 있다.

   ① (차) 퇴직급여　　　　　　500,000　　(대) 보통예금　　　　　　500,000
   ② (차) 퇴직연금운용자산　500,000　　(대) 보통예금　　　　　　500,000
   ③ (차) 퇴직급여　　　　　　500,000　　(대) 퇴직연금운용자산　500,000
   ④ (차) 퇴직연금운용자산　500,000　　(대) 퇴직급여　　　　　　500,000

4. 다음은 유형자산의 정의에 대한 설명이다. 틀린 것은?

① 투자목적으로 소유하는 것
② 내구적인 사용이 가능할 것
③ 미래의 경제적 효익이 기대될 것
④ 물리적 실체가 있을 것

5. 다음 중 유동자산이 아닌 것은?

① 장기미수금 중 1년 이내에 실현되는 부분
② 기업의 정상적인 영업주기 내에 실현될 것으로 예상되는 재고자산
③ 사용의 제한이 있는 현금및현금성자산
④ 단기매매 목적으로 보유하는 자산

6. 다음 설명 중 가장 옳은 것은?

① 자산이 증가하고 부채가 증가하면 자본이 반드시 증가한다.
② 자산이 증가하고 부채가 감소하면 자본이 반드시 증가한다.
③ 자산이 증가하고 부채가 고정되면 자본이 반드시 감소한다.
④ 자산이 감소하고 부채가 증가하면 자본이 반드시 증가한다.

7. 자본금이 100,000,000원인 회사가 이월결손금 18,000,000원을 보전하기 위하여 유통 중인 주식 중 1/5에 해당하는 부분을 무상 소각하였다. 이 경우 분개에서 사용하여야 할 자본항목과 금액 중 옳은 것은?

① 감자차손 2,000,000원
② 주식발행초과금 2,000,000원
③ 감자차익 2,000,000원
④ 합병차익   2,000,000원

8. 일반기업회계기준 상 수익에 대한 내용으로 올바르지 않은 것은?

① 경제적 효익의 유입가능성이 매우 높고, 그 효익을 신뢰성 있게 측정할 수 있을 때 인식한다.
② 판매대가의 공정가치로 측정하며, 매출에누리·할인·환입은 차감한다.
③ 성격과 가치가 상이한 재화나 용역간의 교환 시 교환으로 제공한 재화나 용역의 공정가치로 수익을 측정하는 것이 원칙이다.
④ 성격과 가치가 유사한 재화나 용역간의 교환 시 제공한 재화나 용역의 공정가치로 수익을 측정하는 것이 원칙이다.

9. 다음 자료에서 당기 제품제조원가에 반영된 원재료비는 얼마인가?

- 재고자산별 기초가액 : 재고자산별 기말가액의 50%이다.
- 기 말 원 재 료 가 액 : 100,000원
- 기 말 재 공 품 가 액 : 200,000원
- 당 기 제 품 제 조 원 가 : 1,000,000원
- 당 기 발 생 가 공 비 : 700,000원

① 100,000원 ② 400,000원
③ 450,000원 ④ 1,100,000원

10. 보조부문비의 배부방법 중 단계배부법에 대한 설명으로 틀린 것은?

① 보조부문 상호간의 용역수수를 완전히 고려하는 방법이다.
② 보조무문의 배부순서를 합리적으로 결정하는 것이 매우 중요하다.
③ 보조부문의 배부순서에 따라 배부액이 달라질 수 있다.
④ 최초 배부되는 부문의 경우 자신을 제외한 다른 모든 부문에 배부된다.

11. (주)크로바는 제조간접비를 직접노무시간을 기준으로 배부하고 있다. 당해 제조간접비 배부차이는 100,000원이 과대배부 되었다. 당기말 현재 실제제조간접비발생액은 500,000원이고, 실제직접노무시간이 20,000시간일 경우 예정배부율은 얼마인가?

① 25원/시간당 ② 30원/시간당
③ 40원/시간당 ④ 50원/시간당

12. 종합원가계산하에서는 원가흐름 또는 물량흐름에 대해 어떤 가정을 하느냐에 따라 완성품환산량이 다르게 계산된다. 다음 중 평균법에 대한 설명으로 틀린 것은?

① 전기와 당기발생원가를 구분하지 않고 모두 당기발생원가로 가정하여 계산한다.
② 계산방법이 상대적으로 간편하다.
③ 원가통제 등에 보다 더 유용한 정보를 제공한다.
④ 완성품환산량 단위당 원가는 총원가를 기준으로 계산된다.

13. 다음은 부가가치세법상 사업자와 관련된 내용이다. 틀린 것은?

① 개인사업자는 일반과세자 또는 간이과세자가 될 수 있다.
② 법인사업자는 간이과세자가 될 수 없다.
③ 면세사업자는 부가가치세법상 사업자가 아니다.
④ 간이과세자는 직전 연도의 공급가액의 합계액이 1억 4백만원(과세유흥장소와 부동산임대업은 4천800만원) 이하인 자를 말한다.

14. 다음 중 부가가치세법상 재화 공급시기에 대한 설명으로 옳지 않은 것은?

① 상품권을 외상으로 판매하는 경우에는 외상대금의 회수일을 공급시기로 본다.
② 폐업 전에 공급한 재화의 공급시기가 폐업일 이후에 도래하는 경우에는 그 폐업일을 공급시기로 본다.
③ 반환 조건부판매의 경우에는 그 조건이 성취되거나 기한이 경과되어 판매가 확정되는 때를 공급시기로 본다.
④ 무인판매기를 이용하여 재화를 공급하는 경우에는 당해 사업자가 무인판매기에서 현금을 인취하는 때를 공급시기로 본다.

15. 현행 부가가치세법상 매입세액으로 공제가 가능한 것은?

① 세금계산서 미수취 관련 매입세액
② 사업과 직접 관련이 없는 지출에 대한 매입세액
③ 기업업무추진비 및 이와 유사한 비용의 지출에 관련된 매입세액
④ 기계경비업의 출동용 승용차(1,500cc)에 대한 매입세액

실무시험

㈜세방상사(회사코드:5511)은 스포츠의류를 제조하여 판매하는 중소기업이며, 당기(제10기) 회계기간은 2025. 1. 1. ~ 2025. 12. 31. 이다. 전산세무회계 수험용 프로그램을 이용하여 다음 물음에 답하시오.

---— | 기본전제 | —---

문제에서 한국채택국제회계기준을 적용하도록 하는 전제조건이 없는 경우, 일반기업회계기준을 적용하여 회계처리 한다.

1. 다음은 기초정보관리 및 전기분재무제표에 대한 자료이다. 각각의 요구사항에 대하여 답하시오. (10점)

[1] 다음 자료를 보고 거래처등록메뉴에 등록하시오. (3점)

- 거래처코드 : 01212
- 거래처명 : ㈜세무전자
- 유형 : 동시
- 사업자등록번호 : 206-86-31522
- 대표자 : 김기태
- 업태 : 도소매
- 종목 : 가전제품
- 사업장주소 : 서울시 강남구 양재대로 55길 19

※ 주소입력 시 우편번호 입력은 생략해도 무방함.

[2] 거래처별 초기이월 채권과 채무잔액은 다음과 같다. 자료에 맞게 추가입력이나 정정 및 삭제하시오. (3점)

계정과목	거래처	잔액	계
단기대여금	우진상사	7,500,000원	
	㈜가나상사	3,200,000원	12,000,000원
	다라상사	1,300,000원	
단기차입금	마바상사	5,500,000원	16,000,000원
	자차상사	10,500,000원	

[3] 전기분손익계산서를 검토한 결과 다음과 같은 오류가 발견되었다. 전기분손익계산서, 전기분잉여금처분계산서, 전기분재무상태표 중 관련된 부분을 수정하시오. (4점)

계정과목	틀린 금액	올바른 금액	내용
상여금(0803)	5,000,000원	3,400,000원	입력오류

2. 다음 거래 자료를 일반전표입력 메뉴에 추가 입력하시오(일반전표입력의 모든 거래는 부가가치세를 고려하지 말 것). (18점)

> **입력시 유의사항**
> - 일반적인 적요의 입력은 생략하지만, 타계정 대체거래는 적요번호를 선택하여 입력한다.
> - 채권·채무와 관련된 거래는 별도의 요구가 없는 한 반드시 기 등록되어 있는 거래처코드를 선택하는 방법으로 거래처명을 입력한다.
> - 제조경비는 500번대 계정코드를, 판매비와 관리비는 800번대 계정코드를 사용한다.
> - 회계처리시 계정과목은 별도제시가 없는 한 등록되어 있는 계정과목 중 가장 적절한 과목으로 한다.

[1] 7월 12일   ㈜우리서점에서 영업부 업무관련 도서를 70,000원에 구입하고 보통예금으로 지급하였다. (3점)

[2] 7월 28일   ㈜해운에 대한 외상매출금 4,700,000원과 외상매입금 5,800,000원을 상계처리하기로 하고 나머지 잔액은 당사의 당좌수표를 발행하여 지급하였다. (3점)

[3] 7월 31일   지난 3월 단기 시세차익을 목적으로 취득하였던 ㈜한국의 주식 2,000주(1주당 액면가 5,000원, 1주당 구입가 10,000원)을 24,000,000원에 처분하고 보통예금으로 입금받았다. (3점)

[4] 8월 1일   당사는 본사건물 신축을 위한 차입금의 이자비용 7,000,000원을 현금으로 지급하고, 금융비용은 전액 자본화하기로 하였다. 이 건물의 착공일은 2024년 1월 13일이며, 완공일은 2026년 11월 30일이다. (3점)

[5] 9월 30일   제2기 예정 부가가치세 신고를 위해 부가세대급금 8,000,000원과 부가세예수금 11,300,000원을 상계처리하고 관련 회계처리를 하시오(단, 거래처입력은 생략하고, 총액을 상계처리할 것). (3점)

[6] 12월 19일   제품 생산에 필요한 원재료를 매입하기 위해서 ㈜우리공장과 계약을 체결하고, 계약금 2,000,000원을 보통예금에서 지급하였다. (3점)

3. 다음 거래 자료를 매입매출전표입력 메뉴에 입력하시오. (18점)

> **입력시 유의사항**
> ☐ 일반적인 적요의 입력은 생략하지만, 타계정 대체거래는 적요번호를 선택하여 입력한다.
> ☐ 별도의 요구가 없는 한 반드시 기 등록되어 있는 거래처코드를 선택하는 방법으로 거래처명을 입력한다.
> ☐ 제조경비는 500번대 계정코드를, 판매비와 관리비는 800번대 계정코드를 사용한다.
> ☐ 회계처리시 계정과목은 별도제시가 없는 한 등록되어 있는 계정과목 중 가장 적절한 과목으로 한다.
> ☐ 입력화면 하단의 분개까지 처리하고, 전자세금계산서 및 전자계산서는 전자입력으로 반영한다.

[1] 7월 21일 비사업자인 이순옥씨에게 제품을 99,000원(부가가치세 포함)에 현금 매출하고 현금영수증을 발급하지 않았다. (3점)

[2] 9월 4일 원재료 매입처의 사무실 이전을 축하하기 위해 프리티화원에서 200,000원의 축하화환을 주문하고, 보통예금 계좌에서 이체하고 현금영수증(지출증빙용)을 발급받았다. (3점)

```
                        프리티화원
       114-91-21113                       김화원
       서울 송파구 문정동 101-2 TEL:3289-8085
           홈페이지 http://www.kacpta.or.kr
                     현금(지출증빙)
       구매 2025/09/04/13:06   거래번호 : 0004-0027
       상품명              수량              금액
        축하화환             1            200,000원
       2041815650198
                           물 품 가 액     200,000원
                           부  가  세           0원
       합   계                             200,000원
       받은금액                           200,000원
```

[3] 9월 15일 당사는 제품을 제조하기 위해 ㈜한국에서 기계장치를 50,000,000원(부가가치세 별도)에 10개월 할부로 구매하고 전자세금계산서를 발급받았다. 할부대금은 다음 달부터 지급한다. (3점)

[4] 10월 10일 ㈜광고에 제품을 15,000,000원(부가가치세 별도)에 판매하고 전자세금계산서를 발급하였다. 제품에 대한 판매대금은 보통예금 계좌로 입금받았다. (3점)

[5] 10월 18일 업무용 비품으로 사용하던 냉장고(취득가액 2,800,000원, 처분시 감가상각누계액 1,600,000원)을 ㈜미래에 현금 1,100,000원(부가가치세 포함)을 받아 처분하고 전자세금계산서를 발급하였다. (3점)

[6] 11월 28일 본사 신축을 위해 구입하는 토지 취득에 대한 법률자문 및 등기대행 용역을 ㈜국민개발로부터 제공받았다. 용역에 대한 수수료 3,000,000원(부가가치세 별도)는 현금으로 지급하고 전자세금계산서를 발급 받았다. (3점)

4. 일반전표입력 및 매입매출전표입력 메뉴에 입력된 내용 중 다음과 같은 오류가 발견되었다. 입력된 내용을 확인하여 정정하시오. (6점)

[1] 7월 10일 세금과공과로 처리한 금액(100,000원)은 임직원들에게 6월 15일에 급여를 지급하면서 원천징수한 소득세를 납부한 것으로 확인되었다. (3점)

[2] 9월 27일 본사 업무에 사용하는 개별소비세 과세대상 자동차(2,500cc)에 대해 ㈜가제트수리에서 수리하면서 550,000원(부가가치세 포함)을 현금으로 결제하고 전자세금계산서를 발급받았다. 해당 금액에 대하여 매입세액 공제대상으로 처리하였다. (3점)

5. 결산정리사항은 다음과 같다. 해당메뉴에 입력하시오. (9점)

[1] 구입 당시 자산으로 계상한 공장 소모품(단가 50,000원, 20개) 중 기말 현재 6개가 재고로 남아있다(사용분에 대해 비용처리 할 것). (3점)

[2] 당기 법인세비용을 7,000,000원으로 가정하여 계상한다(단, 법인세 중간예납세액은 조회하여 입력할 것). (3점)

[3] 기말 현재 보유하고 있는 감가상각대상자산은 다음과 같다. 해당 자산을 고정자산등록메뉴에 등록하고 계산된 상각범위액을 감가상각비로 반영하시오. (3점)

- 계정과목 : 기계장치
- 코드번호 : 101
- 전기말감가상각누계액 : 9,000,000원
- 내용연수 : 5년
- 취득년월일 : 2024년 7월 27일
- 취득원가 : 30,000,000원
- 경비구분 : 제조
- 감가상각방법 : 정률법

6. 다음 사항을 조회하여 답안을 저장메뉴에 입력하시오. (9점)

[1] 제1기 확정(4월~6월) 부가가치세 신고기간 중 카드로 매출된 공급대가는 얼마인가? (3점)

[2] 상반기(1월~6월)에 기업업무추진비(판매관리비)가 가장 많이 발생한 월과 금액은? (3점)

[3] 5월 말 현재 외상매입금 잔액이 가장 큰 거래처명과 그 금액은 얼마인가? (3점)

ROUND 02 집중심화시험
Concentration Deepening Examiation

이론시험

다음 문제를 보고 알맞은 것을 골라 답안저장 메뉴화면에 입력하시오.(객관식 문항당 2점)

기본전제

문제에서 한국채택국제회계기준을 적용하도록 하는 전제조건이 없는 경우, 일반기업회계기준을 적용하여 회계처리 한다.

---

1. 다음 중 재무상태표에 대한 설명으로 틀린 것은?

   ① 재무상태표는 일정 시점 현재 기업실체의 재무상태에 대한 정보를 제공하는 보고서로서 구성요소는 자산, 부채 및 자본이다.
   ② 자산에 내재된 미래의 경제적 효익이란 직접 또는 간접적으로 기업실체의 미래 현금흐름 창출에 기여하는 잠재력을 말한다.
   ③ 기업실체의 자산은 미래에 발생할 것으로 예상되는 거래나 사건만으로도 취득이 가능하다.
   ④ 자본은 기업실체의 자산 총액에서 부채 총액을 차감한 잔여액 또는 순자산으로서 기업실체의 자산에 대한 소유주의 잔여청구권이다.

2. 다음 중 자산의 증감도 없고, 자본의 증감도 없는 경우는?

   ① 유상증자　　　　　　　　　　② 무상증자
   ③ 주식의 할인발행　　　　　　　④ 주식의 할증발행

3. 다음 자료를 이용하여 영업이익을 계산하면 얼마인가?

   • 매출액　　　　　　　: 100,000,000원　　• 광고비　　　　　　: 6,000,000원
   • 매출원가　　　　　　:　60,000,000원　　• 기부금　　　　　　: 1,000,000원
   • 본사 총무부 직원 인건비 : 4,000,000원　　• 유형자산처분이익　: 2,000,000원

   ① 40,000,000원　　　　　　　　② 30,000,000원
   ③ 29,000,000원　　　　　　　　④ 26,000,000원

4. 다음 중 유가증권의 후속측정에 대해 바르게 설명하지 않은 것은?

   ① 단기매매증권과 매도가능증권은 원칙적으로 공정가치로 평가한다.
   ② 매도가능증권 중 시장성이 없는 지분증권의 공정가치를 신뢰성있게 측정할 수 없는 경우에는 취득원가로 평가한다.
   ③ 만기보유증권을 상각후원가로 측정할 때에는 장부금액과 만기액면금액의 차이를 상환기간에 걸쳐 유효이자율법에 의하여 상각하여 취득원가와 이자수익에 가감한다.
   ④ 만기보유증권은 공정가치와 상각후원가 중 선택하여 평가한다.

5. 다음 매도가능증권의 매각이 당기의 재무제표에 미치는 영향을 설명한 것으로 올바른 것은?

   > 전기 7월 1일 5,000,000원에 취득한 매도가능증권의 전기말 평가이익은 500,000원이었다. 이를 당기 8월 1일에 전부 6,000,000원에 매각하였다.

   ① 기말자본이 500,000원 증가한다.
   ② 기말자본잉여금이 500,000원 증가한다.
   ③ 당기순이익이 500,000원 증가한다.
   ④ 기말이익잉여금이 500,000원 증가한다.

6. 다음은 장비상사의 제1기(1.1.~12.31.) 재고자산 내역이다. 이를 통하여 이동평균법에 의한 기말재고자산의 단가를 계산하면 얼마인가?

일 자	적 요	수 량	단 가
1월 4일	매입	200	1,000원
3월 6일	매출	100	1,200원
5월 7일	매입	200	1,300원
7월 10일	매입	300	1,100원

   ① 1,150원 ② 1,200원
   ③ 1,250원 ④ 1,270원

7. 다음 항목들 중에서 무형자산으로 인식할 수 없는 것은?

   ① 향후 5억원의 가치창출이 확실한 개발단계에 2억원을 지출하여 성공한 경우
   ② 내부창출한 상표권으로서 기말시점에 회사 자체적으로 평가한 금액이 1억원인 경우
   ③ 통신기술과 관련한 특허권을 출원하는 데 1억원을 지급한 경우
   ④ 12억원인 저작권을 현금으로 취득한 경우

8. 다음 자료를 이용하여 유형자산에 대한 감가상각을 실시하는 경우에 정액법, 정률법 및 연수합계법 각각에 의한 2차년도말까지의 감가상각누계액 크기와 관련하여 가장 맞게 표시한 것은?

   - 기계장치 취득원가 : 2,000,000원(1월 1일 취득)
   - 잔존가치 : 취득원가의 10%
   - 내용연수 : 5년
   - 정률법 상각률 : 0.4

   ① 연수합계법 > 정률법 > 정액법
   ② 연수합계법 > 정액법 > 정률법
   ③ 정률법 > 정액법 > 연수합계법
   ④ 정률법 > 연수합계법 > 정액법

9. 원가계산 방법에 대한 설명 중 틀린 것은?

   ① 실제원가계산은 직접재료비, 직접노무비, 제조간접비를 실제원가로 측정하는 방법이다.
   ② 정상원가계산은 직접재료비는 실제원가로 측정하고, 직접노무비와 제조간접비를 합한 가공원가는 예정배부율에 의해 결정된 금액으로 측정하는 방법이다.
   ③ 표준원가계산은 직접재료비, 직접노무비, 제조간접비를 표준원가로 측정하는 방법이다.
   ④ 원가의 집계방식에 따라 제품원가를 개별 작업별로 구분하여 집계하는 개별원가계산과 제조공정별로 집계하는 종합원가계산으로 구분할 수 있다.

10. 일반적으로 조업도가 증가할수록 발생원가 총액이 증가하고, 조업도가 감소할수록 발생원가 총액이 감소하는 원가형태에 해당되는 것은?

    ① 공장 기계장치에 대한 감가상각비
    ② 공장 건물에 대한 재산세
    ③ 원재료 운반용 트럭에 대한 보험료
    ④ 개별 제품에 대한 포장비용

11. 여범제조(주)의 기말재공품은 기초재공품에 비하여 400,000원 증가하였다. 또한, 재공품 공정에 투입한 직접재료비와 직접노무비, 제조간접비의 비율이 1 : 2 : 3이었다. 여범제조(주)의 당기제품제조원가가 800,000원이라면, 재공품에 투입한 직접노무비는 얼마인가?

    ① 100,000원
    ② 200,000원
    ③ 400,000원
    ④ 600,000원

12. (주)서울은 평균법에 의하여 종합원가계산을 수행하고 있고, 물량흐름은 아래와 같다. 재료비는 공정 초기에 전량 투입되고, 가공비는 공정전반에 걸쳐 균등하게 투입된다. 재료비 및 가공비의 완성품환산량을 계산하면 얼마인가?

- 기초 재공품 수량 : 0개
- 당기 완성품 수량 : 50,000개
- 당기 착수 수량 : 60,000개
- 기말 재공품 수량 : 10,000개(당기 완성도 50%)

① 재료비 : 55,000개, 가공비 : 60,000개
② 재료비 : 55,000개, 가공비 : 55,000개
③ 재료비 : 60,000개, 가공비 : 60,000개
④ 재료비 : 60,000개, 가공비 : 55,000개

13. 다음 중 부가가치세 불공제대상 매입세액이 아닌 것은?(모두 세금계산서를 발급받았고 업무와 관련된 것임)

① 프린터기 매입세액
② 제조업의 승용차(2500cc) 매입세액
③ 토지의 취득부대비용 관련 매입세액
④ 기업업무추진비 관련 매입세액

14. 다음 중 부가가치세법상 수정(전자)세금계산서를 발급할 수 없는 경우는 어느 것인가?

① 처음 공급한 재화가 환입된 경우
② 해당 거래에 대하여 세무조사 통지를 받은 후에, 세금계산서의 필요적 기재사항이 잘못 기재된 것을 확인한 경우
③ 착오로 전자세금계산서를 이중으로 발급한 경우
④ 과세기간의 확정신고기한 다음날부터 1년까지 경정할 것을 전혀 알지 못한 경우로서 필요적 기재사항이 착오 외의 사유로 잘못 적힌 경우

15. 다음 중 부가가치세법상 일반과세사업자의 부가가치세 과세표준 금액은 얼마인가? 모든 금액은 부가가치세 제외 금액이다.

- 총 매 출 액 : 120,000,000원(영세율 매출액 30,000,000원 포함)
- 매출할인및에누리액 : 5,000,000원
- 매 출 환 입 액 : 7,000,000원
- 대 손 금 : 3,000,000원
- 총 매 입 액 : 48,000,000원

① 108,000,000원
② 70,000,000원
③ 60,000,000원
④ 57,000,000원

실무시험

오영상사㈜(회사코드:5512)는 가방 등의 제조·도소매업 및 부동산임대업을 영위하는 중소기업으로 당기(제11기) 회계기간은 2025.1.1.~2025.12.31.이다. 전산세무회계 수험용 프로그램을 이용하여 다음 물음에 답하시오.

│ 기본전제 │

- 문제에서 한국채택국제회계기준을 적용하도록 하는 전제조건이 없는 경우, 일반기업회계기준을 적용하여 회계처리 한다.
- 문제의 풀이와 답안작성은 제시된 문제의 순서대로 진행한다.

---

1. 다음은 기초정보관리 및 전기분재무제표에 대한 자료이다. 각각의 요구사항에 대하여 답하시오. (10점)

[1] 다음 자료를 이용하여 거래처등록의 신용카드 탭에 추가로 입력하시오. (3점)

- 코드 : 99850
- 거래처명 : 하나카드
- 카드종류 : 사업용카드
- 유형 : 매입
- 카드번호 : 5531-8440-0622-2804

[2] 계정과목및적요등록 메뉴에서 여비교통비(판매비및일반관리비) 계정에 아래의 적요를 추가로 등록하시오. (3점)

- 현금적요 6번 : 야근 시 퇴근택시비 지급
- 대체적요 3번 : 야근 시 퇴근택시비 정산 인출

[3] 전기분 손익계산서를 검토한 결과 다음과 같은 오류가 발견되었다. 해당 오류와 연관된 재무제표를 모두 올바르게 정정하시오. (4점)

공장 생산직 사원들에게 지급한 명절 선물 세트 1,000,000원이 회계 담당 직원의 실수로 인하여 본사 사무직 사원들에게 지급한 것으로 회계처리 되어 있음을 확인한다.

2. 다음의 거래 자료를 일반전표입력 메뉴를 이용하여 입력하시오(일반전표입력의 모든 거래는 부가가치세를 고려하지 말 것). (18점)

> **입력시 유의사항**
> - 일반적인 적요의 입력은 생략하지만, 타계정 대체거래는 적요번호를 선택하여 입력한다.
> - 채권·채무와 관련된 거래는 별도의 요구가 없는 한 반드시 기 등록되어 있는 거래처코드를 선택하는 방법으로 거래처명을 입력한다.
> - 제조경비는 500번대 계정코드를, 판매비와관리비는 800번대 계정코드를 사용한다.
> - 회계처리 시 계정과목은 별도제시가 없는 한 등록되어 있는 계정과목 중 가장 적절한 과목으로 한다.

[1] 7월 4일 나노컴퓨터에 지급하여야 할 외상매입금 5,000,000원과 나노컴퓨터로부터 수취하여야 할 외상매출금 3,000,000원을 상계하여 처리하고, 잔액은 당좌수표를 발행하여 지급하였다. (3점)

[2] 9월 15일 투자 목적으로 보유 중인 단기매매증권(보통주 1,000주, 1주당 액면금액 5,000원, 1주당 장부금액 9,000원)에 대하여 1주당 1,000원씩의 현금배당이 보통예금 계좌로 입금되었으며, 주식배당 20주를 수령하였다. (3점)

[3] 10월 5일 제품을 판매하고 ㈜영춘으로부터 받은 받을어음 5,000,000원을 만기 이전에 주거래은행인 토스뱅크에 할인하고, 할인료 55,000원을 차감한 나머지 금액을 보통예금 계좌로 입금받았다. 단, 어음의 할인은 매각거래에 해당한다. (3점)

[4] 10월 30일 영업부에서 대한상공회의소 회비 500,000원을 보통예금 계좌에서 지급하고 납부영수증을 수취하였다. (3점)

[5] 12월 12일 자금 조달을 위하여 발행하였던 사채(액면금액 10,000,000원, 장부가액 10,000,000원)를 9,800,000원에 조기 상환하면서 보통예금 계좌에서 지급하였다. (3점)

[6] 12월 21일 보통예금 계좌를 확인한 결과, 결산이자 500,000원에서 원천징수세액 77,000원을 차감한 금액이 입금되었음을 확인하였다(단, 원천징수세액은 자산으로 처리할 것). (3점)

3. 다음의 거래 자료를 매입매출전표입력 메뉴를 이용하여 입력하시오. (18점)

> **입력시 유의사항**
> - 일반적인 적요의 입력은 생략하지만, 타계정 대체거래는 적요 번호를 선택하여 입력한다.
> - 채권·채무 관련 거래는 별도의 요구가 없는 한 반드시 기등록된 거래처코드를 선택하는 방법으로 거래처명을 입력한다.
> - 제조경비는 500번대 계정코드를, 판매비와관리비는 800번대 계정코드를 사용한다.
> - 회계처리 시 계정과목은 등록된 계정과목 중 가장 적절한 과목으로 한다.
> - 입력화면 하단의 분개까지 처리하고, 세금계산서 및 계산서는 전자 여부를 입력하여 반영한다.

[1] 7월 11일 성심상사에 제품을 판매하고 아래의 전자세금계산서를 발급하였다. (3점)

전자세금계산서					승인번호	20250711-1000000-00009329		
공급자	등록번호	124-87-05224	종사업장번호		공급받는자	등록번호	134-86-81692	종사업장번호	
	상호(법인명)	오영상사㈜	성명	김하현		상호(법인명)	성심상사	성명	황성심
	사업장주소	경기도 성남시 분당구 서판교로6번길 24				사업장주소	경기도 화성시 송산면 마도북로 40		
	업태	제조,도소매	종목	가방		업태	제조	종목	자동차특장
	이메일					이메일			
작성일자		공급가액		세액		수정사유		비고	
2025/07/11		3,000,000		300,000		해당 없음			
비고									
월	일	품목	규격	수량	단가	공급가액	세액	비고	
07	11	제품				3,000,000	300,000		

합계금액	현금	수표	어음	외상미수금	위 금액을 (영수) 함 (청구)
3,300,000	1,000,000			2,300,000	

[2] 8월 25일 본사 사무실로 사용하기 위하여 ㈜대관령으로부터 상가를 취득하고, 대금은 다음과 같이 지급하였다(단, 하나의 전표로 입력할 것). (3점)

- 총매매대금은 370,000,000원으로 토지분 매매가액 150,000,000원과 건물분 매매가액 220,000,000원(부가가치세 포함)이다.
- 총매매대금 중 계약금 37,000,000원은 계약일인 7월 25일에 미리 지급하였으며, 잔금은 8월 25일에 보통예금 계좌에서 이체하여 지급하였다.
- 건물분에 대하여 전자세금계산서를 잔금 지급일에 수취하였으며, 토지분에 대하여는 별도의 계산서를 발급받지 않았다.

[3] 9월 15일   총무부가 사용하기 위한 소모품을 골드팜㈜으로부터 총 385,000원에 구매하고 보통예금 계좌에서 이체하였으며, 지출증빙용 현금영수증(부가가치세 별도 표시)를 발급받았다. 단, 소모품은 구입 즉시 비용으로 처리한다. (3점)

[4] 9월 30일   경하자동차㈜로부터 본사에서 업무용으로 사용할 승용차(5인승, 배기량 998cc, 개별소비세 과세 대상 아님)를 구입하고 아래의 전자세금계산서를 발급받았다. (3점)

전자세금계산서

				승인번호	20250930-145982301203467	
공급자	등록번호	610-81-51299	종사업장번호			
	상호(법인명)	경하자동차㈜	성 명	정선달		
	사업장주소	울산 중구 태화동 150				
	업 태	제조,도소매	종 목	자동차		
	이메일					
공급받는자	등록번호	124-87-05224	종사업장번호			
	상호(법인명)	오영상사㈜	성 명	김하현		
	사업장주소	경기도 성남시 분당구 서판교로 6번길 24				
	업 태	제조,도소매	종 목	가방		
	이메일					

작성일자	공급가액	세액	수정사유	비고
2025/09/30	15,000,000	1,500,000		

비고

월	일	품 목	규 격	수 량	단 가	공 급 가 액	세 액	비 고
09	30	승용차(배기량 998cc)		1		15,000,000	1,500,000	

합 계 금 액	현 금	수 표	어 음	외 상 미 수 금	위 금액을 (청구) 함
16,500,000				16,500,000	

[5] 10월 17일   미국에 소재한 MIRACLE사에서 원재료 8,000,000원(부가가치세 별도)을 수입하면서 인천세관으로부터 수입전자세금계산서를 발급받고 부가가치세는 보통예금 계좌에서 지급하였다(단, 재고자산에 대한 회계처리는 생략할 것). (3점)

[6] 10월 20일   개인 소비자에게 제품을 판매하고 현금 99,000원(부가가치세 포함)을 받았다. 단, 판매와 관련하여 어떠한 증빙도 발급하지 않았다. (3점)

4. 일반전표입력 및 매입매출전표입력 메뉴에 입력된 내용 중 다음과 같은 오류가 발견되었다. 입력된 내용을 확인하여 오류를 정정하시오. (6점)

[1] 8월 31일 운영자금 조달을 위해 개인으로부터 차입한 부채에 대한 이자비용 362,500원을 보통예금 계좌에서 이체하고 회계처리하였으나 해당 거래는 이자비용 500,000원에서 원천징수세액 137,500원을 차감하고 지급한 것으로 이에 대한 회계처리가 누락되었다(단, 원천징수세액은 부채로 처리하고, 하나의 전표로 입력할 것). (3점)

[2] 11월 30일 제품생산공장 출입문의 잠금장치를 수리하고 영포상회에 지급한 770,000원(부가가치세 포함)을 자본적지출로 회계처리하였으나 수익적지출로 처리하는 것이 옳은 것으로 판명되었다. (3점)

5. 결산정리사항은 다음과 같다. 해당 메뉴에 입력하시오. (9점)

[1] 2월 11일에 소모품 3,000,000원을 구입하고 모두 자산으로 처리하였으며, 12월 31일 현재 창고에 남은 소모품은 500,000원으로 조사되었다. 부서별 소모품 사용 비율은 영업부 25%, 생산부 75%이며, 그 사용 비율에 따라 배부한다. (3점)

[2] 기중에 현금시재 잔액이 장부금액보다 부족한 것을 발견하고 현금과부족으로 계상하였던 235,000원 중 150,000원은 영업부 업무용 자동차의 유류대금을 지급한 것으로 확인되었으나 나머지는 결산일까지 그 원인이 파악되지 않아 당기의 비용으로 대체하다. (3점)

[3] 12월 31일 결산일 현재 재고자산의 기말재고액은 다음과 같다. (3점)

원재료	재공품	제품
• 장부수량 10,000개(단가 1,000원) • 실제수량 9,500개(단가 1,000원) • 단, 수량차이는 모두 정상적으로 발생한 것이다.	8,500,000원	13,450,000원

6. 다음 사항을 조회하여 답안을 이론문제 답안작성 메뉴에 입력하시오. (9점)

[1] 5월 말 외상매출금과 외상매입금의 차액은 얼마인가? (단, 양수로 기재할 것) (3점)

[2] 제1기 부가가치세 확정신고기간(4월~6월)의 영세율 적용 대상 매출액은 모두 얼마인가? (3점)

[3] 6월에 발생한 판매비와일반관리비 중 발생액이 가장 적은 계정과목과 그 금액은 얼마인가? (3점)

ROUND 03 집중심화시험 Concentration Deepening Examiation

이론시험

다음 문제를 보고 알맞은 것을 골라 답안저장 메뉴화면에 입력하시오.(객관식 문항당 2점)

―――――――――――――― | 기본전제 | ――――――――――――――
문제에서 한국채택국제회계기준을 적용하도록 하는 전제조건이 없는 경우, 일반기업회계기준을 적용하여 회계처리 한다.

1. 재무상태표상 자산, 부채 계정에 대한 분류가 잘못 연결된 것은?

   ① 미수수익 : 당좌자산
   ② 퇴직급여충당부채 : 유동부채
   ③ 임차보증금 : 기타비유동자산
   ④ 장기차입금 : 비유동부채

2. 일반기업회계기준을 통하여 작성된 재무제표는 다음과 같은 특성과 한계가 있다. 이에 대한 설명으로 틀린 것은?

   ① 재무제표는 화폐단위로 측정된 정보를 주로 제공한다.
   ② 재무제표는 미래에 발생할 거래나 사건에 대한 정보도 포함한다.
   ③ 재무제표는 추정에 의한 측정치를 포함하고 있다.
   ④ 재무제표는 특정 기업실체에 관한 정보를 제공한다.

3. 기말재고자산가액을 실제보다 높게 계상한 경우 재무제표에 미치는 영향으로 잘못된 것은?

   ① 매출원가가 실제보다 감소한다.
   ② 매출총이익이 실제보다 증가한다.
   ③ 당기순이익이 실제보다 증가한다.
   ④ 자본총계가 실제보다 감소한다.

4. 종업원급여는 퇴직급여 외의 종업원급여와 퇴직급여로 구분한다. 다음 중 퇴직급여에 해당하지 않는 것은?

① 퇴직일시금 ② 퇴직연금
③ 퇴직 후 의료급여 ④ 명예퇴직금

5. 재무제표의 질적 특성(재무정보의 질적 특성)간 균형에 대한 설명 중 잘못된 것은?

① 신뢰성과 목적적합성은 서로 상충관계가 발생될 수 있다.
② 수익인식과 관련하여 완성기준을 적용하면 목적적합성은 향상되는 반면 신뢰성은 저하될 수 있다.
③ 자산평가와 관련하여 현행원가를 적용하면 목적적합성은 향상되는 반면 신뢰성은 저하될 수 있다.
④ 재무정보의 보고와 관련하여 중간보고의 경우 목적적합성은 향상되는 반면 신뢰성은 저하될 수 있다.

6. 다음 자료를 이용하여 매출총이익을 계산하면 얼마인가?

- 총매출액 : 500,000원
- 기말상품재고액 : 100,000원
- 매출에누리 : 10,000원
- 매출할인 : 20,000원
- 매입할인 : 5,000원
- 총매입액 : 200,000원
- 매입환출 : 5,000원
- 기초상품재고액 : 100,000원

① 300,000원 ② 295,000원
③ 290,000원 ④ 280,000원

7. (주)영광은 제1기(1.1~12.31)의 1월 2일에 단기적인 시세차익 목적으로 상장주식 200주(주당 20,000원)을 현금으로 취득하였다. 12월 31일의 1주당 시가는 25,000원이었다.(주)영광은 제2기(1.1~12.31) 1월 1일에 1주당 30,000원에 100주를 매각하였다. 제2기 12월 31일의 1주당 시가는 20,000원이었다. 일련의 회계처리 중 잘못된 것을 고르면?

① 주식 취득시 : (차) 단기매매증권 4,000,000 (대) 현 금 4,000,000
② 제1기 12월 31일 : (차) 단기매매증권 1,000,000 (대) 단기매매증권평가이익 1,000,000
③ 제2기 1월 1일 : (차) 현 금 3,000,000 (대) 단기매매증권 2,000,000
　　　　　　　　　　　　　　　　　　　　　　　단기매매증권처분이익 1,000,000
④ 제2기 12월 31일 : (차) 단기매매증권평가손실 500,000 (대) 단기매매증권 500,000

8. 액면금액이 10,000원인 주식 1주를 주당 12,000원에 발행하였을 때, 재무제표에 미치는 영향은?

   ① 자산총액이 10,000원 증가한다.
   ② 자본총액이 10,000원 증가한다.
   ③ 자본금이 10,000원 증가한다.
   ④ 당기순이익이 2,000원 증가한다.

9. (주)전진은 평균법에 의한 종합원가계산을 하고 있다. 재료비는 공정시작 시점에서 전량 투입되며, 가공원가는 공정 전반에 걸쳐 고르게 투입된다. 다음 자료를 통하여 완성품환산량으로 바르게 짝지어진 것은?

   • 기초재공품: 0개
   • 완성수량: 400개
   • 착수수량: 500개
   • 기말재공품: 100개(완성도 50%)

	재료비완성품환산량	가공비완성품환산량		재료비완성품환산량	가공비완성품환산량
①	400개	450개	②	450개	500개
③	500개	450개	④	400개	500개

10. 개별원가계산시 실제제조간접비 배부율 및 배부액과 예정제조간접비 배부율 및 배부액을 산정하는 산식 중 올바르지 않은 것은?

    ① 실제제조간접비배부율 = 실제제조간접비 합계액/실제조업도(실제 배부기준)
    ② 예정제조간접비배부율 = 예정제조간접비 합계액/예정조업도(예정 배부기준)
    ③ 실제제조간접비배부액 = 개별제품등의 실제조업도(실제 배분기준) × 제조간접비 실제배부율
    ④ 예정제조간접비배부액 = 개별제품등의 예정조업도(예정 배분기준) × 제조간접비 예정배부율

11. 기말재공품은 기초재공품에 비하여 800,000원 증가하였다. 또한 공정에 투입한 직접재료비, 직접노무비와 제조간접비의 비율이 1 : 2 : 3이었다. 당기제품제조원가가 1,000,000원이라면, 직접재료비는얼마인가?

    ① 300,000원
    ② 600,000원
    ③ 900,000원
    ④ 1,800,000원

12. 흑치(주)의 제2기 원가 자료가 다음과 같을 경우 가공원가는 얼마인가?

- 직접재료원가 구입액 : 800,000원
- 직접재료원가 사용액 : 900,000원
- 직접노무원가 발생액 : 500,000원
- 변동제조간접원가 발생액 : 600,000원 (변동제조간접원가는 총제조간접원가의 40%이다)

① 2,000,000원 ② 2,400,000원
③ 2,800,000원 ④ 2,900,000원

13. 다음 중 부가가치세법상 면세대상 거래에 해당되지 않는 것은?

① 보험상품 판매 ② 마을버스 운행
③ 일반의약품 판매 ④ 인터넷신문 발행

14. 부가가치세법상 재화의 공급으로 보지 아니하는 거래를 모두 고른 것은?

a. 저당권 등 담보 목적으로 부동산을 제공하는 것
b. 사업장별로 그 사업에 관한 모든 권리와 의무를 포괄적으로 승계시키는 사업의 양도
c. 매매계약에 의한 재화의 인도
d. 폐업시 남아있는 재화(해당 재화의 매입 당시 매입세액공제 받음)
e. 상속세를 물납하기 위해 부동산을 제공하는 것

① a, d ② b, c, e
③ a, b, e ④ a, b, d, e

15. 다음 자료에 의하여 부가가치세 과세표준을 계산하면 얼마인가?

- 발급한 세금계산서 중 영세율세금계산서의 공급가액은 1,500,000원이고, 그 외의 매출, 매입과 관련된 영세율 거래는 없다.
- 세금계산서를 받고 매입한 물품의 공급가액은 6,200,000원이고, 이 중에는 사업과 관련이 없는 물품의 공급가액 400,000원이 포함되어 있다.
- 납부세액은 270,000원이다.

① 7,000,000원 ② 8,500,000원
③ 10,000,000원 ④ 11,500,000원

실무시험

예은상사㈜(회사코드 : 5513)는 사무용가구의 제조·도소매업 및 부동산임대업을 영위하는 중소기업으로 당기(제16기) 회계기간은 2025.1.1.~2025.12.31.이다. 전산세무회계 수험용 프로그램을 이용하여 다음 물음에 답하시오.

| 기본전제 |

- 문제에서 한국채택국제회계기준을 적용하도록 하는 전제조건이 없는 경우, 일반기업회계기준을 적용하여 회계처리 한다.
- 문제의 풀이와 답안작성은 제시된 문제의 순서대로 진행한다.

---

1. 다음은 기초정보관리 및 전기분재무제표에 대한 자료이다. 각각의 요구사항에 대하여 답하시오. (10점)

[1] 다음 자료를 이용하여 아래의 계정과목에 대한 적요를 추가로 등록하시오. (3점)

- 계정과목 : 831. 수수료비용
- 현금적요 : (적요NO. 8) 결제 대행 수수료

[2] 당사는 여유자금 활용을 위하여 아래와 같이 신규 계좌를 개설하였다. 거래처등록 메뉴를 이용하여 해당 사항을 추가로 입력하시오. (3점)

- 코드번호 : 98005
- 계좌번호 : 110-146-980558
- 거래처명 : 수협은행
- 유형 : 정기적금

[3] 다음의 자료를 토대로 각 계정과목의 거래처별 초기이월 금액을 올바르게 정정하시오. (4점)

계정과목	거래처명	수정 전 금액	수정 후 금액
지급어음	천일상사	9,300,000원	6,500,000원
	모닝상사	5,900,000원	8,700,000원
미지급금	대명㈜	8,000,000원	4,500,000원
	㈜한울	4,400,000원	7,900,000원

2. 일반전표입력 메뉴를 이용하여 다음의 거래 자료를 입력하시오(일반전표입력의 모든 거래는 부가가치세를 고려하지 말 것). (18점)

> **입력시 유의사항**
> ▫ 일반적인 적요의 입력은 생략하지만, 타계정 대체거래는 적요번호를 선택하여 입력한다.
> ▫ 채권·채무와 관련된 거래는 별도의 요구가 없는 한 반드시 기등록된 거래처코드를 선택하는 방법으로 거래처명을 입력한다.
> ▫ 제조경비는 500번대 계정코드를, 판매비와관리비는 800번대 계정코드를 사용한다.
> ▫ 회계처리 시 계정과목은 별도의 제시가 없는 한 등록된 계정과목 중 가장 적절한 과목으로 한다.

[1] 7월 10일   회사는 6월에 관리부 직원의 급여를 지급하면서 원천징수한 근로소득세 20,000원과 지방소득세 2,000원을 보통예금 계좌에서 이체하여 납부하였다. (3점)

[2] 7월 16일   ㈜홍명으로부터 원재료를 구입하기로 계약하고, 계약금 1,000,000원은 당좌수표를 발행하여 지급하였다. (3점)

[3] 8월 10일   비씨카드 7월분 결제대금 2,000,000원이 보통예금 계좌에서 인출되었다. 단, 회사는 신용카드 사용대금을 미지급금으로 처리하고 있다. (3점)

[4] 8월 20일   영업부 김시성 과장이 대구세계가구박람회 참가를 위한 출장에서 복귀하여 아래의 지출결의서와 출장비 600,000원(출장비 인출 시 전도금으로 회계처리함) 중 잔액을 현금으로 반납하였다. (3점)

지출결의서

• 왕복항공권 350,000원   • 식대 30,000원

[5] 9월 12일   제조공장의 기계장치를 우리기계에 처분하고 매각대금으로 받은 약속어음 8,000,000원의 만기가 도래하여 우리기계가 발행한 당좌수표로 회수하였다. (3점)

[6] 10월 28일   중국의 'lailai co. ltd'에 대한 제품 수출 외상매출금 30,000달러(선적일 기준환율: 1,300원/$)를 회수하여 즉시 원화 보통예금 계좌로 입금하였다(단, 입금일의 기준환율은 1,380원/$이다). (3점)

3. 다음의 거래 자료를 매입매출전표입력 메뉴에 입력하시오. (18점)

> **입력시 유의사항**
> - 일반적인 적요의 입력은 생략하지만, 타계정 대체거래는 적요번호를 선택하여 입력한다.
> - 채권·채무와 관련된 거래는 별도의 요구가 없는 한 반드시 기등록된 거래처코드를 선택하는 방법으로 거래처명을 입력한다.
> - 제조경비는 500번대 계정코드를, 판매비와관리비는 800번대 계정코드를 사용한다.
> - 회계처리 시 계정과목은 별도의 제시가 없는 한 등록된 계정과목 중 가장 적절한 과목으로 한다.
> - 입력화면 하단의 분개까지 처리하고, 전자세금계산서 및 전자계산서는 전자입력으로 반영한다.

[1] 7월 6일 ㈜아이닉스에 제품을 판매하고 다음과 같이 전자세금계산서를 발급하였으며, 대금은 한 달 뒤에 받기로 하였다. (3점)

전자세금계산서

	등록번호	142-81-05759	종사업장번호			등록번호	214-87-00556	종사업장번호	
공급자	상호(법인명)	예은상사㈜	성 명	한태양	공급받는자	상호(법인명)	㈜아이닉스	성 명	이소방
	사업장주소	경기도 고양시 덕양구 통일로 101				사업장주소	서울시 용산구 한남대로 12		
	업 태	제조·도소매	종 목	사무용가구		업 태	도매 외	종 목	의약외품 외
	이메일					이메일			

승인번호: 20250706-121221589148

작성일자	공급가액	세액	수정사유	비고
2025/07/06	23,000,000	2,300,000	해당 없음	

비고

월	일	품 목	규격	수량	단가	공급가액	세액	비고
7	6	사무용책상 등		1,000	23,000	23,000,000	2,300,000	

합계금액	현금	수표	어음	외상미수금	
25,300,000				25,300,000	위 금액을 (청구) 함

[2] 8월 10일 원재료 매입 거래처에 접대목적으로 당사의 제품(원가 300,000원)을 무상으로 제공하였다. 단, 해당 제품의 시가는 500,000원이다. (3점)

[3] 9월 16일 팔팔물산에 제품을 9,000,000원(부가가치세 별도)에 판매하고 전자세금계산서를 발급하였으며, 대금으로 팔팔물산이 발행한 당좌수표를 받았다. (3점)

[4] 9월 26일 회사 건물에 부착할 간판을 잘나가광고에서 주문 제작하였다. 대금 5,500,000원(부가가치세 포함)은 보통예금 계좌에서 송금하고 전자세금계산서를 발급받았다(단, 비품으로 처리할 것). (3점)

[5] 10월 15일 메타가구에서 원재료(50단위, @50,000원, 부가가치세 별도)를 매입하고 아래의 전자세금계산서를 발급받았다. 대금 중 1,000,000원은 ㈜은성가구로부터 제품 판매대금으로 받아 보관 중인 ㈜은성가구 발행 약속어음을 배서양도하고 잔액은 1개월 뒤에 지급하기로 하였다. (3점)

전자세금계산서

승인번호			20251015-154215452154					

공급자
- 등록번호: 305-81-13428
- 상호(법인명): 메타가구
- 성명: 윤은영
- 사업장주소: 전북 김제시 금산면 청도7길 9
- 업태: 제조
- 종목: 가구

공급받는자
- 등록번호: 142-81-05759
- 상호(법인명): 예은상사㈜
- 성명: 한태양
- 사업장주소: 경기도 고양시 덕양구 통일로 101
- 업태: 제조·도소매
- 종목: 사무용가구

작성일자	공급가액	세액	수정사유	비고
2025/10/15	2,500,000	250,000	해당 없음	

월	일	품목	규격	수량	단가	공급가액	세액	비고
10	15	원재료	PC-5	50	50,000	2,500,000	250,000	

합계금액	현금	수표	어음	외상미수금	
2,750,000			1,000,000	1,750,000	위 금액을 (청구) 함

[6] 12월 20일 대표이사 한태양은 본인 자녀의 대학교 입학 축하 선물로 니캉전자에서 디지털 카메라를 3,800,000원(부가가치세 별도)에 구매하면서 당사 명의로 전자세금계산서를 발급받고, 대금은 보통예금 계좌에서 지급하였다(단, 대표이사 한태양의 가지급금으로 회계처리할 것). (3점)

4. 일반전표입력 및 매입매출전표입력 메뉴에 입력된 내용 중 다음과 같은 오류가 발견되었다. 입력된 내용을 확인하여 오류를 정정하시오. (6점)

[1] 8월 17일 사거리주유소에서 영업부가 사용하는 비영업용 소형승용차(800cc, 매입세액 공제 가능 차량)에 경유를 주유하고 유류대 44,000원를 비씨카드(법인카드)로 결제한 건에 대하여 회계담당자는 매입세액을 공제받지 못하는 것으로 판단하였으며, 이를 매입매출전표에 카드면세로 입력하였다. (3점)

[2] 11월 12일 매출거래처 직원의 결혼축하금으로 현금 500,000원을 지급한 것으로 회계처리하였으나 이는 당사의 공장 제조부 직원의 결혼축하금인 것으로 밝혀졌다. (3점)

5. 결산정리사항은 다음과 같다. 관련 메뉴를 이용하여 결산을 완료하시오. (9점)

[1] 제2기 부가가치세 확정신고기간에 대한 부가세예수금은 49,387,500원, 부가세대급금은 34,046,000원이다. 부가가치세를 정리하는 회계처리를 하시오(단, 불러온 자료는 무시하고, 납부세액은 미지급세금, 환급세액은 미수금으로 회계처리할 것). (3점)

[2] 7월 1일 제조부 공장의 화재보험료 1년분(2025년 7월 1일~2026년 6월 30일) 7,200,000원을 전액 납부하고 즉시 비용으로 회계처리하였다. 이에 대한 기간 미경과분 보험료를 월할계산하여 결산정리분개를 하시오. (3점)

[3] 다음은 4월 15일 제조부에서 사용하기 위하여 취득한 화물차에 대한 자료이다. 아래 주어진 자료에 대해서만 감가상각을 하시오. (3점)

취득일	취득원가	자산코드/명	잔존가치	내용연수	상각방법
2025.04.15.	30,000,000원	[101]/포터	0원	5년	정액법

6. 다음 사항을 조회하여 답안을 이론문제 답안작성 메뉴에 입력하시오. (9점)

[1] 4월(4월 1일~4월 30일)의 외상매출금 회수액은 얼마인가? (3점)

[2] 상반기(1월~6월) 중 제품매출액이 가장 많은 월(月)과 가장 작은 월(月)의 차액은 얼마인가? 단, 양수로 표시할 것) (3점)

[3] 제1기 부가가치세 확정신고기간(4월~6월)에 세금계산서를 받은 고정자산매입세액은 얼마인가? (3점)

ROUND 04 집중심화시험

이론시험

다음 문제를 보고 알맞은 것을 골라 이론문제 답안작성 메뉴에 입력하시오.(객관식 문항당 2점)

기본전제

문제에서 한국채택국제회계기준을 적용하도록 하는 전제조건이 없는 경우, 일반기업회계기준을 적용한다.

---

1 다음 중 재무제표를 통해 제공되는 정보에 대한 설명으로 틀린 것은?

① 재무제표는 추정에 의한 측정치를 포함하지 않는다.
② 재무제표는 특정 기업실체에 관한 정보를 제공한다.
③ 재무제표는 화폐단위로 측정된 정보를 주로 제공한다.
④ 재무제표는 산업 또는 경제 전반에 관한 정보를 제공하지 않는다.

2 다음의 회계처리로 인하여 재무제표에 미치는 영향을 바르게 설명한 것은?

> 비품 7,000,000원을 소모품비로 회계처리 하였다.

① 수익이 7,000,000원 과대 계상된다.
② 자산이 7,000,000원 과소 계상된다.
③ 비용이 7,000,000원 과소 계상된다.
④ 순이익이 7,000,000원 과대 계상된다.

3 다음은 ㈜상무물산의 제1기(1.1.~12.31.) 재고자산에 대한 내역이다. 선입선출법에 의한 기말재고자산 금액은 얼마인가?

일 자	적 요	수 량	단 가
01.23	매입	3,000개	300원
04.30	매출	500개	500원
05.31	매출	1,500개	600원
08.15	매입	2,000개	400원
12.25	매출	500개	500원

① 750,000원　　　　　　　② 850,000원
③ 916,666원　　　　　　　④ 950,000원

4 다음 중 무형자산으로 인식되기 위한 인식기준이 아닌 것은?

① 식별가능성　　　　　　② 통제가능성
③ 미래 경제적 효익　　　④ 판매가능성

5 다음은 ㈜대한이 당기 중 취득하여 기말 현재 보유하고 있는 유가증권 관련 자료이다. 기말 회계처리로 적절한 것은 무엇인가?

- 취득원가 2,000,000원인 ㈜미국의 주식은 단기보유목적으로 취득하였으며, 동 주식의 기말 공정가치는 2,400,000원이다.
- 취득원가 1,800,000원인 ㈜중국의 시장성 있는 주식을 장기투자목적으로 취득하였고, 동 주식의 기말 공정가치는 1,700,000원이다.

① (차) 유가증권　　　　　　　300,000　(대) 유가증권평가이익　　　300,000
② (차) 단기매매증권　　　　　400,000　(대) 단기매매증권평가이익　400,000
③ (차) 단기매매증권　　　　　400,000　(대) 단기매매증권평가이익　400,000
　　(차) 만기보유증권평가손실　100,000　(대) 만기보유증권　　　　　100,000
④ (차) 단기매매증권　　　　　400,000　(대) 단기매매증권평가이익　400,000
　　(차) 매도가능증권평가손실　100,000　(대) 매도가능증권　　　　　100,000

6 다음은 기계장치에 대한 감가상각 관련 자료이다. 연수합계법에 의한 1차연도의 감가상각비는 얼마인가?

- 취득원가 : 60,000,000원(1월 1일 취득)
- 잔존가치 : 취득원가의 10%
- 내용연수 : 3년

① 9,000,000원
② 15,000,000원
③ 18,000,000원
④ 27,000,000원

7 다음 중 유형자산에 대한 특징이 아닌 것은?

① 물리적 형태가 있는 자산이다.
② 판매를 목적으로 취득한 자산이다.
③ 비화폐성 자산이다.
④ 여러 회계기간에 걸쳐 경제적 효익을 제공해주는 자산이다.

8 다음의 자료를 이용하여 매출원가를 구하시오.

- 기초상품재고액 5,000,000원
- 매입운임 200,000원
- 당기매입액 2,000,000원
- 기말상품재고액 2,000,000원
- 매입할인 100,000원

① 4,900,000원
② 5,000,000원
③ 5,100,000원
④ 5,200,000원

9 다음 중 보조부문원가의 배분방법에 대한 설명으로 옳지 않은 것은?

① 상호배분법은 가장 정확성이 높은 배분방법이다.
② 직접배분법은 배분순위를 고려하지 않는 가장 단순한 방법이다.
③ 직접배분법은 단계배분법에 비해 순이익을 높게 계상하는 배분방법이다.
④ 보조부문원가 배분방법 중 배분순위를 고려하여 배분하는 것은 단계배분법이다.

10 다음 자료를 이용하여 5월 노무비 발생액을 계산하면 얼마인가?

- 노무비 전월 선급액 : 500,000원
- 노무비 당월 지급액 : 200,000원
- 당월 선급액과 당월 미지급액은 없다.

① 100,000원 ② 300,000원
③ 400,000원 ④ 700,000원

11 다음 중 개별원가계산과 종합원가계산에 대한 설명으로 옳은 것은?

① 개별원가계산은 표준화된 제품을 연속적이며 대량으로 생산하는 기업에 적합하다.
② 종합원가계산은 직접재료비와 직접노무비의 실제로 발생한 원가를 각 제품별로 대응시킨다.
③ 개별원가계산은 종합원가계산에 비해 각 제품별 정확한 원가계산이 가능하다.
④ 종합원가계산은 특정제조지시서를 사용한다.

12 직접재료원가와 직접노무원가는 실제원가로, 제조간접원가는 예정배부율로 계산하는 방법인 정상개별원가계산에 의하여 제조간접비를 예정배부하는 경우 예정배부액 계산식으로 옳은 것은?

① 배부기준의 예정조업도 × 예정배부율
② 배부기준의 실제조업도 × 실제배부율
③ 배부기준의 예정조업도 × 실제배부율
④ 배부기준의 실제조업도 × 예정배부율

13 다음 중 부가가치세법상 영세율에 대한 설명으로 틀린 것은?

① 영세율은 부분면세제도이다.
② 영세율의 목적은 소비지국 과세원칙의 구현이다.
③ 영세율의 목적은 국제적 이중과세 방지를 위한 것이다.
④ 영세율이 적용되는 경우에도 세금계산서를 발급하는 경우가 있다.

14 다음 중 부가가치세법상 용역의 공급으로 과세하지 않는 것은?

① 고용관계에 의하여 근로를 제공하는 경우
② 사업자가 특수관계 있는 자에게 사업용 부동산의 임대용역을 무상공급하는 경우
③ 자기가 주요 자재를 전혀 부담하지 아니하고 상대방으로부터 인도받은 재화를 단순히 가공만 하는 경우
④ 건설사업자가 건설자재의 전부 또는 일부를 부담하고 공급하는 용역의 경우

15 다음 중 부가가치세법상 세금계산서에 대한 설명으로 가장 옳지 않은 것은?

① 법인사업자 및 개인사업자는 반드시 전자세금계산서를 발급하여야 한다.
② 세금계산서는 사업자가 원칙적으로 재화 또는 용역의 공급시기에 재화 또는 용역을 공급받는 자에게 발급하여야 한다.
③ 전자세금계산서를 발급할 때에는 발급일의 다음 날까지 전자세금계산서 발급명세를 국세청장에게 전송하여야 한다.
④ 세관장은 수입되는 재화에 대하여 부가가치세를 징수할 때에는 수입된 재화에 대한 수입세금계산서를 수입하는 자에게 발급하여야 한다.

실무시험

대창상사㈜(회사코드:5514)은 부동산임대업 및 전자제품의 제조·도소매업을 영위하는 중소기업으로 당기(제11기) 회계기간은 2025.1.1.~2025.12.31.이다. 전산세무회계 수험용 프로그램을 이용하여 다음 물음에 답하시오.

| 기본전제 |

- 문제에서 한국채택국제회계기준을 적용하도록 하는 전제조건이 없는 경우, 일반기업회계기준을 적용하여 회계처리 한다.
- 문제의 풀이와 답안작성은 제시된 문제의 순서대로 진행한다.

---

1 다음은 기초정보관리 및 전기분재무제표에 대한 자료이다. 각각의 요구사항에 대하여 답하시오. (10점)

[1] 당사는 현재 사용하고 있는 창고의 일부를 1년간 임대하기로 하고, 임차인으로부터 1년치 임대료를 현금으로 선수령하였다. 계정과목및적요등록 메뉴에서 다음 사항을 추가로 입력하시오. (3점)

- 코드 : 274
- 성격 : 2.일반
- 계정과목 : 선수임대료
- 대체적요 : 1.기간미경과 임대료 계상

[2] 신한은행에서 통장을 신규 개설하였다. 다음의 자료를 이용하여 거래처등록 메뉴에 입력하시오. (3점)

- 코드번호 : 98004
- 유형 : 정기적금
- 계좌개설일 : 2025년 11월 10일
- 계좌번호 : 413-920-769077
- 계좌개설은행/지점 : 신한은행/마곡점

[3] 거래처별 초기이월 자료를 검토하여 수정 또는 추가 입력하시오. (4점)

계정과목	거래처	금액
받을어음	㈜하늘정밀	13,300,000원
	㈜일렉코리아	11,700,000원
지급어음	㈜프로테크	14,500,000원
	㈜부흥기업	13,500,000원

2 다음 거래 자료를 일반전표입력 메뉴에 추가 입력하시오(일반전표입력의 모든 거래는 부가가치세를 고려하지 말 것). (18점)

> **입력시 유의사항**
> - 일반적인 적요의 입력은 생략하지만, 타계정 대체거래는 적요번호를 선택하여 입력한다.
> - 채권·채무와 관련된 거래는 별도의 요구가 없는 한 반드시 기 등록되어 있는 거래처코드를 선택하는 방법으로 거래처명을 입력한다.
> - 제조경비는 500번대 계정코드를, 판매비와 관리비는 800번대 계정코드를 사용한다.
> - 회계처리시 계정과목은 별도제시가 없는 한 등록되어 있는 계정과목 중 가장 적절한 과목으로 한다.

[1] 7월 4일 공장 생산직 직원들의 업무능력 향상을 위한 외부강사 초빙교육에 따른 교육훈련비 500,000원 중 원천징수세액 16,500원을 차감한 금액을 보통예금 계좌에서 지급하였다. (3점)

[2] 7월 11일 원재료 보관용 창고의 화재와 도난에 대비하기 위하여 화재손해보험에 가입하고 3개월분 보험료 3,000,000원을 보통예금 계좌에서 이체하였다(단, 보험료는 전액 비용계정으로 회계처리한다). (3점)

[3] 7월 25일 단기투자목적으로 보유 중인 ㈜한국의 주식에 대하여 배당금 1,500,000원이 확정되었다. 배당금은 당일 당사의 보통예금 계좌로 입금되었다. (3점)

[4] 8월 16일 다음은 영업팀에서 거래처와의 식사비용을 법인카드(신한카드)로 결제하고 수령한 신용카드매출전표이다. (3점)

매 출 전 표

단말기번호	10032158		전표번호	
카드종류		거래종류		결제방법
신한카드		신용구매		일시불
회원번호(Card No)		취소 시 원거래일자		
1140-2303-4255-8956				
유효기간		거래일시 2025. 08. 16.		품명
전표제출		금 액/AMOUNT		300,000원
		부 가 세/VAT		30,000원
전표매입사		봉 사 료/TIPS		
		합 계/TOTAL		330,000원
거래번호	승인번호/(Approval No.) 51874871			
가맹점	**일등참치**			
대표자	김이등	TEL		
가맹점번호		사업자번호		126-05-00480
주소	서울 성동구 상왕십리동 514-4			
			서명(Signature) **대창상사㈜**	

[5] 8월 25일   직원 김성실에 대한 8월분 급여명세서는 다음과 같으며, 공제내역을 제외한 차인 지급액을 보통예금에서 계좌 이체하여 지급하였다.   (3점)

2025년 8월 급여명세서

김성실(생산부) 귀하

지급내역	기본급	1,500,000원
	자격수당	100,000원
	직무수당	130,000원
	식대	100,000원
	월차수당	70,000원
	지급총액	1,900,000원
공제내역	소득세	15,560원
	지방소득세	1,550원
	국민연금	81,000원
	건강보험	61,740원
	고용보험	14,400원
	공제총액	174,250원
차인지급액		1,725,750원
[귀하의 노고에 감사드립니다.]		

[6] 9월 17일   유기견 보호단체에 기부금 2,500,000원을 보통예금 계좌에서 기부하였다.   (3점)

3 다음 거래 자료를 매입매출전표입력 메뉴에 입력하시오. (18점)

> **입력시 유의사항**
> □ 일반적인 적요의 입력은 생략하지만, 타계정 대체거래는 적요번호를 선택하여 입력한다.
> □ 별도의 요구가 없는 한 반드시 기 등록되어 있는 거래처코드를 선택하는 방법으로 거래처명을 입력한다.
> □ 제조경비는 500번대 계정코드를, 판매비와 관리비는 800번대 계정코드를 사용한다.
> □ 회계처리시 계정과목은 별도제시가 없는 한 등록되어 있는 계정과목 중 가장 적절한 과목으로 한다.
> □ 입력화면 하단의 분개까지 처리하고, 전자세금계산서 및 전자계산서는 전자입력으로 반영한다.

[1] 9월 3일 해피상사에 제품을 판매하고 다음과 같이 전자세금계산서를 발급하였다. (3점)

전자세금계산서

승인번호			20250903 - 21058052 - 11726645			

공급자	사업자등록번호	214-87-10127	종사업장번호		공급받는자	사업자등록번호	120-35-68795	종사업장번호	
	상호(법인명)	대창상사㈜	성명(대표자)	원경희		상호(법인명)	해피상사	성명(대표자)	김수은
	사업장 주소	서울시 서초구 명달로 105 (서초동)				사업장 주소	서울시 마포구 상암동 331		
	업태	제조 외	종목	전자제품 외		업태	도매업	종목	컴퓨터
	이메일					이메일			

작성일자	공급가액	세액	수정사유
2025.09.03.	6,000,000원	600,000원	
비고			

월	일	품 목	규 격	수 량	단 가	공 급 가 액	세 액	비 고
09	03	전자부품		100개	60,000원	6,000,000원	600,000원	

합계금액	현금	수표	어음	외상미수금	이 금액을 영수/청구 함
6,600,000원	3,300,000원			3,300,000원	

[2] 9월 25일 조아무역에 제품을 5,500,000원(부가가치세 포함)에 판매하고 신용카드(비씨카드)로 결제받았다. (3점)

[3] 10월 15일 공장의 시설보호 목적으로 CCTV 설치를 완료하고 ㈜에스콤으로부터 전자세금계산서를 발급받았다. 대금총액은 5,500,000원(부가가치세 포함)으로 당일에 500,000원을 현금으로 지급하였으며, 나머지는 10회에 걸쳐 매달 균등액을 지급하기로 하였다(단, 설비장치 계정과목을 사용하되 고정자산등록은 생략한다). (3점)

[4] 10월 20일 대만에서 원재료를 공급가액 10,000,000원(부가가치세 별도)에 수입하고 수입전자세금계산서를 인천세관장으로부터 발급받았으며, 부가가치세액을 즉시 현금으로 납부하였다(부가가치세액에 대한 회계처리만 할 것). (3점)

수입전자세금계산서					승인번호	20251020 - 111254645 - 557786		
세관명	등록번호	121-83-00561	종사업장 번호		공급받는자	사업자 등록번호	214-87-10127	종사업장 번호	
	세 관 명	인천세관	성 명	인천세관장		상호 (법인명)	대창상사㈜	성 명	원경희
	세관주소	인천광역시 중구 서해대로 339				사업장 주소	서울시 서초구 명달로 105 (서초동)		
	수입신고번호 또는 일괄발급기간	1234567890				업 태	제조 외	종 목	전자제품 외
작성일자	과세표준		세액		수정사유			
2025.10.20.	10,000,000		1,000,000		해당없음			
월	일	품 목	규 격	수 량	단 가	과세표준	세 액	비 고
10	20	원재료				10,000,000	1,000,000	
합계금액					11,000,000원			

[5] 11월 30일 ㈜리스로부터 영업직 직원들이 사용할 목적으로 업무용승용차를 리스하였다. 해당 리스는 운용리스이며, 리스계약일은 2025년 11월 30일, 리스기간은 5년 약정, 월 리스료는 800,000원이다. ㈜리스로부터 1회차 임차료(판)에 대한 전자계산서를 당일에 발급받았으며, 대금은 익월 초에 지급하기로 하였다. (3점)

[6] 12월 12일 해외거래처인 베스트인터내셔날에 제품 1,000개(1개당 $200)를 직수출하고, 대금은 외상으로 하였다. 선적일(12월 12일)의 기준환율은 1,300원/$이었다(단, 수출신고번호 입력은 생략한다). (3점)

---

4 일반전표입력 및 매입매출전표입력 메뉴에 입력된 내용 중 다음과 같은 오류가 발견되었다. 입력된 내용을 확인하여 정정하시오. (6점)

[1] 8월 19일 영업부서에서 소모품(비용으로 처리) 550,000원(부가가치세 포함)을 ㈜마트에서 구매하고 삼성카드로 결제하였다. 이를 제조원가의 소모품비로 회계처리 하였다. (3점)

[2] 11월 19일 한성공업에 대한 외상매출금 25,000,000원을 전액 현금으로 회수한 것으로 일반전표에 회계처리를 하였으나, 15,000,000원은 동사 발행 약속어음(만기일 2026년 6월 30일)으로 받고, 잔액만 현금으로 회수된 것으로 확인되었다. (3점)

5 결산정리사항은 다음과 같다. 해당 메뉴에 입력하시오. (9점)

[1] 결산일 현재 영업부 건물에 대하여 우진화재에 지급한 화재보험료의 상세 내역이다. 단, 보험료 지급액은 전부 판매비와관리비로 처리하였으며, 보험료는 월할 계산한다. (3점)

- 보험기간 : 2025.07.01.~2026.06.30.
- 보험료 납부일 : 2025.07.01
- 보험료 : 6,000,000원

[2] 12월 1일 장부상 현금보다 실제 현금 보유액이 30,000원 많은 것을 발견하여 현금과부족으로 회계처리 하였으며, 현금과부족의 원인을 기말까지 파악할 수 없다. (3점)

[3] 기말 외상매입금 계정에 미국 Rose사에 대한 외상매입금 3,300,000원($3,000)이 포함되어 있다(결산일 현재 기준환율 : 1,200원/$). (3점)

6 다음 사항을 조회하여 답안을 이론문제 답안작성 메뉴에 입력하시오. (9점)

[1] 1월부터 6월까지의 현금지급액은 총 얼마인가? (3점)

[2] 2025년 4월부터 6월까지 매입전자세금계산서 매수가 가장 많은 거래처명을 입력하시오. (3점)

[3] 당사의 제1기 예정신고기간의 신용카드 사용에 따른 매입세액공제액은 얼마인가? (3점)

ROUND 05 집중심화시험

이론시험

다음 문제를 보고 알맞은 것을 골라 이론문제 답안작성 메뉴에 입력하시오.(객관식 문항당 2점)

--- **기본전제** ---

문제에서 한국채택국제회계기준을 적용하도록 하는 전제조건이 없는 경우, 일반기업회계기준을 적용한다.

1 다음의 손익계산서 항목 중 유형자산처분손실이 발생할 경우 변동되는 것은?

① 매출원가
② 매출총이익
③ 영업이익
④ 법인세비용차감전순손익

2 다음 중 현금및현금성자산에 해당하지 않는 것은?

① 당좌예금
② 타인발행수표
③ 보통예금
④ 취득 당시 만기가 1년 이후에 도래하는 양도성예금증서

3 다음의 거래를 회계처리할 때 사용되지 않는 계정과목은 무엇인가?

업무용 승용차 20,000,000원을 취득하면서 먼저 지급한 계약금 2,000,000원을 제외한 나머지 잔액은 약속어음을 발행하여 지급하였다.

① 선급금
② 지급어음
③ 미지급금
④ 차량운반구

4 아래의 고정자산 관리대장에 의하여 2025년 기말결산 시 감가상각비(제조원가)로 인식할 금액은 얼마인가? 단, 월할 계산하고 소수점 미만 금액은 절사한다.

구분	자산명	취득일	취득가액 (단위 : 원)	잔존가치 (단위 : 원)	상각 방법	내용 연수	상각률	사용 부서
차량 운반구	BMW 520d	2025.03.01.	65,000,000	15,000,000	정액법	5	0.2	영업부
	포터2 더블캡	2022.05.02.	30,000,000	5,000,000	정액법	5	0.2	생산부

① 5,000,000원 ② 6,000,000원
③ 8,333,333원 ④ 15,000,000원

5 다음 중 무형자산에 대한 설명으로 옳지 않은 것은?

① 무형자산은 영업상 목적으로 획득 또는 보유하는 것으로, 물리적 형체가 없다.
② 식별가능성은 특정 무형자산을 다른 자산과 구분하여 별도로 인식할 수 있음을 의미한다.
③ 무형자산의 미래경제적효익은 재화의 매출이나 용역수익, 원가절감, 또는 자산의 사용에 따른 기타 효익의 형태로 발생한다.
④ 무형자산을 최초로 인식할 때에는 시가로 측정한다.

6 다음의 계정별원장을 분석하여 9월 1일 단기매매증권처분가액을 계산하면 얼마인가?

단기매매증권		단기매매증권처분이익
8/1 현금 500,000원	9/1 현금 500,000원	9/1 현금 100,000원

① 400,000원 ② 500,000원
③ 600,000원 ④ 1,000,000원

7 아래의 분개를 각 계정별원장에 전기한 것으로 가장 적절한 것은?

12월 1일 (차) 급 여   2,000,000원   (대) 미지급금   1,950,000원
                                        예수금   50,000원

① 예수금 | 12/1 급여 50,000
② 미지급금 | 12/1 예수금 50,000
③ 미지급금 | 12/1 급여 2,000,000
④ 미지급금 | 12/1 급여 1,950,000

8 다음의 계정과목 중 계정체계의 분류가 나머지와 다른 것은?

① 매도가능증권처분이익
② 자산수증이익
③ 단기매매증권평가이익
④ 자기주식처분이익

9 다음 중 제조원가명세서에 표시되지 않는 것은?

① 직접재료비, 직접노무비, 제조간접비
② 당기총제조원가
③ 당기제품제조원가
④ 제품매출원가

10 다음은 종합원가계산과 개별원가계산에 대한 설명이다. 옳지 않은 것을 고르시오.

① 다품종 주문생산에 적합한 원가계산방법은 개별원가계산이다.
② 정유업, 제당업, 제분업은 종합원가계산이 적합하다.
③ 건설업, 주문에 의한 기계제조업, 항공기제조업은 개별원가계산이 적합하다.
④ 상대적으로 정확한 제품원가계산이 가능한 방법은 종합원가계산이다.

11 다음 자료를 이용하여 평균법에 의한 가공비 완성품환산량을 계산하시오. 단, 재료비는 공정 초기에 전량 투입되며, 가공비는 공정 전반에 걸쳐 균등하게 발생한다.

- 기초재공품 수량 : 400개(완성도 20%)
- 당기완성품 수량 : 800개
- 당기착수 수량 : 450개
- 기말재공품 수량 : 50개(완성도 40%)

① 450개
② 800개
③ 820개
④ 850개

12 다음 중 원가와 관련된 설명으로 옳지 않은 것은?

① 당기총제조원가는 직접재료비, 직접노무비, 제조간접비의 합계이다.
② 재공품의 기초, 기말재고가 없는 경우 당기총제조원가는 당기제품제조원가와 같다.
③ 매몰원가는 의사결정을 할 때 고려되지 않는 과거에 발생한 원가의 합계이다.
④ 기회원가는 여러 대안에 대한 의사결정을 하였을 때, 선택하지 않은 대안의 기대치 합계이다.

13 다음 중 부가가치세법상 세금계산서 및 거래징수와 관련된 설명으로 잘못된 것은?

① 사업자가 재화 또는 용역을 공급하는 경우에는 부가가치세를 재화 또는 용역을 공급받는 자로부터 징수하여야 한다.
② 세금계산서는 재화 또는 용역의 공급시기에 발급한다.
③ 세금계산서는 재화 또는 용역의 공급받는 자와 대가를 지급하는 자가 다른 경우 대가를 지급하는 자에게 발급하여야 한다.
④ 재화 또는 용역의 공급시기가 되기 전이라도 대가의 전부 또는 일부를 수령한 경우 세금계산서를 발급할 수 있다.

14 다음 중 부가가치세법상 면세 대상 용역에 해당하는 것은?

① 전세버스 운송 용역
② 골동품 중개 용역
③ 도서대여 용역
④ 자동차운전학원 교육 용역

15 다음 자료에 의하여 부가가치세 과세표준을 계산하면 얼마인가?

- 총매출액 : 1,000,000원
- 외상매출금 연체이자 : 5,000원
- 매출에누리액 : 16,000원
- 매출할인액 : 30,000원
- 판매장려금(금전) 지급액 : 50,000원
- 대손금 20,000원

① 929,000원
② 934,000원
③ 954,000원
④ 959,000원

실무시험

㈜동진상사(회사코드:5515)는 스포츠의류를 제조하여 판매하는 중소기업으로 당기(제10기)의 회계기간은 2025.1.1.~2025.12.31.이다. 전산세무회계 수험용 프로그램을 이용하여 다음 물음에 답하시오.

| 기본전제 |

- 문제에서 한국채택국제회계기준을 적용하도록 하는 전제조건이 없는 경우, 일반기업회계기준을 적용하여 회계처리 한다.
- 문제의 풀이와 답안작성은 제시된 문제의 순서대로 진행한다.

---

1 다음은 기초정보관리 및 전기분재무제표에 대한 자료이다. 각각의 요구사항에 대하여 답하시오. (10점)

[1] 제품 매출을 위해 소망카드와 신용카드가맹점 계약을 하였다. 다음의 자료를 이용하여 거래처등록 메뉴에서 거래처를 등록하시오(단, 주어진 자료 외의 다른 항목은 입력할 필요 없음). (3점)

- 코드 : 99605
- 거래처명 : 소망카드
- 가맹점번호 : 654800341
- 유형 : 매출

[2] 다음 자료를 이용하여 계정과목및적요등록 메뉴에서 계정과목을 등록하시오. (3점)

- 코드 : 855
- 성격 : 경비
- 계정과목 : 인적용역비
- 대체적요 : 1. 사업소득자 용역비 지급

[3] ㈜동진상사의 기초 채권 및 채무의 올바른 잔액은 다음과 같다. 거래처별초기이월 자료를 검토하고 오류가 있으면 삭제 또는 수정, 추가 입력하여 올바르게 정정하시오. (4점)

계정과목	거래처	금액	재무상태표 금액
외상매출금	㈜부산무역	49,000,000원	82,000,000원
	㈜영월상사	33,000,000원	
외상매입금	㈜여주기업	51,000,000원	75,800,000원
	㈜부여산업	24,800,000원	

2 다음의 거래 자료를 일반전표입력 메뉴를 이용하여 입력하시오(일반전표입력의 모든 거래는 부가가치세를 고려하지 말 것). (18점)

> **입력시 유의사항**
> ▫ 일반적인 적요의 입력은 생략하지만, 타계정 대체거래는 적요번호를 선택하여 입력한다.
> ▫ 채권·채무와 관련된 거래는 별도의 요구가 없는 한 반드시 기 등록되어 있는 거래처코드를 선택하는 방법으로 거래처명을 입력한다.
> ▫ 제조경비는 500번대 계정코드를, 판매비와 관리비는 800번대 계정코드를 사용한다.
> ▫ 회계처리시 계정과목은 별도제시가 없는 한 등록되어 있는 계정과목 중 가장 적절한 과목으로 한다.

[1] 9월 18일 ㈜강남에 지급하여야 하는 외상매입금 2,500,000원 중 1,300,000원은 3개월 만기 약속어음을 발행하여 지급하고, 나머지는 면제받았다. (3점)

[2] 10월 13일 제품 3,000,000원을 거래처 일만상사에 판매하기로 계약하고, 계약금으로 공급대가의 20%를 일만상사 발행 당좌수표로 받다. (3점)

[3] 10월 15일 추석 명절을 맞아 다음과 같이 직원 상여금을 보통예금 계좌에서 지급하였다. (3점)

성명	부서	상여금	공제액		
			근로소득세	지방소득세	공제합계
김세무	영업부	500,000원	50,000원	5,000원	55,000원
이회계	생산부	900,000원	90,000원	9,000원	99,000원
계		1,400,000원	140,000원	14,000원	154,000원

[4] 11월 11일 9월 30일에 열린 주주총회에서 결의했던 금전 중간배당금 2,000,000원을 보통예금으로 지급하였다(단, 9월 30일의 회계처리는 적정하게 이루어졌으며, 원천징수는 없는 것으로 가정한다). (3점)

[5] 12월 28일 사무실에서 사용할 비품으로 공기청정기를 구입하고 구입대금은 신용카드로 결제하였다(카드대금은 미지급금 계정을 사용할 것). (3점)

㈜윤서전자

사업자번호 106-81-20245 이윤서
경기도 부천시 경인옛로 111 TEL : 3385-8085
홈페이지 http://www.ys.com

카드 매출전표

구매 2025/12/28/10:46   거래번호 : 0006-0007

상품명	수량	공급대가
공기청정기(25평형) 2543655000009	1	3,000,000원
합 계		3,000,000원
받은금액		3,000,000원

************************* 결 제 카 드
****
씨티카드 5540-80**-****-**97
승인번호 : 00098867

[5] 12월 30일 ㈜동진상사는 영업부 임직원의 퇴직금에 대하여 확정급여형(DB형) 퇴직연금에 가입하고 있으며, 12월분 퇴직연금 납입액 5,500,000원을 당사 보통예금 계좌에서 이체하였다. 단, 납입액 5,500,000원 중 2%는 금융기관에 지급하는 수수료이다. (3점)

3 다음의 거래 자료를 매입매출전표입력 메뉴를 이용하여 입력하시오. (18점)

> **입력시 유의사항**
> ☐ 일반적인 적요의 입력은 생략하지만, 타계정 대체거래는 적요번호를 선택하여 입력한다.
> ☐ 별도의 요구가 없는 한 반드시 기 등록되어 있는 거래처코드를 선택하는 방법으로 거래처명을 입력한다.
> ☐ 제조경비는 500번대 계정코드를, 판매비와 관리비는 800번대 계정코드를 사용한다.
> ☐ 회계처리시 계정과목은 별도제시가 없는 한 등록되어 있는 계정과목 중 가장 적절한 과목으로 한다.
> ☐ 입력화면 하단의 분개까지 처리하고, 전자세금계산서 및 전자계산서는 전자입력으로 반영한다.

[1] 7월 25일 수출 관련 구매확인서에 근거하여 제품 10,000,000원(공급가액)을 ㈜정남에 공급하고 영세율전자세금계산서를 발급하였다. 7월 15일에 기수령한 계약금 2,000,000원을 제외한 대금은 외상으로 하였다(서류번호는 입력하지 않음). (3점)

[2] 9월 20일   주경상사에서 원재료를 매입하고 다음의 전자세금계산서를 발급받았다.   (3점)

전자세금계산서						승인번호		20250920-1000000-00009329		
공급자	사업자등록번호	109-53-56618		종사업장번호			공급받는자	사업자등록번호	136-81-29187	종사업장번호	
	상호(법인명)	주경상사		성명(대표자)	한수진		상호(법인명)	㈜동진상사	성명	김동진
	사업장주소	경기도 의정부시 망월로 11						사업장주소	경기도 안산시 단원구 별망로 178		
	업태	제조		종목	기계		업태	제조·도소매	종목	스포츠의류
	이메일							이메일			
작성일자		공급가액			세액			수정사유			
2025.09.20.		1,300,000원			130,000원			해당 없음			
비고											
월	일	품 목			규격	수량	단가	공급가액		세액	비고
9	20	원단				100	13,000원	1,300,000원		130,000원	
합계금액		현 금		수 표		어 음		외상미수금		이 금액을	영수 함 청구
1,430,000원		1,000,000원				430,000원						

[3] 10월 26일   영업사원을 대상으로 직장 내 성희롱 예방교육을 실시하고, ㈜예인으로부터 전자계산서를 발급받았다. 대금 1,650,000원은 보통예금에서 이체하였다.   (3점)

[4] 11월 11일   독일 왓츠자동차로부터 5인승 업무용 승용차(3,000cc)를 수입하면서 인천세관장으로부터 수입전자세금계산서를 다음과 같이 수취하고, 부가가치세는 당좌수표를 발행하여 즉시 납부하다(부가가치세만 회계처리할 것).   (3점)

수입전자세금계산서						승인번호		20251111-1000000-00009329		
세관명	등록번호	128-88-12345		종사업장번호			공급받는자	사업자등록번호	136-81-29187	종사업장번호	
	세관명	인천세관		성명	인천세관장		상호(법인명)	㈜동진상사	성명	김동진
	세관주소	인천광역시 남동구 구월남로 129						사업장주소	경기도 안산시 단원구 별망로 178		
	수입신고번호 또는 일괄발급기간							업태	제조·도소매	종목	스포츠의류
작성일자		과세표준			세액			수정사유			
2025.11.11.		88,000,000원			8,800,000원			해당 없음			
월	일	품 목			규격	수량	단가	과세표준		세액	비고
11	11	승용차(3000cc)						88,000,000원		8,800,000원	
합계금액								96,800,000원			

[5] 12월 7일   영업부에서 회식을 하고 법인체크카드(하나카드)로 결제하자마자 바로 보통예금에서 인출되었다. (3점)

단말기번호	전표번호	
502252251	120724128234	
카드종류		
하나카드	신용승인	
카드번호		
9451-1122-1314-1235		
판매일자		
2025/12/07 11:12:36		
거래구분	금액	400,000원
일시불	세금	40,000원
은행확인	봉사료	0원
하나카드	합계	440,000원
판매자		
대표자	이성수	
사업자등록번호	875-03-00273	
가맹점명	명량	
가맹점주소		
경기도 화성시 마도면 마도로620번길 79		
	서명 ㈜동진상사	

[6] 12월 30일   개인사업자인 미래회계학원에 제품을 현금으로 판매하고 다음과 같은 현금영수증을 발급하였다(단, 거래처를 입력할 것). (3점)

㈜동진상사
사업자번호 136-81-29187   김동진
경기도 안산시 단원구 별망로 178   TEL : 031-3289-8085

현금(지출증빙)

구매 2025/12/30/10:46   거래번호 : 0026-0107

상품명	수량	금액
패딩셋트	3set	6,600,000원
과 세 물 품 가 액		6,000,000원
부 가 세		600,000원
합 계		6,600,000원
승 인 금 액		6,600,000원

4 일반전표입력 및 매입매출전표입력 메뉴에 입력된 내용 중 다음과 같은 오류가 발견되었다. 입력된 내용을 확인하여 오류를 정정하시오. (6점)

[1] 12월 10일 공장의 창문이 파손되어 유리창을 교체하면서 800,000원(부가가치세 별도)를 ㈜글라스에 자기앞수표로 지급하고 전자세금계산서를 수령하였다. 이는 수익적지출에 해당하나 자본적 지출로 잘못 회계처리 하였다. (3점)

[2] 12월 18일 영업부 사무실의 수도광열비 74,500원을 현금으로 지급한 것으로 회계처리 하였으나, 이는 제품 제조공장에서 발생한 전기요금으로 확인되었다. (3점)

5 결산정리사항은 다음과 같다. 해당 메뉴에 입력하시오. (9점)

[1] 결산일 현재 현금과부족에 대한 원인을 확인한 결과 영업부 직원의 출장경비 영수증이 누락된 것으로 판명되어 해당 직원으로부터 아래의 영수증을 제출받았다(출장경비는 여비교통비 계정을 사용할 것). (3점)

지방모텔			이지방맛집		
사업자번호 106-28-20180 이지안			사업자번호 106-11-10175 이지방		
강원도 삼척시 세멘로 24 TEL : 3285-8083			강원도 삼척시 동굴로 33 TEL : 3285-3085		
영수증			영수증		
상품명	수량	금액	상품명	수량	금액
일반실	2	140,000원	송이전골	3	90,000원
합 계		140,000원	합 계		90,000원
받은금액		140,000원	받은금액		90,000원

[2] 11월 25일 미국 K사로부터 차입한 외화장기차입금 36,000,000원($30,000)에 대하여 결산일 현재의 기준환율 1,150원/$을 적용하여 평가하다. (3점)

[3] 12월 31일 결산일 현재 재고자산의 기말재고액은 다음과 같다(단, 전표입력의 구분은 5:결산차변 또는 6:결산대변으로 입력할 것). (3점)

• 원재료 : 4,400,000원   • 재공품 : 5,000,000원   • 제품 : 5,600,000원

6 다음 사항을 조회하여 답안을 이론문제 답안작성 메뉴에 입력하시오. (9점)

[1] 제1기 부가가치세 예정신고에 반영된 내용 중 3월 현금영수증 발행분 매출의 공급가액은 얼마인가? (3점)

[2] 상반기(1월~6월) 중 외상매출금이 가장 많이 감소한 거래처와 그 금액은 얼마인가? (3점)

[3] 4월 중 현금으로 지급한 도서인쇄비(판매비및일반관리비)의 금액은 얼마인가? (3점)

ROUND 06 집중심화시험

이론시험

다음 문제를 보고 알맞은 것을 골라 답안저장 메뉴화면에 입력하시오.(객관식 문항당 2점)

| 기본전제 |

문제에서 한국채택국제회계기준을 적용하도록 하는 전제조건이 없는 경우, 일반기업회계기준을 적용하여 회계처리 한다.

1. 다음 중 시산표에서 발견할 수 없는 오류가 아닌 것은?

   ① 대차 양편에 틀린 금액을 같이 전기
   ② 대차 반대로 전기한 금액
   ③ 전기를 누락하거나 이중전기
   ④ 대차 어느 한 쪽의 전기를 누락

2. 다음 자료에 의하여 기말 외상매입금 잔액을 계산하면 얼마인가?

   - 기초상품재고액 : 500,000원
   - 기중상품매출 : 1,500,000원
   - 기초외상매입금 : 400,000원
     단, 상품매입은 전부 외상이다.
   - 기말상품재고액 : 600,000원
   - 매출총이익률 : 30%
   - 기중 외상매입금 지급 : 1,200,000원

   ① 330,000원　　② 340,000원
   ③ 350,000원　　④ 360,000원

3. 물가가 상승하는 시기에 재고자산의 기초재고수량과 기말재고수량이 같을 경우, 매출원가, 당기순이익과 법인세비용을 가장 높게 하는 재고자산 원가결정방법으로 묶여진 것은?

	매출원가	당기순이익	법인세비용
①	선입선출법	평균법	평균법
②	후입선출법	선입선출법	선입선출법
③	평균법	후입선출법	후입선출법
④	선입선출법	선입선출법	선입선출법

4. 다음 중 재화의 판매로 인한 수익인식 조건이 아닌 것은?

① 재화의 소유에 따른 유의적인 위험과 보상이 구매자에게 이전된다.
② 수익금액을 신뢰성 있게 측정할 수 있다.
③ 경제적 효익의 유입 가능성이 매우 높다.
④ 판매자는 판매한 재화에 대하여 소유권이 있을 때 통상적으로 행사하는 정도의 관리나 효과적인 통제를 할 수 있다.

5. 다음 중 유형자산에 대한 설명 중 잘못된 것은?

① 동일한 업종 내에서 유사한 용도로 사용되고 공정가치가 비슷한 동종자산과의 교환으로 유형자산을 취득하는 경우 당해 자산의 취득원가는 교환으로 제공한 자산의 공정가치로 한다.
② 현물출자, 증여, 기타 무상으로 취득한 유형자산의 가액은 공정가치를 취득원가로 한다.
③ 건물을 신축하기 위하여 사용 중인 기존 건물을 철거하는 경우 그 건물의 장부금액은 제거하여 처분손실로 반영하고, 철거비용은 전액 당기비용으로 처리한다.
④ 유형자산의 취득과 관련하여 국·공채 등을 불가피하게 매입하는 경우 당해 채권의 매입가액과 기업회계기준에 따라 평가한 현재가치와의 차액은 유형자산의 취득원가로 구성된다.

6. 유가증권의 취득과 관련된 직접 거래원가에 관한 설명이다. 틀린 것은?

① 기타의 금융부채로 분류하는 경우에는 공정가치에 가산
② 만기보유증권으로 분류하는 경우에는 공정가치에 가산
③ 매도가능증권으로 분류하는 경우에는 공정가치에 가산
④ 단기매매증권으로 분류하는 경우에는 공정가치에 가산

7. 결산 시 대손충당금을 과소 설정 하였다. 정상적으로 설정한 경우와 비교할 때, 어떠한 차이가 있는가?

① 당기순이익이 많아진다.　　② 당기순이익이 적어진다.
③ 자본이 과소표시 된다.　　④ 자산이 과소표시 된다.

8. 주식발행 회사가 이익배당을 주식으로 하는 경우(주식배당) 배당 후 상태 변화로 가장 옳지 않은 것은?

① 배당 후 이익잉여금은 증가한다.　　② 배당 후 자본금은 증가한다.
③ 배당 후 총자본은 불변이다.　　④ 배당 후 발행주식수는 증가한다.

9. 다음 중 원가회계의 특징으로 가장 틀린 것은?

① 손익계산서의 제품매출원가를 결정하기 위하여 제품생산에 소비된 원가를 집계
② 재무상태표에 표시되는 재공품과 제품 등의 재고자산의 가액을 결정
③ 기업의 경영계획 및 통제, 의사결정에 필요한 원가자료를 제공
④ 주로 외부 이해관계자에게 의사결정에 대한 유용한 정보제공

10. 제조공장에서 전력비에 대한 자료가 다음과 같을 경우 4월에 발생한 전력비 금액은 얼마인가?

• 4월 지급액 : 1,300,000원　　• 4월 선급액 : 230,000원　　• 4월 미지급액 : 360,000원

① 710,000원　　② 1,170,000원
③ 1,430,000원　　④ 1,890,000원

11. 선입선출법에 따른 종합원가계산에 관한 다음 설명 중 가장 옳지 않은 것은?

① 먼저 제조 착수 된 것이 먼저 완성된다고 가정한다.
② 기초재공품이 없는 경우 제조원가는 평균법과 동일하게 계산된다.
③ 완성품환산량은 당기 작업량을 의미한다.
④ 전기의 성과를 고려하지 않으므로 계획과 통제 및 성과평가 목적에는 부합하지 않는다.

12. 원가자료가 다음과 같을 때 당기의 직접재료비를 계산하면 얼마인가?

- 당기총제조원가는 5,204,000원이다.
- 제조간접비는 직접노무비의 75%이다.
- 제조간접비는 당기총제조원가의 24%이다.

① 2,009,600원 ② 2,289,760원
③ 2,825,360원 ④ 3,955,040원

13. 다음 중 세금계산서 발급의무 면제대상으로 틀린 것은?

① 개인적공급 ② 판매 목적 타사업장 반출
③ 간주임대료 ④ 폐업시 남아있는 재화

14. 다음 자료에 의한 부가가치세 과세표준을 계산하면 얼마인가?

- 총매출액 : 50,000,000원
- 매출에누리액 : 4,000,000원
- 매출할인 : 3,000,000원
- 대손금 : 2,000,000원

① 40,000,000원 ② 43,000,000원
③ 48,000,000원 ④ 50,000,000원

15. 다음 중 부가가치세 영세율과 관련된 설명 중 틀린 것은?

① 영세율은 조세부담의 역진성을 완화하기 위한 제도이다.
② 수출하는 재화는 영세율이 적용된다.
③ 직수출하는 재화의 경우에는 세금계산서 발급의무가 면제된다.
④ 국외에서 공급하는 용역의 공급에 대하여 수출하는 재화와 동일하게 영세율이 적용된다.

실무시험

㈜석모기계(회사코드:5516)는 기계설비를 제조하여 판매하는 중소기업이며, 당기(제10기) 회계기간은 2025. 1. 1. ~ 2025. 12. 31. 이다. 전산세무회계 수험용 프로그램을 이용하여 다음 물음에 답하시오.

| 기본전제 |

문제에서 한국채택국제회계기준을 적용하도록 하는 전제조건이 없는 경우, 일반기업회계기준을 적용하여 회계처리 한다.

1. 다음은 기초정보관리 및 전기분재무제표 자료이다. 각각의 요구사항에 대하여 답하시오. (10점)

[1] 다음 자료를 보고 거래처등록 메뉴에서 등록하시오. (3점)

- 회 사 명 : ㈜가나전자(거래처코드 : 01056)
- 대 표 자 : 이은성
- 업 태 : 제조, 도소매
- 사업장 주소 : 서울특별시 서초구 신반포로47길 118 101호
- 유 형 : 매입
- 사업자등록번호 : 129-86-78690
- 종 목 : 전자제품

  ※ 주소 입력 시 우편번호 입력은 생략해도 무방함.

[2] 다음 자료를 보고 거래처별 초기이월을 수정 또는 입력하시오. (3점)

계정과목	거래처명	전기로부터 이월된 금액	올바른 금액
받을어음	㈜송강산업	300,000원	3,000,000원
	㈜강림상사	2,800,000원	12,800,000원
미지급금	㈜더라벨	6,100,000원	3,600,000원
	㈜통진흥업	-	2,500,000원

[3] 전기분손익계산서를 검토한 결과 다음과 같은 오류가 발견되었다. 전기분재무제표 메뉴에서 관련된 부분을 모두 수정하시오. (4점)

- 오류내용 : 생산부 직원의 회식비 지출액 2,400,000원이 영업부의 복리후생비(811.)로 반영되어 있음.

2. 다음 거래 자료를 일반전표입력 메뉴에 추가 입력하시오(일반전표입력의 모든 거래는 부가가치세를 고려하지 말 것). (18점)

> **입력시 유의사항**
> - 일반적인 적요의 입력은 생략하지만, 타계정 대체거래는 적요번호를 선택하여 입력한다.
> - 채권·채무와 관련된 거래는 별도의 요구가 없는 한 반드시 기 등록되어 있는 거래처코드를 선택하는 방법으로 거래처명을 입력한다.
> - 제조경비는 500번대 계정코드를, 판매비와 관리비는 800번대 계정코드를 사용한다.
> - 회계처리시 계정과목은 별도제시가 없는 한 등록되어 있는 계정과목 중 가장 적절한 과목으로 한다.

[1] 7월 7일   매출 거래처인 ㈜달라일러가 회생계획인가결정을 받음에 따라 ㈜달라일러에 대한 외상매출금 12,000,000원을 대손처리하였다. 대손발생일 직전의 외상매출금에 대한 대손충당금 잔액은 5,000,000원이다. (3점)

[2] 7월 15일   매출거래처인 ㈜희망기계의 외상매출금 6,500,000원에 대하여 다음의 전자어음을 받고, 나머지 금액은 보통예금으로 받았다. (3점)

```
              전 자 어 음
  석모기계㈜  귀하            00520151020123456789
  금   오백만원정              5,000,000원
  위의 금액을 귀하 또는 귀하의 지시인에게 지급하겠습니다.
  지급기일  2025년 8월 20일   발행일  2025년 7월 15일
  지 급 지  신한은행          발행지
  지급장소  영등포지점        주 소   서울 성북구 돈암로 10
                             발행인  (주)희망기계
```

[3] 7월 20일   보유 중인 자기주식 12,000주를 처분하였다. 자기주식 12,000주에 대한 장부금액은 12,000,000원이고 12,000주 전부를 11,500,000원에 처분하고 그 대가를 전부 보통예금으로 입금받았다(단, 자기주식처분이익 계정의 잔액이 300,000원 있고, 처분수수료는 없는 것으로 가정한다). (3점)

[4] 8월 5일   신주 20,000주를 발행하여 건물을 취득하였다. 주당 액면금액은 5,000원이며 발행시점의 공정가액은 주당 8,000원이다. (3점)

[5] 11월 19일 영업부서에서 홍보물 배포를 위해 고용한 일용직 근로자에게 일당 120,000원을 현금으로 지급하였다. (3점)

[6] 12월 5일   영업부시 임직원의 퇴직금에 대하여 확정기여형(DC형) 퇴직연금에 가입하고 있으며, 12월분 퇴직연금 5,300,000원을 당사 보통예금계좌에서 이체하여 납부하였다. (3점)

3. 다음 거래 자료를 매입매출전표입력 메뉴에 입력하시오. (18점)

> **입력시 유의사항**
> - 일반적인 적요의 입력은 생략하지만, 타계정 대체거래는 적요번호를 선택하여 입력한다.
> - 별도의 요구가 없는 한 반드시 기 등록되어 있는 거래처코드를 선택하는 방법으로 거래처명을 입력한다.
> - 제조경비는 500번대 계정코드를, 판매비와 관리비는 800번대 계정코드를 사용한다.
> - 회계처리시 계정과목은 별도제시가 없는 한 등록되어 있는 계정과목 중 가장 적절한 과목으로 한다.
> - 입력화면 하단의 분개까지 처리하고, 전자세금계산서 및 전자계산서는 전자입력으로 반영한다.

[1] 8월 3일   판매부서 사무실로 사용하기 위해 입주해있는 ㈜에이스오피스텔의 관리실로부터 7월분 관리비 중 면세품목에 대하여 전자계산서(공급가액 30,000원, 부가가치세 0원)을 발급받고 보통예금에서 바로 지급하였다. (3점)

[2] 8월 21일   새로운 기계로 교체하기 위하여 ㈜한국자원에 기존에 사용하던 기계장치(취득원가 80,000,000원, 감가상각누계액 77,000,000원)을 2,200,000원(부가가치세 포함)에 매각하면서 전자세금계산서를 발급하였으며, 대금은 전액 ㈜한국자원이 발행한 약속어음으로 받았다. (3점)

[3] 10월 15일 다음 자료를 보고 적절한 회계처리를 하시오(단, 수표 1,000,000원은 모두 당좌수표임). (3점)

전자세금계산서

	사업자등록번호	130-85-56442	종사업장번호			사업자등록번호	506-81-94325	종사업장번호	
공급자	상호(법인명)	㈜무릉	성명(대표자)	이학주	공급받는자	상호(법인명)	석모기계㈜	성명	임병수
	사업장주소	경기도 의정부시 신곡로 1588				사업장주소	경기도 남양주시 경춘로 855-11		
	업태	제조	종목	기계		업태	제조, 도소매외	종목	기계설비
	이메일					이메일			

승인번호: 20251015-1000-009329

작성일자	공급가액	세액	수정사유
2025.10.15	3,300,000원	330,000원	

비고

월	일	품목	규격	수량	단가	공급가액	세액	비고
10	15	A원재료		100	33,000원	3,300,000원	330,000원	

합계금액	현금	수표	어음	외상미수금	이 금액을 영수 함 청구
3,630,000원		1,000,000원		2,630,000원	

[4] 11월 30일 ㈜렌트로부터 11월 1일에 임차 개시한 영업부 직원의 거래처 방문용 차량(배기량 2,000cc인 4인승 승용차)과 관련하여 11월분 임차료(공급가액 600,000원, 부가가치세 60,000원)에 대한 전자세금계산서를 수취하였다. 11월분 임차료는 12월 10일에 보통예금에서 자동이체 될 예정이다. (3점)

[5] 12월 12일 구매확인서에 의하여 유성산업㈜에 C제품(100단위, @150,000)을 판매하고 영세율전자세금계산서를 발급하였다. 대금은 10일 후에 받기로 하였다. (3점)

[6] 12월 30일 중국에 소재한 NewYork.com으로부터 수입한 원재료와 관련하여 인천세관으로부터 전자수입세금계산서(공급가액 40,000,000원, 부가가치세 4,000,000원)을 발급받았고, 이와 관련한 부가가치세는 당좌수표로 납부하였다. (3점)

4. 일반전표입력 및 매입매출전표입력 메뉴에 입력된 내용 중 다음과 같은 오류가 발견되었다. 입력된 내용을 확인하여 정정하시오. (6점)

[1] 8월 10일 이자수익 300,000원 중 원천징수세액인 46,200원을 제외한 나머지 금액인 253,800원이 보통예금으로 입금되어 입금된 금액에 대해서만 회계처리 하였다(원천징수세액은 자산으로 처리하고 하나의 전표로 입력할것). (3점)

[2] 12월 10일 원재료 매입시 현금으로 지급한 운송비 110,000원(부가가치세 포함)을 신규직원의 실수로 일반전표에 입력하였다. 운송은 일양택배가 하였으며, 별도의 전자세금계산서를 발급받았다. (3점)

5. 결산정리사항은 다음과 같다. 해당메뉴에 입력하시오. (9점)

[1] 9월 5일에 판매부서에서 사용할 A4용지 10박스를 110,000원(부가가치세 포함)에 구입하고 공급가액인 100,000원에 대하여 소모품으로 회계처리 하였다. 결산일 현재 판매부서에는 A4용지 4박스가 남아있다. 이에 대한 기말 수정분개를 입력하시오. (3점)

[2] 5월 1일 공장화재보험료 1년분(2025년 5월 1일~2026년 4월 30일) 3,600,000원을 보통예금으로 납부하면서 전액 보험료(제조경비)로 회계처리 되어있다(단, 보험료는 월할계산하며 거래처입력은 생략함). (3점)

[3] 기중에 현금 시재가 부족하여 현금과부족으로 계상하였던 차변금액 20,000원에 대하여 결산일 현재에도 그 차이 원인을 알 수 없어 당기 비용(영업외비용)으로 처리하였다. (3점)

6. 다음 사항을 조회하여 답안을 저장메뉴에 입력하시오. (9점)

[1] 제1기 예정신고기간(1월~3월)의 부가가치세 예정신고 미환급세액으로 2,000,000원이 있다면 제1기 확정신고기간(4월~6월)의 차가감하여 납부할 부가가치세액은 얼마인가?

(3점)

[2] 상반기(1월~6월) 중 기업업무추진비(판)가 가장 많이 발생한 월과 그 월의 기업업무추진비(판) 금액은 얼마인가?

(3점)

[3] 6월 말 현재 유동부채는 전월 말 대비 얼마가 증가(또는 감소)되었는가? 단, 양수로 입력하시오.

(3점)

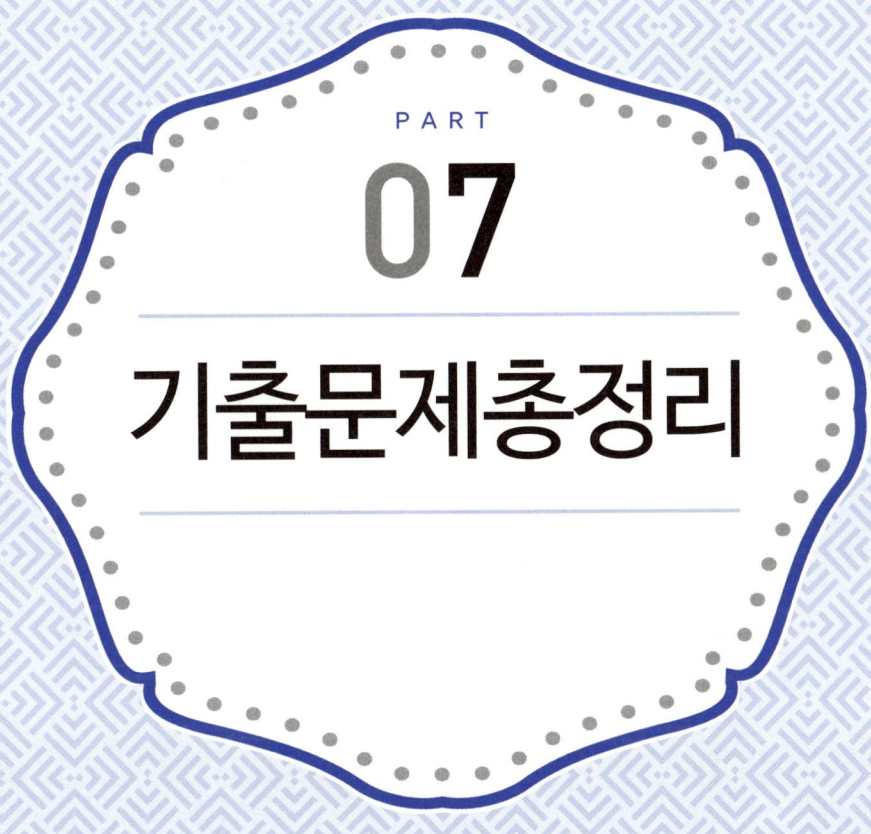

PART 07

기출문제총정리

제112회 기출문제

이론시험

다음 문제를 보고 알맞은 것을 골라 이론문제 답안작성 메뉴에 입력하시오.(객관식 문항당 2점)

| 기본전제 |

문제에서 한국채택국제회계기준을 적용하도록 하는 전제조건이 없는 경우, 일반기업회계기준을 적용한다.

1 다음 중 일반기업회계기준에 따른 재무제표의 종류에 해당하지 않는 것은?

① 현금흐름표　　　　　　　② 주석
③ 제조원가명세서　　　　　④ 재무상태표

2 다음 중 정액법으로 감가상각을 계산할 때 관련이 없는 것은?

① 잔존가치　　　　　　　　② 취득원가
③ 내용연수　　　　　　　　④ 생산량

3 다음 중 이익잉여금처분계산서에 나타나지 않는 항목은?

① 이익준비금　　　　　　　② 자기주식
③ 현금배당　　　　　　　　④ 주식배당

4 다음 중 수익인식기준에 대한 설명으로 잘못된 것은?

① 위탁매출은 위탁자가 수탁자로부터 판매대금을 지급받는 때에 수익을 인식한다.
② 상품권매출은 물품 등을 제공하거나 판매하면서 상품권을 회수하는 때에 수익을 인식한다.
③ 단기할부매출은 상품 등을 판매(인도)한 날에 수익을 인식한다.
④ 용역매출은 진행기준에 따라 수익을 인식한다.

5 다음 중 계정과목의 분류가 나머지 계정과목과 다른 하나는 무엇인가?

① 임차보증금　　　　　　② 산업재산권
③ 프랜차이즈　　　　　　④ 소프트웨어

6 다음 중 자본의 분류 항목의 성격이 다른 것은?

① 자기주식　　　　　　　② 주식할인발행차금
③ 자기주식처분이익　　　④ 감자차손

7 실제 기말재고자산의 가액은 50,000,000원이지만 장부상 기말재고자산의 가액이 45,000,000원으로 기재된 경우, 해당 오류가 재무제표에 미치는 영향으로 다음 중 옳지 않은 것은?

① 당기순이익이 실제보다 5,000,000원 감소한다.
② 매출원가가 실제보다 5,000,000원 증가한다.
③ 자산총계가 실제보다 5,000,000원 감소한다.
④ 자본총계가 실제보다 5,000,000원 증가한다.

8 다음의 거래를 회계처리할 경우에 사용되는 계정과목으로 옳은 것은?

> 7월 1일 투자 목적으로 영업활동에 사용할 예정이 없는 토지를 5,000,000원에 취득하고 대금은 3개월 후에 지급하기로 하다. 단, 중개수수료 200,000원은 타인이 발행한 당좌수표로 지급하다.

① 외상매입금　　　　　　② 당좌예금
③ 수수료비용　　　　　　④ 투자부동산

9 다음 중 원가 개념에 관한 설명으로 옳지 않은 것은?

① 관련 범위 밖에서 총고정원가는 일정하다.
② 매몰원가는 의사결정에 영향을 주지 않는다.
③ 관련 범위 내에서 단위당 변동원가는 일정하다.
④ 관련원가는 대안 간에 차이가 나는 미래원가로서 의사결정에 영향을 준다.

10 다음 중 제조원가명세서에서 제공하는 정보가 아닌 것은?

① 기말재공품재고액 ② 당기제품제조원가
③ 당기총제조원가 ④ 매출원가

11 다음 중 보조부문 원가의 배부기준으로 적합하지 않은 것은?

	보조부문원가	배부기준
①	건물 관리 부문	점유 면적
②	공장 인사관리 부문	급여 총액
③	전력 부문	전력 사용량
④	수선 부문	수선 횟수

12 다음 자료를 토대로 선입선출법에 의한 직접재료원가 및 가공원가의 완성품환산량을 각각 계산하면 얼마인가?

- 기초재공품 5,000개(완성도 70%)
- 당기착수량 35,000개
- 기말재공품 10,000개(완성도 30%)
- 당기완성품 30,000개
- 재료는 공정초기에 전량투입되며, 가공원가는 공정 전반에 걸쳐 균등하게 발생한다.

	직접재료원가	가공원가
①	35,000개	29,500개
②	35,000개	34,500개
③	40,000개	34,500개
④	45,000개	29,500개

13 다음 중 우리나라 부가가치세법의 특징으로 옳지 않은 것은?

① 소비지국과세원칙 ② 생산지국과세원칙
③ 전단계세액공제법 ④ 간접세

14 다음 중 부가가치세법상 과세기간 등에 대한 설명으로 옳지 않은 것은?

① 사업개시일 이전에 사업자등록을 신청한 경우에 최초의 과세기간은 그 신청한 날부터 그 신청일이 속하는 과세기간의 종료일까지로 한다.
② 사업자가 폐업하는 경우의 과세기간은 폐업일이 속하는 과세기간의 개시일부터 폐업일까지로 한다.
③ 폐업자의 경우 폐업일이 속하는 과세기간 종료일부터 25일 이내에 확정신고를 하여야 한다.
④ 간이과세자의 과세기간은 1월 1일부터 12월 31일까지로 한다.

15 다음 중 부가가치세법상 매입세액공제가 가능한 것은?

① 사업과 관련하여 접대용 물품을 구매하고 발급받은 신용카드매출전표상의 매입세액
② 제조업을 영위하는 법인이 업무용 소형승용차(1,998cc)의 유지비용을 지출하고 발급받은 현금영수증상의 매입세액
③ 제조부서의 화물차 수리를 위해 지출하고 발급받은 세금계산서상의 매입세액
④ 회계부서에서 사용할 물품을 구매하고 발급받은 간이영수증에 포함되어 있는 매입세액

실무시험

㈜유미기계(회사코드:5521)는 기계부품 등의 제조·도소매업 및 부동산임대업을 영위하는 중소기업으로 당기(제10기) 회계기간은 2025.1.1.~2025.12.31.이다. 전산세무회계 수험용 프로그램을 이용하여 다음 물음에 답하시오.

| 기본전제 |

- 문제에서 한국채택국제회계기준을 적용하도록 하는 전제조건이 없는 경우, 일반기업회계기준을 적용하여 회계처리 한다.
- 문제의 풀이와 답안작성은 제시된 문제의 순서대로 진행한다.

1 다음은 기초정보관리 및 전기분재무제표에 대한 자료이다. 각각의 요구사항에 대하여 답하시오. (10점)

[1] 다음의 신규 거래처를 거래처등록 메뉴를 이용하여 추가로 등록하시오. (3점)

- 거래처코드 : 5230
- 거래처명 : ㈜대영토이
- 사업자등록번호 : 108-86-13574
- 업태 : 제조
- 사업장주소 : 경기도 광주시 오포읍 왕림로 139
- 유형 : 동시
- 대표자 : 박완구
- 종목 : 완구제조

※ 주소입력 시 우편번호 입력은 생략해도 무방함.

[2] ㈜유미기계의 기초 채권 및 채무의 올바른 잔액은 다음과 같다. 거래처별초기이월 자료를 검토하여 잘못된 부분은 오류를 정정하고, 누락된 부분은 추가하여 입력하시오. (3점)

계정과목	거래처	금액
외상매출금	알뜰소모품	5,000,000원
	튼튼사무기	3,800,000원
받을어음	㈜클래식상사	7,200,000원
	㈜강림상사	2,000,000원
외상매입금	㈜해원상사	4,600,000원

[3] 전기분 재무상태표를 검토한 결과 기말 재고자산에서 다음과 같은 오류가 발견되었다. 관련된 전기분 재무제표를 모두 수정하시오. (4점)

계정과목	틀린 금액	올바른 금액	내용
원재료(0153)	73,600,000원	75,600,000원	입력 오류

2 일반전표입력 메뉴를 이용하여 다음의 거래 자료를 입력하시오(일반전표입력의 모든 거래는 부가가치세를 고려하지 말 것). (18점)

> **입력시 유의사항**
> ☐ 일반적인 적요의 입력은 생략하지만, 타계정 대체거래는 적요번호를 선택하여 입력한다.
> ☐ 채권·채무와 관련된 거래는 별도의 요구가 없는 한 반드시 기등록된 거래처코드를 선택하는 방법으로 거래처명을 입력한다.
> ☐ 제조경비는 500번대 계정코드를, 판매비와관리비는 800번대 계정코드를 사용한다.
> ☐ 회계처리 시 계정과목은 별도의 제시가 없는 한 등록된 계정과목 중 가장 적절한 과목으로 한다.

[1] 08월 10일 제조부서의 7월분 건강보험료 680,000원을 보통예금으로 납부하였다. 납부한 건강보험료 중 50%는 회사부담분이며, 회사부담분 건강보험료는 복리후생비로 처리한다. (3점)

[2] 08월 23일 ㈜애플전자로부터 받아 보관하던 받을어음 3,500,000원의 만기가 되어 지급제시하였으나, 잔고 부족으로 지급이 거절되어 부도처리하였다(단, 부도난 어음은 부도어음과수표 계정으로 관리하고 있다). (3점)

[3] 09월 14일 영업부서에서 고용한 일용직 직원들의 일당 420,000원을 현금으로 지급하였다(단, 일용직에 대한 고용보험료 등의 원천징수액은 발생하지 않는 것으로 가정한다). (3점)

[4] 09월 26일 영업부서의 사원이 퇴직하여 퇴직연금 5,000,000원을 확정급여형(DB) 퇴직연금에서 지급하였다(단, 퇴직급여충당부채 감소로 회계처리하기로 한다). (3점)

[5] 10월 16일 단기 시세 차익을 목적으로 2025년 5월 3일 취득하였던 ㈜더푸른컴퓨터의 주식 전부를 37,000,000원에 처분하고 대금은 보통예금 계좌로 입금받았다. 단, 취득 당시 관련 내용은 아래와 같다. (3점)

• 취득 수량 : 5,000주   • 1주당 취득가액 : 7,000원   • 취득 시 거래수수료 : 35,000원

[6] 11월 29일 액면금액 50,000,000원의 사채(만기 3년)를 49,000,000원에 발행하였다. 대금은 보통예금 계좌로 입금되었다. (3점)

3. 다음 거래 자료를 매입매출전표입력 메뉴에 입력하시오. (18점)

> **입력시 유의사항**
> - 일반적인 적요의 입력은 생략하지만, 타계정 대체거래는 적요번호를 선택하여 입력한다.
> - 채권·채무와 관련된 거래는 별도의 요구가 없는 한 반드시 기등록된 거래처코드를 선택하는 방법으로 거래처명을 입력한다.
> - 제조경비는 500번대 계정코드를, 판매비와관리비는 800번대 계정코드를 사용한다.
> - 회계처리 시 계정과목은 별도의 제시가 없는 한 등록된 계정과목 중 가장 적절한 과목으로 한다.
> - 입력화면 하단의 분개까지 처리하고, 전자세금계산서 및 전자계산서는 전자입력으로 반영한다.

[1] 09월 02일 ㈜신도기전에 제품을 판매하고 다음의 전자세금계산서를 발급하였다. 대금 중 어음은 ㈜신도기전이 발행한 것이다. (3점)

전자세금계산서

승인번호	2025090214652823-1603488

공급자
등록번호	138-81-61276	종사업장번호	
상호(법인명)	㈜유미기계	성명	정현욱
사업장주소	서울특별시 강남구 압구정로 347		
업태	제조,도소매	종목	기계부품
이메일			

공급받는자
등록번호	130-81-95054	종사업장번호	
상호(법인명)	㈜신도기전	성명	윤현진
사업장주소	울산 중구 태화로 150		
업태	제조	종목	전자제품 외
이메일			

작성일자	공급가액	세액	수정사유	비고
2025-09-02	10,000,000	1,000,000		

비고						

월	일	품목	규격	수량	단가	공급가액	세액	비고
09	02	제품		2	5,000,000	10,000,000	1,000,000	

합계금액	현금	수표	어음	외상미수금	위 금액을 **(청구)** 함
11,000,000			8,000,000	3,000,000	

[2] 09월 12일 제조부서의 생산직 직원들에게 제공할 작업복 10벌을 인천상회로부터 구입하고 우리카드(법인)로 결제하였다(단, 회사는 작업복 구입 시 즉시 전액 비용으로 처리한다). (3점)

```
우리 마음속 첫 번째 금융,  우리카드
2025.09.12.(금) 14:03:54

495,000원
정상승인 | 일시불

결제 정보
카드                우리카드(법인)
회원번호       2245-1223-****-1534
승인번호               76993452
이용구분                   일시불

결제 금액              495,000원
공급가액                450,000원
부가세                   45,000원
봉사료                        0원

가맹점 정보
가맹점명                  인천상회
사업자등록번호       126-86-21617
대표자명                  김연서

위 거래 사실을 확인합니다.
```

[3] 10월 05일 미국의 PYBIN사에 제품 100개(1개당 판매금액 $1,000)를 직접 수출하고 대금은 보통예금 계좌로 송금받았다(단, 선적일인 10월 05일의 기준환율은 1,000원/$이며, 수출신고번호의 입력은 생략한다). (3점)

[4] 10월 22일 영업부서 직원들의 직무역량 강화를 위한 도서를 영건서점에서 현금으로 구매하고 전자계산서를 발급받았다. (3점)

전자계산서					승인번호	20251022-15454645-58811886		
공급자	등록번호	112-60-61264	종사업장번호		공급받는자	등록번호	138-81-61276	종사업장번호	
	상호(법인명)	영건서점	성명	김종인		상호(법인명)	㈜유미기계	성명	정현욱
	사업장주소	인천시 남동구 남동대로 8				사업장주소	서울특별시 강남구 압구정로 347		
	업태	소매	종목	도서		업태	제조,도소매	종목	기계부품
	이메일					이메일			

작성일자	공급가액	세액	수정사유	비고
2025-10-22	1,375,000	해당 없음		

비고							
월	일	품목	규격	수량	단가	공급가액	세액	비고
10	22	도서(슬기로운 직장 생활 외)				1,375,000		

합계금액	현금	수표	어음	외상미수금	위 금액을 (**청구**) 함
1,375,000	1,375,000				

[5] 11월 02일 개인소비자에게 제품을 8,800,000원(부가가치세 포함)에 판매하고 현금영수증(소득공제용)을 발급하였다. 판매대금은 보통예금 계좌로 받았다. (3점)

[6] 12월 19일 매출거래처에 보낼 연말 선물로 홍성백화점에서 생활용품세트를 구입하고 아래 전자세금계산서를 발급받았으며, 대금은 국민카드(법인카드)로 결제하였다. (3점)

전자세금계산서					승인번호	20251219-451542154-542124512		
공급자	등록번호	124-86-09276	종사업장번호		공급받는자	등록번호	138-81-61276	종사업장번호	
	상호(법인명)	홍성백화점	성명	조재광		상호(법인명)	㈜유미기계	성명	정현욱
	사업장주소	서울 강남구 테헤란로 101				사업장주소	서울특별시 강남구 압구정로 347		
	업태	도소매	종목	잡화		업태	제조,도소매	종목	기계부품
	이메일					이메일			

작성일자	공급가액	세액	수정사유	비고
2025-12-19	500,000	50,000		

비고								
월	일	품목	규격	수량	단가	공급가액	세액	비고
12	19	생활용품세트		10	50,000	500,000	50,000	

합계금액	현금	수표	어음	외상미수금	위 금액을 (**청구**) 함
550,000				550,000	

4 일반전표입력 및 매입매출전표입력 메뉴에 입력된 내용 중 다음과 같은 오류가 발견되었다. 입력된 내용을 확인하여 정정하시오. (6점)

[1] 07월 31일 경영관리부서 직원을 위하여 확정급여형(DB형) 퇴직연금에 가입하고 보통예금 계좌에서 14,000,000원을 이체하였으나, 회계담당자는 확정기여형(DC형) 퇴직연금에 가입한 것으로 알고 회계처리를 하였다. (3점)

[2] 10월 28일 영업부서의 매출거래처에 선물하기 위하여 다다마트에서 현금으로 구입한 선물세트 5,000,000원(부가가치세 별도, 전자세금계산서 수취)을 복리후생비로 회계처리를 하였다. (3점)

5 결산정리사항은 다음과 같다. 관련 메뉴를 이용하여 결산을 완료하시오. (9점)

[1] 7월 1일에 가입한 토스은행의 정기예금 5,000,000원(만기 1년, 연 이자율 6%)에 대하여 기간 경과분 이자를 계상하다. 단, 이자 계산은 월할 계산하며, 원천징수는 없다고 가정한다. (3점)

[2] 외상매입금 계정에는 중국에 소재한 거래처 상하이에 대한 외상매입금 2,000,000원($2,000)이 포함되어 있다(결산일 현재 기준환율 : 1,040원/$). (3점)

[3] 매출채권 잔액에 대하여만 1%의 대손충당금을 보충법으로 설정한다(단, 기중의 충당금에 대한 회계처리는 무시하고 아래 주어진 자료에 의해서만 처리한다). (3점)

구 분	기말채권 잔액	기말충당금 잔액	추가설정(△환입)액
외상매출금	15,000,000원	70,000원	80,000원
받을어음	12,000,000원	150,000원	△30,000원

6 다음 사항을 조회하여 답안을 이론문제 답안작성 메뉴에 입력하시오. (9점)

[1] 제1기 부가가치세 예정신고에 반영된 자료 중 현금영수증이 발행된 과세매출의 공급가액은 얼마인가? (3점)

[2] 6월 한 달 동안 발생한 제조원가 중 현금으로 지급한 금액은 얼마인가? (3점)

[3] 6월 30일 현재 외상매입금 잔액이 가장 작은 거래처명과 외상매입금 잔액은 얼마인가? (3점)

제113회 기출문제

이론시험

다음 문제를 보고 알맞은 것을 골라 이론문제 답안작성 메뉴에 입력하시오.(객관식 문항당 2점)

| 기본전제 |
문제에서 한국채택국제회계기준을 적용하도록 하는 전제조건이 없는 경우, 일반기업회계기준을 적용한다.

1 다음 중 회계의 기본가정과 특징이 아닌 것은?

① 기업의 관점에서 경제활동에 대한 정보를 측정·보고한다.
② 기업이 예상가능한 기간동안 영업을 계속할 것이라 가정한다.
③ 기업은 수익과 비용을 인식하는 시점을 현금이 유입·유출될 때로 본다.
④ 기업의 존속기간을 일정한 기간단위로 분할하여 각 기간 단위별로 정보를 측정·보고한다.

2 다음 중 상품의 매출원가 계산 시 총매입액에서 차감해야 할 항목은 무엇인가?

① 기초재고액 ② 매입수수료
③ 매입환출 및 매입에누리 ④ 매입 시 운반비

3 건물 취득 시에 발생한 금액들이 다음과 같을 때, 건물의 취득원가는 얼마인가?

| · 건물 매입금액 | 2,000,000,000원 | · 자본화 대상 차입원가 | 150,000,000원 |
| · 건물 취득세 | 200,000,000원 | · 관리 및 기타 일반간접원가 | 16,000,000원 |

① 21억 5,000만원 ② 22억원
③ 23억 5,000만원 ④ 23억 6,600만원

4 다음 중 무형자산에 대한 설명으로 틀린 것은?

① 물리적인 실체는 없지만 식별이 가능한 비화폐성 자산이다.
② 무형자산을 통해 발생하는 미래 경제적 효익을 기업이 통제할 수 있어야 한다.
③ 무형자산은 자산의 정의를 충족하면서 다른 자산들과 분리하여 거래를 할 수 있거나 계약상 또는 법적 권리로부터 발생하여야 한다.
④ 일반기업회계기준은 무형자산의 회계처리와 관련하여 영업권을 포함한 무형자산의 내용연수를 원칙적으로 40년을 초과하지 않도록 한정하고 있다.

5 다음 중 재무제표에 해당하지 않는 것은?

① 기업의 계정별 합계와 잔액을 나타내는 시산표
② 일정 시점 현재 기업의 재무상태(자산, 부채, 자본)을 나타내는 보고서
③ 기업의 자본에 관하여 일정기간 동안의 변동 흐름을 파악하기 위해 작성하는 보고서
④ 재무제표의 과목이나 금액에 기호를 붙여 해당 항목에 대한 추가 정보를 나타내는 별지

6 다음 중 유동부채와 비유동부채의 분류가 적절하지 않은 것은?

	유동부채	비유동부채
①	단기차입금	사채
②	외상매입금	유동성장기부채
③	미지급비용	장기차입금
④	지급어음	퇴직급여충당부채

7 다음의 자본 항목 중 포괄손익계산서에 영향을 미치는 항목은 무엇인가?

① 감자차손
② 주식발행초과금
③ 자기주식처분이익
④ 매도가능증권평가이익

8 다음 자료 중 빈 칸 (A)에 들어갈 금액으로 적당한 것은?

기초상품 재고액	매입액	기말상품 재고액	매출원가	매출액	매출총이익	판매비와 관리비	당기순손익
219,000원	350,000원	110,000원		290,000원		191,000원	A

① 당기순손실 360,000원
② 당기순손실 169,000원
③ 당기순이익 290,000원
④ 당기순이익 459,000원

9 다음 중 원가행태에 따라 변동원가와 고정원가로 분류할 때 이에 대한 설명으로 틀린 것은?

① 고정원가는 조업도가 증가할수록 단위당 원가도 증가한다.
② 고정원가는 조업도가 증가하여도 총원가는 일정하다.
③ 변동원가는 조업도가 증가하여도 단위당 원가는 일정하다.
④ 변동원가는 조업도가 증가할수록 총원가도 증가한다.

10 다음 중 보조부문원가를 배분하는 방법 중 옳지 않은 것은?

① 상호배분법은 보조부문 상호 간의 용역수수관계를 완전히 반영하는 방법이다.
② 단계배분법은 보조부문 상호 간의 용역수수관계를 전혀 반영하지 않는 방법이다.
③ 직접배분법은 보조부문 상호 간의 용역수수관계를 전혀 반영하지 않는 방법이다.
④ 상호배분법, 단계배분법, 직접배분법 어떤 방법을 사용하더라도 보조부문의 총원가는 제조부문에 모두 배분된다.

11 다음 자료에 의한 당기총제조원가는 얼마인가? (단, 노무원가는 발생주의에 따라 계산한다.)

• 기초원재료	300,000원	• 당기지급임금액	350,000원
• 기말원재료	450,000원	• 당기원재료매입액	1,300,000원
• 전기미지급임금액	150,000원	• 제조간접원가	700,000원
• 당기미지급임금액	250,000원	• 기초재공품	200,000원

① 2,100,000원　　　　　　　　　② 2,300,000원
③ 2,450,000원　　　　　　　　　④ 2,500,000원

12 다음 중 종합원가계산에 대한 설명으로 옳지 않은 것은?

① 소품종 대량 생산하는 업종에 적용하기에 적합하다.
② 공정 과정에서 발생하는 공손 중 정상공손은 제품의 원가에 가산한다.
③ 평균법을 적용하는 경우 기초재공품원가를 당기에 투입한 것으로 가정한다.
④ 제조원가 중 제조간접원가는 실제 조업도에 예정배부율을 반영하여 계산한다.

13 다음 중 부가가치세법상 세금계산서를 발급할 수 있는 자는?

① 면세사업자로 등록한 자
② 사업자등록을 하지 않은 자
③ 사업자등록을 한 일반과세자
④ 간이과세자 중 직전 사업연도 공급대가가 4,800만원 미만인 자

14 다음 중 부가가치세법상 대손사유에 해당하지 않는 것은?

① 소멸시효가 완성된 어음·수표
② 특수관계인과의 거래로 인해 발생한 중소기업의 외상매출금으로서 회수기일이 2년 이상 지난 외상매출금
③ 채무자의 파산, 강제집행, 형의 집행, 사업의 폐지, 사망, 실종, 행방불명으로 인하여 회수할 수 없는 채권
④ 부도발생일부터 6개월 이상 지난 외상매출금(중소기업의 외상매출금으로서 부도발생일 이전의 것에 한정한다)

15 다음 중 부가가치세법상 공급시기로 옳지 않은 것은?

① 폐업 시 잔존재화의 경우 : 폐업하는 때
② 내국물품을 외국으로 수출하는 경우 : 수출재화의 선적일
③ 무인판매기로 재화를 공급하는 경우 : 무인판매기에서 현금을 인취하는 때
④ 위탁판매의 경우(위탁자 또는 본인을 알 수 있는 경우) : 위탁자가 판매를 위탁한 때

실무시험

㈜혜송상사(회사코드:5522)는 자동차부품 등의 제조 및 도소매업을 영위하는 중소기업으로 당기(제14기) 회계기간은 2025.1.1.~2025.12.31.이다. 전산세무회계수험용프로그램을 이용하여 다음 물음에 답하시오.

| 기본전제 |

- 문제에서 한국채택국제회계기준을 적용하도록 하는 전제조건이 없는 경우, 일반기업회계기준을 적용하여 회계처리 한다.
- 문제의 풀이와 답안작성은 제시된 문제의 순서대로 진행한다.

---

1 다음은 기초정보관리 및 전기분재무제표에 대한 자료이다. 각각의 요구사항에 대하여 답하시오. (10점)

[1] 다음의 자료를 이용하여 거래처등록 메뉴에서 신규거래처를 추가로 등록하시오. (3점)

- 거래처코드 : 00777
- 거래처명 : 슬기로운㈜
- 사업자등록번호 : 253-81-13578
- 업태 : 도매
- 사업장주소 : 부산광역시 부산진구 중앙대로 663(부전동)
- 거래처구분 : 일반거래처
- 유형 : 동시
- 대표자 : 김슬기
- 종목 : 금속

※ 주소 입력 시 우편번호는 생략해도 무방함

[2] 다음 자료를 이용하여 계정과목및적요등록 메뉴에서 대체적요를 등록하시오. (3점)

- 코드 : 134
- 계정과목 : 가지급금
- 대체적요 : 8. 출장비 가지급금 정산

[3] 전기분 손익계산서를 검토한 결과 다음과 같은 오류가 발견되었다. 해당 오류와 관련된 전기분원가명세서 및 전기분손익계산서를 수정하시오. (4점)

공장 일부 직원의 임금 2,200,000원이 판매비및일반관리비 항목의 급여(801)로 반영되어 있다.

2 일반전표입력 메뉴를 이용하여 다음의 거래 자료를 입력하시오(일반전표입력의 모든 거래는 부가가치세를 고려하지 말 것). (18점)

> **입력시 유의사항**
> - 일반적인 적요의 입력은 생략하지만, 타계정 대체거래는 적요번호를 선택하여 입력한다.
> - 채권·채무와 관련된 거래는 별도의 요구가 없는 한 반드시 기등록된 거래처코드를 선택하는 방법으로 거래처명을 입력한다.
> - 제조경비는 500번대 계정코드를, 판매비와관리비는 800번대 계정코드를 사용한다.
> - 회계처리 시 계정과목은 별도의 제시가 없는 한 등록된 계정과목 중 가장 적절한 과목으로 한다.

[1] 07월 15일 ㈜상수로부터 원재료를 구입하기로 계약하고, 당좌수표를 발행하여 계약금 3,000,000원을 지급하였다. (3점)

[2] 08월 05일 사옥 취득을 위한 자금 900,000,000원(만기 6개월)을 우리은행으로부터 차입하고, 선이자 36,000,000원(이자율 연 8%)을 제외한 나머지 금액을 보통예금 계좌로 입금받았다(단, 하나의 전표로 입력하고, 선이자지급액은 선급비용으로 회계처리할 것). (3점)

[3] 09월 10일 창고 임차보증금 10,000,000원(거래처 : ㈜대운) 중에서 미지급금으로 계상되어 있는 작년분 창고 임차료 1,000,000원을 차감하고 나머지 임차보증금만 보통예금으로 돌려받았다. (3점)

[4] 10월 20일 ㈜영광상사에 대한 외상매출금 2,530,000원 중 1,300,000원이 보통예금 계좌로 입금되었다. (3점)

[5] 11월 29일 장기투자 목적으로 ㈜콘프상사의 보통주 2,000주를 1주당 10,000원(1주당 액면금액 5,000원)에 취득하고 대금은 매입수수료 240,000원과 함께 보통예금 계좌에서 이체하여 지급하였다. (3점)

[6] 12월 08일 수입한 상품에 부과된 관세 7,560,000원을 보통예금 계좌에서 이체하여 납부하였다. (3점)

납부영수증서[납부자용]			File No : 사업자과세 B/L No. : 45241542434	
사업자번호 : 312-86-12548				
회계구분	관세청소관 일반회계		납부기한	2025년 12월 08일
회계연도	2025		발행일자	2025년 12월 02일
수입징수관 계좌번호	110288	납부자 번호	0127 040-11-17-6-178461-8	납기내 금액 7,560,000
※수납기관에서는 위의 굵은 선 안의 내용을 즉시 전산입력하여 수입징수관에 EDI방식으로 통지될 수 있도록 하시기 바랍니다.			납기후 금액	
수입신고번호	41209-17-B11221W		수입징수관서	인천세관
납부자	성명	황동규	상호	(주)혜송상사
	주소	경기도 용인시 기흥구 갈곡로 6(구갈동)		
2025년 12월 2일 수입징수관 인천세관				

3 다음 거래 자료를 매입매출전표입력 메뉴에 입력하시오. (18점)

입력시 유의사항
- 일반적인 적요의 입력은 생략하지만, 타계정 대체거래는 적요번호를 선택하여 입력한다.
- 채권·채무와 관련된 거래는 별도의 요구가 없는 한 반드시 기등록된 거래처코드를 선택하는 방법으로 거래처명을 입력한다.
- 제조경비는 500번대 계정코드를, 판매비와관리비는 800번대 계정코드를 사용한다.
- 회계처리 시 계정과목은 별도의 제시가 없는 한 등록된 계정과목 중 가장 적절한 과목으로 한다.
- 입력화면 하단의 분개까지 처리하고, 전자세금계산서 및 전자계산서는 전자입력으로 반영한다.

[1] 08월 10일 ㈜산양산업으로부터 영업부에서 사용할 소모품(공급가액 950,000원, 부가가치세 별도)을 현금으로 구입하고 전자세금계산서를 발급받았다. 단, 소모품은 자산으로 처리한다. (3점)

[2] 08월 22일 내국신용장으로 수출용 제품의 원재료 34,000,000원을 ㈜로띠상사에서 매입하고 아래의 영세율전자세금계산서를 발급받았다. 대금은 당사가 발행한 3개월 만기 약속어음으로 지급하였다. (3점)

영세율전자세금계산서						승인번호	20250822-14258645-58811657			
공급자	등록번호	124-86-15012		종사업장번호		공급받는자	등록번호	312-86-12548	종사업장번호	
	상호(법인명)	㈜로띠상사	성 명	이로운			상호(법인명)	㈜혜송상사	성 명	황동규
	사업장주소	대전광역시 대덕구 대전로1019번길 28-10					사업장주소	경기도 용인시 기흥구 갈곡로 6		
	업 태	제조	종 목	부품			업 태	제조,도소매	종 목	자동차부품
	이메일						이메일	hyesong@hscorp.co.kr		
작성일자		공급가액		세액			수정사유			
2025/08/22		34,000,000원								
비고										
월	일	품 목	규 격	수 량	단 가		공 급 가 액	세 액	비 고	
08	22	부품 kT_01234					34,000,000원			
합 계 금 액		현 금		수 표		어 음		외 상 미 수 금	위 금액을 (청구) 함	
34,000,000원						34,000,000원				

[3] 08월 25일 송강수산으로부터 영업부 직원선물로 마른멸치세트 500,000원, 영업부 거래처 선물로 마른멸치세트 300,000원을 구매하였다. 대금은 보통예금 계좌에서 이체하여 지급하고 아래의 전자계산서를 발급받았다(단, 하나의 거래로 작성할 것). (3점)

전자계산서						승인번호	20250825-1832324-1635032			
공급자	등록번호	850-91-13586		종사업장번호		공급받는자	등록번호	312-86-12548	종사업장번호	
	상호(법인명)	송강수산	성 명	송강			상호(법인명)	㈜혜송상사	성 명	황동규
	사업장주소	경상남도 남해군 남해읍 남해대로 2751					사업장주소	경기도 용인시 기흥구 갈곡로 6		
	업 태	도소매	종 목	건어물			업 태	제조,도소매	종 목	자동차부품
	이메일						이메일			
작성일자		공급가액		세액			수정사유		비고	
2025/08/25		800,000원								
비고										
월	일	품 목	규 격	수 량	단 가		공 급 가 액	세 액	비 고	
08	25	마른멸치세트		5	100,000원		500,000원			
08	25	마른멸치세트		3	100,000원		300,000원			
합 계 금 액		현 금		수 표		어 음		외 상 미 수 금	위 금액을 (영수) 함	
800,000원		800,000원								

[4] 10월 16일 업무와 관련없이 대표이사 황동규가 개인적으로 사용하기 위하여 싱해진자㈜에서 노트북 1대를 2,100,000원(부가가치세 별도)에 외상으로 구매하고 아래의 전자세금계산서를 발급받았다(단, 가지급금 계정을 사용하고, 거래처를 입력할 것). (3점)

	전자세금계산서					승인번호	20251016-15454645-58811886		
공급자	등록번호	501-81-12347		종사업장번호		등록번호	312-86-12548	종사업장번호	
	상호(법인명)	상해전자㈜	성 명	김은지	공급받는자	상호(법인명)	㈜혜송상사	성 명	황동규
	사업장주소	서울특별시 동작구 여의대방로 28				사업장주소	경기도 용인시 기흥구 갈곡로 6		
	업 태	도소매	종 목	전자제품		업 태	제조,도소매	종 목	자동차부품
	이메일					이메일	hyesong@hscorp.co.kr		

작성일자	공급가액	세액	수정사유
2025/10/16	2,100,000원	210,000원	해당 없음

비고							
월	일	품 목	규격	수량	단 가	공 급 가 액	세 액	비 고
10	16	노트북		1	2,100,000원	2,100,000원	210,000원	

합 계 금 액	현 금	수 표	어 음	외 상 미 수 금	위 금액을 **(청구)** 함
2,310,000원				2,310,000원	

[5] 11월 04일 개인소비자 김은우에게 제품을 770,000원(부가가치세 포함)에 판매하고, 대금은 김은우의 신한카드로 수취하였다(단, 신용카드 결제대금은 외상매출금으로 회계처리할 것). (3점)

[6] 12월 04일 제조부가 사용하는 기계장치의 원상회복을 위한 수선비 880,000원을 하나카드로 결제하고 다음의 매출전표를 수취하였다. (3점)

하나카드 승인전표

카드번호	4140-0202-3245-9959
거래유형	국내일반
결제방법	일시불
거래일시	2025.12.04.15:35:45
취소일시	
승인번호	98421149

공급가액	800,000원
부가세	80,000원
봉사료	
승인금액	880,000원

가맹점명	㈜뚝딱수선
가맹점번호	00990218110
가맹점 전화번호	031-828-8624
가맹점 주소	경기도 성남시 수정구 성남대로 1169
사업자등록번호	204-81-76697
대표자명	이은샘

4 일반전표입력 및 매입매출전표입력 메뉴에 입력된 내용 중 다음과 같은 오류가 발견되었다. 입력된 내용을 확인하여 정정하시오. (6점)

[1] 09월 09일 ㈜초록산업으로부터 5,000,000원을 차입하고 이를 모두 장기차입금으로 회계처리하였으나, 그중 2,000,000원의 상환기일은 2025년 12월 8일로 확인되었다. (3점)

[2] 10월 15일 바로카센터에서 영업부의 영업용 화물차량을 점검 및 수리하고 차량유지비 250,000원(부가세 별도)을 현금으로 지급하였으며, 전자세금계산서를 발급받았다. 그러나 회계 담당 직원의 실수로 이를 일반전표에 입력하였다. (3점)

5 결산정리사항은 다음과 같다. 관련 메뉴를 이용하여 결산을 완료하시오. (9점)

[1] 결산일 현재 외상매입금 잔액은 2025년 1월 2일 미국에 소재한 원재료 공급거래처 NOVONO로부터 원재료 $5,500를 외상으로 매입하고 미지급한 잔액 $2,000가 포함되어 있다(단, 매입 시 기준환율은 1,100원/$, 결산 시 기준환율은 1,200원/$이다). (3점)

[2] 12월 31일 결산일 현재 단기 매매 목적으로 보유 중인 지분증권에 대한 자료는 다음과 같다. 적절한 결산 분개를 하시오. (3점)

종목	취득원가	결산일 공정가치	비고
㈜가은	56,000,000원	54,000,000원	단기 매매 목적

[3] 2025년 5월 1일 제조부 공장의 1년치 화재보험료(2025년 5월 1일~2026년 4월 30일) 3,600,000원을 보통예금 계좌에서 이체하여 납부하고 전액 보험료(제조경비)로 회계처리하였다(단, 보험료는 월할 계산하고, 거래처입력은 생략할 것). (3점)

6 다음 사항을 조회하여 답안을 이론문제 답안작성 메뉴에 입력하시오. (9점)

[1] 제1기 부가가치세 확정신고(2025.04.01.~06.30.)에 반영된 예정신고누락분 매출의 공급가액과 매출세액은 각각 얼마인가? (3점)

[2] 2분기(4월~6월) 중 제조원가 항목의 복리후생비 지출액이 가장 많이 발생한 월(月)과 그 금액을 각각 기재하시오. (3점)

[3] 4월 말 현재 미지급금 잔액이 가장 큰 거래처명과 그 금액은 얼마인가? (3점)

제114회 기출문제

이론시험

다음 문제를 보고 알맞은 것을 골라 이론문제 답안작성 메뉴에 입력하시오.(객관식 문항당 2점)

> **기본전제**
> 문제에서 한국채택국제회계기준을 적용하도록 하는 전제조건이 없는 경우, 일반기업회계기준을 적용한다.

1 다음 중 거래내용에 대한 거래요소의 결합관계를 바르게 표시한 것은?

거래요소의 결합관계	거래내용
① 자산의 증가 : 자산의 증가	외상매출금 4,650,000원을 보통예금으로 수령하다.
② 자산의 증가 : 부채의 증가	기계장치를 27,500,000원에 구입하고 구입대금은 미지급하다.
③ 비용의 발생 : 자산의 증가	보유 중인 건물을 임대하여 임대료 1,650,000원을 보통예금으로 수령하다.
④ 부채의 감소 : 자산의 감소	장기차입금에 대한 이자 3,000,000원을 보통예금에서 이체하는 방식으로 지급하다.

2 다음 중 재고자산이 아닌 것은?

① 약국의 일반의약품 및 전문의약품
② 제조업 공장의 생산 완제품
③ 부동산매매업을 주업으로 하는 기업의 판매 목적 토지
④ 병원 사업장소재지의 토지 및 건물

3 다음은 ㈜한국이 신규 취득한 기계장치 관련 자료이다. 아래의 기계장치를 연수합계법으로 감가상각할 경우, ㈜한국의 당기(회계연도 : 매년 1월 1일~12월 31일) 말 현재 기계장치의 장부금액은 얼마인가?

- 기계장치 취득원가 : 3,000,000원
- 잔존가치 : 300,000원
- 취득일 : 2025.01.01.
- 내용연수 : 5년

① 2,000,000원
② 2,100,000원
③ 2,400,000원
④ 2,460,000원

4 다음은 ㈜서울의 당기 지출 내역 중 일부이다. 아래의 자료에서 무형자산으로 기록할 수 있는 금액은 모두 얼마인가?

- 신제품 특허권 취득 비용 30,000,000원
- 신제품의 연구단계에서 발생한 재료 구입 비용 1,500,000원
- A기업이 가지고 있는 상표권 구입 비용 22,000,000원

① 22,000,000원
② 30,000,000원
③ 52,000,000원
④ 53,500,000원

5 다음 중 매도가능증권에 대한 설명으로 옳지 않은 것은?

① 기말 평가손익은 기타포괄손익누계액에 반영한다.
② 취득 시 발생한 수수료는 당기 비용으로 처리한다.
③ 처분 시 발생한 처분손익은 당기손익에 반영한다.
④ 보유 목적에 따라 당좌자산 또는 투자자산으로 분류한다.

6 다음 중 채권 관련 계정의 차감적 평가항목으로 옳은 것은?

① 감가상각누계액
② 재고자산평가충당금
③ 사채할인발행차금
④ 대손충당금

7 다음 중 자본잉여금 항목에 포함되는 것을 모두 고른 것은?

가. 주식발행초과금　　　　나. 자기주식처분손실
다. 주식할인발행차금　　　라. 감자차익

① 가, 라　　　　　　　② 나, 다
③ 가, 나, 다　　　　　④ 가, 다, 라

8 다음은 현금배당에 관한 회계처리이다. 아래의 괄호 안에 각각 들어갈 회계처리 일자로 옳은 것은?

(가)	(차) 이월이익잉여금 ×××원	(대) 이익준비금 ×××원
		미지급배당금 ×××원
(나)	(차) 미지급배당금 ×××원	(대) 보통예금 ×××원

　　　(가)　　　　　(나)
① 회계종료일　　배당결의일
② 회계종료일　　배당지급일
③ 배당결의일　　배당지급일
④ 배당결의일　　회계종료일

9 원가의 분류 중 원가행태(行態)에 따른 분류에 해당하는 것은?

① 변동원가　　　　　　② 기회원가
③ 관련원가　　　　　　④ 매몰원가

10 다음은 제조업을 영위하는 ㈜인천의 당기 원가 관련 자료이다. ㈜인천의 당기총제조원가는 얼마인가? 단, 기초재고자산은 없다고 가정한다.

• 기말재공품재고액	300,000원	• 기말제품재고액	500,000원
• 매출원가	2,000,000원	• 기말원재료재고액	700,000원
• 제조간접원가	600,000원	• 직접재료원가	1,200,000원

① 1,900,000원　　　　　② 2,200,000원
③ 2,500,000원　　　　　④ 2,800,000원

11 평균법에 따른 종합원가계산을 채택하고 있는 ㈜대전의 당기 물량 흐름은 다음과 같다. 재료원가는 공정 초기에 전량 투입되며, 가공원가는 공정 전반에 걸쳐 균등하게 발생한다. 아래의 자료를 이용하여 재료원가 완성품환산량을 계산하면 몇 개인가?

- 기초재공품 수량 : 1,000개(완성도 20%)
- 당기착수량 : 10,000개
- 당기완성품 수량 : 8,000개
- 기말재공품 수량 : 3,000개(완성도 60%)

① 8,000개 　　　　　② 9,000개
③ 9,800개 　　　　　④ 11,000개

12 다음 중 개별원가계산에 대한 설명으로 옳지 않은 것은?

① 항공기 제조업은 종합원가계산보다는 개별원가계산이 더 적합하다.
② 제품원가를 제조공정별로 집계한 후 이를 생산량으로 나누어 단위당 원가를 계산한다.
③ 직접원가와 제조간접원가의 구분이 중요하다.
④ 단일 종류의 제품을 대량으로 생산하는 업종에는 적합하지 않은 방법이다.

13 다음 중 우리나라 부가가치세법의 특징으로 틀린 것은?

① 국세 　　　　　　　② 인세(人稅)
③ 전단계세액공제법 　④ 다단계거래세

14 다음 중 부가가치세법상 주된 사업에 부수되는 재화·용역의 공급으로서 면세 대상이 아닌 것은?

① 은행업을 영위하는 면세사업자가 매각한 사업용 부동산인 건물
② 약국을 양수도하는 경우로서 해당 영업권 중 면세 매출에 해당하는 비율의 영업권
③ 가구제조업을 영위하는 사업자가 매각한 사업용 부동산 중 토지
④ 부동산임대업자가 매각한 부동산임대 사업용 부동산 중 상가 건물

15 다음 중 부가가치세법상 아래의 괄호 안에 공통으로 들어갈 내용으로 옳은 것은?

가. 부가가치세 매출세액은 (　　　　)에 세율을 곱하여 계산한 금액이다.
나. 재화 또는 용역의 공급에 대한 부가가치세의 (　　　　)(은)는 해당 과세기간에 공급한 재화 또는 용역의 공급가액을 합한 금액으로 한다.
다. 재화의 수입에 대한 부가가치세의 (　　　　)(은)는 그 재화에 대한 관세의 과세가격과 관세, 개별소비세, 주세, 교육세, 농어촌특별세 및 교통·에너지·환경세를 합한 금액으로 한다.

① 공급대가　　　　② 간주공급
③ 과세표준　　　　④ 납부세액

실무시험

㈜하나전자(회사코드:5523)는 전자부품의 제조 및 도소매업을 영위하는 중소기업으로 당기(제10기) 회계기간은 2025.1.1.~2025.12.31.이다. 전산세무회계 수험용 프로그램을 이용하여 다음 물음에 답하시오.

―― | 기본전제 | ――

- 문제에서 한국채택국제회계기준을 적용하도록 하는 전제조건이 없는 경우, 일반기업회계기준을 적용하여 회계처리 한다.
- 문제의 풀이와 답안작성은 제시된 문제의 순서대로 진행한다.

1 다음은 기초정보관리 및 전기분재무제표에 대한 자료이다. 각각의 요구사항에 대하여 답하시오. (10점)

[1] 다음의 자료를 이용하여 거래처등록 메뉴에서 신규 거래처를 추가로 등록하시오. (3점)

- 거래처코드 : 00500
- 거래처구분 : 일반거래처
- 사업자등록번호 : 134-24-91004
- 업태 : 정보통신업
- 주소 : 경기도 성남시 분당구 판교역로192번길 12 (삼평동)
- 거래처명 : 한국개발
- 유형 : 동시
- 대표자성명 : 김한국
- 종목 : 소프트웨어개발

※ 주소 입력 시 우편번호 입력은 생략함

사업자등록증
(일반과세자)
등록번호 : 134-24-91004

상 호 : 한국개발
성 명 : 김한국   생 년 월 일 : 1985 년 03 월 02 일
개 업 연 월 일 : 2021 년 07 월 25 일
사업장소재지 : 경기도 성남시 분당구 판교역로192번길 12 (삼평동)

사업의 종류 [업태] 정보통신업   [종목] 소프트웨어개발

발 급 사 유 : 사업장 소재지 정정
공 동 사 업 자 :

사업자 단위 과세 적용사업자 여부 : 여( ) 부(∨)
전자세금계산서 전용 전자우편주소 :

2025 년 01 월 20 일
분당세무서장

[2] 다음 자료를 이용하여 계정과목및적요등록에 반영하시오. (3점)

- 코드 : 862
- 계정과목 : 행사지원비
- 성격 : 경비
- 현금적요 1번 : 행사지원비 현금 지급
- 대체적요 1번 : 행사지원비 어음 발행

[3] 전기분 원가명세서를 검토한 결과 다음과 같은 오류가 발견되었다. 이와 관련된 전기분 재무제표(재무상태표, 손익계산서, 원가명세서, 잉여금처분계산서)를 모두 적절하게 수정하시오. (4점)

해당 연도(2024년)에 외상으로 매입한 부재료비 3,000,000원이 누락된 것으로 확인된다.

2. 일반전표입력 메뉴를 이용하여 다음의 거래 자료를 입력하시오(일반전표입력의 모든 거래는 부가가치세를 고려하지 말 것). (18점)

> **입력시 유의사항**
> - 일반적인 적요의 입력은 생략하지만, 타계정 대체거래는 적요번호를 선택하여 입력한다.
> - 채권·채무와 관련된 거래는 별도의 요구가 없는 한 반드시 기등록된 거래처코드를 선택하는 방법으로 거래처명을 입력한다.
> - 제조경비는 500번대 계정코드를, 판매비와관리비는 800번대 계정코드를 사용한다.
> - 회계처리 시 계정과목은 별도의 제시가 없는 한 등록된 계정과목 중 가장 적절한 과목으로 한다.

[1] 07월 05일 영업팀 직원들에 대한 확정기여형(DC형) 퇴직연금 납입액 1,400,000원을 보통예금 계좌에서 이체하여 납입하였다. (3점)

[2] 07월 25일 ㈜고운상사의 외상매출금 중 5,500,000원은 약속어음으로 받고, 나머지 4,400,000원은 보통예금 계좌로 입금받았다. (3점)

[3] 08월 30일 자금 부족으로 인하여 ㈜재원에 대한 받을어음 50,000,000원을 만기일 전에 은행에서 할인받고, 할인료 5,000,000원을 차감한 잔액이 보통예금 계좌로 입금되었다(단, 본 거래는 매각거래이다). (3점)

[4] 10월 03일 단기 투자 목적으로 보유하고 있는 ㈜미학건설의 주식으로부터 배당금 2,300,000원이 확정되어 즉시 보통예금 계좌로 입금되었다. (3점)

[5] 10월 31일 재무팀 강가연 팀장의 10월분 급여를 농협 보통예금 계좌에서 이체하여 지급하였다(단, 공제합계액은 하나의 계정과목으로 회계처리할 것). (3점)

2025년 10월 급여명세서

이름	강가연	지급일	2025년 10월 31일
기본급	4,500,000원	소득세	123,000원
식대	200,000원	지방소득세	12,300원
자가운전보조금	200,000원	국민연금	90,500원
		건강보험	55,280원
		고용보험	100,000원
급여계	4,900,000원	공제합계	381,080원
		지급총액	4,518,920원

[6] 12월 21일 자금 조달을 위하여 사채(액면금액 8,000,000원, 3년 만기)를 8,450,000원에 발행하고, 납입금은 당좌예금 계좌로 입금하였다. (3점)

3 다음 거래 자료를 매입매출전표입력 메뉴에 입력하시오. (18점)

입력시 유의사항
- 일반적인 적요의 입력은 생략하지만, 타계정 대체거래는 적요번호를 선택하여 입력한다.
- 채권·채무와 관련된 거래는 별도의 요구가 없는 한 반드시 기등록된 거래처코드를 선택하는 방법으로 거래처명을 입력한다.
- 제조경비는 500번대 계정코드를, 판매비와관리비는 800번대 계정코드를 사용한다.
- 회계처리 시 계정과목은 별도의 제시가 없는 한 등록된 계정과목 중 가장 적절한 과목으로 한다.
- 입력화면 하단의 분개까지 처리하고, 전자세금계산서 및 전자계산서는 전자입력으로 반영한다.

[1] 07월 20일 미국 소재법인 NDVIDIA에 직수출하는 제품의 선적을 완료하였으며, 수출대금 $5,000는 차후에 받기로 하였다. 제품수출계약은 7월 1일에 체결하였으며, 일자별 기준환율은 아래와 같다(단, 수출신고번호 입력은 생략할 것). (3점)

일자	계약일 2025.07.01.	선적일 2025.07.20.
기준환율	1,100원/$	1,200원/$

[2] 07월 23일 당사가 소유하던 토지(취득원가 62,000,000원)를 돌상상회에 65,000,000원에 매각하기로 계약하면서 동시에 전자계산서를 발급하였다. 대금 중 30,000,000원은 계약 당일 보통예금 계좌로 입금받았으며, 나머지는 다음 달에 받기로 약정하였다. (3점)

[3] 08월 10일 영업팀에서 회사 제품을 홍보하기 위해 광고닷컴에서 홍보용 수첩을 제작하고 현대카드로 결제하였다. (3점)

```
카드번호 (9876-****-****-1230)
승인번호                    28516480
거래일자          2025년08월10일15:29:44
결제방법                       일시불
가맹점명                      광고닷컴
가맹점번호                  23721275
대표자명                        김광고
사업자등록번호           305-35-65424
전화번호                  02-651-1212
주소             서울특별시 서초구 명달로 100
공급가액                    4,000,000원
부가세액                      400,000원
승인금액                    4,400,000원
고객센터(1577-8398) | www.hyundaicard.com
           Hyundai Card  현대카드
```

[4] 08월 17일 제품 생산에 필요한 원재료를 구입하고, 아래의 전자세금계산서를 발급받았다. (3점)

전자세금계산서				승인번호	20250817-15454645-58811889		
공급자	등록번호	139-81-54313	종사업장번호		공급받는자	등록번호	125-86-65247	종사업장번호	
	상호(법인명)	㈜고철상사	성명	황영민		상호(법인명)	㈜하나전자	성명	김영순
	사업장주소	서울특별시 서초구 명달로 3				사업장주소	경기도 남양주시 덕릉로 1067		
	업태	도소매	종목	전자부품		업태	제조,도소매	종목	전자부품
	이메일					이메일			

작성일자	공급가액	세액	수정사유
2025/08/17	12,000,000	1,200,000	해당 없음

| 비고 | | | | | | | | |

월	일	품목	규격	수량	단가	공급가액	세액	비고
08	17	k-312 벨브		200	60,000	12,000,000	1,200,000	

합계금액	현금	수표	어음	외상미수금	위 금액을 (**청구**) 함
13,200,000			5,000,000	8,200,000	

[5] 08월 28일 ㈜와마트에서 업무용으로 사용하는 냉장고를 5,500,000원(부가가치세 포함)에 현금으로 구입하고, 현금영수증(지출증빙용)을 수취하였다(단, 자산으로 처리할 것). (3점)

㈜와마트

133-81-05134 류예린
서울특별시 구로구 구로동로 10 TEL : 02-117-2727
홈페이지 http://www.kacpta.or.kr

현금영수증(지출증빙용)

구매 2025/08/28/17:27 거래번호 : 0031-0027

상품명	수량	단가	금액
냉장고	1	5,500,000원	5,500,000원
		과세물품가액	5,000,000원
		부가가치세액	500,000원
		합 계	5,500,000원
		받은금액	5,500,000원

[6] 11월 08일 대표이사 김영순(거래처코드 : 375)의 호텔 결혼식장 대관료(업무관련성 없음)를 당사의 보통예금 계좌에서 이체하여 지급하고, 아래의 전자세금계산서를 수취하였다. (3점)

전자세금계산서

승인번호 : 20251108-27620200-4651260

	공급자				공급받는자		
등록번호	511-81-53215	종사업장번호		등록번호	125-86-65247	종사업장번호	
상호(법인명)	대박호텔㈜	성명	김대박	상호(법인명)	㈜하나전자	성명	김영순
사업장주소	서울특별시 강남구 도산대로 104			사업장주소	경기도 남양주시 덕릉로 1067		
업태	숙박,서비스	종목	호텔,장소대여	업태	제조,도소매	종목	전자부품
이메일				이메일			

작성일자	공급가액	세액	수정사유
2025/11/08	25,000,000	2,500,000	해당 없음

비고

월	일	품목	규격	수량	단가	공급가액	세액	비고
11	08	파라다이스 홀 대관			25,000,000	25,000,000	2,500,000	

합계금액	현금	수표	어음	외상미수금	위 금액을 **(영수)** 함
27,500,000	27,500,000				

4 일반전표입력 및 매입매출전표입력 메뉴에 입력된 내용 중 다음과 같은 오류가 발견되었다. 입력된 내용을 확인하여 정정하시오. (6점)

[1] 11월 12일 호호꽃집에서 영업부 사무실에 비치할 목적으로 구입한 공기정화식물(소모품비)의 대금 100,000원을 보통예금 계좌에서 송금하고 전자계산서를 받았으나 전자세금계산서로 처리하였다. (3점)

[2] 12월 12일 본사 건물에 엘리베이터를 설치하고 ㈜베스트디자인에 지급한 88,000,000원(부가가치세 포함)을 비용으로 처리하였으나, 건물의 자본적지출로 처리하는 것이 옳은 것으로 판명되었다. (3점)

5 결산정리사항은 다음과 같다. 관련 메뉴를 이용하여 결산을 완료하시오. (9점)

[1] 당기 중 단기시세차익을 목적으로 ㈜눈사람의 주식 100주(1주당 액면금액 100원)를 10,000,000원에 취득하였으나, 기말 현재 시장가격은 12,500,000원이다(단, ㈜눈사람의 주식은 시장성이 있다). (3점)

[2] 기말 현재 미국 GODS사에 대한 장기대여금 $2,000가 계상되어 있다. 장부금액은 2,100,000원이며, 결산일 현재 기준환율은 1,120원/$이다. (3점)

[3] 기말 현재 당기분 법인세(지방소득세 포함)는 15,000,000원으로 산출되었다. 관련된 결산회계처리를 하시오(단, 당기분 법인세 중간예납세액 5,700,000원과 이자소득 원천징수세액 1,300,000원은 선납세금으로 계상되어 있다). (3점)

6 다음 사항을 조회하여 답안을 이론문제 답안작성 메뉴에 입력하시오. (9점)

[1] 3월에 발생한 판매비와일반관리비 중 발생액이 가장 적은 계정과목과 그 금액은 얼마인가? (3점)

[2] 2월 말 현재 미수금과 미지급금의 차액은 얼마인가? (단, 반드시 양수로 기재할 것) (3점)

[3] 제1기 부가가치세 확정신고기간(4월~6월)의 공제받지못할매입세액은 얼마인가? (3점)

제 115 회 기출문제

이론시험

다음 문제를 보고 알맞은 것을 골라 이론문제 답안작성 메뉴에 입력하시오.(객관식 문항당 2점)

| 기본전제 |
문제에서 한국채택국제회계기준을 적용하도록 하는 전제조건이 없는 경우, 일반기업회계기준을 적용한다.

1 다음 중 회계순환과정에 있어 기말결산정리의 근거가 되는 가정으로 적절한 것은?

① 발생주의 회계
② 기업실체의 가정
③ 계속기업의 가정
④ 기간별 보고의 가정

2 다음 중 당좌자산에 포함되지 않는 것은 무엇인가?

① 선급비용
② 미수금
③ 미수수익
④ 선수수익

3 다음에서 설명하는 재고자산 단가 결정방법으로 옳은 것은?

> 실제 물량 흐름과 원가 흐름의 가정이 유사하다는 장점이 있으나, 수익·비용 대응의 원칙에 부적합하고, 물가 상승 시 이익이 과대 계상되는 단점이 있다.

① 개별법
② 선입선출법
③ 후입선출법
④ 총평균법

4 다음 중 유형자산에 대한 추가적인 지출이 발생했을 경우 발생한 기간의 비용으로 처리하는 거래로 옳은 것은?

① 건물의 피난시설을 설치하기 위한 지출
② 내용연수를 연장시키는 지출
③ 건물 내부 조명기구를 교체하는 지출
④ 상당한 품질향상을 가져오는 지출

5 다음 중 무형자산에 대한 설명으로 가장 옳지 않은 것은?

① 무형자산은 상각완료 후 잔존가치로 1,000원을 반드시 남겨둔다.
② 무형자산의 상각방법은 정액법, 정률법 둘 다 사용 가능하다.
③ 무형자산을 상각하는 회계처리를 할 때는 일반적으로 직접법으로 처리하고 있다.
④ 무형자산 중 내부에서 창출한 영업권은 무형자산으로 인정되지 않는다.

6 다음 중 일반기업회계기준에 따른 부채가 아닌 것은 무엇인가?

① 임차보증금 ② 퇴직급여충당부채
③ 선수금 ④ 미지급배당금

7 다음의 자본 항목 중 성격이 다른 하나는 무엇인가?

① 자기주식처분이익 ② 감자차익
③ 자기주식 ④ 주식발행초과금

8 다음의 자료를 이용하여 영업이익을 구하시오(기초재고는 50,000원, 기말재고는 '0'으로 가정한다).

• 총매출액 500,000원	• 매출할인 10,000원	• 당기총매입액 300,000원
• 매입에누리 20,000원	• 이자비용 30,000원	• 급여 20,000원
• 통신비 5,000원	• 감가상각비 10,000원	• 배당금수익 20,000원
• 임차료 25,000원	• 유형자산처분손실 30,000원	

① 60,000원 ② 70,000원
③ 100,000원 ④ 130,000원

9 다음 중 보조부문의 원가 배분에 대한 설명으로 옳지 않은 것은?

① 보조부문의 원가 배분방법으로는 직접배분법, 단계배분법 및 상호배분법이 있으며, 이들 배분 방법에 따라 전체 보조부문의 원가에 일부 차이가 있을 수 있다.
② 상호배분법은 부문간 상호수수를 고려하여 계산하기 때문에 다른 배분방법보다 계산이 복잡한 방법이라 할 수 있다.
③ 단계배분법은 보조부문간 배분순서에 따라 각 보조부문에 배분되는 금액에 차이가 있을 수 있다.
④ 직접배분법은 보조부문 원가 배분액의 계산이 상대적으로 간편한 방법이라 할 수 있다.

10 다음의 원가 분류 중 분류 기준이 같은 것으로만 짝지어진 것은?

| 가. 변동원가 | 나. 관련원가 | 다. 직접원가 |
| 라. 고정원가 | 마. 매몰원가 | 바. 간접원가 |

① 가, 나   ② 나, 다
③ 나, 마   ④ 라, 바

11 다음 자료를 참고하여 20x2년 제조작업지시서 #200에 대한 제조간접원가 예정배부율과 예정배부액을 계산하면 각각 얼마인가?

가. 20x1년 연간 제조간접원가 4,200,000원, 총기계작업시간은 100,000시간인 것으로 파악되었다.
나. 20x2년 연간 예정제조간접원가 3,800,000원, 총예정기계작업시간은 80,000시간으로 예상하고 있다.
다. 20x2년 제조작업지시서별 실제기계작업시간은 다음과 같다.
  • 제조작업지시서 #200 : 11,000시간
  • 제조작업지시서 #300 : 20,000시간

	제조간접원가 예정배부율	제조간접원가 예정배부액
①	42원/기계작업시간	462,000원
②	52.5원/기계작업시간	577,500원
③	47.5원/기계작업시간	522,500원
④	46원/기계작업시간	506,000원

12 다음 중 종합원가계산을 적용할 경우 평균법과 선입선출법에 의한 완성품 환산량의 차이를 발생시키는 주요 원인은 무엇인가?

① 기초재공품 차이   ② 기초제품 차이
③ 기말제품 차이   ④ 기말재공품 차이

13 다음 중 부가가치세법상 납세의무자에 대한 설명으로 가장 옳지 않은 것은?

① 부가가치세법상 사업자는 일반과세자와 간이과세자이다.
② 국가·지방자치단체도 납세의무자가 될 수 있다.
③ 사업자단위과세사업자는 모든 사업장의 부가가치세를 총괄하여 신고만 할 수 있다.
④ 영세율을 적용받는 사업자도 부가가치세법상의 사업자등록의무가 있다.

14 다음 중 부가가치세법상 매입세액공제가 가능한 경우는?

① 면세사업에 관련된 매입세액
② 비영업용 소형승용자동차의 유지와 관련된 매입세액
③ 토지의 형질변경과 관련된 매입세액
④ 제조업을 영위하는 사업자가 농민으로부터 구입한 면세 농산물의 의제매입세액

15 다음 중 부가가치세법상 세금계산서 발급 의무가 면제되지 않는 경우는?

① 택시운송사업자가 공급하는 재화 또는 용역
② 미용업자가 공급하는 재화 또는 용역
③ 제조업자가 구매확인서에 의하여 공급하는 재화
④ 부동산임대업자의 부동산임대용역 중 간주임대료

실무시험

다산컴퓨터㈜(회사코드:5524)는 컴퓨터 등의 제조 및 도소매업을 영위하는 중소기업으로 당기(제11기) 회계기간은 2025.1.1.~2025.12.31.이다. 전산세무회계 수험용 프로그램을 이용하여 다음 물음에 답하시오.

기본전제

- 문제에서 한국채택국제회계기준을 적용하도록 하는 전제조건이 없는 경우, 일반기업회계기준을 적용하여 회계처리 한다.
- 문제의 풀이와 답안작성은 제시된 문제의 순서대로 진행한다.

---

1 다음은 기초정보관리 및 전기분재무제표에 대한 자료이다. 각각의 요구사항에 대하여 답하시오. (10점)

[1] 다음 자료를 보고 거래처등록 메뉴에서 신규 거래처를 등록하시오(단, 주어진 자료 외의 다른 항목은 입력할 필요 없음). (3점)

- 거래처코드 : 02411
- 거래처명 : ㈜구동컴퓨터
- 사업자등록번호 : 189-86-70759
- 업태 : 제조
- 사업장주소 : 울산광역시 울주군 온산읍 종동길 102
- 거래처구분 : 일반거래처
- 유형 : 동시
- 대표자성명 : 이주연
- 종목 : 컴퓨터 및 주변장치

[2] 기초정보관리의 계정과목및적요등록 메뉴에서 821.보험료 계정과목에 아래의 적요를 추가로 등록하시오. (3점)

- 현금적요 7번 : 경영인 정기보험료 납부
- 대체적요 5번 : 경영인 정기보험료 미지급
- 대체적요 6번 : 경영인 정기보험료 상계

[3] 다음은 다산컴퓨터㈜의 올바른 선급금, 선수금의 전체 기초잔액이다. 거래처별초기이월 메뉴의 자료를 검토하여 오류가 있으면 올바르게 삭제 또는 수정, 추가 입력을 하시오. (4점)

계정과목	거래처명	금액
선급금	해원전자㈜	2,320,000원
	공상㈜	1,873,000원
선수금	㈜유수전자	2,100,000원
	㈜신곡상사	500,000원

2 일반전표입력 메뉴를 이용하여 다음의 거래 자료를 입력하시오(일반전표입력의 모든 거래는 부가가치세를 고려하지 말 것). (18점)

> **입력시 유의사항**
> - 일반적인 적요의 입력은 생략하지만, 타계정 대체거래는 적요번호를 선택하여 입력한다.
> - 채권·채무와 관련된 거래는 별도의 요구가 없는 한 반드시 기등록된 거래처코드를 선택하는 방법으로 거래처명을 입력한다.
> - 제조경비는 500번대 계정코드를, 판매비와관리비는 800번대 계정코드를 사용한다.
> - 회계처리 시 계정과목은 별도의 제시가 없는 한 등록된 계정과목 중 가장 적절한 과목으로 한다.

[1] 07월 28일 거래처 ㈜경재전자의 외상매입금 2,300,000원 중 2,000,000원은 당사에서 어음을 발행하여 지급하고 나머지는 면제받았다. (3점)

[2] 09월 03일 하나은행에서 차입한 단기차입금 82,000,000원과 이에 대한 이자 2,460,000원을 보통예금계좌에서 이체하여 지급하였다. (3점)

[3] 09월 12일 중국의 DOKY사에 대한 제품 수출 외상매출금 10,000$(선적일 기준환율 : 1,400원/$)를 회수하여 즉시 원화 보통예금 계좌로 입금하였다(단, 입금일의 기준환율은 1,380원/$이다). (3점)

[4] 10월 07일 주당 액면금액이 5,000원인 보통주 1,000주를 주당 7,000원에 발행하였고, 발행금액 전액이 보통예금 계좌로 입금되었다(단, 하나의 전표로 처리하며 신주 발행 전 주식할인발행차금 잔액은 1,000,000원이고 신주발행비용은 없다고 가정한다). (3점)

[5] 10월 28일 당기분 DC형 퇴직연금 불입액 12,000,000원이 자동이체 방식으로 보통예금 계좌에서 출금되었다. 불입액 12,000,000원 중 4,000,000원은 영업부에서 근무하는 직원들에 대한 금액이고 나머지는 생산부에서 근무하는 직원들에 대한 금액이다. (3점)

[6] 11월 12일 전기에 회수불능으로 일부 대손처리한 ㈜은상전기의 외상매출금이 회수되었으며, 대금은 하나은행 보통예금 계좌로 입금되었다. (3점)

[보통예금(하나은행)] 거래 내용

행	연월일	내용	찾으신 금액	맡기신 금액	잔액	거래점
			계좌번호 120-99-80481321			
1	2025-11-12	㈜은상전기		₩2,500,000	******	1111

3 매입매출전표입력 메뉴를 이용하여 다음의 거래 자료를 입력하시오. (18점)

> **입력시 유의사항**
> - 일반적인 적요의 입력은 생략하지만, 타계정 대체거래는 적요번호를 선택하여 입력한다.
> - 채권·채무와 관련된 거래는 별도의 요구가 없는 한 반드시 기등록된 거래처코드를 선택하는 방법으로 거래처명을 입력한다.
> - 제조경비는 500번대 계정코드를, 판매비와관리비는 800번대 계정코드를 사용한다.
> - 회계처리 시 계정과목은 별도의 제시가 없는 한 등록된 계정과목 중 가장 적절한 과목으로 한다.
> - 입력화면 하단의 분개까지 처리하고, 전자세금계산서 및 전자계산서는 전자입력으로 반영한다.

[1] 07월 03일 회사 영업부 야유회를 위해 도시락 10개를 구입하고 현대카드로 결제하였다. (3점)

```
            신용카드매출전표
가 맹 점 명 : 맛나도시락
사업자번호 : 127-10-12343
대 표 자 명 : 김도식
주      소 : 서울 마포구 마포대로 2
롯 데 카 드 : 신용승인
거 래 일 시 : 2025-07-03  11:08:54
카 드 번 호 : 3256-6455-****-1329
유 효 기 간 : 12/26
가맹점번호 : 123412341
매  입  사 : 현대카드(전자서명전표)
─────────────────────────────
   상품명              금액
  한식도시락세트       330,000
 공 급 가 액 :  300,000
 부 가 세 액 :   30,000
 합      계 :  330,000
```

[2] 08월 06일 제품을 만들고 난 후 나온 철 스크랩을 비사업자인 최한솔에게 판매하고, 판매대금 1,320,000원(부가가치세 포함)을 수취하였다. 대금은 현금으로 받고, 해당 거래에 대한 증빙은 아무것도 발급하지 않았다(계정과목은 잡이익으로 하고, 거래처를 조회하여 입력할 것). (3점)

[3] 08월 29일 ㈜선월재에게 내국신용장에 의해 제품을 판매하고 전자세금계산서를 발급하였다. 대금 중 500,000원은 현금으로 받고 나머지는 외상으로 하였다(단, 서류번호 입력은 생략할 것). (3점)

영세율전자세금계산서

승인번호	20250829-100028100-484650

공급자	등록번호	129-81-50101	종사업장번호		공급받는자	등록번호	601-81-25803	종사업장번호	
	상호(법인명)	다산컴퓨터㈜	성명	박새은		상호(법인명)	㈜선월재	성명	정일원
	사업장주소	경기도 남양주시 가운로 3-28				사업장주소	경상남도 사천시 사천대로 11		
	업태	제조,도매	종목	컴퓨터		업태	도소매	종목	컴퓨터 및 기기장치
	이메일					이메일			

작성일자	공급가액	세액	수정사유	비고
2025.08.29	5,200,000			

비고							
월	일	품목	규격	수량	단가	공급가액	세액	비고
8	29	제품A		1	5,200,000	5,200,000		

합계금액	현금	수표	어음	외상미수금	위 금액을 **(청구)** 함
5,200,000	500,000			4,700,000	

[4] 10월 15일 ㈜우성유통에 제품을 판매하고 다음과 같이 전자세금계산서를 발급하였다. 대금 중 8,000,000원은 하움공업이 발행한 어음을 배서양도 받고, 나머지는 다음 달에 받기로 하였다. (3점)

전자세금계산서

승인번호	20251015-100028100-484650

공급자	등록번호	129-81-50101	종사업장번호		공급받는자	등록번호	105-86-50416	종사업장번호	
	상호(법인명)	다산컴퓨터㈜	성명	박새은		상호(법인명)	㈜우성유통	성명	김성길
	사업장주소	경기도 남양주시 가운로 3-28				사업장주소	서울시 강남구 강남대로 292		
	업태	제조,도매	종목	컴퓨터		업태	도소매	종목	기기장치
	이메일					이메일			

작성일자	공급가액	세액	수정사유	비고
2025.10.15	10,000,000	1,000,000	해당 없음	

비고							
월	일	품목	규격	수량	단가	공급가액	세액	비고
10	15	컴퓨터				10,000,000	1,000,000	

합계금액	현금	수표	어음	외상미수금	위 금액을 **(청구)** 함
11,000,000			8,000,000	3,000,000	

[5] 10월 30일 미국의 MARK사로부터 수입한 업무용 컴퓨터(공급가액 6,000,000원)와 관련하여 인천세관장으로부터 수입세금계산서를 발급받고, 해당 부가가치세를 당좌예금 계좌에서 이체하여 납부하였다(단, 부가가치세 회계처리만 할 것). (3점)

[6] 12월 02일 공장 직원들의 휴게공간에 간식을 비치하기 위해 두나과일로부터 샤인머스캣 등을 구매하면서 구매대금 275,000원을 현금으로 지급하고, 지출증빙용 현금영수증을 발급받았다. (3점)

Hometax 국세청홈택스 현금영수증	
● 거래정보	
거래일시	2025.12.02.
승인번호	G12458265
거래구분	승인거래
거래용도	지출증빙
발급수단번호	129-81-50101

● 거래금액

공급가액	부가세	봉사료	총 거래금액
275,000	-	-	275,000

● 가맹점 정보

상호	두나과일
사업자번호	221-90-43529
대표자명	이두나
주소	경북 고령군 대가야읍 왕릉로 35

● 익일 홈택스에서 현금영수증 발급 여부를 반드시 확인하시기 바랍니다.
● 홈페이지 (http : //www.hometax.go.kr)
 - 조회/발급＞현금영수증 조회＞사용내역(소득공제) 조회
             ＞매입내역(지출증빙) 조회
● 관련문의는 국세상담센터(☎126-1-1)

4 일반전표입력 및 매입매출전표입력 메뉴에 입력된 내용 중 다음과 같은 오류가 발견되었다. 입력된 내용을 확인하여 정정하시오. (6점)

[1] 11월 01일 ㈜호수의 주식 1,000주를 단기간 차익을 목적으로 1주당 12,000원(1주당 액면가 5,000원)에 현금으로 취득하고 발생한 수수료 120,000원을 취득원가에 포함하였다. (3점)

[2] 11월 26일 원재료 매입 거래처의 워크숍을 지원하기 위해 ㈜산들바람으로부터 현금으로 구매한 선물세트 800,000원(부가가치세 별도, 종이세금계산서 수취)을 소모품비로 회계처리하였다. (3점)

5 결산정리사항은 다음과 같다. 관련 메뉴를 이용하여 결산을 완료하시오. (9점)

[1] 12월 31일 제2기 부가가치세 확정신고기간의 부가가치세 매출세액은 14,630,000원, 매입세액은 22,860,000원, 환급세액은 8,230,000원이다. 관련된 결산 회계처리를 하시오(단, 환급세액은 미수금으로 처리한다). (3점)

[2] 10월 1일에 로배전자에 30,000,000원(상환기일 2026년 9월 30일)을 대여하고, 연 7%의 이자를 상환일에 원금과 함께 수취하기로 약정하였다. 결산 정리분개를 하시오(이자는 월할계산할 것). (3점)

[3] 12월 31일 현재 신한은행의 장기차입금 중 일부인 13,000,000원의 만기상환기일이 1년 이내에 도래할 것으로 예상되었다. (3점)

6 다음 사항을 조회하여 알맞은 답안을 이론문제 답안작성 메뉴에 입력하시오. (9점)

[1] 6월 말 현재 외상매입금 잔액이 가장 많은 거래처명과 그 금액은 얼마인가? (3점)

[2] 1분기(1월~3월) 중 판매비와관리비 항목의 소모품비 지출액이 가장 적게 발생한 월과 그 금액은 얼마인가? (3점)

[3] 2025년 제1기 확정신고기간(4월~6월) 중 ㈜하이일렉으로부터 발급받은 세금계산서의 총매수와 매입세액은 얼마인가? (3점)

제116회 기출문제

이론시험

다음 문제를 보고 알맞은 것을 골라 이론문제 답안작성 메뉴에 입력하시오.(객관식 문항당 2점)

| 기본전제 |

문제에서 한국채택국제회계기준을 적용하도록 하는 전제조건이 없는 경우, 일반기업회계기준을 적용한다.

1 다음 중 일반기업회계기준에 따른 재무제표에 대한 설명으로 가장 옳지 않은 것은?

① 재무상태표는 일정 시점 현재 기업실체가 보유하고 있는 경제적 자원인 자산과 경제적 의무인 부채, 그리고 자본에 대한 정보를 제공하는 재무보고서이다.
② 손익계산서는 일정 시점 현재 기업실체의 경영성과에 대한 정보를 제공하는 재무보고서이다.
③ 현금흐름표는 일정 기간 동안 기업실체에 대한 현금유입과 현금유출에 대한 정보를 제공하는 재무보고서이다.
④ 자본변동표는 기업실체에 대한 자본의 크기와 그 변동에 관한 정보를 제공하는 재무보고서이다.

2 다음 중 단기매매증권 취득 시 발생한 비용을 취득원가에 가산할 경우 재무제표에 미치는 영향으로 옳은 것은?

① 자산의 과소계상   ② 부채의 과대계상
③ 자본의 과소계상   ④ 당기순이익의 과대계상

3 ㈜회계는 20X1년 1월 1일 10,000,000원에 유형자산(기계장치)을 취득하여 사용하다가 20X2년 6월 30일 4,000,000원에 처분하였다. 해당 기계장치의 처분 시 발생한 유형자산처분손실을 계산하면 얼마인가? 단, 내용연수 5년, 잔존가치 1,000,000원, 정액법(월할상각)의 조건으로 20X2년 6월까지 감가상각이 완료되었다고 가정한다.

① 2,400,000원   ② 3,300,000원
③ 5,100,000원   ④ 6,000,000원

4 다음의 자료를 바탕으로 2025년 12월 31일 현재 현금및현금성자산과 단기금융상품의 잔액을 계산한 것으로 옳은 것은?

- 현금시재액 : 200,000원
- 당좌예금 : 500,000원
- 선일자수표 : 150,000원
- 외상매입금 : 2,000,000원
- 정기예금 : 1,500,000원(만기 2026년 12월 31일)

① 현금및현금성자산 : 700,000원 ② 현금및현금성자산 : 2,500,000원
③ 단기금융상품 : 1,650,000원 ④ 단기금융상품 : 2,000,000원

5 다음 중 대손충당금에 대한 설명으로 가장 옳지 않은 것은?

① 대손충당금은 유형자산의 차감적 평가계정이다.
② 회수가 불확실한 채권은 합리적이고 객관적인 기준에 따라 산출한 대손 추산액을 대손충당금으로 설정한다.
③ 미수금도 대손충당금을 설정할 수 있다.
④ 매출 활동과 관련되지 않은 대여금에 대한 대손상각비는 영업외비용에 속한다.

6 다음 중 자본에 영향을 미치지 않는 항목은 무엇인가?

① 당기순이익 ② 현금배당
③ 주식배당 ④ 유상증자

7 다음 중 일반기업회계기준에 따른 수익 인식 시점에 대한 설명으로 옳지 않은 것은?

① 위탁판매의 경우 수탁자가 위탁품을 소비자에게 판매한 시점에 수익을 인식한다.
② 배당금수익은 배당금을 받을 권리와 금액이 확정되는 시점에 수익을 인식한다.
③ 대가가 분할되어 수취되는 할부판매의 경우 대가를 나누어 받을 때마다 수익으로 인식한다.
④ 설치수수료 수익은 재화가 판매되는 시점에 수익을 인식하는 재화의 판매에 부수되는 설치의 경우를 제외하고는 설치의 진행률에 따라 수익으로 인식한다.

8 다음 중 재고자산에 대한 설명으로 옳지 않은 것은?

① 기업이 생산과정에 사용하거나 판매를 목적으로 보유한 자산이다.
② 취득원가에 매입부대비용은 포함되지 않는다.
③ 기말 평가방법에 따라 기말 재고자산 금액이 다를 수 있다.
④ 수입 시 발생한 관세는 취득원가에 가산하여 재고자산에 포함된다.

9 다음 중 원가에 대한 설명으로 옳지 않은 것은?

① 원가의 발생형태에 따라 재료원가, 노무원가, 제조경비로 분류한다.
② 특정 제품에 대한 직접 추적가능성에 따라 직접원가, 간접원가로 분류한다.
③ 조업도 증감에 따른 원가의 행태로서 변동원가, 고정원가로 분류한다.
④ 기회비용은 과거의 의사결정으로 인해 이미 발생한 원가이며, 대안 간의 차이가 발생하지 않는 원가를 말한다.

10 부문별 원가계산에서 보조부문의 원가를 제조부문에 배분하는 방법 중 보조부문의 배분 순서에 따라 제조간접원가의 배분액이 달라지는 방법은?

① 직접배분법　　　　　　　② 단계배분법
③ 상호배분법　　　　　　　④ 총배분법

11 다음 중 제조원가명세서에서 제공하는 정보는 무엇인가?

① 기부금　　　　　　　　　② 이자비용
③ 당기총제조원가　　　　　④ 매출원가

12 다음의 자료를 이용하여 평균법에 의한 가공원가 완성품환산량을 구하시오(단, 재료는 공정 초기에 전량 투입되고 가공원가는 공정 전반에 걸쳐 균등하게 발생한다).

- 당기완성품 : 40,000개
- 기초재공품 : 10,000개(완성도 30%)
- 당기착수량 : 60,000개
- 기말재공품 : 30,000개(완성도 60%)

① 52,000개　　　　　　　　② 54,000개
③ 56,000개　　　　　　　　④ 58,000개

13 다음 중 부가가치세법상 납세의무자에 대한 설명으로 틀린 것은?

① 사업의 영리 목적 여부에 관계없이 사업상 독립적으로 재화 및 용역을 공급하는 사업자이다.
② 영세율을 적용받는 사업자는 납세의무자에 해당하지 않는다.
③ 간이과세자도 납세의무자에 포함된다.
④ 재화를 수입하는 자는 그 재화의 수입에 대한 부가가치세를 납부할 의무가 있다.

14 다음 중 부가가치세법상 사업장에 대한 설명으로 옳지 않은 것은?

① 사업장은 사업자가 사업을 하기 위하여 거래의 전부 또는 일부를 하는 고정된 장소로 한다.
② 사업장을 설치하지 않고 사업자등록도 하지 않은 경우에는 과세표준 및 세액을 결정하거나 경정할 당시의 사업자의 주소 또는 거소를 사업장으로 한다.
③ 제조업의 경우 따로 제품 포장만을 하거나 용기에 충전만 하는 장소도 사업장에 포함될 수 있다.
④ 부동산상의 권리만 대여하는 경우에는 그 사업에 관한 업무를 총괄하는 장소를 사업장으로 한다.

15 부가가치세법상 법인사업자가 전자세금계산서를 발급하는 경우 전자세금계산서 발급 명세를 언제까지 국세청장에게 전송해야 하는가?

① 전자세금계산서 발급일의 다음 날
② 전자세금계산서 발급일로부터 1주일 이내
③ 전자세금계산서 발급일이 속하는 달의 다음 달 10일 이내
④ 전자세금계산서 발급일이 속하는 달의 다음 달 25일 이내

실무시험

㈜태림상사(회사코드:5525)는 자동차부품의 제조 및 도소매업을 영위하는 중소기업으로 당기(제11기) 회계기간은 2025.1.1.~2025.12.31.이다. 전산세무회계 수험용 프로그램을 이용하여 다음 물음에 답하시오.

| 기본전제 |

- 문제에서 한국채택국제회계기준을 적용하도록 하는 전제조건이 없는 경우, 일반기업회계기준을 적용하여 회계처리 한다.
- 문제의 풀이와 답안작성은 제시된 문제의 순서대로 진행한다.

1 다음은 기초정보관리 및 전기분재무제표에 대한 자료이다. 각각의 요구사항에 대하여 답하시오. (10점)

[1] 거래처등록 메뉴를 이용하여 다음의 신규 거래처를 추가로 등록하시오. (3점)

- 거래처코드 : 05000
- 거래처명 : ㈜대신전자
- 대표자 : 김영일
- 사업자등록번호 : 108-81-13579
- 업태 : 제조
- 종목 : 전자제품
- 유형 : 매출
- 사업장주소 : 경기도 시흥시 정왕대로 56(정왕동)

※ 주소 입력 시 우편번호 입력은 생략해도 무방함.

[2] ㈜태림상사의 기초 채권 및 채무의 올바른 잔액은 아래와 같다. 거래처별초기이월 메뉴의 자료를 검토하여 오류가 있으면 올바르게 삭제 또는 수정, 추가 입력을 하시오. (3점)

계정과목	거래처	금액
외상매출금	㈜동명상사	6,000,000원
받을어음	㈜남북	1,000,000원
지급어음	㈜동서	1,500,000원

[3] 전기분 손익계산서를 검토한 결과 다음과 같은 오류를 발견하였다. 해당 오류사항과 관련된 전기분원가명세서 및 전기분손익계산서를 수정 및 삭제하시오. (4점)

공장 건물에 대한 재산세 3,500,000원이 판매비와관리비의 세금과공과금으로 반영되어 있다.

2. 일반전표입력 메뉴를 이용하여 다음의 거래 자료를 입력하시오(일반전표입력의 모든 거래는 부가가치세를 고려하지 말 것). (18점)

입력시 유의사항
- 일반적인 적요의 입력은 생략하지만, 타계정 대체거래는 적요번호를 선택하여 입력한다.
- 채권·채무와 관련된 거래는 별도의 요구가 없는 한 반드시 기등록된 거래처코드를 선택하는 방법으로 거래처명을 입력한다.
- 제조경비는 500번대 계정코드를, 판매비와관리비는 800번대 계정코드를 사용한다.
- 회계처리 시 계정과목은 별도의 제시가 없는 한 등록된 계정과목 중 가장 적절한 과목으로 한다.

[1] 8월 5일 회사는 운영자금 문제를 해결하기 위해서, 보유 중인 ㈜기경상사의 받을어음 1,000,000원을 한국은행에 할인하였으며 할인료 260,000원을 공제하고 보통예금 계좌로 입금받았다(단, 매각거래로 간주한다). (3점)

[2] 8월 10일 본사관리부 직원의 국민연금 800,000원과 카드결제수수료 8,000원을 법인카드(하나카드)로 결제하여 일괄 납부하였다. 납부한 국민연금 중 50%는 회사부담분, 50%는 원천징수한 금액으로 회사부담분은 세금과공과로 처리한다. (3점)

[3] 8월 22일 공장에서 사용할 비품(공정가치 5,000,000원)을 대주주로부터 무상으로 받았다. (3점)

[4] 9월 4일 ㈜경기로부터 원재료를 구입하기로 계약하고, 계약금 1,000,000원을 보통예금 계좌에서 이체하여 지급하였다. (3점)

[5] 10월 28일 영업부에서 사용할 소모품을 현금으로 구입하고 아래의 간이영수증을 수취하였다(단, 당기 비용으로 처리할 것). (3점)

영 수 증 (공급받는자용)

No.	㈜태림상사 귀하			
공급자	사업자등록번호	314-36-87448		
	상 호	솔잎문구	성 명	김솔잎 (인)
	사업장소재지	경기도 양주시 남방동 25		
	업 태	도소매	종 목	문구점
작성년월일	공급대가 총액		비고	
2025.10.28.	70,000원			
위 금액을 정히 **영수**(청구)함.				

월일	품목	수량	단가	공급가(금액)
10.28.	A4	2	35,000원	70,000원
합계				70,000원
부가가치세법시행규칙 제25조의 규정에 의한 (영수증)으로 개정				

[6] 12월 1일   단기시세차익을 목적으로 ㈜ABC(시장성 있는 주권상장법인에 해당)의 주식 100주를 주당 25,000원에 취득하였다. 이와 별도로 발생한 취득 시 수수료 50,000원과 함께 대금은 모두 보통예금 계좌에서 이체하여 지급하였다.   (3점)

3 매입매출전표입력 메뉴를 이용하여 다음의 거래 자료를 입력하시오. (18점)

> **입력시 유의사항**
> - 일반적인 적요의 입력은 생략하지만, 타계정 대체거래는 적요번호를 선택하여 입력한다.
> - 채권·채무와 관련된 거래는 별도의 요구가 없는 한 반드시 기등록된 거래처코드를 선택하는 방법으로 거래처명을 입력한다.
> - 제조경비는 500번대 계정코드를, 판매비와관리비는 800번대 계정코드를 사용한다.
> - 회계처리 시 계정과목은 별도의 제시가 없는 한 등록된 계정과목 중 가장 적절한 과목으로 한다.
> - 입력화면 하단의 분개까지 처리하고, 전자세금계산서 및 전자계산서는 전자입력으로 반영한다.

[1] 7월 5일   제일상사에게 제품을 판매하고 신용카드(삼성카드)로 결제받고 발행한 매출전표는 아래와 같다.   (3점)

```
              카드매출전표
─────────────────────────────
카드종류  : 삼성카드
회원번호  : 951-3578-654
거래일시  : 2025.07.05. 11:20:22
거래유형  : 신용승인
매   출   : 800,000원
부 가 세  : 80,000원
합   계   : 880,000원
결제방법  : 일시불
승인번호  : 2025070580001
은행확인  : 삼성카드사
═════════════════════════════
              - 이 하 생 략 -
```

[2] 7월 11일 ㈜연분홍상사에게 다음과 같은 제품을 판매하고 1,000,000원은 현금으로, 15,000,000원은 어음으로 받고 나머지는 외상으로 하였다. (3점)

전자세금계산서

	승인번호	20250711-1000000-00009329

공급자	등록번호	215-81-69876	종사업장번호	
	상호(법인명)	㈜태림상사	성명	정대우
	사업장주소	경기도 양주시 양주산성로 85-7		
	업태	제조,도소매	종목	자동차부품 외
	이메일	school_01@taelim.kr		

공급받는자	등록번호	134-86-81692	종사업장번호	
	상호(법인명)	㈜연분홍상사	성명	이연홍
	사업장주소	경기도 화성시 송산면 마도북로 40		
	업태	제조	종목	자동차특장
	이메일	pink01@hanmail.net		

작성일자	공급가액	세액	수정사유	비고
2025/07/11	30,000,000	3,000,000	해당 없음	

비고

월	일	품목	규격	수량	단가	공급가액	세액	비고
07	11	제품				30,000,000	3,000,000	

합계금액	현금	수표	어음	외상미수금	이 금액을 (영수)/(청구) 함
33,000,000	1,000,000		15,000,000	17,000,000	

[3] 10월 1일 제조공장 직원들의 야근 식사를 위해 대형마트에서 국내산 쌀(면세)을 1,100,000원에 구입하고 대금은 보통예금 계좌에서 이체하였으며, 지출증빙용 현금영수증을 발급받았다. (3점)

현금영수증

승인번호	구매자 발행번호	발행방법
G54782245	215-81-69876	지출증빙

신청구분	발행일자	취소일자
사업자번호	2025.10.01	-

상품명
쌀

구분	주문번호	상품주문번호
일반상품	20251001054897	2025100185414

판매자 정보

판매자상호	대표자명
대형마트	김대인
사업자등록번호	판매자전화번호
201-17-45670	02-788-8888
판매자사업장주소	
서울특별시 종로구 종로동 2-1	

금액

공급가액	1	1	0	0	0	0	0
부가세액							
봉사료							
승인금액	1	1	0	0	0	0	0

[4] 10월 30일 미국의 Nice Planet에 $50,000(수출신고일 10월 25일, 선적일 10월 30일)의 제품을 직수출하였다. 수출대금 중 $20,000는 10월 30일에 보통예금 계좌로 입금받았으며, 나머지 잔액은 11월 3일에 받기로 하였다. 일자별 기준환율은 다음과 같다(단, 수출신고필증은 정상적으로 발급받았으며, 수출신고번호는 고려하지 말 것). (3점)

일자	10월 25일	10월 30일	11월 03일
기준환율	1,380원/$	1,400원/$	1,410원/$

[5] 11월 30일 ㈜제니빌딩으로부터 영업부 임차료에 대한 공급가액 3,000,000원(부가가치세 별도)의 전자세금계산서를 수취하고 대금은 다음 달에 지급하기로 한다. 단, 미지급금으로 회계처리 하시오. (3점)

[6] 12월 10일 건축물이 있는 토지를 취득하여 그 건축물을 철거하고 토지만 사용하고자 한다. 건물 철거비용에 대하여 ㈜시온건설로부터 아래의 전자세금계산서를 발급받았다. 대금은 ㈜선유자동차로부터 제품 판매대금으로 받아 보관 중인 ㈜선유자동차 발행 약속어음으로 전액 지급하였다. (3점)

전자세금계산서

승인번호				20251210-12595557-12569886			

	등록번호	105-81-23608	종사업장번호		등록번호	215-81-69876	종사업장번호	
공급자	상호(법인명)	㈜시온건설	성명	정상임	공급받는자	상호(법인명)	㈜태림상사	성명	정대우
	사업장주소	서울특별시 강남구 도산대로 42				사업장주소	경기도 양주시 양주산성로 85-7		
	업태	건설	종목	토목공사		업태	제조, 도소매	종목	자동차부품 외
	이메일	sion@hanmail.net				이메일	school_01@taelim.kr		

작성일자	공급가액	세액	수정사유	비고
2025/12/10	60,000,000	6,000,000	해당 없음	

월	일	품목	규격	수량	단가	공급가액	세액	비고
12	10	철거비용			60,000,000	60,000,000	6,000,000	

합계금액	현금	수표	어음	외상미수금	위 금액을 (영수) 함
66,000,000			66,000,000		

4 [일반전표입력 및 매입매출전표입력]메뉴에 입력된 내용 중 다음과 같은 오류가 발견되었다. 입력된 내용을 확인하여 정정하시오. (6점)

[1] 9월 1일 ㈜가득주유소에서 주유 후 대금은 당일에 현금으로 결제했으며 현금영수증을 수취한 것으로 일반전표에 입력하였다. 그러나 해당 주유 차량은 제조공장의 운반용트럭(배기량 2,500cc)인 것으로 확인되었다. (3점)

[2] 11월 12일 경영관리부서 직원들을 대상으로 확정기여형(DC형) 퇴직연금에 가입하고 보통예금 계좌에서 당기분 퇴직급여 17,000,000원을 이체하였으나, 회계담당자는 확정급여형(DB형) 퇴직연금에 가입한 것으로 알고 회계처리를 하였다(단, 납입 당시 퇴직급여충당부채 잔액은 없는 것으로 가정한다). (3점)

5 결산정리사항은 다음과 같다. 관련 메뉴를 이용하여 결산을 완료하시오. (9점)

> **입력시 유의사항**
> ▫ 적요의 입력은 생략한다.
> ▫ 채권·채무와 관련된 거래는 별도의 요구가 없는 한 반드시 기등록된 거래처코드를 선택하는 방법으로 거래처명을 입력한다.
> ▫ 회계처리 시 계정과목은 별도의 제시가 없는 한 등록된 계정과목 중 가장 적절한 과목으로 한다.

[1] 7월 1일에 가입한 하나은행의 정기예금 10,000,000원(만기 1년, 연 이자율 4.5%)에 대하여 기간 경과분 이자를 계상하였다(단, 이자 계산은 월할 계산하며, 원천징수는 없다고 가정한다). (3점)

[2] 경남은행으로부터 차입한 장기차입금 중 50,000,000원은 2026년 11월 30일에 상환기일이 도래한다. (3점)

[3] 2025년 제2기 부가가치세 확정신고 기간에 대한 부가세예수금은 52,346,500원, 부가세대급금은 52,749,000원일 때 부가가치세를 정리하는 회계처리를 하시오(단, 납부세액(또는 환급세액)은 미지급세금(또는 미수금)으로 회계처리하고, 불러온 자료는 무시한다). (3점)

6 다음 사항을 조회하여 알맞은 답안을 이론문제 답안작성 메뉴에 입력하시오. (9점)

[1] 3월 말 현재 외상매출금 잔액이 가장 큰 거래처명과 그 금액은 얼마인가? (3점)

[2] 2025년 중 실제로 배당금을 수령한 달은 몇 월인가? (3점)

[3] 2025년 제1기 부가가치세 확정신고서(2025.04.01.~2025.06.30.)의 매출액 중 세금계산서 발급분 공급가액의 합계액은 얼마인가? (3점)

제117회 기출문제

이론시험

다음 문제를 보고 알맞은 것을 골라 이론문제 답안작성 메뉴에 입력하시오.(객관식 문항당 2점)

> **│ 기본전제 │**
> 문제에서 한국채택국제회계기준을 적용하도록 하는 전제조건이 없는 경우, 일반기업회계기준을 적용한다.

1 다음 중 재무상태표에 기재되지 않는 것은?

① 개발비(무형자산의 인식요건을 충족함)
② 영업권(기업인수에 따른 평가금액)
③ 연구비(연구단계에서 발생한 지출)
④ 선급비용

2 다음 중 당좌자산에 해당하지 않는 것은?

① 외상매출금
② 받을어음
③ 현금 및 현금성자산
④ 단기차입금

3 다음 중 무형자산에 대한 설명으로 옳지 않은 것은?

① 무형자산의 소비되는 행태를 신뢰성 있게 결정할 수 없을 경우 정률법으로 상각한다.
② 무형자산을 취득하는 경우 수익·비용 대응의 원칙에 따라 합리적인 방법을 이용하여 상각한다.
③ 영업권, 산업재산권, 개발비 등이 무형자산에 해당한다.
④ 영업권 중에서도 내부적으로 창출된 영업권은 무형자산으로 인식할 수 없으나 외부에서 구입한 영업권은 재무상태표에 계상할 수 있다.

4 기말에 창고의 재고금액을 실사한 결과 300,000원이었고 추가로 아래의 항목을 발견하였다. 아래의 항목을 고려하여 적절히 수정할 경우 정확한 기말재고자산 금액은 얼마인가?

> • 도착지(목적지)인도조건으로 판매하여 기말현재 운송 중인 재고 : 20,000원
> • 위탁자로부터 받아 창고에 보관 중인 수탁품 : 30,000원

① 290,000원　　　　　　　② 300,000원
③ 320,000원　　　　　　　④ 350,000원

5 다음 중 단기매매증권에 대한 설명으로 가장 옳지 않은 것은?

① 단기매매증권은 당좌자산으로 분류된다.
② 단기매매증권은 주로 단기간 내의 매매차익을 목적으로 취득한 유가증권으로서 매수와 매도가 적극적이고 빈번하게 이루어지는 것을 말한다.
③ 단기매매증권의 취득과 직접 관련된 거래원가는 최초 인식하는 공정가치에 가산한다.
④ 단기매매증권에 대한 미실현보유손익은 당기손익항목으로 처리한다.

6 다음의 회계처리로 인한 부채의 증가액은 얼마인가?

> 회사는 현금배당을 하기로 하였으며, 아래와 같이 회계처리하였다.
> (차) 이익잉여금　　　220,000원　　(대) 미지급배당금　　200,000원
> 　　　　　　　　　　　　　　　　　　　　법정적립금　　　　20,000원

① 부채 220,000원 증가　　② 부채 200,000원 증가
③ 부채 90,000원 증가　　　④ 부채 100,000원 증가

7 다음 중 자본에 대한 설명으로 옳지 않은 것은?

① 이익잉여금을 자본 전입하는 주식배당 시, 자본금은 증가하고 이익잉여금은 감소한다.
② 주식발행초과금은 주식의 발행가액이 액면가액을 초과하는 경우 그 초과금액을 말한다.
③ 기말 재무상태표상 미처분이익잉여금은 당기 이익잉여금의 처분사항이 반영되기 전의 금액이다.
④ 주식배당과 무상증자 시 순자산의 증가가 발생한다.

8 다음 중 영업외수익에 해당하지 않는 것은?

① 외환차익 ② 자산수증이익
③ 채무면제이익 ④ 매출액

9 ㈜삼척은 직접노무시간을 기준으로 제조간접원가를 배부하고 있다. 당해연도 초의 예상 직접노무시간은 50,000시간이고, 제조간접원가 예상액은 3,000,000원이었다. 6월의 제조간접원가 실제 발생액은 500,000원이고, 실제 직접노무시간이 3,000시간인 경우 6월의 제조간접원가 배부차이는 얼마인가?

① 과소배부 320,000원 ② 과대배부 320,000원
③ 과소배부 180,000원 ④ 과대배부 180,000원

10 다음의 항목을 원가행태에 따라 분류할 경우 성격이 가장 다른 하나는 무엇인가?

① 제품의 제조에 사용하는 원재료
② 매월 일정하게 발생하는 임차료
③ 시간당 지급하기로 한 노무비
④ 사용량(kw)에 따라 발생하는 전기료(단, 기본요금은 없음)

11 다음의 자료를 이용하여 가공원가를 계산하면 얼마인가?

구분	금액
직접재료원가	1,000,000원
직접노무원가	2,500,000원
제조간접원가	1,800,000원

① 2,500,000원 ② 2,800,000원
③ 3,500,000원 ④ 4,300,000원

12 다음 중 원가배분에 대한 설명으로 옳지 않은 것은?

① 직접배분법은 보조부문 상호간의 용역수수관계를 전혀 고려하지 않는 방법이다.
② 직접배분법은 보조부문 상호간의 용역수수관계가 밀접한 경우 정확한 원가배분이 가능하다.
③ 단계배분법은 보조부문간의 일정한 배분 순서를 정한 다음 그 배분 순서에 따라 보조부문비를 배분하는 방법이다.
④ 단계배분법은 용역수수관계를 완전히 반영하지 못하기 때문에 원가계산의 부정확성이 존재한다.

13 다음 중 부가가치세법상 면세 대상이 아닌 것은?

① 수돗물
② 일반의약품
③ 미가공식료품
④ 도서

14 다음 중 부가가치세법상 재화의 공급시기가 잘못 연결된 것은?

① 할부판매 : 재화가 인도되거나 이용가능한 때
② 반환조건부판매 : 조건이 성취되거나 기한이 지나 판매가 확정되는 때
③ 장기할부판매 : 대가의 각 부분을 수령한 때
④ 폐업 시 잔존재화 : 폐업하는 때

15 다음 중 부가가치세법상 수출을 지원하는 효과가 있는 제도는 무엇인가?

① 영세율제도
② 사업자단위과세제도
③ 면세제도
④ 대손세액공제제도

실무시험

㈜원효상사(회사코드 : 5526)는 자동차부품의 제조 및 도소매업을 영위하는 중소기업으로 당기(제10기) 회계기간은 2025.1.1.~2025.12.31.이다. 전산세무회계 수험용 프로그램을 이용하여 다음 물음에 답하시오.

---- 기본전제 ----

- 문제에서 한국채택국제회계기준을 적용하도록 하는 전제조건이 없는 경우, 일반기업회계기준을 적용하여 회계처리 한다.
- 문제의 풀이와 답안작성은 제시된 문제의 순서대로 진행한다.

1 다음은 기초정보관리 및 전기분재무제표에 대한 자료이다. 각각의 요구사항에 대하여 답하시오. (10점)

[1] 다음 자료를 이용하여 계정과목및적요등록 메뉴에서 대체적요를 등록하시오. (3점)

- 코드 : 812
- 계정과목 : 여비교통비
- 대체적요 : 3. 교통비 가지급금 정산

[2] ㈜원효상사의 기초 채권 및 채무의 올바른 잔액은 다음과 같다. 주어진 자료를 검토하여 잘못된 부분은 오류를 정정하고, 누락된 부분은 추가하여 입력하시오. (3점)

계정과목	거래처	금액
외상매출금	㈜장전전자	20,000,000원
	㈜부곡무역	10,000,000원
외상매입금	구서기업	30,000,000원
	㈜온천전기	26,000,000원
받을어음	데모산업	20,000,000원

[3] 전기분 재무제표를 검토한 결과 다음과 같은 오류를 확인하였다. 이와 관련된 전기분 재무제표를 적절히 수정하시오. (4점)

운반비(제조원가에 속함) 5,500,000원이 누락 된 것으로 확인되었다.

2 일반전표입력 메뉴를 이용하여 다음의 거래 자료를 입력하시오(일반전표입력의 모든 거래는 부가가치세를 고려하지 말 것). (18점)

> **입력시 유의사항**
> - 일반적인 적요의 입력은 생략하지만, 타계정 대체거래는 적요번호를 선택하여 입력한다.
> - 채권·채무와 관련된 거래는 별도의 요구가 없는 한 반드시 기등록된 거래처코드를 선택하는 방법으로 거래처명을 입력한다.
> - 제조경비는 500번대 계정코드를, 판매비와관리비는 800번대 계정코드를 사용한다.
> - 회계처리 시 계정과목은 별도의 제시가 없는 한 등록된 계정과목 중 가장 적절한 과목으로 한다.

[1] 07월 20일 파주시청에 판매용 제품(원가 20,000,000원, 시가 35,000,000원)을 기부하였다. (3점)

[2] 08월 28일 ㈜나른물산에 제품을 5,000,000원에 판매하기로 계약하고, 판매대금 중 30%를 당좌예금 계좌로 송금받았다. (3점)

[3] 10월 01일 ㈜부곡무역의 외상매출금 중 2,000,000원은 대손요건을 충족하였다(단, 대손발생일 현재 회사의 대손충당금 잔액은 없다). (3점)

[4] 11월 11일 장기투자 목적으로 ㈜부산상사의 보통주 4,000주를 1주당 10,000원(1주당 액면금액 5,000원)에 취득하고, 대금은 매입수수료 115,000원과 함께 보통예금 계좌에서 이체하여 지급하였다. (3점)

[5] 12월 04일 외부전문가를 초빙하여 생산부서 직원의 교육을 실시하였다. 강사료는 2,500,000원이고 원천징수금액을 차감한 2,280,000원을 보통예금 계좌에서 이체하여 지급하였다. (3점)

[6] 12월 28일 ㈜온천전기에 대한 외상매출금 6,900,000원을 ㈜온천전기에 대한 외상매입금과 상계하기로 하였다. (3점)

3 매입매출전표입력 메뉴를 이용하여 다음의 거래 자료를 입력하시오. (18점)

> **입력시 유의사항**
> - 일반적인 적요의 입력은 생략하지만, 타계정 대체거래는 적요번호를 선택하여 입력한다.
> - 채권·채무와 관련된 거래는 별도의 요구가 없는 한 반드시 기등록된 거래처코드를 선택하는 방법으로 거래처명을 입력한다.
> - 제조경비는 500번대 계정코드를, 판매비와관리비는 800번대 계정코드를 사용한다.
> - 회계처리 시 계정과목은 별도의 제시가 없는 한 등록된 계정과목 중 가장 적절한 과목으로 한다.
> - 입력화면 하단의 분개까지 처리하고, 전자세금계산서 및 전자계산서는 전자입력으로 반영한다.

[1] 07월 11일 내국신용장에 의하여 ㈜전남에 제품을 16,500,000원에 판매하고, 영세율전자세금계산서를 발급하였다. 판매대금 중 계약금을 제외한 잔금은 ㈜전남이 발행한 약속어음(만기 3개월)으로 수령하였으며, 계약금 5,000,000원은 작년 말에 현금으로 받았다(단, 서류번호 입력은 생략할 것). (3점)

[2] 08월 25일 회사 건물에 부착할 간판 제작대금 5,500,000원(부가가치세 포함) 중 500,000원은 현금으로 빛나는간판에 지급하였다. 나머지는 다음 달에 지급하기로 하고 전자세금계산서를 수취하였다(단, 자산으로 처리할 것). (3점)

전자세금계산서

	승인번호	20250825-1000000-00009329

	등록번호	731-25-82303	종사업장번호			등록번호	519-85-00312	종사업장번호	
공급자	상호(법인명)	빛나는간판	성명	최찬희	공급받는자	상호(법인명)	㈜원효상사	성명	김효원
	사업장주소	부산광역시 해운대구 센텀중앙로 145				사업장주소	부산광역시 해운대구 해운대로 777		
	업태	제조업	종목	간판		업태	제조,도소매	종목	자동차부품
	이메일					이메일			

작성일자	공급가액	세액	수정사유
2025.08.25.	5,000,000	500,000	해당없음

비고							
월	일	품목	규격	수량	단가	공급가액	세액	비고

합계금액	현금	수표	어음	외상미수금	위 금액을 (청구) 함
5,500,000	500,000			5,000,000	

[3] 09월 17일 한수상사에 제품을 5,500,000원에 판매하고 전자세금계산서를 발급하였다. 보통예금으로 2,000,000원을 입금받고 나머지는 이달 말 입금 받을 예정이다. (3점)

전자세금계산서

				승인번호	20250917-1000000-00008463				

	등록번호	519-85-00312	종사업장번호			등록번호	154-36-61695	종사업장번호	
공급자	상호(법인명)	㈜원효상사	성명	김효원	공급받는자	상호(법인명)	한수상사	성명	김한수
	사업장주소	부산광역시 해운대구 해운대로 777				사업장주소	부산 남구 대연동 125		
	업태	제조,도소매	종목	자동차부품		업태	제조	종목	자동차특장
	이메일					이메일			

작성일자	공급가액	세액	수정사유	비고
2025.09.17.	5,000,000	500,000	해당 없음	

비고

월	일	품목	규격	수량	단가	공급가액	세액	비고
09	17	제품				5,000,000	500,000	

합계금액	현금	수표	어음	외상미수금	위 금액을 (영수) 함 (청구)
5,500,000	2,000,000			3,500,000	

[4] 10월 02일 비사업자인 나누리에게 제품을 1,100,000원(부가가치세 포함)에 판매하였다. 대금은 현금으로 받고 현금영수증을 발행하였다(단, 공급처명을 입력할 것). (3점)

Hometax 국세청홈택스 현금영수증

● 거래정보

거래일시	2025-10-02
승인번호	G54782245
거래구분	승인거래
거래용도	소득공제
발급수단번호	010-****-1234

● 거래금액

공급가액	부가세	봉사료	총 거래금액
1,000,000	100,000	0	1,100,000

● 가맹점 정보

상호	㈜원효상사
사업자번호	519-85-00312
대표자명	김효원
주소	부산광역시 해운대구 해운대로 777

● 익일 홈택스에서 현금영수증 발급 여부를 반드시 확인하시기 바랍니다.
● 홈페이지 (http://www.hometax.go.kr)
 - 조회/발급>현금영수증 조회>사용내역(소득공제) 조회
  >매입내역(지출증빙) 조회
● 관련문의는 국세상담센터(☎126-1-1)

[5] 11월 19일 해외거래처인 Winstom으로부터 제품 생산에 필요한 원재료를 수입하면서 부산 세관으로부터 아래의 수입전자세금계산서를 발급받고, 부가가치세는 현금으로 납부하였다(단, 재고자산에 대한 회계처리는 생략할 것). (3점)

수입전자세금계산서

승인번호		20251119-11324560-11134348		

세관명	등록번호	601-83-00048	종사업장번호		수입자	등록번호	519-85-00312	종사업장번호	
	세관명	부산세관	성명	김부산		상호(법인명)	㈜원효상사	성명	김효원
	사업장주소	부산광역시 남구 용당동 121				사업장주소	부산광역시 해운대구 해운대로 777		
	수입신고번호 또는 일괄발급기간 (총건)					업태	제조, 도소매	종목	자동차부품

납부일자	과세표준	세액	수정사유	비고
2025.11.19.	2,600,000	260,000	해당 없음	

비고

월	일	품목	규격	수량	단가	공급가액	세액	비고
11	19	수입신고필증 참조				2,600,000	260,000	

합계금액 2,860,000

[6] 12월 01일 본사 관리팀에서 회사 이미지 개선을 위해 광고대행사에 광고를 의뢰하고, 우리카드(법인카드)로 결제하고 아래와 같이 카드영수증을 수취하였다. (3점)

```
              카드매출전표
      2025.12.01  14:03:54
      정상승인 | 일시불

      결제 정보
      카드                        우리카드(법인)
      회원번호             2245-1223-****-1537
      승인번호                        76993452
      이용구분                          일시불

      결제 금액                     3,300,000원
      공급가액                      3,000,000원
      부가세                          300,000원
      봉사료                                0원

      가맹점 정보
      가맹점명                        ㈜광고나라
      사업자등록번호                126-86-21617
      대표자명                           김사라

              위 거래 사실을 확인합니다.
```

4 일반전표입력 및 매입매출전표입력 메뉴에 입력된 내용 중 다음과 같은 오류가 발견되었다. 입력된 내용을 확인하여 정정하시오. (6점)

[1] 07월 13일 ㈜정모상사로부터 12,000,000원을 차입하고 이를 모두 장기차입금으로 회계처리하였으나, 그 중 2,000,000원의 상환기일은 2025년 12월 15일로 확인되었다(단, 하나의 전표로 처리할 것). (3점)

[2] 11월 10일 공장건물에 운반 목적의 엘리베이터를 설치하고 수취한 전자세금계산서상의 대금 11,000,000원(부가가치세 포함)을 다온테크㈜의 보통예금 계좌로 이체하여 지급하였다. 해당 엘리베이터 설치는 건물의 자본적 지출에 해당하지만 착오로 인해 수익적 지출(수선비)로 처리하였다. (3점)

5 결산정리사항은 다음과 같다. 관련 메뉴를 이용하여 결산을 완료하시오. (9점)

[1] 12월 11일에 실제 현금보유액이 장부상 현금보다 670,000원이 많아서 현금과부족으로 처리하였던 금액 중 340,000원은 결산일에 선수금(㈜은비상사)으로 밝혀졌으나, 330,000원은 그 원인을 알 수 없다. (3점)

[2] 2025년 7월 1일에 제품 생산공장의 1년분(2025년 7월 1일~2026년 6월 30일) 임차료 1,200,000원을 지불하고 전액 비용으로 일반전표에 회계처리 하였다. 이에 대한 기간 미경과분 임차료를 월할계산하여 결산정리분개를 하시오. (3점)

[3] 회계연도 말 현재 퇴직금 추계액은 다음과 같다. 회사는 확정기여형(DC형) 퇴직연금에 올해 처음 가입하였고, 회계연도 말(12월 31일) 당기분 퇴직연금을 보통예금 계좌에서 전액 이체하여 납입하였다(단, 납입일 현재 퇴직급여충당부채 잔액은 없다). (3점)

근무부서	회계연도 말 현재 퇴직금 추계액
생산부서	22,000,000원
판매관리부서	18,000,000원
합계	40,000,000원

6 다음 사항을 조회하여 알맞은 답안을 이론문제 답안작성 메뉴에 입력하시오. (9점)

[1] 2025년 제1기 예정신고기간(1월~3월) 중 ㈜행복에 발급한 전자세금계산서의 총발행매수와 공급대가는 얼마인가? (3점)

[2] 2025년 6월 한 달 동안 발생한 영업외비용 중 발생액이 가장 많은 계정과목과 가장 적은 계정과목의 차액은 얼마인가? (3점)

[3] 4월 중 거래처 리제상사로부터 회수한 외상매출금은 얼마인가? (3점)

1회 실전모의시험 해답

실무시험

문제 1

[1] 거래처등록 일반거래처 탭·거래처코드 : 7171에 입력
- 거래처명 : ㈜천천상사, • 유형 : 1.매출,
- 사업자등록번호 : 129-86-78690, • 대표자 : 이부천
- 업태 : 도매, • 종목 : 전자제품
- 주소 : 인천광역시 계양구 경명대로 1077 로얄프라자 201호(계산동)

[2] 거래처별초기이월 • 외상매출금 : ㈜목포전자 2,000,000원 추가입력
- 외상매입금 : 저팔계산업 1,200,000원 삭제 또는 0원으로 수정
- 받을어음 : ㈜대구전자 600,000원 → 300,000원으로 수정

[3] • 전기분원가명세서
- 소모품비(530) 3,000,000원 → 5,000,000원으로 수정
- 당기제품제조원가 305,180,000원 → 307,180,000원으로 변경 확인
- 전기분손익계산서
- 소모품비(830) 10,000,000원 → 8,000,000원으로 수정
- 당기제품제조원가 305,180,000원 → 307,180,000원으로 수정입력
- 매출원가 332,530,000원 → 334,530,000원으로 변경 확인
- 당기순이익 144,970,000원 확인
- 전기분재무상태표 : 당기순이익은 변동이 없으므로 수정 불필요
- 전기분이익잉여금처분계산서 : 미처분이익잉여금 및 이월이익잉여금 변동 없으므로 수정 불필요

문제 2

[1] 7월 20일 일반전표입력

(차) 보통예금	29,000,000	(대) 매도가능증권(178.투자자산)	28,000,000
매도가능증권평가이익	4,000,000	매도가능증권처분이익	5,000,000

• 전기말 회계처리

(차) 매도가능증권(178)	4,000,000	(대) 매도가능증권평가이익	4,000,000

• 매도가능증권처분이익 : 처분가액 29,000,000 - 취득가액 24,000,000 = 5,000,000원

[2] 9월 26일 일반전표입력

(차) 수선비(제)	550,000	(대) 원재료	550,000
		(적요 8. 타계정으로 대체)	

[3] 11월 4일 일반전표입력

(차) 복리후생비(제)	20,000	(대) 현 금	20,000
또는 출금전표 복리후생비(제)	20,000		

[4] 11월 5일   일반전표입력
    (차) 보통예금   500,000   (대) 대손충당금   500,000
                                                       (109.외상매출금)
[5] 11월 8일   일반전표입력
    (차) 보통예금   10,300,000   (대) 미수금   10,300,000
[6] 11월 30일 일반전표입력
    (차) 보통예금   2,300,000   (대) 외상매출금(ACE)   2,200,000
                                                       외환차익   100,000

[1] 10월 16일 매입매출전표입력
    유형 : 54.불공, 공급가액 : 2,500,000, 부가세 : 250,000, 공급처 : ㈜한국마트, 전자 : 여, 분개 : 혼합,
    불공제사유 : ②
    (차) 가지급금(대표이사 신윤철)   2,750,000   (대) 미지급금(㈜한국마트)   2,750,000
[2] 10월 21일 매입매출전표입력
    유형 : 11.과세, 공급가액 : 40,000,000, 부가세 : 4,000,000, 공급처 : ㈜송송유통, 전자 : 여, 분개 : 혼합
    (차) 받을어음(지주상사)   10,000,000   (대) 제품매출   40,000,000
        외상매출금(㈜송송유통)   34,000,000   부가세예수금   4,000,000
[3] 11월 2일   매입매출전표입력
    유형 : 51.과세, 공급가액 : 3,000,000, 부가세 : 300,000, 공급처 : ㈜이에스텍, 전자 : 여, 분개 : 혼합
    (차) 시설장치   3,000,000   (대) 미지급금(㈜이에스텍)   3,000,000
        부가세대급금   300,000   현 금   300,000
[4] 11월 27일 매입매출전표입력
    유형 : 54.불공, 공급가액 : 30,000,000, 부가세 : 3,000,000, 공급처 : ㈜철거, 전자 : 여, 분개 : 혼합
    불공사유 : ⑥
    (차) 토 지   33,000,000   (대) 보통예금   15,000,000
                                                       미지급금(㈜철거)   18,000,000
[5] 12월 1일   매입매출전표입력
    유형 : 17.카과, 공급가액 : 2,400,000, 부가세 : 240,000, 공급처 : 권지우, 분개 : 혼합 또는 카드
    신용카드사 : 국민카드
    (차) 외상매출금(국민카드)   2,640,000   (대) 제품매출   2,400,000
                                                       부가세예수금   240,000
[6] 12월 20일 매입매출전표입력
    유형 : 16.수출, 영세율구분 : ①직접수출, 공급가액 : 5,925,000, 공급처 : dongho, 분개 : 외상 또는 혼합
    (차) 외상매출금(dongho)   5,925,000   (대) 제품매출   5,925,000

[1] 8월 25일 일반전표입력
    • 수정전 : (차) 세금과공과(판)   22,759,840   (대) 보통예금   22,759,840
    • 수정후 : (차) 미지급세금   22,597,090   (대) 보통예금   22,759,840
              세금과공과(판)   162,750

[2] 10월 17일 일반전표 삭제 후 매입매출전표입력
 • 수정전 : 일반전표입력
   (차) 상 품   2,200,000   (대) 보통예금   2,200,000
 • 수정 후 : 매입매출전표입력
   유형 : 61.현과, 공급가액 : 2,000,000, 부가세 : 200,000, 공급처 : ㈜이플러스, 분개 : 혼합
   (차) 비 품   2,000,000   (대) 보통예금   2,200,000
       부가세대급금   200,000

문제 5

[1] 12월 31일 일반전표입력
   (차) 외화환산손실   40,000   (대) 외상매입금(상하이)   40,000
[2] 12월 31일 일반전표입력
   (차) 선급비용   1,950,000   (대) 보험료(제)   1,200,000
                                            보험료(판)   750,000

 • 제조부문 : 2,400,000 × 6/12 = 1,200,000원
 • 영업부문 : 1,500,000 × 6/12 = 750,000원

[3] 12월 31일 일반전표입력
   (차) 가수금   2,550,000   (대) 외상매출금(㈜인천)   2,530,000
                                            잡이익   20,000

문제 6

[1] 3월 120,480,000원 − 2월 58,621,820원 = 61,858,180원
 • 총계정원장 조회기간 : 1월 1일~3월 31일, 계정과목 : 제품매출(404) 조회
[2] 3,500,000원
   부가가치세신고서 조회기간 : 1월 1일~3월 31일 조회 : 14. 그밖의 공제매입세액, 42. 신용카드매출수령금액 합계표 : 고정매입 금액
[3] 10,000,000원
   거래처원장 조회기간 : 6월 1일~6월 30일, 계정과목 : 외상매출금(108), 거래처 : 한일상회 조회

2회 실전모의시험 해답

실무시험

문제 1

[1] • 외상매입금 : 남성산업기계 20,656,000원에서 30,656,000원으로 수정
　　　　　　　　세콤전자 26,000,000원 추가입력
　　• 미지급금 : ㈜고요상사 1,500,000원에서 2,500,000원으로 수정
　　　　　　　　㈜유앤아이 1,300,000원 추가입력
[2] 계정과목 및 적요등록 : 814.통신비 계정과목의 대체전표 적요 3번에 "사무실 인터넷 사용료 지급" 입력
[3] 전기분재무제표에서 수정
　　전기분손익계산서 : 기부금 5,000,000원 추가입력
　　전기분이익잉여금처분계산서 : 당기순이익 수정 (5,000,000원 감소)
　　　→ 상단[F6(불러오기)]하여 수정 → 미처분이익잉여금이 158,567,000원으로 변동 확인
　　전기분재무상태표 : 이월이익잉여금을 158,567,000원으로 수정입력하여 대차차액이 없는지 확인

문제 2

[1] 9월 14일　일반전표입력
　　(차) 견본비(판)　　　　　　　　400,000　　(대) 제 품　　　　　　　　　　400,000
　　　　　　　　　　　　　　　　　　　　　　　　(적요8. 타계정으로 대체액 손익계산서 반영분)
[2] 9월 30일　일반전표입력
　　(차) 부가세예수금　　　　　　9,910,000　　(대) 부가세대급금　　　　　11,230,000
　　　　미수금　　　　　　　　　1,320,000
[3] 10월 5일　일반전표입력
　　(차) 미지급금(AUTO사)　　　180,000,000　　(대) 보통예금　　　　　　165,000,000
　　　　　　　　　　　　　　　　　　　　　　　　　　외환차익　　　　　　　15,000,000
[4] 10월 15일　일반전표입력
　　(차) 미지급금(㈜대광건설)　　50,000,000　　(대) 받을어음(해피상사)　　40,000,000
　　　　　　　　　　　　　　　　　　　　　　　　　　보통예금　　　　　　　10,000,000
[5] 11월 13일　일반전표입력
　　(차) 장기차입금(기업은행)　　20,000,000　　(대) 보통예금　　　　　　　20,300,000
　　　　이자비용　　　　　　　　　300,000
[6] 11월 17일　일반전표입력
　　(차) 보통예금　　　　　　　　25,000,000　　(대) 자기주식　　　　　　　23,250,000
　　　　　　　　　　　　　　　　　　　　　　　　　　자기주식처분손실　　　1,500,000
　　　　　　　　　　　　　　　　　　　　　　　　　　자기주식처분이익　　　　250,000

[1] 10월 11일 매입매출전표입력
　　유형 : 52.영세, 공급가액 : 44,000,000, 부가세 : 0, 공급처 : ㈜평산기업, 전자 : 여 분개 : 혼합
　　(차) 원재료　　　　　　　　　　44,000,000　　(대) 지급어음　　　　　　　　44,000,000
[2] 10월 19일 매입매출전표입력
　　유형 : 57.카과, 공급가액 : 150,000, 세액 : 15,000, 공급처 : ㈜진진, 분개 : 혼합 또는 카드
　　(차) 수선비(제)　　　　　　　　　150,000　　(대) 미지급금 (신한카드)　　　　165,000
　　　　부가세대급금　　　　　　　　 15,000　　　　（또는 미지급비용）
[3] 10월 30일 매입매출전표입력
　　유형 : 51.과세, 공급가액 : -7,000,000, 부가세 : -700,000, 공급처 : ㈜세무, 전자 : 여, 분개 : 외상 또는 혼합
　　(차) 원재료(매입환출및에누리)　-7,000,000　　(대) 외상매입금　　　　　　-7,700,000
　　　　부가세대급금　　　　　　　-700,000
　　• 차변 계정과목을 매입환출및에누리(원재료)계정으로 한 분개도 정답으로 인정한다.
[4] 11월 15일 매입매출전표입력
　　유형 : 16.수출(영세율 구분 : 1.), 공급가액 : 22,000,000, 부가세 : 0, 공급처 : Moisa사, 분개 : 외상 또는 혼합
　　(차) 외상매출금　　　　　　　　22,000,000　　(대) 제품매출　　　　　　　　22,000,000
[5] 12월 12일 매입매출전표입력
　　유형 : 53.면세, 공급가액 : 150,000,000, 부가세 : 0, 공급처 : ㈜한국토건, 전자 : 여, 분개 : 혼합
　　(차) 토 지　　　　　　　　　150,000,000　　(대) 당좌예금　　　　　　　　50,000,000
　　　　　　　　　　　　　　　　　　　　　　　　　미지급금　　　　　　　　100,000,000
[6] 12월 15일 매입매출전표입력
　　유형 : 17.카과, 공급가액 : 2,000,000, 부가세 : 200,000, 공급처 : 하나무역, 분개 : 혼합(외상, 카드)
　　(차) 외상매출금(비씨카드)　　　2,200,000　　(대) 제품매출　　　　　　　　2,000,000
　　　　　　　　　　　　　　　　　　　　　　　　　부가세예수금　　　　　　　　200,000

문제 4

[1] 9월 5일 일반전표입력
　　수정전 : (차) 보통예금　　　　　5,500,000　　(대) 선수금(㈜태산정공)　　　5,500,000
　　수정후 : (차) 보통예금　　　　　5,500,000　　(대) 외상매출금(㈜태산정공)　5,500,000
[2] 10월 4일 매입매출전표입력
　　수정전 : 유형 : 51.과세, 공급가액 : 3,000,000, 부가세 : 300,000, 공급처 : ㈜성실, 전자 : 여, 분개 : 현금
　　(차) 복리후생비(판)　　　　　　3,000,000　　(대) 현 금　　　　　　　　　3,300,000
　　　　부가세대급금　　　　　　　　300,000
　　수정후 : 유형 : 54.불공(불공사유 : 4), 공급가액 : 3,000,000, 부가세 : 300,000, 공급처 : ㈜성실, 전자 : 여,
　　분개 : 혼합(현금)
　　(차) 기업업무추진비(판)　　　　3,300,000　　(대) 현 금　　　　　　　　　3,300,000

[1] 12월 31일 일반전표입력
(차) 이자비용　　　　　　　　4,500,000　　(대) 미지급비용　　　　　　　4,500,000
100,000,000×6%×9/12＝4,500,000원

[2] 12월 31일 일반전표입력
(차) 단기매매증권　　　　　　6,000,000　　(대) 단기매매증권평가이익　　6,000,000
*81,000,000(2025.12.31.공정가액)－75,000,000(2025.3.20.취득가액)＝6,000,000원(평가이익)

[3] 결산자료입력 메뉴의 외상매출금과 받을어음 란에 각각 2,313,900원과 762,500원을 입력하고, 전표추가를 한다. 또는 결산자료입력 메뉴에서 상단 [F8대손상각]을 클릭한 후 대손율 1%를 확인하고, 하단의 결산반영 버튼을 누른다. 그리고 전표추가를 눌러 저장한다.

계정	계정잔액	1%	대손충당금 잔액	당기말 설정액
외상매출금	258,390,000원	2,583,900원	270,000원	2,313,900원
받을어음	94,250,000원	942,500원	180,000원	762,500원

또는 12월 31일 일반전표입력
(차) 대손상각비[835]　　　　3,076,400　　(대) 외상매출금 대손충당금[109]　2,313,900
　　　　　　　　　　　　　　　　　　　　　　받을어음 대손충당금[111]　　　762,500
• 실무시험의 채점은 수험생 입장에서의 자기데이터(채권 잔액)을 기준으로 채점한다.

[1] 466,290,000원(당기 재무상태표 조회)
720,313,000(당기 3월말)－254,023,000(전기 말)＝466,290,000원
[2] 158,470,000원(총계정원장 제품매출 조회)
177,250,000(1월)－18,780,000(3월)＝158,470,000원
[3] 17,300,000원(매입매출장 조회)

3회 실전모의시험 해답

실무시험

문제 1

[1] ① 법인등록번호 : 110181-0096550을 110181-0095668로 수정
    ② 종목 : 철근을 운동기구로 수정
    ③ 사업장관할세무서 : 경산세무서를 경주세무서로 수정
[2] 계정과목 및 적요등록 메뉴에서 행사비(코드 : 853) 계정과목 및 대체적요 추가 입력
[3] • 외상매출금 : ㈜대원 2,000,000원으로 수정, ㈜동백 4,500,000원으로 추가
    • 외상매입금 : 비바산업 삭제, 우송유통 43,000,000원으로 수정

문제 2

[1] 7월 3일 일반전표입력
    (차) 기계장치   15,000,000   (대) 보통예금   15,000,000
[2] 7월 5일 일반전표입력
    (차) 임차보증금(태종빌딩) 50,000,000   (대) 보통예금   45,000,000
                                              선급금(태종빌딩)   5,000,000
[3] 7월 7일 일반전표입력
    (차) 비 품   2,250,000   (대) 미지급금(㈜수연전자) 2,000,000
                                              보통예금   250,000
[4] 8월 6일 일반전표입력
    (차) 보통예금   6,000,000   (대) 외상매출금(㈜달리자) 10,000,000
         현 금   4,000,000
[5] 8월 19일 일반전표입력
    (차) 감가상각누계액(207) 31,500,000   (대) 기계장치   35,000,000
         유형자산처분손실   3,500,000
[6] 11월 20일 일반전표입력
    (차) 수수료비용(판)   3,000,000   (대) 보통예금   2,901,000
                                              예수금   99,000

문제 3

[1] 8월 7일 매입매출전표입력
    유형 : 57.카과, 공급가액 : 300,000, 부가세 : 30,000, 공급처 : 동보성, 분개 : 혼합
    (차) 복리후생비(제)   300,000   (대) 보통예금   330,000
         부가세대급금   30,000

[2] 10월 1일 매입매출전표입력
　　유형 : 22.현과, 공급가액 : 4,000,000, 부가세 : 400,000, 공급처 : ㈜재생, 분개 : 혼합
　　(차) 감가상각누계액(207)　　　40,000,000　　(대) 기계장치　　　　　　　50,000,000
　　　　현　금　　　　　　　　　 4,400,000　　　　 부가세예수금　　　　　　 400,000
　　　　유형자산처분손실　　　　　 6,000,000

[3] 10월 11일 매입매출전표입력
　　유형 : 11.과세, 공급가액 : 5,000,000, 부가세 : 500,000, 공급처 : 희망상사, 전자 : 여, 분개 : 혼합
　　(차) 현　금　　　　　　　　　 3,500,000　　(대) 제품매출　　　　　　　 5,000,000
　　　　외상매출금(희망상사)　　　 2,000,000　　　　 부가세예수금　　　　　　 500,000

[4] 10월 30일 매입매출전표입력
　　유형 : 51.과세, 공급가액 : -3,000,000, 부가세 : -300,000, 공급처 : ㈜한강, 전자세금 : 여, 분개 : 혼합(외상)
　　(차) 원재료　　　　　　　　　-3,000,000　　(대) 외상매입금　　　　　　 -3,300,000
　　　　부가세대급금　　　　　　　 -300,000

[5] 11월 10일 매입매출전표입력
　　유형 : 51.과세, 공급가액 : 12,000,000, 부가세 : 1,200,000, 공급처 : ㈜남서울, 전자 : 여, 분개 : 혼합
　　(차) 원재료　　　　　　　　　12,000,000　　(대) 보통예금　　　　　　　12,200,000
　　　　부가세대급금　　　　　　　 1,200,000　　　　 선급금　　　　　　　　　1,000,000

[6] 11월 19일 매입매출전표입력
　　유형 : 16.수출(영세율구분 : 1.), 공급가액 : 22,000,000, 부가세 : 0, 공급처 : 미즈노사, 전자 : 부, 분개 : 혼합
　　(차) 선수금　　　　　　　　　 1,055,000　　(대) 제품매출　　　　　　　22,000,000
　　　　외상매출금　　　　　　　　20,945,000
　　또는
　　(차) 선수금　　　　　　　　　 1,055,000　　(대) 제품매출　　　　　　　22,000,000
　　(차) 외환차손　　　　　　　　　　45,000
　　(차) 외상매출금　　　　　　　20,900,000

[1] 8월 10일 일반전표입력에서 삭제 후 매입매출전표입력
　　수정전 : (차) 차량유지비(판)　　583,000　　(대) 현　금　　　　　　　　 583,000
　　수정후 : 유형 : 61.현과, 공급가액 : 530,000, 부가세 : 53,000, 거래처 : ㈜만능공업사, 분개 : 현금(혼합)
　　(차) 차량유지비(판)　　　　　 530,000　　(대) 현　금　　　　　　　　 583,000
　　　　부가세대급금　　　　　　　　53,000

[2] 12월 20일 일반전표입력
　　수정전 : (차) 세금과공과(판)　　 30,000　　(대) 현　금　　　　　　　　　30,000
　　수정후 : (차) 기부금　　　　　　 30,000　　(대) 현　금　　　　　　　　　30,000

[1] 12월 31일 일반전표입력
　　(차) 매도가능증권평가이익　　 2,000,000　　(대) 매도가능증권(178)　　 4,000,000
　　　　매도가능증권평가손실　　　 2,000,000

[2] 12월 31일   일반전표입력
    (차) 장기차입금(한일물산)   25,000,000   (대) 유동성장기부채(한일물산)   25,000,000
[3] 12월 31일   일반전표 입력
    (차) 대손상각비(판)   2,850,430   (대) 대손충당금(109)   2,178,930
                                                         대손충당금(111)   671,500

   외상매출금 : 226,393,000×1%−85,000 = 2,178,930원
   받을 어음 : 82,900,000×1%−157,500 = 671,500원
   또는 결산자료입력(자동결산) 대손상각비 해당 계정에 금액 입력 후 전표추가

문제 6

[1] 700,000원, 부가가치세 신고서 4월~6월 매입세액 − 세금계산서수취분 − 일반매입 − 세액에서 확인
[2] 86,300,000원(월계표 조회)
[3] 484,000원(매입매출장 조회)
    조회기간을 6월 1일과 6월 30일 입력한 후 구분 2.매출 유형 17.카과를 선택

4회 실전모의시험 해답

실무시험

문제 1

[1] 기초정보관리 회사등록
    • 사업자등록번호 : 134−68−81692 → 134−86−81692
    • 사업장주소 : 경기도 화성시 송산면 봉가리 473−1 → 경기도 화성시 송산면 마도북로 40
    • 업태 : 도소매 → 제조업
    • 종목 : 자동차 → 자동차특장
    • 개업연월일 : 2016년 5월 4일 → 2016년 5월 6일 입력
[2] 기초정보관리의 계정과목및적요등록
    831. 수수료비용 : 현금적요No.8, 오픈마켓 결제대행 수수료
[3] • 전기분원가명세서 • 가스수도료 7,900,000원 → 8,450,000원으로 수정
                    • 당기제품제조원가 553,935,000원 → 554,485,000원 변경 확인
    • 전기분손익계산서 • 제품매출원가 〉 당기제품제조원가 553,935,000원 → 554,485,000원으로 수정
                    • 815.수도광열비 3,300,000원 → 2,750,000원으로 수정
                    • 당기순이익 83,765,000원 → 83,765,000원 금액 확인
    • 전기분잉여금처분계산서 • 당기순이익 83,765,000원 확인
                        • 미처분이익잉여금 합계액 121,665,000원 확인
    • 전기분재무상태표 • 이월이익잉여금 121,665,000원 확인
                    • 대차 일치 여부 확인

문제 2

[1] 7월 30일 일반전표입력
(차) 보통예금	4,970,000	(대) 받을어음	5,000,000
매출채권처분손실	30,000	(㈜초코)	

[2] 8월 10일 일반전표입력
(차) 예수금	270,000	(대) 현 금	540,000
세금과공과(제)	180,000		
세금과공과(판)	90,000		

또는 출금전표 예수금 270,000, 세금과공과(제) 180,000, 세금과공과(판) 90,000

[3] 9월 26일 일반전표입력
(차) 보통예금	50,423,000	(대) 정기예금	50,000,000
선납세금	77,000	이자수익	500,000

[4] 10월 26일 일반전표입력
(차) 보통예금	60,000,000	(대) 자본금	50,000,000
		주식할인발행차금	1,000,000
		주식발행초과금	9,000,000

[5] 10월 29일 일반전표입력
(차) 원재료	50,000	(대) 현 금	50,000

또는 출금전표 원재료 50,000

[6] 11월 8일 일반전표입력
(차) 건 물	15,000,000	(대) 보통예금	15,000,000

문제 3

[1] 9월 30일 매입매출전표입력
유형 : 57.카과, 공급가액 : 300,000, 부가세 : 30,000, 공급처 : ㈜다고쳐, 분개 : 카드 또는 혼합
신용카드사 : 하나카드
(차) 수선비(제)	300,000	(대) 미지급금(하나카드)	330,000
부가세대급금	30,000		

[2] 10월 11일 매입매출전표입력
유형 : 51.과세, 공급가액 : 6,000,000, 부가세 : 600,000, 공급처 : 아재자동차, 전자 : 여, 분개 : 혼합
(차) 차량운반구	6,000,000	(대) 받을어음(㈜삼진)	3,300,000
부가세대급금	600,000	미지급금(아재자동차)	3,300,000

[3] 10월 15일 매입매출전표입력
유형 : 55.수입, 공급가액 : 5,000,000, 부가세 : 500,000, 공급처 : 인천세관, 전자 : 여, 분개 : 혼합
(차) 부가세대급금	500,000	(대) 보통예금	500,000

[4] 11월 4일 매입매출전표입력
유형 : 51.과세, 공급가액 : 1,600,000, 부가세 : 160,000, 공급처 : ㈜삼양안전, 전자 : 여, 분개 : 혼합
(차) 소모품	1,600,000	(대) 미지급금	1,460,000
부가세대급금	160,000	현 금	300,000

[5] 11월 14일 매입매출전표입력
유형 : 11.과세, 공급가액 : 5,000,000, 부가세 : 500,000, 공급처 : 인천상사, 전자 : 여, 분개 : 혼합
(차) 미수금   5,000,000   (대) 기계장치   50,000,000
    현 금   500,000   부가세예수금   500,000
    감가상각누계액(207)   43,000,000
    유형자산처분손실   2,000,000

[6] 11월 22일 매입매출전표입력
유형 : 54.불공, 불공제사유 : ④, 공급가액 : 500,000, 부가세 : 50,000, 공급처 : 미래마트, 전자 : 여
분개 : 혼합
(차) 기업업무추진비(판)   550,000   (대) 보통예금   550,000

문제 4

[1] 7월 3일 일반전표입력
• 수정전 : (차) 기타의대손상각비   10,000,000   (대) 미수금(㈜한성전자)   10,000,000
• 수정후 : (차) 대손충당금(121)   1,000,000   (대) 미수금(㈜성한전기)   10,000,000
           기타의대손상각비   9,000,000

[2] 11월 29일 일반전표입력
• 수정전 : (차) 단기매매증권   1,010,000   (대) 현 금   1,010,000
• 수정후 : (차) 단기매매증권   1,000,000   (대) 현 금   1,010,000
           수수료비용(984)   10,000
   또는 출금전표 단기매매증권   1,000,000, 수수료비용(984)   10,000
※ 단기매매증권의 부대비용은 취득원가에 포함되지 않고, 영업외비용으로 처리해야 한다.

문제 5

[1] 12월 31일 일반전표입력
(차) 미수수익   300,000   (대) 이자수익   300,000
* 60,000,000×2%×3/12 = 300,000원

[2] 12월 31일 일반전표입력
(차) 소모품비(판)   350,000   (대) 소모품   350,000

[3] 1. 12월 31일 일반전표입력
(차) 대손상각비(835)   1,251,560   (대) 대손충당금(109)   1,251,560
• 대손충당금(외상매출금) : 137,506,000원×1% − 123,500원 = 1,251,560원
2. 또는 [결산자료입력] : F8대손상각 선택 후 대손율(%) 1% 입력, 외상매출금 외 채권의 대손충당금 설정액 0원 입력, 결산반영 후 F3 전표 추가

[1] 300,000원
- 매입매출장(조회기간 : 4월 1일~6월 30일) 구분 : 3.매입, 유형 : 54.불공, ⓪전체
- 부가가치세신고서(조회기간 : 4월 1일~6월 30일) 공제받지못할매입세액

[2] 36매(4월~6월) − 33매(1월~3월) = 3매
- 세금계산서합계표 · 조회기간 : 1월~3월, · 조회기간 : 4월~6월

[3] 40,000,000원
- 계정별원장 기간 : 4월 1일~4월 30일, 계정과목 : 108.외상매출금 조회, 대변 합계금액 확인

5회 실전모의시험 해답

[1] 거래처등록에서 일반거래처 거래처코드 1001으로 입력
[2] 계정과목및적요등록에서 계정과목 811.복리후생비에 대체적요 NO.3. 임직원피복비 미지급 입력
[3] • 전기분원가명세서
  - 외주가공비 5,500,000원 추가입력
  - 당기제품제조원가 74,650,000원 → 80,150,000원 변경 확인
  - 전기분손익계산서
  - 제품매출원가 > 당기제품제조원가 74,650,000원 → 80,150,000원으로 수정
  - 당기순이익 24,030,000원 → 18,530,000원 변경 확인
  - 전기분잉여금처분계산서에서 F6불러오기
  - 당기순이익 24,030,000원 → 18,530,000원 변경 확인
  - 미처분이익잉여금 42,260,000원 → 36,760,000원 변경 확인
  - 전기분재무상태표
  - 이월이익잉여금 42,260,000원 → 36,760,000원으로 수정
  - 대차차액 0원 확인

[1] 7월 10일 일반전표입력
　　(차) 받을어음(㈜신흥기전)　　10,000,000　　(대) 외상매출금(㈜서창상사)　　10,000,000
[2] 8월 8일 일반전표입력
　　(차) 예수금　　　　　　　　　　220,000　　(대) 보통예금　　　　　　　　　　200,000
　　　　　　　　　　　　　　　　　　　　　　　　　현　금　　　　　　　　　　　　 20,000

[3] 9월 30일 일반전표입력
    (차) 재해손실   7,200,000   (대) 제 품   7,200,000
                                                        (8. 타계정으로 대체)
[4] 10월 20일 일반전표입력
    (차) 운반비(판)   250,000   (대) 현 금   250,000
    또는 출금전표 운반비(판)   250,000
[5] 11월 8일 일반전표입력
    (차) 현 금   390,000   (대) 자기주식   450,000
        자기주식처분손실   60,000
[6] 12월 26일 일반전표입력
    (차) 기부금   3,000,000   (대) 현 금   3,000,000
    또는 출금전표 기부금   3,000,000

문제 3

[1] 8월 25일 매입매출전표입력
    유형 : 53.면세, 공급가액 : 200,000, 부가세 : 0, 공급처 : 남동꽃도매시장, 전자 : 여, 분개 : 현금(혼합)
    (차) 기업업무추진비(판)   200,000   (대) 현 금   200,000
[2] 9월 5일 매입매출전표입력
    유형 : 54.불공, 공급가액 : 5,000,000, 부가세 : 500,000, 공급처 : ㈜한화공인중개법인, 전자 : 여, 분개 : 혼합,
    불공제사유 : ⑥
    (차) 토 지   5,500,000   (대) 보통예금   5,500,000
[3] 11월 15일 매입매출전표입력
    유형 : 22.현과, 공급가액 : 880,000, 부가세 : 88,000, 공급처 : 이영수, 분개 : 현금 또는 혼합
    (차) 현 금   968,000   (대) 부가세예수금   88,000
                                                        제품매출   880,000
[4] 11월 19일 매입매출전표입력
    유형 : 11.과세, 공급가액 : 12,500,000, 부가세 : 1,250,000, 공급처 : ㈜연기실업, 전자 : 여, 분개 : 혼합
    (차) 감가상각누계액   35,000,000   (대) 부가세예수금   1,250,000
        보통예금   13,750,000   차량운반구   50,000,000
        유형자산처분손실   2,500,000
[5] 12월 6일 매입매출전표입력
    유형 : 51.과세, 공급가액 : 2,500,000, 부가세 : 250,000, 공급처 : 하우스랜드, 전자 : 여, 분개 : 혼합
    (차) 부가세대급금   250,000   (대) 미지급금   2,750,000
        임차료(제)   2,500,000   (또는 미지급비용)
[6] 12월 11일 매입매출전표입력
    유형 : 12.영세, 영세율구분 : ③, 공급가액 : 11,000,000, 부가세 : 0, 공급처 : ㈜아카디상사, 전자 : 여,
    분개 : 혼합
    (차) 외상매출금   7,000,000   (대) 제품매출   11,000,000
        받을어음   4,000,000

[1] 8월 31일 일반전표입력
- 수정전 : (차) 이자비용　　　　　362,500　　(대) 보통예금　　　　　362,500
- 수정후 : (차) 이자비용　　　　　500,000　　(대) 보통예금　　　　　362,500
　　　　　　　　　　　　　　　　　　　　　　예수금　　　　　　137,500

[2] 10월 02일 매입매출전표입력
- 수정전 : 유형 : 16.수출, 공급가액 : 3,600,000, 부가세 : 0, 공급처 : TOMS사, 영세율구분 : ①, 분개 : 혼합
　(차) 외상매출금　　　　　3,600,000　　(대) 제품매출　　　　　3,600,000
- 수정후 : 유형 : 16.수출, 공급가액 : 3,750,000, 부가세 : 0, 공급처 : TOMS사, 분개 : 혼합, 영세율구분 : ①
　(차) 외상매출금　　　　　3,750,000　　(대) 제품매출　　　　　3,750,000

[1] 12월 31일 일반전표입력
　(차) 소모품비(판)　　　　　1,500,000　　(대) 소모품　　　　　1,500,000
- 합계잔액시산표 2023년 12월 31일 조회, 소모품계정 잔액 2,500,000원(구입액) 확인
  합계잔액시산표에 소모품계정이 있는 경우 사용액을 분개한다.
  사용액 : 2,500,000 − 1,000,000 = 1,500,000원

[2] 12월 31일 일반전표입력
　(차) 현금과부족　　　　　570,000　　(대) 선수금(㈜건영상사)　　340,000
　　　　　　　　　　　　　　　　　　　잡이익　　　　　　230,000

[3] 1. 결산자료입력 • 1.제조원가 > 퇴직급여전입액 15,000,000원 입력
　　　　　　　　• 2.판매관리비 > 퇴직급여전입액 13,000,000원 입력 후 F3전표추가
　2. 또는 12월 31일 일반전표입력
　　(차) 퇴직급여(판)　　　　　13,000,000　　(대) 퇴직급여충당부채　　28,000,000
　　　　퇴직급여(제)　　　　　15,000,000
　　대변의 퇴직급여충당부채를 13,000,000원과 15,000,000원으로 구분하여도 된다.

[1] 200,000원
- 거래처원장 조회기간 : 4월 1일~4월 30일, 계정과목 : 253.미지급금, 거래처 : 99602.롯데카드 대변 금액

[2] 7,957,200원
- 일계표 : 조회기간 : 5월 1일~5월 31일, 5.판매비및일반관리비 차변 합계
  또는 월계표 기간 : 05월~05월

[3] 5,000,000원
- 세금계산서합계표 조회기간 : 4월~6월, 매출 탭 조회

6회 실전모의시험 해답

문제 1

[1] 전기분재무상태표에서 • 토지 : 20,000,000원 → 31,000,000원 수정입력
　　　　　　　　　　　　• 건물 : 150,000,000원 → 139,000,000원 수정입력
[2] 계정과목및적요등록에서 824. 운반비 > 현금적요란 > 적요NO : 4, 택배운송비 지급 입력
[3] 거래처별초기이월
　　• 외상매출금 > •㈜보령전자 : 12,000,000원 → 10,200,000원으로 수정
　　　　　　　　　• 평택전자㈜ : 3,680,000원 → 36,800,000원으로 수정
　　• 지급어음 > • 대덕전자부품㈜ : 1,000,000원 → 10,000,000원으로 수정
　　　　　　　　• 명성전자㈜ : 20,000,000원 → 27,000,000원으로 수정

문제 2

[1] 8월 16일　일반전표입력
　　(차) 수선비(판)　　　　　　　　2,800,000　　(대) 당좌예금　　　　　　　　2,800,000
[2] 9월 30일　일반전표입력
　　(차) 보통예금　　　　　　　　　9,700,000　　(대) 외상매출금(㈜창창기계산업)　10,000,000
　　　　매출할인(406)　　　　　　　　300,000
[3] 10월 27일　일반전표입력
　　(차) 보통예금　　　　　　　　　25,600,000　　(대) 자본금　　　　　　　　　20,000,000
　　　　　　　　　　　　　　　　　　　　　　　　　　　주식발행초과금　　　　　　5,600,000
[4] 10월 28일　일반전표입력
　　(차) 원재료　　　　　　　　　　2,000,000　　(대) 보통예금　　　　　　　　2,000,000
[5] 10월 29일　일반전표입력
　　(차) 광고선전비(판)　　　　　　　510,000　　(대) 미지급금(국민카드)　　　　510,000
　　　　　　　　　　　　　　　　　　　　　　　　　　　또는 미지급비용
[6] 11월 30일　일반전표입력
　　(차) 대손충당금(115)　　　　　　660,000　　(대) 단기대여금(㈜동행기업)　　3,000,000
　　　　기타의대손상각비(954)　　　2,340,000

문제 3

[1] 7월 20일　매입매출전표입력
　　유형 : 61.현과, 공급가액 : 30,000, 부가세 : 3,000, 공급처 : 상록택배, 분개 : 혼합
　　(차) 부가세대급금　　　　　　　　3,000　　(대) 보통예금　　　　　　　　　33,000
　　　　원재료　　　　　　　　　　　30,000

[2] 9월 30일 매입매출전표입력
유형 : 11.과세, 공급가액 : 25,000,000, 부가세 : 2,500,000, 공급처 : ㈜청주자동차, 전자 : 여, 분개 : 혼합
(차) 외상매출금(㈜청주자동차)   2,500,000   (대) 부가세예수금   2,500,000
    받을어음(㈜청주자동차)   25,000,000   제품매출   25,000,000

[3] 11월 7일 매입매출전표입력
유형 : 16.수출(영세율구분 : ①), 공급가액 : 50,400,000, 부가세 : 0, 공급처 : 글로벌인더스트리, 분개 : 혼합
(차) 외상매출금(글로벌인더스트리)   50,400,000   (대) 제품매출   50,400,000

[4] 12월 7일 매입매출전표 입력
유형 : 14.건별, 공급가액 : 100,000, 부가세 : 10,000, 공급처 : 강태오, 분개 : 현금 또는 혼합
(차) 현 금   110,000   (대) 부가세예수금   10,000
                                                  제품매출   100,000

[5] 12월 20일 매입매출전표입력
유형 : 57.카과, 공급가액 : 600,000, 부가세 : 60,000, 공급처 : 커피프린스, 분개 : 카드 또는 혼합
신용카드사 :신한카드
(차) 부가세대급금   60,000   (대) 미지급금(신한카드)   660,000
    복리후생비(제)   600,000   또는 미지급비용

[6] 12월 30일 매입매출전표입력
유형 : 54.불공(불공사유 : ④), 공급가액 : 2,000,000, 부가세 : 200,000, 공급처 : 두리상사, 전자 : 여,
분개 : 혼합
(차) 기업업무추진비(판)   2,200,000   (대) 보통예금   2,200,000

[1] 12월 1일 일반전표입력 수정
 • 수정전 : (차) 임대보증금(나자비)   20,000,000   (대) 보통예금   20,000,000
 • 수정후 : (차) 임차보증금(나자비)   20,000,000   (대) 보통예금   20,000,000
[2] 12월 9일 일반전표 삭제 후 매입매출전표입력
 • 수정전 : 일반전표입력
           (차) 차량유지비(판)   990,000   (대) 보통예금   990,000
 • 수정후 : 매입매출전표입력
           유형 : 51.과세, 공급가액 : 900,000, 부가세 : 90,000, 공급처 : 전의카센터, 전자 : 여, 분개 : 혼합
           (차) 부가세대급금   90,000   (대) 보통예금   990,000
               차량유지비(제)   900,000

문제 5

[1] 12월 31일 일반전표입력
(차) 부가세예수금   62,346,500   (대) 부가세대급금   52,749,000
                                                  미지급세금   9,597,500
[2] 12월 31일 일반전표입력
(차) 외화환산손실   3,000,000   (대) 단기차입금(아메리칸테크㈜)   3,000,000
[3] 12월 31일 일반전표입력
(차) 단기매매증권평가손실   15,000,000   (대) 단기매매증권   15,000,000
 • 49,000,000원(12.31.공정가액) − 64,000,000원(4.25.취득가액) = 15,000,000원(평가손실)

[1] 2,500,000원
- [부가가치세신고서] > 조회기간 : 4월 1일~6월 30일 > 고정자산매입(11)란의 세액 확인

[2] 1,200,000원
- [총계정원장(월별)] > 조회기간 : 4월 1일~6월 30일 > 계정과목 : 831.수수료비용 조회

[3] 송도무역, 108,817,500원
- [거래처원장] > 조회기간 : 1월 1일~6월 30일 > 계정과목 : 108.외상매출금 조회

7회 실전모의시험 해답

[1] 계정과목 및 적요등록 메뉴에서 입력
  842. 견본비>현금적요>적요NO : 2, 전자제품 샘플 제작비 지급
[2] 거래처별초기이월 메뉴에서 수정
  - 외상매출금 : ㈜홍금전기 3,000,000원 → 30,000,000원으로 수정
  - 외상매입금 : 하나무역 12,000,000원 → 26,000,000원으로 수정
  - 받을어음 : ㈜대호전자 25,000,000원 추가 입력
[3] • 전기분원가명세서 • 전력비 수정 : 2,000,000원 → 4,200,000원
                    • 당기제품제조원가 변경 확인 : 94,300,000원 → 96,500,000원
  • 전기분손익계산서 • 당기제품제조원가 수정 : 94,300,000원 → 96,500,000원
                    • 제품매출원가 변경 확인 : 121,650,000원 → 123,850,000원
                    • 수도광열비(판) 수정 : 3,000,000원 → 1,100,000원
  • 당기순이익 변경 확인 : 88,200,000원〉 → 87,900,000원
  • 전기분잉여금처분계산서 • F6 불러오기 당기순이익 변경 확인 88,200,000원 → 87,900,000원
                          • 미처분이익잉여금 변경 확인 : 134,800,000원 → 134,500,000원
  • 전기분재무상태표 • 이월이익잉여금 수정 : 134,800,000원 → 134,500,000원
                    • 대차 금액 일치 확인

[1] 7월 3일 일반전표입력
    (차) 선급금(세무빌딩)   600,000   (대) 보통예금   600,000
[2] 8월 1일 일반전표입력
    (차) 보통예금   3,430,000   (대) 외상매출금(하나카드)   3,500,000
        수수료비용(판)   70,000

[3] 8월 16일 일반전표입력
　　(차) 퇴직급여(판)　　　　　　　　8,800,000　　　(대) 퇴직연금운용자산　　　　　8,800,000
[4] 8월 23일 일반전표입력
　　(차) 장기차입금(나라은행)　　　 20,000,000　　　(대) 보통예금　　　　　　　　20,200,000
　　　　이자비용　　　　　　　　　　　 200,000
[5] 11월 5일 일반전표입력
　　(차) 받을어음(㈜다원)　　　　　　3,000,000　　　(대) 외상매출금(㈜다원)　　　　4,000,000
　　　　단기대여금(㈜다원)　　　　　 1,000,000
[6] 11월 20일 일반전표입력
　　(차) 차량운반구　　　　　　　　　 400,000　　　(대) 현 금　　　　　　　　　　 400,000
　　출금전표로 입력하여도 정답이다.

문제 3

[1] 8월 17일 매입매출전표입력
　　유형 : 52.영세, 공급가액 : 15,000,000, 공급처 : ㈜직지상사, 전자 : 여, 분개 : 혼합
　　(차) 원재료　　　　　　　　　　 15,000,000　　　(대) 지급어음　　　　　　　　 5,000,000
　　　　　　　　　　　　　　　　　　　　　　　　　　　　외상매입금　　　　　　　　10,000,000
[2] 8월 28일 매입매출전표
　　유형 : 51.과세, 공급가액 : 1,000,000, 부가세 : 100,000, 공급처 : 이진컴퍼니, 전자 : 부, 분개 : 혼합
　　(차) 부가세대급금　　　　　　　　 100,000　　　(대) 미지급금　　　　　　　　 1,100,000
　　　　복리후생비(제)　　　　　　　 1,000,000　　　　　　(또는 미지급비용)
[3] 9월 15일 매입매출전표입력
　　유형 : 61.현과, 공급가액 : 220,000, 부가세 : 22,000, 공급처 : 우리카센타, 분개 : 현금 또는 혼합
　　(차) 부가세대급금　　　　　　　　　22,000　　　(대) 현 금　　　　　　　　　　 242,000
　　　　차량유지비(제)　　　　　　　　 220,000
[4] 9월 27일 매입매출전표입력
　　유형 : 53.면세, 공급가액 : 200,000, 공급처 : ㈜대한도서, 전자 : 여, 분개 : 혼합
　　(차) 도서인쇄비(판)　　　　　　　 200,000　　　(대) 미지급금　　　　　　　　　 200,000
　　　　(또는 교육훈련비(판))　　　　　　　　　　　　　　(또는 미지급비용)
[5] 9월 30일 매입매출전표입력
　　유형 : 54.불공(사유 : ③), 공급가액 : 700,000, 부가세 : 70,000, 공급처 : ㈜세무렌트, 전자 : 여, 분개 : 혼합
　　(차) 임차료(판)　　　　　　　　　 770,000　　　(대) 미지급금　　　　　　　　　 770,000
　　　　　　　　　　　　　　　　　　　　　　　　　　　(또는 미지급비용)
[6] 10월 15일 매입매출전표입력
　　유형 : 11.과세, 공급가액 : -10,000,000, 부가세 : -1,000,000, 공급처 : 우리자동차㈜, 전자 : 여, 분개 : 외상
　　또는 혼합
　　(차) 외상매출금　　　　　　　　 -11,000,000　　(대) 부가세예수금　　　　　　 -1,000,000
　　　　　　　　　　　　　　　　　　　　　　　　　　　　제품매출　　　　　　　　 -10,000,000
　　　　　　　　　　　　　　　　　　　　　　　　　　　(또는 매출환입및에누리(405.))

문제 4

[1] 7월 6일 일반전표입력
- 수정전 : (차) 외상매입금(㈜상문)　3,000,000　　(대) 보통예금　3,000,000
- 수정후 : (차) 외상매입금(㈜상문)　3,000,000　　(대) 받을어음(상명상사)　3,000,000

[2] 12월 13일 일반전표 삭제 후 매입매출전표입력
- 수정전 : (차) 수도광열비(판)　121,000　　(대) 현　금　121,000
- 수정후 : 12월 13일 매입매출전표입력

  유형 : 51.과세, 공급가액 : 110,000, 부가세 : 11,000, 공급처 : 한국전력공사, 전자 : 여,
  분개 : 현금 또는 혼합

  (차) 부가세대급금　　　11,000　　　(대) 현　금　　121,000
  　　전력비(제)　　　　110,000

문제 5

[1] 12월 31일 일반전표입력
  (차) 장기차입금(대한은행)　50,000,000　　(대) 유동성장기부채(대한은행)　50,000,000

[2] 12월 31일 일반전표입력
  (차) 무형자산상각비(판)　6,000,000　　(대) 특허권　6,000,000
- 특허권 취득가액 : 전기말 상각후잔액 24,000,000원×5/4＝30,000,000원
- 무형자산상각비 : 30,000,000원×1/5＝6,000,000원

  또는 결산자료입력에서 결산반영금액란에 4. 판매비와 일반관리비＞6). 무형자산상각비
  특허권에 6,000,000원 입력 후 F3전표추가

[3] 12월 31일 일반전표입력
  (차) 법인세등　13,500,000　　(대) 선납세금　6,800,000
　　　　　　　　　　　　　　　　　미지급세금　6,700,000

또는 결산자료입력 메뉴에서 결산반영금액란 9. 법인세등에
- 1). 선납세금 6,800,000원, • 2). 추가계상액 6,700,000원 입력 후 F3전표추가

문제 6

[1] 191,786,000원＝6월 30일 284,609,000원－전기말 92,823,000원
- 재무상태표(기간 : 6월) 제출용 탭

[2] 390,180,000원＝351,730,000＋38,450,000
- 부가가치세신고서(기간 : 4월 1일~6월 30일) 조회
  과세 세금계산서 발급분 공급가액＋영세 세금계산서발급분 공급가액

[3] 40,000,000원
- 거래처원장(기간 : 6월 1일~6월 30일) 251.외상매입금 지예상사 차변 금액

8회 실전모의시험 해답

문제 1

[1] 거래처등록
- 코드 : 3000, • 거래처명 : ㈜나우전자, • 유형 : 3.동시, • 사업자등록번호 : 108-81-13579
- 대표자성명 : 김나우, • 업종 : 업태-제조, 종목-전자제품, • 주소 : 서울특별시 서초구 명달로 104 (서초동)

[2] 계정과목 및 적요 등록 186. 퇴직연금운용자산
- 적요NO : 1
- 대체적요 : 제조 관련 임직원 확정급여형 퇴직연금부담금 납입

[3] 전기분재무상태표 • 260.단기차입금 20,000,000원 추가입력
- 장기차입금 20,000,000원 → 0원으로 수정 또는 삭제

거래처별초기이월 • 260.단기차입금 : 기업은행 20,000,000원 추가입력
- 장기차입금 : 신한은행 20,000,000원 → 0원으로 수정 또는 삭제

전기분재무상태표에서 장기차입금을 삭제한 경우에는 거래처별초기이월에 자동으로 삭제되어 있다.

문제 2

[1] 8월 1일 일반전표입력

(차) 외화장기차입금(미국은행)	37,500,000	(대) 보통예금	39,000,000
외환차손	1,500,000		

[2] 8월 12일 일반전표입력

(차) 부도어음과수표(㈜모모가방)	50,000,000	(대) 받을어음(㈜모모가방)	50,000,000

[3] 8월 23일 일반전표입력

(차) 미지급배당금	10,000,000	(대) 보통예금	8,460,000
		예수금	1,540,000

[4] 8월 31일 일반전표입력

(차) 기계장치	5,500,000	(대) 자산수증이익	5,500,000

[5] 9월 11일 일반전표입력

(차) 단기매매증권	4,000,000	(대) 보통예금	4,010,000
수수료비용(984)	10,000		

- 단기매매증권의 취득과 직접 관련된 거래원가는 비용(일반적인 상거래에 해당하지 않으므로 영업외비용 항목의 수수료비용)으로 처리한다.

[6] 9월 13일 일반전표입력

(차) 현 금	1,000,000	(대) 외상매출금(㈜다원)	4,000,000
받을어음(㈜다원)	3,000,000		

[1] 7월 13일 매입매출전표
   유형 : 17.카과, 공급가액 : 5,000,000, 부가세 : 500,000, 공급처 : ㈜남양가방, 분개 : 카드 또는 혼합,
   신용카드사 : 비씨카드
   (차) 외상매출금(비씨카드)   5,500,000   (대) 부가세예수금   500,000
                                                 제품매출   5,000,000

[2] 9월 5일 매입매출전표
   유형 : 51.과세, 공급가액 : 500,000, 부가세 : 50,000, 공급처 : 쾌속운송, 전자 : 여, 분개 : 혼합
   (차) 부가세대급금   50,000   (대) 보통예금   550,000
       기계장치   500,000

[3] 9월 6일 매입매출전표입력
   유형 : 51.과세, 공급가액 : 10,000,000, 부가세 : 1,000,000, 공급처 : 정도정밀, 전자 : 여, 분개 : 혼합
   (차) 부가세대급금   1,000,000   (대) 보통예금   11,000,000
       외주가공비(제)   10,000,000

[4] 9월 25일 매입매출전표입력
   유형 : 54.불공(불공사유 : ②), 공급가액 : 3,500,000, 부가세 : 350,000, 공급처 : ㈜목포전자, 전자 : 여,
   분개 : 혼합
   (차) 기부금   3,850,000   (대) 미지급금   3,850,000
   • 국가 및 지방자치단체에 무상으로 공급하는 재화의 경우, 취득 당시 사업과 관련하여 취득한 재화이면 매입세액
     을 공제하고, 사업과 무관하게 취득한 재화이면 매입세액을 공제하지 아니한다.

[5] 10월 6일 매입매출전표입력
   유형 : 57.카과, 공급가액 : 1,500,000, 부가세 : 150,000, 공급처 : ㈜ok사무, 분개 : 카드 또는 혼합
   신용카드사 : 하나카드
   (차) 부가세대급금   150,000   (대) 미지급금(하나카드)   1,650,000
       비 품   1,500,000

[6] 12월 1일 매입매출전표입력
   유형 : 51.과세, 공급가액 : 2,500,000, 부가세 : 250,000, 공급처 : ㈜국민가죽, 전자 : 여, 분개 : 혼합
   (차) 부가세대급금   250,000   (대) 현 금   250,000
       원재료   2,500,000   외상매입금   2,500,000

[1] 7월 22일 매입매출전표입력
   • 수정 전
     유형 : 51.과세, 공급가액 : 15,000,000, 부가세 : 1,500,000, 공급처 : 제일자동차, 전자 : 여, 분개 : 혼합
     (차) 부가세대급금   1,500,000   (대) 보통예금   16,500,000
         차량운반구   15,000,000

   • 수정 후 :
     유형 : 54.불공, 공급가액 : 15,000,000, 부가세 : 1,500,000, 공급처 : 제일자동차, 전자 : 여, 분개 : 혼합
     불공제사유 : ③개별소비세법 제1조 제2항 제3호에 따른 자동차 구입·유지 및 임차
     (차) 차량운반구   16,500,000   (대) 보통예금   16,500,000

[2] 9월 15일 일반전표입력
　　• 수정 전 : (차) 대손상각비　　　　　3,000,000　　(대) 외상매출금(㈜댕댕오디오)　3,000,000
　　• 수정 후 : (차) 대손충당금(109)　　　1,500,000　　(대) 외상매출금(㈜댕댕오디오)　3,000,000
　　　　　　　　　대손상각비(판)　　　1,500,000

[1] 12월 31일 일반전표입력
　　(차) 외상매입금(하나무역)　　　2,500,000　　(대) 가지급금　　　　　2,550,000
　　　　잡손실　　　　　　　　　　　50,000
　　또는 (차) 외상매입금(하나무역)　2,500,000　　(대) 가지급금　　　　　2,500,000
　　　　(차) 잡손실　　　　　　　　　50,000　　(대) 가지급금　　　　　　 50,000
[2] 12월 31일 일반전표입력
　　(차) 단기대여금(필립전자)　　　6,000,000　　(대) 외화환산이익　　　6,000,000
　• 대여일 기준환율 : 60,000,000원÷$30,000 = 2,000원/$
　• 외화환산이익 : 30,000×(결산일 기준환율 2,200원 − 대여일 기준환율 2,000원) = 6,000,000원
[3] 결산자료입력 기간 : 1월~12월 상단 F8 대손상각 보조창에서
　• 대손율(%) : 1.00% 입력
　• 미수금 이외 채권 : 추가설정액 0원 입력 결산반영 후 F3 전표추가
　　또는 결산자료입력 7.영업외비용 2).기타의대손상각 미수금 결산반영금액 300,000원 입력 후 F3 전표추가
　　또는 12월 31일 일반전표입력
　　　　(차) 기타의대손상각비　　　300,000　　(대) 대손충당금(121)　　300,000
　• 대손충당금(미수금) : 40,000,000×1% − 100,000 = 300,000원

[1] 1,330,000원
　　• 매입매출장 기간 : 1월 1일~3월 31일 구분 : 2.매출 유형 : 17.카과 분기계 합계 금액 확인
[2] 131,000원
　　• 일계표/월계표 월계표 조회기간 : 6월~6월 8.영업외비용 차변 계 확인
[3] 3,060,000원
　　• 부가가치세신고서 기간 : 4월 1일~6월 30일 16.세액(공제받지못할매입세액) 금액 확인

9회 실전모의시험 해답

문제 1

[1] 기초정보등록의 거래처등록 메뉴(신용카드 탭)에 입력
[2] 계정과목및적요등록 메뉴에서 임차료(코드 : 0819)의 현금적요 및 대체적요 추가 입력
[3] ① 전기분원가명세서 : 운반비 6,600,000원으로 수정 입력되면서
　　　전기분원가명세서 당기제품제조원가 300,660,000원 → 306,600,000원으로 수정
　② 전기분손익계산서 : 당기제품제조원가 306,600,000원으로 수정 입력하면 당기순이익 99,340,000원 →
　　　93,400,000원으로 수정
　③ 전기분잉여금처분계산서 : 당기순이익 93,400,000원으로 수정 입력하면(또는 F6. 불러오기), 미처분이익잉여금
　　　122,340,000원 → 116,400,000원으로 수정
　④ 전기분재무상태표 : 이월이익잉여금 116,400,000원으로 수정

문제 2

[1] 7월 20일　일반전표입력
　　(차) 미지급금(㈜섬메이)　　　　5,000,000　　(대) 단기차입금(국민은행)　　　5,000,000
[2] 8월 21일　일반전표입력
　　(차) 건　물　　　　　　　　　　7,500,000　　(대) 보통예금　　　　　　　　　7,500,000
[3] 8월 30일　일반전표입력
　　(차) 단기차입금(국민은행)　　　5,000,000　　(대) 보통예금　　　　　　　　　5,000,000
[4] 9월 10일　일반전표입력
　　(차) 예수금　　　　　　　　　　　160,000　　(대) 미지급금(비씨카드)　　　　　160,000
[5] 10월 22일　일반전표입력
　　(차) 운반비(판)　　　　　　　　　150,000　　(대) 보통예금　　　　　　　　　　150,000
[6] 11월 1일　일반전표입력
　　(차) 보통예금　　　　　　　　　22,000,000　　(대) 사　채　　　　　　　　　20,000,000
　　　　　　　　　　　　　　　　　　　　　　　　　　사채할증발행차금　　　　　　2,000,000

문제 3

[1] 8월 3일　매입매출전표입력
　　유형 : 51.과세, 공급가액 : 1,000,000, 부가세 : 100,000, 공급처 : ㈜블루, 전자 : 여, 분개 : 혼합
　　(차) 광고선전비(판)　　　　　　1,000,000　　(대) 미지급금　　　　　　　　　1,100,000
　　　　부가세대급금　　　　　　　　100,000
[2] 8월 10일　매입매출전표입력
　　유형 : 11.과세, 공급가액 : 50,000,000, 부가세 : 5,000,000, 공급처 : ㈜삼성상회, 전자 : 여, 분개 : 혼합
　　(차) 선수금　　　　　　　　　　11,000,000　　(대) 제품매출　　　　　　　　50,000,000
　　　　받을어음　　　　　　　　　44,000,000　　　　부가세예수금　　　　　　　5,000,000

[3] 11월 10일 매입매출전표입력
　　유형 : 16.수출(영세율구분 1.), 공급가액 : 12,500,000, 부가세 : 0, 공급처 : ebay, 분개 : 외상 또는 혼합
　　(차) 외상매출금　　　　　　　　　　12,500,000　　　(대) 제품매출　　　　　　　　　　12,500,000
[4] 11월 20일 매입매출전표입력
　　유형 : 62.현면, 공급가액 : 100,000, 부가세 : 0, 공급처 : ㈜설영문고, 분개 : 현금 또는 혼합
　　(차) 도서인쇄비(판)　　　　　　　　　100,000　　　(대) 현　금　　　　　　　　　　　　100,000
　　　 (또는 도서인쇄비(제))
[5] 11월 30일 매입매출전표입력
　　유형 : 52.영세, 공급가액 : 10,000,000, 부가세 : 0, 공급처 : ㈜현우, 전자 : 여, 분개 : 혼합
　　(차) 원재료　　　　　　　　　　　　10,000,000　　　(대) 지급어음　　　　　　　　　10,000,000
[6] 12월 7일 매입매출전표입력
　　유형 : 14.건별, 공급가액 : 500,000, 부가세 : 50,000, 공급처 : 생략, 분개 : 혼합
　　(차) 기업업무추진비(판)　　　　　　　400,000　　　(대) 제　품(적요 : 8 타계정으로 대체)　350,000
　　　　　　　　　　　　　　　　　　　　　　　　　　　　　부가세예수금　　　　　　　　　　50,000
　　－제품을 판매하는 것이 아닌 타 용도로 사용하면 제품계정 대변에 원가(350,000원)으로 분개하고 적요에 8번 타
　　　계정대체를 입력하여야 한다.
　　－반면에 제품을 접대용도로 제공한 것은 간주공급 중 사업상 증여에 해당하므로 부가가치세 과세표준은 시가를
　　　적용하여야 하므로 500,000원이며, 이 금액에 부가가치세율 10%를 적용하면 대변의 부가세예수금은 50,000원
　　　이 된다.

[1] 8월 3일 일반전표입력
　　수정전 : (차) 대손상각비(판)　　　　1,100,000　　　(대) 외상매출금(㈜네오전자)　　　1,100,000
　　수정후 : (차) 대손충당금(109)　　　　　800,000　　　(대) 외상매출금(㈜네오전자)　　　1,100,000
　　　　　　　　 대손상각비(판)　　　　　300,000
　　매출처가 부도라는 것은 해당 회사가 발행한 어음이 부도가 된 경우로 어음이 부도나면 어음상 채권인 받을어음은
　　부도어음으로 대체하지만 다른 채권인 외상매출금도 회수불능이 되는 경우가 보통이다. 이 문제는 보유중인 어음이
　　부도난 것이 아니라 외상매출금이 회수불능 된 것이므로 대변에 외상매출금으로 회계처리하여야 한다.
[2] 12월 20일 매입매출전표입력
　　수정전 : 유형 : 54.불공(사유 : 3), 공급가액 : 11,950,000, 부가세 : 1,195,000, 공급처 : 기아차남양주점,
　　　　　　전자 : 여, 분개 : 현금
　　　　　　(차) 원재료　　　　　　　　13,145,000　　　(대) 현　금　　　　　　　　　　13,145,000
　　수정후 : 유형 : 51.과세, 공급가액 : 11,950,000, 부가세 : 1,195,000, 공급처 : 기아차 남양주점, 전자 : 여,
　　　　　　분개 : 현금 또는 혼합
　　　　　　(차) 차량운반구　　　　　　11,950,000　　　(대) 현　금　　　　　　　　　　13,145,000
　　　　　　　　 부가세대급금　　　　　 1,195,000

[1] 12월 31일 일반전표입력
　　(차) 외상매입금(ABC Ltd.)　　　　　125,000　　　(대) 외화환산이익　　　　　　　　　125,000

[2] 12월 31일 일반전표입력
　　(차) 임대료(904) 　　　　　21,000,000 　(대) 선수수익 　　　　　21,000,000
[3] 12월 31일 일반전표입력
　　(차) 법인세등 　　　　　10,000,000 　(대) 선납세금 　　　　　6,000,000
　　　　　　　　　　　　　　　　　　　　　미지급세금 　　　　　4,000,000
　　또는 결산자료입력에서 선납세금 6,000,000원, 미지급세금 4,000,000원 입력 후 전표추가

문제 6

[1] 5월, 223,800,000원(총계정원장에서 제품매출 계정 조회)
[2] 남해백화점(주), 2,200,000원(거래처원장에서 기간을 4월 30일까지로 조회)
[3] 13매, 21,750,000원(세금계산서합계표에서 1~3월로 조회한 후, 매입 탭 – 전체데이터 탭을 조회)

10회 실전모의시험 해답

문제 1

[1] 전기분 손익계산서 : 수도광열비 5,600,000원을 6,500,000원으로 수정입력
　　　　　　　　　　　→ 당기순이익 23,600,000원으로 변동(감소)
　전기분 잉여금처분계산서 : 당기순이익이 23,600,000원으로 변동되었는지 확인 →
　상단[F6(불러오기)]하여 수정. → 미처분이익잉여금이 47,335,000원으로 변동(감소) 확인
　전기분 재무상태표 : 이월이익잉여금을 47,335,000원으로 수정입력 (대차차액 0)
[2] 거래처등록

[3] 계정과목및적요등록 : 511.복리후생비 계정과목의 대체전표 적요 3번에 "공장 직원 코로나19 예방접종비" 입력

[1] 7월 25일 일반전표입력 (6월 30일자 일반전표를 조회할 것)
　　(차) 미지급세금　　　　　　　35,000,000　　(대) 미지급금 (비씨카드)　　　35,350,000
　　　　수수료비용(판)　　　　　　　350,000　　　　　(또는 미지급비용)
[2] 8월20일 일반전표입력
　　(차) 미지급금((주)토즈상사)　　18,000,000　　(대) 당좌차월(기업은행)　　　18,000,000
　　　　　　　　　　　　　　　　　　　　　　　　　(또는 단기차입금 또는 당좌예금)
[3] 9월 10일 일반전표입력
　　(차) 토　지　　　　　　　　　40,000,000　　(대) 자산수증이익　　　　　　40,000,000
[4] 10월 12일 일반전표입력(대손충당금 잔액조회)
　　(차) 대손충당금(121)　　　　　　800,000　　(대) 미수금((주)봄꽃상사)　　　2,000,000
　　　　기타의 대손상각비　　　　　1,200,000
[5] 11월 3일 일반전표입력
　　(차) 단기대여금 (㈜울진)　　　10,000,000　　(대) 현　　금　　　　　　　　10,000,000
[6] 11월 10일
　　(차) 퇴직급여충당부채　　　　　8,000,000　　(대) 퇴직연금운용자산　　　　8,000,000
　　퇴직급여충당부채계정을 보면 전액이 전기이월액이며 전기분재무상태표를 보면 퇴직급여충당부채 중 판매관리 부분이 8,000,000원인 것을 확인할 수 있다. 따라서 차변은 퇴직급여충당부채로 전액 처리하고 대변은 은행에 가입한 확정급여형퇴직연금에서 인출하여 지급하였으므로 퇴직연금운용자산 계정을 사용하여야 한다.

[1] 9월 2일　매입매출전표입력
　　유형 : 51.과세, 공급가액 : 25,000,000, 부가세 : 2,500,000, 공급처 : ㈜제주, 전자 : 여, 분개 : 혼합
　　(차) 원재료　　　　　　　　　25,000,000　　(대) 받을어음(㈜마포)　　　　10,000,000
　　　　부가세대급금　　　　　　　2,500,000　　　　외상매입금(㈜제주)　　　　17,500,000
[2] 9월 4일　매입매출전표입력
　　유형 : 11.과세, 공급가액 : 8,000,000, 부가세 : 800,000, 공급처 : (주)민영기업, 전자 : 여, 분개 : 혼합
　　(차) 감가상각누계액(207)　　　　9,000,000　　(대) 기계장치　　　　　　　20,000,000
　　　　보통예금　　　　　　　　　8,800,000　　　　부가세예수금　　　　　　　800,000
　　　　유형자산처분손실　　　　　3,000,000
[3] 10월 31일　매입매출전표입력
　　유형 : 57.카과, 공급가액 : 1,980,000, 세액 : 198,000, 공급처 : ㈜프라엘전자, 분개 : 카드 또는 혼합
　　(차) 비　품　　　　　　　　　　1,980,000　　(대) 미지급금(비씨카드)　　　2,178,000
　　　　부가세대급금　　　　　　　　198,000
[4] 11월 1일　매입매출전표입력
　　유형 : 14.건별, 공급가액 : 80,000, 부가세 : 8,000, 공급처 : ㈜우진, 분개 : 혼합
　　(차) 기업업무추진비(판매관리비)　　58,000　　(대) 부가세예수금　　　　　　　8,000
　　　　　　　　　　　　　　　　　　　　　　　　　제품(적요8. 타계정으로 대체)　50,000
[5] 11월 10일　매입매출전표입력(8월 1일 일반전표입력에서 선수금 잔액 1,000,000원 확인)
　　유형 : 11.과세, 공급가액 : 15,000,000, 부가세 : 1,500,000, 공급처 : 동해상사, 전자 : 여, 분개 : 혼합
　　(차) 보통예금　　　　　　　　15,500,000　　(대) 제품매출　　　　　　　15,000,000
　　　　선수금(동해상사)　　　　　1,000,000　　　　부가세예수금　　　　　　1,500,000

[6] 12월 10일 매입매출전표입력
　　유형 : 51.과세, 공급가액 : 470,000, 부가세 : 47,000, 공급처 : ㈜에이스국제운송, 전자 : 여, 분개 : 혼합(현금)
　　(차) 원재료(또는 미착품)　　　　　　470,000　　(대) 현　금　　　　　　　　　517,000
　　　　부가세대급금　　　　　　　　　 47,000

[1] 10월 25일 일반전표입력
　　수정전 : (차) 세금과공과(판)　　　3,000,000　　(대) 보통예금　　　　　　　3,000,000
　　수정후 : (차) 차량운반구　　　　　3,000,000　　(대) 보통예금　　　　　　　3,000,000
[2] 11월 2일 일반전표입력
　　수정전 : (차) 단기대여금　　　　　3,000,000　　(대) 현　금　　　　　　　　3,000,000
　　수정후 : (차) 장기대여금　　　　　3,000,000　　(대) 현　금　　　　　　　　3,000,000

[1] 12월 31일 일반전표입력
　　(차) 외상매입금(만리상사)　　　　　40,000　　(대) 외화환산이익　　　　　　　40,000
　　외상매입금 발생시 환율 : 2,400,000 ÷ $2,000 = 1,200원/$
　　외화환산이익 : $2,000 × (1,180 − 1,200) = 40,000원

[2] 12월 31일 일반전표입력
　　(차) 대손상각비(판)　　　　　　2,400,100　　(대) 대손충당금(109.)　　　　2,072,600
　　　　　　　　　　　　　　　　　　　　　　　　　　　대손충당금(111.)　　　　　327,500
　　외상매출금 : 277,260,000×1%−700,000=2,072,600원
　　받을어음 : 47,750,000×1%−150,000=327,500원
　　(또는 결산자료입력 메뉴에 외상매출금 2,072,600원, 받을어음 327,500원을 입력 후 전표추가)
[3] 12월 31일 일반전표입력
　　(차) 감가상각비(제조)　　　　　9,200,000　　(대) 감가상각누계액(기계장치)　9,200,000
　　　　감가상각비(판매관리비)　　 2,100,000　　　　감가상각누계액(차량운반구)　2,100,000
　　또는 결산자료입력 메뉴에 제조 감가상각비 9,200,000원, 판매비 감가상각비 2,100,000원을 입력 후 전표추가

문제 6

[1] 매입매출장 (1월~6월) 구분3, 매입 유형53.면세 조회 800,000원
[2] 일계표(월계표) 조회 복리후생비(판) 금액 : 221,000원
[3] 부가세신고서 → 조회기간:(01.01~03.31) → F4과표명세 → 수입금액 제외 : 12,000,000원

1회 집중심화시험 해답

이론시험

1. ④ 한국채택국제회계기준에서 충실한 표현은 근본적 질적 특성에 해당하고 나머지는 보강적 질적 특성이다.
2. ② 재고자산의 평가손실은 매출원가에 가산한다.
3. ③ 확정기여형(DC) 퇴직연금으로 가입하면
    (차) 퇴직급여　　　　　　500,000　　(대) 보통예금　　　　　　500,000
    확정급여형(DB) 퇴직연금으로 가입하면
    (차) 퇴직연금운용자산　　500,000　　(대) 보통예금　　　　　　500,000
    따라서 올바르게 회계처리하기 위해서는
    (차) 퇴직급여　　　　　　500,000　　(대) 퇴직연금운용자산　　500,000
4. ① 영업활동에 사용할 것
5. ③ 일반기업회계기준 2.20
6. ②
7. ③ 차) 자본금　　　　　　　20,000,000　　대) 미처리결손금　　　　18,000,000
    　　　　　　　　　　　　　　　　　　　　　감자차익　　　　　　　2,000,000
    ∴ 자본금 감소액 = 100,000,000 × 1/5 = 20,000,000원
8. ④ 성격과 가치가 유사한 재화나 용역간의 교환은 수익을 발생시키는 거래로 보지 않는다.
9. ② 당기제품제조원가 = 기초재공품 + 당기총제조원가 − 기말재공품
    1,000,000 = (200,000×50%) + 당기총제조원가 − 200,000　∴ 당기총제조원가 = 1,100,000원
    당기총제조원가 = 원재료비 + 가공비
    1,100,000 = 원재료비 + 700,000　　∴ 원재료비 = 400,000원
10. ① 보조부문 상호간의 용역수수를 완전히 고려하는 방법은 상호배부법이다.
11. ② 예정배부액 − 실제발생액(500,000) = 100,000원 (과대배부)
    예정배부액 = 600,000원
    예정배부액 600,000원 = 실제직접노무시간(20,000시간) × 예정배부율
    예정배부율 = 30원/시간당
12. ③ 전기와 당기발생원가를 각각 구분하여 완성품환산량을 계산하기 때문에 보다 정확한 원가계산이 가능하고 원가통제 등에 더 유용한 정보를 제공하는 물량흐름의 가정은 선입선출법이다.
13. ④ 간이과세자는 직전 연도의 공급가액이 아니라 공급대가의 합계액이 1억 4백만원(과세유흥장소와 부동산임대업은 4천800만원) 미만인 개인사업자를 말한다.
14. ① 상품권 등을 현금 또는 외상으로 판매하고 그 후 해당 상품권 등이 현물과 교환되는 경우에는 재화가 실제로 인도되는 때를 공급시기로 본다.
    부가가치세법 시행령제21조 【재화의 공급시기】 ①법 제9조제1항에 규정하는 재화의 공급시기는 다음 각 호에 따른다. 다만, 폐업 전에 공급한 재화의 공급시기가 폐업일 이후에 도래하는 경우에는 그 폐업일을 공급시기로 본다.
    1. 현금판매·외상판매 또는 할부판매의 경우에는 재화가 인도되거나 이용가능하게 되는 때
    1의2. 상품권 등을 현금 또는 외상으로 판매하고 그 후 해당 상품권 등이 현물과 교환되는 경우에는 재화가 실제로 인도되는 때
15. ④ 운수업, 자동차판매업, 자동차임대업 및 자동차운전학원 등에서 직접 영업에 사용하는 자동차와 기계경비업에서 사용하는 출동용 자동차에 대한 매입세액은 공제 가능하다.

 실무시험

문제 1

[1] 거래처등록 메뉴의 일반거래처에 등록 : 해당TAB에 내용입력
- 거래처코드 : 01212
- 거래처명 : ㈜세무전자
- 유형 : 동시
- 사업자등록번호 : 206-86-31522
- 대표자 : 김기태
- 업태 : 도소매
- 종목 : 가전제품
- 사업장주소 : 서울시 강남구 양재대로 55길 19

[2] 1. 거래처별초기이월 메뉴 단기대여금의 ㈜가나상사 잔액을 2,200,000원에서 3,200,000원으로 수정
2. 단기차입금 계정에 자차상사 잔액을 10,000,000원에서 10,500,000원으로 수정

[3] • 전기분손익계산서 : 상여금 5,000,000원을 3,400,000원으로 수정입력, 당기순이익 88,700,000원 확인
• 전기분잉여금처분계산서 : 당기순이익 87,100,000원이 88,700,00원으로 상단 F6(불러오기)하여 반영, 미처분이익잉여금 126,600,000원 확인
• 전기분재무상태표 : 이월이익잉여금 125,000,000원을 126,600,000원으로 수정입력

문제 2

[1] 7월 12일 일반전표입력
　(차) 도서인쇄비(판)　　　　　　70,000　　(대) 보통예금　　　　　　70,000

[2] 7월 28일 일반전표입력
　(차) 외상매입금(㈜해운)　　5,800,000　　(대) 외상매출금(㈜해운)　4,700,000
　　　　　　　　　　　　　　　　　　　　　　　　당좌예금　　　　　1,100,000

[3] 7월 31일 일반전표입력
　(차) 보통예금　　　　　　24,000,000　　(대) 단기매매증권　　　20,000,000
　　　　　　　　　　　　　　　　　　　　　　　　단기매매증권처분이익　4,000,000

[4] 8월 1일 일반전표입력
　(차) 건설중인자산　　　　7,000,000　　(대) 현　금　　　　　　7,000,000
　또는 (출금) 건설중인자산　7,000,000
　※ 차입금에 대한 이자는 당기비용처리가 원칙이나 금융비용을 자본화하는 경우는 취득원가에 가산한다.

[5] 9월 30일 일반전표입력
　(차) 부가세예수금　　　　11,300,000　　(대) 부가세대급금　　　8,000,000
　　　　　　　　　　　　　　　　　　　　　　　　미지급세금　　　　3,300,000

[6] 12월 19일 일반전표입력
　(차) 선급금(㈜우리공장)　　2,000,000　　(대) 보통예금　　　　　2,000,000

문제 3

[1] 7월 21일 매입매출전표입력
　유형 : 14.건별, 공급가액 : 90,000, 부가세 : 9,000, 공급처 : 이순옥, 분개 : 현금 또는 혼합
　(차) 현　금　　　　　　　　99,000　　(대) 제품매출　　　　　　90,000
　　　　　　　　　　　　　　　　　　　　　　　부가세예수금　　　　9,000
　또는 (입금) 제품매출　　　　90,000
　　　　　부가세예수금　　　　9,000

[2] 9월 4일   매입매출전표입력
유형 : 62.현면, 공급가액 : 200,000, 부가세 : 0, 공급처 : 프리티화원, 분개 : 혼합
(차) 기업업무추진비(제)   200,000   (대) 보통예금   200,000

[3] 9월 15일   매입매출전표입력
유형 : 51.과세, 공급가액 : 50,000,000, 부가세 : 5,000,000, 공급처 : ㈜한국, 전자 : 여, 분개 : 혼합
(차) 기계장치   50,000,000   (대) 미지급금   55,000,000
    부가세대급금   5,000,000

[4] 10월 10일   매입매출전표입력
유형 : 11.과세, 공급가액 : 15,000,000, 부가세 : 1,500,000, 공급처 : ㈜광고, 전자 : 여, 분개 : 혼합
(차) 보통예금   16,500,000   (대) 제품매출   15,000,000
                                              부가세예수금   1,500,000

[5] 10월 18일   매입매출전표입력
유형 : 11.과세, 공급가액 : 1,000,000, 부가세 : 100,000, 공급처 : ㈜미래, 전자 : 여, 분개 : 혼합
(차) 감가상각누계액   1,600,000   (대) 비 품   2,800,000
    현 금   1,100,000   부가세예수금   100,000
    유형자산처분손실   200,000

[6] 11월 28일   매입매출전표 입력
유형 : 54.불공(사유 : 6.), 공급가액 : 3,000,000, 부가세 : 300,000, 공급처 : ㈜국민개발, 전자 : 여,
분개 : 현금(혼합)
(차) 토 지   3,300,000   (대) 현 금   3,300,000
또는 (출금) 토 지   3,300,000

[1] 7월 10일   일반전표입력
수정전 : (차) 세금과공과(판)   100,0000   (대) 현 금   100,000
수정후 : (차) 예수금   100,000   (대) 현 금   100,000
     또는 (출금) 예수금   100,000

[2] 9월 27일   매입매출전표입력
수정전 : 유형 : 51.과세, 공급가액 : 500,000, 부가세 : 50,000, 공급처 : ㈜가제트수리, 전자 : 여, 분개 : 현금
       (차) 차량유지비(판)   500,000   (대) 현 금   550,000
           부가세대급금   50,000
수정후 : 유형 : 54.불공(사유 3.), 공급가액 : 500,000, 부가세 : 50,000, 공급처 : ㈜가제트수리, 전자 : 여,
분개 : 현금
       (차) 차량유지비(판)   550,000   (대) 현 금   550,000
       또는 (출금) 차량유지비(판)   550,000

[1] 12월 31일   일반전표입력
(차) 소모품비(제)   700,000   (대) 소모품   700,000
[2] 12월 31일   일반전표입력
(차) 법인세등   7,000,000   (대) 선납세금   1,000,000
                                              미지급세금   6,000,000

또는 결산자료 입력메뉴를 이용하여 금액을 입력한 후 전표추가
[3] 고정자산등록메뉴에 해당 금액을 입력하여 상각범위액 9,471,000원을 확인하여 결산자료입력 메뉴에서 감가상각비에 해당 금액 입력 후 전표추가
또는 12월 31일 일반전표입력
(차) 감가상각비(제)　　　　　　　9,471,000　　　(대) 감가상각누계액(기계장치)　　　　9,471,000

[1] 2,200,000원(매입매출장 조회)
　　조회기간을 4월 1일과 6월 30일 입력한 후 구분 2.매출 유형 17.카과를 선택
[2] 2월, 22,100,000원(총계정원장 조회)
[3] 사랑상사, 63,000,000원(거래처원장에서 외상매입금 과목으로 조회)

2회 집중심화시험 해답

이론시험

1. ③　미래에 발생할 것으로 예상되는 거래나 사건만으로는 자산이 취득되지 않는다.
2. ②　무상증자는 동일한 금액의 자본 감소와 자본 증가를 가져오므로, 자산의 증감도 없고, 자본의 증감도 없다.
　　　(예) (차) 이익준비금　　　　　　100,000　　(대) 자본금　　　　　　　　　100,000
3. ②　매출액100,000,000 − 매출원가60,000,000 − 인건비4,000,000 − 광고비6,000,000 = 30,000,000원
4. ④　만기보유증권은 상각후원가로 평가하여 재무상태표에 표시한다.
5. ①　매도가능증권 양도와 관련된 회계처리 내용은 다음과 같다.
　　　(차) 현금 등　　　　　　　　6,000,000　　(대) 매도가능증권　　　　　　5,500,000
　　　　　매도가능증권평가이익　　　500,000　　　　매도가능증권처분이익　　　1,000,000
　　　양도 전 매도가능증권의 장부금액은 취득가액과 매도가능증권평가이익의 합계액이다. 따라서 재무제표에 미치는 영향은 다음과 같다. 당기순이익은 1,000,000원 증가, 이익잉여금은 증가한 당기순이익(1,000,000원)만큼 증가, 기말자본은 증가한 이익잉여금과 감소한 기타포괄손익누계액의 차액인 500,000원 만큼 증가, 기말자본잉여금은 변동이 없음.
6. ①　(100 × 1,000 + 200 × 1,300) / 300 = 1,200원 (300 × 1,200 + 300 × 1,100) / 600 = 1,150원
7. ②　내부창출한 상표권은 신뢰성 있는 측정이 아니다. (일반기업회계기준 11.7, 11.21)
8. ④　• 정액법 : • 1차년도말 감가상각비 : (2,000,000 − 200,000) × 1/5 = 360,000원
　　　　　　　• 2차년도말 감가상각비 : (2,000,000 − 200,000) × 1/5 = 360,000원
　　　　　∴ 2차년도말 감가상각누계액 : 360,000 + 360,000 = 720,000원
　　　• 정률법 : • 1차년도말 감가상각비 : 2,000,000 × 0.4 = 800,000원
　　　　　　　• 2차년도말 감가상각비 : (2,000,000 − 800,000) × 0.4 = 480,000원
　　　　　∴ 2차년도말 감가상각누계액 : 800,000 + 480,000 = 1,280,000원
　　　• 연수합계법 : • 1차년도말 감가상각비 : (2,000,000 − 200,000) × 5/15 = 600,000원
　　　　　　　　　• 2차년도말 감가상각비 : (2,000,000 − 200,000) × 4/15 = 480,000원
　　　　　∴ 2차년도말 감가상각누계액 : 600,000 + 480,000 = 1,080,000원

9. ② 정상원가계산의 경우 직접재료비와 직접노무비를 실제원가로 측정하고 제조간접비는 예정배부액으로 산정하는 원가계산방법이다.
10. ④ 포장비용의 경우 변동비에 해당됨.
11. ③ 800,000 + 400,000 = 1,200,000원(당기총제조원가) 1,200,000 × 2/6 = 400,000원
12. ④ 재료비 60,000개, 가공비 55,000개(50,000+(10,000×50%))
13. ① 기업업무추진비 관련 매입세액, 토지관련 매입세액, 개별소비세 과세대상 소형승용자동차 구입과 임차 및 유지관련매입세액은 불공제매입 세액이다.
14. ② 해당 거래에 대하여 세무조사 통지를 받은 후에, 세금계산서의 필요적 기재사항이 잘못 기재된 것을 확인한 경우 수정세금계산서를 발급할 수 없다.
15. ① 매출할인및에누리액와 매출환입액은 과세표준의 차감항목이고, 대손금은 과세표준에서 공제하지 않는 금액이다. 과세표준 : 120,000,000 - 5,000,000 - 7,000,000 = 108,000,000원

실무시험

문제 1

[1] 거래처등록의 신용카드 탭에 입력
- 코드 : 99850, • 거래처명 : 하나카드, • 유형 : 2.매입,
- 카드번호 : 5531-8440-0622-2804, • 카드종류 : 3.사업용카드

[2] 계정과목및적요등록의 812.여비교통비에 입력
- 현금적요 NO.6, 야근 시 퇴근택시비 지급
- 대체적요 NO.3, 야근 시 퇴근택시비 정산 인출

[3] • 전기분원가명세서 수정 • 511.복리후생비 9,000,000원 > 10,000,000원
　　　　　　　　　　　　　　• 당기제품제조원가 94,200,000원 > 95,200,000원
　• 전기분손익계산서 수정 • 당기제품제조원가 94,200,000원 > 95,200,000원
　　　　　　　　　　　　　　• 455.제품매출원가 131,550,000원 > 132,550,000원
　　　　　　　　　　　　　　• 811.복리후생비 30,000,000원 > 29,000,000원
　　　　　　　　　　　　　　• 당기순이익 61,390,000원 확인
　• 전기분이익잉여금처분계산서는 미처분이익잉여금이나 이월이익잉여금에 변동이 없으므로 정정 불필요
　• 전기분재무상태표는 당기순이익에 변동이 없으므로 정정 불필요

문제 2

[1] 7월 4일 일반전표입력
　(차) 외상매입금(나노컴퓨터)　　5,000,000　　(대) 외상매출금(나노컴퓨터)　　3,000,000
　　　　　　　　　　　　　　　　　　　　　　　　　　　당좌예금　　　　　　　　　2,000,000

[2] 9월 15일 일반전표입력
　(차) 보통예금　　　　　　　　　1,000,000　　(대) 배당금수익　　　　　　　　1,000,000

[3] 10월 5일 일반전표입력
　(차) 보통예금　　　　　　　　　4,945,000　　(대) 받을어음(㈜영춘)　　　　　5,000,000
　　　매출채권처분손실　　　　　　　 55,000

[4] 10월 30일 일반전표입력
　　(차) 세금과공과(판)　　　　　　　500,000　　(대) 보통예금　　　　　　　500,000
[5] 12월 12일 일반전표입력
　　(차) 사 채　　　　　　　　　10,000,000　　(대) 보통예금　　　　　　9,800,000
　　　　　　　　　　　　　　　　　　　　　　　　　사채상환이익　　　　　　　200,000

[6] 12월 21일 일반전표입력
　　(차) 보통예금　　　　　　　　　423,000　　(대) 이자수익　　　　　　　500,000
　　　　선납세금　　　　　　　　　77,000

문제 3

[1] 7월 11일 매입매출전표입력
　　유형 : 11.과세, 공급가액 : 3,000,000, 부가세 : 300,000, 공급처 : 성심상사, 전자 : 여, 분개 : 혼합
　　(차) 외상매출금　　　　　　　2,300,000　　(대) 부가세예수금　　　　　300,000
　　　　현 금　　　　　　　　　1,000,000　　　　제품매출　　　　　　　3,000,000
[2] 8월 25일 매입매출전표입력
　　유형 : 51.과세, 공급가액 : 200,000,000, 부가세 : 20,000,000, 공급처 : ㈜대관령, 전자 : 여, 분개 : 혼합
　　(차) 부가세대급금　　　　　　20,000,000　　(대) 선급금　　　　　　　37,000,000
　　　　토 지　　　　　　　　150,000,000　　　　보통예금　　　　　　333,000,000
　　　　건 물　　　　　　　　200,000,000
[3] 9월 15일 매입매출전표입력
　　유형 : 61.현과, 공급가액 : 350,000, 부가세 : 35,000, 공급처 : 골드팜㈜, 분개 : 혼합
　　(차) 부가세대급금　　　　　　　35,000　　(대) 보통예금　　　　　　　385,000
　　　　소모품비(판)　　　　　　　350,000
　　※ 이 문제는 기출문제를 수정하여 현금영수증이 부가가치세 별도 표시라고 하였으므로 소모품은 과세 재화에 해
　　　당하게 되어 유형을 61.현과로 하여야 한다. 만일 소모품이 부가가치세가 과세되지 않는 면세재화라면 유형을
　　　62.현면으로 하고 공급가액에 385,000원을 입력하여야 한다.
[4] 9월 30일 매입매출전표입력
　　유형 : 51.과세, 공급가액 : 15,000,000, 부가세 : 1,500,000, 공급처 : 경하자동차㈜, 전자 : 여, 분개 : 혼합
　　(차) 부가세대급금　　　　　　1,500,000　　(대) 미지급금　　　　　　16,500,000
　　　　차량운반구　　　　　　　15,000,000
　　※ 개별소비세 과세 대상 차량이 아닌 승용차는 매입세액 공제 대상이다.
[5] 10월 17일 매입매출전표입력
　　유형 : 55.수입, 공급가액 : 8,000,000, 부가세 : 800,000, 공급처 : 인천세관, 전자 : 여, 분개 : 혼합
　　(차) 부가세대급금　　　　　　　800,000　　(대) 보통예금　　　　　　　800,000
[6] 10월 20일 매입매출전표입력
　　유형 : 14.건별, 공급가액 : 90,000, 부가세 : 9,000, 분개 : 현금 또는 혼합
　　(차) 현 금　　　　　　　　　　99,000　　(대) 부가세예수금　　　　　　9,000
　　　　　　　　　　　　　　　　　　　　　　　　　제품매출　　　　　　　　90,000

[1] 8월 31일 일반전표입력
- 수정전 : (차) 이자비용　　　　　　362,500　　　　(대) 보통예금　　　　　　362,500
- 수정후 : (차) 이자비용　　　　　　500,000　　　　(대) 보통예금　　　　　　362,500
　　　　　　　　　　　　　　　　　　　　　　　　　　예수금　　　　　　　　137,500

[2] 11월 30일 매입매출전표입력
- 수정전
  유형 : 51.과세, 공급가액 : 700,000, 부가세 : 70,000, 공급처 : 영포상회, 전자 : 여, 분개 : 혼합
  　(차) 부가세대급금　　　　　　　70,000　　　　(대) 보통예금　　　　　　770,000
  　　　건 물　　　　　　　　　　700,000
- 수정후
  유형 : 51.과세, 공급가액 : 700,000, 부가세 : 70,000, 공급처 : 영포상회, 전자 : 여, 분개 : 혼합
  　(차) 부가세대급금　　　　　　　70,000　　　　(대) 보통예금　　　　　　770,000
  　　　수선비(제)　　　　　　　　700,000

[1] 12월 31일 일반전표입력
　　(차) 소모품비(제)　　　　　　1,875,000　　　　(대) 소모품　　　　　　2,500,000
　　　　소모품비(판)　　　　　　　625,000
- 소모품비(판) : (3,000,000 − 500,000) × 25% = 625,000원
- 소모품비(제) : (3,000,000 − 500,000) × 75% = 1,875,000원

[2] 12월 31일 일반전표입력
　　(차) 차량유지비(판)　　　　　　150,000　　　　(대) 현금과부족　　　　　235,000
　　　　잡손실　　　　　　　　　　85,000

[3] 결산자료입력에서 기말재고 입력
원재료 9,500,000원, 재공품 8,500,000원, 제품 13,450,000원 입력 후 F3전표추가
- 원재료 : 9,500개 × 1,000원 = 9,500,000원(정상적인 수량차이는 원가에 포함한다.)

[1] 40,465,000원 = 외상매출금 107,700,000원 − 외상매입금 67,235,000원
- 재무상태표(기간 : 05월) 조회

[2] 48,450,000원 = 12.영세 38,450,000원 + 16.수출 10,000,000원
　1. 매입매출장(기간 : 4월 1일~6월 30일, 구분 : 2.매출) 조회
　　- 유형 : 12.영세(⓪ 전체) 분기계 합계 금액 확인
　　- 유형 : 16.수출 분기계 합계 금액 확인
　2. 부가가치세신고서(조회기간 : 4월 1일~6월 30일)
　　과세표준및매출세액)영세> • 세금계산서발급분 금액 〉 12.영세
　　　　　　　　　　• 기타 금액 〉 16.수출

[3] 도서인쇄비, 10,000원
- 일계표(월계표)(기간 : 6월~6월) 조회

3회 집중심화시험 해답

이론시험

1. ② 퇴직급여충당부채는 비유동부채에 해당됨.
2. ② 재무제표는 대부분 과거에 발생한 거래나 사건에 대한 정보를 나타낸다.
3. ④ 기말재고자산을 실제보다 높게 계상한 경우에는 매출원가는 실제보다 감소하고, 그 결과 매출총이익과 당기순이익이 증가한다. 당기순이익이 증가하면, 자본총계도 증가한다.
4. ④ 일반기업회계기준 21.4
   퇴직급여 외의 종업원급여는 임금, 사회보장분담금(예 : 국민연금), 이익분배금, 상여금, 현직종업원을 위한 비화폐성급여(예 : 의료, 주택, 자동차, 무상 또는 일부 보조로 제공되는 재화나 용역), 명예퇴직금(조기퇴직의 대가로 지급하는 인센티브 등을 포함) 등을 말한다.
   퇴직급여는 종업원이 퇴직한 이후 지급해야 하는 종업원급여로 퇴직일시금, 퇴직연금, 퇴직 후 급여, 퇴직 후 생명보험, 퇴직 후 의료급여 등을 망라한다.
5. ② 완성기준을 적용하면 신뢰성은 향상되나, 목적적합성은 저하될 수 있음.
6. ④ 순매출액(500,000 − 10,000 − 20,000) − 매출원가(100,000 + 200,000 − 5,000 − 5,000 − 100,000)
   = 280,000원
7. ③ (차) 현   금   3,000,000   (대) 단기매매증권   2,500,000
                                                   단기매매증권처분이익   500,000
8. ③ 자본금이 10,000원 증가, 자산총액 및 자본총액은 12,000원 증가, 순이익과는 상관이 없다.
9. ③ 재료비 : 착수한 수량 500개이며, 가공비 : (완성수량400개 + 기말재공품×50%) = 450개
10. ④ 예정배부액은 실제 조업도에 예정배부율을 적용한다.
11. ① 기초재공품 + 당기총제조원가(= 직접재료비+직접노무비+제조간접비) = 당기제품제조원가+기말재공품
    0 + 당기총제조원가 = 1,000,000 + 800,000, ∴ 당기총제조원가 = 1,800,000원

    직접재료비 : $1,800,000 \times \dfrac{1}{1+2+3}$ = 300,000원

12. ① 500,000(직접노무비) + 600,000/0.4(제조간접원가) = 2,000,000원
13. ③ 일반의약품 판매는 부가가치세법상 과세거래에 해당된다.
14. ③ c는 재화의 실질공급, d는 재화의 간주공급에 해당한다.
    참고 : 부가가치세법에서 폐업시 잔존재화라는 용어를 폐업시 남아있는 재화로 변경하였다.
15. ③ 납부세액 = 매출세액 − 매입세액 + 매입세액불공제, ∴ 매출세액 = 납부세액 + 매입세액 − 매입세액불공제
    270,000 + 620,000 − 40,000 = 850,000원
    과세 공급가액 = 매출세액 ÷ 10%
    과세표준 = 과세 공급가액 + 영세율 공급가액 : (850,000 ÷ 10%) + 1,500,000 = 10,000,000원

실무시험

문제 1

[1] 계정과목및적요등록에서 831.수수료비용의 현금적요NO.8. 결제 대행 수수료 입력
[2] 거래처등록의 금융기관 탭에서 입력
 • 거래처코드 : 98005, • 거래처명 : 수협은행, • 유형 : 3.정기적금, • 계좌번호 : 110-146-980558
[3] 거래처별초기이월에서 수정
 • 지급어음 • 천일상사 9,300,000원→6,500,000원으로 수정
   • 모닝상사 5,900,000원→8,700,000원으로 수정
 • 미지급금 • 대명㈜ 8,000,000원→4,500,000원으로 수정
   • ㈜한울 4,400,000원→7,900,000원으로 수정

문제 2

[1] 7월 10일 일반전표입력
| (차) 예수금 | 22,000 | (대) 보통예금 | 22,000 |

[2] 7월 16일 일반전표입력
| (차) 선급금(㈜홍명) | 1,000,000 | (대) 당좌예금 | 1,000,000 |

[3] 8월 10일 일반전표입력
| (차) 미지급금(비씨카드) | 2,000,000 | (대) 보통예금 | 2,000,000 |

[4] 8월 20일 일반전표입력
| (차) 여비교통비(판) | 380,000 | (대) 전도금 | 600,000 |
| 현 금 | 220,000 | | |

[5] 9월 12일 일반전표입력
| (차) 현 금 | 8,000,000 | (대) 미수금(우리기계) | 8,000,000 |

[6] 10월 28일 일반전표입력
| (차) 보통예금 | 41,400,000 | (대) 외상매출금(lailai co. ltd.) | 39,000,000 |
| | | 외환차익 | 2,400,000 |

문제 3

[1] 7월 6일 매입매출전표입력
 유형 : 11.과세, 공급가액 : 23,000,000, 부가세 : 2,300,000, 공급처 : ㈜아이닉스, 전자 : 여,
 분개 : 외상 또는 혼합
| (차) 외상매출금 | 25,300,000 | (대) 부가세예수금 | 2,300,000 |
| | | 제품매출 | 23,000,000 |

[2] 8월 10일 매입매출전표
 유형 : 14.건별, 공급가액 : 500,000, 부가세 : 50,000, 공급처 : 없음, 전자 : 부, 분개 : 혼합
(차) 기업업무추진비(제)	350,000	(대) 부가세예수금	50,000
		제 품	300,000
		(적요 8. 타계정으로 대체액)	

[3] 9월 16일 매입매출전표입력
유형 : 11.과세, 공급가액 : 9,000,000, 부가세 : 900,000, 공급처 : 팔팔물산, 전자 : 여, 분개 : 현금 또는 혼합
(차) 현 금   9,900,000   (대) 부가세예수금   900,000
                                                      제품매출   9,000,000

[4] 9월 26일 매입매출전표입력
유형 : 51.과세, 공급가액 : 5,000,000, 부가세 : 500,000, 공급처 : 잘나가광고, 전자 : 여, 분개 : 혼합
(차) 부가세대급금   500,000   (대) 보통예금   5,500,000
    비 품   5,000,000

[5] 10월 15일 매입매출전표입력
유형 : 51.과세, 공급가액 : 2,500,000, 부가세 : 250,000, 공급처 : 메타가구, 전자 : 여, 분개 : 혼합
(차) 부가세대급금   250,000   (대) 받을어음(㈜은성가구)   1,000,000
    원재료   2,500,000   외상매입금   1,750,000

[6] 12월 20일 매입매출전표입력
유형 : 54.불공(불공사유 : ②), 공급가액 : 3,800,000, 부가세 : 380,000, 공급처 : 니캉전자, 전자 : 여, 분개 : 혼합
(차) 가지급금(한태양)   4,180,000   (대) 보통예금   4,180,000

문제 4

[1] 8월 17일 매입매출전표입력
• 수정전
유형 : 58.카면(신용카드사 : 비씨카드), 공급가액 : 44,000, 공급처 : 사거리주유소, 분개 : 카드 또는 혼합
(차) 차량유지비(판)   44,000   (대) 미지급금(비씨카드)   44,000
• 수정후
유형 : 57.카과(신용카드사 : 비씨카드), 공급가액 : 40,000, 부가세 : 4,000, 공급처 : 사거리주유소,
분개 : 카드(또는 혼합)
(차) 부가세대급금   4,000   (대) 미지급금(비씨카드)   44,000
    차량유지비(판)   40,000   (또는 미지급비용)

[2] 11월 12일 일반전표입력
• 수정전 : (차) 기업업무추진비(판)   500,000   (대) 현 금   500,000
• 수정후 : (차) 복리후생비(제)   500,000   (대) 현 금   500,000
        또는 출금전표 복리후생비(제)   500,000

문제 5

[1] 12월 31일 일반전표입력
(차) 부가세예수금   49,387,500   (대) 부가세대급금   34,046,000
                                                      미지급세금   15,341,500

[2] 12월 31일 일반전표입력
(차) 선급비용   3,600,000   (대) 보험료(제)   3,600,000

[3] ①, ②, ③ 중 하나를 선택하여 입력한다.
    ① 결산자료입력 상단 F7감가상각 실행 차량운반구(제조) 결산반영금액 입력 후 F3전표추가
    ② 결산자료입력에서 입력
        2. 매출원가, 2). 일반감가상각비>차량운반구 결산반영금액 입력 후 F3전표추가

③ 12월 31일 일반전표입력
(차) 감가상각비(제)   4,500,000   (대) 감가상각누계액(209)   4,500,000
• 분개의 금액은 4,250,000원 또는 4,290,410원 모두 정답

문제 6

[1] 40,000,000원
• 계정별원장(기간 : 4월 1일~4월 30일, 계정과목 : 108.외상매출금) 조회 대변 월계금액 확인
[2] 117,630,000원 = 6월 매출액 147,150,000원 − 2월 매출액 29,520,000원
• 총계정원장 [월별] 탭(기간 : 01월 01일~06월 30일, 계정과목 : 404.제품매출) 조회 대변 금액 확인
[3] 6,372,000원
• 부가가치세신고서(기간 : 4월 1일~6월 30일) 11.고정자산매입(세금계산서수취분) 세액란 금액 확인

4회 집중심화시험 해답

이론시험

1. ① 어떤 항목이 신뢰성 있게 측정되기 위해서 그 측정속성의 금액이 반드시 확정되어 있다는 것을 의미하지는 않으며, 추정에 의한 측정치도 합리적인 근거가 있을 경우 당해 항목의 인식에 이용될 수 있다. 예를 들어, 제품의 보증수리에 소요될 비용을 과거의 보증수리 실적을 토대로 추정하는 것은 합리적 추정치가 될 수 있다.[일반기업회계기준 재무회계개념체계 문단 138]
2. ② 자산을 비용으로 처리하면 자산 과소계상, 비용 과대계상, 순이익 과소계상을 초래하지만 수익에는 영향을 미치지 않는다.
3. ④ (500개×300원)+(2,000개×400원)=950,000원
4. ④ 영업활동에서 사용되는 자산은 유형자산이며, 판매 목적의 자산은 재고자산으로 분류하여야 한다.
5. ④ 단기매매증권과 매도가능증권은 공정가치로 평가한다. 다만, 매도가능증권 중 시장성이 없는 지분증권의 공정가치를 신뢰성 있게 측정할 수 없는 경우에는 취득원가로 평가한다.[일반기업회계기준 6.30]
6. ④ (취득원가 60,000,000 − 잔존가치 6,000,000)×3/6=27,000,000원
연수합계법의 감가상각비 : (취득원가 − 잔존가치)×내용연수의 역순/연수합계
연수합계 : 1+2+3=6년
7. ② 판매를 목적으로 취득하는 자산은 재고자산이다.
8. ③ 매출원가 = 기초상품+(당기매입 − 매입할인)+매입운임 − 기말상품
5,000,000+(2,000,000 − 100,000)+200,000 − 2,000,000=5,100,000원
9. ③ 보조부문원가의 배분방법 중 어떤 방법을 선택해도 순이익은 동일하다.
10. ④ 노무비 발생액 = 전월선급액 − 전월미지급액+당월지급액+당월미지급액 − 당월선급액
500,000+200,000=700,000원
11. ③ 개별원가계산은 다품종 소량생산하는 기업에 적합하며, 특정제조지시서를 사용하고, 종합원가에 비해 각 제품별 정확한 원가계산이 가능하다. 종합원가계산은 동일한 종류의 제품을 연속적으로 대량생산하는 기업에 적합하며, 계속제조지시서를 사용한다.

12. ④　배부기준의 실제조업도 × 예정배부율
13. ①　영세율은 완전면세제도이다.
14. ①　고용관계에 따라 근로를 제공하는 것은 용역의 공급으로 보지 아니한다. 사업자가 대가를 받지아니하고 타인에게 용역을 공급하는 것은 용역의 공급으로 보지 아니한다. 다만, 사업자가 특수관계인에게 사업용 부동산의 임대용역 등을 공급하는 것은 용역의 공급으로 본다.(부가가치세법 제12조)
15. ①　법인사업자와 직전 연도의 사업장별 재화 및 용역의 공급가액(면세공급가액을 포함)의 합계액이 8천만원 이상인 개인사업자는 세금계산서를 발급하려면 전자적 방법으로 세금계산서를 발급하여야 한다.(부가가치세법 제32조 제2항)

실무시험

문제 1

[1] • 계정과목및적요등록
　　 274.사용자설정계정과목　•계정과목 : 선수임대료,　•성격 : 2.일반　•대체적요 : 1. 기간미경과 임대료 계상
[2] • 거래처등록 금융기관 탭　•코드 : 98004로 입력
　• 거래처명 : 신한은행(지점을 포함하여 등록한 경우 일부 인정)
　• 유형 : 3.정기적금,　•계좌번호 : 413-920-769077
　• 계좌개설은행/지점 : 088.신한은행/마곡점,　•계좌개설일 : 2025년 11월 10일
[3] • 거래처별초기이월
　　받을어음　•㈜하늘정밀 : 14,300,000원 → 13,300,000원
　　　　　　•㈜일렉코리아 : 10,700,000원 → 11,700,000원
　　지급어음　•㈜프로테크 : 15,400,000원 → 14,500,000원
　　　　　　•㈜부흥기업 : 13,500,000원 추가 입력

문제 2

[1] 7월 4일　일반전표입력
　　(차) 교육훈련비(제)　　　　500,000　　(대) 예수금　　　　　　　　16,500
　　　　　　　　　　　　　　　　　　　　　　　　보통예금　　　　　　483,500
[2] 7월 11일　일반전표입력
　　(차) 보험료(제)　　　　　3,000,000　　(대) 보통예금　　　　　3,000,000
[3] 7월 25일　일반전표입력
　　(차) 보통예금　　　　　　1,500,000　　(대) 배당금수익　　　　1,500,000
[4] 8월 16일　일반전표입력
　　(차) 기업업무추진비(판)　　330,000　　(대) 미지급금(신한카드)　　330,000
　　　　　　　　　　　　　　　　　　　　　　　　또는 미지급비용
[5] 8월 25일　일반전표입력
　　(차) 임금(제)　　　　　　1,900,000　　(대) 예수금　　　　　　　174,250
　　　　　　　　　　　　　　　　　　　　　　　　보통예금　　　　　1,725,750
[6] 9월 17일　일반전표입력
　　(차) 기부금　　　　　　　2,500,000　　(대) 보통예금　　　　　2,500,000

문제 3

[1] 9월 3일 매입매출전표입력
　　유형 : 11.과세, 공급가액 : 6,000,000, 부가세 : 600,000, 공급처 : 해피상사, 전자 : 여, 분개 : 혼합
　　(차) 현　금　　　　　　　　　　3,300,000　　(대) 제품매출　　　　　　　　　　6,000,000
　　　　외상매출금　　　　　　　　3,300,000　　　　부가세예수금　　　　　　　　600,000

[2] 9월 25일 매입매출전표입력
　　유형 : 17.카과, 공급가액 : 5,000,000, 부가세 : 500,000, 공급처 : 조아무역, 분개 : 카드 또는 혼합,
　　신용카드사 : 비씨카드
　　(차) 외상매출금(비씨카드)　　　5,500,000　　(대) 제품매출　　　　　　　　　　5,000,000
　　　　　　　　　　　　　　　　　　　　　　　　　　부가세예수금　　　　　　　　500,000

[3] 10월 15일 매입매출전표입력
　　유형 : 51.과세, 공급가액 : 5,000,000원, 부가세 : 500,000원, 공급처 : ㈜에스콤, 전자 : 여, 분개 : 혼합
　　(차) 설비장치　　　　　　　　　5,000,000　　(대) 미지급금(㈜에스콤)　　　　5,000,000
　　　　부가세대급금　　　　　　　　500,000　　　　현　금　　　　　　　　　　　　500,000

[4] 10월 20일 매입매출전표입력
　　유형 : 55.수입, 공급가액 : 10,000,000, 부가세 : 1,000,000, 공급처 : 인천세관, 전자 : 여, 분개 : 현금 또는 혼합
　　(차) 부가세대급금　　　　　　　1,000,000　　(대) 현　금　　　　　　　　　　1,000,000
　　또는 출금전표 부가세대급금　　1,000,000

[5] 11월 30일 매입매출전표입력
　　유형 : 53.면세, 공급가액 : 800,000, 부가세 : 0, 공급처 : ㈜리스, 전자 : 여, 분개 : 혼합
　　(차) 임차료(판)　　　　　　　　　800,000　　(대) 미지급금(㈜리스)　　　　　800,000
　　　　　　　　　　　　　　　　　　　　　　　　　　또는 미지급비용

[6] 12월 12일 매입매출전표입력
　　유형 : 16.수출, 공급가액 : 260,000,000, 부가세 : 0, 공급처 : 베스트인터내셔날, 분개 : 외상 또는 혼합,
　　영세율구분 : 1.직접수출(대행수출 포함)
　　(차) 외상매출금　　　　　　　260,000,000　　(대) 제품매출　　　　　　　　260,000,000

문제 4

[1] 8월 19일 매입매출전표입력
　　• 수정전
　　　유형 : 57.카과, 공급가액 : 500,000, 부가세 : 50,000, 공급처 : ㈜마트, 분개 : 카드 또는 혼합
　　　신용카드사 : 삼성카드
　　　(차) 소모품비(제)　　　　　　　500,000　　(대) 미지급금(삼성카드)　　　　550,000
　　　　　부가세대급금　　　　　　　 50,000
　　• 수정후
　　　유형 : 57.카과, 공급가액 : 500,000, 부가세 : 50,000, 공급처 : ㈜마트, 분개 : 카드 또는 혼합
　　　신용카드사 : 삼성카드
　　　(차) 소모품비(판)　　　　　　　500,000　　(대) 미지급금(삼성카드)　　　　550,000
　　　　　부가세대급금　　　　　　　 50,000　　　　또는 미지급비용

[2] 11월 19일 일반전표입력
　　• 수정전 : (차) 현　금　　　　　　25,000,000　　(대) 외상매출금(한성공업)　　25,000,000
　　• 수정후 : (차) 받을어음(한성공업)　15,000,000　　(대) 외상매출금(한성공업)　　25,000,000
　　　　　　　　　현　금　　　　　　10,000,000

[1] 12월 31일 일반전표입력
　　(차) 선급비용　　　　　　　　　3,000,000　　(대) 보험료(판)　　　　　　　3,000,000
[2] 12월 31일 일반전표입력
　　(차) 현금과부족　　　　　　　　　30,000　　(대) 잡이익　　　　　　　　　30,000
[3] 12월 31일 일반전표입력
　　(차) 외화환산손실　　　　　　　　300,000　　(대) 외상매입금(Rose)　　　　300,000
　　• 외화환산손실 : $3,000×1,200 − 3,300,000 = 300,000원

[1] 65,500,000원
　　현금출납장 기간 : 1월 1일~6월 30일, 출금 누계액 확인
[2] 기린전자
　　세금계산서합계표 조회기간 : 4월~6월, [매입], [과세기간 종료일 다음달 11일까지(전자분)]
[3] 360,000원
　　• 매입매출장 조회기간 : 1월 1일~3월 31일, 구분 : 3.매입, 유형 : 57.카과
　　• 또는 부가가치세신고서 조회기간 : 1월 1일~3월 31일, 41.신용카드매출수령금액합계표

5회 집중심화시험 해답

이론시험

1. ④　유형자산처분손실은 영업외비용으로 영업이익에서 차감하므로 법인세비용차감전순손익 금액이 감소한다.
2. ④　현금및현금성자산은 통화 및 타인발행수표 등 통화대용증권과 당좌예금, 보통예금 및 큰 거래비용 없이 현금으로 전환이 용이하고 이자율 변동에 따른 가치변동의 위험이 경미한 금융상품으로서 취득 당시 만기일(또는 상환일)이 3개월 이내인 것을 말한다.[일반기업회계기준 문단 2.35]
3. ②　재고자산을 제외한 다른 자산을 취득하면서 대금은 약속어음을 발행하여 지급한 경우에는 지급어음이 아니라 미지급금 계정으로 처리한다.
4. ①　정액법 감가상각비 : (취득원가 − 잔존가치)×정액법 상각률
　　생산부 포터2 : (30,000,000 − 5,000,000)×0.2 = 5,000,000원(제조원가)
　　영업부 BMW 520d : (65,000,000 − 15,000,000)×0.2×10/12 = 8,333,333원(판관비)
5. ④　무형자산을 최초로 인식할 때에는 원가로 측정한다.[일반기업회계기준 문단 11.10]
6. ③　단기매매증권처분가액 : 단기매매증권 취득가액 + 단기매매증권처분이익
　　500,000 + 100,000 = 600,000원

• 회계처리
  8월 1일 : (차) 단기매매증권   500,000   (대) 현   금   500,000
  9월 1일 : (차) 현   금   600,000   (대) 단기매매증권   500,000
                                      단기매매증권처분이익   100,000

7. ④ • 회계처리
   (차) 급여 (비용 발생)   2,000,000   (대) 미지급금 (부채 증가)   1,950,000
                                      예수금 (부채 증가)   50,000
   • 계정별원장 전기

미지급금(부채)		예수금(부채)	
(감소)	(증가)	(감소)	(증가)
	12/1 급여 1,950,000		12/1 급여 50,000

8. ④ 자기주식처분이익은 자본잉여금이고, 나머지 항목은 영업외수익이다.
9. ④ 제품매출원가는 손익계산서 항목에 해당한다.
10. ④ 상대적으로 정확한 제품원가계산이 가능한 방법은 개별원가계산 방법이다.
11. ③ 가공비 완성품환산량 : 당기완성품 수량 + 기말재공품 완성품환산량
    기말재공품 완성품환산량(= 기말재공품 수량 × 완성도) : 50개 × 40% = 20개
    가공비 완성품환산량 : 800개 + 20개 = 820개
12. ④ 기회원가는 여러 대안에 대한 의사결정을 하였을 때, 선택하지 않은 대안 중 차선의 대안에 대한 기대치이다.
13. ③ 세금계산서는 사업자가 부가가치세법 제15조 및 제16조에 따른 재화 또는 용역의 공급시기에 재화 또는 용역을 공급받는 자에게 발급하여야 한다.(부가가치세법 제34조 제1항)
14. ③ 도서 및 도서대여 용역의 공급에 대하여는 부가가치세를 면제한다.(부가가치세법 제26조 제1항) 나머지 ①, ②,④는 부가가치세가 과세된다.
15. ③ 과세표준 = 총매출액 – 매출에누리 – 매출할인
    1,000,000 – 16,000 – 30,000 = 954,000원
    • 매출할인, 매출에누리, 대가 지급의 지연으로 받는 연체이자는 공급가액에 포함하지 않는다. 판매장려금(금전) 지급액과 대손금액은 과세표준에서 공제하지 않는다.(부가가치세 제29조 제5항 및 제6항)

실무시험

[1] 거래처등록, 신용카드 탭
   • 코드 : 99605, • 거래처명 : 소망카드, • 유형 : 1.매출, • 가맹점번호 : 654800341 입력
[2] 계정과목및적요등록
   • 계정과목 : 인적용역비(코드 : 0855)
   • 성격 : 3.경비
   • 대체적요 : 적요NO 1, 사업소득자 용역비 지급
[3] 거래처별초기이월
   • 외상매출금 > • ㈜부산무역 23,000,000원 → 49,000,000원으로 수정
                • ㈜영월상사 13,000,000원 → 33,000,000원으로 수정
   • 외상매입금 > • ㈜여주기업 50,000,000원 → 51,000,000원으로 수정
                • ㈜부여산업 24,800,000원 추가입력

문제 2

[1] 9월 18일 일반전표입력
  (차) 외상매입금(㈜강남)　　　2,500,000　　(대) 지급어음(㈜강남)　　　1,300,000
　　　　　　　　　　　　　　　　　　　　　　채무면제이익　　　　　1,200,000

[2] 10월 13일 일반전표입력
  (차) 현　금　　　　　　　　　 600,000　　(대) 선수금(일만상사)　　　 600,000
  또는 입금전표 선수금(일만상사)　600,000

[3] 10월 15일 일반전표입력
  (차) 상여금(판)　　　　　　　 500,000　　(대) 예수금　　　　　　　　 154,000
      상여금(제)　　　　　　　　 900,000　　 보통예금　　　　　　 1,246,000

[4] 11월 11일 일반전표입력
  (차) 미지급배당금　　　　　 2,000,000　　(대) 보통예금　　　　　　 2,000,000

[5] 12월 28일 일반전표입력
  (차) 비　품　　　　　　　　 3,000,000　　(대) 미지급금(씨티카드)　 3,000,000

[6] 12월 30일 일반전표입력
  (차) 퇴직연금운용자산　　　 5,390,000　　(대) 보통예금　　　　　　 5,500,000
      수수료비용(판)　　　　　　 110,000

문제 3

[1] 7월 25일 매입매출전표입력
  유형 : 12.영세, 공급가액 : 10,000,000, 부가세 : 0, 공급처 : ㈜정남, 전자 : 여, 분개 : 혼합
  영세율구분 : 3.내국신용장·구매확인서에 의하여 공급하는 재화
  (차) 외상매출금(㈜정남)　　　 8,000,000　　(대) 제품매출　　　　　 10,000,000
      선수금(㈜정남)　　　　　 2,000,000

[2] 9월 20일 매입매출전표입력
  유형 : 51.과세, 공급가액 : 1,300,000, 부가세 : 130,000, 공급처 : 주경상사, 전자 : 여, 분개 : 혼합
  (차) 원재료　　　　　　　　 1,300,000　　(대) 현　금　　　　　　　 1,000,000
      부가세대급금　　　　　　　 130,000　　 지급어음(주경상사)　　 430,000

[3] 10월 26일 매입매출전표입력
  유형 : 53.면세, 공급가액 : 1,650,000, 공급처 : ㈜예인, 전자 : 여, 분개 : 혼합
  (차) 교육훈련비(판)　　　　 1,650,000　　(대) 보통예금　　　　　　 1,650,000

[4] 11월 11일 매입매출전표입력
  유형 : 54.불공, 공급가액 : 88,000,000, 부가세 : 8,800,000, 공급처 : 인천세관, 전자 : 여, 분개 : 혼합
  불공제사유 : 3.
  (차) 차량운반구　　　　　　 8,800,000　　(대) 당좌예금　　　　　　 8,800,000

[5] 12월 07일 매입매출전표입력
  유형 : 57.카과, 공급가액 : 400,000, 부가세 : 40,000, 공급처 : 명량, 분개 : 혼합 또는 카드,
  신용카드사 : 하나카드
  (차) 복리후생비(판)　　　　　 400,000　　(대) 보통예금　　　　　　　 440,000
      부가세대급금　　　　　　　　40,000

[6] 12월 30일 매입매출전표입력
  유형 : 22.현과, 공급가액 : 6,000,000, 부가세 : 600,000, 공급처 : 미래회계학원, 분개 : 혼합 또는 현금
  (차) 현　금　　　　　　　　 6,600,000　　(대) 제품매출　　　　　　 6,000,000
　　　　　　　　　　　　　　　　　　　　　　부가세예수금　　　　　　 600,000

[1] 12월 10일 매입매출전표입력
- 수정전
  유형 : 51.과세, 공급가액 : 800,000, 부가세 : 80,000, 공급처 : ㈜글라스, 전자 : 여, 분개 : 혼합(현금)
  (차) 건 물　　　　　　　　800,000　　　(대) 현　금　　　　　　　880,000
  　　부가세대급금　　　　　 80,000
- 수정후
  유형 : 51.과세, 공급가액 : 800,000, 부가세 : 80,000, 공급처 : ㈜글라스, 전자 : 여, 분개 : 혼합(현금)
  (차) 수선비(제)　　　　　　800,000　　　(대) 현　금　　　　　　　880,000
  　　부가세대급금　　　　　 80,000

[2] 12월 18일 일반전표입력
- 수정전 : 출금전표 수도광열비(판)　74,500
- 수정후 : (차) 전력비(제)　　　74,500　　　(대) 현　금　　　　　　74,500
  또는 출금전표 전력비(제)　74,500

[1] 12월 31일 일반전표입력
　　(차) 여비교통비(판)　　　　230,000　　　(대) 현금과부족　　　　　230,000
　또는 (차) 여비교통비(판)　　　140,000　　　(대) 현금과부족　　　　　140,000
　　　　　여비교통비(판)　　　　 90,000　　　　　현금과부족　　　　　　90,000

[2] 12월 31일 일반전표입력
　　(차) 외화장기차입금(미국 K사)　1,500,000　　(대) 외화환산이익　　　1,500,000
- 외화장기차입금 평가금액 : $30,000×1,150 = 34,500,000원
- 외화환산이익 : 외화장기차입금 장부금액 – 외화장기차입금 평가금액
　　　　　　　36,000,000 – 34,500,000 = 1,500,000원

[3] 결산자료입력에서
- 기말원재료 : 4,400,000원, 기말재공품 5,000,000원 기말제품 5,600,000원 입력 후 F3 전표추가

[1] 700,000원
　　매입매출장 조회기간 : 3월 1일~3월 31일, 구분 : 2.매출, 유형 : 22.현과
[2] 삼선상회, 20,800,000원
　　거래처원장 기간 : 1월 1일~6월 30일, 계정과목 : 외상매출금, 대변 금액 비교
[3] 25,000원
　　일계표(월계표) 조회기간 : 4월 1일~4월 30일, 5.판매비및일반관리비의 도서인쇄비의 차변 현금

6회 집중심화시험 해답

이론시험

1. ④ 대차 어느 한 쪽의 전기를 누락한 경우에는 차변과 대변의 합계금액이 일치하지 않기 때문에 발견할 수 있는 오류이다.
2. ③ 매출원가 : 1,500,000 × (1 − 0.30) = 1,050,000원
   상품 : 기초재고 500,000원 + 기중외상매입 (1,150,000원) = 매출원가 1,050,000원 + 기말재고 600,000원
   외상매입금 : 기초 400,000 + 기중외상매입 1,150,000 = 기중외상지급 1,200,000 + 기말외상매입금 잔액(350,000원)
3. ②
4. ④ 일반기업회계기준 16.10 : 재화의 판매로 인한 수익은 다음 조건이 모두 충족될 때 인식한다.
   (1) 재화의 소유에 따른 유의적인 위험과 보상이 구매자에게 이전된다.
   (2) 판매자는 판매한 재화에 대하여 소유권이 있을 때 통상적으로 행사하는 정도의 관리나 효과적인 통제를 할 수 없다.
   (3) 수익금액을 신뢰성 있게 측정할 수 있다.
   (4) 경제적 효익의 유입 가능성이 매우 높다.
   (5) 거래와 관련하여 발생했거나 발생할 원가를 신뢰성 있게 측정할 수 있다.
5. ① 일반기업회계기준 10.20. 교환으로 제공한 자산의 장부금액으로 한다.
6. ④ 단기매매증권으로 분류하는 경우에는 비용화
   일반기업회계기준 문단 6.12 : 금융자산이나 금융부채는 최초인식 시 공정가치로 측정한다. 다만, 최초인식 이후 공정가치로 측정하고 공정가치의 변동을 당기손익으로 인식하는 금융자산이나 금융부채{예 : 단기매매증권, 파생상품(현금흐름위험회피회계에서 위험회피수단으로 지정되는 경우는 제외)}가 아닌 경우 당해 금융자산(금융부채)의 취득(발행)과 직접 관련되는 거래원가는 최초인식하는 공정가치에 가산(차감)한다.
7. ① 분개를 해보면 [(차변) 대손상각비 ××× (대변) 대손충당금 ×××] 이다. 비용이 계상(인식)되지 않았으므로, 당기순이익이 많아진다(자본이 과대표시). 대손충당금이 과소 설정되었으므로, 자산이 과대표시 된다.
8. ① 이익잉여금을 자본전입하므로 주식배당으로 자본금은 증가하고 이익잉여금은 감소한다.
9. ④ 기업내부 이해관계자의 관리적 의사결정에 대한 유용한 정보제공
10. ③ 1,300,000 − 230,000 + 360,000 = 1,430,000원
11. ④ 선입선출법은 당기작업량과 당기투입원가에 중점을 맞추고 있으므로 계획과 통제 및 제조부문의 성과평가에도 유용한 정보를 제공할 수 있다.
12. ② 제조간접비 = 5,204,000 × 24% = 1,248,960원
    직접노무비 = 1,248,960 ÷ 75% = 1,665,280원
    직접재료비 = 5,204,000 − 1,248,960 − 1,665,280 = 2,289,760원
13. ② 판매목적 사업장 반출은 세금계산서 발급대상
14. ② 과세표준 = 총매출액 − 매출에누리액 − 매출할인
    50,000,000 − 4,000,000 − 3,000,000 = 43,000,000원
    매출에누리, 매출할인, 매출환입은 공급가액에 포함하지 않는 것이므로 과세표준에서 공제하여야 하며, 사업자가 재화 또는 용역을 공급하는 자에게 지급하는 장려금이나 이와 유사한 금액 및 대손금은 과세표준에서 공제하지 않는다.(부가가치세법 29⑤,⑥)
15. ① 영세율은 소비지국 과세원칙을 구현하기 위한 제도이다.

실무시험

문제 1

[1] 거래처에서 코드 : 1056, 거래처명 : ㈜가나전자, 우측에서 1.사업자등록번호 : 129-86-78690, 3.대표자 : 이은성, 4.업종에서 업태 : 제조, 도소매, 종목 : 전자제품, 5.주소 : 서울특별시 서초구 신반포로47길 118 101호 입력

[2] 거래처별 초기이월 메뉴의 받을어음 거래처에서 ㈜송강산업은 3,000,000원으로, ㈜강림상사는 12,800,000원으로 입력, 미지급금 거래처에서 ㈜더라벨은 3,600,000원, ㈜통진흥업은 2,500,000원으로 입력하고 재무상태표 금액과 거래처 합계액이 일치하는지 확인

[3] • 전기분원가명세서 : 복리후생비 5,900,000원을 8,300,000원으로 수정입력.
　• 전기분손익계산서
　　- 제품매출원가에서 당기제품제조원가 437,000,000원을 439,400,000원으로 수정입력.
　　- 복리후생비 9,800,000원을 7,400,000원으로 수정입력.

문제 2

[1] 7월 7일　일반전표입력
　　(차) 대손충당금(109)　　5,000,000　　(대) 외상매출금(㈜달라일러)　　12,000,000
　　　　대손상각비　　　　　7,000,000
[2] 7월 15일　일반전표입력
　　(차) 받을어음(㈜희망기계)　5,000,000　　(대) 외상매출금(㈜희망기계)　　6,500,000
　　　　보통예금　　　　　　1,500,000
[3] 7월 20일　일반전표입력
　　(차) 보통예금　　　　　11,500,000　　(대) 자기주식　　　　　　　　12,000,000
　　　　자기주식처분이익　　　300,000
　　　　자기주식처분손실　　　200,000
[4] 8월 5일　일반전표입력
　　(차) 건 물　　　　　　160,000,000　　(대) 자본금　　　　　　　　100,000,000
　　　　　　　　　　　　　　　　　　　　　　　주식발행초과금　　　　　60,000,000
[5] 11월 19일　일반전표입력
　　(차) 잡 급(판)　　　　　120,000　　(대) 현 금　　　　　　　　　120,000
[6] 12월 5일　일반전표입력
　　(차) 퇴직급여(판)　　　5,300,000　　(대) 보통예금　　　　　　　5,300,000

[1] 8월 3일　매입매출전표입력
　　유형 : 53.면세, 공급가액 : 30,000, 부가세 : 0, 공급처 : ㈜에이스오피스텔, 전자 : 여, 분개 : 혼합
　　(차) 건물관리비(판)　　　30,000　　(대) 보통예금　　　　　　　30,000
[2] 8월 21일　매입매출전표입력
　　유형 : 11.과세, 공급가액 : 2,000,000, 부가세 : 200,000, 공급처 : ㈜한국자원, 전자 : 여, 분개 : 혼합
　　(차) 미수금(㈜한국자원)　2,200,000　　(대) 기계장치　　　　　　　80,000,000
　　　　감가상각누계액　　　77,000,000　　　　부가세예수금　　　　　　200,000
　　　　유형자산처분손실　　1,000,000

[3] 10월 15일 매입매출전표입력
유형 : 51.과세, 공급가액 : 3,300,000, 부가세 : 330,000 공급처 : ㈜무릉, 전자 : 여, 분개 : 혼합
(차) 원재료 3,300,000 (대) 외상매입금 2,630,000
　　부가세대급금 330,000 　　당좌예금 1,000,000

[4] 11월 30일 매입매출전표입력
유형 : 54.불공(불공사유 3), 공급가액 : 600,000, 부가세 : 60,000, 공급처 : ㈜렌트, 전자 : 여, 분개 : 혼합
(차) 임차료(판) 660,000 (대) 미지급금 660,000
　　 　　(또는 미지급비용)

[5] 12월 12일 매입매출전표입력
유형 : 12.영세(영세율구분 : 3), 공급가액 : 15,000,000, 공급처 : 유성산업㈜, 전자 : 여, 분개 : 외상 또는 혼합
(차) 외상매출금 15,000,000 (대) 제품매출 15,000,000

[6] 12월 30일 매입매출전표입력
유형 : 55.수입, 공급가액 : 40,000,000, 부가세 : 4,000,000, 공급처 : 인천세관, 전자 : 여, 분개 : 혼합
(차) 부가세대급금 4,000,000 (대) 당좌예금 4,000,000

문제 4

[1] 8월 10일 일반전표입력
수정전 : (차) 보통예금 253,800 (대) 이자수익 253,800
수정후 : (차) 보통예금 253,800 (대) 이자수익 300,000
　　선납세금 46,200

[2] 12월 10일 일반전표입력에서 삭제 후 매입매출전표입력
수정 전 : (차) 운반비(판) 110,000 (대) 현 금 110,000
수정 후 : 유형 : 51.과세, 공급가액 : 100,000, 부가가치세 : 10,000, 공급처 : 일양택배, 전자 : 여,
　　분개 : 현금 또는 혼합
(차) 원재료 100,000 (대) 현 금 110,000
　　부가세대급금 10,000

문제 5

[1] 12월 31일 일반전표입력
(차) 소모품비(판) 60,000 (대) 소모품 60,000

[2] 12월 31일 일반전표입력
(차) 선급비용 1,200,000 (대) 보험료(제) 1,200,000
선급비용 : 3,600,000 × 4/12 = 1,200,000원

[3] 12월 31일 일반전표입력
(차) 잡손실 20,000 (대) 현금과부족 20,000

[1] 2,377,100원
부가가치세 신고서에서 4월~6월분 조회 후 납부할 세액 확인
4,377,100 − 2,000,000 = 2,377,100원
[2] 5월, 3,425,000원(총계정원장 조회, 월별 탭)
[3] 79,444,000원(재무상태표에서 조회 : 6월말 잔액−5월말 잔액)

112회 기출문제총정리 해답

이론시험

1. ③ 재무제표는 재무상태표, 손익계산서, 현금흐름표, 자본변동표로 구성되며, 주석을 포함한다.
2. ④ 생산량은 생산량비례법을 계산할 때 필수요소이다.
3. ② 자기주식은 이익잉여금처분계산서에 나타나지 않는다.
4. ① 위탁매출은 수탁자가 해당 재화를 제3자에게 판매한 시점에 수익으로 인식한다.
5. ① 임차보증금은 기타비유동자산으로 분류하고, 나머지는 무형자산으로 분류한다.
6. ③ 자기주식처분이익은 자본잉여금으로 분류되고, 자기주식, 주식할인발행차금, 감자차손은 자본조정으로 분류된다.
7. ④ 기말재고자산을 실제보다 낮게 계상한 경우, 매출원가가 과대 계상되고, 매출총이익이 과소 계상되므로 그 결과 당기순이익이 과소 계상된다. 당기순이익을 과소 계상하면 기말자본이 과소 계상된다.
8. ④ 회계처리 : (차) 투자부동산   5,200,000   (대) 미지급금   5,000,000
                                                     현 금   200,000
9. ① 총고정원가는 관련 범위 내에서 일정하고, 관련 범위 밖에는 일정하다고 할 수 없다.
10. ④ 매출원가는 손익계산서에서 제공되는 정보이다.
11. ② 공장 인사 관리 부문의 원가는 종업원의 수를 배부기준으로 하는 것이 적합하다.
12. ① • 직접재료원가 완성품환산량 : 완성품수량＋기말재공품환산량－기초재공품환산량
        30,000개＋10,000개－5,000개＝35,000개
    • 가공원가 완성품환산량 : 완성품수량＋기말재공품환산량－기초재공품환산량
        30,000개＋10,000개×30％－5,000개×70％＝29,500개
13. ② • 우리나라 부가가치세법은 소비지국과세원칙을 채택하고 있다.
14. ③ 폐업하는 사업자는 폐업일이 속하는 달의 다음 달 25일까지 확정신고를 하여야 한다.
15. ③ 개별소비세법 제1조 제2항 제3호에 따른 개별소비세 과세대상 차량이 아니므로 매입세액공제 가능하다.
    • 기업업무추진비(접대비)는 매입세액불공제 대상이다.
    • 개별소비세 과세대상인 배기량 1000cc를 초과하는 차량(종전의 비영업용소형승용차)의 구입, 유지, 임차를 위한 비용은 매입세액을 불공제한다.
    • 세금계산서, 신용카드매출전표, 현금영수증에 기재된 매입세액은 공제가능하다.

실무시험

문제 1

[1] 거래처등록 일반거래처에 입력
  • 거래처코드 : 5230, • 거래처명 : ㈜대영토이, • 유형 : 3.동시, • 사업자등록번호 : 108-86-13574,
  • 대표자 : 박완구, • 업태 : 제조, • 종목 : 완구제조, • 사업장주소 : 경기도 광주시 오포읍 왕림로 139
[2] 거래처별초기이월에 수정 입력
  • 외상매출금 튼튼사무기 8,300,000원→3,800,000원
  • 받을어음 ㈜강림상사 20,000,000원→2,000,000원
  • 외상매입금 ㈜해원상사 4,600,000원 추가 입력

[3] 순서대로 수정 입력한다.
- 전기분재무상태표 • 원재료 73,600,000원→75,600,000원 수정
- 전기분원가명세서 • 기말원재료재고액 73,600,000원 → 75,600,000원 확인
  • 당기제품제조원가 505,835,000원→503,835,000원 확인
- 전기분손익계산서 • 당기제품제조원가 505,835,000원→503,835,000원 수정
  • 당기순이익 131,865,000원→133,865,000원 확인
- 전기분잉여금처분계산서 • 당기순이익 131,865,000원→133,865,000원 수정
  • 미처분이익잉여금 169,765,000원→171,765,000원 확인
- 전기분재무상태표 • 이월이익잉여금 169,765,000원→171,765,000원 수정

[1] 08월 10일 일반전표입력
　(차) 예수금　　　　　　　　　　340,000　　(대) 보통예금　　　　　　　　　　680,000
　　　복리후생비(제)　　　　　　 340,000
[2] 08월 23일 일반전표입력
　(차) 부도어음과수표(㈜애플전자)　3,500,000　(대) 받을어음(㈜애플전자)　　　3,500,000
[3] 09월 14일 일반전표입력
　(차) 잡급(판)　　　　　　　　　420,000　　(대) 현　금　　　　　　　　　　420,000
　또는 출금전표 잡급(판)　　　　 420,000
[4] 09월 26일 일반전표입력
　(차) 퇴직급여충당부채　　　　 5,000,000　　(대) 퇴직연금운용자산　　　　 5,000,000
[5] 10월 16일 일반전표입력
　(차) 보통예금　　　　　　　　37,000,000　　(대) 단기매매증권　　　　　　35,000,000
　　　　　　　　　　　　　　　　　　　　　　　　단기매매증권처분이익　　　 2,000,000
　※ 단기매매증권의 취득과 관련된 거래원가(취득수수료)는 수수료비용(영업외비용)으로 처리한다.
[6] 11월 29일 일반전표입력
　(차) 보통예금　　　　　　　　49,000,000　　(대) 사　채　　　　　　　　　50,000,000
　　　사채할인발행차금　　　　　1,000,000

[1] 09월 02일 매입매출전표
　유형 : 11.과세, 공급가액 : 10,000,000, 부가세 : 1,000,000, 공급처 : ㈜신도기전, 전자 : 여, 분개 : 혼합
　(차) 받을어음　　　　　　　　 8,000,000　　(대) 부가세예수금　　　　　　 1,000,000
　　　외상매출금　　　　　　　　 3,000,000　　　　제품매출　　　　　　　　10,000,000
[2] 09월 12일 매입매출전표
　유형 : 57.카과, 공급가액 : 450,000, 부가세 : 45,000, 공급처 : 인천상회, 분개 : 카드 또는 혼합,
　신용카드사 : 우리카드(법인)
　(차) 부가세대급금　　　　　　　 45,000　　(대) 미지급금(우리카드(법인))　　495,000
　　　복리후생비(제)　　　　　　 450,000　　　　(또는 미지급비용)

[3] 10월 05일 매입매출전표입력
유형 : 16.수출(영세율구분 : ①), 공급가액 : 100,000,000, 공급처 : PYBIN사, 분개 : 혼합
(차) 보통예금 100,000,000 (대) 제품매출 100,000,000
[4] 10월 22일 매입매출전표입력
유형 : 53.면세, 공급가액 : 1,375,000, 공급처 : 영건서점, 전자 : 여, 분개 : 현금 또는 혼합
(차) 도서인쇄비(판) 1,375,000 (대) 현 금 1,375,000
[5] 11월 02일 매입매출전표입력
유형 : 22.현과, 공급가액 : 8,000,000, 부가세 : 800,000, 공급처 : 없음, 분개 : 혼합
(차) 보통예금 8,800,000 (대) 부가세예수금 800,000
　　　　　　　　　　　　　　　　　　　　　　　제품매출 8,000,000

※ 거래처는 입력하지 않아도 무방함
[6] 12월 19일 매입매출전표입력
유형 : 54.불공(불공사유 : ④), 공급가액 : 500,000, 부가세 : 50,000, 공급처 : 홍성백화점, 전자 : 여,
분개 : 카드(혼합)
(차) 기업업무추진비(판) 550,000 (대) 미지급금(국민카드) 550,000
　　　　　　　　　　　　　　　　　　　　　　　(또는 미지급비용)

문제 4

[1] 07월 31일 일반전표입력 수정
• 수정전 : (차) 퇴직급여(판) 14,000,000 (대) 보통예금 14,000,000
• 수정후 : (차) 퇴직연금운용자산 14,000,000 (대) 보통예금 14,000,000
[2] 10월 28일 매입매출전표입력 수정
• 수정 전 : 유형 : 51.과세, 공급가액 : 5,000,000, 부가세 : 500,000, 공급처 : 다다마트, 전자 : 여, 분개 : 현금
(차) 부가세대급금 500,000 (대) 현 금 5,500,000
　　복리후생비(판) 5,000,000
• 수정 후 : 유형 : 54.불공(불공사유 : ④), 공급가액 : 5,000,000, 부가세 : 500,000, 공급처 : 다다마트, 전자 : 여,
분개 : 현금(혼합)
(차) 기업업무추진비(판) 5,500,000 (대) 현 금 5,500,000

문제 5

[1] 12월 31일 일반전표입력
(차) 미수수익 150,000 (대) 이자수익 150,000
• 5,000,000×6%×6/12=150,000원
[2] 12월 31일 일반전표입력
(차) 외화환산손실 80,000 (대) 외상매입금(상하이) 80,000
• 외화환산손실 : (1,040×$2,000)−2,000,000=80,000원
[3] ① 결산자료입력(기간 : 1월~12월) F8대손상각
• 외상매출금 80,000원 • 받을어음 −30,000원 입력하고 결산반영 실행 후 F3전표추가
② 또는 12월 31일 일반전표입력
(차) 대손상각비(835) 80,000 (대) 대손충당금(109) 80,000
　　대손상각비(835) −30,000 　　대손충당금(111) −30,000

또는 (차) 대손상각비(835)	50,000	(대) 대손충당금(109)	80,000
		대손충당금(111)	−30,000
또는 (차) 대손상각비(835)	50,000	(대) 대손충당금(109)	80,000
대손충당금(111)	30,000		

[1] 700,000원
- 매입매출장(기간 : 1월 1일~3월 31일, 구분 : 2.매출, 유형 : 22.현과) 조회

[2] 3,162,300원
- 일(월)계표(조회기간 : 6월~6월) 제조원가 차변 현금액 확인

[3] 전설유통, 700,000원
- 거래처원장(조회기간 : 1월 1일~ 6월 30일, 계정과목 : 251.외상매입금) 조회

113회 기출문제총정리 해답

이론시험

1. ③ 회계는 발생주의를 기본적 특징으로 한다. 수익과 비용을 인식하는 시점을 현금이 유입·유출될 때로 보는 것은 현금주의에 대한 설명이다.
   ① 기업실체의 가정, ② 계속기업의 가정, ④ 기간별보고의 가정
2. ③ 상품의 매입환출 및 매입에누리는 매출원가 계산 시 총매입액에서 차감하는 항목이다.
3. ③ 20억원＋1억 5,000만원＋2억원＝23억5,000만원
   취득원가＝매입금액＋자본화차입원가＋취득세
   - 관리 및 기타 일반간접원가는 판매비와관리비이므로 원가에 포함하지 아니하고 당기 비용처리한다.
4. ④ 일반기업회계기준은 무형자산의 회계처리와 관련하여 영업권을 포함한 무형자산의 내용연수를 원칙적으로 20년을 초과하지 않도록 한정하고 있다.
5. ① 합계잔액시산표에 관한 설명으로 합계잔액시산표는 재무제표에 해당하지 않는다. 재무제표는 재무상태표, 손익계산서, 현금흐름표 및 자본변동표와 주석으로 구성되어 있다.
   ② 재무상태표 ③ 자본변동표 ④ 주석
6. ② 유동성장기부채는 비유동부채였으나 보고기간 종료일 현재 만기가 1년 이내 도래하는 부채를 의미하므로 영업주기와 관계없이 유동부채로 분류한다.
7. ④ 매도가능증권평가이익은 기타포괄손익누계액에 포함되는 항목으로 매도가능증권평가이익의 증감은 포괄손익계산서상의 기타포괄손익에 영향을 미친다.
8. ① 매출원가＝기초상품재고액＋매입액－기말상품재고액(219,000＋350,000－110,000＝459,000원)
   매출총이익＝매출액－매출원가(290,000－459,000＝－169,000원)
   당기순손익＝매출총이익－판매비와관리비(－169,000－191,000＝－360,000원)
9. ① 고정원가는 조업도가 증가할수록 단위당 원가는 감소한다.
10. ② 단계배분법은 보조부문 상호 간의 용역수수관계를 일부 인식하는 방법이다.

11. ②   1,150,000 + 450,000 + 700,000 = 2,300,000원
    - 당기총제조원가 = 직접재료원가 + 직접노무원가 + 제조간접원가
    - 직접재료원가 = 기초원재료 + 당기원재료매입액 − 기말원재료
      300,000 + 1,300,000 − 450,000 = 1,150,000원
    - 직접노무원가 = 당기지급임금액 + 당기미지급임금액 − 전기미지급임금액
      350,000 + 250,000 − 150,000 = 450,000원
12. ④   개별원가계산에 대한 설명이다.
13. ③   간이과세자 중 직전 사업연도 공급대가 4,800만원 미만인 사업자와 면세사업자로 등록한 자 및 사업자등록을 하지 않은 자는 세금계산서를 발급할 수 없다.
14. ②   중소기업의 외상매출금 및 미수금(이사 "외상매출금등"이라 한다)으로서 회수기일이 2년 이상 지난 외상매출금 등은 부가가치세법상 대손 사유에 해당한다. 다만, 특수관계인과의 거래로 인하여 발생한 외상매출금 등은 제외한다.
15. ④   위탁판매의 경우 부가가치세법상 공급시기는 위탁받은 수탁자 또는 대리인이 실제로 판매한 때이다.(부가가치세법 시행령 제28조 제10항)

실무시험

문제 1

[1] 거래처등록에서 일반거래처로 등록
 - 코드 : 00777, • 거래처명 : 슬기로운㈜, • 유형 : 3.동시, • 사업자번호 : 253-81-13578,
 - 대표자성명 : 김슬기, • 업태 : 도매, • 종목 : 금속,
 - 사업장주소 : 부산광역시 부산진구 중앙대로 663(부전동)

[2] 계정과목및적요등록에서
 134.가지급금의 대체적요란에 적요NO 8 : 출장비 가지급금 정산 입력

[3] • 전기분 원가명세서   • 임금 45,000,000원 → 47,200,000원 수정
                              • 당기제품제조원가 398,580,000원 → 400,780,000원 변경 확인
 • 전기분 손익계산서   • 제품매출원가의 당기제품제조원가 398,580,000원 → 400,780,000원 수정
                              • 매출원가 391,580,000원 → 393,780,000원 변경 확인
                              • 급여 86,500,000원 → 84,300,000원 수정
                              • 당기순이익 74,960,000원 확인
 • 전기분재무상태표 및 전기분잉여금처분계산서 변동 없음

문제 2

[1] 07월 15일 일반전표입력
   (차) 선급금(㈜상수)   3,000,000   (대) 당좌예금   3,000,000

[2] 08월 05일 일반전표입력
   (차) 보통예금   864,000,000   (대) 단기차입금(우리은행)   900,000,000
       선급비용   36,000,000

[3] 09월 10일   일반전표입력
　　(차) 미지급금(㈜대운)　　　1,000,000　　　(대) 임차보증금(㈜대운)　　　10,000,000
　　　 보통예금　　　　　　　9,000,000
[4] 10월 20일   일반전표입력
　　(차) 보통예금　　　　　　1,300,000　　　(대) 외상매출금(㈜영광상사)　　1,300,000
[5] 11월 29일   일반전표입력
　　(차) 매도가능증권(178)　　20,240,000　　(대) 보통예금　　　　　　20,240,000
[6] 12월 08일   일반전표입력
　　(차) 상　품　　　　　　　7,560,000　　　(대) 보통예금　　　　　　7,560,000

문제 3

[1] 08월 10일   매입매출전표입력
　　유형 : 51.과세, 공급가액 : 950,000, 부가세 : 95,000, 공급처 : ㈜산양산업, 전자 : 여, 분개 : 현금 또는 혼합
　　(차) 부가세대급금　　　　　95,000　　　(대) 현　금　　　　　　　1,045,000
　　　 소모품　　　　　　　　950,000
[2] 08월 22일   매입매출전표입력
　　유형 : 52.영세, 공급가액 : 34,000,000, 공급처 : ㈜로띠상사, 전자 : 여, 분개 : 혼합
　　(차) 원재료　　　　　　　34,000,000　　(대) 지급어음　　　　　　34,000,000
[3] 08월 25일   매입매출전표입력
　　유형 : 53.면세, 공급가액 : 800,000, 공급처 : 송강수산, 전자 : 여, 분개 : 혼합
　　(차) 복리후생비(판)　　　　500,000　　　(대) 보통예금　　　　　　800,000
　　　 기업업무추진비(판)　　　300,000
[4] 10월 16일   매입매출전표입력
　　유형 : 54.불공(불공사유 : ②), 공급가액 : 2,100,000, 부가세 : 210,000, 공급처 : 상해전자㈜, 전자 : 여,
　　분개 : 혼합
　　(차) 가지급금(황동규)　　　2,310,000　　(대) 미지급금　　　　　　2,310,000
[5] 11월 04일   매입매출전표입력
　　유형 : 17.카과(카드사 : 신한카드), 공급가액 : 700,000, 부가세 : 70,000, 공급처 : 김은우, 분개 : 카드 또는 혼합
　　(차) 외상매출금(신한카드)　　770,000　　(대) 부가세예수금　　　　　70,000
　　　　　　　　　　　　　　　　　　　　　　 제품매출　　　　　　　700,000
[6] 12월 04일   매입매출전표입력
　　유형 : 57.카과(카드사 : 하나카드), 공급가액 : 800,000, 부가세 : 80,000, 공급처 : ㈜뚝딱수선,
　　분개 : 카드 또는 혼합
　　(차) 부가세대급금　　　　　80,000　　　(대) 미지급금(하나카드)　　　880,000
　　　 수선비(제)　　　　　　800,000　　　　　 (또는 미지급비용)

문제 4

[1] 09월 09일   일반전표입력 수정
　　• 수정전 : (차) 보통예금　　　5,000,000　　(대) 장기차입금(㈜초록산업)　5,000,000
　　• 수정후 : (차) 보통예금　　　5,000,000　　(대) 장기차입금(㈜초록산업)　3,000,000
　　　　　　　　　　　　　　　　　　　　　　　단기차입금(㈜초록산업)　2,000,000

[2] 10월 15일 일반전표입력 삭제
- 수정전 : (차) 차량유지비(판)   275,000   (대) 현 금   275,000
- 수정후 : 10월 15일 매입매출전표입력
  유형 : 51.과세, 공급가액 : 250,000, 부가세 : 25,000, 공급처 : 바로카센터, 전자 : 여, 분개 : 현금 또는 혼합,
  (차) 부가세대급금   25,000   (대) 현 금   275,000
     차량유지비(판)   250,000

[1] 12월 31일 일반전표입력
  (차) 외화환산손실   200,000   (대) 외상매입금(NOVONO)   200,000
- 기말환산액 : $2,000×1,200＝2,400,000원(결산 시 기준환율 적용)
- 장부금액 : $2,000×1,100＝2,200,000원(매입 시 기준환율 적용)
- 외화환산손실 : 기말환산액 － 장부금액(2,400,000 － 2,200,000 ＝ 200,000원)
- 원화로 환산한 외화부채가 증가하므로 외화환산손실로 처리한다.

[2] 12월 31일 일반전표입력
  (차) 단기매매증권평가손실   2,000,000   (대) 단기매매증권   2,000,000

[3] 12월 31일 일반전표입력
  (차) 선급비용   1,200,000   (대) 보험료(제)   1,200,000

[1] 공급가액 5,100,000원, 세액 300,000원
- 부가가치세신고서(조회기간 : 2025년 4월 1일~6월 30일) 조회
  과세표준 및 매출세액란 7.예정신고누락분 금액 및 세액 확인 또는 우측 7.매출(예정신고누락분) 37.합계 금액 및 세액 확인

[2] 4월, 416,000원
- 총계정원장(월별, 기간 : 4월 1일~6월 30일, 계정과목 : 0511.복리후생비) 조회

[3] 세경상사, 50,000,000원
- 거래처원장(잔액, 기간 : 1월 1일~4월 30일, 계정과목 : 0253.미지급금) 조회

114회 기출문제총정리 해답

이론시험

1. ② (차) 기계장치   27,500,000(자산 증가)   (대) 미지급금   27,500,000(부채 증가)
2. ④ 병원 사업장 소재지의 토지 및 건물은 병원의 유형자산이다.
3. ② 3,000,000 − 900,000 = 2,100,000원
   장부금액 = 취득원가 3,000,000원 − 감가상각누계액 900,000원
   - 1차연도 감가상각비 : (3,000,000 − 300,000)×5/(5+4+3+2+1) = 900,000원
   - 연수합계법에 의한 1차연도 감가상각비 = (취득원가 − 잔존가치)×5/(5+4+3+2+1)
4. ③ 30,000,000 + 22,000,000 = 52,000,000원
   무형자산 금액 = 신제품 특허권 구입 비용 + A기업의 상표권 구입 비용
   - 연구단계에서 발생한 비용은 기간비용으로 처리한다.
5. ② 매도가능증권을 취득하는 경우에 발생한 수수료는 취득원가에 가산한다.
6. ④ 대손충당금은 채권 관련 계정(외상매출금, 받을어음 등)의 차감적 평가항목이다.
7. ① • 자본잉여금 : 주식발행초과금, 감자차익
   • 자본조정 : 자기주식처분손실, 주식할인발행차금
8. ③ (가)는 배당결의일의 회계처리이고, (나)는 배당지급일의 회계처리이다.
9. ① 변동원가
   • 원가행태에 따른 분류에는 변동원가, 고정원가, 혼합원가, 준고정원가가 있다.
10. ④ 2,500,000 + 300,000 − 0 = 2,800,000원
    • 당기총제조원가 = 당기제품제조원가 + 기말재공품 − 기초재공품
    • 당기제품제조원가 = 기말제품 + 매출원가 − 기초제품(500,000 + 2,000,000 − 0 = 2,500,000원)
11. ④ 8,000개 + 3,000개 = 11,000개
    재료원가 완성품환산량 = 당기완성품 수량 + 기말재공품 완성품환산량
12. ② 종합원가계산에 대한 설명이다.
13. ② 부가가치세법은 인적사항을 고려하지 않는 물세이다.
14. ④ 부동산임대업자가 해당 사업에 사용하던 건물을 매각하는 경우는 과세 대상이다.
15. ③ 과세표준(부가가치세법 제29조)

실무시험

[1] 거래처등록에 입력
- 코드 : 00500, • 거래처명 : 한국개발, • 유형 : 3.동시, • 사업자등록번호 : 134-24-91004,
- 대표자성명 : 김한국, • 업태 : 정보통신업, • 종목 : 소프트웨어개발,
- 주소 : 경기도 성남시 분당구 판교역로192번길 12 (삼평동)

[2] 계정과목및적요등록에 입력
862.행사지원비, 성격 : 3.경비,
현금적요 NO.1, 행사지원비 현금 지급, 대체적요 NO.1, 행사지원비 어음 발행
[3] • 전기분원가명세서 • 부재료비 당기부재료매입액 3,000,000원 추가입력
• 당기제품제조원가 87,250,000원이 90,250,000원으로 변경된 것을 확인
• 전기분손익계산서 • 당기제품제조원가 87,250,000원을 90,250,000원으로 변경
• 당기순이익 81,210,000원이 78,210,000원으로 변경된 것을 확인
• 전기분잉여금처분계산서에서 F6불러오기하고
• 당기순이익 81,210,000원이 78,210,000원으로 변경된 것을 확인
• 미처분이익잉여금 93,940,000원이 90,940,000원으로 변경된 것을 확인
• 전기분재무상태표 • 이월이익잉여금 90,940,000원으로 수정
• 외상매입금 90,000,000원으로 수정

문제 2

[1] 07월 05일 일반전표입력
(차) 퇴직급여(판)　　　　　　　1,400,000　　(대) 보통예금　　　　　　　1,400,000
[2] 07월 25일 일반전표입력
(차) 보통예금　　　　　　　　　4,400,000　　(대) 외상매출금(㈜고운상사)　9,900,000
　　　받을어음(㈜고운상사)　　　5,500,000
[3] 08월 30일 일반전표입력
(차) 보통예금　　　　　　　　 45,000,000　　(대) 받을어음(㈜재원)　　　50,000,000
　　　매출채권처분손실　　　　　 5,000,000
[4] 10월 03일 일반전표입력
(차) 보통예금　　　　　　　　　2,300,000　　(대) 배당금수익　　　　　　2,300,000
[5] 10월 31일 일반전표입력
(차) 급여(판)　　　　　　　　　4,900,000　　(대) 예수금　　　　　　　　　381,080
　　　　　　　　　　　　　　　　　　　　　　　　보통예금　　　　　　　4,518,920
[6] 12월 21일 일반전표입력
(차) 당좌예금　　　　　　　　　8,450,000　　(대) 사　채　　　　　　　　8,000,000
　　　　　　　　　　　　　　　　　　　　　　　　사채할증발행차금　　　　　450,000

문제 3

[1] 07월 20일 매입매출전표입력
유형 : 16.수출(영세율구분 : ①), 공급가액 : 6,000,000, 공급처 : NDVIDIA, 분개 : 외상 또는 혼합
(차) 외상매출금(NDVIDIA)　　　6,000,000　　(대) 제품매출　　　　　　　6,000,000
[2] 07월 23일 매입매출전표입력
유형 : 13.면세, 공급가액 : 65,000,000, 공급처 : 돌상상회, 전자 : 여, 분개 : 혼합
(차) 보통예금　　　　　　　　 30,000,000　　(대) 토　지　　　　　　　 62,000,000
　　　미수금　　　　　　　　　 35,000,000　　　　유형자산처분이익　　　 3,000,000

[3] 08월 10일 매입매출전표입력
유형 : 57.카과(카드사 : 현대카드), 공급가액 : 4,000,000, 부가세 : 400,000, 공급처 : 광고닷컴, 분개 : 카드(혼합)
(차) 부가세대급금 400,000 (대) 미지급금(현대카드) 4,400,000
광고선전비(판) 4,000,000 또는 미지급비용(현대카드)
[4] 08월 17일 매입매출전표입력
유형 : 51.과세, 공급가액 : 12,000,000, 부가세 : 1,200,000, 공급처 : ㈜고철상사, 전자 : 여, 분개 : 혼합
(차) 원재료 12,000,000 (대) 지급어음 5,000,000
부가세대급금 1,200,000 외상매입금 8,200,000
[5] 08월 28일 매입매출전표입력
유형 : 61.현과, 공급가액 : 5,000,000, 부가세 : 500,000, 공급처 : ㈜와마트, 분개 : 현금 또는 혼합
(차) 비 품 5,000,000 (대) 현 금 5,500,000
부가세대급금 500,000
[6] 11월 08일 매입매출전표입력
유형 : 54.불공(불공사유 : ②), 공급가액 : 25,000,000, 부가세 : 2,500,000, 공급처 : 대박호텔㈜, 전자 : 여, 분개 : 혼합
(차) 가지급금(김영순) 27,500,000 (대) 보통예금 27,500,000
• 해당 거래는 사업과 관련없는 거래로 불공제 처리하고 가지급금으로 처리한다.

[1] 11월 12일 매입매출전표입력
• 수정전 : 유형 : 51.과세, 공급가액 : 90,909, 부가세 : 9,091, 공급처 : 호호꽃집, 전자 : 여, 분개 : 혼합
(차) 부가세대급금 9,091 (대) 보통예금 100,000
소모품비(판) 90,909
• 수정후 : 유형 : 53.면세, 공급가액 : 100,000, 공급처 : 호호꽃집, 전자 : 여, 분개 : 혼합
(차) 소모품비(판) 100,000 (대) 보통예금 100,000
[2] 12월 12일 매입매출전표입력
• 수정전 : 유형 : 51.과세, 공급가액 : 80,000,000, 부가세 : 8,000,000, 공급처 : ㈜베스트디자인, 전자 : 여,
분개 : 혼합
(차) 수선비(판) 80,000,000 (대) 보통예금 88,000,000
부가세대급금 8,000,000
• 수정후 : 유형 : 51.과세, 공급가액 : 80,000,000, 부가세 : 8,000,000, 공급처 : ㈜베스트디자인, 전자 : 여,
분개 : 혼합
(차) 건 물 80,000,000 (대) 보통예금 88,000,000
부가세대급금 8,000,000

[1] 12월 31일 일반전표입력
(차) 단기매매증권 2,500,000 (대) 단기매매증권평가이익 2,500,000
[2] 12월 31일 일반전표입력
(차) 장기대여금(미국 GODS사) 140,000 (대) 외화환산이익 140,000
• ($2,000×1,120)−2,100,000 = 140,000원

[3] ① 또는 ② 중 하나를 선택하여 입력
　① 결산자료입력메뉴에서 입력 후 F3전표추가
　　9. 법인세등 • 1). 선납세금 결산반영금액에 7,000,000원 입력
　　　　　　　 • 2). 추가계상액 결산반영금액에 8,000,000원 입력
　② 12월 31일 일반전표입력
　　(차) 법인세등　　　　　　　15,000,000　　(대) 선납세금　　　　　7,000,000
　　　　　　　　　　　　　　　　　　　　　　　　　미지급세금　　　　8,000,000

 문제 6

[1] 기업업무추진비, 50,000원
　• 일계표(월계표) [월계표] 탭(조회기간 : 03월~03월)
[2] 22,530,000 − 16,800,000 = 5,730,000원
　• 재무상태표(기간 : 02월) 조회 : 미수금 22,530,000원, 미지급금 16,800,000원
[3] 3,060,000원
　• 부가가치세신고서(조회기간 : 4월 1일~6월 30일) 공제받지못할매입세액(16)란의 세액 확인

 115회 기출문제총정리 해답

이론시험

1. ④　재무제표의 기본가정 중 기간별 보고의 가정이 기말결산정리의 근거가 되는 가정이다.
2. ④　선수수익은 유동부채 항목이다.
3. ②　• 원가 흐름의 가정 중 선입선출법은 먼저 입고된 자산이 먼저 출고된 것으로 가정하여 입고 일자가 빠른 원가를 출고 수량에 먼저 적용한다. 선입선출법은 실제 물량 흐름과 원가 흐름의 가정이 유사하다는 장점이 있으나, 수익·비용 대응의 원칙에 부적합하고, 물가 상승 시 이익이 과대 계상되는 단점이 있다.
4. ③　건물 내부의 조명기구를 교체하는 지출은 수선유지를 위한 지출에 해당하며 이는 자본적 지출에 해당하지 않으므로 발생한 기간의 비용으로 인식한다.
5. ①　무형자산의 잔존가치는 원칙적으로 '0'인 것으로 본다.
6. ①　임차보증금은 기타비유동자산으로서 자산계정에 해당한다.
7. ③　자기주식은 자본조정 항목이고, 자기주식처분이익과 감자차익, 주식발행초과금은 자본잉여금 항목이다.
8. ③　• 순매출액 = 총매출액 − 매출할인 : 500,000 − 10,000 = 490,000원
　　　• 매출원가 = 기초재고 + (당기총매입액 − 매입에누리) : 50,000 + (300,000 − 20,000) = 330,000원
　　　• 판매비와관리비 = 급여 + 통신비 + 감가상각비 + 임차료 : 20,000 + 5,000 + 10,000 + 25,000 = 60,000원
　　　• 영업이익 = 순매출액 − 매출원가 − 판매비와관리비 : 490,000 − 330,000 − 60,000 = 100,000원
　　　• 이자비용과 유형자산처분손실은 영업외비용, 배당금수익은 영업외수익이다.
9. ①　보조부문의 원가 배분방법으로는 직접배분법, 단계배분법 및 상호배분법이 있으며, 이들 배분 방법에 관계없이 전체 보조부문의 원가는 동일하다.

10. ③ • 가, 라 : 원가행태에 따른 분류
• 나, 마 : 의사결정과의 관련성에 따른 분류
• 다, 바 : 원가 추적가능성에 따른 분류
11. ③ • 제조간접원가 예정배부율 : 3,800,000/80,000시간＝47.5원/기계작업시간
• 제조간접원가 예정배부액＝실제기계작업시간×예정배부율 : 11,000시간×47.5＝522,500원
12. ① 평균법과 선입선출법에 의한 완성품 환산량의 차이는 기초재공품의 차이에서 발생한다.
13. ③ 사업자단위과세사업자는 모든 사업장의 부가가치세를 총괄하여 신고 및 납부할 수 있다.
14. ④ 의제매입세액의 공제 : 사업자가 부가가치세를 면제받아 공급받거나 수입한 농·축·수산물 또는 임산물을 원재료로 하여 제조·가공한 재화 또는 창출한 용역의 공급에 대하여 부가가치세가 과세되는 경우 면세 농산물 등에 매입세액이 있는 것으로 보아 매입세액을 공제할 수 있다.
15. ③ 내국신용장 또는 구매확인서에 의하여 공급하는 재화는 세금계산서 발급 의무가 있다.

실무시험

문제 1

[1] 거래처등록 메뉴에서 일반거래처에 입력
 • 거래처코드 : 02411, • 거래처명 : ㈜구동컴퓨터, • 등록번호 : 189-86-70759
 • 유형 : 3.동시, • 대표자 : 이주연, • 업태 : 제조, • 종목 : 컴퓨터 및 주변장치
 • 사업장주소 : 울산광역시 울주군 온산읍 종동길 102
[2] 계정과목및적요등록 메뉴에서 821.보험료 계정 적요에 입력
 • 현금적요 NO.7, 경영인 정기보험료 납부
 • 대체적요 NO.5, 경영인 정기보험료 미지급
 • 대체적요 NO.6, 경영인 정기보험료 상계
[3] 거래처별초기이월 메뉴에 입력 또는 수정
 • 선급금 • 공상㈜ 1,873,000원 입력
 • 선수금 • 해원전자㈜ 1,320,000원 → 2,320,000원으로 수정
   • ㈜유수전자 210,000원 → 2,100,000원으로 수정
   • 데회전자 500,000원 삭제(또는 금액을 0원으로 수정)

문제 2

[1] 07월 28일 일반전표입력
 (차) 외상매입금(㈜경재전자) 2,300,000 (대) 지급어음(㈜경재전자) 2,000,000
       채무면제이익 300,000
[2] 09월 03일 일반전표입력
 (차) 단기차입금(하나은행) 82,000,000 (대) 보통예금 84,460,000
   이자비용 2,460,000
[3] 09월 12일 일반전표입력
 (차) 보통예금 13,800,000 (대) 외상매출금(DOKY사) 14,000,000
   외환차손 200,000

[4] 10월 07일 일반전표입력
  (차) 보통예금   7,000,000   (대) 자본금   5,000,000
                                              주식할인발행차금   1,000,000
                                              주식발행초과금   1,000,000

[5] 10월 28일 일반전표입력
  (차) 퇴직급여(제)   8,000,000   (대) 보통예금   12,000,000
      퇴직급여(판)   4,000,000

[6] 11월 12일 일반전표입력
  (차) 보통예금   2,500,000   (대) 대손충당금(109.)   2,500,000

문제 3

[1] 07월 03일 매입매출전표입력
  유형 : 57.카과, 공급가액 : 300,000, 부가세 : 30,000, 공급처 : 맛나도시락, 분개 : 카드 또는 혼합,
  신용카드사 : 현대카드
  (차) 부가세대급금   30,000   (대) 미지급금(현대카드)   330,000
      복리후생비(판)   300,000   또는 미지급비용

[2] 08월 06일 매입매출전표입력
  유형 : 14.건별, 공급가액 : 1,200,000, 부가세 : 120,000, 공급처 : 최한솔, 분개 : 현금 또는 혼합
  (차) 현 금   1,320,000   (대) 부가세예수금   120,000
                                              잡이익   1,200,000

[3] 08월 29일 매입매출전표입력
  유형 : 12.영세(영세율구분 : ③), 공급가액 : 5,200,000, 공급처 : ㈜선월재, 전자 : 여, 분개 : 혼합
  (차) 현 금   500,000   (대) 제품매출   5,200,000
      외상매출금   4,700,000

[4] 10월 15일 매입매출전표입력
  유형 : 11.과세, 공급가액 : 10,000,000, 부가세 : 1,000,000, 공급처 : ㈜우성유통, 전자 : 여, 분개 : 혼합
  (차) 받을어음(하움공업)   8,000,000   (대) 부가세예수금   1,000,000
      외상매출금   3,000,000   제품매출   10,000,000

[5] 10월 30일 매입매출전표입력
  유형 : 55.수입, 공급가액 : 6,000,000, 부가세 : 600,000, 공급처 : 인천세관, 전자 : 여 또는 부, 분개 : 혼합
  (차) 부가세대급금   600,000   (대) 당좌예금   600,000

[6] 12월 02일 매입매출전표입력
  유형 : 62.현면, 공급가액 : 275,000, 공급처 : 두나과일, 분개 : 현금 또는 혼합
  (차) 복리후생비(제)   275,000   (대) 현 금   275,000
  또는 출금전표 복리후생비(제)   275,000

문제 4

[1] 11월 01일 일반전표입력
  • 수정전
    (차) 단기매매증권   12,120,000   (대) 현 금   12,120,000

• 수정후
  (차) 단기매매증권   12,000,000   (대) 현 금   12,120,000
     수수료비용(984)   120,000
[2] 11월 26일 매입매출전표입력
  • 수정전
   유형 : 51.과세, 공급가액 : 800,000, 부가세 : 80,000, 공급처 : ㈜산들바람, 전자 : 부, 분개 : 혼합
   (차) 부가세대급금   80,000   (대) 현 금   880,000
      소모품비(제)   800,000
  • 수정후
   유형 : 54.불공, 공급가액 : 800,000, 부가세 : 80,000, 공급처 : ㈜산들바람, 전자 : 부, 분개 : 현금 또는 혼합,
   불공제사유 : ④기업업무추진비 및 이와 유사한 비용 관련
   (차) 기업업무추진비(제)   880,000   (대) 현 금   880,000
   또는 출금전표 기업업무추진비(제)   880,000

[1] 12월 31일 일반전표입력
    (차) 부가세예수금   14,630,000   (대) 부가세대급금   22,860,000
       미수금   8,230,000
[2] 12월 31일 일반전표입력
    (차) 미수수익   525,000   (대) 이자수익   525,000
  • 당기분 이자 : 30,000,000×7%×3/12=525,000원
[3] 12월 31일 일반전표입력
    (차) 장기차입금(신한은행)   13,000,000   (대) 유동성장기부채(신한은행) 13,000,000

[1] 민선전자, 36,603,000원
  • 거래처원장(조회기간 : 1월 1일~6월 30일) 251.외상매입금 잔액 조회
[2] 2월, 800,000원
  • 총계정원장(기간 : 1월 1일~3월 31일) 계정과목 : 소모품비(830) 조회
[3] 2매, 440,000원
  • 세금계산서합계표(4월~6월) 매입 조회 ㈜하이일렉의 매수와 세액 확인

116회 기출문제총정리 해답

이론시험

1. ② 손익계산서는 일정 기간 동안 기업실체의 경영성과에 대한 정보를 제공하는 재무보고서이다.[일반기업회계기준 "재무회계개념체계" 문단 79]
2. ④ 단기매매증권 취득 시 발생한 거래원가는 당기비용으로 처리하여야 한다. 만약 이를 자산으로 계상하면 자산의 과대계상과 비용의 과소계상이 된다. 자산의 과대계상은 재무제표 등식에 따라 부채가 불변이면 자본의 과대계상이 되고, 비용의 과소계상은 당기순이익의 과대계상을 초래한다.
3. ② • 20X1년 감가상각비 : (10,000,000 − 1,000,000)/5년 = 1,800,000원
   • 20X2년 감가상각비 : (10,000,000 − 1,000,000)/5년 × 6/12 = 900,000원
   • 처분손실 : (10,000,000 − 1,800,000 − 900,000) − 4,000,000 = 3,300,000원
4. ① • 현금및현금성자산 : 현금시재액, 당좌예금 (200,000 + 500,000 = 700,000원)
   • 단기금융상품 : 정기예금 1,500,000원(보고기간 종료일로부터 1년 이내에 만기가 도래)
5. ① 대손충당금은 채권의 차감적 평가계정이다.
6. ③ • 당기순이익은 미처분이익잉여금을 증가시킴(자본증가)
   • 현금배당은 미처분이익잉여금을 감소시킴(자본감소)
   • 주식배당은 미처분이익잉여금을 감소시킴과 동시에 자본금을 증가시킴(영향 없음)
   • 유상증자는 자본금 및 자본잉여금을 증가시킴(자본증가)
7. ③ 대가가 분할되어 수취되는 할부판매의 경우에는 이자부분을 제외한 판매가격에 해당하는 수익을 판매시점에 인식한다. 판매가격은 대가의 현재가치로서 수취할 할부금액을 내재이자율로 할인한 금액이다.
8. ② 취득원가에 매입부대비용은 포함된다.
9. ④ 과거의 의사결정으로 인해 이미 발생한 원가로 대안 간의 차이가 발생하지 않는 원가는 매몰비용(매몰원가)에 대한 설명이다.
10. ② 단계배분법은 보조부문원가의 배분순서를 정하여 그 순서에 따라 보조부문원가를 다른 보조부문과 제조부문에 단계적으로 배분하는 방법이다
11. ③ 당기총제조원가를 제외한 나머지는 손익계산서에서 제공하는 정보이다.
12. ④ • 가공원가 완성품환산량 : 당기완성품수량 + 기말재공품수량 × 완성도
    40,000개 + 30,000개 × 60% = 58,000개
13. ② 영세율을 적용받는 사업자도 납세의무자에 해당한다.(부가가치세법 제3조 제1항 제1호 및 제2호)
14. ③ 제조업의 경우 따로 제품 포장만을 하거나 용기에 충전만 하는 장소는 사업장에서 제외한다.
15. ① 전자세금계산서는 발급일의 익일(다음 날)까지 국세청장에게 전송하여야 한다.

실무시험

[1] 거래처등록(일반거래처)에 입력
• 거래처코드 : 05000, • 거래처명 : ㈜대신전자, • 사업자등록번호 : 108-81-13579
• 유형 : 1.매출, • 대표자성명 : 김영일, • 업태 : 제조, • 종목 : 전자제품
• 사업장주소 : 경기도 시흥시 정왕대로 56(정왕동)

[2] 거래처별초기이월에 수정 입력
- 외상매출금＞㈜동명상사 5,000,000원 → 6,000,000원으로 수정
- 받을어음＞㈜남북 2,500,000원 → 1,000,000원으로 수정
- 지급어음＞㈜동서 1,500,000원 추가 입력

[3] 전기분원가명세서에서 입력
- 세금과공과금 3,500,000원 입력
- 당기제품제조원가 104,150,000원 → 107,650,000원으로 수정 확인

전기분손익계산서에서 입력
- 당기제품제조원가 107,650,000원으로 수정
- 판매비와관리비 세금과공과금 3,500,000원 삭제(또는 세금과공과금 금액을 0원으로 수정)
- 당기순이익 18,530,000원 변동 없음 확인

[1] 8월 5일 일반전표입력
(차) 보통예금	740,000	(대) 받을어음(㈜기경상사)	1,000,000
매출채권처분손실	260,000		

[2] 8월 10일 일반전표입력
(차) 세금과공과(판)	400,000	(대) 미지급금(하나카드)	808,000
수수료비용(판)	8,000	또는 미지급비용	
예수금	400,000		

[3] 8월 22일 일반전표입력
(차) 비 품	5,000,000	(대) 자산수증이익	5,000,000

[4] 9월 4일 일반전표입력
(차) 선급금(㈜경기)	1,000,000	(대) 보통예금	1,000,000

[5] 10월 28일 일반전표입력
(차) 소모품비(판)	70,000	(대) 현 금	70,000

[6] 12월 1일 일반전표입력
(차) 단기매매증권	2,500,000	(대) 보통예금	2,550,000
수수료비용(984)	50,000		

[1] 7월 5일 매입매출전표입력
유형 : 17.카과, 공급가액 : 800,000, 부가세 : 80,000, 공급처 : 제일상사, 분개 : 카드 또는 혼합,
신용카드사 : 삼성카드
(차) 외상매출금(삼성카드)	880,000	(대) 제품매출	800,000
		부가세예수금	80,000

[2] 7월 11일 매입매출전표입력
유형 : 11.과세, 공급가액 : 30,000,000, 부가세 : 3,000,000, 공급처 : ㈜연분홍상사, 전자 : 여, 분개 : 혼합
(차) 외상매출금	17,000,000	(대) 제품매출	30,000,000
받을어음	15,000,000	부가세예수금	3,000,000
현 금	1,000,000		

[3] 10월 1일 매입매출전표입력
   유형 : 62.현면, 공급가액 : 1,100,000, 부가세 : 0, 공급처 : 대형마트, 분개 : 혼합
   (차) 복리후생비(제)   1,100,000   (대) 보통예금   1,100,000
[4] 10월 30일 매입매출전표입력
   유형 : 16.수출, 공급가액 : 70,000,000, 부가세 : 0, 공급처 : Nice Planet, 분개 : 혼합,
   영세율구분 : ①직접수출(대행수출 포함)
   (차) 보통예금   28,000,000   (대) 제품매출   70,000,000
       외상매출금   42,000,000
[5] 11월 30일 매입매출전표입력
   유형 : 51.과세, 공급가액 : 3,000,000, 부가세 : 300,000, 공급처 : ㈜제니빌딩, 전자 : 여, 분개 : 혼합
   (차) 임차료(판)   3,000,000   (대) 미지급금   3,300,000
       부가세대급금   300,000
[6] 12월 10일 매입매출전표입력
   유형 : 54.불공, 공급가액 : 60,000,000, 부가세 : 6,000,000, 공급처 : ㈜시온건설, 전자 : 여, 분개 : 혼합,
   불공제사유 : ⑥토지의 자본적지출 관련
   (차) 토   지   66,000,000   (대) 받을어음(㈜선유자동차)   66,000,000

[1] 9월 1일 일반전표입력
   • 수정전 : (차) 차량유지비(판)   110,000   (대) 현 금   110,000
   • 수정후 : 일반전표에 입력된 내용 삭제하고 9월 1일 매입매출전표에 다음과 같이 입력
       유형 : 61.현과, 공급가액 : 100,000, 부가세 : 10,000, 공급처 : ㈜가득주유소, 분개 : 현금 또는 혼합
   (차) 차량유지비(제)   100,000   (대) 현 금   110,000
       부가세대급금   10,000
[2] 11월 12일 일반전표입력
   • 수정전 : (차) 퇴직연금운용자산   17,000,000   (대) 보통예금   17,000,000
   • 수정후 : (차) 퇴직급여(판)   17,000,000   (대) 보통예금   17,000,000

문제 5

[1] 12월 31일 일반전표입력
   (차) 미수수익   225,000   (대) 이자수익   225,000
   • 10,000,000×4.5%×6/12=225,000원
[2] 12월 31일 일반전표입력
   (차) 장기차입금(경남은행)   50,000,000   (대) 유동성장기부채(경남은행) 50,000,000
[3] 12월 31일 일반전표입력
   (차) 부가세예수금   52,346,500   (대) 부가세대급금   52,749,000
       미수금   402,500

문제 6

[1] 양주기업, 50,000,000원
- 거래처원장(기간 2025년 1월 1일~2025년 3월 31일, 잔액 탭) 계정과목 : 108.외상매출금 조회

[2] 4월
- 계정별원장(기간 2025년 1월 1일~2025년 12월 31일) 903.배당금수익 조회

[3] 295,395,000원
- 부가가치세신고서(기간 : 4월 1일~6월 30일) 조회
- 과세 세금계산서 발급분 공급가액 290,395,000원 + 영세 세금계산서 발급분 공급가액 5,000,000원

117회 기출문제총정리 해답

이론시험

1. ③ 연구단계에서 발생한 지출은 당기 비용으로 처리한다.
2. ④ 단기차입금은 유동부채에 해당한다.
3. ① 무형자산의 소비되는 행태를 신뢰성 있게 결정할 수 없을 경우 정액법으로 상각한다.
4. ① • 300,000 + 20,000 − 30,000 = 290,000원
    - 미착상품 : 목적지 인도조건인 경우에는 상품이 목적지에 도착하여 매입자가 인수한 시점에 소유권이 매입자에게 이전되기 때문에 매입자의 재고자산에 포함하지 않는다. 일반기업회계기준 실7.5(문단7.3)의 (1)
    - 적송품 : 적송품은 수탁자가 제3자에게 판매하기 전까지는 위탁자의 재고자산에 포함한다. 일반기업회계기준 실7.5(문단7.3)의 (3)
5. ③ 최초 인식 이후 공정가치로 측정하고 공정가치의 변동을 당기손익으로 인식하는 금융자산, 즉, 단기매매증권 등의 취득과 직접 관련된 거래원가는 당기비용으로 처리한다. [일반기업회계기준 문단 6.12]
6. ② 이익잉여금 : 자본, 미지급배당금 : 부채, 법정적립금 : 자본(이익잉여금)
7. ④ 이익잉여금에 의한 주식배당과 무상증자는 모두 순자산의 증가가 발생하지 않는다.
    주식배당의 분개 : (차) 이익잉여금   XXX   (대) 자본금   XXX
    무상증자의 분개 : (차) 이익잉여금   XXX   (대) 자본금   XXX
8. ④ 기업의 주된 영업활동에서 발생하는 매출액은 영업수익이다.
9. ① • 과소배부 : 실제 발생액 − 예정 배부액(500,000 − 180,000 = 320,000원)
    - 예정배부율 = 예상액 ÷ 직접노무시간(3,000,000 ÷ 50,000 = 60원/시간)
    - 예정배부액 = 실제 직접노무시간 × 예정배부율(3,000 × 60 = 180,000원)
10. ② 고정원가에 해당한다. 나머지는 변동원가에 해당한다.
11. ④ • 가공원가 : 직접노무원가 + 제조간접원가(2,500,000 + 1,800,000 = 4,300,000원)
12. ② 직접배분법은 보조부문 상호간의 용역수수관계가 밀접한 경우 부정확한 원가배분을 초래하는 단점이 있다.
13. ② 약사의 조제의약품은 면세 대상이나, 일반의약품은 과세 대상이다.
14. ③ 장기할부판매는 대가의 각 부분을 받기로 한 때를 공급시기로 한다.(부가가치세법 시행령 제28조 제1항)
15. ① 영세율제도 : 주로 수출하는 기업에 영세율을 적용하여 부가가치세가 환급되므로 수출을 지원하는 효과가 있다.

실무시험

문제 1

[1] 계정과목및적요등록에서 812.여비교통비 대체적요란에 적요NO.3 : 교통비 가지급금 정산 입력
[2] • 거래처별초기이월 메뉴에 입력
　　외상매출금　•㈜장전전자 2,000,000원 → 20,000,000원으로 수정
　　외상매입금　•구서기업 23,000,000원 → 30,000,000원으로 수정
　　받을어음　　•데모산업 20,000,000원 추가 입력
[3] • 전기분원가명세서　운반비 5,500,000원 추가 입력
　　　　　　　　　　　당기제품제조원가 74,650,000원 → 80,150,000원으로 수정 확인
　• 전기분손익계산서　제품매출원가의 당기제품제조원가 74,650,000원 → 80,150,000원으로 수정
　　　　　　　　　　　당기순이익 24,030,000원 → 18,530,000원으로 수정 확인
　• 전기분잉여금처분계산서　F6불러오기>당기순이익 24,030,000원 → 18,530,000원으로 수정 확인
　　　　　　　　　　　　　　미처분이익잉여금 42,260,000원 → 36,760,000원으로 수정 확인
　• 전기분재무상태표　이월이익잉여금 42,260,000원 → 36,760,000원으로 수정
　　　　　　　　　　　대차차액 0원 확인

문제 2

[1] 07월 20일　일반전표입력
　　(차) 기부금　　　　　　　　　20,000,000　　(대) 제 품　　　　　　　　　　20,000,000
　　　　　　　　　　　　　　　　　　　　　　　　　　(적요8.타계정으로 대체액)
　• 제품을 파주시청(지방자치단체)에 기부하였을 경우 해당 비용은 원가의 금액으로 하며, 적요는 8.타계정으로 대체로 입력한다.
[2] 08월 28일　일반전표입력
　　(차) 당좌예금　　　　　　　　 1,500,000　　(대) 선수금(㈜나른물산)　　　 1,500,000
[3] 10월 01일　일반전표입력
　　(차) 대손상각비(835)　　　　　 2,000,000　　(대) 외상매출금(㈜부곡무역)　 2,000,000
[4] 11월 11일　일반전표입력
　　(차) 매도가능증권(178)　　　　40,115,000　　(대) 보통예금　　　　　　　　40,115,000
[5] 12월 04일　일반전표입력
　　(차) 교육훈련비(525)　　　　　 2,500,000　　(대) 예수금　　　　　　　　　　220,000
　　　　　　　　　　　　　　　　　　　　　　　　　　　보통예금　　　　　　　　 2,280,000
[6] 12월 28일　일반전표입력
　　(차) 외상매입금(㈜온천전기)　 6,900,000　　(대) 외상매출금(㈜온천전기)　 6,900,000

문제 3

[1] 07월 11일　매입매출전표입력
　　유형 : 12.영세,(영세율구분 : ③), 공급가액 : 16,500,000, 부가세 : 0, 공급처 : ㈜전남, 전자 : 여, 분개 : 혼합
　　(차) 선수금　　　　　　　　　　5,000,000　　(대) 제품매출　　　　　　　　16,500,000
　　　　받을어음　　　　　　　　　11,500,000

[2] 08월 25일 매입매출전표입력
　　유형 : 51.과세, 공급가액 : 5,000,000, 부가세 : 500,000, 공급처 : 빛나는간판, 전자 : 여, 분개 : 혼합
　　(차) 비 품　　　　　　　　　　5,000,000　　(대) 현 금　　　　　　　　　　500,000
　　　　부가세대급금　　　　　　　　500,000　　　　미지급금　　　　　　　　5,000,000

[3] 09월 17일 매입매출전표입력
　　유형 : 11.과세, 공급가액 : 5,000,000, 부가세 : 500,000, 공급처 : 한수상사, 전자 : 여, 분개 : 혼합
　　(차) 외상매출금　　　　　　　　3,500,000　　(대) 부가세예수금　　　　　　500,000
　　　　보통예금　　　　　　　　　2,000,000　　　　제품매출　　　　　　　5,000,000

[4] 10월 02일 매입매출전표입력
　　유형 : 22.현과, 공급가액 : 1,000,000, 부가세 : 100,000, 공급처 : 나누리, 분개 : 현금
　　(차) 현 금　　　　　　　　　　1,100,000　　(대) 제품매출　　　　　　　1,000,000
　　　　　　　　　　　　　　　　　　　　　　　　　부가세예수금　　　　　　100,000

[5] 11월 19일 매입매출전표입력
　　유형 : 55.수입, 공급가액 : 2,600,000, 부가세 : 260,000, 공급처 : 부산세관, 전자 : 여, 분개 : 현금 또는 혼합
　　(차) 부가세대급금　　　　　　　　260,000　　(대) 현 금　　　　　　　　　260,000
　　　또는 출금전표　부가세대급급　　260,000

[6] 12월 01일 매입매출전표
　　유형 : 57.카과, 공급가액 : 3,000,000, 부가세 : 300,000, 공급처 : ㈜광고나라, 분개 : 카드 또는 혼합,
　　신용카드사 : 우리카드(법인)
　　(차) 부가세대급금　　　　　　　　300,000　　(대) 미지급금(우리카드(법인))　　3,300,000
　　　　광고선전비(판)　　　　　　　3,000,000　　　　또는 미지급비용

[1] 07월 13일 일반전표입력
　　• 수정전 : (차) 보통예금　　　　12,000,000　　(대) 장기차입금(㈜정모상사)　　12,000,000
　　• 수정후 : (차) 보통예금　　　　12,000,000　　(대) 장기차입금(㈜정모상사)　　10,000,000
　　　　　　　　　　　　　　　　　　　　　　　　　　단기차입금(㈜정모상사)　　2,000,000

[2] 11월 10일 매입매출전표입력(하단의 분개만 수정)
　　• 수정전 : 유형 : 51.과세, 공급가액 : 10,000,000, 부가세 : 1,000,000, 공급처 : 다온테크㈜, 전자 : 여,
　　　　　　　분개 : 혼합
　　　(차) 부가세대급금　　　　　　1,000,000　　(대) 보통예금　　　　　　11,000,000
　　　　　수선비(제)　　　　　　　10,000,000
　　• 수정후 : 유형 : 51.과세, 공급가액 : 10,000,000, 부가세 : 1,000,000, 공급처 : 다온테크㈜, 전자 : 여,
　　　　　　　분개 : 혼합
　　　(차) 부가세대급금　　　　　　1,000,000　　(대) 보통예금　　　　　　11,000,000
　　　　　건 물　　　　　　　　　10,000,000

[1] 12월 31일 일반전표입력
　　(차) 현금과부족　　　　　　　　670,000　　(대) 선수금(㈜은비상사)　　　340,000
　　　　　　　　　　　　　　　　　　　　　　　　　잡이익　　　　　　　　　330,000

[2] 12월 31일 일반전표입력
    (차) 선급비용   600,000   (대) 임차료(제)   600,000
   • 선급비용 : 1,200,000×6개월/12개월=600,000원
[3] 12월 31일 일반전표입력
    (차) 퇴직급여(제)   22,000,000   (대) 보통예금   40,000,000
       퇴직급여(판)   18,000,000

문제 6

[1] 9매, 72,050,000원
   • 세금계산서합계표(기간 1월~3월) 매출 조회
[2] 960,000원
   • 일계표(월계표 6월-6월) 조회
   • 가장 많은 계정과목 : 이자비용 1,460,000원
   • 가장 적은 계정과목 : 기부금 500,000원
   • 차액 : 1,460,000 - 500,000 = 960,000원
[3] 16,300,000원
   • 거래처원장(기간 : 4월 1일~4월 30일) 108.외상매출금 계정에서 거래처 리제상사 대변 합계금액 확인

이성노

약력
- 인천대학교 경제학과
- 서강대학교 경제대학원 경제학 석사
- 인천대학교 대학원 경제학 박사과정 수료
- 세무사
- 인천시 및 부평구 결산검사위원
- 남인천세무서 과세적부심사위원 및 공평과세위원
- 재능대학 세무회계과 겸임교수
- 한국음식업중앙회 인천지회 교육원 세무강사
- 중부지방세무사회 연수이사
- 중앙세무법인 대표세무사
- 인터넷신문 인천 in 감사
- 한국세무사회 세무연수원 교수
- 인천지방세무사회 연수교육위원
- 세무법인 세방 대표이사

저서
- 조세법개론, 도서출판 명우
- 부가가치세법개론, 경영과회계
- 알기쉬운 회계원리, 경영과회계
- 알기쉬운 원가회계, 경영과회계
- 알기쉬운 재무회계, 경영과회계
- 알기쉬운 세무회계, 경영과회계
- 비젼 재무·원가관리회계, 경영과회계
- 비젼 세무회계, 경영과회계
- 포인트 전산회계2급, 경영과회계
- 포인트 전산세무1급, 경영과회계
- 포인트 전산세무2급, 경영과회계

2025 POINT 전산회계 1급

발 행	2021년 1월 29일
	2025년 5월 30일 (개정4판 2쇄)
저 자	이성노
발 행 인	최영민
발 행 처	피앤피북
주 소	경기도 파주시 신촌로 16
전 화	031-8071-0088
팩 스	031-942-8688
전자우편	pnpbook@naver.com
출판등록	2015년 3월 27일
등록번호	제406-2015-31호

정가 : 28,000원

- 경영과회계는 피앤피북의 임프린트 출판사입니다.
- 이 책의 내용, 사진, 그림 등의 전부나 일부를 저작권자나 발행인의 승인 없이 무단복제 및 무단 전사하여 이용할 수 없습니다.
- 파본 및 낙장은 구입하신 서점에서 교환하여 드립니다.

ISBN 979-11-94085-40-9 (13320)